区域产业转移与产业集群耦合发展

毛广雄　著

科学出版社

北　京

内 容 简 介

国际经验和我国的现实表明，产业转移和产业集群是区域发展图景中的重要因素，而区域产业转移和产业集群之间存在着交互耦合的关系。本书运用经济地理学、区域经济学、产业经济学和发展经济学等多学科的基本原理和观点，借鉴国内外有关产业转移、产业集群与区域协调发展的前沿理论成果，采用理论与实证相结合等方法，以促进区域协调发展为目标，综合分析区域产业转移与产业集群系统耦合的内容与路径、动因与驱动力机制、模型设计与度量、效应与调控思路。

本书可供地理学、经济学、管理学、城市与区域规划等领域的研究人员、管理人员和高校教师、研究生及高年级本科生参考阅读。

图书在版编目（CIP）数据

区域产业转移与产业集群耦合发展/毛广雄著. —北京：科学出版社. 2014.11

ISBN 978-7-03-042281-1

Ⅰ. ①区… Ⅱ. ①毛… Ⅲ. ①区域产业结构–研究 Ⅳ. ①F121.3

中国版本图书馆 CIP 数据核字（2014）第 248209 号

责任编辑：杨婵娟 郝 悦 / 责任校对：胡小洁
责任印制：徐晓晨 / 封面设计：铭轩堂

科学出版社 出版
北京东黄城根北街16号
邮政编码：100717
http: //www.sciencep.com
北京厚诚则铭印刷科技有限公司 印刷
科学出版社发行 各地新华书店经销
*
2015年1月第 一 版 开本：B5（720 × 1000）
2021年1月第六次印刷 印张：15 1/2
字数：312 000
定价：88.00 元
（如有印装质量问题，我社负责调换）

前　言

多年来，中国区域发展不平衡问题引起了国内外学者的广泛关注，并从不同学科、多个角度对区域协调发展问题进行了具有借鉴意义的探索。例如，从劳动生产率、就业机会、政府政策、制度创新、区位条件、基础设施建设等方面入手，分析区域发展不平衡问题产生的主要原因及消除区域发展差距的对策。但是，这些对策并没有获得预期的效果，区域发展不平衡问题依然突出。国内外的经验与大量的研究均表明，作为全球化的重要内容，也是经济全球化作用的结果，产业转移是导致区域综合实力变化的基本因素，鉴于其对区域的经济实力、功能、就业、土地利用、形象、城市化、工业化等都有直接或间接的影响，理应成为缩小中国区域发展不平衡问题的重要途径。近半个世纪以来的国际大规模的产业转移浪潮以及日本、亚洲“四小龙”、中国的东南沿海等国家和地区的先后崛起也在实践中印证了这一理论命题的可行性。因此，从产业转移的视角来深入研究区域协调发展具有重要的现实指导意义。

20 世纪 90 年代以来，计算机行业的模块化战略经营引致产业的模块化发展、生产组织模式的变化，使世界性产业结构调整与传递下的国内外第四波次产业转移形式及影响发生巨大变化，呈现出多元化、非线性、集群化路径明显的新态势。理论界对产业转移研究也开始出现新动向，主张突破传统的产业梯度转移理论，更加重视从全球视角，以产业链为纽带，分析各生产环节在全球的区位选择以及在各国的国际分工中的地位。相关学者开始关注产业集群的优势并提出实施产业集群化转移的模式与思路，并指出，针对国际产业转移出现组团式、产业链整体搬迁模式的新趋势，承接区域必须发展配套产业并建立产业集群。

国内外的相关研究表明：作为产业优化配置的一种表现，产业空间集聚已成为世界性的经济现象，产业集群的竞争优势、创新效应以及网络效应等既是提升区域竞争力的关键，也必将成为跨国公司投资决策和地区产业转移的重要决定因素。联合国贸易和发展会议发表的《2004 年国际投资报告》指出，国际投资不再向低成本方向转移，而是向产业群方向转移。我国珠三角地区（简称珠三角）、和长三角地区（简称长三角）的实践也昭示：大规模的产业转移往往与以产业集群为主要特征的经济空间集聚联系紧密。可见，产业集群本身包含着产业转移的因素，产业集群是产业转移的结果，产业集群化转移则是产业转移与产业集群的耦合模式。

显然，产业集群作为“平滑空间上的黏滞点”，其明显的外部规模经济和范围经济、深化专业分工、降低交易费用等效应及由此构筑的竞争优势已经引起学者的广泛关注。尽管国内外有关产业转移和产业集群的专题研究均已具有一定理论基础，但是从产业集群角度研究产业转移机制及互动发展的文献尚少，也缺乏系统性。根据经济发展阶段和生产力空间布局的对应关系规律，向心集聚是新型工业化时期生产力空间布局的基本趋势，我国已经进入产业转移与产业集群、产业园区发展与产业空间重构等紧密关联的阶段，而且这种关联随着时间的推移逐步加强。随着产业集群化转移成为世界性规律并渐成中国的新趋势，促进产业转移与产业集群的交互耦合发展，从而形成“吸引发达地区产业转移加入产业集群—集群成长—集群衍生繁殖—形成更多新的产业集群—吸引更多高质量的产业转移”的协调发展效应，逐渐成为理论界、决策部门和实业界的共识。

因此，从产业转移的视角来深入研究区域协调发展具有重要的理论和现实指导意义，而促进产业转移与产业集群的交互耦合发展成为应对产业转移新态势的现实举措。但隐含的科学问题是：两者交互耦合发展的宏观、中观、微观机理各是什么？移出地的耦合关系与承接地的耦合关系是否存在映射关系？上述耦合关系能否从时空角度予以定量模拟？可否调控？如何在实践中应用？这些都是需要我们实事求是予以回答的问题，也是本书的宗旨所在。

以上科学问题的解决，可揭示区域产业转移与产业集群耦合的时空协调性规律及其形成机制，促进产业转移研究的纵深发展并丰富其地理学内涵。同时，可为调控形成移出地与承接地合理的产业体系、增强承接产业转移的针对性和实效性以及促进区域协调发展提供一定的理论与现实支撑。

本书在具体论证过程中综合利用多种规范研究方法，主要有如下三种。

首先，理论与实证相结合的研究方法。理论研究旨在运用严密的逻辑推演区域产业转移—产业集群系统耦合的内容、路径、原因及驱动力机制。实证研究包括计量实证和调查实证两方面，旨在推动本书从理论到实践，再从实践上升到理论。从珠三角通过“三来一补”促进嵌入型产业集群成长的现象入手，以盐城悦达起亚汽车产业集群、苏州 IT 产业集群、新沂纺织服装产业集群与产业转移的互动发展为案例，从苏南苏北产业转移与产业集群互动的计量实证入手，佐以淮安市承接产业转移情况的调查实证，探寻区域产业转移与承接地产业集群耦合的一般规律，并对前述理论研究成果加以检验。

其次，空间分析法与数理统计和数学建模法。本书探讨的区域产业转移与承接地产业集群均具有明显的地域性和地理空间基础，研究的基本视角是把两者的交互耦合关系嵌入到区域发展的空间关系中，所以，引用当前普遍使用的空间分析法是非常有效的研究方法。同时，借助 SPSS、EViews 等数理统计软件，构建区域产业转移与承接地产业集群的耦合协调性检验模型等，从理论上提炼其中的依存关系及内在机理。

最后，纵向比较和横向比较相结合的方法。按照地理学的观点，区域之所以称其为相对完善的地理单元，是因为它与其他区域之间具有特定的、质的差异，区域之间的差异性也正是产业转移现象发生和产业集群发展水平不一的根本原因。因此，本书将大量采用比较分析的方法，力求使理论与实证研究的科学性得到进一步增强。

本书的主要研究内容包括如下三点。

（1）区域产业转移、产业集群与区域协调发展的内在关联机制研究。首先，从区域产业转移和产业集群等基本理论梳理入手，重点分析“产业转移—产业集群—区域协调发展”的内在关系逻辑，以此构建本书的理论基础。其次，从系统论角度，研究区域产业转移—产业集群系统的复杂性。分别从复杂性适应系统的7个要素层面（集聚、非线性、流、标识、多样性、内部模型、构件及创新），探讨区域产业转移－产业集群系统耦合的内容。

（2）区域产业转移与产业集群耦合机制及时空协调性研究。一是研究区域产业转移—产业集群耦合系统的主要影响要素是如何发挥作用并影响该系统的运行，重点厘清两个问题：①移出地、承接地区域产业转移与产业集群耦合的各自机理是什么，这些机理是否存在一定的映射关系；②导致这种耦合的作用力有哪些，这些力又是如何作用于耦合系统。二是研究区域产业转移与产业集群耦合的时空协调性检验模型，构建区域产业转移—产业集群系统耦合模型的量化指标体系。三是研究案例区域产业转移与产业集群的耦合特征、耦合规律，研究挖掘其所蕴涵的深层次地理学知识、原理和方法，既作为内容（1）的进一步检验，又作为内容（3）的铺垫。

（3）区域协调发展导向的区域产业转移与产业集群耦合模式与调控路径研究。一方面，从区域一体化、产业竞争优势及企业成长规律等宏观、中观、微观层面研究区域产业转移—承接地产业集群的耦合模式及路径。另一方面，研究基于区域协调发展导向的产业转移与产业集群耦合发展的调控路径，提出促进区域产业转移与产业集群互动发展的政策调控的思路、目标导向及着力点。

本书的主要研究思路如下。

第一章和第二章主要说明本书的宏观背景、研究源起及理论基础，对相关概念进行了界定，重点对区域产业转移与产业集群的耦合模式——产业集群化转移的概念、内涵、动因、模式及效应等进行了归纳和总结。

第三章和第四章重点对区域产业转移与承接地产业集群耦合的机理进行分析。从集聚、非线性、流、多样性和创新角度阐释了区域产业转移与产业集群系统耦合的内容，指出产业集群化转移即是两者耦合的模式；从区域、产业和企业三个不同视角，以空间相互作用、竞争优势及企业成长等为理论基础，分析了区域产业转移与产业集群耦合的原因及不同路径，指出市场力、制度力和承载力是两者耦合的主要驱动力。

第五章和第六章是实证部分。分别以江苏省、淮安市为区域案例，从计量实证和调查实证的角度，设计了区域产业转移与产业集群耦合协调性的计量模型，调查验证了现阶段淮安市承接区域产业转移和当地产业集群的协调发展状况。

第七章对区域产业转移与产业集群耦合发展的效应及调控政策进行了概要性分析。

本书是国家自然科学基金面上项目“区域产业转移与产业集群的耦合机理及调控研究”（41271135）和“全球生产网络与区域发展策略耦合机制和调控研究”（41371136），教育部人文社会科学研究青年基金“产业转移与产业集群的耦合关系及其区域效应研究”（09YJC790115）、江苏省高校哲学社会科学研究基金资助项目“产业空间重构与中国的城市区域化转向：理论及江苏的实证”（2010SJB630008）联合资助的阶段性成果，特此表示感谢。

区域产业转移、产业集群与区域协调发展无一不是宏大而复杂的论题，研究确有挑战性。本书虽尽可能标明重要的文献来源，但面对浩瀚的文献海洋，难免遗漏一些书中并未提及却也为本书的研究和撰写带来了启迪的相关文献和作者。尽管本人长期关注并付诸努力，但限于本人学术根基尚浅，书中必然存在诸多不足之处，恳请学界前辈与同仁不吝赐教指正。

毛广雄

2014 年 9 月 16 日

目　　录

第一章　导　　论

第一节　宏观背景和研究源起

一、区域产业转移与产业集群耦合发展的宏观背景

从国际背景看，经济全球化（globalization）和区域一体化加速了产业和经济重心转移步伐。在经济全球化的语境下，商品、服务、生产要素和信息在世界分工的基础上可以进行跨国界的大规模流动，有力地提高了资源配置效率的同时，也有力地推动了以“相互依存性”（interdependence）为主要特征的区域一体化进程。基于此，在很多有关全球化的经典论述中，往往把“全球化”与“相互依存性”看做是互为因果甚至可以互换使用的两个概念。但显然，两者是有区别的，全球化是一个微观的经济过程，表明国际因素融入企业的组织结构和策略行为；而相互依存性通常被看做是宏观概念，世界各国经济的相互依存性的增强及至形成区域一体化的格局，也通常可以认为是全球化的主要特点。

无疑，全球化促使企业通过创建一体化的、跨国界的全球生产网络来赢得全球性竞争优势，而相互依存性的增强则缩短了主权国家与区域之间的距离，客观上要求各国、各区域间进行更加紧密的经济合作与交流。基于全球化的未来发展战略考虑，出于抢抓产业结构制高点的需要，企业特别是跨国企业可以充分利用其全球生产网络组织投入与产出，生产日益突破国界，更多地与中间产品网络的供应方与生产组装线提供方相关联，进而导致各种有形或无形资产跨国界、区界转移现象日益增多。于是，世界范围内的产业转移成为全球化的必然要求和外显形式，也理所当然地成为推动区域一体化的重要“黏合剂”，形成以产业转移为纽带的全球化—区域一体化协调演进脉络：全球化→发达国家、跨国公司全面推进产业结构的重组和升级→产业分工深化→新一轮世界范围的大规模产业转移浪潮→区域一体化。

1990 年以来，计算机行业的模块化战略经营引致产业的模块化发展，国际贸易一体化与国际生产的非一体化趋势愈加显著，使得相关产业的“价值链分割”成为可能。由于运输和通讯成本的降低，加之各国的生产成本不同，许多企业特别是跨国企业可以将劳动密集型和部分技术、资本密集型产业的零部件和工序生产放在低成本的国家，这样不仅能够产生明显的成本比较优势，而且可以绕过其

他国家为保护本国产业而设置的贸易障碍，由商品出口转向直接投资，形成全球生产网络，从而获取一定的竞争优势。使得某一单一产品在生产过程的不同阶段，可以根据不同生产基地所拥有的比较优势及一定的竞争优势而选择在世界不同的区域完成。于是，在世界性产业结构调整的影响下，国际第四波次产业转移浪潮开始呈现出产业转移集群化的规律与趋势。

从历史经验和现实趋势看，国内外产业转移始终伴随并深刻影响着区域经济发展的全过程，并日益成为优化生产力空间布局、形成合理产业分工体系的有效途径，日益成为推进产业结构调整、加快经济发展方式转变的必然要求。一些发展中国家、区域通过承接产业转移，既弥补了资金的不足，也为其带来了先进的生产技术和管理经验，还优化了其国内资源配置，有效推动了产业结构升级；而发达国家、区域则通过产业转移在发展中国家、区域拓展新的市场，利用廉价的人力资源和丰富的自然资源来降低生产成本，缓解其面临的生产相对过剩和需求不足的矛盾，有力推动其自身产业结构的优化与升级。与此同时，远离产业转移的国家、区域则日渐被边缘化，世界经济分化现象渐趋严重。其结果是，产业转移导致了国家间、区域间综合实力及至世界经济重心的变迁。国际上先后发生的四波次大规模产业转移浪潮及由此引起的世界经济重心由美国→日本→东亚新兴经济体→中国……的循环也充分佐证了这一命题的正确性。

从中国背景看，承接产业转移成为促进区域发展的重要动力。2003 年《世界经济发展宣言》（珠海宣言，2003）指出，在市场经济条件下，封闭的国家和经济体不能有效地参与世界经济和影响经济的发展。因此，所有国家和经济体之间应相互开放，相互依存，共同发展。中国改革开放 30 多年的经验也昭示，中国的发展得益于参与区域一体化的分工和合作，得益于承接国际产业、资源、技术等的转移，得益于产业转移的优化效应、乘数效应以及溢出效应和发展效应。首先，优化效应。产业转移优化了区域产业结构和就业结构，承接产业转移的相关区域往往处于工业化上升期，虽然劳动力资源丰富，但资本和技术积累相对较少，通过承接转移而来的成熟产业，可以直接快速地建立起新兴部门，加快了对传统产业的改造、提升了产业层次，产业演进的时间也大大缩短。产业结构的优化升级，又会吸收相应层次的劳动力就业，或从其他产业流入一定量的相应层次的劳动力，有效促进区域就业结构的优化。其次，乘数效应。产业转移使得承接区域在输入资金、产品和劳务中获得基本部分收入的增加，也使得扩大再生产成为可能，进一步引起本区域非基本部分就业岗位的增加和收入的增加。区域基本部分每一次的投资、收入和职工的增加，最后在区域循环往复、不断集聚所产生的连锁反应的结果总是数倍于原来投资、收入和职工的增加。由产业转移所引起的这种放大机制，本书称为“乘数效应”。最后，溢出效应和发展效应。产业转移不仅可以通过建立的新生产基地和与之相伴技术的转移，有效促进承接区域技术进步和企业管理水平的提高，而且使承接区域生产要素得到大幅度增长，可以为区域经济的起飞创造条件。

事实上，也得益于这种全球性（区域性）大规模产业转移的诸多效应，我国率先承接第三波产业转移的珠三角区域，以及承接第四波产业转移的长三角区域经济迅速崛起，逐渐形成了纵贯我国东南沿海区域的，以“群蚁抱团”、高度专业化和集群化、具有明显地方特色为主要特征的“块状经济”。较为典型的有江苏苏州的IT产业集群、广东东莞的电子信息产品集群、浙江温州的低压电气集群、浙江宁波的纺织服装业集群等，这些产业集群无一例外地都成为目前吸纳国内外产业转移的翘楚，从而使这些集群所在地区成为我国承接产业转移最多、发展速度最快、生产规模最大、对外出口增长最快、潜在区域产业转移能量最强的地区。鉴于此，有学者提出中国内部将出现以上海为雁首的“雁行模式”，即通过沿海发达地区的大规模产业梯度转移，带动中西部区域发展，进而在中国国内形成一种雁行发展形态①。

从产业转移的演进趋势背景看，区域产业集群化转移新路径值得关注。越来越多的证据表明，产业转移从“明显趋势”到真正形成中国式“雁行模式”的距离似乎并不如学界及实业界所设想的那么近，而被广泛提及的大规模产业梯度转移似乎也和现实之间存在较大差距。经过改革开放30余年的发展，我国先发区域经济有了长足进步，产业结构得到明显优化和升级，对外贸易的能力和水平也得到了很大提升。至2013年年底，中国加工贸易达到1.36万亿美元的规模，占到整体进出口贸易规模近1/3。沿海的珠三角、长三角等先发区域早已成为“世界工厂”，一向被认为拥有充足劳动力、相关丰富资源等成本更低的中西部地区，在加工贸易上的地位仍是微不足道，所谓承接产业转移的比较优势似乎并未完全真实地表现出来。

第四次和第五次人口普查资料也显示（杨云彦等，2008），1990～2000年，全国制造业就业人数增长了18.2%，其中沿海区域增长了38.4%，内陆区域则减少了8.7%，而中部和西部却分别减少了13.3%和1.4%。另外，从总产值数据看，1990～2002年，东部沿海区域的制造业发展迅速，所占比重从63.2%增加到75.0%，而中西部区域则分别从24.2%和12.6%下降到16.8%和8.2%。可见，无论对从业人员还是总产值数据进行分析，1990年以来，沿海区域的制造业在第四次国内外产业转移浪潮下出现了迅速扩张和集聚，而内陆地区的制造业却出现了衰退和分散。这似乎说明，沿海区域向内地的产业转移是局部的和分散的，制造业向沿海的集聚和转移可能才是产业转移的基本趋势和方向。

范剑勇（2004）的研究也表明，经过多年的开放与发展，东部区域的制造业

① 《日本经济新闻》，2002年1月14日，转引自陈建军（2002a）。

水平在改革初期略高于其他地区的情况下，产业加速集聚的趋势日益明显，制造业的平均绝对集中率大幅上升，由 1980 年的 0.3228 上升为 2001 年来的 0.4947，反观其他地区则趋于下降。由此推测，东部沿海的产业集聚与其他地区的产业分散可能存在此消彼长的竞争过程。

赵祥（2010）利用我国中类和小类行业数据所进行的实证研究也佐证了这一推测。研究认为，产业集聚是影响我国区域差距及至不同人群收入差距的格兰杰因果检验原因，产业集聚效应在促进中心区经济增长的同时，也会削弱或减少外围区域的发展能力和收入；“中心—外围”关系的存在也成为我国产业分布不平衡的格兰杰因果检验原因，“产业集聚—区域差异—收入差距”的循环累积效应链条也是存在的；而且，我国的绝大多数产业集聚尚未达到最佳规模，产业集聚的效应也未达到最大规模，业已存在的循环累积效应将进一步增强地方化产业集聚。

周世军和周勤（2012）基于对中西部地区“集聚式”承接东部产业转移的疑问，采用东、中、西部 27 个省（自治区、直辖市）2000～2009 年 20 个两位数制造业数据为样本进行实证研究。结果表明：中西部地区“集聚式”承接了东部产业转移，转移产业劳动生产率的提高能显著地被产业集聚所解释；与非劳动密集型制造业相比，劳动密集型制造业更易形成自我强化的循环累积效应；研究揭示出配套基础设施和产业链的完善以及城镇化同步推进过程中，非农就业劳动力素质的提升对于中西部承接产业转移发挥的作用。

雒海潮等（2014）通过对不同区域尺度上产业转移研究的梳理，认为：①中国在整体上以及东中西三大地带和四大板块之间只有较少的相对产业转移并没有发生大规模的产业转移；②东中西三大地带之间存在的小规模产业转移主要是技术密集型产业从中西部转入东部，资源依赖型产业从东部转入中西部；③东部地带各省份之间的产业转移相对规模较大；④东部地带各省份内部的产业转移相对规模更大。

联合国贸易和发展大会《2001 年世界投资报告》指出，产业集群已经超过低成本优势，成为吸引外资投向的主导力量；要重视地方产业集群在全球生产组织中所发挥的作用，新的投资政策所关注的焦点是“推动产业联系”；《2004 年国际投资报告：转向服务业》再次提出，国际投资不再向低成本方向转移，而是向产业群方向转移。这种新的产业转移趋势是伴随着企业规模的不断扩大以及区位条件的变化而出现的，随着竞争的加剧，它将有利于提高企业的资源配置效率，提升企业的整体竞争力。《2009 年世界发展报告：重塑世界经济地理》指出，世界经济生产日趋集中，规模经济将可以吸引更多的人口和金融资源转移，而生产成本的降低为更大规模的专业化生产提供了契机，这从根本上改变了商业机构的地理分布和贸易的性质。当运输成本较高时，工厂不得不设在距离消费者较近的地区，而运输成本的降低则有助于实现内部、地方和城市经济向规模化、集群化发展，将产品运输到消费者所在地。在当今的经济生活中，为获取更多利益，资本常常会远距离迁徙。人口也会流动，但较之于资本，人口更多地流向距离较近的经济集聚区，一旦有工厂和劳动力在某一地区落户，其他产业与劳动力就会接踵而至。密度是对地方发展来说最重要的维度，所以政府所面临的政策挑战就是利用市场力量鼓励村、镇和城市的经济活动集中。《世界投资报告 2013——全球价值链：促进发展的投资与贸易》则从全球价值链的视角，分析了发展中国家和发达国家参与全球价值链的意义，报告指出，大多数国家已经在某种程度上参与全球价值链，在发展中国家，平均来看，增值贸易对各国 GDP 的贡献率约为 30%，参与全球价值链与人均 GDP 增长率呈正相关，可以成为发展中国家建设能力的一个重要途径，从而为长期产业升级创造机会。随着国际产业链整体转移趋势的显现，跨国公司改变了传统国际产业转移的投资模式，趋于主动带动和引导相关投资，大力支持其海外供货商到产业移入国投资，不断加大零部件供给当地化战略的实施力度，以将整条产业链搬迁、转移至发展中国家，致力发展配套产业并按照产业链建立产业群。因此，对于发展中国家，需要根据自身的具体情况和要素禀赋仔细权衡参与全球价值链的利弊。

可见，在国际产业链整体转移的背景下，产业集群的集聚优势已经超越低成本优势，成为吸引产业转移的主导力量，也就是说，植根于本地的产业集群才是提升企业的整体竞争力、创造地区竞争优势的关键，这也许才是导致区域间产业转移的主要原因。这一解释或许正是产业并未出现由沿海先发区域向内陆后发区域大规模梯度转移的一个合乎逻辑的原因。

二、区域产业转移与产业集群耦合发展的研究源起

首先，从产业转移的视角来深入研究区域协调发展具有重要的理论和现实指导意义。

改革开放 30 余年来，我国经济快速发展，经济规模持续扩大，2011 年，我国经济规模总量首超日本成为世界第二大经济体。但一个不容忽视的事实却是，区域间经济发展速度、水平之差距却渐成扩大趋势，如果考虑人口、面积等因素，区域间的不平衡问题就更加突出。区域经济差异扩大势必影响国家整体发展效率，也不利于资源的合理配置和社会发展水平的整体提升，更是有悖科学发展观的主旨。

中国区域发展不平衡及如何协调发展始终是学界和政府关注的重大理论和现实问题。多年来，中国区域发展不平衡问题引起了国内外的学者的广泛关注，陆大道和薛凤旋（1997）、胡鞍钢（2000）、林毅夫和刘培林（2003）、蔡昉等（2001）

从不同学科、多个角度对区域协调发展问题进行了具有借鉴意义的探索，如从劳动生产率、就业机会、政府政策、制度创新、区位条件、基础设施建设等方面入手，分析区域发展不平衡问题产生的主要原因及消除差距的对策。但是这些对实践的指导作用并没有获得预期的效果，区域发展不平衡问题依然存在并有日益加剧的可能性。国内外的经验与大量的文献均表明，作为全球化的重要内容，也是经济全球化作用的结果，产业转移是导致区域综合实力变化的基本因素（付宝宗，2008；李松志，2008），鉴于其可通过优化效应、乘数效应、溢出效应和发展效应而对区域经济实力的提升、区域产业和就业结构的升级、区域产业分工与合作关系的形成，以及区域功能的完善、区域城市化与工业化的协调演进等产生直接或间接的影响，理应成为缩小中国区域发展不平衡问题的重要途径（钱方明，2006；羊绍武，2006）。

2009 年中央经济工作会议提出，要“促进区域间生产要素合理流动和梯度转移”，2010 年 8 月发布的《国务院关于中西部地区承接产业转移的指导意见》（国发〔2010〕28 号）明确指出：要“紧紧抓住国际国内产业分工调整的重大机遇，以市场为导向，以自愿合作为前提，以结构调整为主线，以体制机制创新为动力，着力改善投资环境，促进产业集中布局，提升配套服务水平”，要“着力深化区域合作，促进要素自由流动，实现东中西部地区良性互动，逐步形成分工合理、特色鲜明、优势互补的现代产业体系，不断增强中西部地区自我发展能力”。同时，根据国家“十二五”规划和《全国主体功能区规划》制定的区域发展总体战略和主体功能区战略，国家相继出台了一系列省级发展指导意见和区域规划，明确把产业转移作为加快地区产业发展和扩大区域开放的一项重要内容，确定了重点区域发展的战略定位、产业发展方向和空间布局，体现出目标明确、内容丰富、针对性强等特点。这些意见及政策指引，不仅指出了产业转移对传统制造业改造升级的重要作用及其对区域协调发展的意义，而且为促进我国产业转移指明了方向并提供了制度保障，特别是所提及的“促进产业集中布局，提升配套服务水平”等举措富有新意，对当前及今后产业转移新趋势进行了很好的回应，对于解决区域发展不协调、不平衡、不可持续等深层次问题进行了顶层设计。

其次，促进产业转移与产业集群的交互耦合发展成为应对产业转移新态势的现实举措。

耦合（coupling）是一个物理学概念，系指两个或两个以上的系统或运动方式之间通过各种相互作用而彼此影响而联合起来，在各子系统间的良性互动下，相互依赖、相互协调、相互促进的动态关联关系（刘耀彬等，2005a；王琦，2008）。作为产业优化配置的一种表现，产业空间集聚已成为世界性的经济现象，Krugman（1991a）、金碚（2004）等的研究表明，产业集群的竞争优势、创新效应以及网络效应等既是提升区域竞争力的关键，又是跨国公司投资决策和区域产业转移的重要决定因素（商务部、国务院发展研究中心联合课题组，2007）。珠三角、长三角的实践也昭示：大规模的产业转移往往与以产业集群为主要特征的经济空间集聚联系紧密（李松志，2008）。可见，产业集群是产业转移的结果，产业集群本身包含着产业转移的因素，即产业转移与产业集群之间存在耦合发展的内部机制。在国家促进区域协调发展的宏观背景下，相关区域如何形成“吸引发达地区产业转移加入产业集群—承接地集群成长—承接地集群繁殖衍生—承接地形成更多新的产业集群—吸引更多高质量的产业转移”的耦合发展效应，理应成为理论界、决策部门和实业界的共识。

“十二五”规划纲要也指出，要“充分发挥不同地区比较优势，促进生产要素合理流动，深化区域合作，推进区域良性互动发展，逐步缩小区域发展差距”。沿海地区要“全面提升开放型经济发展水平，加快从全球加工装配基地向研发、先进制造和服务基地转变”。而内陆地区要“发挥资源和劳动力比较优势，优化投资环境，扩大外商投资优势产业领域，积极承接国际产业和沿海产业转移，培育形成若干国际加工制造基地、服务外包基地”；要“引导生产要素集聚，依托国家重点工程，打造一批具有国际竞争能力的先进制造业基地。以产业链条为纽带，以产业园区为载体，发展一批专业特色鲜明、品牌形象突出、服务平台完备的现代产业集群”。《工业转型升级规划（2011—2015 年）》则进一步明确提出了中西部地区要依托现有产业园区和各类产业转移基地，进一步增强承接产业转移能力，要加快国家新型工业化产业示范基地建设，以此作为承接产业转移和促进产业集聚的平台。“十二五”规划纲要和《工业转型升级规划（2011—2015 年）》均旗帜鲜明地提出沿海地区与内陆地区的空间优化的思路应是实施区域发展总体战略和主体功能区战略并举，以构筑区域经济优势互补、主体功能定位清晰的区域发展格局；而空间优化的产业发展路径则应是寻求区域产业转移—产业园区—产业集群的良性互动，凸显了产业转移—产业集群互动作为缓解区域发展失衡的“良方”作用。

国际经验和我国的现实表明，产业转移和产业集群均是区域发展图景中的重要因素，而产业集群和产业转移之间存在着交互耦合的关系。但隐含的问题是：两者交互耦合的机理是什么？能否从时空角度予以定量模拟？如何在实践中应用？这些都是需要我们实事求是予以回答的问题，也是本书的宗旨所在。本书借鉴国内外有关产业转移、产业集群与区域协调发展的前沿理论成果与分析方法，以分析其耦合机理为主线，以促进区域协调发展为目标，提出区域产业转移与产业集群系统的耦合模式、推进战略、实现路径和对策建议，以为相关地区经济发展战略的制定、政策选择和思路创新提供一定的借鉴。

基于此，本书设计了如下研究重点。

一是区域产业转移与产业集群耦合的存在条件研究。产业转移研究需要系统廓清一个国家、地区或企业在一定约束条件下“产业为何转移”“何时转移何产业”“如何转移”“转移到何地”以及“转移有何效应”等问题；产业集群研究则需廓清“集群为何成长”“何时成长何集群”“集群如何成长与发展”“何地成长何集群”以及“集群有何效应”等问题。显然，上述问题的逐一研究及对应关系的分类梳理是区域产业转移与产业集群耦合存在条件研究的基础。

二是区域产业转移与产业集群耦合的量化表达研究。区域产业转移系统和产业集群系统都具有复杂性特征，均是各自多元主体出于自身目的性和主动性的一种适应过程，当这一过程的时间、空间发生变化后，系统将随之变化。因此，区域产业转移—产业集群耦合的量化表达需要从时空角度对两者的耦合协调性进行模拟和验证。值得注意的是，量化表达的结果是否符合转移企业实际？从这一命题出发，区域产业转移与产业集群耦合的量化表达还需要对转移企业时空变化的动因、模式及区域效应等进行问卷调查并加以综合分析，以作为对量化表达结果的再检验。

三是区域产业转移与产业集群耦合的地理学内涵研究。对区域产业转移与产业集群耦合模型设计及度量方法的研究，还只是停留在数量分析层面，尚需进一步挖掘耦合关系的时空分异规律及其在产业移出地、承接地等不同区域的映射关系及效应，尤其是要深入分析上述时空分异规律所蕴涵的地理学内涵。显然，理解并综合应用这些规律，不仅有助于建立区域产业转移与产业集群耦合发展的机制，借此制定相关调控政策以推动区域协调发展，而且可以在一定程度上丰富地理学的相关理论。

第二节　基本概念界定

一、产业

“产业”与“工业”的英文写法均为“industry”。在西方国家，产业除了包括工业外，还包括国民经济的其他行业。产业既不是一个宏观经济范畴，也不是微观经济范畴，而是介于宏观经济单位与微观经济细胞之间的一个中观经济范畴，即产业是具有某种同一属性的企业的集合。由于分析、研究的不同目的，产业的集合和划分就形成了粗细不同的若干层次。一般而言，可以分为三个层次：第一层次，以同一商品市场为单位而划分的产业；第二层次，以技术、工艺的相似性为依据划分的产业；第三层次，大致以经济活动的阶段为依据，将国民经济划分为若干部分所形成的产业。按照这三个层次对产业的划分，大至部门，小至行业，从生产到流通、服务领域等，都可以称之为产业。考虑到产业本身的概念较为宽泛，为了便于研究，本书研究的产业范畴主要界定为生产直接相互竞争产品或服务的企业集合，其中主要以制造业为典型进行分析。

二、产业转移

产业转移较早进入学术视野，但在对其概念的表述上，却千差万别而尚无一统定义。仅从中文文献有关该词的英文翻译即可见一斑，如“industry migration”“industry transfer”“industrial migration”“industrial transfer”“spread of industry”“industry expands”“industry shift”等，莫衷一是。虽如此，但一般认为，产业转移包括两种含义。其一，系指生产要素在产业间的转移，如某企业由产业 A 转到产业 B，即产业的纵向转移。其二，系指产业在区域间转移，如某产业从产业成熟区域 A 向产业潜力区域 B 转移，它是某一产业在空间布局上的移动，即产业的横向转移。两者虽然同表现为产业或生产要素流向的变化，但区别是显而易见的。首先，侧重点不同。前者强调的是企业主体作用客体对象的变化，是企业在微观层面的转移，而后者强调的是产业空间区位的变化，是产业在中观、宏观层面的转移。其次，研究目的不同。前者便于揭示区域内生产要素在产业间的最优配置问题，具有理论层面意义，而后者则更便于揭示产业空间转移的规律及其对区域发展的影响，更具实践指导意义。本书所述的产业转移系指第二种含义，即产业在区域间的横向转移。

三、产业集群

产业集群（industrial cluster）这一概念由美国哈佛大学波特教授在其 1990 年出版的《国家竞争优势》一书中明确提出，随后广见于相关文献和实业界。然而，迄今为止，何谓产业集群尚无一统之定义。学界较为公认的定义来源于波特的相关阐述，他将其定义为“一组通过垂直（买方/供应商）或水平（共同的客户、技术、渠道）关系连接的产业”；“指在特定领域中，同时具有竞争与合作的关系，且在地理上集中，有交互关联的企业、专业化供应商、服务供应商、相关产业的厂商以及相关的机构”。国内学者王缉慈（2001）将产业集群定义为“大量的中小企业在一定地域范围内集聚成群，并在市场交易与竞争过程中彼此之间形成密集的合作网络，形成具有较强的创新动力和竞争力的区域创新系统或柔性生产地域系统”。

基于此，本书认为，产业集群是产业演化过程中的一种具有时间和空间维度的地缘现象，是某个产业领域内具有分工合作、竞争的企业、机构向特定的区域转移、集中，内部形成从原材料供应到销售渠道甚至最终用户的完整价值链条，外围具有完整产业支持体系，中心具有产业柔性集聚等特性的有机体系。

四、区域产业转移

人类从诞生之日起，其一切活动就与特定的区域相联系，区域也理所当然地成为地理学和区域经济学研究的直接对象。区域，是一个客观存在但又是抽象的空间概念，它往往没有严格的范畴和边界以及确切的方位。例如，一个国家相对于全球可称为区域，而一个经济区相对于全国或一个省区就是区域。一般而言，区域具有三个典型特征：一是整体性，即区域有一致特性或对某种地理过程有一致的响应特征，这种一致性是由区域内部单元强烈的联系造成的；二是结构性，即区域的构成单元，可以是地理的局域（如城乡），也可以是非地理的产业，按一定的联系产生结构，如资源—环境结构、城镇结构、地域结构以及各种巨结构等；三是联系性，区域结构产生区际联系，区际联系的类型繁多，但其基本形式可以归结为互补联系、衍生联系和控制联系。例如，江苏省的苏南、苏北地区就是颇具典型的区域，其中，苏南地区现代产业基础雄厚，制造业发达，工业化水平高；而苏北地区则产业基础薄弱，尚处于工业化初级阶段，两个区域具有明显的结构差异和互补性，为产业在区域间转移创造了有利条件。

产业在区域间的转移现象不仅发生在国家或地区与国家或地区之间，也发生在一国之内部。前者称之为国际产业转移，后者称之为区域产业转移。相比而言，后者更强调产业转移发生在国内不同区域之间，其范围主要囿于国内。当然，随着全球化与区域化的深入推进，国际上如欧盟、东盟，国内如长三角、珠三角等区域性组织的发展，使跨越国界、省界等行政界线的各级各类经济区域之间的产业转移呈加速蔓延之势，在实际研究中越来越难以将国际产业转移与区域产业转移截然区分开来。本书的区域产业转移，主要指的是产业在国内区域间的转移。

需要指出的是，从具体的操作层面上，在外在表现上，区域产业转移往往以相关地区间的投资、贸易以及技术转移活动形式表现出来，因此，在很多文献中常常把产业转移与投资、贸易及技术转移混为一谈。事实上，这几者是有区别的，主要表现在以下几个方面。

第一，从时间看，区域产业转移往往发生在长期的区域间贸易及区域间投资活动之后。一般来说，只有在这两种活动有了一定积累之后，产业转移方有可能发生。

第二，从结果看，一方面，作为产业转移载体的跨区域投资主要是指直接投资而非间接投资。所谓直接投资，其本质不仅是资本的移动，更是经营资源在区域间重新配置的过程。另一方面，区域间贸易、投资活动所引起的产业成长和产业分工会引起产业结构的连锁变化，而且这种变化不仅发生在移入区域，也发生在移出区域，并由此导致移入、移出区域产业的同步升级；此外，区域产业转移将导致移出区域与承接区域之间相对稳定的产业分工体系的形成。这种产业分工关系，可以是垂直分工关系，也可以是水平分工关系。

第三，从企业行为看，区域产业转移是战略行为，是和企业发展战略层面上的对外扩张行为联系的；而一般的国际、区际投资和贸易可以是战略的，也可以是战术的。

综上分析，本书认为，区域产业转移是指由于产品需求条件或资源供给等的动态变化而引致相关产业从一国 A 区域转移到 B 区域的经济行为和动态过程。这一概念具有以下内涵：①区域产业转移是一个动态过程，具有时间和空间维度等多重属性；②区域产业转移是一个包含区域间投资和贸易活动的综合过程，是对产品需求条件或资源供给等在区域间动态变化的现实反映；③区域产业转移是产业分工形成的重要因素和结果，也是区域产业结构调整和产业升级的重要途径和结果。

第二章　产业转移与产业集群研究的理论基础与进展

相关产业转移问题的研究文献多是从全球层面、区域层面、企业层面等不同的角度对产业转移机制进行分析，其中，全球层面、区域层面的产业转移，主要从产业转移的宏观层面来探讨其发生、发展及其变化趋势，该类理论常常和全球产业结构调整、工业生产生命周期及梯度转移等理论紧密相连；而企业层面的产业转移则从产业发展的微观机理来进行研究，包括对外投资理论的研究、跨国公司发展战略、区位选择（进入）理论研究等。从已有的文献看，有关区域产业转移宏观层面的研究成果集中且明显多于微观层面的相关研究。但 20 世纪 90 年代以来，随着国际经济学、国际贸易学等相关企业经营理论的日趋发展与完善，产业转移研究向微观领域发展的倾向越来越明显。可以说，将宏观分析与和微观研究相结合，已成为研究区域产业转移理论的必然趋势。

20 世纪 90 年代以来，产业集群的迅速发展及其在经济增长中的显著作用，引起了各国政府乃至学术界的广泛关注。但产业集群是复杂的大系统，受到广泛因素的综合作用和影响，因而广泛吸引了包括经济地理学、经济学、管理学、社会学等领域学者的关注，相关理论也经历了一个从仅注重经济方面的分析到经济和社会、人文制度并重的过程。国内外的研究表明，产业集群的形成与发展并不是企业作为单个生产者相互之间的简单叠加，其之所以具有活力和竞争优势，既是经济、技术发展的一种自然抉择，也是经济全球化趋势下国家保持区域竞争优势的要求，更是网络经济形态下新的企业（产业）关系的体现，是微观经济主体与区域社会经济制度有机融合的结果。

基于前文所述及的区域产业转移的背景、基本概念及发展趋势，本章分别就产业转移、产业集群、产业集群化转移的理论基础和相关研究进行梳理，目的在于以下方面：其一，明晰相关理论所涉及的区域产业转移、产业集群不同概念和要点。其二，从相关理论基础和研究的现状及进展入手，有助于从新的角度来认识区域产业转移、产业集群的新趋势与本质。其三，通过对已有相关文献的梳理，可以更清晰地提炼出现有研究的空白点或不足之处，并以此奠定本书的理论基础和重构有效的分析框架。

第一节　产业转移的理论基础及相关研究

一、基于宏观视角的产业转移理论

（一）劳动密集型产业转移理论

1954年，美国经济学家威廉·阿瑟·刘易斯发表了题为“劳动力无限供给下的经济发展”一文，提出了著名的二元经济结构理论，在发展经济学领域产生了深远的影响。

在文章的开头，刘易斯指出：“本文是按古典学派的传统写成的，做出古典学派的假设，并提出古典学派的问题。”在刘易斯看来，在那些相对于资本和自然资源来说人口如此众多的国家里，劳动的边际生产率很小或等于零，甚至为负数的部门，劳动力的无限供给是存在的。刘易斯采用弹性的概念，认为劳动力供给在现行工资水平下有无限弹性。由于传统部门的投入要素是土地和劳动，没有资本投入，而土地十分有限，随着农业人口的增长，在边际报酬递减规律的作用下，农业劳动生产率极低，甚至为零。由于存在着大量由传统部门溢出的劳动力的有力竞争，他们通常把自己的工资报酬控制到最低限度。现代产业部门的工人的实际工资只得长期保持一种低水平，难以提高。这样，节约资本的劳动密集型产业就会因成本低而有利可图，从而能得以迅速扩展。随着劳动密集型产业扩大，越来越多的剩余劳动力资源不断地从传统部门转移到现代部门，一国的经济增长开始进入良性循环。一旦农村传统经济部门中的全部过剩劳动力资源被城市现代产业部门吸纳完毕，劳动力无限供给的条件便告结束，城市产业部门工人的实际工资就会快速上升，即“刘易斯拐点”开始到来，最初的劳动密集型产业将失去因为“劳动力无限供给”而带来的红利，投资者也转而把眼光转向开发资本密集型产业和技术，该国原有的劳动密集型产业转而寻求向其他发展中国家转移。

刘易斯在1984年出版的《国际经济秩序的演变》一书中，进一步从劳动力成本的角度分析了产业转移的经济动因。他认为，引起20世纪60年代劳动密集型产业由发达国家转移至发展中国家的主要因素，是第二次世界大战结束后发达国家人口的增长几乎为零，而工业的增长又进一步引致非熟练劳动力的不足和劳动成本上升。劳动力成本的上升是导致其劳动密集型产业比较优势逐步丧失的基本原因，也是发达国家将部分劳动密集型产业转移到发展中国家，进而引起战后国际经济秩序的调整的关键所在。

虽然刘易斯有关劳动密集型产业转移的观点，较好也较早地解释了国际产业转移为什么会发生，为什么主要发生在劳动密集型产业方面？但需要指出的是，刘易斯有关劳动密集型产业转移的理论架构是建立在赫克歇尔-俄林的要素禀赋理论基础之上，即是否产业转移仍然主要取决于比较优势的变化。换言之，刘易斯没有建立起关于产业转移的完整理论，而且其对资本密集型与技术密集型产业转移问题也未有涉及。

（二）雁行模式理论及其相关研究

现代产业转移的理论渊源可以追溯到雁行模式。1935 年，日本产业经济学家赤松要在“我国经济发展的基本原则”一文中提出了雁行模式的概念，较为形象地描述了第二次世界大战以后东亚区域产业转移的过程。此后赤松要又多次发表有关雁行模式的论文，小岛清（1978）等又进一步拓展和深化了该理论假设，用三个相联系的模型阐明其完整内容，进一步将该理论系统化（图 2.1）。赤松要从产业层面分析了以棉纱、棉布为代表的消费品工业，以棉纺织机械为代表的生产资料工业，将日本明治维新以来的产业发展路径概况为“进口—国内生产（进口替代）—出口—重新进口”四个阶段；从区域层面，分析了率先实现工业化的日本依次把成熟了的或者具有潜在比较劣势的产业转移到亚洲“四小龙”，后者又将其成熟的产业依次转移到东盟诸国（泰国、马来西亚、菲律宾、印度尼西亚等），勾勒出一幅以日本为“领头雁”的东亚经济发展的雁行图景，在它们之间形成了“技术密集与高附加值产业—资本技术密集产业—劳动密集型产业”的阶梯式产业和区域分工体系。因其在图表上相似于飞行中的雁阵，故而得名。该理论主要内容可以概括为四阶段论（图 2.1 和图 2.2）。

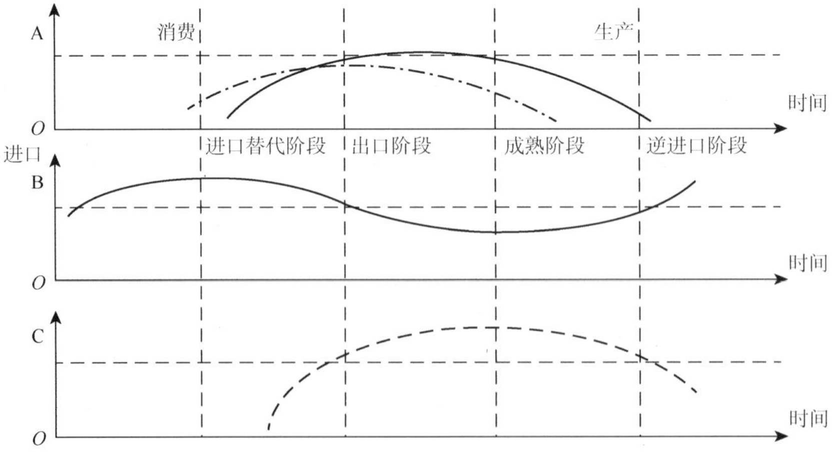

图 2.1 雁行形态发展的四阶段

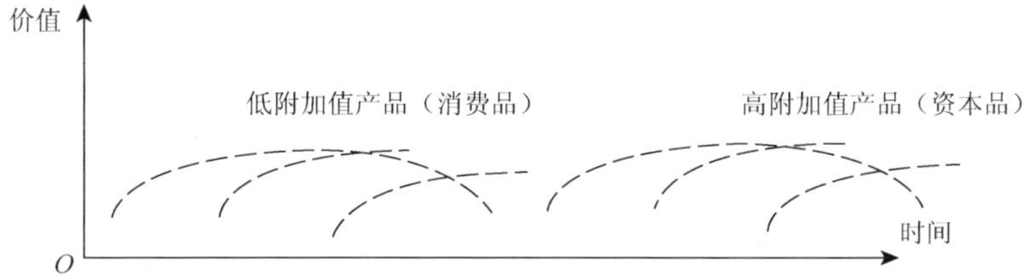

图 2.2　雁行模式图

第一阶段：某一国家由于进口工业消费品而产生了需求市场，即国内市场的产生阶段。

第二阶段：消费品生产进入国内生产时期，产生了进口替代，使得消费品（生活资料）进口开始减少，与此同时，相应的资本品（生产资料）的进口开始增加。

第三阶段：出口阶段，国内生产的发展超过了国内市场的需求水平，于是开始出口，但这个阶段的出口主要是向后发国家出口，同时，是对进口技术的模仿和消化以及资本品的国内生产，也就是进入了资本品的进口替代时期。

第四阶段：对后发国家的消费品出口开始减少，这是因为后发国家也开始进入进口替代的发展阶段，转而向发达国家出口有所增加，进入所谓的协调国际分工阶段。

雁行模式强调的是一种动态的产业梯度转移和传递过程，反映了产业转移对发展中国家产业结构升级的巨大推动作用，因而为欠发达地区产业结构的高级化提供了可能，理论本身后来也被许多日本学者证实。

但是，雁行模式也有它固有的局限性。从理论层面看，雁行模式的设计是以日本始终作为头雁为前提的，并且其暗含条件为东亚国家经济发展水平依次降低。另外，这种模式是以不同地区产业的垂直分工为前提的，因此产业传递的层次及顺序在一定程度上是固定的。从现实层面看，这既夸大了后进国在新技术、新产品的引进过程中对先进国家的依赖性，也否定了欠发达地区跨越式发展的可能性，同时还忽视了地区差距以及比较优势的发挥和努力。

（三）工业生产生命循环阶段论

工业生产生命循环阶段理论的首创者是美国哈佛大学学者弗农等。1966 年弗农提出了产品生命周期理论。20 世纪 70 年代，William J. Abernathy 和 James M. Utterback 等以产品的主导设计为主线将产品的发展划分成流动、过度和确定三个阶段，进一步发展了该理论。在此基础之上，1982 年，Gort 和 Klepper 通过对 46 个产品最多长达 73 年的时间序列数据进行分析，按产业中的厂商数目进行划分，建立了产业经济学意义上第一个产业生命周期模型，使工业生产生命循环阶段理论、概念转变及模型设计在纷争和融合中逐步走向成熟。

弗农提出的产品生命周期理论是在对美国20世纪60年代前后产业发展过程，特别是美国跨国公司的对外投资活动的基础上总结提出来的。该理论认为各工业部门，甚至各种工业产品都处于不同的生命循环阶段上。它们和生物一样，在发展过程中必然要经历创新、成长、成熟和衰退四个阶段，并在市场、需求、产品、竞争者、相关壁垒技术等方面表现出不同的特定（表 2.1）。例如，纺织、钢铁、造船等行业在资本主义发展的早期都曾经是充满生机和活力的产业部门，但在产业革命后期，因需求趋于萎缩、产品品种、技术创新等逐渐减少而逐渐沦为衰退部门。

表 2.1　工业生产生命循环各阶段的特点

阶段	市场增长性	需求增长率	产品品种	竞争者数量	进入与退出壁垒	技术创新
创新期	较高	较快	单一	较少	较低	较多
成长期	很高	高速增长	多样化	增多	提高	趋于稳定
成熟期	不高	不高	无差异化	趋于稳定	很高	成熟
衰退期	下降	下降	减少	减少	较低	较少

资料来源：刘婷，平瑛，2009

弗农认为产品的生命循环包括新产品阶段、成熟产品阶段和标准化阶段。

产业成长的初期即产品创新阶段，其生产和消费市场主要立足于国内；随着时间的推移，国内市场的扩大，产品的设计和生产已经实现部分标准化，产业（产品）进入成熟阶段，国内市场趋于饱和，而开始向劳动力成本更低的发展中国家转移，并在这些国家进行专业化生产，由发达国家向发展中国家的产业转移就此发生。

为了判断一个产业部门所处的发展阶段和今后的发展前景，英国经济地理学家埃斯塔尔根据美国 1947～1967 年 20 年间各产业部门职工人数的增长率，工业增加值的增长率与工业部门在国家产业结构中的比重的升降状况，为各个工业部门进行评分（表 2.2）。凡得分在 7～10 分的部门均归入兴旺部门，得分在 3.5～6.9 分的为停滞部门，得分在 3.4 分以下者为衰退部门。

表 2.2　各工业部门评分

兴旺部门	评分	停滞部门	评分	衰退部门	评分
军火	—	印刷出版	6.0	冶金	3.2
电力设备	9.2	金属制品	5.8	石油与煤	2.4
运输设备	8.5	纸张、纸浆	5.4	食品	2.4

续表

兴旺部门	评分	停滞部门	评分	衰退部门	评分
化工产品	8.2	石料、黏土与玻璃制品	4.4	皮革及其制品	0
橡胶和塑料制品	7.7	家具及室内装潢	4.4	纺织	8
机床	7.6	服装	3.8	木材及制品	0.7
一般机床制造	7.1				

资料来源：高洪深，2002

大致来说，这三种部门在工业生命循环中所处的阶段如图 2.3 所示。

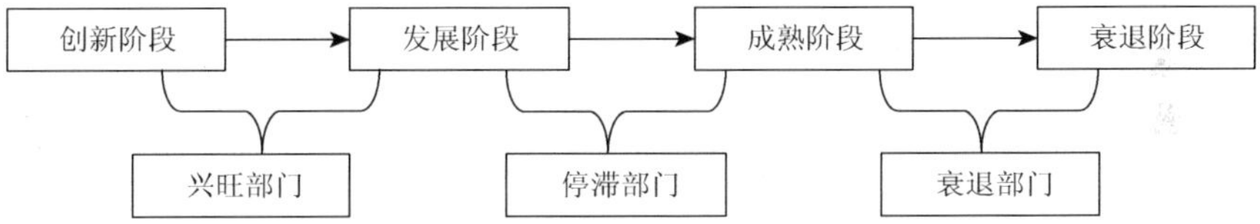

图 2.3　当代各工业部门所处阶段示意图

客观地说，工业生产生命循环阶段理论将产品生命周期和各国的比较优势结合起来，对于建立由产品生命周期导致的动态产业布局及区域转移研究具有较强启示作用，也在一定程度上有效弥补了“雁行模式”理论仅从后发工业国的角度来研究产业转移机制，而未能从发达国家的角度来研究产业转移的问题。但也要注意到，弗农等强调的只有产业进入标准化阶段才会向欠发达国家或地区转移，然而现实中却存在未进入标准化阶段，即存在发达国家为了追求低生产成本，一些生产工艺或环节也可以在欠发达国家或地区生产的现实。此外，判断工业生产生命循环阶段的主要指标取决于整个产品（产业）的市场和需求增长性，但是在经济实践中影响产业销售的因素很多，有经济的因素、政治的因素，也有文化以及风俗习惯的因素等，而且，即使是某一产品（产业）真正进入了衰退期，企业（产业）在什么情况下会选择退出战略（转移），其时机和方式如何也是值得深入研究的问题。

（四）梯度转移理论

梯度转移理论，是 20 世纪 60 年代经美国经济学家威尔伯、汤姆逊、胡佛等提出并逐渐完善而形成的一套区域经济理论。该理论认为，世界上每出现一种新行业、新产品、新技术，都会随着时间的推移，由处在高梯度上的地区向处在低梯度上的地区，逐级地传递下去。主要论点在于下述三个方面：其一，区域经济的兴衰主要取决于它的产业结构优劣。而产业结构的优劣又取决于地区经济部门，特别是主导部门在工业生产生命循环中所处的阶段。例如，第一个区域的主导专业化部门主要是由处在创新阶段的兴旺部门所组成，说明其不仅实力雄厚，也可说明其在今后一段时期仍然可能具有较好的发展前景，因而这类地区可称之为高梯度地区；反之则处于低梯度地区。其二，高梯度地区往往是新产业部门、新产品、新技术、新生产管理经验与组织方法等创新活动的诞生之地，随着时间的推移，工业生产循环阶段的变化，上述创新活动将按顺序逐步由高梯度地区向低梯度地区转移。换言之，由高梯度区向低梯度区转移的是逐渐衰退的、落后的、淘汰的产业、技术和产品。其三，梯度转移主要是通过多层次区域尤其是城市系统渐次扩展开来。而这一过程取决于两个条件：一是经济发展达到了一定阶段；二是市场机制发挥作用。因而，产业区域梯度转移的快慢和各个方向传播程度的强弱主要取决于产业转出区的推力、产业目标区的拉力与接纳能力、转移通道是否通畅等因素，是这些因素综合作用的结果。

根据梯度转移理论，产业转移发生的前提是区域性梯度差异的存在性，即这一理论隐含的基本假设是发达国家和区域永远发达，落后国家和区域永远落后，反之则不复成立。尽管该理论的初衷是欠发达国家和区域利用其劳动力的低成本比较优势，通过吸引发达国家和区域转出资本、技术和制成品，以带动远离发达国家和区域的区域经济发展，进而缩小经济发展中的国家和区域差异。但显然，按此理论的分析框架，发达国家和区域需要发展高端产业而欠发达国家和区域只有发展低端产业，这种梯度方能维持，这种产业转移也方能发生。无疑，原本存在的不合理经济秩序将进一步被固化，现有区域经济发展水平的差异也将进一步被扩大，究其实质，是对欠发达国家和地区的发展利益进一步剥夺。

二、基于微观视角的产业转移理论

（一）边际产业扩张理论

日本学者小岛清（1978）从日本自身经历，即引进美国现代产业部门—创造比较优势—失去比较优势这一过程的经验出发，在其专著《对外直接投资论》中总结了尚处于成长期的日本对外投资原因和行业特点，系统提出了边际产业扩张理论。该理论认为，一国的对外投资可以在比较优势的变迁过程中进行，即一国可以通过对外投资的方式将已经处于比较劣势的产业（即边际产业）转移到国外，进而重树本已丧失的比较优势。其主要内容包括以下几个方面。

第一，从边际产业扩张的目的和作用角度，对外投资的根本目的在于振兴并促进投资母国的比较劣势产业，即为了实现劣势产业仍然存在的某种潜在优势。

同时投资和转移的产业也要适应东道国的需要，通过向东道国移植新工业、转让新技术，从而分阶段地促进母国和东道国经济的共同发展，起到类似于“教师的作用”。

第二，从边际产业扩张的特点角度，母国通过外直接投资的形式将特定产业部门的某些特定企业向东道国的相同产业部门的特定企业实现转移，这一过程，不仅涉及货币资本的流动，也涉及资本、技术、管理经验等多种要素并存的综合体的流动，是向东道国不断吸收投资母国先进生产函数转移和普及的过程。

第三，从边际产业扩张的主体角度，通过对外直接投资转移的产业应该是母国的边际产业，即“比较劣势产业”。鉴于中小企业与大企业相比更易处于比较劣势，即在企业间的竞争中属于“边际性企业”，因此中小企业通常是对外直接投资的主体。

第四，从边际产业扩张方式角度，该理论主张投资东道国应首先选择向发展中国家工业进行投资，投资领域应首先从技术差距最小的产业或领域开始，两者依次进行；扩张的方式应以合资形式为主体，也可选择类似于分享产品那样的非股权安排方式，尽可能不采取拥有全部股份的“飞地”式子公司的方式。

第五，从投资与贸易的关系角度，该理论主张投资与贸易需要互动发展，投资母国通过将自然资源导向型、劳动力导向型等劳动力密集型产品向东道国转移，将本国的技术、管理等优势一并移植到东道国，既可以改善自身的生产效果，降低生产成本，也可以迎合东道国的发展之需。其结果是，对方国家（即东道国与母国）创造出了更多的贸易机会，尤其是对于母国而言，更加便于投资母国可以以更低的成本从东道国进口大量产品。因而，这种对外直接投资不是贸易取代型关系（替代关系），而是贸易导向型的互惠互利关系。

边际产业扩张理论从对外直接投资和贸易两个方面，系统研究了边际产业扩张的全过程，不仅涉及宏观层面的国家之间的产业转移问题，也涉及中观层面的劳动密集型或资源密集型产业转移问题，还涉及微观层面的中小企业、生产工序的转移问题。尤其是该理论提出的有关边际产业的移植标准（从技术差距最小的产业依次移植），即投资母国应根据国际分工的比较优势原理将边际产业、边际企业、边际生产工序依次通过对外直接投资方式转移，至今仍有很强的理论和现实指导意义。

当然，边际产业扩张理论是建立在国与国之间业已存在的发展水平差距之上，发达国家可以不断将边际产业或已经落后的技术转移到发展中国家，而母国则始终处于先进技术和高级产业的制高点，而依靠“拾人牙慧”的方式吸引投资的发展中国家，则很难通过产业结构升级追赶发展国家，这种差距将使发达国家的领先地位牢不可破。事实上，亚洲“四小龙”的先后崛起也从实证检验的角度给这一理论打上大大的问号。此外，该理论所强调的“边际产业移植标准”，往往因为贸易利益的流失，难以弥合的经济发展差距而遭到发展中国家反对甚至抵制。

（二）中心—外围论

“中心—外围”理论是由阿根廷经济学家劳尔·普雷维什提出的一种理论模式，他从依附角度分析了中心——发达资本主义国家和外围——发展中国家之间的经济关系。概括地说，该理论主要包含了三个方面的内容：“中心—外围”体系是一个统一的、动态的体系，具有整体性；“中心—外围”之间在生产结构上存在很大的差异性；“中心—外围”之间的关系是不平等的。普雷维什强调整体性，无论是“中心”还是“外围”，它们都是整个资本主义世界经济体系的一部分，而不是两个不同的经济体系。

普雷维什认为，中心之所以为中心，其优势在于能产生和吸引大量的革新；外围之所以为外围，其劣势在于发展方向主要取决于中心，是另一个次系统，始终与中心相互依存。至于造成这一现状的原因可以从很多方面解释。

一方面，现有的世界经济体系是“中心”与“外围”关系是重要原因。在资产阶级工业革命以后形成的世界经济体系中，技术进步及其成果的发生和传播在这一体系中存在明显的不平衡性；另一方面，世界经济体系的“动力中心”从英国向美国的转移，进一步加深了“中心”与“外围”之间的不平等。该理论认为，部分在原有“中心—外围”体系下发展起来的国家，一般不对其进口的外围国家的初级产品设置诸多关税或非关税壁垒。这种情况在世界经济体系的“中心”转移到美国以后发生了很大的变化，同以往的“中心”不同的是，美国的进口系数很低，加之各种人为设置的关税或非关税壁垒，使外围国家的初级产品出口部门失去了原有的发展动力，进而使外围国家和地区处于了一个更加不利的地位。此外，国家之间的贸易不平衡以及跨国公司的作用也在一定程度上维系了“中心”与“外围”关系。相比而言，工业制成品的需求弹性较原材料和初级产品的需求弹性要高，通常情况下，发展中国家往往被迫实行进口替代战略，以期通过国内工业化来弥补因大量进口工业品导致的贸易环境的不断恶化和巨额贸易逆差。其间跨国公司在发展中国家进口替代战略及工业化过程中起了主导作用，在掠夺了外围国家巨额利润的同时，也阻碍了上述国家的资本积累。

普雷维什关于“中心”和“外围”之间经济关系的分析，部分地反映了发达资本主义国家和发展中国家之间经济关系和产业转移的现实，同时也较早地注意到产业转移是区域间经济关系发展变化的必然产物。但其对现有世界经济体系的悲观认识，尤其是对产业转移对外围国家经济发展的积极影响存在一定的认知不足。

(三)国际生产折衷论

英国经济学家约翰·邓宁的国际生产折衷理论是在国际生产理论的有关思想基础上形成的较为“折衷”的理论体系，先后见于1977年的《贸易、经济活动的区位与多国企业：折衷理论探讨》和1981年的《国际生产与跨国企业》等著作中，全面分析了国际生产的决定因素、国际生产所采取的形式、国际生产的开展程度等方面的内容。在其理论体系中，企业所有权优势、内部化优势和区位优势是三大支柱，而企业必须同时兼备三大优势才能从事有利的海外直接投资活动。

一是所有权优势（ownership）。所有权特定优势包括两个方面：一方面在于独占无形资产所产生的优势；另一方面在于企业规模经济所产生的优势。二是区位优势（location），是东道国拥有的优势，包括自然区位，如丰富的自然资源、便捷的地理位置等，以及经济区位，如东道国的政治经济制度、政策法规灵活等形成的有利条件和良好的基础设施等。三是内部化优势（internalization），是指跨国公司运用所有权特定优势，以节约或消除交易成本的能力，即结构性市场失效和交易性市场失效。由于东道国贸易壁垒所引起的市场失效称之为结构性市场失效，而交易性市场失效则往往是由交易渠道不畅所致。

邓宁的国际生产折衷论克服了传统的对外投资理论只注重资本流动方面的研究不足，他将直接投资、国际贸易、区位选择等综合起来加以考虑，几乎集西方直接投资理论之大成，使国际投资研究向比较全面和综合的方向发展。这一创建性结论既可用于发达国家，也可用于发展中国家和地区，满足了多方面的需要，从而获得了“通论”的雅称。当然也要注意到，国际生产折衷论本身是一种静态的、微观的理论，其述及的影响直接投资理论众多因素之中，并无先后、优劣乃至重要程度之分，无法在现实研究和具体操作层面准确界定究竟是何种因素对投资决定最具影响作用，这种所谓一切均需视具体情况而定的思路，似乎也在一定程度上掩盖了这一严密理论体系本身所应有的概括性地解释具体现象能力的光芒。

(四)区位选择(进入)理论

早在18世纪下半叶，区位论思想就已经出现在一些古典经济学家的著作中，并广泛传播，这些早期的区位论思想为后来的区位理论研究奠定了基础。古典区位理论起源于19世纪20年代。1826年杜能（J.H.Thunen）的《孤立国同农业和国民经济的关系》一书问世，标志着古典区位理论的产生，杜能也被推崇为区位论研究的鼻祖；在工业区位论研究方面贡献最大的则是韦伯（A.Weber）。他于1909

年出版的《工业区位理论：第一部区位的纯粹理论》和 1914 年出版的《工业区位理论：区位的一般理论及资本主义的理论》也是古典区位理论的代表性著作。韦伯区位理论的中心是降低成本，即成本最低点就是工业的最佳区位。

克里斯泰勒（W.Christaller）1933 年发表的《南德的中心地》是近代区位论的代表作，奠定了中心地理论的基础。中心地理论是对杜能、韦伯区位论的发展，他详细分析了城市等级规模的阶层性、中心地空间分布模式、城市体系模式等问题；20 世纪 40 年代，廖什（A.Lösch）在综合分析杜能、韦伯等的区位理论基础上，于 1940 年出版了著名的《经济的空间秩序》。廖什区位论的最大特点是用最大利润原则代替了韦伯的最低成本原则，并把区位选择与商品销售范围相联系，既考虑了供给因素，同时也考虑了需求因素。他不仅从局部均衡角度分析了单个工厂的区位问题，更重要的是从一般均衡角度考察了整个工业及城市区位问题。因此，他的著作也被看成近代区位理论的代表性著作，有益地扩展了近现代产业转移理论视野。

诚然，古典及至近代区位理论大多并未直接研究产业转移问题，但现代区位理论开始为产业转移的微观研究，特别是对理解企业的转移以及最终的区位选择提供了一个独特视角。例如，关于转移企业的区位选择与经营效果的关系涉及两个核心问题，包括区位的选择对企业经营效果有多大程度的影响、企业对它周边环境的利益有什么样的作用，等等，区位理论均为其开辟了一个全新、开放的研究场域。

20 世纪 50 年代以来，以空间经济研究为特征，着眼于区域经济活动的最优组织的现代区位理论应运而生，并发展壮大起来，主要包括成本学派、市场学派、行为学派、社会学派、历史学派和计量学派五大学派。

较为典型的如 Hayter（1997）提出的区位进入理论为分析产业转移动因、机制等提供了一个很好的分析框架。Hayter（1997）提出区位进入理论主要回答的问题是：为什么以某一个国家为基地的企业在其国际化过程中能够在某一特定国家（即东道国）建立分支机构。他吸收了垄断优势理论、内部化理论和折衷理论等成果，以“进入优势”和“进入壁垒”两个概念对企业国际化空间扩张的区位选择进行分析。这一理论的核心观点是：企业在国际化过程中总是在评估和开发内部形成的某些进入优势（或称竞争优势）和进入壁垒，这些进入壁垒指的是在外国市场上与当地企业竞争所遇到的各种问题，只有当企业在某一特定国家的进入优势大于进入壁垒时，企业才选择在这一特定国家进行跨国扩张。

按照 Hayter（1997）的观点空间进入壁垒是企业在选择投资区域、社区和地点的过程中所遇到的超过当地竞争者的额外成本和不确定性。由于区域特征和区域差异的存在，企业向外扩张时，不仅会面临跨区域的交通通信问题，而且会遇到对当地法律、文化、政治、经济和自然条件的信息搜集问题。而空间进入优势系指企业为了实现其战略动机，这种动机一方面与企业的盈利性和效率有关；另一方面与产业对市场、资源及有关安全性的控制有关，企业必须开发内部形成的某些进入优势。这些进入优势须有足够的势力去克服前述的进入壁垒。也就是说，在产业转移的过程中，一方面企业要利用已有的竞争优势占领产业承接区域的市场；另一方面在产业转移过程中要进一步扩展所确立的竞争优势。

从总体上说，这种模型提出了一种解释企业国际化过程的一般性框架，既可以解释在国内具有较强竞争优势的大型企业组织的扩张行为，也可以解释具有相对竞争优势的企业组织的对外扩张。

三、产业转移的相关研究

如前文所析，有关产业转移的研究，最早是从国际角度开始的。刘易斯比较早地注意到劳动密集型产业的国际转移现象，但没有提出比较完整的国际产业转移理论。在国际产业转移经典理论中，日本学者赤松要的“雁行理论”和美国学者弗农的“工业生产生命循环阶段论”最具代表性。前者揭示了发展中国家通过承接发达国家产业转移，实现工业化后，再转移到其他发展中国家的梯度转移全过程，从而形成东亚区域产业结构高度错落有致的“雁行形态”。后者阐述了产业是如何由发达国家和地区逐步向发展中国家和地区转移的，认为产品生命周期包括新产品阶段、成熟产品阶段和标准化阶段。产业成长的初期即产品创新阶段，其生产和消费市场主要立足于国内；随着时间的推移，开始向其他发达国家和发展中国家出口。

以 Dunning 为代表的 O-L-I 模型则指出，发生产业转移的前提在于，企业必须同时具有三种特定的所有权优势、区位优势和内部化优势，三者缺一不可。小岛清系统提出了 H-O-S 模型理论，认为产业转移之所以发生是因为该产业在东道国失去了比较优势，相反对于移入国则具有一定的比较优势，虽可很好地解释“雁行模式”，但却无法解释发展中国家出现的逆贸易导向的直接投资行为，且理论的时空适应性局限明显。另外，普雷维什的中心—外围理论，部分地反映了发达资本主义国家和发展中国家之间产业转移的现实，同时也较早地注意到产业转移是区域间经济关系发展变化的必然产物，但对于产业转移能够加快欠发达区域经济发展的积极影响认识不足。此外，小岛清、Hayter 等则从边际产业扩张、区位进入角度来解释产业转移的现象。

总体而言，国际上已有的经典产业转移理论体系相对完整，均能很好地解释特定时期（20 世纪 90 年代以前）、特定国家间（市场机制健全的国家）的产业转移现象，为国际产业转移的系统研究提供了较多可资借鉴的理论基础与研究思路。但也要看到，这些理论多是基于发达国家的角度或国与国之间来研究的，且未能随着社会经济的发展而实现“与时俱进”，特别是未能随着信息技术的发展而有所创新，加之鉴于中国的经济环境和体制现实存在较多的特殊性，多数国外的理论缺乏对中国实际的针对性和实用性。

国内学者对产业转移的研究起步较迟，但近年来国内对该问题的研究却是日益增多，学术界、企业界和政府都对该问题表现出前所未有的热情，产业转移研究在国内似乎一夜之间由不为人知变成了一门“显学”（图 2.4）。其理论基础主要是基于 R. Venom 的产品生命周期理论和 J. H. Thompson 的区域生命周期理论上的产业梯度转移理论。国内对产业转移的研究，主要集中在与此相关的以下四个领域：①国际产业转移的趋势与中国产业结构调整的关系；②技术转移的梯度和“反梯度”理论；③国际直接投资与产业转移的关系；④国内产业转移与企业扩张问题。张驰（1993）较早地分析了跨国公司海外生产对母国的影响；卢根鑫（1994）比较早地分析了国际产业转移的趋势及对发展中国家的影响；陈建军（2002c）较早地探讨了中国现阶段产业区域转移的动力机制，并结合浙江 105 家企业实证分析了我国现阶段的产业区域转移；孙自铎（2004）认为，通过产业梯度转移来消除经济发展中的差距，其效果比通过政府转移支付或地区倾斜政策更符合市场经济的一般原则；王兴中（2006）、吴进红（2006）、钱方明（2006）等分析了产业梯度转移与区域协调发展的关系；张安忠（2007）、张平和吴艳华（2009）、许林（2014）分析了国际产业转移的新趋势及对我国或相关地区产业竞争力、区域要素流动、地区产业升级、经济增长、环境保护方面的影响；等等。

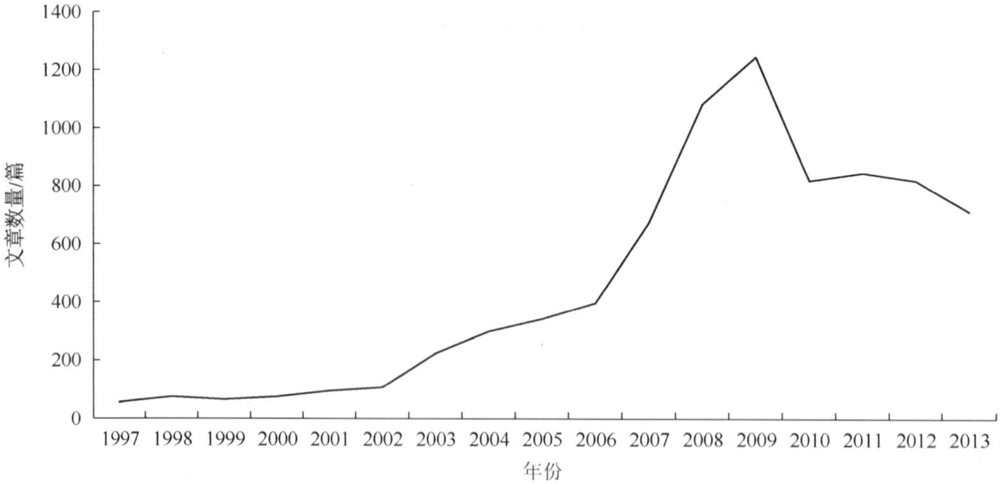

图 2.4　中国学者以“产业转移”为关键词发表的文章数

一些学者从国家、区域或跨国公司等不同主体的角度对产业转移进行了研究，在研究产业转移的原因、规律、变化趋势及经济效应等方面获得有益的结论，有助于发挥不同主体在推进产业转移中的作用。例如，吴伟萍（2003）结合国际产业转移新趋势，提出广东应从产业发展环境的培育、引资渠道的创新、产业集群效应的发挥及技术创新体系的培育等方面采取措施积极承接国际产业转移。李佐军（2006）指出，我国承接国际产业转移的区域呈现出“以东部为主，向中西部延伸”的趋势，而东部外商到西部再投资则成为西部承接国际产业转移的主要方式。

一些学者则致力于国家或区域之间的经济、制度等差异导致了不同的产业转移模式研究，有助于正确认识不同国家或区域的产业转移环境，依据相应条件选择正确的产业转移模式和机制。刘新荣和龙江松（2007）以长株潭城市群为例，对城市群内部政府、企业与战略投资者之间的博弈关系进行研究，提出城市群存在相似协同发展、差异协同发展、产业集群协同发展三种模式。曹慧平（2010）探讨了发展中国家承接国际产业转移的模式选择问题。文章通过对比发现，以 FDI 为主、以服务外包为辅的产业承接模式制约了我国服务业的发展，而印度以服务外包为主、以 FDI 为辅的产业承接模式则造成印度制造业发展滞后，因此发展中国家在承接国际产业转移过程中要兼顾吸引和服务外包，使外商投资中制造业与服务业比例趋于合理，并通过积极发展生产性服务业实现制造业与服务业互动发展。

一些学者研究更加深入，有些从区域黏性视角开展研究。张存菊和苗建军（2010）以江苏省为例，利用面板数据模型对影响产业转移的因素进行了实证分析。通过实证研究发现，产业黏性主要受沉没成本和劳动力跨区域流动的影响，而最主要因素则是沉没成本而非劳动力的跨区域流动。程必定（2010）以皖江城市带承接长三角产业转移战略为例，提出从产业和空间两方面入手克服产业转移的“区域黏性”。从产业方面来说，一是提升“存量产业”，优化调整传统优势产业；二是扩大“增量产业”，即大力发展新兴产业，以新兴产业产业为后续来承接产业转移。从空间方面来说，就是通过整合城市资源配置，优化空间布局，加快院江城市带建设。有些则从产业链重构角度开展研究，主要集中于东中西大区域产业转移与产业链的建立，而对于区域内部如长三角、京津冀地区，这种区域内产业转移与产业链构建方面的研究相对不足，而这对于优化小区域产业空间布局以及增强区域整体产业竞争力具有重要意义。李娅（2010）通过构建一个两区域、三部门的产业分工模型，研究了产业链跨区域分工模式。文章认为，东部地区向中西部地区的产业转移一定程度上是国际产业链分工模式在国内的延伸，而产业链跨区域分工机制建立在区域间发展差异、优势互补和利益共赢的基础上。

总体而言，国内学者对产业转移的研究多是在借鉴国外相关经典理论的基础上进行的较为宏观的、实证性分析，缺乏对中国产业区域转移动因、机制、效应等的完整性、系统性和微观性的研究，尚未形成系统的自主理论框架。事实上，产业转移是一种复杂的社会经济现象，仅从经济发展水平、市场、比较优势、综合成本、经济政策等角度加以研究显然是不够的。例如，备受国内学者推崇的产业梯度转移理论虽很好地解释了产业为什么转移，但并不能回答为什么产业偏向于向某些区位集中，而非完全按照产业梯度的存在方向转移这一现实，且在我国也并没有发生理论预期的大规模产业梯度转移现象，这说明产业梯度转移需要一定的条件。因此，还需要从制度创新、企业行为决策、经济体制、社会资本、文化、生产网络等多角度、全方位加以分析研究。但遗憾的是，围绕这些方面的研究少之又少，既缺乏相关的实证研究，也缺乏理论分析的构建，尚有较多的理论空白需要挖掘。

第二节　产业集群的理论基础及相关研究

产业集群的真正形成和发展的时间其实并不久远，以致很多学者认为产业集群的理论来源于美国学者波特的竞争优势理论。尽管当今很多学术研究西化之风越演越烈，但我们在追溯产业集群理论形成和发展的过程中不能也不应该无视其间一些学者所做的探索性或实践性努力。

事实上，产业集群思想的源远流长，其理论源头甚至可以追溯到 1890 年出版的马歇尔《经济学原理》，马歇尔指出，“我们可以把因任何一种货物的生产规模之扩大而发生的经济分为两类：第一是有赖于这工业的一般发达经济；第二是有赖于从事这工业的个别企业的资源、组织和经营效率的经济……这种经济往往因许多性质相似的小型企业集中在特定地区，即通常所说的工业地区分布而获得”①。

韦伯在 1909 年出版的《工业区位论》一书中，把区位因素分为区域因素和集聚因素。韦伯认为，产业集聚分为两个阶段：第一阶段是企业自身的简单规模扩张，从而引起产业集中化，这是产业集聚的低级阶段；第二阶段主要是靠大企业以完善的组织方式集中于某一地方，并引发更多同类企业的出现。这时，大规模生产的显著经济优势就是有效的地方性集聚效应。韦伯把产业集群归结为四个方面的因素：一是技术设备的发展；二是劳动力组织的发展；三是市场化因素；四是经常性开支成本。韦伯探讨了产业集聚优势的因素，分析了集聚形成的规则，研究成果具有相当的价值。

产业集群的伟大实践和苏联学者有关地域生产综合体的研究和实践密不可

① 马歇尔. 经济学原理（上卷）. 北京：商务印书馆，1964：31.

分。20世纪20年代，苏联学者舒利金、巴朗斯基等最早提出了“生产综合体”的概念，此后，许多文献都称之为“生产区域综合体”，到后来又以“地域生产综合体”使用得最为广泛。地域生产综合体是“具有功能联系并按比例发展专业化生产的经济效益共同体”；它是根据某一地区的自然、经济和社会条件，按照国民经济发展计划，把建立专门化部门与建立为之服务的辅助性部门及其基础设施有机结合起来的综合发展地区经济的形式。地域生产综合体主要有以下特点：一是具有专门化的主导部门；二是各部门综合、协调地发展；三是多建立在资源丰富的地区；四是属于“大推动”式的开发。其组成结构和特点表明，地域生产综合体本质上就是一种典型的产业集群，其核心也是专门化企业，围绕着这一核心的关联类企业、依附类企业之间也存在生产的投入与产出联系，所有企业也可以共同享用各类基础设施。尽管地域生产综合体存在投资巨大，尤其是一次性投资很多，建设工期较长等不足，但它有利于节省建设用地，减少开支，降低成本，可以集约地使用基础设施，有利于能源、原材料的综合作用、开展环境污染综合防治，等等，和当今诸学者所广泛提及的产业集群的众多竞争优势如出一辙。当然，产业集群与传统的地域生产综合体相比，具有一系列新的特点和运行机制：产业集群能帮助产业克服内在惯性与僵化，使竞争保持持久活力；产业集群内能形成交互作用和良性循环等。但苏联在资源开发活动中广泛运用地域生产综合体模式，并取得了较好经济效果的现实仍然给我们提供了诸多宝贵的启示。

此外，增长极理论等也对现今的产业集群理论形成和发展贡献巨大。最早提出增长极概念的是法国经济学家佩鲁，他在1955年发表的一篇论文中集中讨论了对经济增长产生诱导作用的一系列相关产业，结果发现这些产业具有两个明显的特征：一是寡头垄断的市场结构；二是空间集聚。增长极理论是一种合成理论，是对与增长极行为有关的各种思想加以折衷的综合产物，包含那些通过解释地区的发展过程和在增长过程中的有关集聚中心能促进周围地区经济增长的各种假说。尽管这些假说各不相同，彼此不存在必然的内在联系，但其要旨具有内在一致性，即制定政策的关键是在地区内建立推动性工业，同时需要考虑这些工业与当地经济的拟合性。

根据增长极理论，增长极是否存在决定于有无发动型工业。所谓发动型工业就是能带动城市和区域经济发展的工业部门。一组发动型工业聚集在地理空间上的某一地区，则该地区透过极化（polarization）和扩散（spread）过程，形成增长极，以获得最高的经济效益和快速的经济发展。这种发动型工业产品增长率特别高，与其他产业的关系特别密切，产品有全国性或世界性市场，产品增殖效果好，市场对该产品需求的弹性高，具有高度的空间集中倾向。由于规模经济的作用，随着发动型工业的生产发展和规模扩大，于是，生产成本和产品价格随之下降。由于发动型工业与其他产业关系密切，发动型工业的产品大部分用于发展与其有垂直关联的工业，所以当发动型工业成本下降时，关联工业成本也下降，加速了关联工业的发展。为了节省运费，关联工业必然向发动型工业所在地集中，以便获得空间集聚效益。通过上述过程，增长极逐渐形成和发展。

因此，当政府将某种推动性产业植入某一地区后，将产生围绕推动性产业的集聚，再通过极化效应以及扩散效应，导致地区经济的增长，这些思想和相关精辟论述，尤其是其侧重点关于“推动性产业—集聚—经济增长”的研究思路，和当今的产业集群理论研究具有明显的内在逻辑一致性。

一、产业集群的理论基础

产业集群现象真正引起学界以及实业界的关注和重视则是近 20 多年来的事。其中，影响最为深远的有两位学者。一位是美国学者迈克尔·波特，他在专著《国家竞争优势》中提出的一些重要命题和判断具有开创性的意义，如聚集对规模经济的作用、对要素改变的影响，政府的政策作用与聚集经济的关系等。波特在 1998 年发表的题为“产业集群与新竞争经济学”一文中，进一步对产业集群与产业竞争优势、区域经济发展的问题进行了深入系统地探讨。

迈克尔·波特把产业集群理论推向了新的高峰。波特的产业集群研究是结合其对国家竞争优势研究而展开的。他在 1990 年完成的《国家竞争优势》一书中，通过不同国家和地区之间的产业集群竞争特点对国家竞争优势进行了具体的比较分析，提出评价一个国家产业竞争力的关键是该国能否有效地形成竞争性环境和创新。在《国家竞争优势》一书中，波特提出了国家竞争优势的“钻石模型”。“钻石模型”的构架主要由四个基本的因素（需求条件、相关及支撑产业、企业的战略、结构与竞争）和两个附加要素（机遇和政府）组成。在竞争优势理论中，波特强调各个要素发挥作用时，是一个动态系统性机制的变化。国内竞争压力和地理集中使得整个“钻石”构架成为一个系统。国内市场竞争的压力可以提高国内其他竞争者的创新能力；而地理集中将使四个基本因素整合为一个整体，从而更容易相互作用和协调提高。波特在其竞争优势理论中指出，国家竞争优势的获得，关键在于产业的竞争，而产业的发展往往是在国内几个区域内形成有竞争力的产业集群。当今世界，无论是发达国家还是发展中国家，在不同的行业，无论是高技术产业，还是一般的劳动密集型产业，均存在明显的产业集群现象。产业集群在国内外区域经济发展中的实践表明，无论是高科技产业集群，还是传统产业群，都取得了很大的成功。

另一位是美国经济学家保罗·克鲁格曼。正如瑞典皇家科学院在 2008 年诺贝尔奖颁奖声明中说:"自由贸易与全球化有什么影响？全世界范围城市化背后的驱动力是什么？保罗·克鲁格曼创立并阐明了一套全新理论，可以回答所有这些问题。"声明同时强调说："他也因此全面整合此前全异的国际贸易与经济地理学研究领域。"作为新经济地理学的开创人，克氏在其发表的最具影响力的文献《收益递增与经济地理》中，建立了一个简明而有效的"中心—外围"的模型。通过这个模型，克氏力图说明区域或地理因素在要素配置和竞争中的重要作用，通常情况下制造业地区处于中心或核心（core），而农业地区则是外围（periphery），这种模型的形成及其效率取决于运输成本、规模经济和制造业的聚集程度。1995 年，克鲁格曼出版了《发展、地理学与经济地理》一书，该书既是他的新地理经济学的一部代表著作，又是对他的产业集群理论的进一步补充，尤其是建立了关于聚集经济（可应用于产业集群）的新的模型。1999 年，克鲁格曼与另外两位学者合作，发表了《空间经济：城市、区域与国际贸易》一书，系统地论述了产业集群与聚集经济的形成因素，并完全用经济学的方法解释和分析产业集群和经济聚集这些现象，这部著作在美国经济学界有较高的地位，在重要学术期刊上常能见到对该书的评论并被学者们广泛引用。此外，藤田昌久(Fujita)、维纳布尔斯(Anthony J.Venables）等的研究也一起推动了新经济地理学的发展以及人们对经济集聚现象认识的深化。

可以说，克鲁格曼等是继马歇尔之后把区位问题和规模经济、竞争、均衡这些经济学常规问题结合在一起的第一位主流经济学家。他对产业聚集给予了高度的关注，认为经济活动的集聚与规模经济有紧密联系，能够导致收益递增。由于克鲁格曼保罗·克鲁格曼是自由经济学派的新生代，加之他的系列论文完全符合经济学的研究规范，所以，克鲁格曼成了近十年来产业集群研究人员所关注的人物，而他的相关论文也成为这些研究人员引用最多的研究成果。

二、产业集群的相关研究

中国在 20 世纪 90 年代初建立了市场经济的改革目标，东部沿海部分地区乡镇企业以地缘为基础的专业化生产区域初显端倪，孕育并诞生了一批中国式的产业集群，国内一些学者在调查研究的基础上，归纳提出了"温州模式""苏南模式""长三角模式""珠三角模式""块状经济"等概念来概括这些区域经济发展的经验（张元智和马鸣萧，2006），产业集群现象引起了学界和实业界前所未有的强烈关注。进入 21 世纪以来，我国有关产业集群研究的文献开始如雨后春笋一般"喷薄而出"（图 2.5）。这些理论多是借鉴或运用国外相关理论来加以应用和分析。

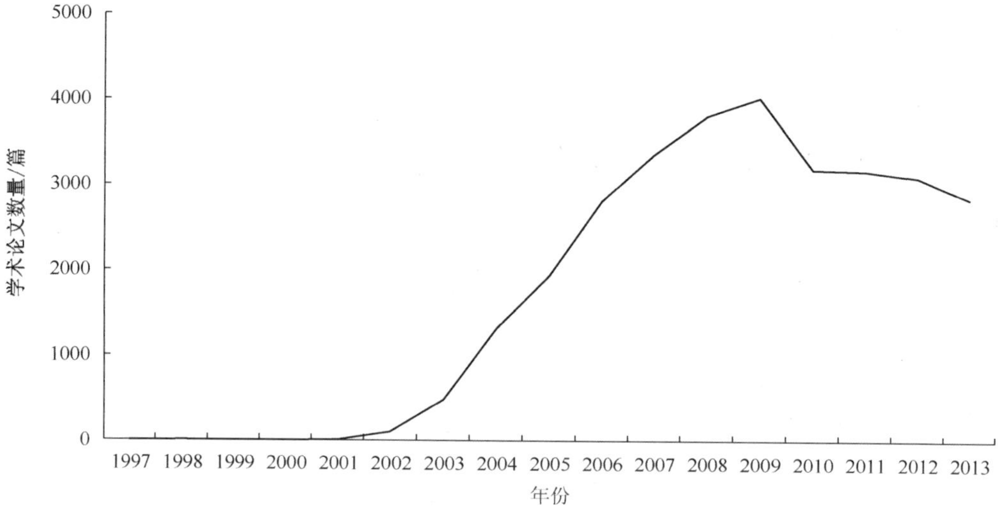

图 2.5　中国以“产业集群”为关键词发表的学术论文数量

较早且系统研究产业集群的学者当属北京大学的王缉慈教授，先后出版了专著《现代工业地理学》、《新的产业空间——高新技术产业开发区的发展和布局》，最先较为系统地概括了产业集聚、产业集群及新产业区理论，并且用多个国内外的产业集群案例分析不同产业类型的集群现象和机理；在对影响我国区域发展的传统理论进行反思的基础上，指出了发展具有地方特色的企业集群、营造区域创新环境、强化区域竞争优势是国家竞争力的关键（王缉慈，2001）。

目前，国内有关集群研究的文献很多，在浩瀚的文献海洋中想要穷尽中国产业集群研究的全部内容及特征，无疑是一件相对困难的事。本书有关国内产业集群的研究现状的分析，仅是建于部分代表性文献基础之上，所进行的有关研究内容或代表性观点的归纳和总结，难免存在挂一漏万的缺陷。当然，这些缺陷并不影响本书有关国内产业集群研究总体规律性的描述与界定。

总体而言，中国有关产业集群的研究也多是基于西方相关理论基础上的综合应用，主要涉及以下方面：一是产业集群的理论研究，涉及产业集群的类型和特征、形成机制、竞争优势等；二是产业集群的实证研究；三是我国区域集群战略和政策等方面；四是博士、硕士学位论文的综合研究。我国很多学者对集群的研究是建立在集聚经济和新产业区的基础上的。经济学者侧重于从外部性、报酬递增、专业化分工、交易费用等理论的角度来阐述集群的形成和发展机制的分析；地理学者更突出产业空间聚集的区域经济发展效应分析，重视空间因素对于产业集群形成和发展过程的影响；而社会学者则强调非正式的社会关系网络和人际关系网络以及本地的社会文化环境等社会因素的影响；等等（表 2.3）。

表 2.3　产业集群的国内相关研究进展

研究方向	研究内容	主要研究者
产业集群理论研究	产业集群的类型、特征、形成机制、竞争优势、模型设计等	王缉慈、仇保兴、李小建、符正平、史晋川、宋康对、李水刚、祝青、金祥荣、徐康宁等
产业集群实证研究	产业集群的识别、集群创新、集群网络、集群根植性、典型集群案例等	王缉慈、仇保兴、史晋川、叶建亮、陈建军、孟庆民、张元智等、魏江等
产业集群政策研究	集群风险、集群战略、集群政策、集群治理等	王缉慈、李小建、张元智、顾强、盛世豪、储小平等
产业集群的综合研究（博士、硕士学位论文）	综合研究	盖文启、黄建康、朱华晟、刘春芝、梁琦等

（一）产业集群理论研究方面

仇保兴（1999）认为，集群是一群彼此独立自主又相互关联的小企业依据专业化分工和协作建立起来的组织，其结构介于纯市场和层级组织之间，比市场稳定，比层级组织灵活，从制度层面对小企业集群进行了较为准确的定义。宁钟（2001）从微观角度分析产业集群的演进机制，认为企业集群形成受企业进入、退出、劳动力市场、技术溢出及需求等的动态变化影响，阐述了技术追赶、吸收能力、人力资本和集群成长之间的关系；李小建和李二玲（2002）认为，经济生产系统对产业集聚的发生具有自组织性。各层次的规模收益递增、可流动的生产要素、较低的贸易成本是产业集聚发生的三大要素。符正平（2002）则详细讨论了集群产生的供给条件、需求条件和社会历史条件，并认为网络效应在企业集群形成过程中起着关键作用，地方公共产品的有效供给是集群形成和发展的重要条件。金祥荣（2002）则用数学模型较为深入地论证了产业集群的内在动力。郭繁荣（2006）指出产业集群之所以能够吸引大量研究者和投资者的兴趣是因为它能够发挥巨大的优势，因为集群内部的企业比集群外部的企业更具有效率和竞争力。

近年来，产业集群理论研究出现了一些新的趋势，开始关注集群网络、社会资本等对产业集群形成的影响，如霍丽和惠宁（2007）认为正式制度促进了外生式产业集群的形成，非正式制度孕育了内生式产业集群的形成；马中东（2007）则认为，社会分工的正网络效应有助于提高交易效率，交易效率的提高会带来更大的社会分工正网络效应和递增的聚集收益，吸引越来越多的企业到该地区聚集，从而引起集群的形成和扩张；姚丽娟（2009）探讨了创新型产业集群与提升欠发达区域竞争力的关系；付小丽（2010）从产业链、供应链等角度分析产业集群的形成机理及其关联与区别；闫莹和陈建富（2010）探讨了网络关系强度与产业集群竞争优势关系；张望和杨永忠（2010）以“长汀现象”为例分析了社会资本构成与产业集群演化的关系；等等。

（二）产业集群的实证研究

中国有关产业集群的研究多是基于既有较为成型的产业集群成长经验基础上开展的，因此，有关产业集群的实证研究往往和产业集群的理论、政策等方面的研究交织在一起，成为我国产业集群研究的主要涉及面之一。大致可以分为两大类别：一是区域产业集群成长的实证研究，如仇保兴（1999）以浙江永康保温杯产业群为例，分析因过度竞争所致的产品质量恶性循环、不断退化的过程，并认为其主要原因是产品质量信息分布不对称性所致的“柠檬市场”效应；史晋川和朱康对（2002）从制度变迁、人文精神、海外投资与市场等方面对温州模式的成因进行分析；叶建亮（2001）从知识溢出的理论来分析浙江省的集群现象。二是行业产业集群成长的实证研究，如吴强军（2004）以永康小五金产业集群为例，通过对永康小五金产业集群的现状分析，研究中小企业集群成长的影响因素与机制，并提出相应的对策措施；王秉安（2005）对石狮服装产业集群、晋江运动鞋产业集群、南安石材产业集群等案例的考察，对商业产业集群（专业市场）与制造业产业集群共生现象进行剖析；李文清（2006）从生产要素、需求条件、企业来源和政府管理四个方面对中关村、新竹和硅谷产业集群进行了比较，认为高技术人才、风险资金、国内外大市场、政府的扶持和管理对IT产业集群的形成和发展具有重要作用；余斌等（2007）、张海东（2008）、周志霞（2010）等分别就温州海城水暖产业、苏州IT产业集群、山东林业集群的成长过程及路径进行了分析，总体可以发现，有关行业集群的研究逐渐涵盖我国的大多数行业，无疑更具一定的现实指导意义。

（三）产业集群的政策研究

产业集群的政策研究：一方面包括发展产业集群的有关制度安排（已于产业集群的理论研究部分进行了分析）；另一方面则是基于产业集群的风险防范及规避等，本部分的分析侧重点在于后者。聂鸣等（2002）认为中国政策应该从过去的产业政策改为集群政策；蔡宁和杨闩柱（2003）从集群内在网络关系的视角，深入剖析了集群发展中存在的风险问题，并基于集群的生命周期提出了一些对策建议；朱瑞博（2004）则在“自稔性”风险成因模型分析的基础上，引入模块化理论，分析模块集群抗集群内生性风险的机理；王雷（2004）分析了我国产业集群面临的潜在风险及其形成的深层次原因，并就如何进行风险防范和效率改进提出具体的政策建议；杨峰等（2005）从演化经济学的视角分别从技术风险和制度风险这两个方面对集群风险的内生和外生原因进行了分析，并提出了一些的防范对策；郭繁荣（2006）也指出，政府应明确产业发展导向，及时发现并识别正在形成的产业集群，有目的地选择和培育自己的特色产业和主导产业；易明等（2008）在分析产业集群各种风险的文献基础上提出了产业集群治理的措施；吴传清和任丽凤（2010）分析了浙江省产业集群政策的政策重点，指出现行的集群政策存在术语使用不规范、政策工具过于抽象等问题；等等。

（四）产业集群的综合应用研究方面

本书之所以将产业集群的综合应用研究予以单独分析，主要的出发点在于，其一，产业集群综合应用本身的重要性；其二，产业集群的综合应研究本身的复杂性，需要从理论到实践范式的系统分析；其三，学位论文的选题能够较好反映对产业集群综合应用的理论和实践的关注程度，同时也能较好地反映学界对这一问题综合研究的前沿。

1980 年以来，尤其是 2000 年以来，产业集群的综合应用研究已经成为许多学校博士生和硕士生学位论文的重要选题，涉及的学科有经济地理学、经济学、管理学、社会学等领域。笔者以“产业集群”为关键词在中国知网检索到的博士论文就有 367 篇（1999～2011 年），硕士论文则有 2312 篇，足以显现学界对该问题的重视。

总体而言，产业集群的开创性研究缘起于西方国家，因而相比于国内的产业集群的探索性研究，其研究视角更加广泛，不仅借鉴地理学尤其是经济地理学的研究成果，并很好地融合了规模经济、外部经济、竞合、产业分工等经济学理论，而且研究方法较为系统、多样，具有创建性研究的诸多特征。当然，也要指出的是，西方产业集群理论过分注重了纯经济学、经济地理学、管理学等方面的研究，相对忽视了新制度经济学、社会学的最新研究成果。同时，过分渲染了市场对于产业集群形成和发展的影响，事实上产业集群是一个系统，有其独特的成长“沃土”，但也容易受到外部因素的冲击，尤其是政府的重要作用。此外，诸如经济全球化、社会资本、区域文化因素等也会对其成长起着重要影响。

反观国内的很多有关产业集群的研究，大多属于探索性研究，大体呈现描述性文章较多而经验实证性文章相对较少，经济性分析文章多而多因素集成研究文章相对较少的特征。进一步分析可以发现，国内产业集群研究在以下方面还有很大发展空间：其一，产业集群内在机理问题。许多研究者明显处于“跟风”状态，现有文献还多停留在对集群优势的描述及发展必要性方面，而探究集群形成、成长内在机理的空白点还有不少。其二，集群概念的界定和分类问题。何谓产业集群?学界至今尚无一个能被普遍接受的概念表述；产业集聚和产业集群的关系？不少研究者将一般的企业集聚当做集群，把毫不相关的企业在地理上的集中也看做产业集群（事实上，产业集聚与产业集群有着相对明晰的联系和区别，但在很多文献中将两者混为一谈，见表 2.4）；集群如何分类?一些学者根据自己的观察、判断和理解，对产业集群做出了各不相同的分类，但细究其中，就会发现许多分类方法缺少一种明确的分类依据，逻辑上含混不清。其三，典型集群案例的挖掘和研究。成功挖掘产业集群形成发展的相关经验对于产业集群的实践具有极大的示范作用，具有极大的现实意义，但问题是，典型集群如何鉴别、集群发展路径何在、是否可以复制，等等，都是需要我们实事求是面对的问题。

表 2.4　产业集聚与产业集群的联系与区别

项目		产业集聚	产业集群
联系	本质特征	都是寻求集约化经济的产物	
	生产布局	企业在地理区域的集中；生产高度专业化和集中化	
	产业关联	与区域内的支持产业以及相关产业具有纵向和横向一体化特征	
	经济效应	获得规模经济与范围经济；降低交易成本；提升产业（企业）竞争力	
区别	构成要素	自然资源、劳力、资本、知识技术的简单集中	生产要素、需求条件、企业结构、战略与竞争、相关支持性产业、机遇和政府的高层次组合
	链式结构	仅包括产业实体的产品链和增值链	包括产业实体与非实体间的产品链、增值链和信息链
	创新网络	仅停留在价值链线性范围内	广泛存在于政、产、学、研的网络创新环境中
	根植性	是一种“松脚型”结构	根植性是产业集群的基本特征之一
	发展层次	是产业集群形成的基础和必备条件	产业集聚、根植性、网络化共同达到一定水平的产物，是区域经济发展的高级阶段

因此，可以认为，我国的产业集群研究无论是在理论研究、方法研究方面，还是在内容研究方面都还有较大的发展空间。

第三节　产业集群化转移的相关研究

一、产业集群化转移的内涵

产业的空间集聚是一个世界性的经济现象。Puga 和 Venables（1996）的研究指出，产业集聚的形成会伴随大规模的产业转移，成熟的产业集聚平台因其具有强大的向心力而吸引更多的产业转移到该地。当产业集聚发展到一定程度时，其自身的产业扩散离心力也在不断增强。Hwang（2003）的研究也指出，对韩国电子产业成功投资欧盟的关键在于以本国龙头企业为核心的集群式投资。

近年来，国内学者对也对这一新动向给予了广泛关注，开始更加重视从全球视角，以产业链为纽带（钱方明，2006），分析各生产环节在全球的区位选择及在各国的国际分工中的地位。刘艳（2004）指出产业集群将导致东部沿海地区的劳动密集型产业产生区域黏性。李家玉（2005）提出，针对国际产业转移出现组团式、产业链整体搬迁模式的新趋势，承接区域必须发展配套产业并建立产业群。张伟（2005）、丘兆逸（2006）、朱华友等（2008）开始关注产业集群的优势并提出实施产业集群化转移的模式与思路。从近年来学者研究产业转移的新动向和地方政府的努力也不难发现，产业转移与产业集群的互动发展越来越成为学界关注的新趋势（图 2.6）。笔者以“产业转移”和“产业集群”作为关键词在中国知网搜索，检索出共有 427 篇耦合文献（2000～2010 年），这也从一个侧面佐证上述分析。

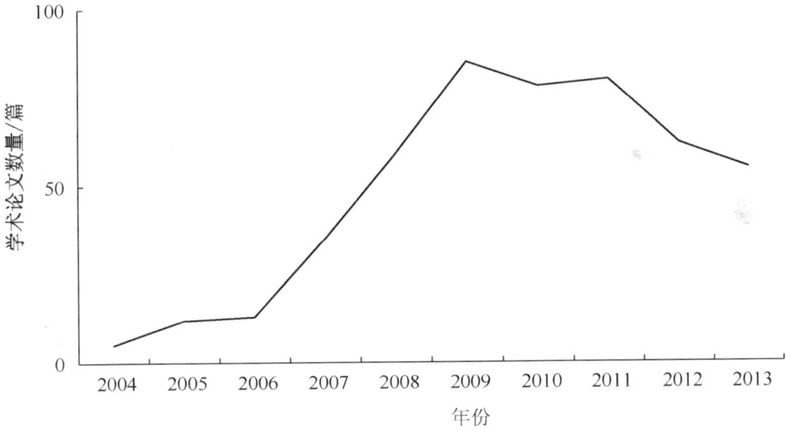

图 2.6 中国以“产业转移”和“产业集群”为关键词发表的学术论文数量（2004～2013 年）

国际经验和我国的现实表明，产业集群化转移的新趋势对传统的产业转移理论提出了新挑战，如何正确认识和把握这一新趋势与规律，成为关乎我国区域经济持续、健康发展的现实而紧迫的课题。鉴于有关产业集群化转移的提法尚散见于国内外的研究中，学界对这一问题系统研究也不多见，本书试图通过相关理论、著作、文献的梳理以厘清产业集群化转移的内涵、动因、模式及效应。

丘兆逸（2006）认为，产业集群转移模式是指一个地区的产业集群整体转移到另一个地区；具体来说，它是指一群原本在地理上集中、关系密切的产业群体，整体搬迁到另一地区，产业的网络关系保持不变。蒙丹（2007）认为产业集群式转移的内涵是：原本在地理上集中、关系密切的企业群体，整体搬迁到另一地区，企业的网络关系保持不变。吉敏和胡汉辉（2009）则认为，产业集群化转移系指本土产业集群内的企业通过对外投资和对外贸易，逐步实现部分能力的跨国式转移，转出的集群企业间仍存在网络关系；同时，境外集群与本土母体集群间存在互动关系。

羊绍武（2006）在其博士论文中分析了产业转移集群化的两种情况：其一，产业以集群的方式转移。产业以集群的方式转移意味着产业转移对区域产业发展具有乘数作用。对于产业移入地来说，集群化的产业移入对区域产业发展具有倍增效应，区域产业会加速发展；对于产业移出地来说，集群化的产业外移对区域产业发展具有倍减的效应，区域产业会加速萎缩。其二，产业趋向于转移到具有同类产业集群的区域。这意味着该产业更容易转移到同类产业已经形成一定发展氛围的区域，或者转移到在未来的一定时期内预期可以形成某一产业集群的区域。

郭胜利（2010）产业转移型产业集群也被称为“嵌入式”产业集群，是指随着经济的发展，形成全产业转移，出现了发达国家和发达地区将部分产业或产业链中的低附加值部分环节向发展中国家和不发达地区转移的趋势，并逐渐在一些较为临近或条件较好的地区集聚形成的产业集群。在我国这种转移主要有两种：一是改革开放后港台、欧美等产业转移形成的产业集群，这类集群主要分布在东部沿海；二是近年形成的国内产业转移，即沿海原来产业向中西部地区转移，东部沿海产业容量逐渐缩小，产业北移和西进的态势十分明显，中西部地区在承接东部沿海地区的产业转移过程中逐步形成了产业集群。

孙华平（2013）的研究指出，产业集群转移是指一个地区的产业集群整体转移到另一个地区，但在现实中往往难以一步到位，故广义的集群式产业转移也包括各产业链环节的转移。

覃成林和熊雪如（2013）按照产业在不同发展水平的区域之间进行转移的空间方向，将产业转移分为集聚性产业转移与扩散性产业转移。集聚性产业转移是指在一定时期和特定区域范围内，因初始的地理位置和历史优势，以及后来的规模报酬递增和正向反馈效应，产业由低水平区域向高水平区域集聚的过程。扩散性产业转移是指在一定时期和特定区域范围内，因高水平区域的集聚经济效应减弱，资源、产品的供给或需求条件发生变化，产业由高水平区域向低水平区域扩散的过程。集聚性产业转移主要发生在区域产业发展的成长和成熟阶段，扩散性产业转移则发生在区域产业发展的衰退阶段。只有把两者区分开来，才能真正搞清产业转移的动态演变，特别是转移的方向和规模。

鉴于这一研究尚不够深入，产业集群化转移的概念或内涵也多处于探索之中。

但大致而言，产业集群化转移系因资源供给、产品需求条件变化以及资本动态转化引起的包括产业集群在国家间（区域间）的转移以及产业向已有集群区域的时空转移过程，是一个涉及区域产业转移—产业集群系统主体、客体和载体的动态网络化过程，应是一个不争的事实。为了便于准确说明产业集群化转移的实质，本书所要研究的产业集群化转移，系指产业出于重树比较优势和寻求竞争优势的需要趋向于转移到具有或可以形成同类产业集群的区域。

二、产业集群化转移的动因

正如"新经济地理学派"的代表人物 Krugman（1991b）指出的那样，通过劳动力的跨区域流动和上下游产业间的投入产出联系都能促成产业集聚的形成；Klmienko（2004）认为产业集聚到一定程度后产生的集聚区内非贸易品价格居高不下、地价上升、环境污染等拥挤成本，会造成产业扩散的离心力，离心力的作用会促使某些相关产业脱离该产业集聚，转移到新的地理区位；Pennings 和 Sleuwaegen（2000）则认为随着产业链、供应链的区位中心转移，产业转移的环节越来越细化和分散化，最后必然形成涵盖产供销等全部产业链的企业集群式、组团型转移。

隋映辉等（2007）认为，产业转移的集群路径与发达国家的产业走向成熟，进而技术更新、知识外溢、产品外包等有密切的关系。黄伟（2008）通过构建模型与浙江实证分析显示：集群迁入地的区位优势越明显，劳动力成本越低，则企业外迁倾向越重，而且企业原先在集群地生产的边际成本与转移至迁入地后生产的边际成本落差越小，则外迁倾向越重，且中小企业比大型企业更易于进行产业转移。陈耀（2009）指出，我国东部沿海一些地区出现的产业集群迁移，主要源自近些年国内外经济环境发生的一系列变化，致使企业生产经营成本大幅上升。庄晋财和吴碧波（2008）指出集群转移模式动因在于网络形成分工体系，能够更好地分离各制造环节，使群内各主体之间有明确的分工，同时产品制造拥有规模经济效益，从而更有利于发挥各自的核心能力。集群式转移的产业依靠主导产业的作用，能与地方优势产业协同。

综上分析，可以总结出产业集群化转移的动因在于同时获取一般模式产业转移的比较优势和本模式的产业集群所提供的竞争优势。具体可以从以下方面加以诠释：①产业集群化转移是群内企业为进一步降低成本、增强市场竞争力和技术研发能力，适应全球市场竞争的变化、不断保持领先优势的战略性转型；②产业集群化转移可以最大限度地获取外部规模经济和范围经济、深化专业分工、降低交易成本；③产业集群化转移是伴随着区域分工向价值链分工深化的必然结果，完善的产业配套能力是产业集群化转移的关键。

三、产业集群化转移的模式与效应

产业集群化转移的影响因素、模式与效应明显复杂于单个企业的空间迁移。如前所述，产业集群化转移是因资源供给、产品需求条件变化和资本动态转化引起的包括产业集群在国家间（区域间）的转移以及产业向已有集群区域的时空转移过程，因此，其模式即产业集群在国家间（区域间）的转移以及产业向已有集群区域的时空转移模式。但在现实中，上述过程，无论是产业集群整体的迁移，还是转移产业在承接地逐渐形成产业集群的过程，都难以在短时间实现，更多是通过各产业链环节的转移而逐渐实现得。国外的相关研究理论性较强，既有基于大样本统计数据的分析，也有立足于微观调研数据的实证分析，理论体系多元，研究内容丰富，尤以美国和欧洲等发达国家的学者最具代表性。Roberta 等（2009）等通过调查发现，意大利产业区中存在大量的新产业组织模式，产业区一直在进行动态的再区位调整；Valter 和 Marcello（2011）提出了全球产业集聚模式的方法；Sammarra（2005）从产业集群化转移的规模或程度进行了分类，一类称之为复制性转移（replicative relocation），另一类称之为选择性转移（selective relocation）。其中，复制性转移，指的是企业把所有活动从一个区域整体转移到另一个区域，即存量式转移；选择性转移则指集群中的企业只把生产链上某些低端环节转移出去，而保留那些有着清晰的和长期竞争优势的战略活动，如研发、设计和营销等。Sammarra（2005）进一步指出，产业集群化转移的规模或程度依赖于空间的接近，距离越远，认知接近就越低，社会认知因素，如信任、集体认同过程和文化价值观的效果也就越低。

考虑到中国产业转移的独特性及阶段性特征，以及本书的研究范围之限，主要从国内学者对该问题的探索加以归纳和总结。

隋映辉等（2007）将产业集群化转移分为三类：第一类为跨国公司转移带动型，即依赖跨国公司转移形成集群发展，是发展中国家或地区集群成长与发展的主要模式；第二类为产品“外包”带动型，即以产品生产“外包”等形式，承接国外公司的产品生产的企业聚集，是形成产业集群的路径之一；第三类为创新本土化带动型。三种产业集群化转移形成的主要路径，表明全球产业转移有可能使一个国家的城市或地区成为产业集群转移的接受地。

戴景萌（2008）根据生产转移成本与环境转换成本将产业集群式转移分为“高生产转移成本，高环境转换成本”产业集群；“高生产转移成本，低环境转换成本”产业集群；“低生产转移成本，低环境转换成本”产业集群；“低生产转移成本，高环境转换成本”产业集群。

朱华友等（2008）指出，无论是国际产业转移还是国内产业转移，在空间上都表现出明显的集群特征，是一种“分散的集中”。产业转移的集群路径形式有：①跨国公司转移带动集群形成；②通过龙头企业的迁移带动形成集群；③制造业中生产外包形成产业集群；④承接地工业园区的建立带动集群形成。

陈耀（2009）则从集群企业的本地关联性及其对国际贸易的依赖程度将产业集群化转移分为三类：第一类为“高关联、高外向度”产业集群，这类产业集群主要是由本地创业者自发形成的，有的还和本地的历史传统有关，技术具有本地化的特征，其他区域很难模仿；第二类为“低关联、高外向度”产业集群，属于成本敏感性产业，鉴于该类产业集群对外贸和就业的影响，对这种集群外迁的趋势应有警觉并及早应对；第三类为“低关联、低外向度”产业集群，是目前国内分布最广、数量最多的类型之一，由于产品本身属于劳动密集型产业且附加值不高，对劳动力成本的上升较敏感，是当前产业集群化转移的“生力军”。

吉敏和胡汉辉（2009）从国家产业转移的视角，归纳了产业集群化转移的两种模式。其一，集群企业的跨国整体迁移。这些企业群每个都包含上下游配套、相互分工协作的几十个企业，这些企业在东道国投资地的选择方面集体行动。在企业落地后，会因为协作和配套的需要带动一批当地企业加入其中，在投资地产生产业集群现象。其二，产业集群通过其中的主导企业带动，在国外设立总部或子公司，带动部分与之相关的配套公司、供应商转移，带动转入地相关中小企业向其周边集聚，通过进入转入地产业集群网络，建立规模较大的产品或零部件供应链，从转入地获取更多资源。

近年来，有关产业集群化转移的研究不断深化，不同区域尺度、产业类型的产业集群化转移的空间路径、模式及机理受到学界关注。从空间大小来看，产业转移的空间涉及不同的区域尺度，包括全球尺度、区域尺度和地区尺度（曾刚等，2011）。而不同空间尺度的产业集群化转移的特征也不尽相同，如全球尺度的产业转移侧重于全球生产网络的构建，涉及主体包括国家、区域和跨国企业等；区域尺度的产业转移兼有宏观与微观尺度产业转移的特点，其主体一般是大型企业，尤其是产业集群中活力强大的中小企业；地方尺度的产业转移实质是相对独立区域内部的产业合作，产业集群和地区生产网络是其主要表现形式，由于地区尺度区域在自然、人文社会经济环境等方面的相似性、匀质性，产业集群化转移更易发生。从产业的类型看，也可以细分为劳动密集型、资源与资本密集型、技术密集型等不同产业类型。无疑，不同的产业类型的产业集群化转移的特征也不尽相同。贺灿飞等（2007）的研究表明，由于中国的很多省区内部经济发展水平和产业构成差异很大，只从省级尺度考察中国的制造业地理格局是显著不够的，需要从不同的地理尺度加以分析。市场、政策和全球化的力量强化了沿海地区的区位优势，制造业在珠三角、长三角以及环渤海地区的集聚程度最高，而空间尺度越小、产业划分越细，制造业在空间上越集聚。相比而言，典型的劳动密集型传统产业以及资源加工型产业都比较集中，如广东、福建、浙江、江苏等省的集中度远远高于其他地区，而交通成本较高或难以长距离运输的产业较为分散，但在东部劳动力成本提高的压力下，劳动密集型产业呈现向邻近交通便利的中部地区转移、集聚的趋势（李燕等，2010）；资源密集型产业由于其资源依赖度高、市场内向化、产业联系强、规模效应显著，大多分布在重工业基础较好的中西部地区，但随着交通替代作用的加强和对国外市场的依赖度提升，开始出现在沿海集聚的趋势（贺灿飞，2010）；高技能劳动力比重较高和外部科研力量依赖型的技术密集型产业则较为分散，产业转移促进中国产业的地理集聚尚不明显，可能与地方保护和模仿政策等反市场力量有关。

四、产业集群化转移的环境效应及调控

有关产业转移对承接地区环境影响的研究相对较少，起步也较晚。产业转移和生态环境关系方面的研究最早是从 20 世纪 70 年代初开始的，随着承接地经济发展和资源环境承载力矛盾的加大，国家或者地区内部的污染密集产业转移趋势已显现。为此，以"污染避难所"假说（hypothesis of pollution haven）的提出为标志，人们开始意识到产业转移过程中可能存在的环境效应。"污染避难所"假说最早由 Walter 和 Ugelow 于 1982 年提出，Baumol 和 Oates（1988）从理论上对其进行了系统的证明，指出如果在实行不同环境保护强度或环境标准的国家间存在着自由贸易，那些实行低环境标准的国家，由于其外部成本内部化的差异，该国的企业所承受的环境成本相对要低。Chichilnisky（1994）、Copeland 和 Taylor（1994）也用类似方法证明了"污染避难所"假说的理论合理性，但是对"污染避难所"假说理论进行实证分析所得出的结论却很不一致。国外的一些学者大多是从国际产业转移的角度来研究产业转移对生态环境影响的，但有关 FDI 中的污染性产业及对环境福利方面的影响存在争议，一方认为外商直接投资的流动会损害环境福利，而另一方则认为外商直接投资的流动有利于改善生态环境的质量。Runge（1993）认为，在经济发展过程中，外商直接投资对生态环境的影响包括三个方面：结构效应、技术效应、规模效应。投资对环境的生产结构效应可以改善环境，投资对环境的技术效应也将改善全球的环境质量，但投资对环境的规模效应将会造成环境的急剧退化。Repertto（1995）、Eskel 和 Harr1son（1997）的研究都证明，外商直接投资的流出量与东道国污染产业转移这两者之间并没有直接的关系；但是 Xing 和 Kolstad（2002）的研究认为可以部分地支持外商直接投资会造成跨国环境污染这一现象。然而，以上研究都存在一定程度的缺陷，即环境保护强度的测量方法比较欠缺并且缺乏有力的解释性。

相比国外学者的研究，国内学术界研究外商直接投资与跨国环境的污染之间

的关系较少，而且缺乏研究的深度。陈愈和吴建伟（2003）从国际产业转移角度研究了外资污染密集型产业转移原因并提出了调整发展战略的对策，认为外商向我国转移了大量的污染密集型产业，转嫁环境危机。宋燕和牛冲槐（2005）指出发达国家在国家产业转移中，往往将一些高污染又高消耗、技术含量低、产品附加值不高，对生态环境破坏比较大的产业转移到发展中国家，而我国在承接这些产业中，却很少设置进入壁垒，一味地将经济效益标准放在首位。张菊梅等（2008）认为经济发展程度不同的区域，环境外部性内部化的程度存在差异，且是发达地区高于欠发达地区。发达地区意识到环境重要性时，会采取社会性规制方法制定较高的环境标准和污染行业进入门槛。相反，在欠发达地区环保标准较低，环境外部性内在化的程度较低。现有污染密集企业在利润驱动下，就会向欠发达地区转移，准备新建的高污染企业也会避开环境外部性内在化程度较高的地区而进入欠发达地区。邓云峰（2009）指出环境污染已经成为经济发展过程中的一个重要问题。随着产业梯度转移的加速，环境污染也会从一个地区向另一个地区加速转移。欠发达地区在承接产业转移的进程中，面临着环境质量不断恶化的压力。为此，应该发挥市场调节机制控制污染的作用，这也是将环境成本内部化的过程。根据搜集的研究文献，国内关于研究产业转移和生态环境之间关系的文章比较少。兰天（2005）等的研究是关于产业转移与环境关系的实证分析，其他的研究多是关于产业转移与环境关系的理论研究。谢丽霜（2009）、李惠茹（2009）等在研究国际贸易与环境保护问题的时候顺带地讨论了产业转移与环境保护之间的关系，但是这些研究大部分只是对产业转移与环境问题的描述性分析以及简单的介绍，缺乏系统性以及研究的深度。

总体而言，国内学者研究与分析的焦点是经济增长与国际贸易的发展和产业转移的负效应，却没有系统深入地分析与研究外资给整体的环境保护以及社会福利产生的正效应。在以往研究这一问题的过程中，大部分都是以某一国家为出发点，而没有系统深入地研究区域之间产业转移与生态环境服务、功能之间的关系问题。同时，国内学者多是在借鉴国外相关经典理论的基础上进行的较为宏观的、实证性分析，缺乏对中国特定区域产业转移影响生态环境动因、机制、效应和定量评价等方面完整性、系统性和微观性的研究，尚未形成系统的自主理论框架。

近年来，随着我国东、中、西部三大区域间产业关联程度的提高，区域间的产业集群化转移渐成现实趋势，但总体上看，我国东部沿海地区目前待转出的产业，主要是20世纪80年代承接的劳动密集型传统产业，多属于高污染、高能耗产业，中西部地区在承接产业转移的过程中将不可避免地要面临污染转移问题的困扰，若不加以调控，将很有可能沦为污染产业的栖居地和污染企业的“环境避难所”。因此，由此可能带来的环境效应理应值得高度关注。

据此，可以认为，当前中国的产业集群化转移趋势尚处于初级阶段，转移产业也多限于技术要求不高、产品工艺较为简单以及系统集成性较弱的产业，可能存在多种并行不悖模式，其典型性也有待进一步验证；而有关产业集群化转移的模式及效应的研究也处于探索阶段，实证性研究仍需进一步强化。随着产业集群这一新兴区域经济现象的蓬勃发展，产业集群与产业转移、产业竞争力密切关联程度将不断增强，有理由相信，随着信息技术突飞猛进地发展，产业链分工的持续细化，产业集群化转移将日益显著。

第三章　区域产业转移与产业集群耦合的内容、模式和路径

改革开放以来，我国东部地区利用率先开放和得天独厚的区位优势，抓住发达国家和我国港澳台地区产业转移的机遇，承接发展了大量以劳动密集型产业为主的加工工业，不仅有力地推动了当地经济发展，而且成为拉动我国经济增长的重要力量。经过多年的快速发展，东部地区资本相对饱和，本地市场已难以满足资本增值的需要，加之土地、劳动力、能源等生产要素供给趋紧、产业升级压力增大、企业生产成本居高不下、资源环境约束矛盾日益突出等问题，而我国的中西部地区因经济发展较晚，各种资源相对丰富。根据产业梯度转移理论的解释，我国东部地区的劳动密集型产业伴随着自身的产业结构升级，理应通过"腾笼换鸟"的方式向中西部地区实施产业转移。然而"残酷"的现实却是，理论预期的大规模产业梯度转移现象并没有发生，出现了东部沿海地区的产业率先大规模向本省相对落后区域转移，甚至出现中西部产业向东部地区的逆向转移的现象。产业转移从明显趋势到真正成为现实的距离，并不如承接地政府所想的那么近。诚如重庆大学发展研究中心副主任蒲勇健所言①，"在前两年由于东南沿海地区人工成本、土地费用、环保成本上升，当时就预计会有大规模的转移，金融危机时有人说感觉趋势更明显了，但现在看来，我不认为目前国内已经出现大规模的产业转移。"

为何一向被认为"油电煤运"成本更低的广大内陆地区，在加工贸易上的地位仍是微不足道？为何被广泛提及的所谓"西部优势"在承接产业转移的浪潮中可能再次落伍？尽管如"饿虎扑食"（不加选择地承接产业转移）的中西部地方政府在承接产业转移过程中一味"攀高比傻"（提供尽可能高的优惠条件），但为何理论上的产业大规模西移未能如期发生？这些问题迫切需要我们重新审视相关经典产业转移理论及其在我国的适应性。

事实上，区域产业转移是一种复杂的地缘现象，区域产业转移系统涉及领域众多，不仅关乎诸如资源分配、区域分工、区域定位、环境污染等问题，还涉及移出地与承接地之间、各承接地之间、企业与地方政府之间的诸多利益与纷争。此外，区域产业转移系统是一个开放的系统，在所难免地受到社会经济系统的综

① 邓海，郭惟地，章涛，等. 产业转移：想象与现实. 新世纪周刊，2010，（418）.

合影响，或许也理应将这个系统置于大的社会经济系统考察，方能为我们拨开前述“迷局”，这也是本书的主旨所在。

需要特别说明的是，从形式上看，产业集群化转移主要包括两种类型：一类是产业以集群的方式整体转移，即通常所说的“抱团式”转移或存量转移；另一类是产业出于重树比较优势和寻求竞争优势而趋向于转移到具有或可以形成同类产业集群的区域。从空间上看，区域产业转移与产业集群的耦合发展过程取决于区域产业发展的时空转换过程，这种空间转换包括两个方面：一是移出地产业集群在地理位置上的迁移所引致的空间分布转换；二是由产业转移所引致承接地产业集群演进空间分布的转换。从已有研究看，第一类的产业集群化转移的机理较为简单，研究也较为系统，而第二类的产业集群化转移机理较为复杂，尤其是产业转移引致的承接地产业集群演进空间分布的转换的过程、机理等，相关研究才刚刚起步，尚未形成一定的系统性，研究成果也较为零散。从实践导向看，产业集群化转移需要是以一定的产业发展水平为前提，我国尚处于大力发展产业集群的过程中，作为产业集群化转移前提的产业集群发展水平则相对落后，从这一要点出发，研究区域产业转移与承接地产业集群的耦合发展立足于研究产业转移引致承接地产业集群演进的过程更合乎这一要旨，也更切合区域发展的现实需要。因此，本书有关区域产业转移与产业集群的耦合关系的阐述所涉及的区域主要围绕承接地展开。

第一节　产业集群化转移：世界性规律与中国的趋势

世界范围内的大规模产业转移先后经历了四次大的浪潮。每一次大的浪潮均有其独特的社会经济背景，其转移原因、转移产业及流向均有所变化，呈现出不同的阶段性和特征（图 3.1）。

第一波次大规模的产业转移发生于 20 世纪 50 年代。美国将钢铁、纺织等传统劳动密集型、资本密集型产业通过直接投资转移到新兴工业国家，如日本、德国等。刚刚从第二次世界大战废墟上站立起来的日本凭借相对低廉的劳动力成本等因素，在承接了美国的产业转移后，很快成为全球纺织等劳动密集型产品的主要供应者，“日本制造”开始畅销全球。

第二波次大规模产业转移发生在 20 世纪 60 年代中后期。科技革命加快了美、德、日等发达国家产业升级的步伐，在加快发展自身化工、钢铁和汽车等资本密集型产业以及电子、航空航天和生物医疗等技术密集型产业的同时，逐步将纺织等劳动密集型产业向东亚、拉美等发展中国家和地区转移。新加坡、中国香港地区、中国台湾地区和韩国（亚洲“四小龙”）以及马来西亚、泰国、菲律宾、印度尼西亚（亚洲“四小虎”）等国家和地区积极把握这一轮产业转移机遇，大力发展

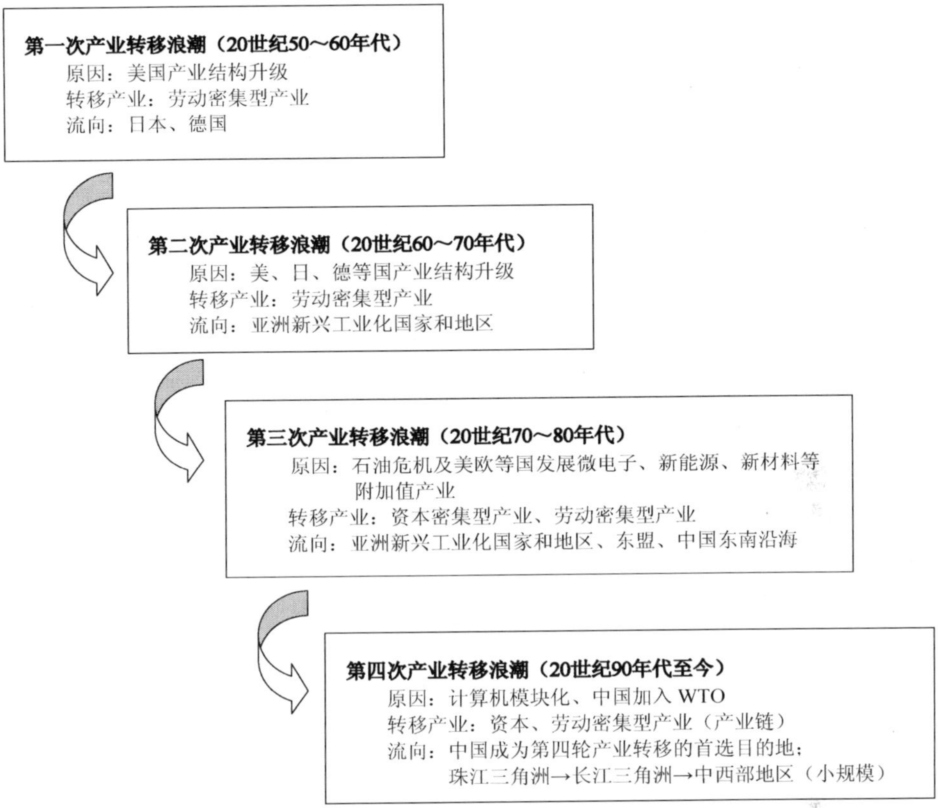

图 3.1　四次大规模国际产业转移浪潮历程及主要特征

轻纺等产业，以出口导向战略大力推动其工业进程，逐步实现了由进口替代型产业向出口加工型产业的过渡，成为新兴工业化国家和地区，并形成了以日本为雁首的“日本—东盟国家和地区”的雁行发展模式，并在此后的数十年间，创造了所谓“东亚奇迹”。

第三波次大规模产业转移发生在 20 世纪 80 年代后期。作为“头雁”的日本深受本国经济衰退的影响，欧美、日本及亚洲“四小龙”将自身不具有竞争优势的产业向以中国沿海地区为代表的发展中国家、区域转移，重点发展自身具有竞争优势的产业。也正是源于这一轮世界产业转移的机遇，我国珠三角和长三角率先成为东亚区域产业转移的主要承接者实现了区域经济的快速崛起，而作为“打乱雁阵的熊猫”的中国也因此一跃成为世界制造业基地和全球加工工厂①。

① 秦婷婷. 东亚区域产业转移研究. 吉林大学博士学位论文，2008.

第四波次大规模产业转移发生在 20 世纪 90 年代后期并持续至今。在新型国际分工格局的影响下，依托上一轮承接产业转移，中国已基本形成完整的产业体系，凭借已有的集聚效应和逐步完善的投资环境，中国日益成为第四轮产业转移的首选目的地。根据商务部统计，2002 年中国吸引 FDI 突破 500 亿美元，2004 年突破 600 亿美元，2006 年接近 700 亿美元，2008 年一举突破 1080 亿美元。即使在受金融危机影响世界引资形势异常困难的 2009 年，我国全年实际利用外资仍达到 900.3 亿美元，中国吸引外资数量连续 17 年雄踞发展中国家首位。截至 2010 年 3 月，外商对华投资累计设立企业 69 万家，实际使用外资超过 1 万亿美元。

纵观国际产业转移的四次大的浪潮，可以发现如下规律性特征。

首先，产业转移浪潮呈现一定的时间性规律。大规模产业转移浪潮平均每十年就有一次，依此规律类推，第五次大的产业转移浪潮应已到来或即将到来。当然，相比于此前的几次浪潮，中国当前发生的较大规模区域产业转移，所涉及的企业数量、资金规模等均有过之而无不及，从这个角度出发，可以认为第五次大规模产业转移浪潮已经发生，但从经典的理论出发，中国的区域产业转移的理论规模远较现今的大，从这个角度出发，第五次大规模产业转移浪潮尚未发生或即将发生。

其次，产业转移的流向呈现与经济重心转移相对一致性规律。随着世界经济重心由大西洋沿岸向太平洋沿岸的转移，大规模产业转移的流向也大抵如此，中国逐渐成为新一轮世界经济重心转移聚焦下的“重点角色”，与此同时，产业转移的也迅速向中国集中。随着中国区域协调发展战略的实施，中西部地区将在中国的经济版图中占有越来越重要的地位，即将到来的第五次大规模产业转移浪潮可能的方向应是由中国东南沿海向中西部区域。

最后，产业转移浪潮与世界产业结构升级的内在一致性规律。从每一次产业转移浪潮所转移的产业门类看，基本呈现出从劳动密集型产业向资本、技术密集型产业转变的趋势，与世界产业结构升级的方向与趋势基本一致。或许，已到来或即将到来第五次大规模产业转移浪潮也应遵循这一趋势，而中国东部劳动密集型产业率先转移中西部地区的实践也验证了这一假设。

一、产业集群化转移：世界性规律

一直以来，国际产业的集群化转移现象日益突出，特别是近年来参与国际产业转移的跨国公司纷纷将产业供应链整体搬迁至发展中国家，在此影响下，国际产业转移开始进入到一个全新的发展阶段：产业集群化转移日渐成为一种世界性规律。而形成这一规律的最大推动力及相伴的特征就在于跨国公司的直接投资已经成为产业集群形成的基础性因素。这种规律性具体可以从以下几个方面加以解读。

首先，从全球来看，以 FDI 为主要内容的国际产业转移的目的地集中在部分国家和局部地区。少数国家承接了多数直接投资份额，这一地区从 20 世纪 70 年代以来一直没有改变。90 年代以来，随着经济全球化的进展，世界各国竞相解除了 FDI 的规制、提供各种优惠条件，但跨国直接投资依然显示出明显的指向性。需要指出的是，从 1985 年、2005 年和 2012 年的数据对比中可以发现（表 3.1 和表 3.2），发展中国家吸引跨国直接投资成绩突出，而中国渐成吸引外资的“领跑者”。2012 年，发展中国家吸引的对外直接投资首次超过发达国家，占全球 FDI 流量的 520%。其中一个原因是发达国家 FDI 流入量大幅下降，目前仅占全球流量的 42%，而发展中国家的对外直接投资持续稳步上升，占全球 FDI 流出量的 1/3。自 20 世纪 80 年代中后期开始，中国开始采取激励政策，近年来，中国出台了一系列外资政策，其中比较重要的包括：修订的《外商投资产业指导目录》；颁布了《国家反垄断法》；实施了《两税合一》；推行了新的《劳动合同法》；此外，《关于外国投资者并购境内企业的规定》《国务院关于进一步做好利用外资工作的若干意见》等的颁布和实施，均在一定程度上促进了中国对外资的吸引力度。目前外资企业创造了中国约 1/3 的工业产值，提供了全国超过 1/5 的税收，雇佣了 2000 多万名员工①，及至 2010 年中国吸收外资数量跃居全球第二，首次跃上千亿美元平台，连续近 20 年荣膺发展中国家引资“冠军”。

表 3.1　1985 年、2005 年及 2012 年全球 FDI 承接最多的国家和地区（单位：%）

1985 年		2005 年		2012 年	
国家或地区	比例	国家或地区	比例	国家或地区	比例
美国	33.2	美国	18.0	美国	12.4
英国	6.2	英国	10.9	中国	9.0
沙特阿拉伯	6.2	中国	7.9	中国香港	5.6
加拿大	4.9	法国	6.9	巴西	4.8
法国	4.0	荷兰	4.8	英属维尔京群岛	4.8
墨西哥	3.4	中国香港	3.9	英国	4.6
澳大利亚	3.3	加拿大	3.7	澳大利亚	4.2
西班牙	3.2	德国	3.6	新加坡	4.2

① 吕翎. 中国吸引外资继续扩大. www.Beijingreview.com.cn/jjlw/txt/2008-02/13/content. 99091.htm[2008-02-13].

续表

1985 年		2005 年		2012 年	
国家或地区	比例	国家或地区	比例	国家或地区	比例
巴西	2.8	比利时	2.6	俄罗斯	3.8
荷兰	2.8	西班牙	2.5	加拿大	3.3
合计	70.7	合计	64.7	合计	56.7

资料来源：WORLD Investment Report，2006，2013

表 3.2　1985 年、2005 年及 2012 年发展中经济体 FDI 承接最多的国家和地区（单位：%）

1985 年		2005 年		2012 年	
国家或地区	比例	国家或地区	比例	国家或地区	比例
沙特阿拉伯	20.4	中国	21.7	中国	17.2
墨西哥	11.3	中国香港	10.7	中国香港	10.7
巴西	9.2	新加坡	6.0	巴西	9.3
中国	7.0	墨西哥	5.4	英属维尔京群岛	9.3
新加坡	6.9	巴西	4.5	新加坡	8.1
马来西亚	5.5	百慕大	4.1	智利	4.3
埃及	4.7	阿联酋	3.6	印度	3.7
百慕大	4.6	开曼群岛	3.4	印度尼西亚	2.9
中国香港	4.3	哥伦比亚	3.1	哥伦比亚	2.3
阿根廷	2.7	英属维尔京群岛	2.9	哈萨克斯坦	2.0
合计	76.6	合计	65.3	合计	69.8

资料来源：WORLD Investment Report，2006，2013

其次，从一国内部来看，国际产业转移进入东道国之后，通常也向该国某些特定区域集中。在日本，4/5 的外国分支机构集中在东京市区，占所有外国分支机构销售总额的 90%左右；在奥地利，50%的分支机构设在维也纳，占所有外国分支机构销售总额的 57%左右；在美国，加利福尼亚、纽约、得克萨斯、伊利诺斯和新泽西 5 个州的外国分支机构占了全美国外分支的一半（UNCTAD，2001）。另外，从转移产业的技术层面来考察，不同技术水平下的制造业的外商直接投资也有不断集中的趋势，并且，技术水平越高，FDI 的地理集中程度越高，生物技术是地理集中程度最高的行业，其次是半导体和家用电器，而食品与饮料行业的地理集中程度最低。进一步研究还证实，产业技术水平与产业 FDI 的集中程度成正比的局面多年来一直存在并且没有发生改变（表 3.3），这一态势表明，高技术产业在一国内部的集中程度是相对比较高的，只有拥有一定技术能力的地区才能吸引高技术行业的FDI。

表3.3　FDI的地理集中度与行业结构的关联

在该行业外国分支机构总数中的份额	高技术		中等技术		低技术	
	半导体	生物技术	汽车	电视机和收音机	食品和饮料	纺织
最高的3个东道国/%	49.6	62.7	29.4	36.6	23.7	28.7
最高的5个东道国/%	62.9	71.0	44.0	50.2	35.3	40.1
最高的10个东道国/%	78.7	85.2	71.0	69.6	56.1	60.1
最高的20个东道国/%	94.5	95.3	88.4	89.3	74.7	79.5
外国分支机构总数/个	272	169	1296	253	2250	1445
东道国总数/个	31	28	36	36	101	77

注：地理集中度按外国分支机构数量在该行业世界外国分支机构总数中所占比重计算

资料来源：联合国贸易和发展会议，2002

最后，从产业的不同链条来考察可以发现，国际产业转移出现了产业链整体搬迁和集群化的规律。国际产业转移过程中，跨国公司在其对价值链进行全球布局的同时，各个环节在有意识地向某些地区以及这些地区的某些区域集中，产业集群化转移及随后的发展已经成为经济发达国家的普遍现象。产业尤其是制造业的组团式或产业链整体转移的趋向日益明显，无论是高科技产业集群，还是传统产业群在西方发达国家和地区都取得了巨大的成功。有关数据显示，目前美国各地有大大小小的集群200多个（厉无畏和王振，2003），如聚集在美国硅谷的微电子、生物技术、风险资本产业集群；波士顿128公路微电子产业集群；底特律的汽车制造业集群；集中于新泽西的医疗业；聚集在纽约的华尔街金融投资集群。据意大利统计局的判断标准（厉无畏和王振，2003），2001年，全意大利的产业集群数量达到199个，分布在15个州，主要涉及日用品等行业，其中纺织业（69个）、家具业（39个）、制鞋业（27个）、机械业（32个）、食品业（17个），此外还有金属制品、化学制品、造纸等相关集群。

这些集群的形成和发展一方面和诸多内生性因素的协调组合有关。例如，美国硅谷的微电子集群的形成，主要得益于新技术革命所引起的产业升级以及自身独特的区位优势，其环境优越、交通便利、著名高校的技术力量以及早期强劲的军事需求等多因素组合有利于产业集群发展。当然，我们也注意到，随着硅谷的进一步发展和规模的不断扩大，至20世纪70年代末，硅谷的土地资源已消耗殆尽，许多企业逐渐向美国的得克萨斯等州、东南亚、墨西哥等地转移，近年来也开始较大规模向中国港、澳、台地区和中国大陆转移。另一方面这些集群的形成和发展也有跨国公司直接投资的影响因素的存在，尤其是国际产业组团式、产业链整体转移对之的影响巨大。究其原因，一是国际产业转移对全球生产网络的依赖日渐增强使然。跨国企业的生产有赖于与之相关的广布全球的研发、生产、销售以及售后服务等组织网络，除了有效利用配套企业之间的集群资源外，跨国公司还需要其竞争对手的战略跟随性进入，于是，相互竞争但又关联紧密的跨国企业在东道国形成了跨国转移的集群效应。二是跨国公司自身特征使然。与一般的企业相比，跨国公司往往具有规模特别庞大、协作程度高、链式分工明显等特点，因而一家跨国公司的转移往往能带动一批相关产业的转移，在此影响下，一家跨国公司的转移，往往不是单个项目、单个企业、单个产业的转移，而是形成了一个以跨国公司为核心的产业组团式、产业链整体转移。因此，国际产业转移的速度和广度达到了一个新的水平。

需要指出的是，近年来，由于脆弱的全球经济的影响和政策的不确定性，FDI的复苏时间超过人们的预期。以2012年为例，全球FDI流量为1.35万亿美元，下降了18%，38个发达国家中有22个国家的FDI流出量出现下降，这就导致FDI流出总量下降了23%。在全球化背景下，资本、技术等生产要素的流动性不断提高，制造、服务和研发链条的全球化程度持续增长，无论是西方发达国家，还是在发展中国家内部，以直接投资为主要形式的国际产业转移均出现了集群化的趋势与规律。无疑，这一世界性趋势与规律将对发展中经济体引进外资和承接国际产业转移的愿景产生深远影响。

二、产业集群化转移：中国的趋势

本书之所以将产业集群化转移称之为中国的趋势，主要出于以下几个方面的原因。

首先，与发达国家的跨国公司相比，中国企业的跨国生产和经营尚处于初始阶段，具体表现为跨国投资规模小、主体与结构单一、跨国经营动机原始、网络缺乏、国际性品牌缺乏等特征。随着中国式跨国公司的崛起，因之发生的产业转移也已经呈现出集群化趋势，如家用电器产业等依靠全球制造网模式、兵团网络等扩张模式成为率先成功“走出去”的新典范。

其次，与发达国家相对较长的产业集群发展史相比，中国的产业集群发生与发展尚处于初级阶段。从20世纪80年代在中国的广东、浙江、北京陆续出现产业集群至今，中国的产业集群的发展也不过30年左右时间，因此与之相关联的发生在区域间的产业集群化转移尚不能与国外的普遍性规律相提并论。

再次，与发达国家因产业结构升级引致的大规模产业转移相比，鉴于大国产业结构升级的复杂性和渐进性，中国的区域产业转移尚处于初始阶段，转移的方式方法存在多样性且并行不悖。本书所述及的产业集群化转移仅是其中代表性模式之一，但因其可以同时获取比较优势和竞争优势的独特效应，该模式的发展前景可期。

最后，虽然中国的产业集群发展历史不长，但势头良好，以产业集群为主要表征的新的经济龙脉正在形成；中国的产业转移虽处初级阶段，但较大规模的区域产业转移正在发生，而且两者的关联性越来越强。调查显示，在中国产业集群形成的 10 种路径中，至少有半数以上和区域产业转移相关（表 3.4）。随着中国产业集群的进一步成长，尤其是东部地区产业集群已开始由低级形态向高级形态升级，而中西部地区产业集群正处于培育成长期，未来发展大有潜力，在此形势下，东南沿海地区与中西部之间的产业集群化转移当在所难免。当然，该模式本身的进一步深化以及所引致的相关效应也值得关注。

表 3.4　中国产业集群的发展路径及其与产业转移的关联性

序号	产业集群发展路径	代表性产业集群	是否与产业转移直接相关
1	依靠当地企业家精神发展起来的特色产业集群	温州的打火机集群等	
2	依靠历史传统产业基础形成和发展的产业集群	湖南浏阳市的花炮制造业集群等	
3	依靠当地资源形成和发展的产业集群	江苏邳州的木材加工业集群等	√
4	依靠外部市场而形成和发展的产业集群	晋江的制鞋集群等	√
5	引进外资，在“三来一补”基础上形成的外向型加工业集群	珠三角的电子信息产业集群等	√
6	配套大型企业形成和发展的产业集群	重庆嘉陵摩托车集群等	√
7	在中心城市城区出现的都市型产业集群	都市型工业园区	
8	依靠高校资源和科技人员创业自发形成的产业集群	中关村科技园区等	
9	通过政府规划下发展起来的产业集群	工业园和开发区等	√
10	政府民间两种力量混合作用发展起来的产业集群		√

资料来源：刘世锦，2008

有关中国产业集群化转移的分析范式按照时间的先后、空间的由外及内顺序依次进行，相关的分析包括三个层面：首先，中国承接国际产业转移的历史进程及阶段划分；其次，中国现阶段承接国际产业转移的现状特征；最后，中国的区域产业转移的现状与未来趋势的判断。

（一）中国承接国际产业转移的历史进程及阶段划分

从国际上看，承接国际产业转移的发展中国家和地区分布很不平衡，主要集中在东亚，特别是中国。21 世纪以来，前 5 个最大的承接国承接了国际产业转移的 78%，前 10 个最大的承接国承接了总额的 92%，其中中国是最大的承接者，大约承接了国际产业转移的 28%（杨建伟，2008）。

概而言之，改革开放以来，中国承接国际产业转移的历程大致可以分为以下三个阶段（图 3.2）。

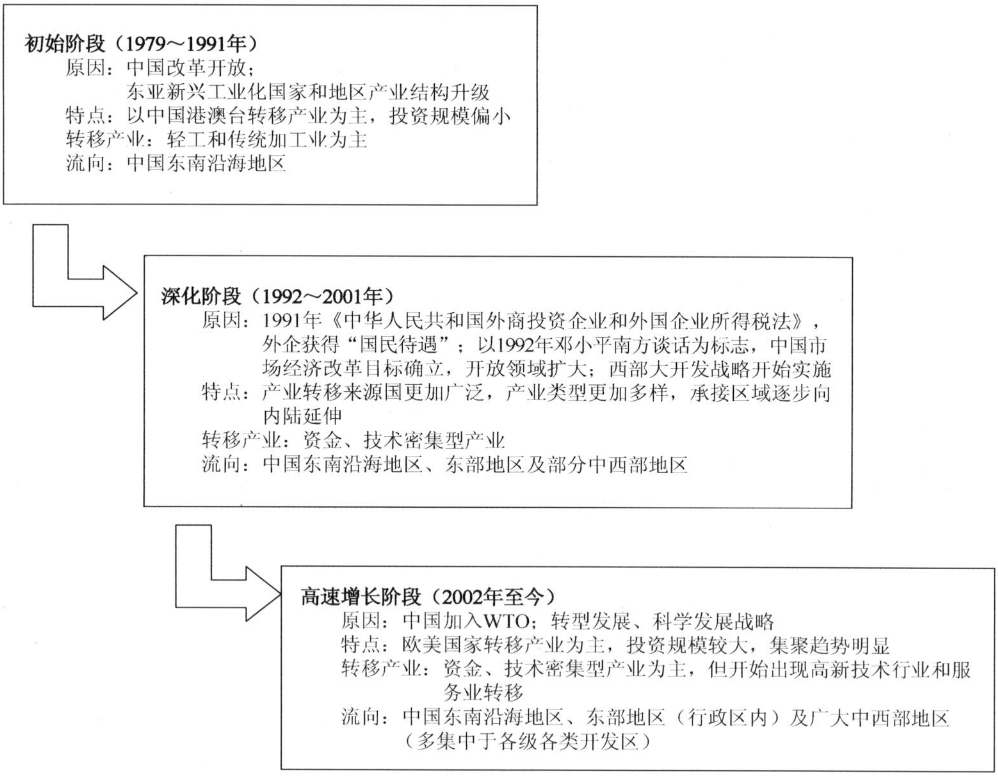

图 3.2　中国承接国际产业转移的阶段性特征

（1）1979～1991 年为初始阶段。外国企业在中国投资还处于小规模、试验性投资阶段，而香港大部分轻纺、玩具、钟表、消费电子、小家电等轻工和传统加工业等以加工贸易方式开始向中国东南沿海区域转移。这一阶段产业转移具有以下特点：一是承接区域范围逐步扩大。随着中国对外开放的深入，承接区域逐步由经济特区、沿海开放城市扩大到沿江、沿边等内地城市，但沿海地区仍是重点承接区域；二是承接形式以港澳台和国际产业转移为主，但总体投资规模偏小，国内区域间产业转移则与“三线”建设中部分企业的内迁密切相关。

（2）1992～2001 年为深化阶段。1991 年《中华人民共和国外商投资企业和外国企业所得税法》，外企获得“国民待遇”，极大地推动了国际产业加速向中国转移的步伐。以1992年邓小平南方谈话为标志，中国市场经济改革的目标初步确立，对外开放的领域进一步扩大，以欧美日等大型跨国公司、中国台湾以及韩国等的电子、通信、计算机产业的低端加工和装配的大规模向中国东部沿海区域转移为标志，中国引进外资重点转变为外商直接投资。1996～2001年，承接的FDI每年维持在400亿～500亿美元的水平。2000年，中国西部大开发战略正式实施，东部地区的部分劳动密集型产业也开始向中西部转移。这一阶段产业转移具有以下特点：一是产业转移来源国更加广泛。国际资本和国内要素资源迅速向东部沿海地区集聚，外资成为加快沿海地区经济发展的重要力量。受此影响，长三角、珠三角、京津冀三大都市圈成为中国经济核心区、全球制造业基地。二是承接产业类型更加多样。随着中国企业迅速融入全球生产分工体系，中国的汽车、计算机、家电、化肥等行业、企业显现出强大的制造优势，并逐渐跻身世界前列。

（3）2002年至今为高速增长阶段。以2001年年底中国加入WTO为标志，外商对华投资又进入一个新的发展阶段，欧美日以IT、汽车为主导的产业，以跨国公司研发中心、采购中心为代表的高端服务业大规模向中国东南沿海、东部、中西部等更广域的区域转移。这一阶段产业转移具有以下特点：一是国际产业转移与区域产业转移协同推进。一方面，中国继续担任吸引外资的“领跑者”，承接国际产业转移的区域更加广泛，产业集聚现象更加明显，融入全球价值链（global value chain，GVC）更加深刻。另一方面，中国东部沿海的产业出现了向省内欠发达地区、中西部地区和东南亚国家转移的现象。二是出现劳动力转移和产业转移的“双转移”协同推进的格局。三是促进产业转移的多要素与多模式协同推进。本阶段的产业转移已经不再是单纯企业的区位调整，而是技术、资本、要素、管理、企业家精神、劳动力等产业转移的多要素和资源利用型、市场拓展型、战略投资型、产业集群型、政策主导型等产业转移的多模式叠加、整合和集聚，市场力量开始发挥基础性作用，有效地促进了中国产业布局的区际调整。在此影响下，特别是中国东南沿海地区集中了全国80%左右的加工装配工业[①]，形成一批具有代表性的产业集群。

（二）中国承接国际产业转移的现状特征

在国际产业间分工、产业内分工逐渐向国际产品内分工延伸的背景下，国际

① “东部产业转移的趋势与湖北产业承接的机遇研究”课题组.全球第四次产业转移将进入规模化阶段. 湖北日报，2009-01-07.

范围的产业结构调整和转移日益表现为产品内工序环节在国际上的调整和转移，国际产业转移渐呈生产外包和服务外包、产业链部分转移和产业供给链整体转移、增值环节的梯度转移和非线性推进等新模式与特点，在此影响下，现阶段我国承接国际产业转移也开始呈现出一些新的态势。

第一，就承接规模和来源国范围看，我国承接产业转移的规模日渐扩大、来源国更加广泛。就承接规模看，1985 年以来（表 3.5），中国吸引的外资逐年增长，2007 年为 870.9 亿美元，2008 年为 1080 亿美元，2009 年为 950 亿美元，2010 年上半年达到了 514 亿美元。就来源国范围看，改革开放初期，我国承接的国际产业转移是以亚洲“四小龙”等国家和地区为主的局面，而近年来日本、美国及欧洲等发达国家和地区以 IT、汽车为代表的现代制造业纷纷向中国转移，由此我国承接的国际产业转移开始转变为以日本、美国、欧洲等国家和地区为主的局面。

表 3.5 改革开放以来中国实际利用外资数量 （单位：亿美元）

年份	总计	外商直接投资额	外商其他投资金额
1979～1984	181.87	41.04	10.42
1985	47.60	19.56	2.98
1990	102.89	34.87	2.68
2000	593.56	407.15	86.41
2005	638.05	603.25	34.80
2007	870.90	835.2	35.70
2011	1176.98	1160.11	16.87

资料来源：《中国统计摘要 2008》《中国统计年鉴 2012》

第二，就承接产业类型看，加工制造业仍是我国承接的主要门类，但高端化趋势明显。近些年，一些发达国家为了应对本国人力资源不足的矛盾以及迫于环境污染所造成的压力，越来越多地将加工制造业（主要是汽车、化工等产业）的生产厂地向发展中国家转移，而我国恰是发达国家实行产业转移的首选，在加工制造业不断向中国转移的背景下，跨国公司逐步扩大实施零部件供给当地化战略的力度，将整条产业链转移到中国。从具体行业看，食品、饮料、家具、棉纺、服装、制帽、橡胶、塑料、电子、陶瓷、医疗机械、汽配等行业均不同程度地出现了由早期的单个项目、单个企业转移向现今的行业、产业的整体、大规模、集群化转移变化的趋势。2007～2008 年，在全国最大的 500 家外商投资企业中，制造业企业 363 家，所占比重达到 72.6%[①]。此外，高端产业吸收外资明显增加，发

① 中国承接国际产业转移的新特点. http://www.ah.xinhuanet.com[2010-01-22].

达国家在继续向发展中国家转移在本国已失去竞争优势的劳动密集型产业的同时，开始向发展中国家转移资本密集型和资本技术双密集型产业。进入 20 世纪 90 年代以后，金融保险业、贸易服务业、信息业、电讯业等新技术产业日益成为当前我国承接国际产业转移的重点领域。一些大型跨国公司甚至在我国设立研发中心、服务中心，高新技术产业及生产性服务业正成为我国承接产业转移的新热点。2012 年，我国通用设备制造业实际使用外资金额 42.17 亿美元，同比增长 31.82%，服务业吸收外资占全国实际使用外资总额的 48.2%，连续第二年超过制造业。

第三，就承接区域分布看，东南沿海仍然是我国承接大规模产业转移最多的区域，但区域布局得到明显改善。从承接的国际产业转移情况看，到 2013 年 4 月底[①]，中国累计实际吸收外资金额 1.3 万亿美元，在全球排名中居第二位。相比于 2009 年我国中、西部实际吸收外资占全国比重的 12.6%，2013 年，中国中、西部地区吸收外资占全国比重达 17.2%，比 2009 年提高 4.6 个百分点。同时，全国累计批准外商投资项目 63 万余个，其中，东、中、西部所占的比重分别为 83.2%、10.7%和 6.1%。从承接的国内产业转移情况看，统计资料显示，“十一五”以来，安徽、江西、湖南、湖北、河南、四川等省市承接产业转移最多，内蒙古、山西、新疆、宁夏、贵州等省份承接产业转移较少，而上海、广东、江苏、浙江、福建等省份是转出产业最多的区域。2013 年，国家发展和改革委员会、商务部联合公布了《中西部地区外商投资优势产业目录（2013 年修订）》，新目录鼓励外商在中西部地区投资符合环保要求的劳动密集型产业，提高服务业发展水平，充分发挥中西部地区的特有优势。数据显示，通过对口支援、设立“产业转移促进中心”等形式，便利了东部地区管理模式的输出，也一定程度上促进了区域间的产业转移。

第四，就产业转移与承接方式看，新设投资、并购、重组、股权合作、资源开发、合作共建园区等多种方式在我国并存。从企业主体看，中央企业在大型能源重化工项目中占据垄断地位，而民营企业则在食品、轻工、机械、电子等非垄断行业具有较大的灵活性，可通过重组、新设投资等方式进行。从地方主体看，各地方政府通过制定政策、营造环境、搭建平台、信息服务等方面对产业转移与承接行为发挥积极引导作用。从产业主体看，近年来，随着经济体制的改革，股权限制的不断发展，我国承接国际产业转移的方式更加变化多样。目前，相关地区承接国际产业转移的主要方式已从东部发达地区外商发展到广大欠发达地区再投资的方式，如已转移中国东部的外商投资企业开始到中西部投资，或设在东部

① 截至 2013 年 4 月底中国累计吸收外资 1.3 万亿美元. http：//blog.sina.com.cn/s/blog_9dcb087f0101d7nc.html [2013-06-07].

的跨国公司中国总部到中西部投资，或是进入东部的跨国公司到中西部投资，或是进入东部的跨国公司影响、带动其他跨国公司到中西部投资，等等。

（三）中国区域产业转移的现状与未来趋势的判断

从一定意义上说，区域产业转移是在经济发展到某一阶段以后出现的必然现象，这一过程既是传统制造业改造升级的一个重要方面，也是区域经济协调发展的重要内容，毫无疑问，这一过程将是中国经济实施可持续发展战略的一个重要支撑。根据 2009 年国家统计局对我国产业转移的阶段性特征的有关分析①，中国东部产业向中西部的区域产业转移已经渐成气候，在今后相当长的时间里，这种趋势还会继续加强。

从现实情况看，中国的区域产业转移的发生与发展已经具备了良好的产业支撑和制度环境。

首先，区域产业转移是我国产业升级的内在要求。“十二五”期间，产业升级的迫切性将尤为突出。“十二五”规划明确指出，“要围绕发展现代农业，传统制造业转移和升级、培育和发展新兴产业、提升现代服务业规模和效率四条主线，构建下一阶段中国经济的支点”，制造业转移与升级被提升到一个前所未有的战略高度。为什么区域产业转移能够作为中国经济的“支点”并对产业升级产生至关重要的“主线”作用？本书的基本判断是，无论是从区域角度，还是从产业自身发展角度看，对于东部沿海发达地区来说，通过区域产业转移既可以将劳动密集型产业转至中西部地区，自身则通过“腾笼换鸟”的方式实现产业升级；而对中西部地区来说，区域产业转移是一次难得的工业化机遇，是实现产业升级的最便捷途径，如能把握好这一机遇，至少可以为该地区未来 5～10 年的发展提供有力支撑，从而逐步缩小区域间差距。显然，“十二五”规划有关四条主线的战略定位既为我国区域产业转移提供了强有力的制度保障，更为我国通过区域产业转移实现产业升级指明了路径。

其次，东部地区的率先发展也为区域产业转移奠定了坚实基础。我国东部沿海地区依托地利、人和等优势因素，率先抓住了国际产业转移浪潮所带来的难得机遇而获得率先发展。20 世纪 80 年代，东部沿海地区抓住国际上以轻纺产品为代表的劳动密集型产业向发展中国家转移的历史机遇，加快了轻纺产业快速更新的步伐；20 世纪 90 年代，东部沿海地区又抓住国际产业结构调整和转移的难得机遇，很好地促进了机电产业的发展和出口；世纪之交，东部沿海地区又抓住我

① 国家统计局.我国产业转移的阶段性特征．http：//www.hljic.gov.cn/zylm/zt/zczd/t20090520_430541.htm [2009-05-20].

国加入 WTO 带来的新机遇，以信息产业为代表的高科技产业生产制造环节大规模向我国进行新一轮的转移，尤其是长三角、珠三角、环渤海湾、福建沿海地区初步形成了各具特色的信息产业集群。在此影响下，这些地区在全球生产要素优化重组和产业转移中的地位越来越重要，已在东亚区域产业循环中梯度承接转移中占主导地位，并通过日益扩大的国际产业转移承接规模，向世界“制造中心”前进，这不仅为承接更高等级和更大规模的国际产业转移创造了条件，而且为该地区向国内其他地区转移以及将要发生的第五次产业转移浪潮打下了坚实基础。

此外，区域产业转移有了较为完善的制度保证。随着《鼓励东部地区向中西部地区进行产业转移》《继续推进西部地区基础设施和生态建设》《增加西部大开发投资》等促进东西部经济互动及有关产业转移政策相继出台，也为东部产业向中西部转移扫清了政策障碍。

基于以上分析，可以发现，发生于中国国内的大规模区域产业转移已经具备了良好的现状基础和走向未来的潜力，第五次大的产业转移浪潮已经“蓄势待发”。具体来说，中国区域产业转移将呈现如下趋势。

一方面，从区域产业转移的规模与流向看，中国区域产业转移的规模将越来越大，但流向受到移出地的阻力和承接地障碍因素的共同影响。东部沿海地区在承接国际产业转移过程中占据了先机，率先实现了经济的快速发展，但随之而来的问题是，区域持续发展与产业结构的优化升级空间不足的矛盾凸显，制造业的持续发展与日渐升高的企业商务成本和环境成本之间矛盾日益突出等问题。在此背景下，以东部地区加工工业向中西部地区转移为主要内容的区域产业转移将成为必然。相关研究也显示，2010 年前后，仅广东、上海、浙江、福建四省市需要转出的产业产值达到 14 000 亿元左右[①]。

但接下来的问题是，东部沿海地区的区域产业转移何地？中西部有 18 个省区，究竟选择哪个或不向哪个省区转移？空间扩散理论有关阻力和障碍的分析给本书的分析提供了一个较好的框架。事实上，区域产业转移也会受到转出地阻力的影响，转出地出于均衡本区域发展和避免产业空心化的需要，通常会采用土地、税收、资金、项目等方面的政策倾斜和扶持，鼓励企业在省域优先转移。例如，江苏省 2007 年 7 月出台了《关于加快南北转移的意见》，为苏南低端产业向苏北欠发达地区转移提供了很多优惠政策，广东、福建、浙江等东部发达省份也出台了类似政策。区域产业转移还会受到承接地障碍的影响，障碍在区域产业转移中可以起重要的限制作用，包括自然障碍，如承接地的交通等基础设施建设等；文化障碍，如语言、宗教、文化区以及开放程度上的差异等；社会经济障碍，反映

① 刘奇葆．关于产业转移和承接产业转移的调查．http：//www.gx.xinhuanet.com/newscenter/2007-11/23/content_11747025.htm[2007-11-23]..

在承接地的产业配套能力、承接载体（如集群基础、园区建设水平）、投资环境、土地、劳动力、原材料成本等方面。鉴于移出地和承接地之间的发展水平在诸方面均存在较大差异，所以区域产业转移的流向将很大程度上受制于移出地的阻力和承接地障碍因素的此消彼长的关系。

另一方面，从区域产业转移的类型与方式看，主要以制造业的转移为主，但转移的方式将由单个企业向集群化转变。总体上看，由于沿海地区的产业结构升级的需要，很长一段时间内，中国的区域产业转移仍然会以劳动密集型的产业转移为主，但是随着产业分工越来越细化，单个企业发展越来越倾向形成一个具有产业联系、互动互补、竞争力强的有机群落，更趋向于产业的“抱团”转移，希望建立新的产业集群或直接向已有的产业集群转移，在获取比较优势的同时寻求获取新的竞争优势。与此同时，区域产业转移通过产业辐射、促进集群间竞争、加速重化工业化以及推动产业集群升级等的综合作用成为产业集群发展的重要动力（表 3.6）。例如，苏北兴化的戴南不锈钢产业集群的形成初期，就和吸引浙江等发达省份和周边的姜堰、东台等市的同类产业转移及集聚密不可分，现今的戴南镇，通过承接同类产业转移集聚了 1000 多家不锈钢企业，不锈钢制品产量占据了全国 1/7 的市场，而这也为戴南在更高水平上承接区域产业转移，实现创新驱动和打造千亿级不锈钢产业集群的战略转型和升级提供了有利条件。

表 3.6　我国产业集群演进阶段：以主要动力为划分依据

阶段	自然条件促成阶段	市场需求拉动阶段	外商投资拉动阶段	产业转移和升级阶段
主要推动力	自然资源 传统手工业 商业传统 地域文化	居民消费品价格放开 内需扩大 出口增加	参与全球产业分工 全球产业转移 外商直接投资	产业辐射 产业容量约束 集群间竞争 重化工业化 链状产业集群

资料来源：刘世锦，2008

此外，从区域产业转移的主导力量与作用范围看，区域产业转移将由政府主导转向企业主导，但产业转移距离呈现衰减趋势。区域产业转移的主导力量不外两种：一是政府主导；二是市场主导。虽然政府主导会对区域产业转移产生一定的影响，尤其是在区域产业转移的初期，但从长远来说，市场仍然是决定区域产业转移的核心动力，即区域产业转移依然会受不同区域间土地、能源、劳动力和生态环境等比较优势因素的影响，劳动力和资源密集型产业由东南沿海地区向中西部转移是大势所趋。自然，东部地区的部分省域欠发达地区以及相邻的中西部省区，在同等情况下更容易承接来自上述地区的产业转移，即产业转移距离呈现衰减趋势，也并不违背市场主导是区域产业转移核心动力的结论。

从人文地理学的基本规律出发，社会经济现象的空间扩散会随距离的增加而衰减是一个基本规律，区域产业转移也概莫能外。其原因在于：一方面，在相同条件下，企业选择向自己更为熟悉和距离更近的省域内或邻近区域转移可以在一定程度上节约成本（尤其是运输成本和适应转移环境变化的时间成本）；另一方面，当区域产业转移遭遇到某些难以克服的进入壁垒（如心理距离、承接区域政策以及承接产业转移的环境）时会形成反射，从而增加了在其附近地区快速转移集聚的可能性，按照莫里尔（Morrill，1970）的观点，政治边界，如中国的行政区界线就起这种作用。

第二节　区域产业转移与承接地产业集群耦合的内容与模式

一、区域产业转移与产业集群系统的复杂性

（一）复杂性、复杂适应系统概述

1. 复杂性的概念

复杂性在世界万事万物中普遍存在，但复杂性是什么，如何定义，一直是令学者们困惑的问题。很多学者也尝试着从他们的学科和专业领域出发对复杂性进行描述或界定。1995 年，劳埃德（S.Lloyd）统计了西方学者 45 种关于复杂性的定义，如香农信息（Shannon information）、Renyi 熵（Renyi entropy）、共用信息（mutual information）、分数维（fractal dimension）、算法复杂性（algorithmic complexity）、复杂适应系统（complex adaptive system）、自组织（self-organization）等。

鉴于本书研究的目标指向性，笔者选择一个相对容易理解且具有代表性的概念，即复杂性是指对某事物或系统的规律性描述的信息长度，又称之为有效复杂性。本书研究区域产业转移—承接地产业集群系统耦合关系的目的就是希望通过在对区域产业转移、产业集群发展的机制及内在逻辑关系等一般现象描述的基础上总结出相关规律，进而分析区域产业转移—承接地产业集群系统耦合关系的复杂性或复杂程度。需要指出的是，鉴于有效复杂性是对客观复杂性的有效理解与最小表达，将随主体的认知水平提高而提高，但在一般情况下，存在一定的无法准确或定量度量的缺陷。当然，这也是本书力求解决的难点问题。

2. 复杂适应系统的概念与特征

复杂适应系统（complex adaptive system，CAS）理论是霍兰（John H.Holland）于 1994 年在圣菲研究所以“复杂创造简单”为题的演讲中提及的。霍兰借鉴经济学中的代理人（agent）概念，提出了适应性主体（adaptive agent）的概念，其基

本思想认为，复杂适应系统的复杂性起源于其中的个体（agent）的适应性，这些个体称为主体（agent），主体具有自身目的性和主动性，有活力（active）和适应性。主体可以在持续不断的与环境以及其他主体的交互作用中“学习”和“积累经验”，并且根据学到的“经验”改变自身的结构和行为方式。

系统发展和进化的基本动因就是这种主动性及主体与环境的、其他主体的相关作用，这些在不断改变着它们自身的同时也改变着环境。整个系统的演变或进化，包括新层次的产生、分化和多样性的出现，新的聚合体或更大的主体的出现等，都是在这个基础上派生的。一个复杂适应系统自然也就是另一个系统的组成部分，因而系统本身既可以是紧凑的，也可以是松散的，具有下述几个较为明显的特征。

第一，多元主体。一个复杂适应系统往往由大量相互作用的元素——主体组成的，这些主体具有智能性、适应性、主动性等特性，可能是经济中的企业或市场中的参与体，也可能是免疫系统抗体或者生物细胞蛋白质。

第二，非线性关系。复杂适应系统认为个体之间相互影响不是简单的、被动的、单向的因果关系，而是主动的“适应”关系。所谓适应性是指它能够与环境以及其他主体进行交互作用。

第三，主动、学习和积累经验。复杂适应系统中的主体与环境以及其他主体进行交互作用，并在这个过程中不断“主动”“学习”和“积累经验”，换言之，为了不断提高，主体将随着经验积累而改变自身的结构和行为方式，修订相关“规则”，学会参与复杂“游戏”。

第四，等级层次性。复杂适应系统各层之间界限分明；层与层之间具有相对独立性，且不同层间关联作用较小。

以上这些特点使得复杂适应系统具有了许多与其他系统不同的功能和特点。

（二）区域产业转移、产业集群系统的复杂性

1. 区域产业转移系统的复杂性

首先，区域产业转移系统具有多元主体性。产业转移是综合性生产系统的转移，涉及多元主体。从广义角度理解，区域产业转移系统主要由四个子系统组成，分别是区域产业转移的动力系统、区域产业转移的行为模式系统、区域产业转移的知识与技术溢出系统和区域产业转移的网络系统，通过这些子系统之间的相互作用，使得区域产业转移系统保持一定的稳定状态。从狭义角度理解，按照区域产业转移的要义，产业转移首先是满足企业自身成长和发展需要而进行的时空转换，因而产业转移的微观主体是企业，同行业的多企业转移即为通常意义上的产业转移。尽管企业或产业对外扩张包括投资转移、贸易转移、技术转移等多种方

式的集合，但投资转移是这种扩张的主要方式之一，这一过程通常与产业转移方向是相同的。从这一角度可以理解为产业转移的内容主体是资金，是同行业的多企业在区域间再投资的过程。区域产业转移的微观主体是企业，中观主体是产业，而对象主体是资金。从承接产业转移的角度看，企业抑或产业之所以选择此地而非彼地实施转移（再投资），往往是受到基本经济规律的影响。按照传统经济学的观点，理想的市场状态是完全的价格接收者（price～taker），当某企业（厂商）发现某个区位能够获得超额利润时，企业就会寻求在新的区位再投资，从而实现企业（全部或部分）的时空转换。同样，这种“利益”原动力始终存在于产业转移所作用的移出地和承接地两个区域系统之间。不同的区域系统因为所能提供的产业成长和发展的条件组合并不相同，如经济规模、资本数量、市场容量、技术水平和创新能力等各种经济要素的组合等不尽相同，出于“利益”原动力的驱使，区域产业转移的时空过程实际上是在移出地和承接地系统之间通过投资系统而为企业系统寻求具有最佳经济要素组合的系统性过程（图 3.3）。

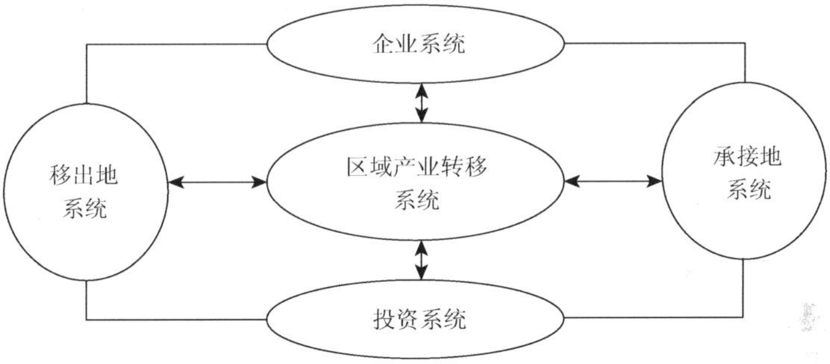

图 3.3　区域产业转移系统的组成

其次，区域产业转移系统具有非线性和等级层次性的特性。和很多社会经济现象一样，区域产业转移系统具有时间过程规律，而作为系统本身所具有的非线性和等级层次性也是不辨自明的。具体而言，区域产业转移往往并没有明确的、唯一的线性指向，产业转移的区域指向取决于承接地生产要素的获取成本以及生产要素有效利用程度的变化，也就是说，低成本的生产要素的有效利用是产业转移的关键因素，这也是区域产业转移适应系统的基本要点。在当今经济全球化的时代，一些企业以占领更大市场为目标，根据生产要素成本的高低来决定生产地点，在全国乃至全球范围内组织生产，与此相伴的往往是一定区域范围内具有低成本生产要素的成为最后的“赢家”。

杨云彦等（2008）将产业转移过程分解为主动产业转移和被动产业转移两种类型，类似的，我们也可以将产业转移系统过程分解成主动产业转移系统和被动产业转移系统（图 3.4）。所谓主动产业转移系统是指影响移出地的厂商在产业承接地通过投资、技术转移等系统方式实现产业转移的诸要素的总称。一般情况下，较大的市场、充足而廉价的劳动力、优惠的投资政策、较优越的基础设施条件、办事高效的政府、具有或可以形成产业集群等不同区域系统要素组合构成了转移企业进行区位选择的必要条件。被动产业转移系统是指由产业转移承接地从事相关生产的企业迅速发展导致的移出区域同类产业的衰退甚至倒闭、退出整个产业的时空过程。很显然，被动产业转移系统是通过产业转移承接地对产业移出地产业的竞争和替代系统完成的。主动产业转移系统和被动产业转移系统既相互联系又相互独立，具有较为明显的非线性。通常情况下，主动产业转移是被动产业转移的先导，并在产业转移的初始阶段起着主导作用，但在此后两者相互交叉，随着产业转移的持续发展，主动产业转移逐渐衰退居次要地位，被动产业转移逐步上升到主导地位。

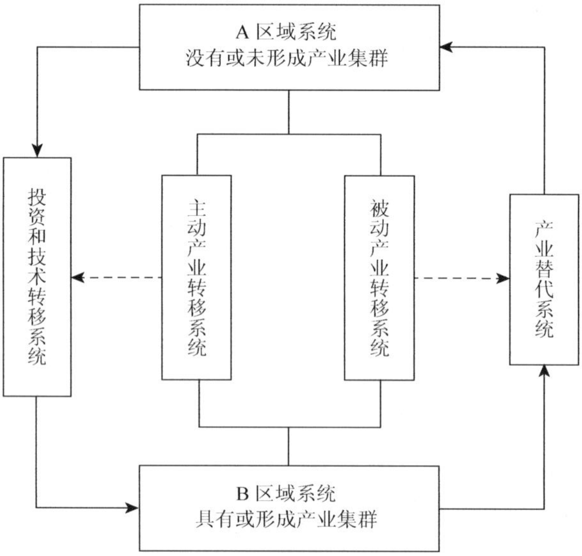

图 3.4　产业转移系统过程的分解模式

资料来源：杨云彦等（2008）

再次，在非线性规律的影响下，区域产业转移系统又表现出等级层次性规律。事实上，区域产业转移过程类似于人文现象的空间扩散过程，而按照扩散理论，区域产业转移过程也会因为受到地理距离、区域结构差异等因素的综合影响，其对承接地的选择也往往跳跃紧邻的小城市，在距离较远但属同级规模的区域中首先被接受，然后向次一级的区域扩散，即区域产业转移的过程是一个类似的等级扩散（hierarchical diffusion）过程（图 3.5）。布朗（L.A.Brown）认为，对成功的扩散来说有三个因素极为重要，即创新的源生地、仔细选定扩散的中心和制定一份周密细致的扩散战略。关于第一个问题，一种理论认为，创新多产生于中心地等级体系中最高级的区域中，因为它们集中了资本和研究与开发活动，产业也趋向于选择向区域转移集聚。此外，发展水平较高以及在中心地等级体系中占据较高等级的区域通常可以被选为产业转移的中心，通过以该类区域为中心的产业转移网络促进创新的扩散。布朗还认为，基础设施对创新的扩散也是极为重要的，因为任何创新的扩散总是要凭借一定的物质基础。因此，从区域产业转移的角度，对发展中国家和地区而言，除加强基础设施建设外，还应重视各种人才的培训工作，以利于承接、吸收、掌握发达国家的产业、先进技术和设备的转移，从而进一步在本国推广和应用。

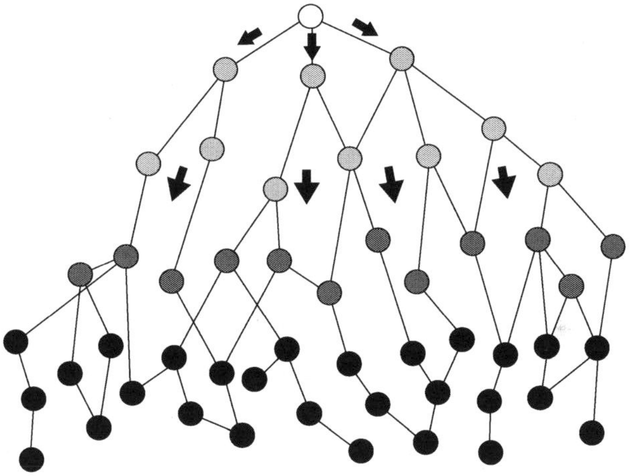

图 3.5 区域产业转移的等级层次性

资料来源：许学强，周一星，宁越敏，等，2005

最后，区域产业转移系统具有学习和积累经验的特性。一方面，区域产业转移需要主动学习。产业转移本身是一个从移出地到承接地的再适应过程，转移产业需要主动学习并融入承接地，是打破一个旧体系建立一个新体系的过程。另一方面，区域产业转移需要被动学习。20 世纪 90 年代后期以来，世界经济环境发生了很大的变化。经济全球化趋势不断加深、信息技术飞速发展、这种“时空压缩”（哈维，1990）对产业转移理论提出了严重的挑战，传统的劳动密集型产业转移正开始向技术（知识）密集型产业转移转变，这种转变将促进我们对理论进行再思索（张林和唐艳萍，2010）。也许国际产业转移客体变化存在一条清晰的演化线索：物质要素与资本的结合—劳动要素与资本的结合—智力要素与资本的结合—

智力资本与智力资本的结合，这其实就是产业转移系统的学习、积累经验和再发展的过程。转移的客体在信息时代的催化下，知识作为新生产要素的作用日益凸现。无论是从变化着的弗农工业生产生命循环，还是梯度转移逐渐向技术梯度的转变，这些都直接证明了技术、知识转移已成为国际产业转移的新趋势。可见，技术、知识的转移对国际产业转移产生了巨大的影响力。国际产业转移之所以出现诸多的原有理论解释力下降的现象，原因也许就在于产业转移中的技术、知识要素的影响越来越强烈，当然，其具体影响机制尚有待进一步研究和证实。

2. 产业集群系统的复杂性

首先，产业集群系统具有多元主体性。从广义角度出发，产业集群系统主要也是由四个子系统组成，分别是产业集群的动力系统、产业集群的成长模式系统、产业集群的创新系统和产业集群的网络系统，这些子系统之间通过一定的非线性作用，整体促进产业集群系统的成长与升级。从狭义角度出发，按照产业集群的要义，产业集群不仅包括同类生产企业的集聚，还包括为核心产业服务的金融、运输、电信、保险、销售、维修等服务业，但简单的同类集聚并不必然形成产业集群，只有相关主体之间共同形成了既分工又协同的产业生态系统方能成为产业集群。具体来说，产业集群系统是多系统的集成，大致来说，可以划分为五个子系统：集群生产系统、供给系统、需求系统、规制管理系统和中介服务系统，其中集群生产系统是产业集群系统的核心（图 3.6）。上述子系统既是独立存在的主体，又是相互联系的主体，而维系这五个子系统的内在关联性因素主要有产业关联、地理集中和互动关系。其中，产业关联主要强调的是集群生产系统与供给系统、需求系统的生产关联性；地理集中则强调五个子系统空间集聚的必要性，是产业集群形成的必要而充分条件；互动关系则强调集群五个子系统之间的互动机制，当然这种互动机制可以通过竞争也可以通过合作的方式实现，产业集群系统正是通过五个子系统相互间的配套合作而获取竞争优势。

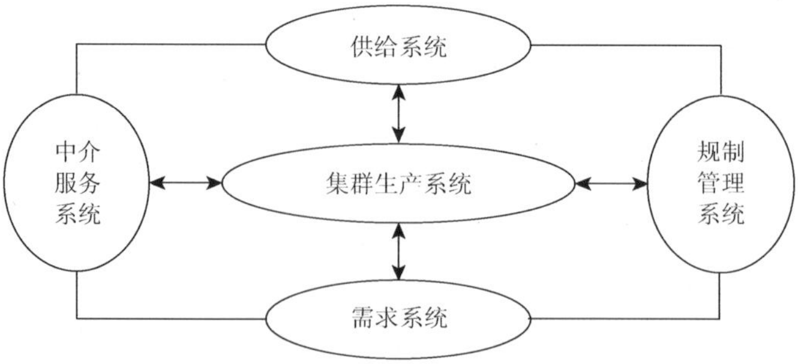

图 3.6 产业集群系统的组成

其次，产业集群系统成长的层次性和不平衡性。产业集群已经发展成为世界上最为典型的产业生态系统表现形式（王琦，2008），在竞争市场中有明显的层次性和不平衡性。从区域分布看，建立产业集群系统的先决条件是企业、专业机构在地理空间的集聚基础，当然，这种集聚基础并不必然导致产业集群的成长，只有这种集聚满足以下条件，方可作为判别是否形成产业集群的依据。一是这种集聚是同行企业和相关机构围绕同一产品的生产集聚，二是这种集聚的企业之间存在分工协作和同行竞争关系。从集群产生的机制看，不同的理论模型所述及的影响因素往往大相径庭，究其根源就在于不同国家和地区的产业集群成长的条件并不一致。例如，按照钻石模型（表 3.7），产业集群的形成取决于四个决定因子和两个影响因素，而按照集体效率模型，产业集群的形成取决于市场进入、劳动力扎堆、技术溢出等正的外部性以及企业联合行动，但灵活专业化模型，产业集群的成长取决于灵活性、规模经济、创新、产品差异化等动力。事实上，正是因为产业集群动力机制的差异形成了不同国家和区域、不同类型的产业集群，进而表现出其成长的层次性和不平衡性。需要说明的是，鉴于产业集群系统的复杂性，上述集群动力之间并不存在一一对应抑或相互排斥的关系，一个产业集群的形成往往是诸多动力机制诱发的结果。此外，产业集群的不平衡性还体现为市场力和制度力的权衡过程中，当政府等外力作用减弱或集群面临的外界市场力量超越自身调整阈值之时，它就打破了一种平衡，转而趋向建立一种新的平衡；即使有时处于一种平衡，那也是一种动态平衡；等等。

表 3.7 不同研究模型述及的产业集群动力机制

	钻石模型	集体效率模型	灵活专业化模型
模型内容	核心思想：四个决定因子和两个影响因素的作用结构	正的外部性：市场进入、劳动力扎堆、技术溢出等 企业联合行动两维性：合作企业、合作方向	核心思想：灵活经营的公司明显优于规模生产的厂商 特点：产品特性、市场细分、具有适应机制的范围经济、多技能员工、产品创新和对客户需求的快速反应
动力机制	四个决定因子和两个影响因素的共同作用	外部性、联合行动	灵活性、规模经济、创新与产品差异化
目标	价值创造、整体的、动态的	成本效率、风险、专精	价值创造、专精、动态的
研究来源	Porter（1998）	Schmitz（1995）	Piore 和 Sabel

资料来源：陈继祥，2005

再次，产业集群具有非线性的特征。一个健康的产业集群应该是一个耗散结构，其形成过程包括下述三个必要条件。首先，系统的开放性是形成耗散结构的必要条件。产业集群是一个开放系统，需要不断从外界引进人员、物质、信息和资金。在此过程中，在相关区域的某些特殊生产要素的吸引下，可能带来偶然性的集聚影响（耗散结构称之为“涨落”现象，新经济地理学称之为“历史事件”，本书称之为“种子”条件）。例如，吸引到某个有影响的大型企业的转移，或是当地政府有意识地植入的某个增长极等，即产业集群“胚”的形成过程。其次，系统还必须是远离平衡状态的，系统中物质、能量流和热力学力的关系是非线性的。由于这些人员、物质、信息和资金流所带来的技术转移是非常活跃的，当某个环节出现新的技术、思想，就像生态系统出现新的生态位一样，会吸引、“孵化”更多的新企业成长起来，去不断占领新的生态位，这些新发展起来的企业随之进入集聚区的“胚核”系统并参与其间的分工，与其他企业协同发展。于是，在负熵流不断增加的情况下，表现为企业和相关机构的逐步集聚迹象，从而形成较为稳定的产业集聚区，即产业集群“核”的形成过程。最后，系统内部不同元素之间存在着非线性相互作用，并且需要不断输入能量来维持。鉴于已经形成的稳定的集聚区具有开放性、创新性、网络型、提倡合作精神并有利于知识的流动，特别是良好的人际关系等特点和优势，有助于业已形成的稳定的产业集聚区充分融入地方生产系统，可以极为便利地与当地的大学和科研机构合作，有效利用当地的一些制度规范加以约束，借助当地投入的风险资金和良好的信息基础设施、完整的市场服务体系等，最终形成具有一定竞争优势的区域经济系统，即产业集群“体”的形成过程。上述过程可从下述路径加以描述（图 3.7）。

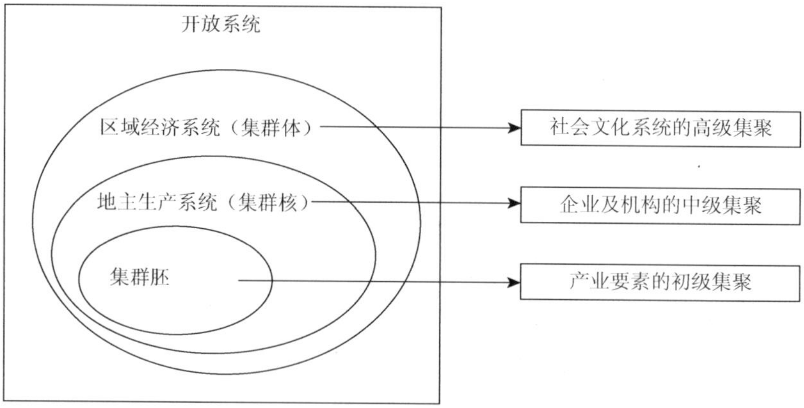

图 3.7　基于耗散结构的产业集群系统形成路径

最后，产业集群具有主动、学习和积累经验的特性。产业集群的本质是一个独特的区域性创新系统。其之所以独特，因为它是一个创造、扩散和应用知识的系统。这种创造、扩散和应用知识主要通过两种途径实现。一是技术的扩散，即集群内的企业之间、企业与客户之间、企业与供应商之间甚至竞争对手之间，可以通过非正式的途径获取因技术外溢所带来的技能、市场信息和管理经验，所谓“干中学”的过程；二是知识的传递，即集群所依托的科研院所和高等学校的知识可以不断传递到企业，而且集群的知识外溢也为相关企业创造、扩散和应用知识提供了便利。但产业集群又不同于一般的区域创新系统，因为产业集群具有较为完备的创新平台。产业集群的创新平台主要包括两种，并通过两种平台的交互作用以达到其主动、学习和积累经验的目标。首先，技术创新。产业集群的创新，决定于技术人员活跃的思想、高超的技术水平以及集群内的学习范式，世界上很多著名产业集群的成功经验就在于其依托或建立了科技创新系统，如美国的硅谷产业集群就是明显的例证。其次，区域创新网络。在产业集群网络中，创新体系是其重要组分，也是决定产业集群自我调节适应能力大小的关键所在。在产业集群的区域创新网络中，科研院所和高等学校作为知识与技术的源头，不仅可以创造新知识与新技术，还可以通过教育、培训以及成果转化等形式，有效促进技术、知识扩散，而这也为集群实现激进的技术创新提供了有力的支持；企业间的不同行为主体的相互作用也会诱致新的知识产生。于是，作为创新性的区域网络，产业集群内的企业等不同行为主体在相互作用、相互激发中采取良好组合的运行方式，取得了“整体大于局部之和”的效果。

有关这一特性以及相关过程的阐释，在理论界也得到了佐证。尽管不同国别的学者对产业集群的认识不尽相同，但对产业集群本质属性的认识却惊人的一致，即不同国别的学者均认同产业集群是一个学习、知识、创新和网络系统（表 3.8）。

表 3.8　不同国别学者对产业集群本质属性的理解

国家	对产业集群的理解	国家	对产业集群的理解
德国	相似公司的集聚和创新模式	美国	供应链网络和生产网络
意大利	产业知识流	加拿大	创新系统
墨西哥	创新系统	澳大利亚	创新网络和生产网络
荷兰	价值链和生产网络	法国	由知识链连接起来的独特组合
英国	区域创新系统	爱尔兰	价值链

资料来源：许庆瑞，毛凯军，2003

二、区域产业转移与产业集群耦合的内容

（一）耦合的概念

耦合（coupling，《朗文现代英语词典》解释为“something that connects two things”；couple 则解释为“to join together” or “things related in some way but not necessarily matched for part of a set”），现已成为物理学中的一个基本概念，通常是指两个或两个以上的系统或运动方式之间通过各种相互作用而彼此影响而联合起来的现象，是在各子系统间的良性互动下，相互依赖、相互协调、相互促进的动态关联关系。例如，两个单摆之间连接的弹簧，它们的振动彼此起伏，相互影响，这种相互作用称之为单摆耦合。类似的，可以把区域产业转移与承接地产业集群两个系统通过各自的耦合内容、要素产生相互作用、彼此影响的现象，定义为区域产业转移—承接地产业集群耦合。

从系统论的角度来看，“耦合”实际上是两种或两种以上系统要素（或子系统）、运动方式之间相互作用、相互演变及其最后发展的结果。系统耦合与系统相悖是一个问题的两面，它们均在生态系统内的生态位、时间和空间三个维度上起作用，前者在系统要素之间表现为紧密依存、互相促进的关系，最终将扩大系统的生产和生态功能；后者在系统要素之间则表现为区域产业转移与承接地产业集群的耦合关联，互相干扰、互相破坏的关系，最终将缩小系统的生产和生态功能。从这一内涵出发，可以看出耦合具有两个基本特性：一是耦合的基本前提是耦合各方必须存在某种关联；二是耦合的结果是耦合各方的属性会发生变化（即原有的属性会被缩小和放大）。

显然，系统耦合的过程显然比“综合”的过程更具有协调性、关联性和整体性，它不仅是系统内各要素的相互协调，它还包括磨合、调控、约束甚至限制，所以说系统的耦合是系统自身综合程度和水平的升级和提高。基于此，本书所研究的区域产业转移—承接地产业集群耦合的关系，就是既要准确刻画区域产业转移和承接地产业集群系统的内在关联，又要系统分析在区域产业转移的综合影响下承接地产业集群从无序到有序、从局部到整体的成长过程。

（二）区域产业转移—承接地产业集群系统的耦合内容

复杂性适应系统具有 7 个要素，分别是集聚、非线性、流、标识、多样性、内部模型、构件及创新。区域产业转移—承接地产业集群系统的耦合就是在承接地产业集群形成、发展的演化过程中，区域产业转移与产业集群相互作用（主要是响应与反馈）、相互影响的非线性关系总和（主要反映为系统间的响应与反馈机制）。具体而言，区域产业转移与承接地产业集群系统的耦合内容如下。

1. 集聚是区域产业转移与承接地产业集群系统的共同追求

产业转移主体通过“黏合”（adhesion）形成较大的新的多主体的集聚体，这个新的集聚体可以像一个单独的主体一样行动。集聚（aggregation）的过程不是转移企业简单的合并，也不是消灭主体的吞并，而是新型的、更高层次上的主体的涌现；承接地原来的主体并没有消失，并在新的更适合自己生存的环境中得到发展。在复杂系统的演变过程中，产业集聚的存在，将较小的、较低层次的企业或相关机构通过某种特定的方式集合起来，当形成较大的、较高层次的主体后，则形成了宏观形态发生变化的转折点，即产业集群的产生。

2. 非线性是区域产业转移与承接地产业集群系统耦合的基本规律

非线性是指个体以及它们的属性在发生变化时，尤其是在与系统的反复交互作用中，并非遵从简单的线性关系。CAS 理论认为非线性产生的关键在于内因，是个体主动适应的结果。因此，非线性是系统行为的必然的、内在的因素，是复杂性产生的内在根源。张聪群（2007）认为，产业集群的形成是种子条件和环境条件综合作用的结果。其中，种子条件系指产业集群形成的关键初始因素具有一定的偶然性，包括四种情况。

其一，偶然事件播下产业集群的“种子”。在我国传统产业集群中，通过偶然“播种”的典型案例并不鲜见，如温州永嘉桥头纽扣产业集群。1977 年桥头镇桥头村叶克林、叶克春两位弹花郎出外谋生，1979 年春，他们路过一家纽扣厂旁边，偶然发现垃圾堆里有一堆闪闪发光的纽扣，他们将这些不花钱的纽扣带回家乡试销，出乎他们意料，销路很好。后来，他们又自筹资金 400 多元，从浙江黄岩县贩回纽扣，在桥头摆摊试销又取得了成功，此后，在此摆摊的人越来越多，逐渐形成了一个纽扣市场。经过几年的发展，慢慢地就在当地形成了一个以纽扣市场为核心、产销相结合、多种小商品并存的产业集群。

其二，历史传统孕育了产业集群的“种子”。根据产业集群的“种子”是土生土长还是外部植入，可以将产业集群区分为内源性和嵌入型产业集群，前者以浙江省为代表，后者以广东省表现较为突出。

其三，国际产业转移植入产业集群的“种子”。我国嵌入型产业集群是国际产业转移的结果，改革开放以来，沿海地区利用地缘、人缘、低成本优势和国家对沿海城市的优惠政策，抓住当时国际产业转移的时机，通过三来一补（来料来样加工、来件装配、补偿贸易）和发展三资企业等形式，吸引我国港澳台和其他发达国家的产业转移，吸引一些外商举厂迁入，甚至整个产业的迁入，带动了本地的产业配套。

正如 Krugman（1991a）指出的那样，“硅谷的兴起，不是勇敢的个人的产物，而是有远见的官僚的产物”。淮安电子信息产业集群的兴起，也正是源于当地政府通过承接富士康企业的相关产业转移而逐渐发展起来的。

3. 流是区域产业转移与承接地产业集群系统耦合的媒介

由交通、信息交流技术等因素而引致传统空间概念及形态发生了一系列新变化，学者们称之为“流空间”（space of flows），这一理论一经提出随即成为国内外众多学者研究的热点，迅即改变了人们对于传统空间的认识，地理学家开始关注信息流、人流、资金流、产业流、城市流（也就是各种标识）等由静态空间形态向流动空间转换的过程及其影响。列斐伏尔用“空间—时间—社会”三重辩证法提出了一整套完整的空间生产理论，将空间重组看成是全球化进程中的一个核心问题，工业化的发展总是同都市化的发展紧密关联。这种关联促进了空间中的生产（production in space）转变为空间的生产（production of space），其区别在于前者指自然属性的空间，而后者指社会属性的空间，这种转变源自生产力的成长，以及知识在物质生产中的直接介入，其结果是现代经济的规划倾向于空间规划。作为与列斐伏尔同时代的米歇尔·福柯，为了探究权利—空间—知识三者之间的辩证关系，前瞻性地提出“当今的时代或许应是空间的纪元”，认为“‘异位’是现代世界的典型空间，这种空间是人们实际实用的场址之间的诸种关系”。可以说，福柯的这种空间思想启发人们关注权力是如何在空间中展开的，这把政治权力的空间化策略揭示出来。

曼钮尔·卡斯特 1970 年起从阿尔堵塞结构主义理论出发，以“信息技术”为关注焦点，研究都市问题，认为信息技术的广泛使用在西方发达国家造就了围绕大都市的新工业空间，其特征是“其技术与组织能力，可以将生产过程分散到不同区位，同时通过电子通信的联系来整合为一体”，这是一种建立在新信息技术基础上的新空间分工，其基本结果是新二元化城市的兴起，流空间将使原有空间的轮廓、起源和最终目标不为所知。在全球化语境下，无论是列斐伏尔、米歇尔·福柯，还是曼钮尔·卡斯特、大卫·哈维，都充分认识到空间结构体系具有等级性，而空间重构的动态性往往是与其在全球空间网络中的节点地位紧密相关，而无限多样的生产方式把连续的全球空间断裂为差异的、错层的空间碎片，信息和通信技术不均衡的应用使得空间生产不均衡发展。

在产业空间重构的语境下，在区域产业转移与承接地产业集群系统耦合系统中，流具有变异适应性和双向性，即产业转移各主体之间、主体与环境之间相互关联的作用及强度会随着其间的相互作用而逐渐变化，进而使得主体能不断适应环境的变化，并通过流的“乘数效应”和“再循环效应”等，进一步使有限的资源得到最大限度的利用，进而加快承接地产业集群的形成与发展。系统的复杂性越高，各种产业转移与集聚日益频繁，流动空间的特征更明显，系统的等级层次越高越复杂。

由此，我们可以描述出一个环环相扣的产业空间重构与产业集群化转移诞生的链条：时代的变迁和社会经济的发展—产业空间重构—区域产业转移—新的产业空间节点和区位优化—新的产业空间要素的集聚与扩张—产业集群化转移。

4. 多样性、创新是区域产业转移与承接地产业集群系统耦合的重要保证

主体间的相互作用和不断适应的过程，使主体向不同的方面发生变化，形成了多样性（diversity）。在适应过程中，鉴于多种原因综合影响，主体之间的差别会发展与扩大，最终形成分化，这是 CAS 的又一重要特征。在产业集聚形成机制的论述中，马歇尔将产业集聚的形成归结于企业为了追求外部规模经济；韦伯认为，如果企业从产业集聚中得到好处大于他们因从分散布局地迁往集中地而引起

的运输和劳动费用增加，集聚就会发生；以克鲁格曼为代表的新经济地理学则认为，聚集并不是在任何情况下都能发生，当贸易成本在中等水平时，聚集通过规模收益递增、运输成本和要素流动的相互作用而产生（李小建和李二玲，2007）。综上分析，可以发现，由于经济活动和相关生产设施的区域集中，聚集企业之间不仅会产生正外部性以及规模和范围经济，而且在产量增加的同时，平均生产成本、运输成本下降，才能够形成以产品生产链为核心的产业集群。而学习型经济（王佳慧和王志峰，2010），则是承接地产业集群通过创新网络将区域产业转移所带来的构件（企业、资源、生产网络等）进行重新组合，并为移入产业和当地产业提供一些新形式和新机制的相互作用，成功地将低层次的、以前没有联系的构件、产业关联起来，直至产生新的内部机制并实现向融发展。需要特别指出的是，越是高产业层级的区域产业转移，越强调产业综合布局的集聚形态以及因之带来的综合学习、创新效益，越是寻求向具有或可以形成产业集群的区域转移相关产业。

三、区域产业转移与产业集群耦合的模式

（一）产业集群化转移：承接地产业集群的重要实现途径

与新古典的经济均衡模型不同，新经济地理学更加突出报酬递增规律及相应的集聚和扩散对产业集聚的作用过程与规律，采用历史的方法，强调和重视影响集聚的力量的持续和积累，将区域及至城市的发展定性为“路径依赖”和“历史事件”，认为区域的优势是由一些小的事件所导致的自身的加强。鉴于产业集群内涵的模糊性和结构的离散性，有关产业集群的分类有很多种。但从新经济地理学的理论出发，产业集群的成长机制大多可以分为两大类：一类是原生型；另一类是外源型（或称嵌入型）。其中，原生型集群的成长主要依靠自发经济力量的内在驱动，其兴起是“路径依赖”的必然结果，是各种集聚力量的一种持续和积累的现实反映。

具体来说，原生型集群又可以细分为两种类型：一是依靠当地企业家精神和当地具有的某些产业基础、本地要素禀赋和相关历史文化基础，形成的专业化特色产业集群，如浙江绍兴的纺织、领带、袜子等劳动密集型专业化产业区，在浙江，这样的产业集群有很多。二是在科技实业家创业基础上形成的高科技产业集群，如中关村的IT产业集群就是这类集群的典型代表。外源型产业集群大多与本地文化基因的关联不大，通常和一定的“历史事件”（前文的“种子”条件）有关，其中最为常见的就是产业转移，如珠三角通过“三来一补”发展起来的诸多中小企业集群，就是利用改革开放初期港台地区的制造业面临劳动力成本大幅度上升和土地价格飞涨、企业生产成本大幅度提高的有利条件，凭借优惠的政策吸引以

及低廉而充足的劳动力和土地条件，以及毗邻港台的良好区位条件发展起来的。例如，佛山市南海区盐布镇有“中国内衣第一镇”之称，该产业集群的形成始于20世纪70年代末，香港黛丽丝有限公司以“三来一补”形式与盐布城区实业总公司合作，建立了“盐布丽施胸围厂”，生产黛丽丝品牌内衣并出口美国。黛丽丝被称为盐布内衣的“黄埔军校”，为盐布培育了一批内衣设计、生产、营销、管理等方面的人才，许多盐布内衣品牌的经营者还从黛丽丝获得了创业的资本，经历了20多年的发展，盐布内衣在与国际知名品牌企业合作过程中，积累了丰富的生产经验和雄厚的技术力量，并相继转向自创品牌转型，形成了紫兰蒂、美思、戴安娜、奥丽侬等多个内衣品牌，产品销往多个国家和地区。三是依靠外商直接投资带来多个配套企业发展起来的产业集群，如北京也庄的诺基亚星网工业园，就是以吸引跨国企业诺基亚的入驻，先后又吸引了包括IBM、长城电子计算机公司、三洋能源有限公司、台湾富士康等企业在内的15家配套企业发展起来的产业集群，另外，诸如绍兴经济开发区的“高新技术产业园”主要依靠港资及部分省内企业转移兴起的电子信息产业集群，淮安市经济开发区则利用台资发展起来的电子信息产业集群等。

事实上，无论是原生型产业集群，还是外源型产业集群的兴起都和产业集群化转移有着一定的关联。虽然原生型产业集群的兴起在很大程度上得益于“路径依赖”，但这一过程并不排斥产业集群化转移。这是因为：一方面此类产业集群的发展需要不断地从产业集群化转移过程中补充“营养”，以推动自身产业集群的升级；另一方面，在一定条件下，产业集群也会发生变迁，集群内企业也会出于自身发展需要或迫于集群升级的压力而主动外迁，原本聚集起来的产业转而重新分散，从而在一定程度上推动区域产业集群化转移的发生。诚如波特所言，既然有产业集群的诞生之时，也就有产业集群消亡之时。

很显然，正是因为产业转移的明显集群化导向，产业集群化转移成为承接地产业集群的重要实现途径。这一过程可以从以下几个阶段加以综合分析。

第一阶段，产业集群化转移导致集群“胚”形成。根据经济发展阶段和生产力空间布局的对应关系规律，向心集聚是经济发展到一定程度以后必然出现的基本趋势，加之产业集群化转移的内在导向，由此而引起集聚式发展是产业集群化转移的必然结果，于是，承接地的产业集聚区逐渐成为区域经济活动的核心部分。

第二阶段，产业集群化转移导致集群“核”形成。产业集群化转移带来大量的同类企业，将进一步促进集聚区内的社会分工深化和市场容量的扩大，使企业的生产服务和商品流通的边际成本不断降低，要素流动和信息共享的效率不断提高，实现生产和消费的规模经济，集聚区对周边乃至更远区域的相关产业的吸引作用越来越显著，集群“核”的功能集聚得以实现。同时，凭借相互贯通的网络系统，把周围地区紧密联系在一起，不断吸引各种经济资源向该地区聚集，并通过各种轴线（主要是交通、信息等）的传递辐射形成经济协作关系，相关集聚效应得以在区内扩散，集群“核”正式形成。

第三阶段，产业集群化转移导致集群“体”形成。在产业集群发展阶段，地区工业化发展到了较高水平，使产业空间分工和重构成为可能，产业集群规模和等级进一步扩大或提高并形成分工比较明确的集群网络，集群内部的相关企业形成新的竞合关系，达到一种高水平的动态均衡，产业集群进入相融发展阶段（图3.8）。

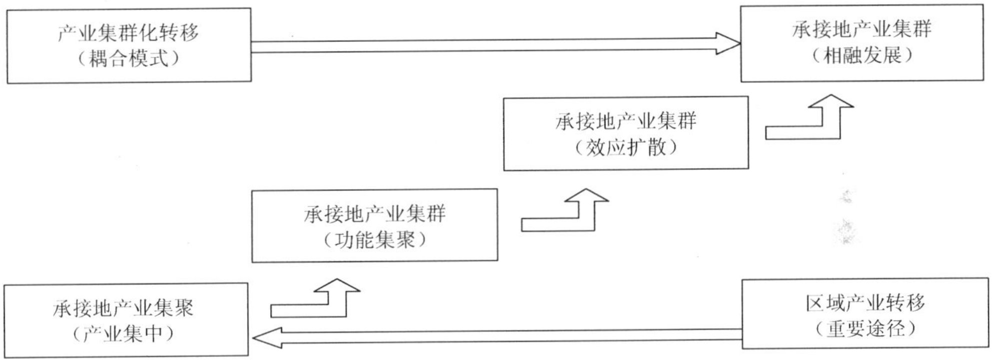

图3.8　产业集群化转移与承接地产业集群的成长

（二）承接地产业集群：产业集群化转移的持续动力

产业集群系统是一个开放的系统，在流的空间中，它与周围环境不断进行着各种物质、能量、信息、技术和人员的交换，而这也是系统维持自身熵值稳定及耗散结构状态的关键所在。承接地产业集群为什么能为产业集群化转移提供持续动力？我们可以从区域产业转移的移出地的压力和承接地的吸引力两个方面寻求这一问题的答案。

首先，移出地的压力，为产业集群化转移提供持续推动力。

马克思主义的创立者们曾断言：“每一种特殊的、历史的生产方式都有其特殊的、历史地起作用的人口规律。”（卡尔·马克思和弗·恩格斯，1972）从一定意义上说，区域产业转移和人口流动都是因为结构升级需要，相关产业和人口为了寻求更好的发展机会而反映为一种时空转换的现象。因此，区域产业转移和人口流动所遵循的规律具有内在一致性。这是因为，经济发展梯度是影响区域产业转移和人口流动的共同规律，尽管两者的方向可能存在不一致性。近年来，区域之间差距的扩大及发展梯度的存在，已然导致区域产业转移和人口流动的数量日益增大、频率日益加快、范围日益广泛、持续时间日益长久，这也从事实层面佐证了上述观点。

相应的，部分有关人口流动的规律加以一定的具体分析和修正，也可以应用于区域产业转移研究。布朗和摩尔在沃尔波特迁移决策理论的基础上提出了人口迁移的决策示意图。虽然他们讨论的主要是居住地的选择，但加以修改后同样适用于阐述区域产业转移的相关机理。根据这一迁移模型，区域产业转移也可以理解为待转移企业对自身或外界环境所带来的压力做出的反应。转移与否是由压力的大小决定的，当移出地的地点效用由于自身或外界的压力而减少到低于某一阈值时，相关企业就会决定转移。但是，由于压力的程度可能会发生变化，区域产业转移是否会发生及向何处转移还要取决于企业对压力和发展期望的综合比对结果而确定。当待转移企业降低自身的期望或者外界环境因为某种原因而改善的情况下，企业会选择留在原地。而至于转移向何处，则是对承接地信息的搜集以及对承接地有关信息与自身期望进行比较的结果。如果某个承接地确实因为存在产业集群而能提供较高的地点效用或更好的发展机会，企业会选择转移到该地区，否则会选择停留在原地（图 3.9）。

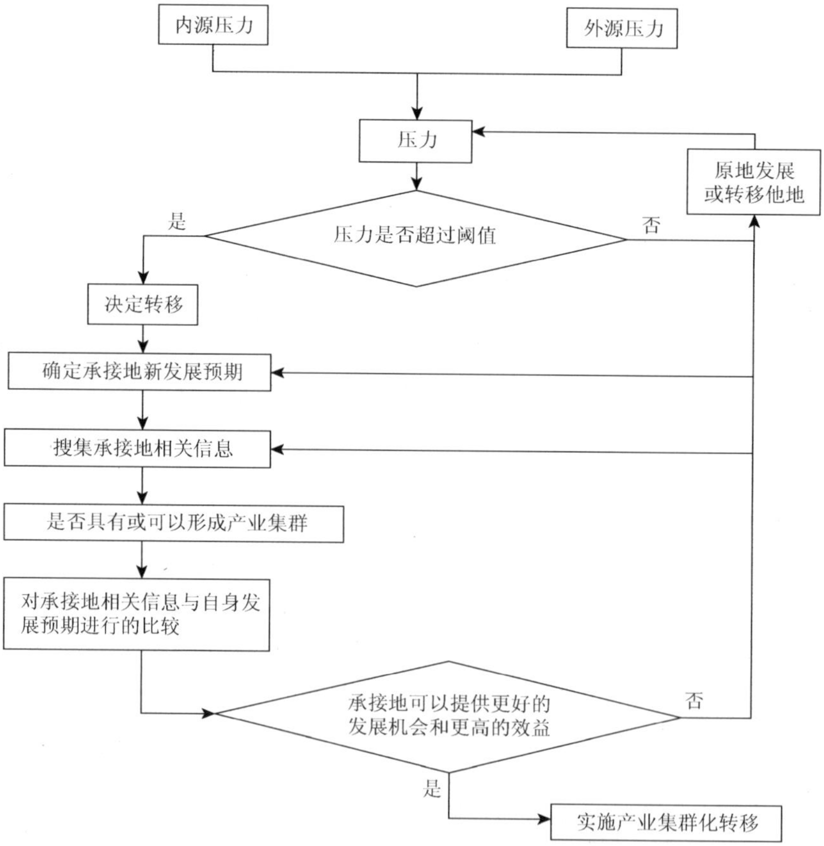

图 3.9　产业集群化转移决策过程示意图：是否转移及承接地的选择

资料来源：段成荣，1998

其次，承接地产业集群竞争优势，为产业集群化转移提供持续吸引力。

产业集群化转移为什么会发生？如前文所述，其根本目的在于寻求重获比较优势，而承接地产业集群的存在，不仅可以使产业转移获得比较优势，而且还因之获得产业集群的竞争优势。

产业集群的竞争优势（competitive advantage）是指竞争主体相对于竞争对手所拥有的“有利条件”或“强项”。有关产业集群竞争优势的研究在国际学术界很活跃，提出很多理论或模型加以阐述。比较著名的有波特的钻石模型、弹性专业化模型和集体效率模型等（表 3.3）。按照刘孟达（2005）的研究，目前已有的产业集群优势理论无法为我国的产业集群健康成长提供支持，认为中国的产业集群的成长优势需要从宏观环境、产业集群和群内企业三个维度进行综合分析。从宏观角度分析，产业集群的竞争优势表现为改善需求状况、有利的制度环境和本土文化，以及相对完善的特殊干预。从中观维度分析，产业集群的竞争优势表现为专业服务、提供更好的准公共品、提高信息质量、扩大市场及产业关联以及比较成本。从微观角度分析，产业集群的竞争优势表现为信任、联合与制裁的关系、互补、质量与声誉、竞争、模仿与创新、学习、洞察与创新。而这些优势既可以通过外显的形式，也可以通过潜在的方式表现出来。产业集群的潜在竞争优势包括成本优势、差异优势、创新优势、人才优势、文化优势等。产业集群的外显竞争优势包括营销优势、市场优势、联合优势、融资优势、网络优势和行政优势等。无疑，承接地产业集群的这些优势均将成为吸引产业集群化转移的不竭动力。

（三）产业集群化转移是区域产业转移—承接地产业集群系统的耦合模式

区域产业转移与承接地产业集群系统的耦合关联，就是在区域产业转移的发生、发展的演化过程中，区域产业转移与承接地产业集群相互作用、相互影响的各种非线性关系的总和。如前所述，区域产业转移—承接地产业集群系统的耦合内容在于集聚、非线性、流、多样性、创新等方面，整体体现出一定的时间过程规律和一定的空间层次性规律。从实践的过程来看，其耦合关联作用主要表现在：一是区域产业转移通过企业的时空的选择性扩张与集聚，以流的形式形成数量众多、分工体系完善的产业体系而对承接地产业集群产生直接的压力与影响，或通过产业集群的直接转移在承接地形成新的产业集群，或通过吸引同类企业在承接地集聚逐渐形成产业集群；二是承接地产业集群通过区位与要素组合的优势、创新与网络结构的效应、政策与环境的嬗变等，既为区域产业转移的发展提供条件和空间载体，也对区域产业转移的发展、演化产生约束（图 3.10）。

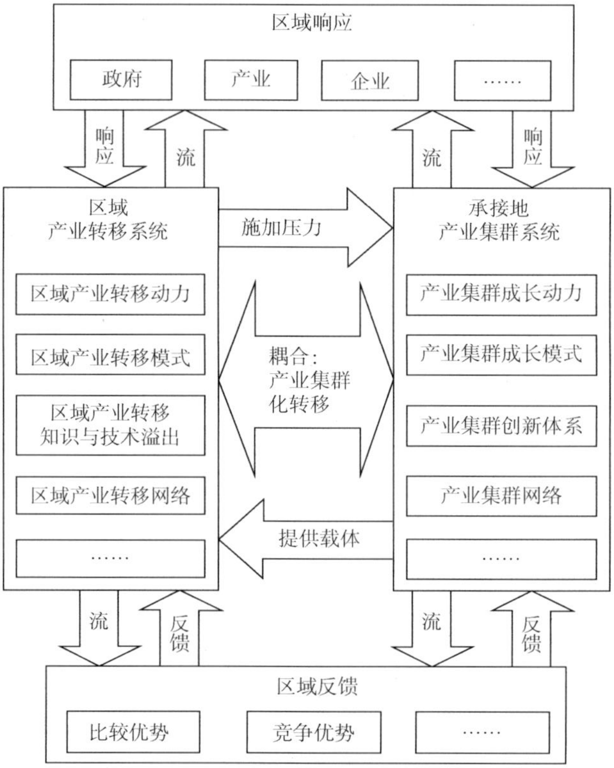

图 3.10　区域产业转移与承接地产业集群的耦合模式

第三节　区域产业转移与产业集群耦合的路径

从本质上说，区域产业转移是一种产业顺应比较优势和竞争优势的变化而在时间和空间上表现为生产要素的转移和集聚过程。具体而言，这一过程又可以细化为下述三个过程，一是反映为产业从低要素报酬率区域向高要素报酬率区域转移和集聚的过程；二是产业从低市场容量区域向高市场容量区域转移和集聚的过程；三是产业从高成本区域向低成本区域转移和集聚的过程。

而根据波特教授的观点，产业集群是指在某一特定领域内相互关系的、在地理位置上集中的公司和机构的集合，是基于地缘关系、产业技术链、同业交往等关系，在竞争和合作中共同获得竞争优势的特定领域的产业群体，具有加强专业化、降低成本、利于创新以及利于提升区域核心力和竞争力等功能。无疑，获取比较优势，尤其是获取与承接地产业集群关联的竞争优势是区域产业转移和承接地产业集群系统共同契合点。

如此，本书将区域产业转移—承接地产业集群系统的耦合路径归之为寻求比较优势和竞争优势目标的内在统一（图 3.11）。

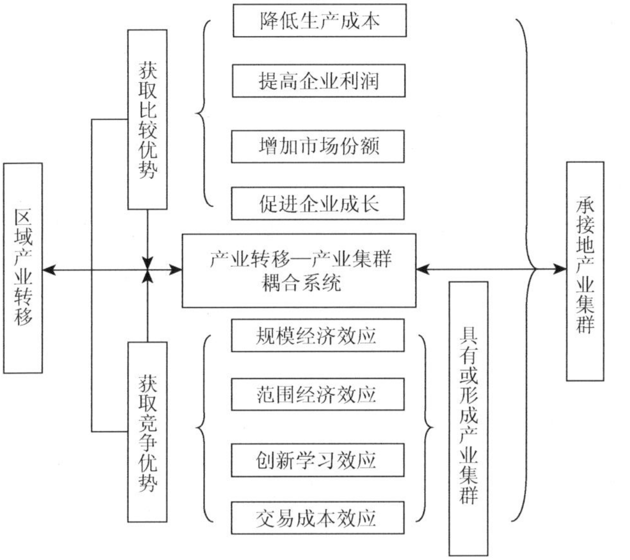

图 3.11　区域产业转移—承接地产业集群耦合的路径

一、比较优势目标的耦合

按照新贸易理论，两个方面的原因导致比较优势的产生：一是不同国家（区域）生产要素的禀赋不同；二是不同商品生产过程所使用的生产要素的组合不同。通常情况下，一国（区域）越是利用禀赋比率较高的生产要素生产供以出口的商品，其在贸易市场的价格越低廉，越具有比较优势；一国（区域）越是利用最佳组合且价格低廉的生产要素生产供以出口的商品，其在贸易市场的价格越低廉，越具有比较优势。依前分析，产业之所以选择向产业集群区域转移和集聚，就是希望寻求整合该区域的生产要素，同时也希望借助区域结构升级而形成最佳的要素组合体系，从而实现降低生产成本、提高企业利润、增加市场份额以及促进企业成长等目的。从这一角度，区域产业转移—承接地产业集群耦合的路径包括以下两条。

首先，整合资源目标的耦合。按照相关学者的观点，影响区域经济发展的要素资源主要包括两大类：一类是自然资源，如矿藏、耕地、森林和水资源等；另一类是社会资源，如人文历史传统、社会习俗、社会组织、企业家资源等。承接地产业集群的投入要素不仅涉及一般意义上的自然资源、资本、劳动力，特别强调企业家资源、人才资源的培育及其在发展中担当的作用，承接地产业集群可以将这些区域内的软、硬资源整合、优化从而实现资源的帕累托最优。无论是市场扩张型、资源开发型、优势延伸型还是成本节约型的产业转移，其目的不仅在于积极寻求利用当地资源，也十分注重外部资源、外部市场的为其所用，以扩大转移产业的影响力。

其次，结构升级目标的耦合。承接地产业集群的发展能调整区域产业结构，减少第一产业劳动力人口，提高区域第二、第三产业的比重，促进农村剩余劳动力的转移，进而整体优化区域要素资源的组合体系。产业升级、区域经济结构的优化又可为承接地产业的聚集提供更大的市场，拓展出更广阔的发展空间。而先进产业和组织方式的移入促使原来的较低层次或等级的产业发生“升级转型”运动，从而促进产业结构向高级化方向演进。两者的互动发展将极大地推动整个区域经济的发展，形成良性循环的局面。

二、竞争优势目标的耦合

首先，效应目标的耦合。集群包括了一连串上、中、下游产业以及其他企业或机构，包括诸如零件、设备、服务等特殊原料的供应商以及特殊基础建设的提供者，由此产生明显的外部规模经济和范围经济、深化专业分工、创新学习、降低交易费用等效应，无疑也是产业转移的微观主体——企业所看重的。其原理在于：假定转移的产业发展符合 Logistic 方程。设某产业的产量为 Y，N 为产量增长极限，R 为产业增长速度系数，λY 为自身的耗损，则用 Logistic 方程来表示为 $\mathrm{d}Y/\mathrm{d}t = RY(N-Y)-\lambda Y$。可见，$\mathrm{d}Y/\mathrm{d}t$ 与 N 和 R 正相关，与 λ 负相关。N 代表产业市场需求的最大规模，取决于市场需求弹性、价格等指标；R 主要代表生产率，也与要素投入结构和投资相对盈利率等因素有关；λ 为耗损系数，与技术含量有关。也就是说，产业转移与承接地产业集群的耦合必定会使产业的需求弹性增高、生产成本得以降低、生产效率得到提高，进而促进转移产业的市场容量的扩大和发展速度的加快，产业增长的预期大大提高，可有效促使产业的集群化转移。

这一过程也可以借助图 3.12 加以说明。假设某产业在区域 A 的增长逐渐趋于缓慢，加之产业升级、生产成本、环境压力等多因素综合影响，开始寻求产业转移，可供选择的移入地有区域 B 和区域 C，在不考虑运输成本及其他市场因素的情况下［按照 Wilbanks 的观点，技术进步影响空间邻近性和区位的具体含义，决定着克服空间距离的能力，因而影响着区位的重要性和有效空间组织的具体操作；陆大道（2004）也认为技术进步可以改变区域之间的空间关系，使曾经遥远的地方不再遥远，特别是运输和通信技术的进步降低了空间距离的摩擦力，导致时空压缩或时空汇聚］。因为区域 B 存在同类产业集群（或可以借助同类产业转移形成产业集群)，其产业增长的预期前景将大大超过区域 C（市场容量变大、需求弹性增高、生产成本得以降低、生产效率得到提高等），于是，由区域 A 向区域 B 的产业集群化转移就此发生，甚至还可吸引区域 C 向区域 B 的产业转移。

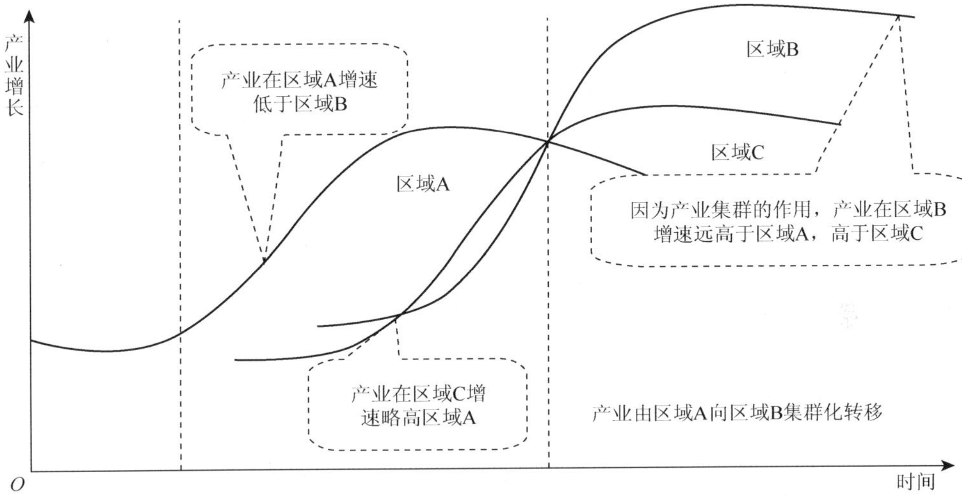

图 3.12 产业增长与产业集群化转移

其次，技术进步与技术创新目标的耦合。承接地产业集群内关联企业之间由于地理位置接近联系频繁，具有较强的“技术和知识溢出效应”，有利于群内企业对市场和技术方向的把握，有利于相关企业合作与管理创新。而先进产业的移入带来与市场经济相适应的新思想、新观念、新意识和新的管理方式，也迫切希望产业承接地能尽快消化吸收转入的先进技术和管理理念，借此加快产业融入本土化的进程。

当然，比较优势与竞争优势并不是截然相反的过程，两者可以在区域产业转移过程中相互转化。具体来说，一方面，产业集群可以促进比较优势转化为竞争优势。在区域产业转移的场域下而形成良好生产要素组合的比较优势，可以加速承接地产业集群的生成和发展，而生成和发展的产业集群又可以使得转移而来的相关产业形成更强的竞争力，进而在其产出、产品等方面获得竞争优势，即比较优势在区域产业转移和产业集群的综合作用下可以转化为竞争优势。另一方面，承接地产业集群的竞争优势可以强化比较优势。产业集群中具有竞争优势的产业，可以进一步对以高级生产要素转移为主要内容的区域产业转移产生更大的吸引力，从而使生产要素的组合状况得以整体改善和升级，即比较优势得到了强化，进而强化产业集群化转移的效果（图 3.13）。

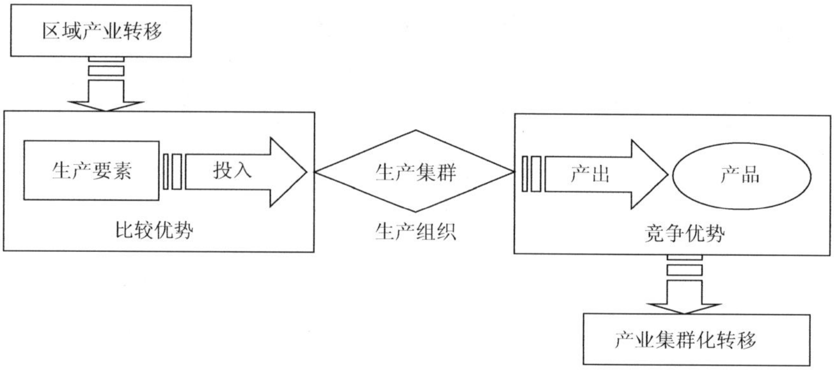

图 3.13　比较优势、竞争优势与区域产业转移—承接地产业集群的关系

第四章　区域产业转移与产业集群耦合的机制

随着全球化经济一体化进程的不断推进，国际分工交换的领域不断扩大，以及跨国公司在全球组织经济活动，资本作为一种更加高级的生产要素可以在全球范围内调配其他要素。按照区位理论的观点，资源的流动性和可交易性程度的提高将使得地点的重要性下降，生产活动理应在空间上均匀分布，或者随意迁移。但是我们却惊讶地发现，生产的空间不均匀性和本地化特征不但没有消失，反倒更加鲜明了。产业分布，尤其是具有国际竞争力和特殊黏性的产业在空间上的分布都呈现出集聚的特征（张元智和马鸣萧，2006）。正如马尔库森（Markusen，1996）那句被广泛引用的经典论述那样："在滑溜溜的世界中存在一些黏滞的区域，吸引生产活动在这里聚集"。胡佛也做过以下的比喻，"这很像某几类种子随风飘落。种子可能随风飘到几英里[①]外，才终于落下，没有任何东西起作用，使它们能够选择特别有利于发芽的地点。有的落到了好地上，很快就茁壮成长了；有的落到了不毛之地或杂草丛生之地，枯死了。因此，这些植物的分布，年复一年，总跟有利生长条件的分布如出一辙"（埃德加·M. 胡佛，1990）。

发达国家的产业集群现象前文已经加以分析。事实上，在中国东南沿海地区，这一现象也不鲜见。以珠三角为例，在改革开放初期，大量外商、外资移入，产生了对中国经济版图影响深远的"三来一补"的加工业，率先出现了以众多劳动密集型出口加工业为特色的外向型加工产业集群。这类产业集群的特点是本地劳动附加值低，知识和技术扩散十分有限，常常隶属于某个更大区域或产业体系，是它们的一个中间环节或一个组成部分，非常具有代表性的就是该地区的电子产业中间产品集群，这是一个以日美投资为主体、面向出口为主要目的的产业集群，是南部沿海（包括港台地区）甚至是东南亚地区电子产业分工体系的一部分。

随着珠三角产业升级以及生产成本的综合影响，部分电子产业逐渐向长三角等地区转移，逐渐形成了以上海—苏州为中心的信息产业的投资集聚区，其中苏州已经形成以明基电脑、全友电脑和华宇电脑为核心的IT产业群，建立起鼠标、彩显、液晶显示器、超微半导体等多个大规模生产基地。从该产业来看，全球每10台电脑中，就有1.5台的主板在此生产，全世界每10部手机中，就有3部的液晶显示屏在此制造，全球每2只鼠标中就有1只在此生产（徐寿松和陈琪，2003）。无疑，长三角地区电子信息产业集群的形成，是该地区承接境内外产业转移的结

---

① 1英里≈1.61千米。

果，更是承接珠三角地区产业转移的结果，产业集群大大提升了长三角地区制造业的水平和竞争能力。

虽然尚无法准确判断我国到底有多少产业集群，涉及哪些行业，但已有的研究给了一个大致的判断区间。按照刘世锦（2008）的分析，全国各类产业集群达4600多个，顾强（2005）的研究也指出，全国化纤纺织、丝绸纺织等众多行业的各类产业集群达数千个之多，2005年度《中国城市竞争力报告》中列举了全国主要的产业集群也达736个之多（倪鹏飞，2005），等等。虽然产业集群的具体数量无从具体考证，是否存在概念泛化的问题也待证实，但一个不争的事实是，我国为数众多的产业集群已经成为经济社会现象中的“翘楚”。根据中国社会科学院工业经济研究所吴利学等（2009）研究的且具有代表性的部分产业集群现象，表4.1列出了其中的一部分，可以帮助我们对中国产业集群的产业构成、地区分布等特征进行分析。

表4.1　中国部分地区代表性产业集群

省份	地区	产业	省份	地区	产业
北京	中关村	信息产业	浙江	安吉县	竹制品
河北	辛集市	皮革		绍兴县	印染、制造
	清河县	羊绒		嵊县	领带
江苏	苏州市	电子、服装		诸暨市	袜业、衬衫
	昆山市	电子		义乌市	小商品
	吴江市	电子		永康市	五金
浙江	萧山市	化纤		衢州市	羽毛球
	宁波市	服装		临海市	彩灯
	鄞县	服装	福建	晋江市	服装、旅游鞋
	余姚市	模具	江西	景德镇市	陶瓷
	永嘉县	纽扣	山东	寿光市	水果、蔬菜
	平阳县	塑料编织	广东	潮阳市	针织
	苍南县	标牌		澄海市	玩具
	瑞安市	摩托车配件		佛山市	陶瓷
	乐清市	低压电器		顺德市	家用电器
	海宁市	皮革		南海市	布绒玩具
	平湖市	箱包		江门市	摩托车配件
	桐乡市	羊毛衫		新会市	不锈钢器具
	温州市	鞋革、服装		深圳—东莞—惠州	计算机配件
	湖州市	童装			

资料来源：吴利学，魏后凯，刘长全，2009

尽管表 4.1 中的数据未能穷尽中国产业集群之全部，但仍然可以发现一些端倪。

首先，产业集群的区域分布并不均衡，东强西弱现象极为显著。浙江、广东和江苏等发达省份仍然在产业集群版图上具有强势地位。浙江的块状经济发展已经形成了较大的规模。据统计[①]，2010 年销售 1 亿以上的块状经济有 600 多个；年销售 10 亿以上的块状经济已经有 300 多个，块状经济在浙江经济的总量份额已经很大，占到一半以上。江苏省产业集群化发展也较为迅速，2009 年全省具有一定规模和市场竞争力的特色产业集群已达 100 余个，实现的销售收入相当于全省规模以上工业产品销售收入的近 40%以上。较典型的有昆山 PC 制造、常熟服装服饰、东海水晶加工、邳州板材加工、戴南不锈钢、丹阳眼镜、杭集牙刷、赣榆县古河套村的酒瓶盖等。此外，相关研究也显示，中西部地区的产业集群已有了一些发展，但整体水平较东部地区滞后。

其次，产业集群的产业构成整体层次不高。产业构成仍然以传统产业、低附加值生产活动为主，其中劳动密集型和资本密集型是中国产业集群的构成主体，为数不多的具有较高技术层次特征的产业集群也多分布于东部的北京、江苏等经济发达地区。从产品价值链角度考察，也可得出大致类似的结论，中低档生产制造环节仍然是目前我国产业集群的主要特征，即我国的产业集群仍多处于产品价值链的低端部分，所拥有的竞争优势也多限于劳动力低廉及传统的规模效应等，研发等高端产业集群在我国还比较鲜见。

最后，从发展诱因看（表 4.2），市场机制和外商直接投资等产业转移因素是我国产业集群成长的重要动力。依靠市场机制作用形成产业集群的区域，往往和这些区域本身具有较为发达的民营经济、一定的产业基础以及地方政府的努力等密切相关，而依靠外商直接投资等产业转移因素形成产业集群的区域，也通常和这些区域具有良好的区位优势以及较为优惠的外资政策等相关。吴利学等（2009）的研究也指出，在中国产业集群形成之初，基本上都是企业的自发行为，但产业集群的雏形出现后，地方政府在本地产业集群的发展过程中做出了重要贡献，尤其是提供了各种优惠政策吸引产业转移。例如，通过制定土地、税收等方面的特殊优惠政策，增强招商引资的吸引力等。

理论和现实均昭示，区域产业转移在承接地产业集群的形成和发展过程中发挥了重要的作用，体现出明显的耦合关联效应。但隐含的问题是，两者的耦合机制是什么？

概而言之，机制系指有机体的比较稳定的构成方式及其相互作用规律，本章将侧重研究区域产业转移—产业集群耦合系统的影响因素是如何发挥作用

① 600 多个块状经济年销售上亿 打下浙江经济半壁江山. http：//zjnews.zjol.com.cn/system/2010/07/15/016765135.shtml[2010-07-15].

并影响该系统的运行。鉴于系统复杂性的内在逻辑，客观上需要透过其系统演变的现象，去探知系统运行的本质，重点厘清两个问题：一是区域产业转移—产业集群的耦合动因；二是准确把握导致这种演变的作用力有哪些、这些力又是如何作用于耦合系统的运行，包括若干个作用力的作用方式、路径以及相互关系等。

表 4.2　中国典型产业集群的特点

典型产业集群	行业类型	发展诱因	要素类型	主要竞争优势
东莞 IT 产业集群	机械加工制造业	优惠政策，区位优势，外商投资	资本密集型	劳动力低廉，规模效应
晋江鞋业产业集群	传统产业	外商投资，开放政策	劳动力密集型	劳动力低廉
温州乐清低压电器产业集群	初级加工产业	市场机制，民营经济	劳动力密集型	市场专业化，劳动力低廉
宁波服装产业集群	传统产业	历史传统，产业基础	劳动力密集型	劳动力低廉，品牌优势
北京中关村高新技术产业集群	高科技产业	地区优势，政府政策	技术密集型	知识、人力资本丰富

资料来源：吴利学，魏后凯，刘长全，2009

第一节　区域产业转移与产业集群耦合的原因

考察区域产业转移—承接地产业集群耦合的原因，事实上可以从区域、产业、企业这三个不同的视角进行研究。首先，产业转移抑或承接地产业集群均涉及产业移出地和移入地这两个不同的区域，产业转移在某种程度上是移出地和移入地这两个不同区域之间相互作用的结果；其次，区域产业转移、产业集群是产业在空间上移动和集聚的过程，也需要从产业视角进行分析；最后，产业的微观主体是企业，区域产业转移是以企业为行为主体的自主行为，而企业也是产业集群的构成主体，因此也需要从企业这个微观视角对区域产业转移的动因进行分析。

一、空间相互作用及区域产业转移与产业集群耦合：区域视角

为什么集群会在某一区域产生？为什么它们会在这个区域而非其他区域出现？它们是怎样发展起来的？这些都是难以回答的问题。特定的产业集群产生的原因是高度不确定的，经常笼罩在历史的迷雾中。宽泛地说，一个中心今天的吸

引力有可能源于历史的偶然性（前文称之为产业集群的"种子"条件），一些事情在那儿而非其他地方发生了，这些事情在其他地方可能发生却没有发生，而这个开始决定了后来的成功。

Arthur（1996）用报酬递增和其带来的正反馈机制解释了产业区域格局的形成，他认为产业最终集聚在历史偶然事件选择的地方。他通过一个简单的数学模型来分析和解释了集群如何在一个地区形成以及带来什么影响。在区域经济的层面上报酬递增规律表现为一种聚集经济性，即由于企业彼此接近而给企业带来的利益会引起企业在地理位置上的集中。当聚集在同一个地区的企业越来越多企业之间形成网络聚集所带来的积极的外部性效应就发生了。

从经济地理学的角度分析，由于区位因素、经济要素、市场要素、制度要素以及产业发展水平等诸多因素的差异性，不同的区域之间表现出各自特有的经济结构、经济层次和经济功能，成为了具有相对独立性的经济空间，存在着由低级向高级、从简单到复杂的发展过程，其自身的运动和发展具有内在的规律性，并表现为区域经济发展有内部化特征（龚雪，2009）。同时，作为一个开放的经济空间，一个区域不可能脱离其他区域而单独存在，它必然与其他区域之间存在着各种类型的经济联系，并对区域自身经济的发展产生推动或延缓作用。也就是说，一个区域可以通过空间相互作用机制对其他区域的经济发展产生影响，即区域经济发展有外部性特征。产业转移现象既是区域发展到一定阶段区域之间相互作用的结果，也是区域经济一体化形成的重要推动力。

美国学者厄尔曼（E.L. Ullman）认为空间相互作用产生的条件有三个：互补性、中介机会和可达性。

（1）互补性是区域产业转移与承接地产业集群耦合的基础。厄尔曼认为，从供需关系角度出发，两地间的相互作用需要有这样一个前提条件，即它们之中的一个有某种东西提供，而另一个对此种东西恰有需求，这时才能实现两地间的作用过程。厄尔曼称这种关系为互补性（complementarity）。正是这种特殊的互补性，构成了空间相互作用的基础。厄尔曼提出的互补性侧重于两地间的贸易联系，互补性越大，两地间的流动量也越大。由于两个区域之间在劳动力状态、资源状态、区位因素、市场因素、资金状况、制度状况、技术水平等各方面存在着差异，所以在这两个区域空间内产生互补性，并且由于互补性的存在，产业会向着具有比较优势的区域内转移。鉴于承接地产业集群的存在或新兴发展，其各组成要素，生产要素、需求条件、企业结构、战略与竞争、相关支持性产业（波特的"钻石模型"，图 4.1）之间通过持续的竞争与合作，在创新与学习过程中获得竞争力。从经济学角度看，产业集群本身带来的外部经济，以及共享群内设施而带来的成本下降等，都可以使得移入企业获得更多收益。

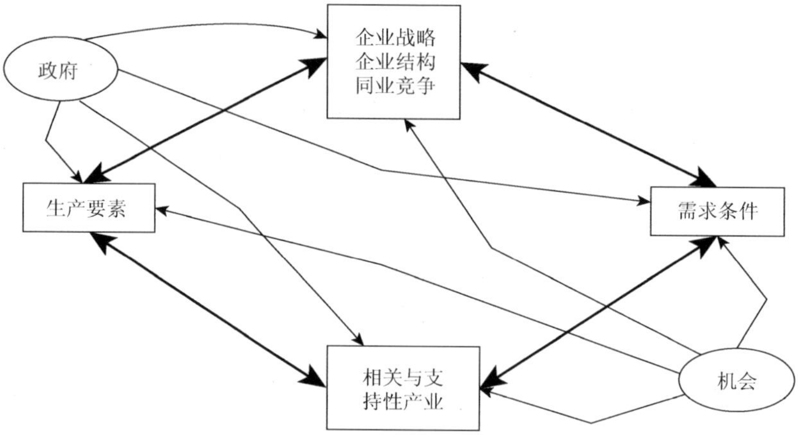

图 4.1　克尔・波特的"钻石模型"①

（2）可达性是区域产业转移与承接地产业集群耦合的保障。尽管当代运输和通信工具已经十分发达，距离因素仍然是影响产业转移的重要因素。距离，影响运输时间的长短和运费。距离越长，产生相互作用的阻力越大。如果两地间的距离过长，克服距离过长的成本超过了可接受的程度，那么，即使两地间存在着某种互补性，相互作用也不会发生。所以，距离的摩擦效果导致空间组织中的距离衰减规律（distance decay regularity）。当然，如果产业集群的集聚效应远远大于因距离过远而导致的转移成本上升，则产业转移仍然会向承接地产业集群转移；尽管存在产业集群的集聚效应小于因距离过远而导致转移成本的上升，但很多企业出于发展战略的需要，也会出现转移行为。需要说明的是，一般的劳动密集型产业的转移确实受距离衰减原理的制约，在中介机会的影响下转移它地，这就是前文所述及的"产业转移距离衰减"现象，这也从一个方面说明了东部沿海产业并未出现大举西进的原因。

（3）中介机会是区域产业转移与承接地产业集群耦合的强化性因素。两地间的互补性，导致了货物、人口和信息及产业的移动和流通。但是也可能存在以下情况：当产业在 A 和 B 两地间转移时，A 和 B 两地间介入了另一个能够提供或消费货物的 C 地，从而产生所谓中介机会（intervening opportunities），引起货物运输原定起止点的替换。这时，即使 A 和 B 两地间存在互补性，相互作用也难以产生。产业集群一旦形成，可以利用业已形成的人缘地缘关系、沉没成本和已经建立的协作网络等综合优势，进一步强化产业集群的地位，即自强化的过程。因此，

① 根据迈克尔・波特《国家竞争优势》（2002 年，中译本）第三章图 3-1 改编。

即使产业集群的层次和发展水平存在一定的不足，抑或产业层次仅维持在较为低下劳动密集型的状态，也仍然会比不具备集群条件的其他地区具有更强的吸引力，成为吸引区域产业转移产生特定的中介机会（种子条件），而自身原有的劳动密集型产业的发展从长期来看似乎也有不错的前景，导致该产业类型集群的区域黏性的产生，从这一意义引申，可以认为中介机会是区域产业转移与产业集群耦合的强化性因素。

投入产出表能够比较系统、全面地反映各区域间产业经济的相互作用，可用于反映国民经济各部门的投入和产出、投入的来源和产出的去向，以及部门与部门之间相互提供、相互消耗产品的错综复杂的技术经济关系，已经成为空间经济经验描述的常用工具。我国国家信息中心经济预测部是国内最早开展投入产出表编制和应用研究工作单位之一。2003 年，利用前期经验和有关成果，国家信息中心与日本亚洲经济研究所合作，通过典型调查和非典型调查相结合的方法编制完成了 1997 年中国区域间投入产出表的研制工作。相关成果可为区域经济和产业结构发展差异、区域产业转移、投资与贸易等的研究提供分析依据和决策依据，也对指导区域规划和推动区域协调发展具有重要意义。

区域间投入产出模型是投入产出表分析的主要指标之一，其主要特点之一是可以帮助了解各区域各产业的产品在区域间的相互作用和流动情况，为分析区域间产业转移、生产投入、消费及投资结构提供帮助。通过计算区域间产业流动系数，可以显示产品、产业在区域间的流动及转移状况。

$$\text{区域间产业流动系数} = \frac{\sum_j x_{ij}^{RS} + f_i^{RS}}{\sum_s \left(\sum_j x_{ij}^{RS} + f_i^{RS} \right)} \tag{4.1}$$

式中，x_{ij}^{RS} 为区域间投入产出模型中的中间贸易量，f_i^{RS} 为国内最终需求。

区域间制造业产品流动系数矩阵显示（表 4.3）：首先，从制造业产品的区域流动来看，东北区域＞西南区域＞东部沿海区域＞京津区域＞北部沿海区域；其次，从区域间制造业产品流动来看，中部、东部沿海和南部沿海区域之间的产业联系、产业流动最为紧密和频繁，三区域间的制造业流动均占本区域产业（产品）流出总量的 20%以上；最后，各区域制造业（产品）转移到东部沿海区域最多，均在流出总量的 20%以上，中部、南部沿海和北部沿海区域则超过 30%，表明东部沿海区域在全国制造业（产品）交流过程中牢牢占据核心地位，理所当然地成为全国性产业转移的“中心”。

表 4.3　中国区域间产业流动系数

地区	东北	京津	北部沿海	东部沿海	南部沿海	中部	西北	西南	合计
东北	89.73	0.67	3.29	2.61	0.91	1.25	1.04	0.49	100.00
京津	2.49	81.11	4.32	3.85	2.50	2.29	2.29	0.89	100.00
北部沿海	2.80	2.05	74.29	8.04	3.01	2.20	2.20	1.73	100.00
东部沿海	1.50	0.39	2.71	84.04	4.36	1.18	1.18	1.52	100.00
南部沿海	1.59	0.44	1.53	7.03	79.10	1.62	1.62	4.18	100.00
中部	1.58	0.76	2.70	8.71	5.03	2.19	2.19	2.63	100.00
西北	1.89	1.56	2.11	4.66	2.29	76.17	76.17	3.57	100.00
西南	0.61	0.22	0.77	2.74	4.31	1.83	1.83	86.72	100.00

资料来源：国家信息产业部，2005

进一步比对相关的数据可以发现，我国区域间制造业产品流动系数与产业集群的区域分布具有明显的相关性。广大东部区域的产业集群数量多达 3630 个（表 4.4），这显然与东部沿海和南部沿海区域之间的紧密而频繁的产业联系、产业流动关联密切。相比而言，作为担当中部崛起战略要任的六个省份，从产业集群的数量看，虽较东部地区少了很多，但已然有了与东部区域发生空间相互作用的稳定的中间性组织——产业集群，因而，中部地区已经逐渐具备承接较大规模产业转移的基础条件。而广大西部地区的产业集群发展尚处于初级阶段，综合表现为产业集群数量偏少的劣势，这从整体上制约了其与东部、中部地区的空间相互作用，因此，在现实中表现为承接区域产业转移乏力的局面。

表 4.4　中国产业集群的区域分布

地区	数量/个	占全国比重/%
东部地区	3630	78.8
其中江苏	678	14.7
山东	661	14.4
广东	608	13.2
浙江	561	12.2
中部地区	557	12.1
其中河南	177	3.8
湖南	105	2.3
湖北	98	2.1
西部地区	418	9.1
其中四川	112	2.4
广西	60	1.3
合计	4605	100

资料来源：刘世锦，2008

（4）基于区域一体化的区域产业转移—承接地产业集群耦合路径。正是因为区域之间的相互联系与相互依存发展到一定的水平，区域产业转移方可进入空前活跃阶段，这将有力地推动区域经济一体化。区域经济一体化则要求产业转移的主体——企业能依据收益原则和价值规律在更大空间范围内进行配置，以求得降低生产成本、扩大市场规模等而获得比较优势，以求得深化专业分工、建立产业间前后向联系、降低交易成本等而获得竞争优势。承接地产业集群的成长及内部组织机制为转移产业充分利用国内外两种资源、两个市场，调整生产布局和市场布局，获取更为充足的经营资源，形成技术的垂直分工和生产的横向分工，从而为获得产业的持续竞争优势以及产业集群化发展提供了可能。伴随着区域经济一体化的过程，区域间的相互作用及组织机能也会发生相应变化，不仅可以促使发生相互作用的区域之间形成采取集体行动的协同机制，也可以为发生相互作用的区域提供稳定的中间性组织（产业集群）及充分发挥空间组织的能动性，地域效率分工的内生机制就此形成，区域功能一体化得以实现。于是，在空间相互作用的影响下，产业移出地与承接地之间形成了较为稳定的互补性和可达性关系，并形成区域经济一体化—区域产业转移—承接地产业集群耦合—区域功能一体化—区域一体化的良性互动关系（图 4.2）。就这一点来看，区域一体化不仅为区域产业转移—承接地产业集群耦合提供条件，而且还使得这种耦合可以在更大规模上进行。

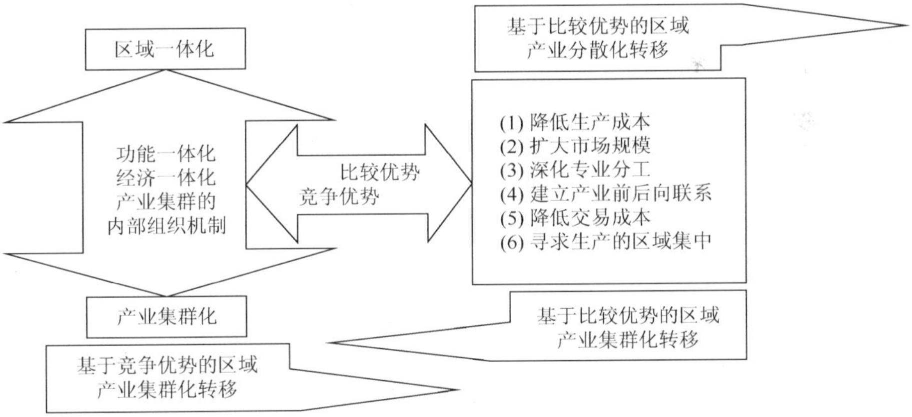

图 4.2　区域一体化与产业转移—产业集群系统的形成路径

一个有力的例证就是江苏省新沂市纺织服装产业集群的形成与发展。近年来，新沂市在原有群冠、马仕、圣丰等纺织、服装、丝绸近 40 家企业的基础上，先后吸引了江苏斯尔克化纤纺织股份有限公司、科税服饰、利诚纺织（新沂）有限公司、柏盛家纺等企业的移入。其中，斯尔克公司年产 5.6 万吨差别双组分复合纤维，可为数百家大中型纺织企业提供优质的原材料。在其带动下，杰盛纺织、福斯达化纤、利诚纺织、利业织造等纺纱、织造、服装企业在新沂落户，有力地推动了产业集群化转移的进程，一条极具爆发力的产业链正在拉长延伸、做大做强，形成了 100 家规模大、创新能力强、品牌影响广、市场份额高的国际性产业集群（王正喜，2010）。2011 年，新沂首次进入全国百强县排行榜，位列第 86 位。

在调研的主要移入大型纺织服装企业中，苏州吴江企业 6 家，福建南平企业 1 家，浙江企业 1 家，美国企业 2 家，澳大利亚企业 1 家，投资总额近 29 亿元。考虑到调研企业中，江苏吴江转移至新沂的大型企业最多，有 6 家，而吴江市是江苏省 3 个“千亿纺织服装产业基地（江阴、吴江、常熟）”之一。因此，区域间的纺织服装产业集群化转移具有良好的基础，以下有关区域间相互作用的分析主要基于吴江、新沂两市展开。

从互补性角度看，新沂市与吴江市均有纺织服装产业发展的“沃野”。新沂市是徐州下辖的一个苏北欠发达县级市，1990 年 2 月撤县建市，具有一定的纺织服装工业基础，发展了一批包括群冠、马仕、圣丰等在内的 40 余家纺织、服装、丝绸企业。吴江市是苏州下辖的一个苏南发达县级市，有直接从事化纤纺织业的生产企业超过 8000 家，是全国织造无梭化程度最高的地区，织造能力在全国处于领先地位。2010 年，吴江市化纤纺织产业实现产值 1100 亿元。因此，两区域之间具有一定的产业耦合发展基础。

纺织服装产业是劳动密集型产业，劳动力、土地资源的数量及价格直接影响到这些企业的生产成本，在一定程度上决定产业转移的方向。表 4.5 反映的是 2000～2011 年吴江市与新沂市纺织服装从业人数变化情况，数据显示，新沂市的从业总人口增长很快，而吴江市的从业人口增长速度较慢；表 4.6 反映的是吴江市与新沂市 2003～2008 年在岗职工平均工资情况，数据显示，新沂市的在岗职工工资水平远低于吴江市；表 4.7 反映的是 2006 年苏南苏北城市地价水平，数据显示，吴江市位于苏南地区，经济较发达，城市化水平与工业化水平都很高，因此土地资源供给的数量级价格要比相对欠发达的新沂要紧张得多、价格要贵得多。上述因素的叠加，为两区域之间纺织服装产业的空间相互作用提供了很好的互补。

表 4.5　2000～2011 年吴江市与新沂市纺织服装从业人数变化情况　（单位：万人）

年份	2000	2001	2002	2003	2004	2005
吴江市	19.13	20.96	21.72	25.03	27.38	28.55
新沂市	9.29	8.9	9.42	9.63	12.23	13.84
年份	2006	2007	2008	2009	2010	2011
吴江市	33.64	36.27	36.77	37.44	40.59	41.75
新沂市	16.30	17.46	17.77	18.94	19.75	21.88

资料来源：《江苏统计年鉴（2001～2012）》

表 4.6　2003～2008 年吴江市与新沂市在岗职工平均工资情况　（单位：元）

年份	2003	2004	2005	2006	2007	2008
吴江市	16 919	19 157	22 236	25 911	30 740	35 440
新沂市	8 313	9 525	11 659	13 423	15 855	18 533

资料来源：《江苏统计年鉴（2004～2009）》

表 4.7　2006 年苏南苏北城市地价水平表　（单位：元/平方米）

用途	苏南	苏北
综合	896.68	664.23
商业	1377.19	1020.8
住宅	923.27	638.34
工业	323.94	274.64

资料来源：《2006 年度江苏省城市地价动态监测报告》

从中介机会角度看，新沂市纺织服装产业已经具有明显的专业化优势。经测算，2009 年，新沂的纺织服装产业的区位熵（LQ）为 1.49，接近 1.5（一般而言，LQ＞1，意味着某个产业在这个区域有一定的专业化水平，通常这些产业可能构成产业集群；如果产业的 LQ＞1.5，则该产业在当地就具有明显的比较优势）。特别是随着斯尔克纺织的移入（为纺织服装产业集群的形成创造了种子条件），又先后吸引了柏盛家纺、科倍服饰、杰胜服装等企业，加之本地的同类规模较大的企业，如新沂市启业制衣有限公司、新沂市翔宇服饰有限公司、新沂华泰丝绸有限公司、新沂市新华纺织厂、新沂市南洋服装有限公司等移入，同类企业的大量聚集成为新沂纺织服装产业集群成长的“诱因”，并为随后发生的更大规模产业集群化转移奠定了坚实基础。表 4.8 显示，仅 2009～2011 年，新沂市就以经济开发区为承接载体，承接了近 15 亿元的纺织服装产业转移，彰显了产业集群承接产业转移的独特优势。

表 4.8　新沂市 2010 年度重大纺织服装产业项目“进程”计划（单位：万元）

序号	项目名称	建设年限	总投资	2009 年已完成投资	2010 年计划投资
1	科倍（江苏）服装有限公司三期工程项目	2009～2010 年	30 000	20 000	10 000
2	江苏柏盛家纺有限公司三期工程	2009～2010 年	25 000	9 700	15 300
3	江苏锦圣亿纺织科技股份有限公司	2009～2010 年	36 000	7 800	28 200
4	斯尔克差别化纤维及纺织项目	2010～2011 年	50 000	—	32 000
5	吴江盛泽仕茂纺织有限公司假捻丝项目	2010～2011 年	23 000	—	10 000

资料来源：《新沂市 2010 年度重大产业项目“进程”计划》

从可达性角度看，新沂市具有承接纺织服装产业集群化转移的良好区位条件。首先，新沂水、电、气、交通与通信、邮电、科技推广、咨询服务等各种基础服务设施齐全。新沂位于苏鲁交界处，紧靠新亚欧大陆桥东桥头堡，在全国 2000 多个县（市）中，其区位交通优势具有唯一性。可以依靠陇海路、新长、胶新等铁路干线、京沪、连霍（连云港至新疆霍尔果斯）、徐连等高速公路干线、205 国道、323、249 等区内交通干线与吴江及临近的中心城市快速通达，便于其间进行产品、技术、资金等交流。其次，新沂市为了促进纺织服装产业集群的发展，提供了非常优惠的政策。优惠政策主要涉及四个方面：投资范围及方式方面，积极营造客商投资新项目良好的发展环境，并积极鼓励境外客商投资办厂；土地政策方面，设置客商的投资规模等级，按等级享受不同的土地使用优惠政策；规费政策方面，根据客商投资项目的规模和种类设置不同的收费政策；税收政策方面，根据投资规模和投资项目的性质设置不同的所得税优惠政策，并通过减免投资商和投资商引进人才的个人所得税，积极鼓励客商进行投资并加大投资规模和引进人才。

从现实效果角度看，通过承接包括吴江等区域的产业集群化转移，新沂已基本形成纺丝、纺织、印染、服装加工、销售于一体的产业集群网络（图 4.3），销售收入近 100 亿元，已经成为苏北鲁南地区最大的纺织服装生产基地和贸易中心。

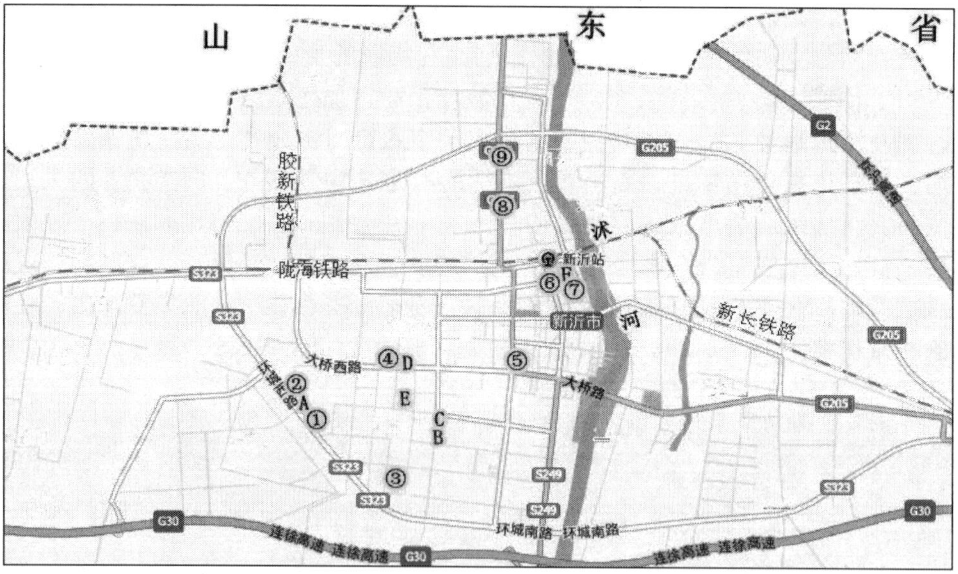

图 4.3　新沂市主要纺织服装产业集群内企业分布情况

图 4.3 中，主要纺织企业有：A. 经纬创拓纺织公司；B. 利诚纺织有限公司；C. 潮源纺织股份公司；D. 斯尔克纺织科技公司；E. 江苏杰盛纺织服装有限公司；F. 上海水星家用纺织品有限公司。主要的服装企业有：①科倍江苏服装公司；②恒艺服装织造公司；③新沂瑞年服装有限公司；④江苏居雅服饰有限公司；⑤新沂市南洋服装有限公司；⑥上海古今内衣有限公司；⑦山西百缘物流配送有限公司；⑧新沂市翔宇服饰有限公司；⑨新沂市启业服饰有限公司

二、竞争优势及区域产业转移与产业集群耦合：产业视角

经济地理学的一项重要任务是要解释经济活动为什么集中以及产业集聚的作用。按照克鲁格曼的观点，所有这些集中都是因为某种形式的集聚经济而形成和存续的，这种有规则的大范围的集聚是由“一只看不见的手”遵循经济空间的内在机理调控形成的，在这样的集聚经济中，空间集中本身创造了可以进一步的或持续集中的有利的经济环境。

按此观点，区域产业转移也会因为承接地产业集群的存在并持续发生，在这只“看不见的手”的调控下，承接地产业集群更容易吸引大范围、有规则（主要是协作企业）产业转移与集聚，由此，区域产业转移将因之获得产业集群的竞争优势，区域产业转移与承接地产业集群进入良性互动发展阶段。

鉴于产业集群的竞争优势表现为多个方面，本部分的分析仅选择与区域产业转移关联最为紧密的三个主要方面：其一，分工优势。在于集群组成要素的运行和互动所带来的竞争力。其二，创新与学习优势。集群是一个整体的、动态的、开放的、平等的系统，进行创新与学习，提升整体竞争力。其三，网络优势。集群的学习与创新并不局限于集群内部，它还与外部进行广泛、开放的交流。

（一）分工优势

专业化分工是人类社会发展过程中的一种固有现象，也是一种重要的社会经济规律。回顾人类发展的历史，人类的劳动一开始就是社会劳动，而且与分工紧密联系，无论是萌生于农业社会初期农业与畜牧业分离的第一次社会大分工，还是手工业从农业中分离出来的第二次社会大分工，抑或是商业的产生及其最终分离的第三次社会大分工，可以说，每一次社会分工都大大提高了劳动生产率。从这一意义出发，可以认为，经济增长和社会发展的全部历史，就是一部专业化分工的演进史，人类交换活动产生、存在和发展的根本原因之一就是专业化分工。我们找不到任何说得过去的理由，而把专业化分工在经济学中加以忽略或边缘化，而不把专业化分工置于现代经济学的核心位置。

分工的目的是进行专业化生产，这也是现代工业区别于传统工业的标志，是生产组织的重要形式。即便是随着技术创新和制度变迁的不断演进，社会经济系统被划分为三次产业，甚至每次产业内部又被分解为许多部门或行业，乃至每个企业内部又被分解为许多道工序和环节，分工促进了专业化生产的事实没有改变。在此影响下，世界经济有一个中心转移的趋势。这种转移趋势主要

是，世界产业活动从老的产业中心向新兴的发达国家、部分发展中国家和地区转移，相应的，整个世界经济中心正在从欧美向亚洲、从大西洋移向太平洋。这种中心转移的趋势是产业发展趋势的根本依据和首要趋势。究其原因，其根本还是源于现代市场经济条件下，考察一个国家和地区的产业结构是否合理、产业政策是否有效，仍需将其置于两种资源、两个市场和整个国际分工体系中来分析，方能解其精髓。

区域产业转移和产业分工之间存在着极强的相关性。一方面，产业分工是产业转移发生的基础，因为产业转移的发生往往是产业分工扩展到不同国家或不同区域范畴的产物；另一方面，产业转移的发生将促进产业分工的进一步深化。因此，产业转移和产业分工相互依托，相互作用于对方，而且随着新的产业分工模式的出现，还催生出新的产业转移方式。

对于移入承接地产业集群的产业而言，由于集群产业发展具有的倍增效应，区域产业会加速发展，所以可以获得传统产业转移所追求的比较利益以外的更大利益。综合表现为：首先，产业集群的极化效应。按照克鲁格曼的观点，产业集群一旦形成并成熟后会发生强大的极化效应，再转移到其他地区的成本就大大提高，因为集群的发展存在路径依赖；其次，集群的链式分工可以使得移入集群的企业获得更多收益。转移而来的企业一方面接通了断续和孤立的环节，提升了其在利益共享、风险共担方面的整体功能；另一方面通过承接地的产业链衍生出一系列新兴的产业链环（新兴产业部门），通过形成产业迂回，既创造新就业岗位，又增加产业链附加价值。

王祖强和虞晓红（2004）以浙江大唐袜业为例对分工网络扩展与地方产业群成长进行的实证研究也佐证了这一观点。研究认为，专业化分工网络的整体性结构，是充分发挥网络结构的整体功能的重要保证，集群才能够保持长期稳定发展。产业区用大唐袜业的整体品牌整合各种资源，用专业化分工网络的整体功能弥补分散的微型家庭企业的功能缺陷；产业区内企业间存在着在分工和共同利益基础上形成的信息、技术、知识分享机制和良好的合作氛围；在一定程度上，整个产业区内所有企业的资产都可以被其中的任一企业所利用；分工网络不仅降低了创新在技术上的难度，扩大了创新发生的概率和在商业上的应用价值，而且使创新所需要的人力资本和物资资本投入极小化；网络内企业显著的学习效应和大量的同类企业的竞争，使创新的波及效应源源不断地扩展到整个产业区。

（二）创新与学习优势

产业集群是动态变化的系统，产业集群内的产业也需要进行持续进化以适应社会经济环境之诸多变化。挑剔的客户、强有力的供应商，高度竞争的本地市场与快速反应的技术支持力量共同作用，在产业集群内建立了一个充满活力的创新与学习网络。网络中的某一项技术或产品实现了创新或升级后，受益者不仅是创新企业本身，这种创新成果迅速通过集群内的非正式交流或学习等活动扩散开来，从而增加了产业集群内知识、技术的累积，促进了其他相关技术和产品的创新与发展，使得转移到承接地产业集群的企业通过“知识外溢”保持一种整体上的竞争优势。需要特别指出的是，以高端的、精致型产业为主的产业集群，对系统内创新与学习的依赖最强，这也就是说，这些产业集群的发展需要更多的依赖本地的创新与知识网路，因而转移的成本相对较高，区域黏性更为明显，更加倾向于在本地发展或移入相似经济、技术水平可以形成产业集群的区域发展，也解释了为何在我国此类产业集群尚多处于萌芽状态的事实。反观，我国的广大中西部欠发达地区，普遍缺乏创造、获取、吸收和交流知识的能力，胡鞍钢和邹平（2000）的研究表明，我国中西部欠发达地区知识能力指数平均水平仅相当于东部水平的 35%，其中获取知识能力指数仅相当于东部水平的 14%，交流知识能力指数相当于东部水平的 31%[①]。由于这一原因，许多移植技术的限制并制约了大规模产业转移，中西部欠发达地区逐渐沦落为产业转移浪潮中的“孤岛”与“飞地”。

(三) 网络优势

经济全球化和信息技术突飞猛进的今天，集群的创新与学习越来越多地依赖与外部的知识与信息的交流。集群与区外的交流包括合租伙伴的、劳动力的、技术的、生产要素的、资金的等许多互补性资源。集群网络内的企业是平等关系，这种平等关系有利于创新与学习很好地维持下去，而且随着这种良好的合作关系和长期的相互交往，企业之间可以建立高度信任的关系和柔性合作关系，减少了信息传递的障碍，有效降低了交易成本，有力地促进了集群内企业的共同发展，进而保持了集群的竞争优势。无论是作为产品与服务投入转包协议的一部分，还是在战略联盟内部，产业的构成主体—企业越来越与其他企业形成紧密长期关系，即灵活企业网络——几乎集成了产业链所有职能（图 4.4）。这些动态和灵活的企业网络囊括了独立企业之间的各种复杂关系，每一个企业都在一个产业协调网络中发挥特定作用，集群的产业网络就此形成。

一个明显的特点是，集群的产业网络可以将特定生产和分配序列的所有方面——整个企业系统都囊括在内，而不是部分系统。从组织上看，这个结构是扁

① “一个中国 四个世界”析地区发展差距. 中国经济时报，2001-04-17.

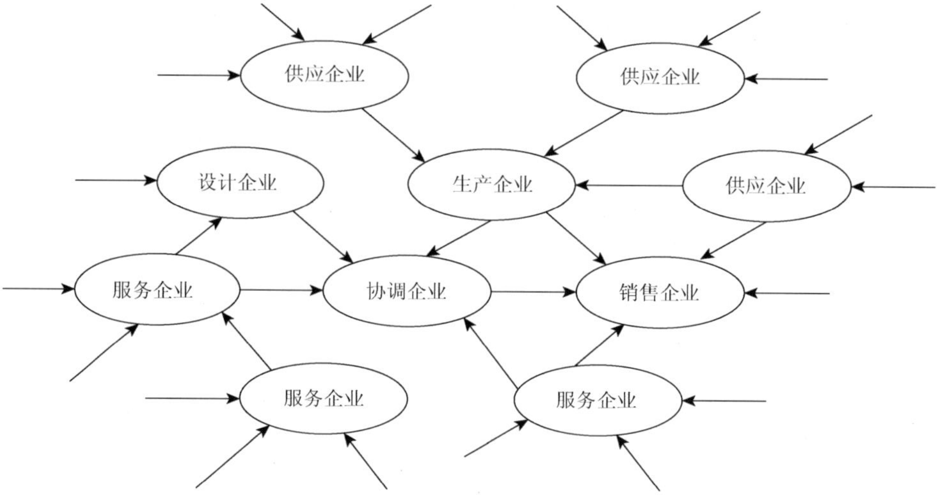

图 4.4　企业网络

资料来源：彼得·迪肯，2007

平的、非等级的。这种灵活网络的核心在于其成员都是单独的企业，不具有共同产权。独立和半独立的企业之间，以高度信任以及一些需要很长时间才能形成的联系为基础，建立了集群企业的协作关系结构，从而为相关更多企业的加入提供了条件，可以进一步完善产业网络和细化专业化分工。

一个有力的例证就是长三角电子信息产业集群的发展。例如，苏州的以明基电脑、全友电脑和华宇电脑为核心的 IT 产业集群，建立起鼠标、彩显、液晶显示器、超微半导体等多个大规模生产基地，就和集群区域内的台资企业聚集带来的良好空间和产业网络效应有关。从空间网络效应看，苏州的 IT 产业集群是以多个省级以上产业园区为主体的网络化布局，主要包括苏州高新区、苏州工业园区、昆山经济技术开发区和吴江经济开发区。由于四个开发区地域上相近、功能上互补、产业上配套，极大地推动了集群的快速发展。2005 年以来，以笔记本电脑生产为主的苏州 IT 产业集群（表 4.9），每年创造的电子信息产业产值占全市 GDP 的 80%以上，每年生产的笔记本电脑占全球产量的 25%以上，超过我国台湾地区成为全球最大的笔记本电脑生产基地，发展成为中国最大的 IT 制造基地。从产品网络效应看，苏州高新区、苏州工业园区、昆山经济技术开发区和吴江经济开发区的主要产业链条均是围绕笔记本电脑的生产进行错位分工的，其中，苏州高新区以计算机整机及其配件生产为主，苏州工业园区则以集成电路产业为主，昆山经济技术开发区侧重于新型电子元器件，而作为国家首批显示器产业园之一的吴江经济开发区则以光电子元器件产业为主。而围绕产业网络形成的企业灵活网络，通过高度信任关系建立起了集群企业的协作关系结构，将进一步放大产业集群的网络效应。

表 4.9　苏州 IT 产业集群的分布

园区名称	主要产业链	产品结构	典型企业	级别
苏州高新区	计算机整机配件	电子零部件、计算机整机及外部配件	罗技、松下电器	国家级
苏州工业园区	集成电路产业	IC 设计、制造、封装及测试	摩托罗拉、中科、三星、日立	国家级
昆山经济开发区	电子元器件	连接器、电子材料	富士康、沪士南亚电子	国家级
吴江经济开发区	光电子元器件	冲压件、接插件线圈、连接线	全友、华宇中华管映、日立光电	省级

资料来源：杨锐，李伟娜，2010

也正是这种网络效应的存在，大大降低了集群区域内企业的交易成本和生产成本，大大提高了集群区域内关联企业的生产经营效率，大大提升了产业集群对产业内相关企业产生的吸引力和聚集力，产生了产业集群—承接更多产业转移—集群成长—集群衍生繁殖—形成更大、更多、更新集群—吸引更多产业转移的良好效应。事实也表明，这种良好效应对于承接产业集群化转移发挥了巨大作用，据统计，苏州 IT 产业集群吸引了来自欧美、日韩、中国台湾、珠三角、上海等发达国家和地区的大量同类企业和投资的转移和集聚，其外资总额已占园区投资总额的 80%～90%。

另一个有力的例证是通过承接国内外产业转移发展起来的珠三角地区的计算机、家电产业集群。随着企业间竞争的加剧和专业化分工的细化，珠三角地区的众多核心企业开始专注于某一环节的核心能力建设，而将其他业务外包出去，吸引众多的中小企业依附在周边，为大企业配套服务，逐步形成了计算机、家电全产业链的产业集群。在此地区 100 千米的范围内①，90%以上计算机零部件、80%以上的手机部件、100%的彩电部件都可以采购得到。通常以“大而全、小而全”的方式存在于一个企业内部的生产环节，在这里大量地分布在不同企业之间，每个企业只做一个部件，甚至一个部件的某个环节。技术含量较高、零部件较多、价值较大的产品如彩电、复印机等，不是一个主机厂，而是几个厂在同一区域；为其配套的零部件供应商也不是一家，而是若干家。在高度专业化分工基础上形成的配套体系网络，是这些产业集群的重要优势。

① 现代工业园区的产业集群现象研究. http：//www.sgst.cn.[2006-03-09].

（四）基于竞争优势的区域产业转移与产业集群耦合的路径

分工、学习与创新以及网络效应是使得区域产业转移—承接地产业集群耦合的机制性动因。区域产业转移—承接地产业集群耦合的路径可以从两个层面加以分析（图 4.5）。首先，区域产业转移可以有效利用承接地产业集群的垂直专业化分工或水平专业化分工优势，并吸引相关的服务机构转移、集聚，从而形成一个完善的、配套的区域网络和产业网络群体，于是，转移而来的企业与本地企业间的协作、分工程度得到深化，同类产业集聚的程度也就此提高。在此过程中，转移的产业获得技术外溢效应和产业关联效应从而产生正外部性以及规模和范围经济，在产量增加和技术提升的同时，进一步强化或推动以产品生产链为核心的承接地产业集群升级。其次，承接地产业集群在发展过程中，出于结构优化和升级等多方面的考量，集群内企业的产品链、产业链和服务链也需要在更大范围内优化配置资源，而以寻求竞争优势为目的区域产业转移自然成为承接地产业集群优化配置资源的重要力量。于是，在区域产业转移与承接地产业集群互动过程中形成一个新的具有正反馈效应的动力系统，将打破承接地产业集群原有的稳定性，承接地的产业集群竞争优势将得到进一步巩固和强化。

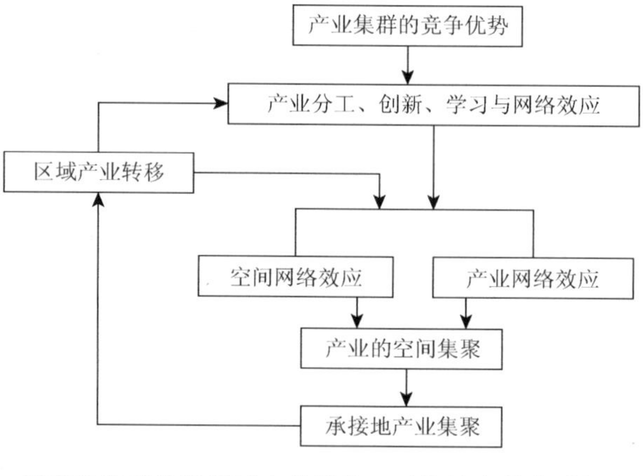

图 4.5　基于竞争优势的区域产业转移—承接地产业集群耦合的路径

三、企业成长规律及区域产业转移与产业集群耦合：企业视角

在市场经济条件下，企业是生产经营活动的基本单位，是现代社会最为重要的核心组织，也是产业转移的行为主体和产业集群的构成主体。有关企业成长的理论研究源远流长，从最早涉及企业成长思想的古典政治经济学开创者亚当•斯

密，到对企业成长规律阐述最具代表性的古典经济学者马歇尔，到新古典经济学的最优规模等理论，到奥地利学派代表人物熊彼特的企业成长理论，再到制度经济学、管理学、新经济地理学等的相关理论，总体而言，相关研究内容和方法总体经历了一个从外部向内部、从同质性向异质性、从静态分析向动态分析的综合演进过程。

由于产业转移主要是通过大量企业跨国家或跨区域投资的形式得以体现的，所以，从微观视角对产业转移动因进行分析也就落实到对企业对外投资行为的研究上。相关国内外文献的比对也发现，从企业层面对产业转移微观层面的理论研究，在欧美国家尤为多见。

海默（S. Hymer）打开了这一领域研究的大门，在他的博士论文《企业的国际经济活动：对外直接投资》中，提出了用垄断优势来解释跨国公司产业转移的行为，后经其导师查尔斯·金德尔伯格教授等的补充和发展，垄断优势论成为了研究企业转移生产最早和最有影响的理论。海默总结出企业生产转移的两个条件：一是企业必须要拥有垄断优势，以抵消其在东道国企业竞争中的不利因素；二是市场不完全性的存在，使企业能够拥有和保持这种优势。之后，拉格曼（A. M. Rugman）、邓宁等在海默的垄断优势论的基础上，立足于不同的角度，从企业微观层面对产业转移动因进行了理论研究。

当然，相对于发达国家以对外直接投资为主要表现形式的企业转移所谋求垄断优势的目的，发展中国家的企业转移并没有整体的竞争优势，也谈不上谋求垄断优势，但可以通过企业转移而获得局部竞争优势。例如，转移企业可以获得局部成本优势、局部规模优势、企业整合优势等，只要这些局部竞争优势可以转化为足够多的转移企业净收益，企业的对外转移就可以发生。

（一）局部竞争优势与区域产业转移—承接地产业集群耦合

从企业成长的角度，马歇尔的规模经济论给了我们一定的启示。马歇尔认为，企业生产规模的扩大抑或企业成长均可归之于两类原因：一是归因于原本发达的工业经济；二是归因于与这个工业相关企业的资源、组织和经营效率，前者他称之为外部经济，后者称之为内部经济。企业要想获得规模经济并使企业加快成长，则需要外部经济和内部经济同时具备。他进而明确指出，“极有组织的采购和销售的经济，是实现在同一工业或行业中许多企业合并成为一个大的联合组织的倾向的主要原因”。

尽管产业转移依据不同的标准可以划分为若干类型（表 4.10）。无论是按照主体性质为分类依据的扩展市场型产业转移还是节约成本型产业转移，还是按照客体性质分类的劳动力指向型、原材料指向型、资本指向型抑或知识指向型产业转移，也包括按照网络结构、影响的区域范围和转移程度作为分类依据而划分的各类产业转移，虽然其基本内涵及转移动因不尽相同，但从企业成长的角度，企业转移的根本目的不外乎在于以下方面，要么是追求更高的利润，要么是寻求更大的市场，要么是企业多元化战略的需要，要么是寻求政府更多更大的支持，要么是更快地提升自身运行效率，不一而足，但究其根本原因，垄断优势理论给我们的启示在于，企业转移是为了获得并维持已有的局部竞争优势。

表 4.10　产业转移的不同类型及转移动因

分类依据	产业转移类型	基本内涵及转移动因
主体性质	扩展市场型（主动型）	占领更多、更大市场
	节约成本型（被动型）	寻求廉价的生产要素，降低生产成本
客体性质	劳动力指向型	农业、林业及纺织、服装、玩具、皮革、家具等劳动密集型产业，需寻求大量廉价劳动力
	原材料指向型	需要消耗大量原材料及燃料型资源密集型产业，趋向于向原材料（或燃料）产地转移
	资本指向型	冶金、石油业、机械制造业等资本密集型重工业部门，趋向于向拥有充足资金区域转移
	知识指向型	以复杂先进而又尖端的科学技术为主要劳动因素的知识密集型产业，趋向于向拥有知识、技术网络区域转移
网络结构	垂直顺梯度工序型	发生于要素禀赋差异较大的国家间，以跨国公司为主导，转移的客体更加深化，需要把控工序的各个层面
	水平工序型	发生于要素禀赋相近的发达国家间，表现为水平型行业间转移和水平型产品间转移，可以分散生产、占领更大市场
	“逆”梯度工序型	部分“幼稚”产业逐步向先行国的“逆”梯度型转移和集中
区域范围	全球型	产业由某些国家或地区转移到另一些国家或地区，是一种产业在空间上突破国界线地域限制的移动现象
	区域型	在一个国家内某些产业由一个地区转移到另一个地区
转移程度	局部型	某产业的部分产业链从一区域转移到另一区域
	整体型	某产业的全部产业链从一区域转移到另一区域

Kelly 和 Philippatos（1982）的研究也佐证了这一观点（表 4.11），降低利润、获得更大市场、促进成长仍然是企业转移的主因，而为了实现地理分散的目的而进行转移的比例很低，或许也从另一个层面证明了企业为了寻求集聚的可能性，即寻求产业转移与产业集群的耦合。

表 4.11 企业转移生产的动因

动因	最近对于投资时的重要性/%	将来对于投资的重要性/%
增加利润	74.3	80.0
促进企业成长	51.4	49.5
增加市场份额	43.8	43.8
降低生产成本	14.3	19.0
地理上的分散	9.5	9.5

资料来源：Kelly M E W，Philippatos G C，1982

承接地产业集群本身就是一个发达的企业经济集合体，转移而来的企业融入承接地产业集群的过程就是一个不断获取外部经济的过程。而且，转移而来的企业可以与集群原有企业一起，通过数量叠加达到整体规模效应，以促进专业化企业之间的分工与协作，在承接地产业上达到单个企业专业生产所不能达到的外部范围。此外，承接地产业集群内企业（包括转移而来的企业）还可以共享由规模经济衍生的市场资源、原材料资源、人力资源、设备资源、金融资源、信息资源、基础设施资源、行政资源等，从而降低企业进入风险和交易成本，提高企业生产效率和竞争力。与此同时，承接地产业集群内企业（包括转移而来的企业）的邻近性也有助于进一步细化企业间的分工协作，进而衍生出更多的新专业门类，于是，产业集群的产业链条被延长，内部经济更加彰显。无疑，这一过程将为转移企业的成长提供诸多有益保障。

（二）企业参与集群分工效应与区域产业转移—承接地产业集群耦合

新经济地理学将影响企业参与地域分工（集群本身是一种地域现象，具有一定的空间属性，因而即可将集群理解为“点”的概念，也可理解为“面”的概念）的效应归结为三个方面（胡彬，2008）：市场通道效应、生活成本效应和挤出效应等。

首先，市场通道效应，又可称为需求关联或后向关联。企业从一个区域转移至承接地产业集群时，将导致承接地的劳动力需求增加，从而吸引这些劳动力在该地区聚集，形成一个专业化的“技能市场”。它一方面能够及时满足企业根据其生产经营规模的扩大和缩减所引起的对该类型劳动力需求变化的要求。另一方面，也有助于集群内劳动力资源（人才资源）在企业间自由流动。这些劳动力出于多种原因（跳槽、解聘、失业等）而在集群内具有密切关联的企业寻求再就业将是一件较为容易的事情，这既可以保持集群劳动力资源的稳定性，也可以有效降低部分高技术劳动力的流失问题，当然，这些高技术劳动力在集群内的流动对集群乃至企业的成长都大有裨益。

其次，生活成本效应，又可称为成本关联或前向关联。企业移入承接地的过程，也是承接地企业数量增加的过程，而在一个企业数量增加的区域，消费者选择更趋多元化。由于消费集合中外购的部分和商品运输费用支出的减少而使消费者福利获得增长，本地生活费用的下降意味着本地的实际工资水平有所提高，这会吸引劳动力的大量流入，并通过劳动力供给的增加使企业生产的平均成本和边际成本都有所下降，这不仅可以增加企业利润，而且还可降低产业集聚的门槛固定成本。可见，生活成本效应有助于企业转移、集聚，降低了区域产业转移—承接地产业集群耦合门槛成本。

最后，挤出效应，又可称为竞争效应。企业转移的过程，会导致移入区域的需求和边际收益下降，从而通过劳动力的流动形成产业和人口配置的离心力与集聚力。地方市场与厂商组织出于集群未来发展的需要，往往会寻求更多的产业内贸易、区域内贸易和生产片断化，进而不断减少交易成本。从这一角度出发，挤出效应通过降低企业交易成本而促进区域产业转移—承接地产业集群耦合。

需要指出的是，上述三个效应通常难以严格分开，且既可表现在单个企业内部，也可表现在同类企业之间。Kelly 和 Philippatos（1982）的研究表明，厂商提及的产业转移的特定理由并无明显的指向性，但从将来与最近对于投资的重要性因素比照分析仍然可以发现，企业对于克服关税障碍以及占领出口市场的重视程度明显有了大幅度提升（表 4.12）。这也说明，随着来自政府压力的渐增，企业趋向于向关税障碍较小的国家和地区转移，通过全方位参与承接地地域分工，获取市场通道效应、生活成本效应和挤出效应，才能达到占领出口市场之目的。

表 4.12　厂商提及的产业转移的特定理由

动因	最近对于投资的重要性/%	将来对于投资的重要性/%
克服关税障碍	27.6	31.4
获得规模经济	26.7	25.7
利用政府给予的奖励	21.0	24.8
追随客户	20.0	18.1
政府压力	19.0	24.8
工资成本低	13.3	11.4
占领出口市场	8.6	14.3
其他	36.2	38.1

资料来源：Kelly M E W，Philippatos G C，1982

（三）基于企业成长规律的区域产业转移—承接地产业集群耦合的路径

基于企业成长规律的区域产业转移—承接地产业集群耦合通过两个过程得以实现。第一，企业寻求局部竞争优势而进行的转移为承接地产业集群的成长提供动力。企业通过规模扩展和空间扩散在承接地形成稳定的新企业组织以达到企业成长之目的，而这种企业组织是在转移企业和本地企业之间进行水平兼并和集中过程中形成的，进而可以组织成一个更大规模的实体企业或多个中小企业围绕一个大型企业，通过资金、技术协作关系以松散的方式组成企业集团或联合体，为实现外部经济内在化的预期价值提供保障，在企业获取局部竞争优势的同时，也有利于维持集群的组织机能。第二，产业集群的分工效应吸引企业的移入。由转移企业引起的聚集效应（企业和劳动力集聚）多是以产业的地方化专业生产为特征，企业是外部经济内在化的载体。跨区域的企业参与分工与协作是企业实现效率提升的重要保证。当外部性内在化（主要表现为交易成本下降）的收益超过了转移成本之时，企业的空间组织就会表现为转移、集聚的趋势。同时，企业的转移与承接地集群实现了耦合（图4.6）。

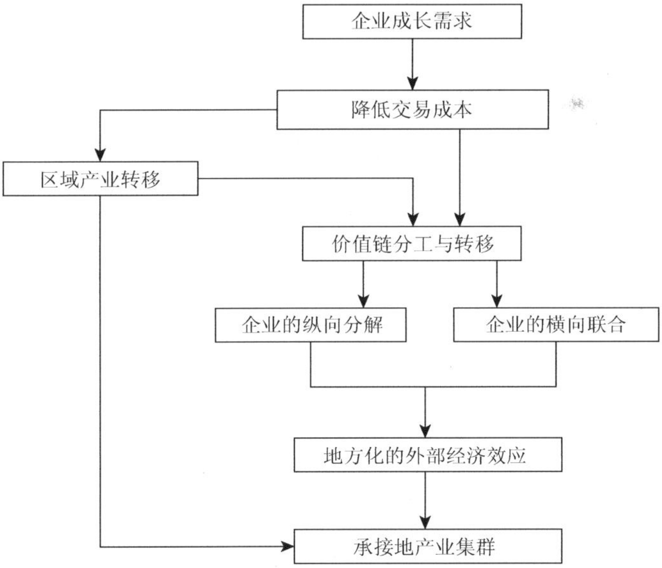

图4.6　基于企业成长规律的区域产业转移—承接地产业集群耦合路径

一个有力的例证是通过承接国内外产业转移发展起来的盐城汽车产业集群。汽车产业的一个显著特点就是具有很长的产业链，它涵盖的领域很多，如制造、研发、营销、金融、维修、能源、交通等部门。盐城市汽车产业的发展主要缘起于东风悦达起亚这一韩资汽车产业集群化转移。自 2002 年东风悦达起亚企业落户盐城以来，经过 10 多年的快速发展，从第一辆千里马的投产下线，到 2012 年 200 万辆整车下线，从单一的车款，到 2013 年的数十车款，先后实现了年产 13 万台、23 万台、33 万台、43 万台的四次跨越式发展，累计实现整车销售 186 万台，累计实现销售收入 1773 亿元。目前，盐城市汽车产业集群吸引各类汽车配套企业 270 多家，包括韩国现代、法国佛吉亚、日本富士重工、美国江森、我国台湾台玻等世界知名企业，涵盖汽车零部件与汽车相关的销售、维修、贸易、服务物流等行业，汽车工业规模以上企业 73 家，规模以上企业年产值由 2005 年 140 亿元增长到 2012 年 680 亿元。汽车产量由 2005 年 25 万辆上升到 2012 年的 110 万辆，汽车产业已成为盐城市发展速度最快、对外经济拉动最大的支柱产业，盐城市也已成为江苏省最大的乘用车制造基地、江苏省新能源汽车产业基地、国家级汽车零部件产业基地和江苏省汽车零部件出口基地。

盐城市汽车产业集群的成长轨迹很好地验证了基于企业成长规律的区域产业转移—承接地产业集群耦合的路径。

首先，龙头企业东风悦达起亚企业的移入为盐城汽车产业集群的成长提供了动力。盐城市凭借独特的区位条件、临近最活跃的消费市场、低廉且丰富的生产要素、较为完善的基础设施、优越的投资环境等诸多优势因素的综合叠加，充分满足了转移企业寻求局部竞争优势以及克服转移过程中的所产生的市场通道效应、生活成本效应和挤出效应的需要，成功吸引了韩资东风悦达起亚汽车企业的投资，以此为“种子条件”，盐城市又先后吸引了日本、德国，以及我国上海、北京、香港、台湾等地的汽车制造商和企业加盟，最终形成现在的以整车制造为龙头、高附加值、高竞争力的汽车产业集群。

其次，汽车产业集群的分工效应吸引了产业链上更多企业的移入。盐城市汽车产业集群成功之处在于，主要依赖具有国际竞争力的汽车品牌——起亚，主要依托国际级汽车集团和国内大型汽车企业——起亚和中大集团，主要围绕盐城东风悦达起亚汽车有限公司进行零部件企业及其他相关企业的聚集。近年来，江苏沿海大开发上升为国家战略，以及《汽车产业调整和振兴规划》《江苏省新能源汽车产业发展专项规划纲要》等政策的出台，进一步促进了盐城市承接产业集群化转移向“纵深”方向发展。一方面，盐城市汽车产业集群已经具备一定的辐射和衍生能力，集群内部初步形成了专业化的分工协作关系，在微型汽车、中低档客车、特种行业汽车三大企业的基础上，进一步吸引和发展了汽车零部件生产及销售、维修、贸易、服务物流等行业企业，进一步带动了物流、服务业的集聚，进一步延展了汽车产业链条，使得汽车产业集群发展的基础机制、动力机制和保障机制更加完善。另一方面，转移企业引起的聚集效应加速了区域发展进程，又可为该区域承接更广域产业集群化转移奠定基础。

对比盐城在承接汽车产业集群化转移前后（表4.13）的进出口、实际FDI等指标可以发现：2001年以来，盐城市进出口、实际FDI增长率等主要经济指标及排名发生了明显的变化，尤其是在2002年东风悦达起亚在盐城投产、2007年东风悦达起亚第二工厂投产这两年有明显大幅度的提高。在2001～2002年盐城市的进出口、实际FDI增长率分别从29.1%增长到35.5%、56.2%增长到225.1%，位居江苏省13个主要城市的第一位；2007年的进出口增长率、实际FDI增长率比2006年增长率同比分别多了11个百分点、48个百分点，盐城的实际FDI的增长率大多高于江苏省对应的平均水平，这充分说明盐城通过承接产业集群化转移，加快了区域发展进程，提高了区域对外开放程度，深度融入了全球生产网络和国际分工中。

表4.13　盐城市主要进出口、FDI指标（2001～2011年）

年份	进出口			实际FDI		
	增长率/%	省平均/%	排名	增长率/%	省平均/%	排名
2001	29.1	3.8	12	–56.2	23	13
2002	35.5	39.3	6	225.1	74	1
2003	46.4	52.1	4	47.9	66.1	8
2004	46.9	63.7	2	10.4	–1.9	6
2005	29.3	22.5	9	97.9	4.2	1
2006	16.1	—	9	101.1	52.3	5
2007	27.1	13.8	4	149.3	20.6	1
2008	18.8	—	5	–45.9	—	11
2009	9.7	8.3	7	10.6	18.6	9
2010	40.9	10.4	6	27	23.4	2
2011	23.2	6.7	7	22.4	21.5	7

资料来源：《江苏统计年鉴（2002～2012）》

第二节　区域产业转移与产业集群耦合的驱动力

区域产业转移—承接地产业集群耦合的驱动力机制是指推动区域产业转移与承接地产业集群耦合的产生与发展所必需的动力和机理，以及维持和改善这种作用机理的各种经济关系、组织制度等构成的一个综合作用力。

理论上说，区域产业转移是市场经济条件下产业（企业）追求效益最大化的过程，但若是在非市场经济体制或市场机制不健全的情况下，一些非市场的作用常常使产业（企业）效益最大化的目标出现偏离。因此，产业集群的成长过程也并非完全是市场决定的，也有很多非市场因素的影响，如“种子”条件以及特殊的产业环境等。因此，分析区域产业转移与承接地产业集群耦合的驱动力机制，必须把区域产业转移置于国际产业转移的大背景之下，必须置于中国当前向市场经济转轨的宏观背景下，必须置于中国产业集群成长初期的现实条件下，需要从区域、产业、企业的不同视角，需要从市场、制度、环境等方面对产业转移的比较优势和竞争优势的获取进行系统归纳和分析，方能给出一个全面、系统而又合乎情理的解释。根据前文分析，本书认为，区域产业转移与承接地产业集群耦合的驱动力主要集中在三个方面：市场力、制度力和承载力。

一、市场力

区域产业转移抑或产业集群现象是随着我国市场经济的初步建立、人民生活水平和工业化水平不断升高、产业结构不断升级等宏观背景下发生与发展的。这是区域产业转移和产业集群得以产生、发展乃至耦合的内在动力。

在市场经济条件下，政府、企业和中观的产业以直接或间接的方式参与经济活动、资源配置等过程。通常情况下，政府是以间接的方式参与其间，而产业及微观主体企业通过市场直接参与其中，并以趋利性为主要出发点，只不过企业往往处于弱势的地位。在政府、产业和企业的相互作用过程中，一般表现为后两者尽可能扩大自身利益的需求，而政府则从社会经济发展的全局出发，如制定有关产业转移和产业集群政策等，设法使其行动纳入政府认可的秩序中。但区域产业转移和产业集群的发展最终还是要由具体的产业以及企业付诸实施，市场使得区域产业转移、集聚的选择最大程度的建立在个体决策的基础之上。

作为一种物化的空间，产业空间的演变是集聚与扩散共同作用的结果。因此，本书有关市场力的分析又可以从对促进区域产业转移与产业集群耦合的扩散力和集聚力两个层面进行。①扩散力的产生。根据产业生命周期原理和产品生命周期理论，当某些区域的某些产业发展到成熟阶段后，随着厂房、机器等设备趋于陈旧老化，劳动力工资趋于大幅度上升，土地价格趋于飞涨，环境趋于恶化等境况的出现，聚集不经济将就此发生，使得产业原有的比较优势渐趋丧失，产业的扩展空间日渐减小。加之人口过度拥挤、信息技术落后、市场范围约束、协作企业少等诸多不利因素的存在，该区域形成一种促使该产业移出的扩散力。②集聚力的产生。与此同时，某些区域由于拥有完整的产业链条、丰富而廉价的劳动力、接近原料地、信息共享优势、地价优势、税费减免等外显优势以及规模经济、范围经济等潜在优势，该区域在某些产业发展环境上表现为具有明显的比较优势和一定的竞争优势，从而形成吸引其他区域同类产业转入的集聚力。在区域集聚力与扩散力两股力量强弱对比过程中（以流的方式进行相互作用），当集聚力大于扩散力，产业趋向于向集群转移，则表现为区域产业转移与产业集群的耦合，反之则弱耦合或不耦合（图 4.7）。

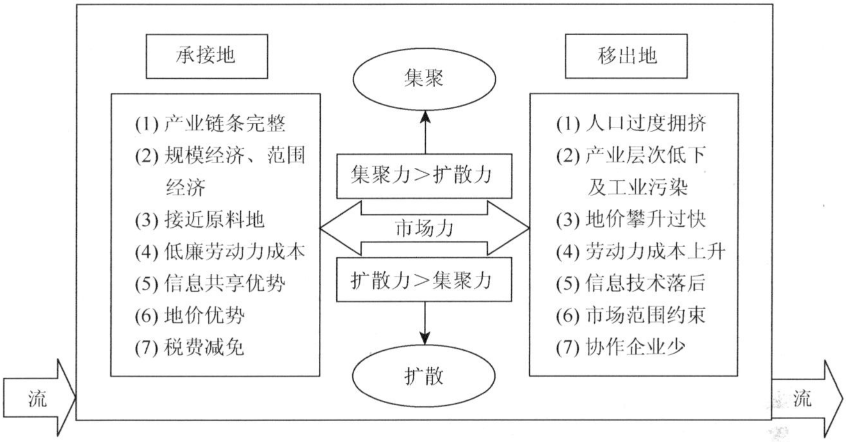

图 4.7　流空间下区域产业转移的集群向心力模型

基于以上分析，我们可以进一步反思为何在现阶段中国事实上并未出现，但理论上应该出现的东部产业大规模转移中西部的问题。过去人们普遍认为东部区域的率先发展主要得益于区位优势，特别是国家有关“让东部飞”的政策优势，随着交通信息条件的改善、市场经济的发展以及国家有关促进中西部地区发展的制度安排（1999 年“西部大开发战略”和 2003 年“东北地区等老工业基地振兴战略”以及 2009 年施行的“中部崛起战略”等），很多学者认为中国的经济发展已经进入一个优惠政策效应明显下降的阶段，东部地区上述优势已不再明显，甚至行将消失。

但一个不容忽视的现实是，产业集群经济的快速发展又为东部地区形成了一个非常重要的“后天优势”，而且随着这种优势的确立和趋于成熟，原本在东部地区具有良好配套条件的产业要想转移中西部地区，其转移成本将大幅度提高。特别在当前中西部的劳动力可以自由流向东南沿海地区的情况下，东部地区还可以分享中西部地区劳动力低成本的优势度，而中西部自身发展则饱受大量劳动力的外流而导致供给紧张和工资上涨的压力（表 4.14）。于是，在市场力作用下，在集聚力与扩散力两股力量强弱对比下，在产业配套条件与低成本劳动力的组合中，本书认为，东部地区产业理论上大规模西移的条件尚未完全成熟，同样，中西部地区希望大量承接来自东部地区的产业转移也确有难度。当然，这也并不意味着中西部的发展就没有出路，区域产业转移—承接地产业集群耦合发展的规律也许给出了答案，中西部地区从自身实际出发，努力形成能够体现和发挥自身优势的产业集群，寻求承接产业转移与产业集群的互动发展方是上上之策。

表 4.14　2008～2009 年中国不同区域在岗职工年均工资及增长情况

地区	年均工资/元		增长率/%
	2008 年	2009 年	
东部地区	34 316	38 002	10.7
中部地区	24 390	27 478	12.7
西部地区	25 602	29 120	13.7
全国平均	29 229	32 736	12.0

资料来源：根据《中国统计年鉴 2009》和《中国统计年鉴 2010》整理

二、制度力

制度是对社会、企业行为的规定和政策安排，社会经济中的各种行为都需服从服务于制度的安排。可以说，制度因素几乎关乎经济、社会发展的全方位，因而也必然会对区域产业转移与产业集群的耦合过程产生深远影响。此外，和中国特殊环境相关的社会资本也影响区域产业转移与产业集群的耦合过程。例如，中国传统文化比较注重人际关系。还有，中国多年计划经济的“影子”还会左右一些企业迁移行为，如很多国有大中型企业常隶属于中央某些部门，其转移行为自然受到国家指令的影响等。从前文有关两者耦合发展的内容、路径及动因分析，可以看出，区域产业转移与产业集群的耦合的直接主导力来自制度和政府有关政策的设计以及在此基础上形成的社会资本。

具体而言，制度力对区域产业转移与产业集群耦合发展的影响体现在以下几个方面。

一是政府引导或直接干预。在从计划经济向市场经济的转轨规程中，虽然政府已经不再全面干预社会经济的发展，但在某些领域政府的直接干预仍在起着至关重要的作用。鉴于产业经济对区域经济的核心支撑作用，所以有关区域产业转移的政府干预并不鲜见。

首先，来自国家层面的宏观战略导向。2010 年颁布的《国务院关于中西部地区承接产业转移的指导意见》（国发〔2010〕28 号），不但明确了中西部承接产业转移的 6 大重点任务、7 大重点产业，而且还提供了财税、产业和投资政策、金融、土地、商贸和科教等 6 个方面的支持政策等。《国务院关于中西部地区承接产业转移的指导意见》明确指出中西部地区承接产业转移的 6 大重点任务：一是因地制宜承接发展优势特色产业，在承接中发展、在发展中提升，构建现代产业体系。二是促进承接产业集中布局，培育和壮大一批重点经济区，引导转移产业向园区集中。三是改善承接产业转移环境，打破地区封锁，完善交通基础设施和公共服务支撑。四是加强资源节约和环境保护，严把产业准入门槛，推进资源节约集约利用。五是完善承接产业转移体制机制，推动相关行政许可跨区互认，鼓励合作共建产业园区，设立承接产业转移示范区。六是强化人力资源支撑和就业保障。可以说，《国务院关于中西部地区承接产业转移的指导意见》的出台既是国家“调结构”政策基调下的政府干预产业转移的举措，也是推动东部沿海产业加快向中西部转移的“催化剂”，也给中西部地区加快承接产业转移带来新机遇。

其次，来自地方层面的直接干预。非常典型的有珠三角地区的产业转移，进入21世纪以来，珠三角地区资源和环境承载压力持续加大，要素成本不断上升，加上金融危机的波及，从理论上说该地区的产业已经进入到大局外迁的局面，但在政府的直接干预下，通过制定诸如《关于进一步推进产业转移工作的若干意见》等政策条款，直接干预并要求部分劳动密集型产业优先向广东东西两翼、粤东山区转移，近年来，则从园区管理、合作模式、招商引资、环保、用地等方面，鼓励省内产业转移园的建设与发展。另一个典型的省份是江苏，2004年以来，江苏先后出台了7部政策之多，对苏南地区的产业转移进行干预，并通过政策指引向苏被转移和集聚。此外，福建、浙江等东南沿海发达省份也出台了类似政策优先鼓励本地企业向省内欠发达区域转移（表4.15）。

表4.15　相关省区有关区域产业转移及集群发展导向政策

省份	政策文件	主要目的	政策要点及产业集群导向
江苏省	（1）《关于加快南北产业转移的意见》； （2）《省政府关于支持南北挂钩共建苏北开发区政策措施的通知》； （3）《关于加快苏北振兴的意见》； （4）《沿东陇海线产业带建设总体规划》； （5）《江苏省沿海开发总体规划》； （6）《关于进一步支持苏北地区加快发展的政策意见》； （7）《江苏省苏北地区工业发展纲要（2008—2012）》等	（1）引导产业向苏北地区转移，切实推进苏北工业化进程； （2）促进苏南地区产业结构优化升级； （3）促进省域协调发展	（1）重大项目优先在苏北布点、土地指标优先用于产业转移、专项资金奖励到苏北投资者； （2）突出产业转移的集聚、集约和集中原则，确定了今后江苏省南北产业转移的方向，不仅是项目、企业、园区的转移，而是产业的转移，并且是优势产业集群的转移； （3）充分发挥产业集中区在南北联动中的载体作用，加大集中开发力度，防止多头开发和分散开发
广东省	（1）《关于我省山区及东西两翼与珠三角联手推进产业转移的意见》； （2）《关于推进产业转移和劳动力转移的决定》等	（1）促进珠三角劳动密集型产业向粤东、粤西、粤北转移； （2）建立产业转移园承接省域产业转移的载体； （3）促进省域协调发展	（1）促进珠三角地区产业有序转移和东西两翼、粤北山区的选择性承接，促进珠三角地区的产业转型升级和东西两翼、粤北山区的工业化进程，促进全省产业合理布局和协调可持续发展； （2）以产业转移园为主要载体，形成上下游相互配套、专业化分工合作的产业链，培育一批新的产业集群
福建省	（1）《福建省委省政府关于加快产业集聚培育产业集群的若干意见（试行）》； （2）《关于拓宽山海协作通道，加快欠发达地区发展的若干意见》等	（1）沿海地区支援山区，山海协作，对口帮扶； （2）促进省域协调发展	对符合省级产业转移园区产业发展规划和集约用地等条件的入园工业项目，允许按不低于所在地土地等级相对应工业用地出让最低标准的70%确定土地出让底价

资料来源：根据相关省份有关政策整理

中国产业集群的发展也大抵如此。在形成之初，基本上都是企业的自发行为，但产业集群的雏形出现后，地方政府往往都会积极扶持并努力吸引产业移入。例如，政府通过提供各种优惠政策吸引投资，促进企业发展；通过完善基础设施，优化投资环境，增强招商引资的吸引力；通过建立工业园区，鼓励企业“进区入园”，促进产业集聚和园区化进程（我国的很多产业集群都是在此类园区基础上发展起来的，如江苏省、浙江省等）；通过建立交易市场；政府协调产、学、研结合，为产业集群创造源源不断的技术创新能力等，均可以发现政府对区域产业转移与产业集群的耦合作用的影响。例如，苏州、宁波及其周边地区依托临近上海这一经济、技术辐射中心，乡镇企业发展较早，经济基础比较好等优势。在 20 世纪 90 年代通过承接上海以及珠三角的产业转移先后建立了一批不同规模的产业园区。这些园区根据自身特点和市场经济发展规律取得了巨大的成就，形成了许多很有竞争优势的产业集群，代表性的有苏州的电子信息产业集群、宁波的服装产业集群等。

二是间接推动。即通过制度创新作用于区域产业转移和产业集群进程，促进两者的耦合。

（1）国家的宏观战略引领两者耦合。最为典型的当属在我国设立的各级各类产业园区（开发区），如大学科技园、高新技术产业开发区、经济技术开发区、工业园等，其主要目的就在于吸引外来投资、产业转移和集聚。经过近 30 年的发展各级各类产业园区已经成为加快我国制造业基地建设的重要载体，很多区域的产业园区事实上已经成为产业集群的代名词，有力促进了两者的耦合。

（2）相关的政策促进两者耦合。一方面，产业集群的相关政策可以促进产业转移。在实业界，集群启动计划和发展战略越来越多地受到各级政府和规划机构的重视，也得到了行业、企业的很好回应。具体可以从以下几个层面加以分析。

首先，国家层面有关产业集群的政策设计。2003 年 1 月国家经济贸易委员会完成报告《产业集群、工业园区发展与新型工业化》，对中国的产业集群发展现状进行了分析，并总结了产业集群的五种成因，并从国家层面提出发展创新性产业集群和工业园区、走新型工业化道路的对策建议。2007 年 11 月国家发展和改革委员会印发文件《关于促进产业集群发展的若干意见》，以此为指引，我国的很多省份开始制定并出台相关政策予以回应。

其次，地方层面的政策设计。2004 年广东省经济贸易委员会率先出台了《关于建设产业升级示范区加快产业集群发展的意见》，福建省委、省政府出台了《关于加快产业聚集培育产业集群的若干意见》，江苏省发展和改革委员会出台了《关于培育产业集群促进区域经济发展的意见》，以及江苏省中小企业局的《推进建立依托产业的技术服务平台》和《关于印发江苏省中小企业产业集群发展规划编制工作指南的通知》，浙江省政府的《浙江先进制造业基地建设规划的框架与重点》，河北、湖北、湖南等地方政府也提出发展产业集群的战略等。

最后，行业层面的积极响应。2007 年，中国纺织工业协会在京召开“纺织产业集群研究工作会”，同年 6 月在江苏常州举办“中国纺织产业集群经济与专业市场发展论坛”，7 月在杭州举行“中国商用汽车产业集群发展战略研讨会”，等等。集群启动计划和发展战略的实施，也在吸引区域产业转移战略和规划中受到了高度重视和运用，资料显示，产业集群正逐渐成为吸引产业转移的主阵地，而产业转移也日渐成为劳动密集型、技术、资本密集型产业集群成长的重要外力（表 4.16）。

表 4.16　我国地方集群的类型及驱动力

驱动力	内力		外力	
集群类型	建立在农村或乡镇工业基础上的特色集群	高科技企业集群	本地“三来一补”基础上发展起来的中小企业集群	外资带来多个配套企业发展起来的集群
驱动主体	农民企业家	城市科技实业家	外资、港台资本家	外资、港台资本家；国有企业
产业门类	劳动密集型	技术密集型	劳动密集型	技术、资本密集型
典型实例	浙江温州	北京中关村	广东东莞	北京也庄

资料来源：根据《产业集群、工业园区发展与新型工业化》调查报告整理

另一方面，推动产业联系的相关市场化改革成为各级政府普遍共识。在市场化进程中，如何利用地方集群的集聚优势吸引产业转移，如何建立本地供应链，以促进本地产业链向高端扩张，已成为地方政府推进市场化改革的焦点。近年来，地方各级政府在诸如土地制度、户籍制度、园区建设制度、行政管理制度等方面做出了一些有益的尝试，逐渐改变或取消了不利于产业、人口等经济要素流动的制度性障碍，使市场机制配置资源的基础性作用得到充分发挥，促进了各种经济要素、产业、人口随比较利益选择自由的转移、流动和集聚，促进了区域间的协调发展，进而整体促进了区域产业转移与产业集群的耦合。此外，我国还通过优化安排一切作用于企业市场化的具体制度，如建立现代企业制度、建立良好的投融资体制和民间资本积累的激励机制、相对宽松的财税制度，等等，强化了企业在选择产业转移的方式方法的自主权，进而从微观的企业层面促进了区域产业转移与产业集群的耦合。

有关社会资本层面对区域产业转移与产业集群耦合的影响，下文将予以单独分析。

三、承载力

经济活动的一个基本特性就是，从自然环境中提取物质，在生产过程中消耗

物质，以及最终向环境还原物质。无论区域产业转移抑或产业集群发展途径如何、目的何在，其根本发展动力来自于满足人类自身的需要，但这一动力必须建立在特定的资源环境承载力基础之上。刘毅和金凤君（2005）的研究表明，国内消费与资源环境的相关系数大多较高，而对外出口与资源环境的相关系数大多较低，说明目前我国的资源环境压力主要与为满足国内生产和生活需求的生产活动有关。“十二五”规划指出，按照区域主体功能定位[①]，综合考虑能源资源、环境容量、市场空间等因素，优化重点产业生产力布局。考虑到区域产业转移和产业集群的发展均需要特定的资源环境承载力支撑，本书主要从以下三个方面分析两者的耦合关系。

土地承载力，即对土地和适宜环境的需求。如同其他物品一样，其相对价格（使用的角度）与社会经济发展水平呈正相关。对于区域发展而言土地是一种刚性资源，是资源环境承载力的核心因素。但土地又是一种稀缺资源，也是不可再生资源，其供给是刚性的，为了维持自身发展的需要，企业行为主体对利益的追求毫无疑问将受制于这一资源。可行的办法就是，要么提升企业的土地利用质量，如发展产业集群，要么是寻求更低的土地使用成本转移它地，当然，最有利也是最好的选择：寻求产业转移与产业集群的有机结合。另外，那些具有优惠土地使用政策的区域在承接产业转移过程往往也会占据先机，而某些特殊产业对土地的选择也有特殊的要求。

资源承载力，即对自然资源的需求。一个地区的产业结构的形成与发展和当地的自然地理环境和资源现状特征密切相关。在我国的东部地区，由于工业化比较发达，初始化进程加快，人多地少的的局面越演越烈，相应的，各种农产品的种植面积、产量均有较大滑坡，以至于像珠三角、长三角逐渐从我国传统商品粮基地的版图中消失，虽然该区域部分矿产资源相对富足，但大多开采成本高，并不具有资源开发利用的比较优势；反观，中国的广大中西部地区，往往存有得天独厚的自然资源，如云南的烟草、新疆的长绒棉、内蒙古的乳畜制品以及中西部很多省份丰富的矿产资源。在此情况下，自然资源相对缺乏的东部地区部分劳动密集型、资源消耗型、运量大、技术含量低的产业（及相关产品）逐渐向中西部转移具有理论上的合理性和现实的迫切性。“十二五”规划指出，“主要依托国内能源和矿产资源的重大项目，优先在中西部资源地布局；主要利用进口资源的重大项目，优先在沿海沿边地区布局”，要“以产业链条为纽带，以产业园区为载体，发展一批专业特色鲜明、品牌形象突出、服务平台完备的现代产业集群”，显然具有政策的合理性和实施的必要性和可行性。

---

① 所谓主体功能区，是指基于不同区域的资源环境承载能力、现有开发密度和发展潜力等，从开发的角度，将特定区域确定为特定主体功能定位类型的一种空间单元。

环境承载力，即对环境的忍耐限度。环境承载力是指在某一时期，某种环境状态下，某一区域环境对人类社会、经济活动的支持能力的限度。人类赖以生存和发展的环境是一个大系统，它既为人类活动提供空间和载体，又为人类活动提供资源并容纳废弃物。对于人类活动来说，环境系统的价值体现在它能对人类社会生存发展活动的需要提供支持，但是，这种支持也是有限度的，因为环境组成物质在数量上有一定的比例关系，即阈值。当人类活动对环境形成的压力超过阈值的时候，环境系统就会在一定程度上反作用于人类活动。相比而言，在集聚经济效应的作用下，产业集群较普通的产业组织的产出效率要高得多，换言之，产业集群的成长有利于缓解相关产业发展的环境压力。当然，我们也要看到，珠三角、闽南三角洲、长三角中经济发达城市的工业用地已近乎枯竭，土地价格暴涨；水、电、煤等基础生产资料供应紧张，无法保证企业的正常生产，传统产业集群的进一步发展受到了制约，因此，传统产业的集群化转移是大势所趋。但从准备承接这些转移的区域角度出发，则应充分考虑自身的环境承载力，对于产能得不到提升、技术得不到优化、节能降耗水平得不到提高、效益和市场竞争力得不到增强、环境得不到保护的转移产业和项目，恐怕也不能一味地接受。

基于以上分析，本书可以绘出区域产业转移—承接地产业集群耦合的驱动力模型（图 4.8）。

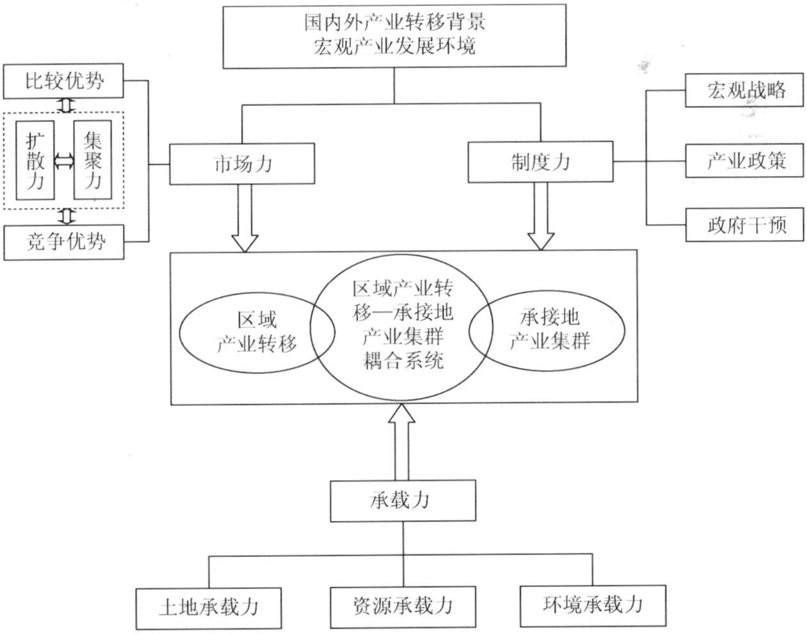

图 4.8　区域产业转移—承接地产业集群耦合的驱动力

第三节　江苏南北共建开发区是耦合新模式：基于社会资本理论的解析

一、社会资本的核心内涵与构成要素

关于社会资本最著名、从某种程度上讲也是最严格的定义是帕特南给出的，他把社会资本看成对社区生产能力有影响的人们之间构成的一系列“横向联系”，包括“公民约束网”和社会准则。

科尔曼提出了社会资本第二个也更具普遍意义的概念，将社会资本看成是“具有两个共同要素的各种不同实体：它们都由社会结构的一些方面构成，并且促使行动者的某些行动”，这一定义扩大了概念范畴，既包括纵向，也包括横向协会及其他实体的行动。“社会资本一个内容更宽泛的观点，包括使准则得以发展及决定社会结构的社会环境与政治环境（诸如政府、政治制度、法律规则等）”。社会资本可区分为三种类型，即结构的责任、预期与信用；信息渠道；准则与有效制裁。

可以发现，上述观点具有若干相同观点：首先，社会资本与经济、社会政治领域相关联，它们均含有社会关系与经济结果相互影响的观念；其次，都关注于经济代理人之间的关系及这些代理人的正式和非正式组织能够提高经济行动效率的途径。概言之，社会资本是群体内个体间长期互动建立起来的、基于预期基础上的信任关系，该信任关系能够通过促进合作带来合作的收益。

区域产业转移是一种涉及时间和空间维度的新质经济运动过程，也是一个资源、资本的优化配置过程。当前，中国正处于社会转型期，源于改革前的计划经济的国家权利授予的资源配置形式趋于弱化，而市场的资源、资本配置形式又有一个完善的过程，导致了产业转移主体（企业）、客体（政府）和载体（开发区等）求助于社会关系网络而获得稀缺资源、社会资本的配置方式在当代中国有很大的影响，也将直接影响到我国产业转移的内容与形式。

二、社会资本对区域产业转移的作用机理

本书从社会资本的结构、目标和关系三个维度分析社会资本影响产业转移主体、客体和载体的机理。

(一)社会资本的结构维度与区域产业转移

社会资本的结构维度主要是指网络成员之间联系的关系模式，关注的是网络成员间是如何联系起来的、联系的强弱以及网络的结构。按照 Hayter 的区位进入理论，产业转移是“进入优势”（心理距离、政策以及环境等）和“进入壁垒”（产业对市场、资源及有关安全性的控制有关）共同作用的结果，只有当企业在某一特定国家（地区）的进入优势大于进入壁垒时，企业才选择在某一特定国家（地区）进行扩张。无疑，网络联系的强弱影响产业转移的数量与质量：一方面，强联结关系构成的密集网络保证了产业在区域间转移的相互信任、规范、权威和制裁等制度的建立和维持（有利的产业转移政策），网络成员获得相关信息的潜在条件被创造出来，产业转移主体与客体间的心理距离将由此减小，进而减少了产业转移的进入壁垒；另一方面，产业转移主体（企业）通过网络联系特别是强联系，可能获得存在于网络或其他企业内部的有关产业转移客体（政府）以及载体（开发区等）的信息，将有助于转移产业提高效率、接近资源（信息或人才）和及时发现、应对机会和威胁等优势，即产业转移的进入优势得到增强。可见，优越的社会网络结构对产业转移至关重要。

(二)社会资本的目标维度与区域产业转移

资本的强流动性和逐利属性（目标维度）决定了资本在一个区域的停留是有一定期限的，由此引起的产业转移成为必然。在这种结构框架中，它们促进了行为主体（无论是个人还是企业、政府）的某些行动。正如“新经济地理学派”的代表人物 Krugman 指出的那样“通过劳动力的跨区域流动和上下游产业间的投入产出联系都能促成产业集聚的形成”。社会资本由于有利于促成协调和合作，有利于信息和人口的流动，减少交易中的“机会主义”和“道德风险”行为，所以有利于生产效率的提高，交易费用的降低，专业化分工的演进，从而有利于产业的集聚或转移。

亚当·斯密的天才论断也昭示：在一个充分发挥作用的市场中，对于个人有利的事情对于集体同样有利。因此，利己主义的和其他行动推理方法，通过个人被置于这样一个完全市场化的条件下，表现出类似的行动。鉴于社会网络成员间的异质性，一方面发达地区面对开发成本不断提高，土地、能源等资源日益紧缺的发展瓶颈，需“腾笼换鸟”，调整产业结构，推进开发区零资源增长；而另一方面欠发达地区则具有成本、资源等强大优势，正“筑巢引凤”，产业转移的行为主体、客体及载体必然因拥有共同的目标而实现对接，高社会资本的地区将会吸引产业向该地区转移并强化企业向该地区集聚当属必然。

(三) 社会资本的关系维度与区域产业转移

社会资本的关系维度所关心的是成员之间的直接关系，信任、规范和认同都可以被用来描述关系维度。Knack 和 Keefer（1997）的实证研究表明：信任与民间合作对经济绩效具有正相关关系，信任水平提高 1 个标准差，经济增长将提高超过 0.5 个标准差；信任与民间合作较强的国家拥有正式制度，能有效地保护产权和契约权利，并发现信任对贫穷的国家来说更为重要。

我国政府对企业决策（包括产业转移）的影响是全面的，甚至可以认为中国式经济增长机制的微观基础是由政府和企业的行为构筑而成。事实上，产业转移虽是一种现代经济现象，但也是市场行为，更是政府行为作用的表现。市场的自发作用能够促进产业转移，但需要政府来影响资源的使用，因为决定资源使用的主要因素价格机制所产生的结果并不总是为社会所接受。在我国分税制的行政背景下，地方政府（尤其是省一级）不一定考虑自身的资源禀赋特征，一方面可能极力地为本地企业争取资源、争计划、争市场，还会采取种种措施限制区域内的产业外流；另一方面，又担心这些产业能耗、污染以及产能低下等问题，也希望这类产业能升级或替代乃至转移，于是，就可能出现由上级政府“导演”（主要是通过制定相关制度与政策）、移出区域政府与承接区域政府联袂上演的区域内产业转移的“双簧”（达成某些协议，成立某些契约化组织）。

三、江苏南北共建开发区：基于社会资本的解析

(一) 开发区成为承接产业集群化转移的有效载体

我国在经济特区和国家级高新技术产业区的带动下，各地先后创建了一大批经济开发区、工业园区、民营工业园区，以及许多专业性的工业园如汽车工业园区、医药工业园、电子工业园、陶瓷工业园、服装工业园区等等。其主要目的，是在划定的区域内，精心营造一个优良的环境，招商引资发展经济，集中地显示出产业集群现象。尽管各级各类产业园区并不就是产业集群，两者存在一定的区别与联系（表 4.17），但有一点毋庸置疑，那就是，产业园区发展有赖于企业集群的形成，世界上成功的产业园区都是集群性产业园区，在我国的很多地区，很多的产业园区也已成为产业集群的代名词。

表 4.17　产业园区与产业集群的联系与区别

项目		产业园区	产业集群
联系	性质	相关配套产业向地域集聚的一种产业空间组织	
	产业分工	专业化分工与协作，形成一定程度的内部协同效应和自强化机制	
	绩效	集约经济效应明显，对区域竞争力大有裨益	
	发展目标	产业园区发展有赖于企业集群的形成，世界上成功的产业园区都是集群性产业园区	
区别	产业关联	不一定强，存在较弱的链式结构	产业关联性的企业在一定地理位置上的柔性聚集，具有较完整的产业链条
	协同演化	多为企业“扎堆”，企业协同演化机制弱	企业间存在相互依存、相互制约的内在结构和外在互动关系，协同演化趋势显著
	动力机制	政府推动和市场力量共同作用，政府主导	政府推动和市场力量共同作用，市场主导
	创新网络	可能较弱	创新网络柔性集聚，彰显“弹性专精”优势

资料来源：喻春光，刘友金，2008

中国经济技术开发区（简称开发区，由各级各类产业园区组成）作为中国外向型经济区域存在了近 20 年，目前已经具备了一定的经济规模。到 2005 年，我国省级以上（含省级）开发区共 916 个，批准规划面积 1.58 万平方千米。与一般区域的产业发展不同，开发区产业发展具有明显的外生性和导向性，它以突破旧体制、建立新体制为改革目标，实行一套有别于计划经济体制的市场经济体制以及与市场经济体制相配套的行政管理体制，深受特殊的政策、体制、环境影响，在发展基础、诱因、路径和趋势等方面都具有特殊性。逐步建立起精干、高效的行政管理机构，构建起良好的社会资本网络结构，并依靠经济手段，充分运用和发挥市场、法规、投资、税收、海关、土地等各种杠杆的调节作用，逐步建立起社会资本的信任和规范体系，正是由于开发区的这些特征和优势，逐渐成为承接产业集群化转移的有效载体。以国家级开发区为例，至 2005 年已累计实际使用外资超过 999 亿美元，兴办的世界 500 强公司投资项目超过 1000 个，仅 2005 年实际使用外资 130 亿美元，占全国的 21.6%①。

（二）区域产业转移与产业集群耦合的新模式：江苏南北共建开发区成功经验的理论解析

截至 2008 年 9 月底，江苏南北 10 个共建园区（苏州宿迁工业园、张家港宿

① 商务部，国土资源部. 国家级经济技术开发区经济社会发展“十一五”规划纲要. http：//www.mofcom.gov.cn/aarticle/b/g/200608/20060802975822.html[2014-08-14].

豫工业园、无锡新沂工业园、常州新区大丰园、无锡星州工业园、江宁淮阴工业园、镇江东海工业园、南京涟水工业园、江阴靖江工业园、昆山连云港工业园）共完成基础设施投入 20.1 亿元，引进注册项目 170 个，总投资 190 亿元（占苏北 5 市合同引资额的 29.3%），实际到账注册资金 35.5 亿元（占苏北 5 市实际引资额的 16.1%），共建开发区正日益成为苏北接受苏南产业转移的最有效载体。在共建的苏北开发区的强势引领下，苏北地区主要经济指标连续呈现出增幅高于全国、全省平均水平的良好态势，2009 年，苏北地区生产总值达到 7197 亿元，是 2000 年的 3.6 倍，人均 GDP 突破 3500 美元。可以说新模式下的产业转移有力地促进了苏北区域发展。

与传统产业转移相比，江苏省南北共建开发区的产业转移新模式的特征更要体现载体的独特性、企业主体参与、网络型跨区域合作和可持续发展等特征。而这其中，都暗含了一个基本前提——社会资本，共建开发区模式的产业转移与社会资本的三个核心要义：规范、信任和网络均存在着紧密的关联，由此可以构建出共建开发区模式产业转移与社会资本联动的“三角模型”（图 4.9）。

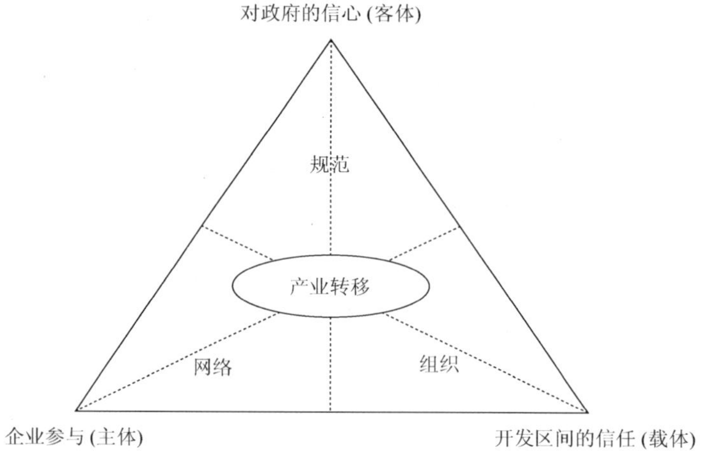

图 4.9　社会资本与共建开发区模式产业转移联动的“三角模型”

首先，江苏南北共建开发区是一种基于政府规范的产业集群化转移模式。诚如德国著名法学者京特 • 雅科布斯所言：“当规范——不是对诸个体的快和不快的期待——主导着交往时，社会才是现实的。”产业转移的相关制度安排，包括一些非正式制度（如道德规范、文化习惯、意识形态等），往往对特定区域内的人群具有约束和监督作用，有助于企业间、政府间以及共建开发区间在产业转移过程中形成诚实、遵守诺言、履行义务和互惠互助之类的社会效应。

按照江苏省南北共建园区的有关政策规定，在重大项目优先在苏北布点，土地指标优先用于产业转移，专项资金奖励到苏北投资者，重大项目转移在税费、规费和地方分成等四个方面提出了指导性建议；对符合产业政策、环境保护要求的产业转移项目，如当年实际到账外资或出口额、业务总收入、入库税收收入等指标达到全省平均增幅的省级以上重点开发区，可享受每年给予 1000 万元/市、500 万元/县平台提升专项奖励；“十一五”期间园内新增增值税、所得税省市县留成部分，全部由省、市、县财政补贴给区中园滚动发展；对苏南派驻苏北共建开发区工作满 2 年以上人员，享受派出地区省定扶贫工作待遇，等等。

江苏省通过一系列的制度创新，将南北共建开发区的实践活动逐渐提升为适应市场规律的有目的、有方向的规范行为，有序推动了省内产业在区域间的梯度转移。在政府的引导和相关规范约束下，学习苏南、服务苏南、接轨苏南、利用苏南正日益成为苏北地区的社会共识，苏南苏北借助产业转移平台携手共同发展的社会效应正逐步显现。

其次，江苏南北共建开发区是一种基于开发区间信任的产业集群化转移模式。信任是社会资本的核心要素，被普遍认为是除物质资本和人力资本外决定一国经济增长和社会进步的主要社会资本，它对促进新模式产业转移起着关键性的作用。从新功能主义的理论角度出发，信任是用来减少社会交往复杂性的机制，进而可以降低共建开发区的交易成本，是市场经济机制所提供的重复交易博弈机制的内在必然结果。

南北共建开发区的产业转移新模式的蓬勃发展，除了政府政策引导之外，其深层次的原因在于：一方面，实施新模式产业转移是市场经济条件下实现资源合理配置的内在要求。苏南开发区经过多年的发展，土地资源、环境承载力、劳动力成本与经济发展的矛盾却越来越突出，而苏北开发区土地和原材料丰富，电力供应充足，富余劳动力相对较多，加上越来越便捷的交通运输条件，这些都为苏南企业“出走”苏北开发区提供了有利条件；另一方面，相比于产业转移省外区域，企业主体可以拥有更多的地缘、人缘乃至血缘等丰富的社会资本，这种社会资本对产业转移的达成具有重大影响力，这也是华商文化中的特色。因此，在共建开发区网络中，转移企业不仅拥有更多资源，并且从社会资本能力角度讲，其运用这些资源的能力，即将社会资源转化为行动的能力强，其抗风险能力也随之得以加强。可见，企业主体、政府客体、开发区载体之间的亲缘性为南北共建开发区营造了一种“集体情感”，它们之间共有的目标必然带来彼此的信任或信任感，从而有效地推动了产业跨区域转移。

最后，江苏南北共建开发区是一种网络型跨区域产业集群化转移模式。社会网络关系是一种潜在的资本，它可以被行动者调动和利用，便以某种能量或资源的形式发挥作用，从而能创造价值。苏南苏北共建开发区模式的产业转移需要涉及法律法规、政府各部门工作能力、当地合作者、人文环境、自然环境、政府政策等多种因素的作用，这些因素共同构成了产业转移所处的社会网络。转移企业可借助信任与规范，立足产业转移的网络关系实现投资回报，与承接地建立起合作、信任和互惠的契约关系。正如美国华裔教授林南所言，在制度场域中，组织、网络和个体在博弈规则与某些资源的价值是一致的。

南北共建开发区的产业转移新模式，一方面突破了以股权控制关系为纽带的现代企业产权制度的局限，转为技术合作、外包、战略联盟等非产权合作关系的本地化与属地化管理相结合的机制；另一方面突破了传统的“全能”型企业内部垂直一体化的分工模式，转为社会化的专业性分工。具体表现为：在管理方式上，以苏南为主组织开发建设工业园区，园区内坚持“充分授权、封闭运作”，即独立组建共建园管理委员会，作为产业承接地的政府派出机构，行使领导、经济管理及其他相应的行政管理权，当地政府在市权范围内，管委会在规划建设、土地管理、经济管理、环境保护、招商、财政、外事、组织人事、劳动和社会事业等方面，代表当地政府行使省辖市管理职能和管理权限。在产业分工上，苏南将产品的研发、销售、核心部件生产等工序安排在本地，而将苏南相关联的技术先进型制造业的辅助零配件制造、组装等工序则转移至在非熟练劳动力上具有竞争优势的苏北地区，从而构成了一个有序的产业转移的网络结构。

（三）江苏南北共建开发区的模型解析

鉴于政府的各项政策制度（规范）效应对产业转移的主体、客体以及载体而言并不对等，必然对产业转移各行为主体通过自身有意识的努力而开拓出与政府、社会团体等相关服务部门的关系的动力产生重要影响。本书借鉴中国经济增长与宏观稳定课题组的研究思路，采用希克斯生产函数来构造南北共建开发区中的企业（主体）—政府（客体）—开发区（载体）的社会资本与产业转移互动微观模型：

$$Y = AF(K,L) \tag{4.2}$$

其中，Y 为产出；A 为技术进步；K 为资本（包括社会资本）；L 为劳动。

按前文分析，可认为苏南苏北地方政府在共建开发区过程中都致力于提供最好的环境（构建有利于产业转移的信任、规范机制与网络基础），用 μ 表示政府对这一政策及具体企业的支持系数，且满足 $\mu \in [(0,1)]$。$\mu = 1$ 表示政府对转移企业实行最大化支持；$\mu = 0$ 表示政府对转移企业不支持，由此，政府对转移企业支持的程度随着 μ 值增大而增大。政府支持系数 μ 对转移企业产生两种影响：一是对投入要素产生影响；二是对企业技术进步产生影响，据此可以构建企业主体—政府—开发区目标一致条件下的生产函数：

$$Y = A(\mu)F[K(\mu),L] \tag{4.3}$$

考虑到劳动力 L 并非本书研究范畴，上式进一步简化为

$$Y = A(\mu)F[K(\mu)] \tag{4.4}$$

鉴于社会资本的“知识”能够通过跨社会组织的关系网络实现外部整合，这些网络可为转移企业整合新知识、实现技术进步提供有效率的机制（包括移出地和承接地）。网络中的企业通过知识的传递、网络隐性知识的共享而享受着非对称的竞争优势，进而可以不断推动技术进步。故而可认为，技术进步 A 与政府支持系数 μ 呈正相关，这样，可构建如下的转移企业的技术创新函数：

$$A(\mu) = (1+\delta\mu)^{1-\alpha} \tag{4.5}$$

δ 为政府对转移企业支持的意愿指数 $\delta \in (0,1)$ ，其值大小受成接地政府对转移企业支持的财政指出影响（如共建开发区给予的补贴等），当政府制定对产业转移有利的政策（减税或某种形式的优惠），转移企业的经济负担就会明显减小，δ 值随之减小。

则转移企业的生产函数可以表示为

$$Y = (1+\delta\mu)^{1-\alpha}\left[(\phi+\mu)^{\frac{1-\alpha}{\alpha K}}\right]^{\alpha} \tag{4.6}$$

其中， $\alpha \in (0,1)$ ， $\delta \in (0,1)$ ， $\mu \in [0,1]$ ， $\phi \geqslant 1$ （表示政府支持环境下的投入效果，理论上应大于 1，且与支持程度、优惠政策及最大程度上获取社会资本呈正相关，如政府取消支持， ϕ 应等于 1）。则企业获得的利润为

$$\pi = (1+\delta\mu)^{[1-\alpha]}\left[(\phi+\mu)^{\frac{1-\alpha}{\alpha K}}\right]^{\alpha} - m \times K \tag{4.7}$$

显然，如果政府为转移企业提供最大程度的支持，则转移企业行为

$$K(1) = (1+\delta)(\phi+1)(B^{\alpha} - mB) > K(0) \tag{4.8}$$

其中， $B = \frac{\alpha}{m}^{\frac{1}{1-\alpha}}$ ， π 为转移企业的利润。

即有

$$K(1) > K(0)\text{，}\ \pi(1) > \pi(0)$$

即基于企业—地方政府—开发区的社会资本与产业转移的互动模式对于企业微观主体获得预期利润至关重要，也是产业得以顺利转移的核心所在。这一结论与目前我国开发区承接产业转移的实际状况相符（表 4.18）。

表 4.18　投资者关注的开发区投资环境因素调查表

序号	相关因素	重要性系数	序号	相关因素	重要性系数
1	行政管理服务	0.45	8	区内商品供应	0.24
2	信息供应	0.33	9	本区市场影响力	0.23
3	采购环境	0.28	10	区内邮政通信服务	0.22
4	文化娱乐	0.28	11	生产与职工生活所需房地产供应	0.22
5	人力资源供应	0.26	12	区内外道路交通	0.20
6	本地金融支持	0.26	13	人身财产安全感	0.20
7	能源供应	0.25	14	市政环境设施	0.18

资料来源：2000 年 4 月零点调查、前进策略与《智囊》杂志合作对全国 10 个开发区内 529 位区内投资者的意见调查。其中，重要性系数前 4 位的因素均与社会资本关联密切，政府的重要性远远超过其他因素

基于以上分析，本书认为，在中国处于社会转型期的背景下，社会资本对区域产业转移的有效运行起着重要的作用。因此，首先应该在政府主导下建立一种基于企业、政府、开发区间的有利于产业转移的社会关系网络，并使其在规范的制度下运行，以实现产业转移各利益方行动的一致性和稳定性目标，形成一种“企业主体参与—对政府的信心—开发区间的信任”产业转移与社会资本良性互动的局面；其次，江苏的经验表明，发达地区与欠发达地区共建开发区是有效应对产业集群化转移的一种创新模式，开发区理应成为产业转移的重要载体，在中央强调要完善区域互动机制、鼓励东部地区向中西部地区进行产业转移的宏观背景下，如何充分发挥开发区在承接产业转移中的主体地位无疑是亟须思考的问题。

第五章 区域产业转移与产业集群耦合的定量分析：江苏省为例

本书的实证分析拟选择江苏省域产业转移为重点而展开，主要的考虑有以下几个方面。

首先，江苏省域经济的梯度性和典型性。江苏是我国经济最发达、发展最快的省份之一，但由于自然地理和经济、社会诸因素叠加的影响，该地区经济发展存在明显的梯度特征。通过对比 2009 年和 2012 年三大区域的社会经济状况表可知，三大区域中的各项人均指标均表现出巨大的差距（表 5.1）。其一，社会经济梯度。苏南（苏州、无锡、常州、南京、镇江 5 市）的经济发展水平状况整体优于苏中（南通、泰州、扬州 3 市）、苏北地区（徐州、淮安、连云港、宿迁、盐城 5 市）。2009 年，苏南的人均 GDP 是苏中 1.77 倍，是苏北的 2.91 倍，2012 年，苏南的人均 GDP 是苏中 1.63 倍，是苏北的 2.48 倍。而且，苏南与苏中的差距远远大于苏南与苏北的差距，如从人均 GDP 值来看，苏南高出苏中 30073 元，而苏中仅高出苏北 15367 元。其二，产业梯度。苏南的 GDP 结构优于另外两区域，苏北的产业结构层次相对较低，产业发展的能级梯度显著。苏南地区工业化水平整体比较高，已经形成了由南京到苏州的高新技术产业集聚带。苏中地区总体处于工业化中期，也基本形成了沿江化工产业集聚带。但苏北地区仍处于工业化发展的起步阶段，对于苏北这一江苏欠发达地区来说，抢抓机遇，因地制宜，积极承接来自于苏南发达地区的产业转移，无疑是缩小地区差距，实现苏北区域经济腾飞的重要途径。

表 5.1 2012 年江苏省三大区域社会经济状况

地区	人均 GDP/元	城镇居民人均可支配收入/元	城市化水平/%	农民人均纯收入/元	居民人均储蓄存款/元	GDP 结构/%
苏南	101 370	35 827	72.7	17 160	53 789	2.3：51.5：46.2
苏中	62 208	27 095	58.5	12 877	41 674	7.0：53.0：40.0
苏北	40 914	20 822	54.7	10 502	18 348	12.7：47.5：39.8

资料来源：《江苏统计年鉴 2013》

从江苏的情况看，经济发展水平呈现由苏南向苏中、苏北渐次减弱的特征，和全国由东部向中部、西部渐次减弱的特征基本相似。

其次，江苏省域产业转移的代表性和先导性。江苏现阶段主要发生于省域内的产业转移是在国际、国内产业转移宏观背景下发生的，而且江苏的苏南地区正是第三、第四波次国际产业转移的受益者，经过20余年的发展，也开始受到结构升级的影响和制约而进入产业转出的上升期，加之其与苏中、苏北地区的经济梯度差异，以及地域上相近，因而产业转移相对容易发生。而且，在市场经济转型过程中，政府也对产业转移的发生发展起到了一定的推动作用。这些特性和全国性产业转移有很多相似之处。作为全国的发达省份，江苏产业集群整体发展水平较高，而苏中、苏北相对薄弱，但苏中、苏北地区的开发区建设效果明显，因而产业集群化转移现象较为典型并有一定的先导性。

最后，数据的相对易得性。纵观前人研究成果，可以发现，国内学者多是从理论和概念层次定性地对产业转移进行探讨，而从定量角度测算产业转移的甚少，一个重要的原因是有关产业转移的数据难以获取（即便有也多仅限为一个总量数据，难以真正说明问题），特别是分行业的数据更是严重缺失。江苏专立的苏北发展协调小组办公室会定期公布相关产业转移的数据，这为本书的研究提供了一定的便利。

也正是为了平衡南北之间的巨大差距，2001年江苏省委、省政府制定了《关于进一步加快苏北地区发展的意见》，提出要充分发挥苏南地区支持苏北发展的积极作用，促进苏南与苏北对口帮扶（苏州—宿迁、南京—淮安、无锡—徐州、常州—盐城、镇江—连云港），采取以项目带人才、带资金、带技术的形式进行，进一步提升南北合作的层次；2005年出台了《关于加快南北产业转移的意见》，提出“实行南北挂钩，促进区域共同发展”的战略决策。在有利政策指引下，“政府推动、企业主体、市场运作”的产业转移新机制正在形成。

苏南地区向苏北地区的产业转移在统筹江苏区域协调发展过程中已经发挥了积极作用。一个重要的标志是，2008年以来，苏北地区无论在工业经济运行、固定资产投资和工业用电量上（工业用电情况可直接反映地区经济的发展），增速均高于苏南和苏中地区。此外，苏北的经济总量、财政收入和城镇居民的收入增幅都超过了全省的平均水平，超过了苏南，而且苏北占全省经济的总量不是降低而是在提升的，这也是一个重大转折。

本书分别以2001～2007年江苏省13地级区域的工业经济总量和工业经济增速反映的经济几何重心变迁情况对上述的“重大转折”加以形象地说明。

经济几何重心的计算方法为：设i省经济总量占全国GDP总量所占的比重为G_i，其省内经济重心的地理位置坐标为（X_i，Y_i），X_i，Y_i分别为其经济重心的经度和维度，则全国经济重心的地理坐标为$X=\frac{\sum G_iX_i}{\sum G_i}$，$Y=\frac{\sum G_iY_i}{\sum G_i}$。决定几何中心的因素分别为各地的地理坐标和经济发展总量。相应的，本书可以参照上述方法求得江苏省工业经济总量和工业经济增速反映的经济几何重心变迁情况。

计算的结果显示，无论是工业经济总量所反映的江苏省经济几何重心，还是以工业经济增速所反映的江苏省经济几何重心都出现了北移现象，尤其是后者，这一现象尤为突出，2007年，工业经济增速所反映的江苏省经济几何重心几以进入淮安市域（图5.1和图5.2）。

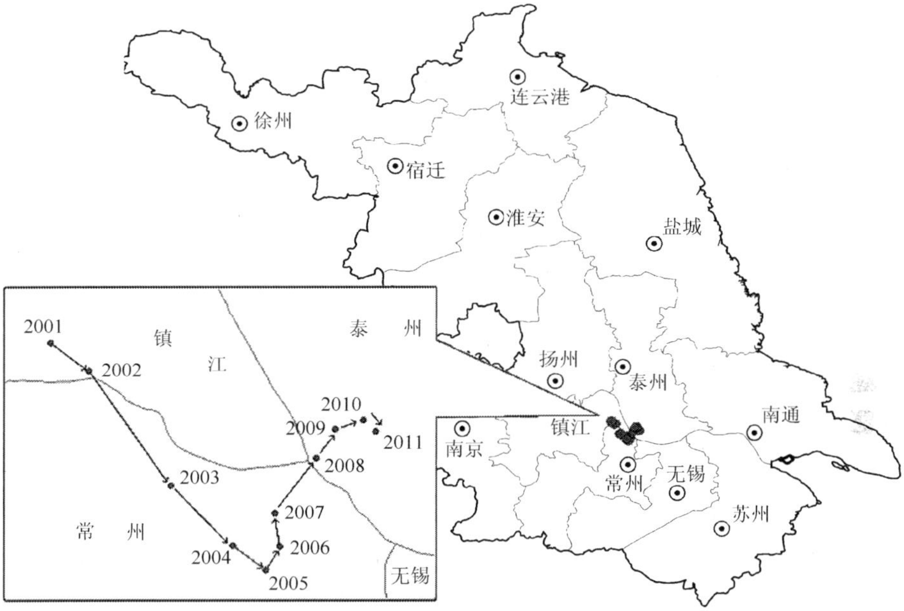

图5.1　工业经济总量与江苏省经济重心移动情况

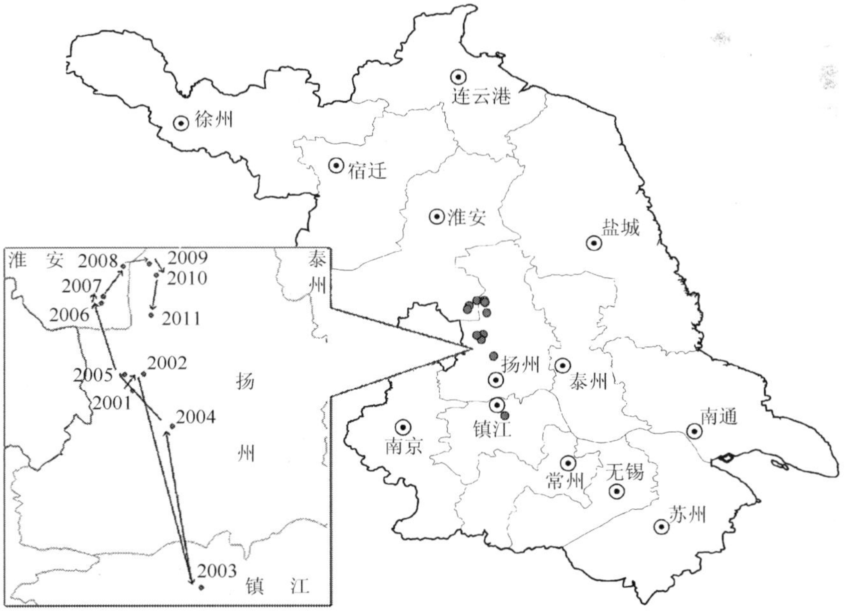

图5.2　工业经济增速与江苏省经济重心

第一节 苏北承接苏南产业转移的现状分析

据江苏省苏北发展协调小组办公室提供的数据[①]，相关产业由苏南向苏北转移的速度明显加快，呈现出以下几个明显特征：

首先，苏北地区承接产业转移的能力不断提升。从总量看，截至 2008 年年底，苏北地区共承接 500 万元以上产业转移项目 12 925 个，总投资 5028.9 亿元，实际引资 2300 多亿元[②]。从增速看，仅 2010 年，苏北地区新开工 500 万元以上产业转移项目已达 2175 个，总投资达 1755.1 亿元，苏北实际引资 972.7 亿元，同比分别增长 6.1%、20.7%和 25.0%，苏北地区承接产业转移开始进入到快速发展期。

以淮安市为例，作为江苏省的重要交通枢纽和长三角北部地区的区域交通枢纽，并处于我国“π”形经济开发轴线的结合部，在三大经济开发轴的联系、交流、合作和融合中处于无可替代的地位，初步形成了一个以高等级公路为主骨架，公路、铁路、航空并举的立体化大交通网络，凸显了淮安在江苏乃至长三角地区的交通枢纽地位。“十一五”期间，淮安市凭借良好的区位优势（图 5.3），在承接产业转移方面收效显著，5 年期间累计引进 5000 万元以上内资项目 1108 个；新批外资项目 760 个，注册外资实际到账 26.2 亿美元，累计新批台资企业 600 余家，台资占实际利用外资一半以上，台资集聚新高地加速形成。

其次，从项目类型看，工业项目仍占较大比重，但结构渐趋优化；工业项目尤其是工业行业在产业转移中仍保持主体地位，2007 年上半年苏南产业转移 500 万元以上的工业项目 816 个，项目总投资 287.2 亿元，实际引资额 98 亿元，分别占同期产业转移总数的 81.4%、74.2%和 75.0%，这表明产业转移继续向长线投资的制造业领域集聚。

以淮安市为例，资料显示，2009 年以来，承接的产业转移项目不仅规模越来越大、领域越来越宽，产业层次也明显提升，除了机电、纺织、化工外，淮安凭借苏北唯一的国家级留学人员创业园、苏北唯一的“国字号”淮安出口加工区、苏北唯一的高教园区等优势，成功吸引并承接一批新能源、新材料、电子信息项目落户，也正是依靠承接的产业转移，淮安市正在打造中国第四大 IT 基地。

---

① 本文有关苏北产业转移的数据，如无特殊说明，均来自江苏省苏北发展协调小组办公室公布的数据（http：//www.jsdpc.gov.cn/pub/jsdpc/）。

② 推进南北产业有序转移 促进苏北振兴苏南转型升级. 新华日报，2009-10-30.

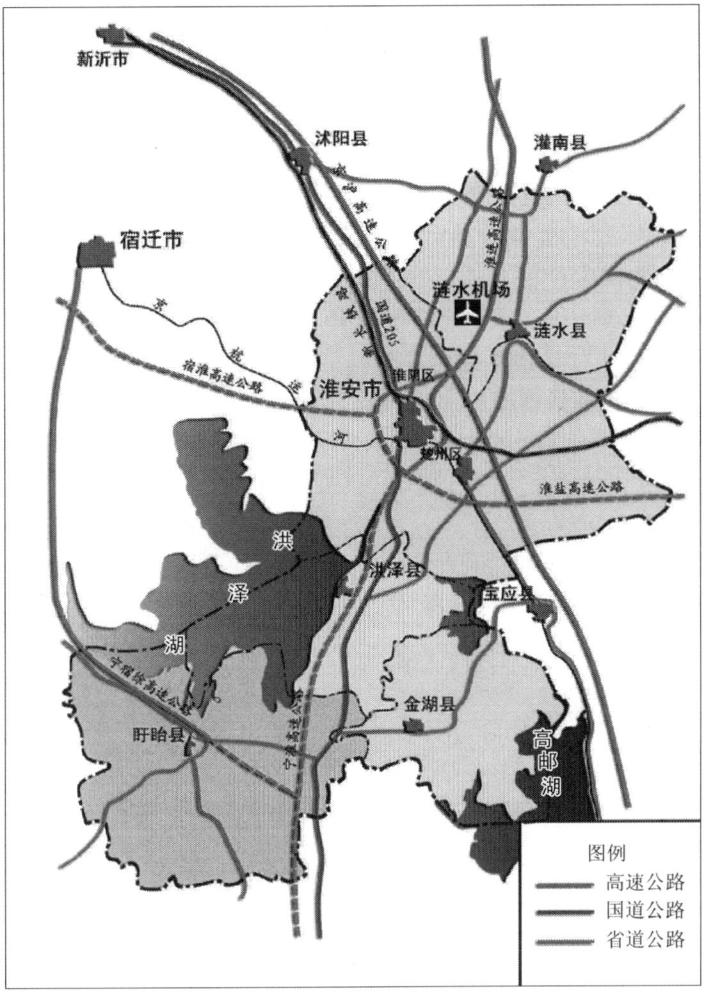

图 5.3　淮安市良好的区位

再次，特大规模产业转移有了新突破，转移方式开始由分散式向集群化转变。苏北承接的产业转移项目，逐步由初加工向精加工、由分散式向集群化转变，越来越多的资本正向有较好产业基础的机电、纺织和化工等领域集聚。例如，徐州市卡特彼勒、中能硅业，淮安市富士康科技城、韩泰轮胎，盐城市东风悦达起亚、上海纺织工业园，连云港市罗盖特精细化工、益海粮油，宿迁市台湾可成科技、恒力工业园等一批重大产业转移项目已相继实施。

以淮安市为例，2005 年，世界 500 强企业台湾鸿海集团投资建设富士康科技城项目成功引进淮安市，原昆山富士康将整体转移至淮安。项目总投资达 22 亿美元，解决 10 万人就业，建成后年产值将逾 1000 亿元，是目前苏北地区最大产业转移项目。2007 年 11 月，已累计投资近 10 亿美元的淮安富士康科技城一期项目已正式投产。目前，总投资 2.97 亿美元的三期工程也已开工，而且因为它的龙头作用，周边集聚有一批相关或配套企业，包括 600 多家从事电子、机械等行业生产、研发的台企在淮安落户。还先后承接纺织业的集群化转移，如国内最大的色纺基地百隆集团、中国乃至亚洲最大的毯类及提花织品生产基地维科集团先后在淮投资 12 亿元；先后承接井神盐业和华南玻璃等盐化工业的集群化转移，还吸引世界最大的积层面板生产商、中国最大的化工产品供应商、国内最具规模的高端线路板生产商建滔（中国）公司的 10 亿美元投资，等等。

最后，开发区成为苏北承接产业转移的主要载体，江苏南北挂钩共建开发区成效显著。苏北地区建有省级以上开发区达到 42 个（图 5.4），现已成为产业转移的重要载体和当地经济发展的主要增长点，根据省发展和改革委员会提供的数据，省级以上开发区工业产值已占该地区工业总量的 50%。

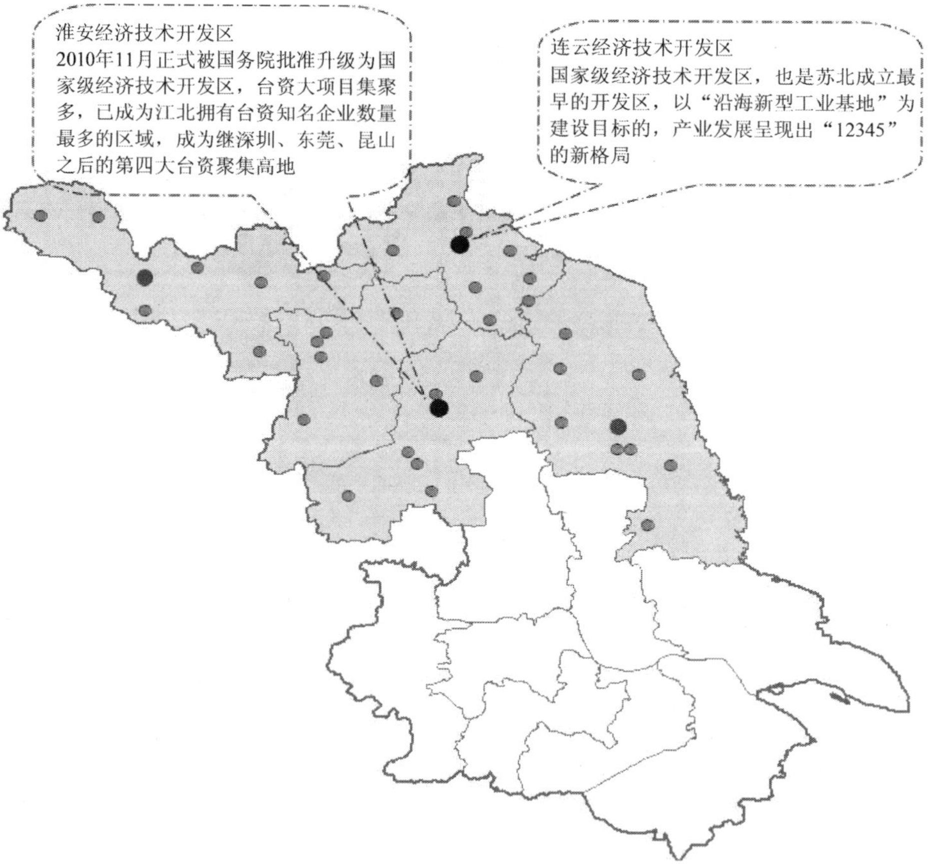

图 5.4　苏北的省级及国家级开发区分布情况（部分）

此外，继江苏省首批成立10家南北共建园区试点后，至2010年，苏南、苏北又有10多个开发区携手共建，江苏共建开发区数量已达20家。这些园区基本实现组织机构、管理职权、注册资金、工作人员“四到位”。园区招商工作初见成效，截至2010年年末，共引进注册项目400多个，累计新签1000万元以上项目近200个，完成投资320多亿元，在此影响下，苏北产业加速集聚的趋势越来越明显。

以淮安市为例，2010年淮安经济技术开发区成功升格为“国家级”，创成中国淮安出口加工区、中国留学人员创业园、台湾农民创业园，加上7个省级开发区和淮安工业园区、盐化工新区，而产业园区的建设与发展，也为淮安市更好地承接产业转移奠定了坚实的基础。“十一五”期间，淮安省级以上开发区累计完成基础设施投入161.8亿元，新开发面积138平方千米，吸引转移企业多达4874家。有关研究表明（刘孟达，2005），在对产业转移有吸引力的地区，集群（园区）存量每增加10%，该地区被未来投资者选中的可能性就增加5%～7%。而产业的集中发展和布局，又可以带来10%～20%的土地节约、10%～20%的管网的减少和20%～40%的交通运输线路的缩短。资料也显示，2010年淮安市各产业园区的业务总收入和吸引产业转移的数量（外资量）呈现明显的相关性（图5.5和图5.6），这也从一个侧面说明，淮安市承接产业转移—产业集群耦合的载体建设已经取得明显之成效。

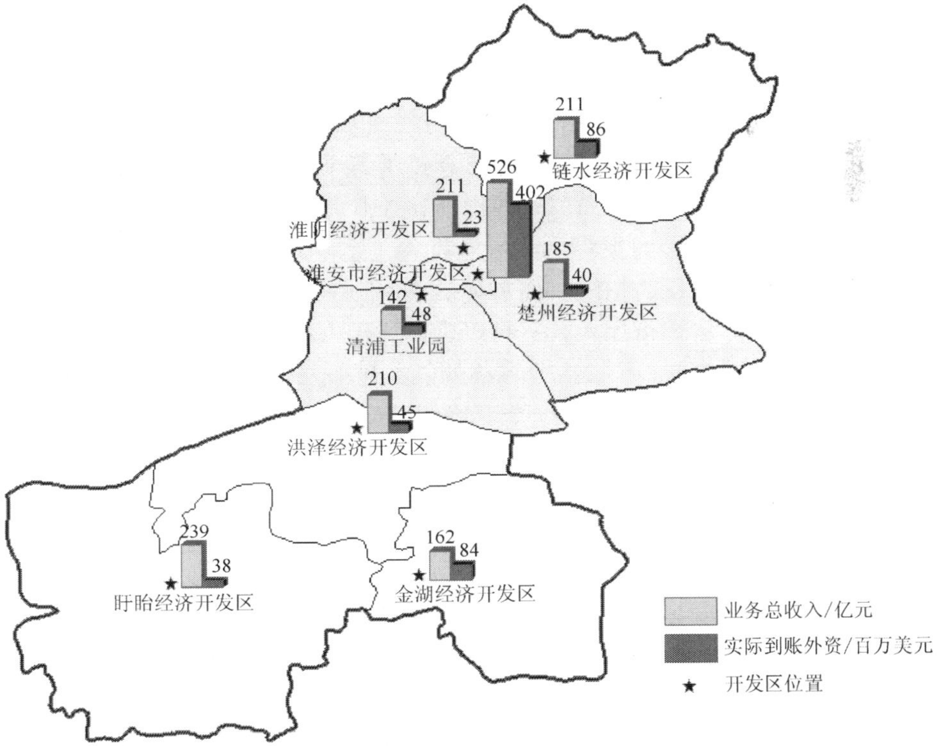

图5.5　2010年淮安市主要园区总收入及吸引外资数量

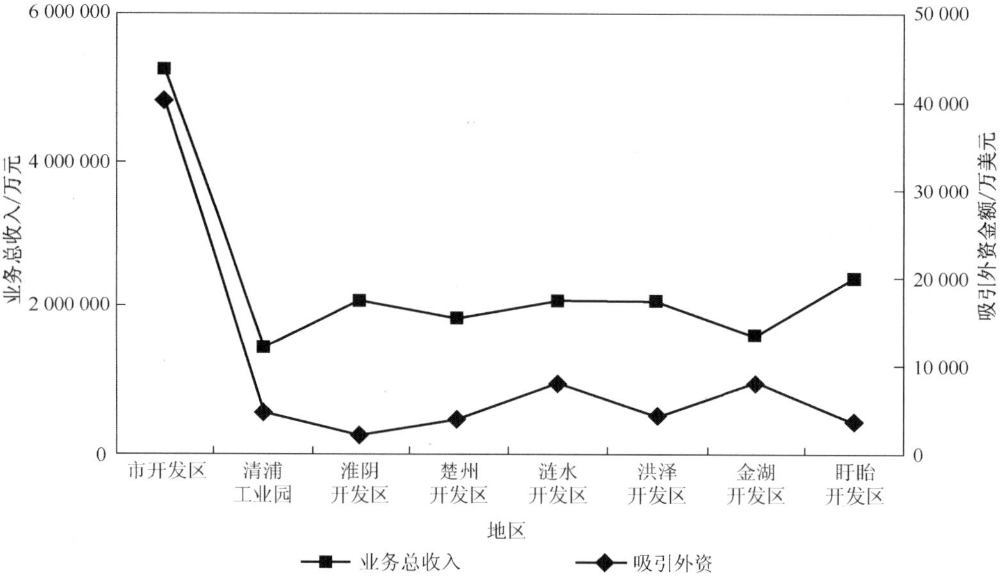

图 5.6 2010 年淮安市主要园区总收入与吸引外资数量的相关性

需要特别指出的是，苏北地区并不只承接苏南地区的产业转移。事实上，近年来，在“东向发展、拥抱海洋，融入全球”战略的引领下，苏北承接产业转移的范围已从苏南地区拓展到浙江、香港、北京、上海、广东及至相关发达国家和地区，已经进入“宽领域”合作的新阶段。统计也显示，2004～2009 年，苏北累计吸纳国内外产业转移 500 万元以上项目超过 1 万个，总投资额超过 5000 亿元。其中，苏南对口市（县、区）向苏北各地转移 500 万元以上项目达到 1400 多个，项目总投资 500 多亿元。如果将上述两个数字进行对比，就会发现，苏南产业转移仅仅占到苏北承接总量的 10%，而另外的 90%则来自其他国家和地区。

以淮安市为例，自该市加入长三角以来，凭借土地、劳动力及生产要素价格等优势全面参与区域合作，承接产业转移的能力显著增强①。一是承接南京产业转移成果突出。目前两市共建园区 2 个，完成基础设施投资 4.5 亿元，入园企业 37 个，总投资 41 亿元。二是承接上海产业转移力度加大。累计已有 200 多家大陆总部设在上海的外资企业和上海企业在该市实施投资，仅 2009 年 6 月初在沪举办的投资说明会就吸引上海企业投资 105 亿。三是承接台资转移步伐加快。随着“富士康”二期工程开工、膳魔师及台玻等重大项目落户，截至 2011 年年底，全市累计吸引台资企业 800 多家，开工运营 650 余家，台资企业总投资超

① 淮安市外经贸局. 淮安市“成本洼地”优势突显 承接产业转移能力显著增强. http://jiangsu.mofcom.gov.cn/ [2009-06-18].

过 75 亿美元，累计到账台资超过 40 亿美元，占全市承接产业转移资金 46%左右，以部分台资企业为龙头的 IT、盐碱科技等新型工业项目，以淮阴台湾农民创业园、日月洲生态乐园为代表的现代农业项目，以弘辉首馥、神旺大酒店等为代表的现代服务业项目产业集群正在形成，继东莞、深圳、苏州之后，成为第四个台资集聚高地。

第二节　苏北承接苏南产业转移的优势度分析

本书采用定性与定量相结合的多层次因子分析法，对苏北 5 市（徐州、淮安、连云港、宿迁、盐城）承接产业集群化转移的区域优势进行分析。根据影响产业集群化转移的基本因素，在因子层次上分为地理区位因子、区域经济因子、社会资源因子和自然资源因子，每个因子又按性质划分出若干个次因子，每个次因子按属性选定评价指标，共选取代表性的具有度量属性的 22 个指标（表 5.2），所有指标均进行极差标准化处理，采用加权求和获得排序。

表 5.2　苏北地区承接产业集群化转移的优势度评价体系

层次因子	次因子层	指标体系
地理区位因子	交通条件	等级公路密度、公路货运量、港口货物吞吐量
	城市规模	非农业人口数、建成区面积
	距转出地远近	距上海市直线距离
区域经济因子	经济发展水平	人均 GDP、GDP 增长率、城镇居民人均可支配收入、第二产业比重
	对外开放程度	出口总额、合资企业比重
社会资源因子	工业竞争力	竞争优势系数、制造业聚集指数
	劳动力资源	第二产业从业人员数、劳动力平均成本
	技术资源	R&D 占 GDP 比重、万人中高等学校在校学生数、专利数
自然资源因子	土地资源	人均土地面积
	水资源	人均水资源量
	矿产资源	已发现矿种数

一、地理区位因子优势度

从表 5.3 可以看出，淮安市在苏北五市中承接产业转移的区位优势度排名第四位，地理区位条件相对不突出。①交通条件：交通通达性是地理区位优越与否的重要指标，交通条件优越的区域更容易吸引产业转移，而淮安的等级公路密度、公路货运量和港口货物吞吐量均很小，其在苏北地区的交通条件较差。根据国家、江苏省有关规划，徐州、连云港交通地位比较突出，盐城次之，宿迁一般。其中徐州是国家公路主枢纽、国家铁路枢纽，国家主要内河港口；连云港是国家公路主枢纽、国家主要沿海港口；盐城是江苏省内 9 个中心枢纽港之一，省级路一般枢纽；宿迁是省级公路一般枢纽；而淮安是省级公路一般枢纽，沿运河 3 个港口群之一，省内中心城市港口。可见，周边的徐州、连云港的交通地位比淮安高，对淮安交通发展造成了极大的压力与挑战。②城市规模：城市规模决定了消费市场的大小与远近，进而影响产业集群化转移的效度，一般而言，城市规模越大产业集群化转移的效度越明显。2011 年年底，淮安市非农业人口数 175.48 万人，排名苏北五市最末；建成区面积 225 平方千米，排名苏北五市倒数第二。总体而言，淮安城市规模属苏北末游。③距转出地远近：产业转移的优势度随转移距离的增加而减小，为简化计算，本书仅以上海市为产业转出地中心，周边城市承接产业转移的效度围绕上海呈现距离递减的空间分布规律，即离上海市中心的距离越远，承接产业集群化转移效度越弱。淮安距产业转出地的距离优势次于盐城，位列第二，属中上游。综上所述，虽然淮安市距产业转出地距离较近，但交通条件较差、城市规模排序偏低，所以导致其地理区位优势相对较低。

表 5.3 苏北五市承接产业转移的地理区位因子优势度排序

城市	交通条件			城市规模		距转出地远近	极差标准化加和值	序位
	等级公路密度/（千米/平方千米）	公路货运量/万吨	港口货物吞吐量/万吨	非农业人口数/万人	建成区面积/平方千米	距上海市直线距离/千米		
徐州	1.33	16 829	6 662	445.38	413	511	3.903	1
连云港	1.47	11 279	16 600	184.77	230	431	2.727	3
淮安	1.15	7 073	5 029	175.48	225	352	1.626	4
盐城	1.93	7 342	2 101	324.40	280	266	3.162	2
宿迁	0.53	5 122	1 728	246.75	193	426	0.611	5

资料来源：各市统计年鉴，数据截至 2011 年年底

二、区域经济因子优势度

比较苏北五市区域经济因子优势度主要从经济发展水平、对外开放程度及工业竞争力三方面来分析：人均 GDP、GDP 增长率、城镇居民人均可支配收入和第二产比重反映出地区经济的发展水平；本地合资企业比重的差异会导致的劳动生产率、资本密集度、总资产贡献率、工业增加值占总产值之比以及创新能力等方面的差异，间接导致地区产业转移多少的差异，它和出口总额都是度量地区开放

程度的重要指标；竞争优势系数是竞争主体在市场竞争中建立起来的能持久获取优势地位的能力，代表着市场份额持续扩张的能力，是一种潜在的工业竞争力，而制造业聚集指数则体现专业化程度高低，专业化程度越高竞争力越强，两者共同构成衡量工业综合竞争力大小的基本指标。

从排名结果可以看出（表 5.4），淮安市在苏北五市中承接产业转移的区域经济优势度排名第 4 位，区域经济条件相对不突出；淮安市与排名第 1 位的徐州相差较大而与盐城、连云港相差不大；宿迁经济优势度排名最后。在苏北五市中，淮安市经济发展水平、对外开放程度排名中等；工业竞争力排名靠前，竞争优势系数、制造业聚集指数排名分别为第 2 位、第 3 位。徐州这几年重工业发展迅速，从而使得工业竞争力提升很快，稳居苏北第一；而淮安市工业门类虽较齐全，但专业化程度都不高，无突出的行业，具体行业中也没有形成产业链条，行业间、企业间的协作度比较低。

表 5.4　苏北五市承接产业转移的区域经济因子优势度排序

城市	经济发展水平				对外开放程度		工业竞争力		极差标准化加和值	序位
	人均GDP/元	GDP增长率/%	人均可支配收入/元	第二产比重/%	出口总额/亿美元	合资企业比重/%	竞争优势系数	制造业聚集指数		
徐州	41 407	13.5	19 206	50.1	41.59	13.0	1.22	0.565	7.336	1
连云港	32 119	13.0	18 483	46.4	37.36	26.4	0.69	0.207	3.798	3
淮安	35 181	13.2	18 510	47.0	18.39	19.4	0.86	0.241	3.789	4
盐城	38 222	12.8	19 414	47.2	29.78	25.8	0.60	0.386	4.246	2
宿迁	27 839	12.8	14 972	46.3	17.13	4.7	0.54	0.029	0	5

资料来源：2012 年各市统计年鉴

三、社会资源因子优势度

比较苏北五市区域经济因子优势度主要从劳动力资源和技术资源两方面来分析：第二产业从业人员数、劳动力平均成本和万人中高等学校在校学生数分别反映劳动力的数量、价格和素质；R&D 占 GDP 比重和专利数则反映科研投入和研发能力。

从表 5.5 可以看出，淮安市在苏北五市中承接产业转移的社会资源优势度排名第 2 位，社会资源条件相对突出，劳动力成本较低且素质较高，但研发实力较弱；此外，宿迁市劳动力资源优势突出，徐州市技术资源优势突出。①淮安具有丰富且低廉的廉价劳动力资源，有利于如电子信息加工制造产业、纺织业等劳动力密集型产业的发展，但宿迁市的劳动力资源相对于淮安更具优势；②淮安的技术资源一般，劳动力素质较高但科技研发能力弱。淮安具有重视教育的悠久传统，民众受教育的程度普遍较高，仅淮安区就拥有平均受教育9年以上高素质劳动力达45万人；其科技研发能力弱，虽然对高层次人才引进都有补贴政策，但这远远不够，R&D占GDP比重低，专利数少，大大削弱了以高科技产业等为代表的产业集群转移的优势度。

表 5.5　苏北五市承接产业转移的社会资源因子优势度排序

城市	劳动力资源		技术资源			极差标准化加和值	序位
	第二产业从业人员数/万人	劳动力平均成本/元	万人中高等学校在校学生数/（人/万人）	R&D占GDP比重/%	专利数/件		
徐州	204.94	39 493	134.8	1.6	6 821	4	1
连云港	100.81	38 817	67.1	1.25	2 042	1.073	5
淮安	125.73	32 786	126.7	1.2	1 984	2.351	2
盐城	117.19	35 499	67.4	1.2	3 234	1.644	3
宿迁	145.36	27 615	37.1	0.88	884	1.428	4

资料来源：2012年各市统计年鉴

四、自然资源因子优势度

自然资源包括许多，如土地资源、水资源、矿产资源、森林资源、渔业资源等，利用本地的优势自然资源来发展地方特色产业、承接特定产业转移具有无可取代的优势地位。由于各个市的自然资源禀赋不同，如徐州的煤炭资源、连云港的海洋资源、淮安的盐矿资源、盐城的滩涂资源、宿迁的林业资源优势突出，固选取共同的可度量的自然资源因子加以定量分析是非常有必要的，然后再就苏北五市的矿产资源优势加以定性分析，以得出淮安承接产业集群化转移在自然资源因子方面的优势度。

表 5.6　苏北五市自然资源因子优势度排序

城市	土地资源	水资源	矿产资源	极差标准化加和值	序位
	人均土地面积/（人/平方米）	人均水资源量/（人/平方米）	已发现矿种数/个		
徐州	1152.80	330.00	47	0.956	5
连云港	1507.46	324.44	49	1.388	3
淮安	1854.06	1083.87	35	2.407	1
盐城	2068.01	897.41	10	1.754	2
宿迁	1541.30	606.61	17	0.976	4

资料来源：《江苏统计年鉴2012》

从表 5.6 可以看出，淮安市在苏北五市中承接产业转移的自然资源优势度排名第 1 位，自然资源条件非常优越，盐城紧随其后，徐州排名最后。淮安境内自然资源十分丰富，土地肥沃，水网密布，陆地面积 7347.79 平方千米，矿产资源种类丰富，人均水资源与土地面积分别位居苏北第 1 位和第 2 位，为产业集群化转移提供充足的空间与水源条件。

在自然资源中，优势矿产资源对地区支柱产业发展及其承接产业集群化转移类型具有决定性影响，因此需要单独讨论苏北五市的优势矿产资源，见表 5.7，以定性分析苏北各市的矿产资源优势。

表 5.7　苏北五市优势矿产资源

城市	优势矿产资源
徐州	煤、井盐、钾矿、石膏、铁、钛、石灰石
连云港	金红石、蛇纹石、水晶、石英、大理石、海盐、磷矿
淮安	岩盐、芒硝、凹凸棒石土、玄武岩、白云岩
盐城	针铁矿、石英砂、石油、天然气
宿迁	石英砂、蓝晶石、硅石、水晶、磷矿石、黄沙

徐州市的矿产资源富集且组合条件优越，拥有煤炭、井盐、铁、钛、大理石、石灰石等众多种矿产，储量大、品位高。徐州是全国重要的煤炭产地、华东地区的电力基地，其年产煤炭 2500 多万吨，是江苏唯一的煤炭产地和重要的能源基地；连云港市的矿产资源种类较多，非金属矿产优势突出，主要有海盐、磷矿、金红石、蛇纹石、水晶、石英及大理石等，其质量好，规模大，开采条件优，经济价值高；盐城市的石油天然气资源蕴藏较多，但矿产资源种类少，无大型矿产地，建材类非金属矿产、能源和水汽矿产较多，其他矿产贫乏，缺少大宗支柱性矿产；宿迁市矿产资源种类较少，但非金属矿藏储量较大，目前已经发现、探明并开发利用的矿种主要有石英砂、蓝晶石、硅石、水晶、磷矿石以及黄沙等。

淮安市的优势和特色矿种主要是石盐、芒硝及凹凸棒石土，已探明岩盐、芒硝和凹凸棒土储量分别达 26 亿吨、1 亿吨和 0.65 亿吨。尤其是淮安的盐矿资源，单层厚度大、矿藏浅、品位高，具有极高的开采价值。随着我国改革开放和经济发展的需要，对淮安盐矿资源持续地进行了勘查和开发利用，取得了良好的经济效益和社会效益，为淮安市经济建设做出了一定的贡献。目前，淮安正在全力打造千亿级盐化工新材料基地和“中国新盐都”。全市现有石盐开采企业 9 家，芒硝 4 家，其中大型 6 家、中型 3 家、小型 4 家，发展真空制盐、纯碱、烧碱等项目前景广阔，盐化工产业呈蓬勃发展的态势。

将上述的地理区位、区域经济、社会资源和自然资源四个因子的进行加权求和（表 5.8），得到苏北五市承接产业集群化转移的综合优势度排序：徐州>盐城>淮安>连云港>宿迁。

表 5.8 苏北五市中承接产业集群化转移的综合优势度排序

城市	地理区位因子	区域经济因子	社会资源因子	自然资源因子	综合	排序
徐州	3.903	7.347	4	0.007	15.257	1
连云港	2.727	3.827	1.295	0.388	8.237	4
淮安	1.626	3.708	3.305	1.766	10.405	3
盐城	3.143	4.274	1.78	1.754	10.951	2
宿迁	0.611	2.9306	1.428	0.796	2.835	5

第三节 苏北承接苏南产业转移的非线性规律

从本质上说，产业转移是遵循一定经济规律的产业、资金、技术等的有序跨地区流动，也是一种“通过流动而运作的共享时间之社会实践的物质组织”，是物化的流空间的一种，其瞬时与长期性、流动与网络一体化性等特征和“流的空间”特性不谋而合。具体而言，产业转移的“物质组织”机理可以理解为由产业转移通道、流强度共同作用的结果。其中，交通与通信技术（information and communication technologies，ITCs）的发展，使支撑产业转移的廊道得以形成，区域乃至全球顺畅流动成为可能；而产业转移流强度，即产业频繁地由某一国家或地区流向另一国家或地区产生的影响力，现实中受到不同区域地理势能的差异的影响，即地区差异（主要包括政策环境、经济环境、社会科技环境及 ITCs 环境等方面差异）将导致产业发展的利益差额（势能差），由此形成了产业转移的动力机制。

在产业流动空间形态中，由于强调的是关键产业要素跨区域的空间转移，必然有一些地方会充当产业流的命令和控制中心，而另一些地区则成为生产和消费中心。所以，区域间产业转移流空间结构揭示了以主要产业移出区域为核心，通过经济、生产上相互联系和协作，与其紧密相连的承接区域在空间上形成产业结节地域。这种结节地域本书称之为产业联动区，它是产业转移流空间联系和空间组合的基本表现形式之一。产业转移流空间的空间组织可以表述为三个层次：第一层次为基础层次，由交通、通信网络等产业流动的技术基础设施组成；第二层次，由产业流动的节点（承接地）和核心（移出地）构成，是一种层级组织；第三层次，也是最关键的层次，则是由具有最强产业转移流强度的区域间共同组成的、稳定的“需求—流动—转移—区域一体化”产业联动区。

对产业转移流强度的研究受到了物理学中万有引力定律的有益启示，很多学者也开展了有益的探索，如荷兰经济学家 Tinbergen 较早地借助引力模型来解释两个国家之间的双边贸易流量问题，德国经济学家 Poyhonen 运用模型对双边贸易流量进行研究。经济引力论认为区域经济联系存在着类似万有引力的规律，即引力的大小 $F = G\frac{M_1M_2}{R^2}$，主要取决于区域的经济实力和区域间的距离。

区域间产业转移与物体间的引力有着诸多相似之处：利益差额越大、经济实力越强、距离越近，那么两地间产业转移的流强度就越强，其影响力就越大。

一、产业转移流强度模型设计

本书借鉴万有引力的思想和测度模型，结合流空间视角下的产业转移机理及特性拟定下述产业转移流强度模型：

$$F_{ij} = K_{ij}\frac{\sqrt{P_i \times W_i} \times \sqrt{P_j \times W_j}}{D_{ij}^{b_{ij}}} \tag{5.1}$$

其中，F_{ij} 表征区域间产业转移流强度；K_{ij} 代表 i 区域和 j 区域间产业转移流强度系数；P_i、P_j 分别表示 i 区域和 j 区域的人口数；W_i、W_j 分别表示 i 区域和 j 区域的 GDP；D_{ij} 表示 i 区域和 j 区域间的距离；b_{ij} 为 D_{ij} 的指数，主要考虑区域间的可达性的差异。

关于 K_{ij} 的确定。如前所述，产业转移流强度系数主要取决于区域间的势能差，即由于地理环境差异及由此产生的产业收益差异，所以 K_{ij} 可以表述为

$$K_{ij} = v_i a_i - v_j a_j \tag{5.2}$$

其中，v_i、v_j 表征 i 区域和 j 区域影响产业转移的政策环境、经济环境、社会科技环境、ITCs 环境等方面的差异；a_i、a_j 代表产业在区域和 j 区域的收益水平，用集中化指数表示。因为，按照集聚经济的观点，在一定范围内，某产业集中化指数越高表明集聚效应越明显，其收益水平越高。因此，va 的即可表征各区域产业转移的势能大小。

二、苏南产业向苏北转移流强度测算及层域划分

v_i、v_j：分别选取苏南 5 市和苏北 5 市在经济环境、社会科技环境、ITCs 环境

之发展水平差异。由于指标间量纲不同，本书使用标准差标准化方法，后运用灰色聚类的方法，通过 Delphi 函询及会议咨询方式，确定各指标的相对重要性。最终确定经济环境、社会科技环境、ITCs 环境的权重分别为 35%、35%、30%（表 5.9 和表 5.10）。

K_{ij}：由于本书的立足点在于苏南产业向苏北转移，理想情况下 K_{ij} 应大于 0。需要说明的是，如 K_{ij} 小于或等于零，由此导致 F_{ij} 小于或等于零，仅表明两区域间产业转移流量小于预期，并不必然意味着产业的逆向转移（表 5.11）。

a_i、a_j：为苏南 5 市和苏北 5 市制造业的集中化指数（表 5.12）。

P_i、P_j：为相应区域当年常住人口数（表 5.12）。

W_i、W_j：为相应区域当年制造业总产值（表 5.13）。

D_{ij}：考虑到江苏省域内高速公路已成网分布，而苏南各市与对口建设苏北各市间缺乏对应铁路、航空联系通道，产业联系多借助于发达的公路网络完成。因此，区域间的距离以公路距离表示（表 5.13）。

b_{ij}：考虑到区域间政策、技术等产业转移的壁垒很小，产业转移的可达性好，故取 2。

表 5.9　产业转移流强度系数的主要影响因素指标值及权重（2006 年）

城市	经济环境（35%）			社会、科技环境（35%）			ICTs 环境（30%）		
	固定资产投资/亿元（15%）	人均 GDP/元（10%）	在岗职工人均收入/元（10%）	从业人员数/万人（15%）	医疗机构数量/个（10%）	各类技术人员/万人（10%）	移动电话数量/万门（10%）	互联网用户/万户（10%）	货运量/万吨（10%）
南京	1 228.3	46 114.0	32 459.0	327.4	2 085.0	62.8	488.3	67.5	11 249.0
苏州	1 462.9	78 801.0	28 010.0	431.2	2 285.0	53.2	729.5	71.9	8 891.0
无锡	1 015.0	72 489.0	29 658.0	307.9	2 176.0	39.4	431.4	56.8	8 845.0
常州	607.6	44 440.0	26 553.0	256.4	1 180.0	24.4	255.0	29.2	5 692.0
镇江	300.0	38 088.0	22 924.0	153.2	968.0	12.7	147.2	18.1	4 951.0
徐州	598.5	15 363.0	21 897.0	469.2	1 327.0	26.5	219.5	28.5	7 494.0
淮安	305.6	12 278.0	16 590.0	281.7	645.0	12.0	94.7	11.8	2 335.0
盐城	347.8	14 647.0	15 690.0	319.0	1 339.0	19.9	206.2	16.3	3 393.0
连云港	300.1	11 084.0	17 760.0	241.7	982.0	15.2	108.5	13.3	4 286.0
宿迁	185.9	8 618.0	14 053.0	288.7	853.0	853.0	91.7	4.3	1 749.0

资料来源：《江苏统计年鉴 2007》

表 5.10　产业转移流强度系数的主要影响因素指标值及权重（2012 年）

城市	经济环境（35%）			社会、科技环境（35%）			ICTs 环境（30%）		
	固定资产投资/亿元（15%）	人均 GDP/元（10%）	在岗职工人均收入/元（10%）	从业人员数/万人（15%）	医疗机构数量/个（10%）	各类技术人员/万人（10%）	移动电话数量/万门（10%）	互联网用户/万户（10%）	货运量/万吨（10%）
南京	4 558.49	88 525	60 404	451.8	2 305	18 561	1 153.10	205.32	22 020
苏州	5 142.51	114 029	57 622	694.3	2 992	98 430	1 554.52	252.25	16 441
无锡	3 618.07	117 357	56 883	389.1	1 951	51 442	902.14	140.66	14 189
常州	2 621.56	85 040	55 764	280.9	1 128	15 379	519.35	101.33	15 344
镇江	1 500.67	83 651	47 626	280.4	906	9 235	336.71	59.77	12 418
徐州	2 685.89	46 877	44 070	478.7	4 327	10 000	760.87	95.82	18 697
淮安	1 247.99	39 992	41 966	280.4	2 175	3 140	294.94	47.76	7 787
盐城	1 940.89	43 172	40 357	447.7	3 088	4 964	535.47	82.53	8 150
连云港	1 280.88	36 470	44 124	249.2	2 619	3 940	383.22	58.96	12 305
宿迁	1 025.56	31 827	36 624	276.4	2 389	2 095	382.26	45.13	5 497

资料来源：《江苏统计年鉴 2013》

表 5.11　K_{ij} 计算值

城市	徐州	淮安	盐城	连云港	宿迁
南京	1.74	2.00	2.00	1.96	1.83
苏州	2.25	2.52	2.52	2.48	2.35
无锡	1.75	2.01	2.01	1.97	1.84
常州	−0.25	0.01	0.01	−0.03	−0.16
镇江	−0.88	−0.61	−0.62	−0.66	−0.78

表 5.12　江苏省按地区人口、制造业生产总值和集中化指数

城市	人口数/万人	制造业总产值/亿元	制造业集中化指数（a 值）
南京	719.06	4 692.81	1.92
苏州	809.60	12 538.51	1.74
无锡	584.17	7 115.29	2.40
常州	425.69	3 293.87	1.98
镇江	299.56	1 628.78	1.33
淮安	492.43	794.07	0.24

续表

城市	人口数/万人	制造业总产值/亿元	制造业集中化指数（a 值）
徐州	876.48	1 632.55	0.57
盐城	768.73	1 378.15	0.39
宿迁	488.71	288.97	0.03
连云港	450.52	463.25	0.21

注：人口数系指年末常住人口数据

资料来源：《江苏统计年鉴 2007》

表 5.13　江苏省各城市之间公路距离表　（单位：千米）

城市	南京	镇江	苏州	无锡	常州	淮安	徐州	盐城	连云港	宿迁
南京	0	60	190	150	120	180	285	200	290	215
镇江	60	0	150	100	65	160	310	150	270	220
苏州	190	150	0	40	85	290	460	250	390	365
无锡	150	100	40	0	40	250	420	200	350	325
常州	120	65	85	40	0	220	380	180	330	380
淮安	180	160	290	250	220	0	185	105	110	80
徐州	285	310	460	420	380	185	0	290	185	110
盐城	200	150	240	200	180	105	290	0	160	180
连云港	290	270	390	350	330	110	185	160	0	110
宿迁	215	220	365	325	380	80	110	180	110	0

资料来源：《江苏省公路里程地图册 2010》

（一）测算结果及分析

据此，本书分别测算出 2006 年、2012 年两个时间节点苏南 5 市与苏北 5 市间的产业转移流强度（表 5.14 和表 5.15）。2006 年，区域间产业转移流强度从大到小依次为：苏州—盐城＞无锡—盐城＞南京—盐城＞南京—淮安＞南京—徐州＞苏州—淮安＞南京—徐州＞无锡—淮安＞苏州—徐州＞南京—宿迁＞无锡—徐州＞苏州—连云港＞苏州—宿迁＞无锡—连云港＞无锡—宿迁＞常州—盐城＞常州—淮安，常州—连云港、常州—宿迁、常州—徐州、镇江—连云港、镇江—宿迁、镇江—徐州、镇江—淮安、镇江—盐城间的产业转移流强度小于或远小于预期水平；2012 年，区域间产业转移流强度从大到小依次为：南京—淮安＞苏州—盐城＞苏州—淮安＞南京—盐城＞南京—宿迁＞无锡—盐城＞无锡—淮安＞苏州—连云港＞南京—连云港＞常州—淮安＞苏州—宿迁＞苏州—徐州＞南京—徐州＞无锡—宿迁＞无锡—连云港＞常州—盐城＞镇江—宿迁＞常州—连云港＞无锡—徐州，而常州—徐州、镇江—徐州、镇江—盐城间的产业转移流强度小于或远小于预期水平。进一步分析，可以发现以下规律。

表 5.14　苏南产业向苏北转移流强度计算值（2006 年）

城市	徐州	淮安	盐城	连云港	宿迁
南京	46.98	71.01	94.58	19.56	27.36
苏州	40.58	59.68	143.31	23.70	21.11
无锡	24.17	41.10	105.58	14.99	13.37
常州	−2.49	0.19	0.39	−0.15	−0.49
镇江	−7.65	−10.47	−19.69	−2.87	−4.26

表 5.15　苏南产业向苏北转移流强度计算值（2012 年）

城市	徐州	淮安	盐城	连云港	宿迁
南京	21.13	161.33	82.72	37.99	72.34
苏州	28.02	106.30	140.25	38.48	30.10
无锡	1.19	46.45	52.62	13.70	17.51
常州	−10.99	30.49	10.43	5.82	6.39
镇江	−12.97	30.05	−0.24	3.78	9.86

首先，区域间产业转移流强度不平衡现象明显。数据显示，2006 年，苏州—盐城之间的产业转移流强度最大，第二是南京—徐州，第三是无锡—淮安，第四是南京—淮安，而被列为对口转移的无锡—徐州、苏州—宿迁、常州—盐城的产业转移流强度则分布排在第 10、第 12、第 15 位，镇江—连云港之间的产业转移流强度则远小于预期水平。2012 年，上述情况略有变化，南京—淮安之间的产业转移流强度最大，第二为苏州—盐城，第三为苏州—淮安，第四为南京—盐城，而被列为对口转移的无锡—徐州、常州—盐城的产业转移流强度则分布排在第 19、第 16 位，镇江—连云港之间的产业转移流强度依然远小于预期水平。数据表明，经济梯度依然是区域产业的重要原因之一，但梯度过大或过小均不利于产业转移，如宿迁和苏南 5 市的经济梯度差值均远大于苏北其他 4 市（以人均 GDP 表征），镇江和苏北 5 市的梯度差值也小于苏南其他 4 市与苏北的差值，但从产业转移流强度看，均小于梯度差值相对较小的区域之间。因此，苏中、苏北若不能尽快实现经济振兴，将在很大程度上制约省内产业梯度的南北转移。此外，数据还表明，近年来，随着淮安市经济的快速发展，与苏南地区之间的梯度差在一个合理的范围内，从而成为苏南产业转移苏北的主要受益者之一。

其次，产业转移流强度与区域间制造业发展水平呈正相关，随着距离增加而急剧减小。因而，苏南的常州、镇江因经济发展水平相对较弱而引致产业流出强度整体较弱，苏北的徐州虽然整体发展水平较高，但因其与苏南距离较远而致使承接产业转移的流强度较小，反观苏北的盐城、淮安承接的苏南产业转移流强度较大。

最后，产业转移流强度受到地区差异（势能差）制约。即区域间产业发展的环境与产业集中化指数差的乘积越大，则其产业转移流强度越大。例如，镇江对苏北 5 市的影响强度整体较弱，就和自身发展环境相对较差不无关系。数据也显示，区域间产业集中化指数差值与产业转移流强度呈现一定的正相关（表 5.16），如无锡、南京、苏州均与苏北 5 市具有较大的差值，其在产业转移流强度方面也有明显的反应。此外，产业集中化指数本身与产业转移流强度也呈现一定的正相关。例如，苏北的徐州（0.57）＞盐城（0.39）＞淮安（0.24）＞连云港（0.21），宿迁最小仅为 0.03，也与这些区域吸引苏南的产业转移流强度具有很好的对应关系。鉴于产业集中化指数可以表征一个区域产业集中发展乃至产业集群发展状况，上述结论也证明了区域产业转移和承接地产业集群的内在耦合关联性，而前文有关“苏南产业转移方式开始由分散式向集群化转变”的分析与判断也得到了很好的印证。

表 5.16　苏南 5 市与苏北 5 市的产业集中化指数差值

城市	南京	苏州	无锡	常州	镇江
淮安	1.68	1.50	2.16	1.73	1.09
徐州	1.35	1.17	1.83	1.41	0.76
盐城	1.53	1.35	2.01	1.59	0.94
宿迁	1.89	1.71	2.37	1.96	1.30
连云港	1.71	1.53	2.19	1.77	1.12

（二）层域划分

本书借鉴 Brady S. Martin 的方法，根据上文得到的苏南产业向苏北转移流强度，通过分别对产业移出区和承接区的流强度进行聚类分析，得出图 5.7 和图 5.8，可对该区域产业转移流空间进行层域划分。

从区域产业移出流强度看（图 5.7），无锡与南京对苏北 5 市的影响强度较大且呈正向，而苏州对苏北 5 市的影响强度最大，可以划入 I 类核心区；而常州对苏北 5 市的产业转移影响强度较小，镇江最小，可以划入 II 类核心区。

从区域承接产业转移流强度看（图 5.8），淮安、徐州承接产业转移流强度较大，盐城最大，可以划入Ⅰ类结点区；而苏北的宿迁、连云港承接苏南产业转移流强度整体较弱，应划入Ⅱ类结点区。

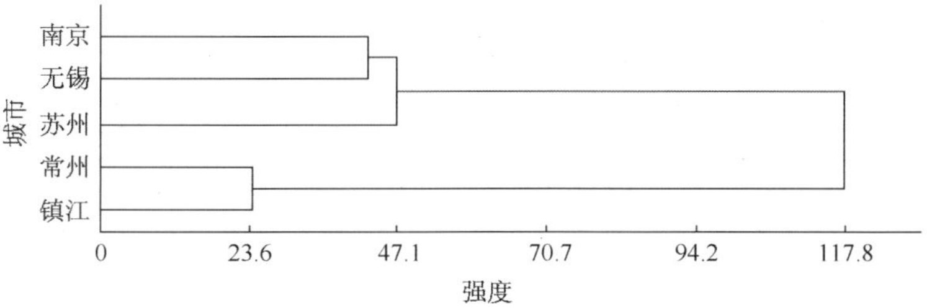

图 5.7　苏南产业移出流强度聚类图

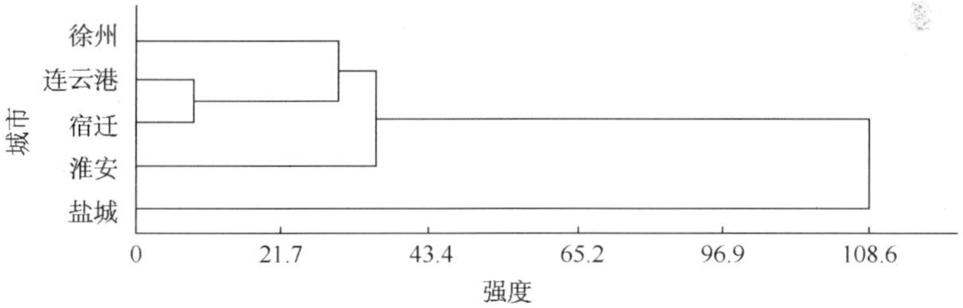

图 5.8　苏北产业承接流强度聚类图

从构建产业联动区需要角度看，苏南的苏州、南京、无锡与苏北的盐城、淮安、徐州之间的产业转移流强度大，理应作为重点发展的区域；而苏南的常州、镇江和苏北的连云港、宿迁之间的产业转移流强度较小，应作为潜在培育区域，在产业联动发展相关的优惠政策制定过程中要考虑适当向上述区域倾斜。

应该说，江苏省实施南北挂钩、对口帮扶的联动发展决策总体是科学的，也是非常必要的。但由于苏南、苏北因发展环境、流动机制、吸纳能力等不同，产业转移流强度、空间组织、效果也自然各异，反映在计算结果上，“南京—淮安”“苏州—宿迁”之间的产业联动发展迅速，而“常州—盐城”“镇江—连云港”等政策上的产业联动区间的现实产业转移流强度远小于预期水平。这表明，产业转移的核心区与节点区并不存在一一对应的关系，这也许就是本书测算结果与现实部分吻合的原因。因此，进一步发挥市场机制的作用，对重点发展的产业联动区和潜在培育区域要区别对待，在政策优惠方面向后者倾斜；同时，对于苏北地区而言，除加快发展本行业外，必须优化发展环境和提高产业集中化水平，努力缩小与苏南地区的势能差，从而不断加快苏南苏北区域共同发展的步伐。

为何核心区与节点区并不存在一一对应的关系？可能的解释有很多，但是否存在因为苏北产业集群发展不平衡的缘故而导致这种非线性关系的产生，这是本书需要进一步分析的问题。

第四节　苏南苏北产业集群发展的非线性规律

空间统计分析，即空间数据（spatial data）的统计分析，是现代计量地理学中一个快速发展的方向领域。其主要思想源于地理学第一定律，即在地理空间中邻近的现象比距离远的现象更相似。因此，几乎所有空间数据都具有空间依赖或空间自相关特征，即一个区域单元上的某种地理现象或某一属性值是与邻近区域单元上同一现象或属性值相关的。空间统计分析，其核心就是认识与地理位置相关的数据间的空间依赖、空间关联或空间自相关，通过空间位置建立数据间的统计关系。

本书之所以采用空间统计分析的方法来对江苏省域产业集群进行研究，因为空间自相关本身可以度量空间事物的分布是否具有自相关性，高的自相关性代表了空间现象有集聚性的存在。事实上，产业集群形成的过程就是产业在地域上的集中，以及企业间信息和思想扩散的过程。从这个意义上讲，空间自相关分析完全可以用于产业集群的分析与研究。

一、空间自相关模型设计

空间自相关分析分为全局和局部假设检验两种，本书选择的是局部空间自相关分析——LISA 方法。在众多的表达式中，空间二值邻接矩阵 $\boldsymbol{W}_{ij}$ 形式简单且应用广泛。它的定义是当 2 个区域具有非零长度的共同边界时，矩阵相应位置上的元素为 1，否则该元素（包括对角线上的元素）就为 0。$\boldsymbol{W}_{ij}$ 为二进制的邻接空间权值矩阵，表示其中的任一元素，采用邻接标准或距离标准，其目的是定义空间对象的相互邻接关系。

$$\boldsymbol{W}=\begin{bmatrix} w_{11} & w_{12} & \cdots & w_{1n} \\ w_{21} & w_{22} & \cdots & w_{2n} \\ \vdots & \vdots & & \vdots \\ w_{n1} & w_{n2} & \cdots & w_{nn} \end{bmatrix}$$

简单的二进制邻接矩阵

$$w_{ij}=\begin{cases} 1, & \text{当区域}i\text{和}j\text{相邻接} \\ 0, & \text{其他} \end{cases}$$

依此，计算出江苏省简单的二进制邻接矩阵为

$$
\boldsymbol{W}_{ij}=\begin{bmatrix}
1,1,1,0,0,0,0,0,0,0,0,0,0; \\
1,1,1,1,1,0,0,0,0,0,0,0,0; \\
1,1,1,1,0,0,0,0,0,0,0,0,0; \\
0,1,1,1,1,1,0,0,0,0,0,0,0; \\
0,1,0,1,1,1,1,0,0,1,0,0,0; \\
0,0,0,1,1,1,1,1,1,0,0,0,0; \\
0,0,0,0,1,1,1,1,0,1,1,1,1; \\
0,0,0,0,0,1,1,1,1,0,1,0,0; \\
0,0,0,0,0,1,0,1,1,0,1,0,0; \\
0,0,0,0,1,0,1,0,0,1,0,0,1; \\
0,0,0,0,0,0,1,1,1,0,1,1,0; \\
0,0,0,0,0,0,1,0,0,1,1,1,1; \\
0,0,0,0,0,0,0,0,0,1,0,1,1;
\end{bmatrix}
$$

局部 Moran 指数 I_i 被定义为

$$
I_i=\frac{(x_i-\overline{x})}{S^2}\sum_j w_{ij}(x_j-\overline{x})=\frac{n(x_i-\overline{x})\sum_j w_{ij}(x_j-\overline{x})}{\sum_i (x_i-\overline{x})^2}=z_i'\sum_j w_{ij}z_j' \tag{5.3}
$$

其中，$S^2=\frac{1}{n}\sum_i (x_i-\overline{x})^2$，$\overline{x}=\frac{1}{n}\sum_{i=1}^{n}x_i$，$z_i'$ 和 z_j' 是经过标准差标准化的观测值。

显然：①江苏每个区域单元 i 的 I_i 是描述该区域单元周围显著的相似值区域单元之间空间集聚程度的指标；②经过简单地推导，容易证明 $\sum_i I_i=S_0 I$。所以，局部 Moran 指数 I_i 是一种描述空间联系的局部指标，即 LISA。

正的 I_i 值表示该区域单元周围相似值（高值或低值）的空间集聚，负的 I_i 值则表示非相似值的空间集聚。

局部 Moran 指数 I_i 检验的标准化统计量为

$$
Z(I_i)=\frac{I_i-E(I_i)}{\sqrt{\mathrm{VAR}(I_i)}} \tag{5.4}
$$

根据计算出检验统计量，可以对有意义的局部空间关联进行显著性检验。根据“条件”随机方法或置换方法，可以获得 I_i 的一个伪显著性水平。P 值同样为零假设 H0 检验提供了基础，即检验所有的属性值在空间上是否随机分布。

二、苏南苏北产业集群发展的时空演变

刘彬（2006）采用聚集指数、区位熵及局部 Moran 指数等方法对江苏省产业

集群发展状况进行了分析，得出江苏制造业共有 12 种行业集群的研究结论。考虑到大多数产业集群成长的渐进性规律，本书选择借鉴这一方法和相关结论，拟通过不同年份数据的比较来分析这些产业集群的时空演替过程，特别是借此分析苏南苏北之间是如何通过极化与扩散效应（产业转移）影响相关行业、区域产业集群发展的。本书通过收集整理江苏省 13 个市的 2008 年的统计年鉴数据，选取的各市 12 个产业的产值（表 5.17）作为计算局部自相关的属性数据。

根据前文所述方法，进行局部 Moran 指数 I_i 计算，得到的结果见表 5.9，共列出江苏省 13 个地级区域 12 个产业集群的 I_i 值（表 5.18），显著性水平 α=0.05。

结合区域经济增长极理论以及中心—外围理论，对每种组合做出解释。其中，I_i 显著地大于 0，且 X_i 大于平均值，则地区 i 是一个“扩散中心”I_i；I_i 显著地大于 0，且 X_i 小于平均值，则地区 i 也是一个“初级扩散中心”；I_i 显著地小于 0，且 X_i 大于平均值，则地区 i 是一个“极化中心”；I_i 显著地小于 0，且 X_i 小于平均值，则地区 i 是一个经济发展的“低洼地”。

表 5.17　2008 年江苏省制造业 12 种行业的产值　（单位：万元）

城市	纺织业	纺织服装、鞋帽制造业	木材加工及木、竹、藤、棕、草制品业	文教体育用品制造业	化学原料及化学制品制造业	化学纤维制造业
徐州	1 486 218	121 757	2 661 563	81 408	1 724 312	39 607
连云港	221 912	156 594	231 328	64 735	1 556 128	65 988
宿迁	355 743	183 984	601 633	10 973	244 548	1 024
淮安	747 616	422 530	189 049	71 156	1 087 408	37 257
盐城	4 708 329	888 052	119 697	185 708	3 815 169	274 360
扬州	1 256 207	1 744 830	247 897	749 187	4 824 406	274 027
泰州	1 499 985	525 807	43 482	74 370	6 296 447	4 396
镇江	806 132	668 459	1 014 213	377 102	4 918 308	72 468
南京	5 375 684	17 378 506	837 134	2 945 423	124 485 658	3 520 034
南通	9 250 200	3 481 834	62 533	578 225	5 558 009	1 050 687
常州	4 358 716	1 835 290	589 518	133 881	6 433 346	208 626
无锡	7 972 265	2 656 661	191 156	89 605	7 650 033	4 140 374
苏州	14 286 928	4 813 660	461 404	923 656	10 699 246	5 596 607

城市	橡胶制品业	金属制品业	通用设备制造业	专用设备制造业	电气机械及器材制造业	电子通信设备制造业
徐州	234 204	849 100	4 295 576	599 908	694 653	518 935
连云港	1 843	259 387	231 802	261 943	411 096	139 858
宿迁	13 509	54 512	63 556	12 900	130 436	49 736

续表

城市	橡胶制品业	金属制品业	通用设备制造业	专用设备制造业	电气机械及器材制造业	电子通信设备制造业
淮安	483 293	195 571	671 304	273 270	858 354	394 485
盐城	181 366	395 832	3 951 002	1 135 098	745 740	130 434
扬州	227 000	1 339 190	2 035 945	1 542 144	5 156 590	1 021 700
泰州	312 816	2 160 640	2 481 679	816 815	4 899 325	212 296
镇江	174 446	2 810 430	2 106 685	555 948	3 192 414	690 490
南京	5 301 431	18 997 166	27 272 048	11 041 440	30 950 598	128 453 073
南通	780 918	3 159 760	4 062 113	1 133 551	4 616 716	2 266 710
常州	209 268	2 908 990	3 850 887	2 985 422	6 172 147	3 693 789
无锡	673 387	5 672 143	5 644 001	2 834 278	9 868 339	13 673 779
苏州	1 828 903	4 254 085	9 345 507	4 819 979	14 070 183	59 865 584

表 5.18　2008 年江苏省制造业 12 种行业的局部 Moran 指数 I_i

I_i	纺织业	纺织服装、鞋帽制造业	木材加工及木、竹、藤、棕、草制品业	文教体育用品制造业	化学原料及化学制品制造业	化学纤维制造业
徐州	0.575 2	0.180 0	0.099 7	0.067 2	0.128 3	0.321 0
连云港	2.923 2	0.078 9	0.097 0	0.065 8	0.022 8	−0.150 2
宿迁	0.507 9	0.296 6	0.187 9	0.299 6	−0.146 6	0.362 4
淮安	−0.138 8	−0.862 6	0.033 8	−0.246 3	0.434 1	−0.630 7
盐城	−0.011 8	−0.200 3	−0.163 3	−0.052 9	−0.128 5	−0.135 9
扬州	0.012 6	−0.165 7	0.008 0	−0.360 5	−0.210 5	−0.368 2
泰州	2.565 8	0.038 1	0.084 4	−0.103 8	0.019 9	1.704 2
镇江	0.529 1	0.000 3	−0.097 4	0.003 3	0.035 5	0.630 7
南京	0.760 8	0.292 5	−0.029 1	0.312 0	−0.148 7	0.354 0
南通	0.243 4	0.158 2	0.101 6	0.029 8	0.062 3	0.308 2
常州	−0.098 6	0.128 7	0.367 2	0.033 7	0.073 7	0.253 7
无锡	0.641 4	0.283 6	0.041 9	0.306 3	0.149 9	0.359 9
苏州	0.211 0	−0.056 2	0.073 8	0.103 6	0.115 3	0.096 5

I_i	橡胶制品业	金属制品业	通用设备制造业	专用设备制造业	电气机械及器材制造业	电子通信设备制造业
徐州	0.105 4	0.323 5	0.350 1	0.287 5	0.276 0	0.177 1
连云港	−0.010 4	−0.005 7	−0.085 5	−0.302 0	−0.181 4	−0.433 8
宿迁	0.217 3	0.318 4	−0.077 4	−0.369 5	0.480 2	0.181 1

续表

I_i	橡胶制品业	金属制品业	通用设备制造业	专用设备制造业	电气机械及器材制造业	电子通信设备制造业
淮安	−1.307 5	−0.597 1	−1.056 5	−0.453 8	−0.498 1	−1.152 8
盐城	−0.165 5	−0.057 8	−0.186 3	−0.299 6	−0.221 0	−0.145 7
扬州	−0.359 2	−0.093 6	−0.159 6	0.244 7	−0.013 7	−0.280 0
泰州	−0.037 2	0.041 3	−0.018 9	−0.050 5	0.103 3	−0.256 7
镇江	0.004 0	0.001 2	0.000 3	0.047 7	0.075 9	−0.009 5
南京	0.306 3	0.394 7	0.479 3	0.449 8	0.504 6	0.185 5
南通	0.144 3	0.082 1	0.121 9	0.159 9	0.063 1	0.178 2
常州	0.160 3	0.180 8	0.062 7	0.110 3	0.097 5	0.179 1
无锡	0.215 2	0.372 0	0.330 8	0.422 2	0.483 6	0.183 0
苏州	−0.136 5	−0.125 3	0.133 1	0.041 4	−0.029 0	−0.105 4

（一）苏南苏北产业集群发展的现状分析

根据得到的局部Moran指数计算结果，可以据此来分析江苏省制造业产业集群发展的整体情况。

首先，从不同行业产业集群的发展角度来看，情况如下。

（1）纺织业产业集群的发展是呈现“扩散中心”和“极化中心”与“低洼地”相间分布的格局。苏北的盐城处于“极化中心”的地位，相比之下周边的淮安、宿迁却发展较为缓慢。苏南的南通、无锡、苏州处于“扩散中心”的地位，已经形成了较好的集聚态势。纺织产业在江苏省其他地区处于“初级扩散中心”的地位，和周边地区的主导产业有了显著的聚集经济效益。

（2）化工产业、普通机械制造业、专用设备制造业产业集群是呈现“极化中心”和“扩散中心”情况。在苏州形成了明显的“扩散中心”，当地的集聚水平已达到相当的高度，对周边地区的经济发展产生正的影响，通过资本、技术和信息的扩散，带动了周边地区产业的共同发展。南京处于极化中心的地位，虽然自身的产业经济发展很快，但是周边地区的化工产业发展却很缓慢，吸引了劳动力、资金等生产要素从周边地区不断向常州转移，发展差距不断增大。苏北地区还未形成集聚的形态，盐城和淮安、徐州和连云港还呈现初级扩散发展阶段。

（3）电子及通信设备制造业产业集群整体发展态势是趋于集聚，发展态势良好，它和木材加工及竹藤棕草制品业，文教体育用品制造业，金属制品业，电气机械及器材制造业处于“初级扩散中心”和“极化中心”这样的地位，南京、无锡、苏州是电子及通信设备制造业发展的“极化中心”，这些地区电子及通信设备制造业发展要远远超过其周边地区的发展，为了维持其自身的快速发展，吸引了劳动力、资金等生产要素从周边地区不断向这些地区转移，导致周围地区的发展水平较低，使之与周围地区产业发展的差距在不断扩大。而在其他地区电子及通信设备制造业处于“初级扩散中心”地位，尽管这些地区都有显著的聚集经济效益，但是还处在发展的初级阶段，对周边地区的影响力较低。

其次，从不同区域产业集群的发展情况来看，情况如下。

（1）可以看到苏州、无锡、常州、南京产业集群发展态势非常好，极少出现产业集群发展的“低洼地”情况，尤其是苏州是这些产业发展的“扩散中心”和“极化中心”，说明苏州近年来产业集聚进程十分迅速。这种快速集聚使得苏州成为江苏制造业发展的磁场。而镇江产业集群相对于上述地区发展缓慢，本身产业集群水平处于刚刚起步，或者是有一定的集聚水平，但是对周边的地区相同产业发展还起不到扩散的作用。

（2）徐州、连云港、淮安、宿迁、盐城产业集群发展在江苏省处于落后地区，很多产业的发展还处于“低洼地”的状况，这和当地的经济发展有很大的关系，这些地区因为经济发展相对落后，人力、物力从该地区流向周边一些经济相对发达的地区，因而导致了它自身的产业发展较为缓慢。

非均衡增长理论认为，在市场力量作用下，极化效应总是居于主导地位。如果没有周密的经济政策干预，区域间差异会不断扩大。由于极化效应显著，扩散效应微弱，苏南地区的发展水平虽不断提高，但其经济动力和创新成果又不能有效传递至苏北，所以江苏省地区的发展差距越来越大。经济发展已经表现出较强的两极分化趋势。不仅个人收入差异巨大，区域经济发展的差距也在不断加大。经济发展的严重失衡会影响经济发展的效率，也违背实现共同富裕的初衷。因此，如何强化发达地区对落后地区的传导机制，充分发挥增长极的扩散效应，提高落后地区的经济发展水平，已成为江苏经济发展过程中亟待解决的重要问题。

（二）苏南苏北产业集群的时空演变分析

刘彬（2006）采用空间自相关的方法对江苏省产业集群发展进行了分析，得到了 2003 年江苏省制造业 12 种行业的局部 Moran 指数（表 5.19），本书将江苏省2008年制造业12种行业的局部Moran指数与其进行对比，可以分析2003～2008年来江苏省制造业局部空间自相关的变化。

表 5.19　2003 年江苏省制造业 12 种行业的局部 Moran 指数 I_i

I_i	纺织业	纺织服装、鞋帽制造业	木材加工及木、竹、藤、棕、草制品业	文教体育用品制造业	化学原料及化学制品制造业	化学纤维制造业
徐州	0.001 7	0.000 1	0.024 4	0.010 4	0.001 2	0.000 3
连云港	0.004 9	0.000 3	0.009 8	0.026 2	–0.001 4	–0.000 4
宿迁	0.006 7	0.000 5	–0.080 1	0.035 9	–0.001 7	–0.000 9
淮安	0.007 2	0.000 6	0.021 8	0.034 0	–0.001 1	–0.000 9
盐城	–0.002 0	0.000 6	0.024 0	0.038 9	–0.000 9	–0.001 3
扬州	0.009 0	0.000 1	0.024 4	–0.141 6	–0.001 1	0.0034 0
泰州	0.010 0	0.001 0	0.074 4	0.056 9	–0.000 7	–0.002 1
镇江	0.014 5	0.000 6	0.040 9	–0.036 9	–0.000 3	–0.002 4
南京	0.016 7	–0.001 2	0.019 4	–0.108 1	0.004 3	–0.001 9
南通	–0.010 0	–0.003 5	0.120 8	–0.041 8	–0.000 6	0.000 5
常州	–0.010 0	–0.001 0	0.098 8	0.117 0	0.000 3	–0.002 0
无锡	–0.067 0	–0.002 2	0.105 1	0.090 0	0.001 7	0.013 1
苏州	–0.084 0	–0.004 5	–0.204 9	–0.437 3	0.002 6	0.008 0

I_i	橡胶制品业	金属制品业	通用设备制造业	专用设备制造业	电气机械及器材制造业	电子通信设备制造业
徐州	–0.000 2	0.001 0	0.000 7	–0.000 1	0.000 2	0.007 4
连云港	–0.000 3	0.002 2	–0.002 0	–0.000 3	–0.002 4	0.014 6
宿迁	–0.000 5	0.003 4	–0.002 8	–0.000 6	0.000 4	0.022 2
淮安	–0.000 5	0.004 0	–0.003 1	–0.000 6	0.000 2	0.029 6
盐城	–0.000 5	0.004 1	–0.001 6	0	–0.005 2	0.036 2
扬州	0.000 4	0.003 0	–0.001 9	–0.000 1	0.000v1	0.038 7
泰州	–0.000 8	0.000 8	–0.000 3	–0.000 6	–0.003 2	0.049 7
镇江	–0.000 8	–0.008 6	–0.003 7	–0.000 8	0.004 2	0.045 0
南京	0.000 6	–0.001 2	0.000 7	–0.000 2	0.001 5	–0.070 0
南通	–0.000 5	0.001 5	–0.000 7	–0.001 0	0.002 6	0.055 0
常州	0.000 2	0.000 8	0.006 2	0.003 2	0.000 4	0.033 7
无锡	0.005 3	–0.032 3	0.016 3	0.004 2	0.002 5	–0.066 2
苏州	0.004 0	–0.021 0	0.014 0	0.003 8	0.001 3	–0.662 1

资料来源：刘彬，2006

首先，从不同行业产业集群发展的时空演变情况来看，情况如下。

（1）2003 年，江苏省的纺织业产业集群的发展是处在“初级扩散中心”和“极化中心”这样的地位，整体发展水平较好，在江苏制造业中占有重要的地位。而

2008年，纺织业产业集群的发展则是处于“扩散中心”和“极化中心”与“低洼地”相间分布的格局。2003年，盐城、南通、常州、无锡、苏州处于“极化中心”的地位，2008年，盐城还处于“极化中心”的地位，而南通、无锡、苏州处于“扩散中心”的地位，已经形成了较好的集聚态势。

（2）2003年，江苏省的化工产业、普通机械制造业、专用设备制造业产业集群是处于“扩散中心”和“低洼地”这样的两极发展情况，而2008年，化工产业、普通机械制造业、专用设备制造业产业集群则呈现出“极化中心”和“扩散中心”的格局特征。2008年，化工产业在南京、无锡、苏州处于“扩散中心”地位，它在当地的集聚水平已达到相当的高度，对周边地区的经济发展产生较明显的正向影响；苏州依然保持其“扩散中心”的地位，并通过资本、技术和信息的扩散，带动了周边地区产业的共同发展；南京处于极化中心的地位，虽然自身的产业经济发展很快，但是周边地区的化工产业发展却很缓慢，吸引了劳动力、资金等生产要素从周边地区不断向南京转移，进一步拉大了南京与周边地区的发展差距；苏北地区还未形成集聚的形态，盐城和淮安、徐州和连云港还呈现初级扩散发展阶段。

（3）2003年，江苏省的电子及通信设备制造业产业集群整体发展态势是趋于集聚，发展态势良好，它和木材加工及竹藤棕草制品业，文教体育用品制造业，金属制品业，电气机械及器材制造业处于“初级扩散中心”和“极化中心”的地位，这样的空间格局在2008年依然得以保持。2003年，南京、无锡、苏州是电子及通信设备制造业发展的“极化中心”，2008年，南京、无锡、苏州仍然是电子及通信设备制造业发展的“极化中心”，常州退出了极化中心的地位，苏北地区5市的上述产业的集聚态势并未发生明显变化。

其次，从不同区域产业集群的时空演变情况来看，情况如下。

（1）从2003～2008年，苏州、无锡、南京产业集群发展保持了良好的态势，一直保持江苏省产业集聚的“扩散中心”和“极化中心”，地位，说明苏州、无锡、南京等城市近年来产业集聚进程十分迅速，这种快速集聚使得苏州成为江苏制造业发展的磁场。而苏北则成为传统制造业集聚的中心，各地正在形成极化中心或初级极化中心，显示出苏南传统产业向苏北转移的特点。2003年，镇江产业集群相对于上述地区发展缓慢，本身产业集群水平处于刚刚起步，或虽有一定的集聚水平，但是对周边的地区相同产业发展还起不到扩散的作用。2008年，常州、镇江产业集群水平有上升，产业的集聚水平有所提高。南通的纺织业已经成为扩散中心，对周边的地区相同产业发展起到了扩散作用。

（2）2003年，徐州、连云港、淮安、宿迁、盐城产业集群发展在江苏省处于落后状态，很多产业的发展还处于“低洼地”的状况。2008年，徐州、连云港、淮安、宿迁、盐城产业集群均有所发展，盐城已经成为纺织业的极化中心，徐州、淮安、连云港等地部分产业已经成为初级极化中心，但是总体上看，苏北的很多产业的发展还呈现出“低洼地”的格局特征。

据此，结合上文有关产业转移流强度的测算结果，可以发现，镇江的集群经济本身并不发达，因而对苏北地区的扩散作用不明显；宿迁则因尚未形成初级极化中心，反映为对苏南地区所有行业的产业转流的承接能力不足，而盐城已经成为纺织业的极化中心，因而对苏南同类企业的承接能力明显高于苏北其他区域，而淮安、徐州、连云港等地部分产业已经成为初级极化中心，产业集群有了一定基础，因而也表现为对相关行业的产业转移具有较强的承接能力。显然，产业转移的核心区与节点区之所以不存在一一对应的关系，和苏北产业集群发展本身的不平衡有着很强的关联性。

第五节　江苏省制造业产业转移与产业集群的耦合性分析

一、江苏省极化制造业转移分析

区域产业转移数据难以获取（即使有也多限为一个总量数据），分行业数据更是严重缺失，无法准确揭示产业转移动态演变过程及时空格局的规律性。事实上，区域产业转移是一个具有时空维度多重属性的动态过程。这一过程既可表现为某产业活动因区位上的转移所引起的绝对时空变动，也可表现为因某产业份额增减所引起的相对时空变动。因此，本书有关产业转移的定量方法，在借鉴范剑勇（2004）、冯根福等（2010）的相对比较思想基础上，采用各地区相应行业增加值占全省该行业增加值比例的变化来表示区域间产业转移的状况。

说明：H1～H28 分别代表农副食品加工业、食品制造业、饮料制造业、纺织业、纺织服装鞋帽制造业、皮革毛皮羽绒及其制造业、木材加工及木竹藤棕草制品业、家具制造业、造纸及纸制品业、印刷业和记录媒介的复制、文教体育用品制造业、石油加工炼焦及核燃料加工业、化学原料及化学制品制造业、医药制造业、化学纤维制造业、橡胶制品业、塑料制品业、非金属矿物制品业、黑色金属冶炼及压延加工业、有色金属冶炼及压延加工业、金属制品业、通用设备制造业、专用设备制造业、交通运输设备制造业、电气机械及器材制造业、通信设备计算机及其他电子制造业、仪器仪表及文化办公机械制造业、工艺品及其他制造业。

数据显示（表 5.20），2002～2007 年，江苏省绝大多数产业出现了转移或集聚现象，尤以化学原料及化学制品制造业（H14）、黑色金属冶炼及压延加工业（H20）、交通运输设备制造业（H25）、通信设备、计算机及其他电子设备制造业（H27）、仪器仪表及文化、办公用机械制造业（H28）5 个行业的增加值比重有明显增加，表明上述产业发生了较为明显的转移、集聚。以通信设备、计算机及其他电子设备制造业为例，江苏省通信设备、计算机及其他电子设备制造业发展较好，规模不断扩大，质量不断提高，是新兴行业，其发展速度极快，在众多制造业产业当中表现极为突出。从总量上看，2009年江苏省通信设备、计算机及其他电子设备制造业工业总产值达10 457.08亿元，占制造业工业总产值的14.99%，比重较大。从空间上看，通过产业的转移、集聚，江苏省苏中、苏北地区信息产业分布较散，苏南地区初步形成电子信息产业聚集带。

表5.20　2002～2007年江苏省28个制造业增加值比重变化情况

行业	2002年	2003年	2005年	2006年	2007年	行业	2002年	2003年	2005年	2006年	2007年
H1	0.091	0.074	0.061	0.059	0.055	H15	0.094	0.107	0.107	0.102	0.092
H2	0.059	0.061	0.046	0.043	0.038	H16	0.318	0.36	0.355	0.365	0.354
H3	0.063	0.064	0.064	0.06	0.054	H17	0.107	0.11	0.117	0.131	0.121
H4	0.054	0.068	0.072	0.078	0.074	H18	0.132	0.132	0.125	0.12	0.114
H5	0.231	0.236	0.231	0.233	0.216	H19	0.093	0.082	0.082	0.076	0.073
H6	0.186	0.174	0.213	0.218	0.203	H20	0.085	0.093	0.121	0.118	0.127
H7	0.084	0.113	0.068	0.065	0.066	H21	0.093	0.088	0.088	0.092	0.083
H8	0.136	0.144	0.154	0.16	0.144	H22	0.16	0.198	0.17	0.177	0.168
H9	0.079	0.066	0.057	0.057	0.048	H23	0.197	0.181	0.163	0.168	0.16
H10	0.124	0.116	0.11	0.114	0.112	H24	0.145	0.139	0.136	0.129	0.126
H11	0.072	0.073	0.077	0.073	0.073	H25	0.081	0.081	0.083	0.087	0.086
H12	0.159	0.144	0.151	0.158	0.147	H26	0.154	0.147	0.15	0.16	0.159
H13	0.045	0.053	0.031	0.033	0.04	H27	0.136	0.176	0.209	0.197	0.212
H14	0.164	0.161	0.17	0.172	0.171	H28	0.143	0.132	0.147	0.161	0.164

资料来源：《江苏统计年鉴（2003～2008）》

二、江苏省制造业集群分析

根据产业集群的定义和特点，选择四个指标体系，这些指标都能较好地反映产业集聚状况及产业间的关系。

（一）集聚程度指标

产业规模区位熵也称区域规模的优势指数，表示该地区该行业的规模在全国的位置。

其表达式为

$$LQ_{ij} = \frac{X_{ij} \Big/ \sum_i X_{ij}}{\sum_j X_{ij} \Big/ \sum_i \sum_j X_{ij}} \tag{5.5}$$

区位商是指一个地区特定部门的产值在地区工业总产值中所占的比重与全国该部门产值在全国工业总产值中所占比重之间的比值。区位商大于 1，可以认为该产业是地区的专业化部门，区位商越大，专业化水平越高，也可在一定程度上反映产业区域集群的联系（表 5.21）。

表 5.21　江苏省制造业区位熵

制造业	区位商	制造业	区位商
农副食品加工业	0.455	化学纤维制造业	2.323
食品制造业	0.247	橡胶制品业	0.885
饮料制造业	0.454	塑料制品业	0.743
烟草加工业	0.413	非金属矿物制品业	0.553
纺织业	1.467	黑色金属冶炼及压延加工业	1.012
纺织服装、鞋、帽制造业	1.514	有色金属冶炼及压延加工业	0.769
皮革、毛皮、羽毛（绒）及其制品业	0.429	金属制品业	1.212
木材加工及木、竹、藤、棕、草制造业	1.004	通用设备制造业	1.195
家具制造业	0.313	专用设备制造业	0.990
造纸及纸制品业	0.797	交通运输设备制造业	0.801
印刷业和记录媒介的复制	0.543	电气机械及器材制造业	1.330
文教体育用品制造业	1.144	通信设备、计算机及其他电子设备制造业	1.612
石油加工、炼焦及核燃料加工业	0.331	仪器仪表及文化、办公用机械制造业	1.751
化学原料及化学制品制造业	1.320	工艺品及其他制造业	0.491
医药制造业	0.805	废弃资源和废旧材料回收加工业	0.704

资料来源：《江苏统计年鉴 2010》和《中国统计年鉴 2010》

（二）科技创新指标

比较劳动生产率即一个部门的产值比重同在此部门就业的劳动力比重的比率，它反映该部门 1%的劳动力所生产的产值在整个国民生产总值中的比重。该比率的高低反映了技术水平的高低，预示着区域经济发展的方向。

其表达式为

$$RI_{ij} = \frac{G_{ij}/L_{ij}}{G_i/L_i} \tag{5.6}$$

其中，RI_{ij}是比较劳动生产率；G_{ij}是增加值；L_{ij}是劳动力从业人数；G_i是各产业总的增加值，L_i指的是各产业总的劳动力从业人数（表 5.22）。

表 5.22　江苏省制造业比较劳动生产率

制造业	比较劳动生产率	制造业	比较劳动生产率
农副食品加工业	1.230	化学纤维制造业	1.339
食品制造业	0.838	橡胶制品业	0.926
饮料制造业	1.514	塑料制品业	0.685
烟草加工业	23.628	非金属矿物制品业	0.916
纺织业	0.622	黑色金属冶炼及压延加工业	2.443
纺织服装、鞋、帽制造业	0.411	有色金属冶炼及压延加工业	1.660
皮革、毛皮、羽毛（绒）及其制品业	0.458	金属制品业	0.877
木材加工及木、竹、藤、棕、草制造业	0.693	通用设备制造业	0.919
家具制造业	0.507	专用设备制造业	0.887
造纸及纸制品业	1.395	交通运输设备制造业	1.332
印刷业和记录媒介的复制	0.742	电气机械及器材制造业	1.153
文教体育用品制造业	0.476	通信设备、计算机及其他电子设备制造业	0.844
石油加工、炼焦及核燃料加工业	6.640	仪器仪表及文化、办公用机械制造业	1.014
化学原料及化学制品制造业	1.736	工艺品及其他制造业	0.590
医药制造业	1.494	废弃资源和废旧材料回收加工业	0.941

资料来源：《江苏统计年鉴 2010》

（三）产业关联指标

链关联系数反映的是企业与企业之间有联合生产的情况，表示产业链的活动。在产业集群中，大部分企业既充当要素的生产者，又充当市场的消费者。链关联系数 $L=I_i/I$，其中 I_i代表工业产值，I代表工业总产值。这个系数表示了某一产业的产值占工业总产值的比例，能够反映企业的产业链的活动强弱（表 5.23）。

表 5.23　江苏省制造业链关联系数

制造业	链关联系数	制造业	链关联系数
农副食品加工业	0.027	化学纤维制造业	0.019
食品制造业	0.005	橡胶制品业	0.009
饮料制造业	0.007	塑料制品业	0.017
烟草加工业	0.004	非金属矿物制品业	0.029
纺织业	0.070	黑色金属冶炼及压延加工业	0.090
纺织服装、鞋、帽制造业	0.033	有色金属冶炼及压延加工业	0.033
皮革、毛皮、羽毛（绒）及其制品业	0.006	金属制品业	0.041
木材加工及木、竹、藤、棕、草制造业	0.012	通用设备制造业	0.068
家具制造业	0.002	专用设备制造业	0.035
造纸及纸制品业	0.014	交通运输设备制造业	0.070
印刷业和记录媒介的复制	0.003	电气机械及器材制造业	0.094
文教体育用品制造业	0.006	通信设备、计算机及其他电子设备制造业	0.150
石油加工、炼焦及核燃料加工业	0.015	仪器仪表及文化、办公用机械制造业	0.019
化学原料及化学制品制造业	0.102	工艺品及其他制造业	0.005
医药制造业	0.016	废弃资源和废旧材料回收加工业	0.002

资料来源：《江苏统计年鉴 2010》

（四）开放程度指标

出口依存度是指一个国家的出口贸易总额占其 GDP 的比重。因为数据有限，本书选择地区生产总值和出口交货值这两个指标来近似的表示出口依存度，反映的是某一产业的对外依存状况（表 5.24）。

表 5.24　江苏省制造业出口依存度

制造业	出口依存度	制造业	出口依存度
农副食品加工业	0.003 6	化学纤维制造业	0.006 7
食品制造业	0.002 1	橡胶制品业	0.009 7
饮料制造业	0.000 3	塑料制品业	0.012 6
烟草加工业	0.000 14	非金属矿物制品业	0.007 2
纺织业	0.046 4	黑色金属冶炼及压延加工业	0.012 8
纺织服装、鞋、帽制造业	0.040 8	有色金属冶炼及压延加工业	0.006 3
皮革、毛皮、羽毛（绒）及其制品业	0.009 4	金属制品业	0.018 2
木材加工及木、竹、藤、棕、草制造业	0.008 9	通用设备制造业	0.030 2

续表

制造业	出口依存度	制造业	出口依存度
家具制造业	0.004 4	专用设备制造业	0.019 6
造纸及纸制品业	0.007 8	交通运输设备制造业	0.072 6
印刷业和记录媒介的复制	0.001 9	电气机械及器材制造业	0.069 7
文教体育用品制造业	0.012 0	通信设备、计算机及其他电子设备制造业	0.458 3
石油加工、炼焦及核燃料加工业	0.000 6	仪器仪表及文化、办公用机械制造业	0.027 2
化学原料及化学制品制造业	0.042 5	工艺品及其他制造业	0.005 8
医药制造业	0.007 7	废弃资源和废旧材料回收加工业	0.000 01

资料来源：《江苏统计年鉴 2010》

本书采用 AHP 层次分析法来确定各指标的权重。权重确定后，根据所确定的权重，确定综合指数用以对 30 个产业排序，可以分析江苏省存在哪些优势产业集群。

用 Yaahp 层次分析软件得到的区位商权重为 0.574，比较劳动生产率的权重为 0.134，链关联系数权重为 0.143，出口依存度权重为 0.149。由以上表格数据以及确定的权重求出综合指数（表 5.25）。

表 5.25　江苏省制造业产业集群综合指数

制造业	综合指数	制造业	综合指数
农副食品加工业	0.430	化学纤维制造业	1.517
食品制造业	0.255	橡胶制品业	0.634
饮料制造业	0.464	塑料制品业	0.523
烟草加工业	3.392	非金属矿物制品业	0.445
纺织业	0.942	黑色金属冶炼及压延加工业	0.922
纺织服装、鞋、帽制造业	0.935	有色金属冶炼及压延加工业	0.669
皮革、毛皮、羽毛（绒）及其制品业	0.310	金属制品业	0.822
木材加工及木、竹、藤、棕、草制造业	0.672	通用设备制造业	0.823
家具制造业	0.248	专用设备制造业	0.695
造纸及纸制品业	0.647	交通运输设备制造业	0.659
印刷业和记录媒介的复制	0.412	电气机械及器材制造业	0.941
文教体育用品制造业	0.723	通信设备、计算机及其他电子设备制造业	1.128
石油加工、炼焦及核燃料加工业	1.078	仪器仪表及文化、办公用机械制造业	1.148

续表

制造业	综合指数	制造业	综合指数
化学原料及化学制品制造业	1.011	工艺品及其他制造业	0.362
医药制造业	0.665	废弃资源和废旧材料回收加工业	0.530

资料来源：《江苏统计年鉴2010》和《中国统计年鉴2010》

综合江苏省经济发展实际和计算结果，本书认为，江苏省制造业存在如下的产业集群：黑色金属冶炼及压延加工业，烟草加工业，化学纤维制造业，纺织业，电气机械及器材制造业，仪器仪表及文化、办公用机械制造业，通信设备、计算机及其他电子设备制造业，石油加工、炼焦及核燃料加工业，化学原料及化学制品制造业，纺织服装、鞋、帽制造业。

三、江苏省制造业转移与集群的耦合性分析

如前所述，区域产业转移与产业集群在形成机制、发展目标、演化路径等方面具有诸多契合点。首先，区域产业转移和产业集群的内力机制均在于企业的逐利性。追求更多的利润是企业进行产业转移与产业集群的内在动力。成本的增加、市场的萎缩、政府政策的不利等都会降低企业的利润，迫使企业进行产业转移。因此，区域产业转移与产业集群在形成机制方面具有契合点。其次，产业集群会产生诸多优势，学者已经全面地论述了产业集群的优势，优势包括资源优势、规模效益、范围经济、交易成本优势、创新优势。产业集群产生的各种优势会增强各企业的竞争力，降低成本，提高利润。这些优势既是产业集群产生的原因，也是区域产业转移的产生的部分原因。因此，区域产业转移与产业集群的发展目标之间存在契合点。最后，产业转移是企业发展的重要策略，产业转移到有利的区位，如特定的产业集群（或形成产业集群），转移企业可以获得资源优势、劳动力优势、交通优势、市场优势、资金优势、技术优势等，从而形成“吸引发达地区产业转移加入产业集群—集群成长—集群衍生繁殖—形成更多新的产业集群—吸引更多高质量的产业转移”的协调发展效应。因此，区域产业转移与产业集群的演化路径之间存在契合点。

在这些契合点的共同作用下，区域产业转移与产业集群之间相互影响，相互促进，最终产生耦合关系。本书利用产业增加值和产业集群综合指数之间的关系来定量刻画两者之间的耦合性关系。

如图5.9和图5.10所示，可以发现，产业增加值和产业集群综合指数之间呈明显正相关，进一步分析发现，两者之间存在一定的幂函数关系，其相关系数为0.520。所以产业集聚到一定程度时将促使产业转移。

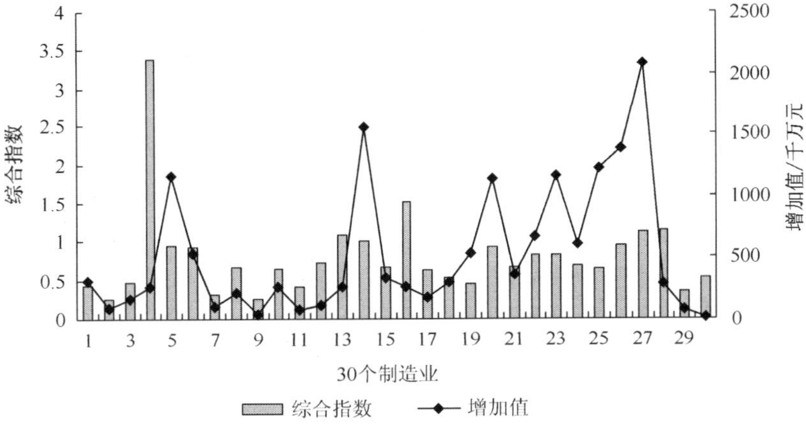

图 5.9 江苏省 30 个制造业转移与集群综合指数

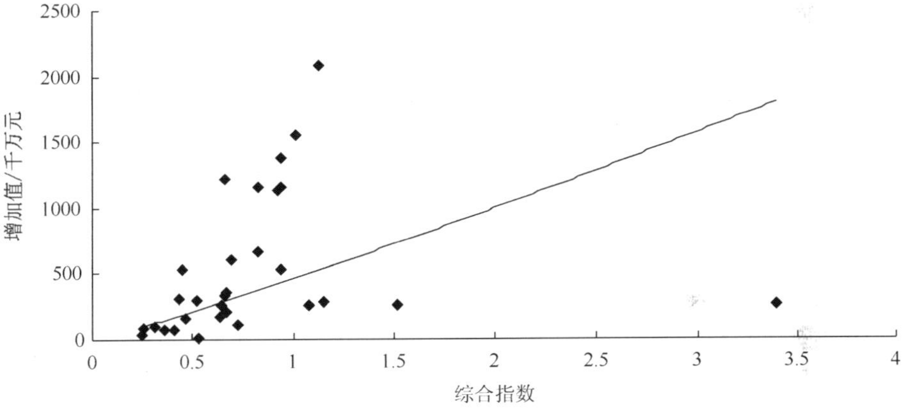

图 5.10 江苏省 30 个制造业转移与集群综合指数之间的函数关系

第六节 苏北承接产业转移与产业集群耦合的时空协调性分析

一、产业转移与产业集群耦合的时空协同性模型设计

由于区域产业转移与产业集群系统的发展具有其交错、动态和不平衡的特征。所以，建立耦合度模型可以更好地评判区域产业转移与产业集群交互耦合的协调程度，也是对该系统实施调控的前提条件。常用的计算协调性的方法是计算距离协调度的统计指标，就是测量系统间的距离，根据静态系统间的距离大小，来判断这些系统之间是否协调。

本书选择的方法是：以苏北的淮安市为案例，在求得淮安市产业转移与产业集群综合指数的基础上，对其发展水平做出基本判断，使用协整分析的方法，定量分析淮安市承接产业转移和产业集群的耦合程度。

协整分析（co-integration）基本思想在于，尽管两个或两个以上的变量序列为非平稳序列，但它们的某种线性组合却可能呈现稳定性，则这两个变量之间便存在长期稳定关系即协整关系。如果两个变量都是单整变量，只有当它们的单整阶数相同时才可能协整。协整的意义在于它揭示了变量之间是否存在一种长期稳定的均衡关系。满足协整的经济变量之间不能相互分离太远，一次冲击只能使它们短时内偏离均衡位置，在长期中会自动恢复到均衡位置。协整概念的提出为在两个或者多个非平稳变量间寻找均衡关系以及用存在协整关系的变量建立误差修正模型奠定了理论基础。

（一）评价指标的选择及数据来源

指标体系的确立是进行区域产业转移—产业集群系统时空协调性评估的前提和基础。由于产业运动系统的复杂性，模型指标体系的确立应本着如下原则：一是科学性原则，即指标概念必须明确，且具有一定的科学内涵，能够度量和反映区域产业转移—产业集群耦合的发展特征；二是系统性原则，即指标体系要充分考虑产业发展的系统性特征，并力求能够较全面地反映被评价两个子系统耦合的演变规律；三是主导性原则，即设置指标时应尽量选择那些有很强代表性的综合指标；四是层次性原则，即要尽量选择那些具有相对独立性、层次性明显的指标；五是可操作性原则，即选取的指标应具有较强的可测性和可比性，所需数据能够方便获得，计算方法也容易掌握。

鉴于有关产业转移、产业集群数据的缺失，本书选择替代性指标予以说明。根据前文的分析和调查问卷所反映的产业转移核心动因以及 Kelly 和 Philippatos（1982）和 2000 年零点调查、前进策略与《智囊》杂志合作对于全国 10 个开发区内 529 位区内投资者的意见调查等的研究结论，本书选取了 5 个指标，分别表征影响区域产业转移的 5 个最重要方面；产业集群的有关指标按照波特“钻石模型”的 6 个组成要素，选择 6 个替代性指标加以分析。相关数据均来源于历年《淮安市统计年鉴》和《江苏统计年鉴》。

按照前文分析，产业发展的利益之差是产业转移的根本动力，而这种差值取决于移出地与承接地之间的成本和市场的综合比对的结果。成本压力取决于移出地与承接地之间土地、劳动力等生产要素成本以及劳动生产率、基础设施、环境保护等产业生产经营成本的差值。市场拉力则反映为区域间的贸易壁垒和移出地与承接地之间市场需求大小的差值，考虑到省域内的产业贸易很小几可忽略，市场需求大小可以人均 GDP 和人口规模代为表征，因为较高的收入水平和较大的人口规模本身就可带来强劲的市场需求。

因此，有关产业转移的分析，本书选取在岗职工平均工资、在岗职工人数、劳动生产率、每万元 GDP 能耗和人均道路面积 5 个指标（表 5.26）。其中，在岗职工人数反映的是承接区域的劳动力供给状况，是影响转移产业能否获取比较优势的核心因素之一；在岗职工平均工资反映的是承接区域的劳动力成本；劳动生产率反映的是转移产业在承接地的生产成本；每万元 GDP 能耗是环境保护成本的反映；人均道路面积则是产业经营成本的综合反映。各指标的重要性程度依据德尔菲法和 Kelly 和 Philippatos（1982）以及零点调查等的研究结论综合确定。

表 5.26　淮安市承接产业转移评价指标

评价指标	序号	权重
在岗职工平均工资/（元/人）	Z1	0.2303
在岗职工人数/万人	Z2	0.4545
劳动生产率/（元/人）	Z3	0.1483
每万元 GDP 能耗/吨标准煤	Z4	0.0918
人均道路面积/（平方米/人）	Z5	0.0751

有关产业集群发展状况的分析，本书选取制造业区位熵、工业企业数量、规模以上工业总产值、各类技术人员占从业人员比重、每 10 万人申请专利数和人均邮电业务总量 6 个指标（表 5.27）。其中，制造业区位熵反映产业集中化程度，是产业集群能否形成的核心指标之一；工业企业数量既是企业战略与竞争的表征，也是产业集群的相关支持性产业情况的反映；规模以上工业总产值反映的是产业集群的规模经济方面；各类技术人员占从业人员比重、人均邮电业务总量分别表征承接地的生产要素、需求条件及机会、政府作用等。

表 5.27　产业集群发展评价指标

评价指标	序号	权重
制造业区位熵	J1	0.4632
工业企业数量/个	J2	0.2081
各类技术人员占从业人员比重/%	J3	0.0716
每 10 万人申请专利数/（件/10 万人）	J4	0.0627
规模以上工业总产值/亿元	J5	0.1395
人均邮电业务总量/（元/人）	J6	0.0549

（二）指标权重的确定

在评价指标已经选择的基础上，确定各指标的权重是关键问题。权数值的确定直接影响着综合评价的结果，权数值的变动可能引起被评价对象优劣顺序的改变。因此，科学地确定指标权数在多指标综合评价中是举足轻重的。为了能较科学地确定出各个指标对总体目标的贡献度，我们采用美国运筹学家 T.L.Saaty 提出的层次分析法（analytic hierarchy process，AHP）。

AHP 决策分析法，是一种将决策者对复杂问题的决策思维过程模型化、数量化的过程。通过这种方法，可以将复杂问题分解为若干层次和若干因素，在各因素之间进行简单的比较和计算，就可以得出不同方案重要性程度的权重，从而为决策方案的选择提供依据。层次分析法的本质是一种决策思维方式，把决策规划过程中定性分析与定量分析有机地结合起来，用一种统一方式进行优化处理。

其工作步骤如下。

（1）构建指标体系的递阶层次。即按照评估指标体系的基本关系构建指标的递阶层次。即将问题分为若干组成部分或元素，按照属性的不同把这些元素分成若干组，每一组构成一个层次，层次之间互不相交。同一层次的元素作为准则，对下层次的全部或部分元素起支配作用，同时它又受上一层次元素的支配，因而形成了自上而下的逐层支配关系的递阶层次结构形式。

（2）建立两两判断矩阵。这一个步骤是 AHP 决策分析中一个关键的步骤。判断矩阵表示针对上一层次中的某元素而言，评定该层次中各有关元素相对重要性程度的判断，其形式如下：

A_k	B_1	B_2	$\cdots$	B_n
B_1	b_{11}	b_{12}	$\cdots$	b_{1n}
B_2	b_{21}	b_{22}	$\cdots$	b_{2n}
$\vdots$	$\vdots$	$\vdots$		$\vdots$
B_n	b_{n1}	b_{n2}	$\cdots$	b_{nn}

其中，b_{ij} 表示对于 A_k 而言，元素 B_i 对 B_j 的相对重要性程度的判断值。b_{ij} 一般取 1，3，5，7，9 这 5 个等级标度，其意义见表 5.28。

表 5.28　相对重要性标度

标度	定义
1	i 因素与 j 因素相同重要
3	i 因素与 j 因素略重要
5	i 因素与 j 因素较重要
7	i 因素与 j 因素非常重要
9	i 因素与 j 因素绝对重要
2，4，6，8	为以上两判断之间的中间状态对应的标度值
倒数	若 i 因素与 j 因素比较，得到判断值为 $a_{ij}=1/a_{ji}$，$a_{ii}=1$

（3）层次单排序。对于判断矩阵 $\boldsymbol{B}$，计算满足：

$$\boldsymbol{BW}=\lambda_{\max}\boldsymbol{W} \tag{5.7}$$

的特征根和特征向量。在式（5.7）中，$\lambda_{\max}$ 为判断矩阵 $\boldsymbol{B}$ 的最大特征根，$\boldsymbol{W}$ 为对应于 $\lambda_{\max}$ 的正规化特征向量，$\boldsymbol{W}$ 的分量 $\boldsymbol{W}_i$ 就是对应元素单排序的权重值。

为了检验判断矩阵的一致性，需要计算它的一致性指标：

$$\mathrm{CI}=\frac{\lambda_{\max}-n}{n-1} \tag{5.8}$$

在式（5.8）中，当 CI＝0 时，判断矩阵具有完全一致性；反之，CI 越大，就表示判断矩阵的一致性就越差。

将 CI 与平均随机一致性指标 RI 进行比较，一般而言，当

$$\mathrm{CR}=\frac{\mathrm{CI}}{\mathrm{RI}}<0.10 \tag{5.9}$$

时，就认为判断矩阵具有令人满意的一致性；否则，当 CR≥0.1 时，就需要调整判断矩阵，直到满意为止。

（4）层次总排序，即利用同一层次中所有层次单排序的结果，计算针对上一层次而言，本层次所有元素的重要性权重值。为了评价层次总排序结果的一致性，类似于层次单排序，也需要进行一致性检验。当 CR＜0.10 时，则认为层次总排序的结果具有令人满意的一致性；否则，就需要对本层次的各判断矩阵进行调整。

对各项指标进行加权综合，获得综合指数，计算公式如下：

$$K=\sum_{i=1}^{n}(a_i/b_i\times w_i) \tag{5.10}$$

其中，K 为综合指数（区域产业转移或产业集群综合指数）；a_i 为第 i 个指标的实际值；b_i 是第 i 个指标的标准值；w_i 是第 i 个指标的单项权重；n 为指标个数。

计算各单项指标的实现程度时，由于原始数据中存在正指标和逆指标，计算时需区别对待。若指标为正指标，用该指标除以目标值；若指标为逆指标，则用目标值除以该指标值。

二、淮安市承接产业转移和产业集群耦合协调性的度量

对各项指标进行加权综合，获得综合指数，计算公式如下：

$$K = \sum_{i=1}^{n}(a_i / \overline{a} \times w_i) \tag{5.11}$$

其中，K 为承接产业转移或产业集群发展综合指数；a_i 为第 i 个指标的实际值；a 是 10 年来第 i 个指标的平均值；w_i 是第 i 个指标的单项权重；n 为指标个数。

计算各单项指标的实现程度时，由于原始数据中存在正指标和逆指标，计算时需区别对待。若指标为正指标，用该指标除以平均值；若指标为逆指标，则用平均值除以该指标值。计算而得到淮安市承接产业转移综合指数和产业集群发展综合指数（1999～2009 年）见表 5.29 和表 5.30。

表 5.29 淮安市承接产业转移综合指数

1999 年	2000 年	2001 年	2002 年	2003 年	2004 年	2005 年	2006 年	2007 年	2008 年	2009 年
0.8155	0.8154	0.8368	0.8810	0.9005	0.9282	0.9670	1.0354	1.1541	1.2923	1.3736

表 5.30 淮安市产业集群发展综合指数

1999 年	2000 年	2001 年	2002 年	2003 年	2004 年	2005 年	2006 年	2007 年	2008 年	2009 年
0.6461	0.7085	0.7598	0.7920	0.8337	0.9005	1.0212	1.1560	1.2940	1.3053	1.5829

协整的经济意义在于两个变量虽然具有各自的长期波动规律，但如果是协整的，那么它们之间存在着一个长期稳定的比例关系。协整检验根据检验对象可分为基于模型回归系数的协整检验和基于模型回归残差的协整检验，本书采用的是后一种检验方法，其协整检验的思想是对回归方程的残差进行单位根检验，若残差序列是平稳序列，则表明方程的因变量和解释变量之间存在协整关系。

从时序图（图 5.11）上可以看出，淮安市承接产业转移综合指数和产业集群发展综合指数随时间呈明显的增长趋势，同时变动趋势基本一致，说明两者之间

可能存在协整关系。但是否真正存在上述关系，还需要加以检验。

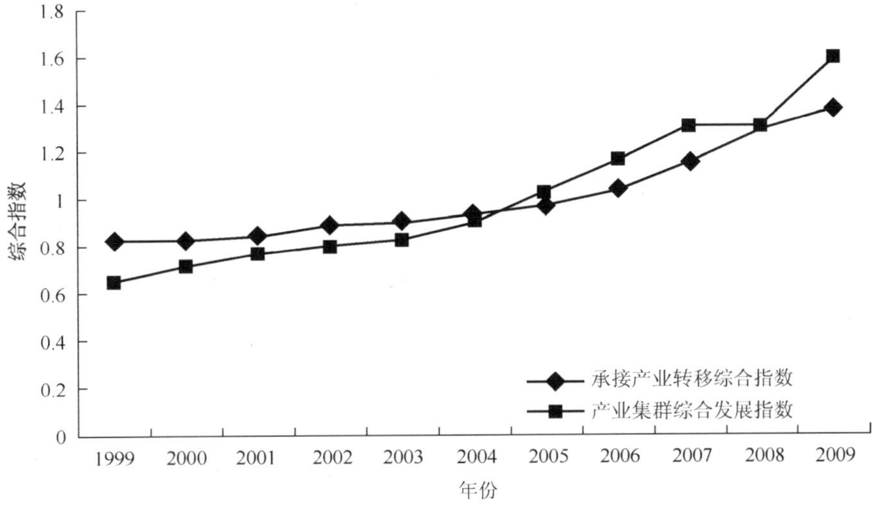

图 5.11　淮安市承接产业转移指数和产业集群综合发展指数时序图

（一）单位根检验

大多数经济时间序列都是非平稳的，取得时间序列的样本数据时，首先的问题是判断它的平稳性，本书采用 ADF 检验法进行单位根检验。对于一个变量少的平稳性 ADF 检验，是建立在以下公式基础上的：

$$\Delta y_t = c + \beta t + \delta y_{t-1} + \sum_{j=1}^{p} \lambda_j \Delta y_{t-1} + u_t \qquad (5.12)$$

其中，c 为常数项；β 为时间趋势项；j 是独立变量的滞后期阶段，它应该足够期长以适于白噪声（即均值为 0，方差不变的稳定随机序列）的误差影响。在给定 ADF 临界值的显著水平下，如果参数 δ 显著地为零，则序列 Y 存在单位根，说明是非平稳的，原假设 H_0：$\delta=0$ 序列有一个单位根（非平稳）。利用相同的程序对第一阶差分数列 Δyt，重复运算，必要时进行更高阶的差分计算，直到一组稳定的数列取得为止。如果变量的 n 阶差分是平稳的，则称此变量是 n 阶单整，记为 $I(n)$，所有变量同阶单整是变量之间存在协整关系的必要条件。

使用 ADF 方法，依据 AIC 和 SC 准则，同时考虑 SE 的大小，选择不同的滞后期，进行单位根检验，结果见表 5.31。

表 5.31　各变量的 ADF 检验结果

检验序列	检验类型（*C*，*T*，*K*）	检验 *t* 统计量	概率值	5%临界值	结论
ZY	（*C*，*T*，1）	−1.2361	0.8327	−4.1078	不平稳
ZY_diff_1	（*C*，*T*，1）	−3.1434	0.1668	−3.2598	不平稳
ZY_diff_2	（*C*，0，1）	−2.1861	0.0369	−1.9959	平稳
JQ	（*C*，*T*，1）	−0.5512	0.9496	−4.1078	不平稳
JQ_diff_1	（*C*，*T*，1）	−3.9153	0.0628	−3.2598	不平稳
JQ_diff_2	（*C*，0，1）	−4.7256	0.0005	−1.9959	平稳

注：①diff_1 和 diff_2 分别表示一阶差分序列和二阶差分序列；②检验类型（*C*，*T*，*K*）中的 *C*，*T* 分别表示是否包含截距项和时间趋势，*K* 表示滞后阶数

由表 5.31 可得，淮安市承接产业转移综合指数和产业集群综合发展指数均为非平稳序列，两者的一阶差分仍为非平稳序列。继续对两者的二阶差分序列进行 ADF 检验发现，ADF 检验值小于给定的临界值，达到置信水平 95%以上的平稳性，可以认为淮安市承接产业转移综合指数和产业集群发展指数有可能存在协整关系。

（二）协整检验

本书采用 Engle-Granger 法检验 LNIND 和 LNURB 的协整关系，可以分为两步进行。首先，用普通最小二乘法估计淮安市承接产业转移综合指数和产业集群综合发展指数之间的方程，得到的方程为

$$ZY=0.3685+0.6315\ \ JQ+et \qquad (5.13)$$

$$(7.2906)\ (12.9932)$$

$$R^2=0.9494，\text{Adjusted } R^2=0.9438，F=168\ 382\ 35，DW=1.6441$$

方程估计的参数都很显著，方程的拟合效果也比较好。产业集群综合发展指数系数符号为正，通过经济检验。

然后，检验 et 的单整性，查看残差序列是否平稳。通过对方程（5.13）的残差序列进行均值检验，发现残差的均值在统计上不显著地异于零。因此，对残差序列选择无截距项、无趋势项的 ADF 检验，结果见表 5.32。

表 5.32　残差序列的单位根检验结果

检验序列	检验 *t* 统计量	概率值	5%临界值	结论
et	−2.7244	0.0122	−σ1.9844	平稳

表 5.32 数据表明，拒绝 et 存在单位根假设，残差序列为平稳序列，故残差序列为单整，et～I（0）。根据协整关系的定义，可以认为序列淮安市承接产业转移综合指数和产业集群综合发展指数之间存在协整关系，即淮安市产业转移与产业集群之间存在长期均衡关系。

（三）耦合度分析

有学者提出借鉴物理学中的耦合度函数来，建立多个系统（或要素）相互作用的耦合度模型，即物理学中的容量耦合概念（capacitive coupling）及容量耦合系数模型。

设变量 u_i（i=1, 2, …, m；j=1, 2, …, n）表示一个系统，推广得到多个系统（或要素）相互作用的耦合度模型为

$$C_n = \left\{ \frac{(u_1 \times u_2 \times, \cdots, \times u_m)}{\prod (u_i + u_j)} \right\}^{\frac{1}{n}} \tag{5.14}$$

其中，耦合度值 $C \in [0, 1]$。由于所要度量的是由产业转移和产业集群两个子系统构成的耦合度模型，所以 n 取 2。即产业集群和产业转移耦合度函数可以简化为

$$C = \left\{ \frac{u_1 \times u_2}{(u_1 + u_2) \times (u_1 + u_2)} \right\}^{\frac{1}{2}} \tag{5.15}$$

显然，耦合度值 $C \in [0, 1]$。根据系统耦合度值的变化可分为以下六种类型。

（1）当 C=0 时，产业转移与产业集群耦合度极小，系统之间处于无关状态且向无序发展。

（2）当 $C\in$（0，0.3]时，产业转移与产业集群系统的发展处于较低水平的耦合阶段，产业转移则基本处于无序状态，而产业集群尚处于萌芽期。

（3）当 $C\in$（0.3，0.5]时，产业转移与产业集群系统的耦合处于开始时期，即产业集群已处于发展初期，由于产业集聚化趋势明显，专业化水平有所上升，交易成本趋于下降，开始吸引相关转移产业向相集中。

（4）当 $C\in$（0.5，0.8]时，产业转移与产业集群系统的耦合进入磨合阶段，两者间开始良性耦合，即产业集群进入稳定发展期，产业集聚优势凸显，进一步吸引转移产业进入。

（5）当 $C\in$（0.8，1.0）时，产业集群与产业转移系统处于高水平的耦合阶段，此时，产业集群处于成熟时期，因产业转移形成的产业集群开始逐步融入原有集群，系统步入良性循环阶段。

（6）当 C=1 时，产业转移与产业集群系统的耦合度最大，系统之间达到良性共振耦合且趋向新的有序结构。当然，由于政策及突变因素影响以及产业转移、

产业集群自身周期因素的叠加，系统有可能退化到以前的耦合阶段，或者进入新的耦合调整期（升级或转移）。

为了进一步说明淮安市承接产业转移与产业集群耦合的程度与水平，本书将前文算得的区域产业转移或产业集群综合指数，代入耦合度模型即可得到两者的耦合程度，并参考前人研究的基础上，根据均匀分布函数法拟定耦合度的类型及划分标准，对淮安市承接产业转移与产业集群耦合的程度进行等级划分。计算结果显示（图 5.12），淮安市承接产业转移与产业集群耦合度一直徘徊在（0.3，0.5]区间范围内，处于开始阶段，即淮安市产业集群已处于发展初期，其产业集聚发展趋势明显，专业化水平有所上升，交易成本趋于下降，开始吸引相关转移产业向相集中。

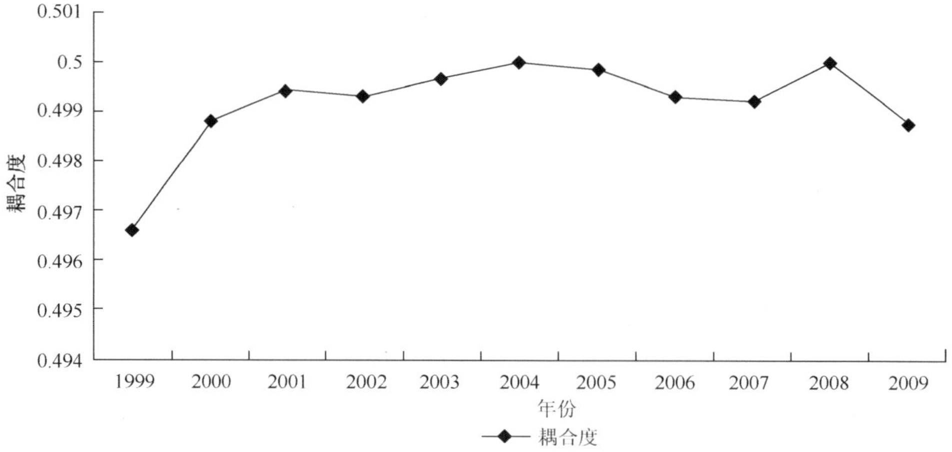

图 5.12　淮安市承接产业转移与产业集群耦合度的动态演变

这一结论和前文的有关定量分析的结果不谋而合。当然，需要指出的是，虽然新经济地理学比较重视数学模型的研究，但在经验应用方面的研究还处于探索阶段。诚如 Ottaviano 和 Puga（1991）在相关研究中所总结的那样，新经济地理学者对空间集聚模型的验证还处于初级阶段。事实上，经验应用既少也很琐碎，但这并不奇怪，因为这些数学模型过于抽象化、简单化和理想化，经验应用并不容易。而且，许多研究内容缺少变化或被忽略，使模型对现实问题缺乏说服力。因此，经验验证也多是间接的。

第六章　区域产业转移与产业集群耦合的调查分析：淮安市为例

从科学研究与求解问题的角度，调查是研究的基础，研究是进一步深入调查的前提，两者相辅相成，缺一不可。没有调查获得的大量企业信息，也就无法准确进行产业发展分析研究。没有研究，就无法有的放矢地继续深入地进行系统企业调查，也难以深入到产业发展的本质中去，很难判断产业转移、产业集群的真相，得出科学结论。前文对区域产业转移与产业集群的耦合关系进行了宏观、中观层面的理论分析，并设计了定量分析的方法体系，但就微观的企业主体而言需要系统廓清在一定约束条件下“企业为何转移”“何时转移何产业”“如何转移”“转移到何地”以及“转移有何效应”等问题；企业集群研究则需廓清“集群为何成长”“何时成长何集群”“集群如何成长与发展”“何地成长何集群”以及“集群有何效应”等问题。显然，上述问题的逐一调查、研究及对应关系的分类梳理是区域产业转移与产业集群耦合存在条件研究的基础。

为此，本书从调查分析的角度，将重点就企业背景、转移原因、与当地协作企业、集群、政府关系等内容设计问卷并开展相关转移企业调查，在对有关转移企业的问卷调查数据分析的基础上，对前述理论分析和定量分析的结果进行再检验并优化前述模型。本章将以淮安市 84 家企业的问卷调查的实证分析为中心，验证现阶段淮安市承接区域产业转移和当地产业集群的协调发展的状况。

第一节　有关问卷调查的简要说明

本次调查以淮安市国家级经济技术开发区、涟水、盱眙、洪泽四县四区共 6 个省级以上开发区为中心展开（考虑到石油机械产业本身的独特性及人员安排的局限性，金湖开发区未作调查），有效的调查涉及 84 家转移到淮安的企业近 100 位中高层以上管理人员（图 6.1）。分别从企业背景、企业来淮发展的原因及形式、与当地协作企业、集群、政府关系以及相关建议四大类计 36 项问题进行了问卷调查。本次调查问卷由课题组部分老师协同部分本科生在 2010 年暑假期间完成。

我们按如下程序确定了本次研究的对象和范围。首先是明晰淮安市已有产业集群的现状。依据是江苏省发展和改革委员会于 2007 年公布的列入江苏省

图 6.1　淮安市主要产业集群的区域分布

重点培育产业集群名录的淮安市 6 大产业集群（淮安施河教学具产业集群、楚州针纺织产业集群、淮阴木业产业集群、金湖石油机械产业集群、眙盱食品加工产业集群、洪泽纺织业集群）和 2009 年淮安市发改委公布的淮安市 8 个特色产业区（盱眙的食品加工、凹土、洪泽县的纺织服装、涟水县的化纤、金湖县的石油机械、楚州区的针纺织、教学具、淮阴区的木业加工等特色产业），以及淮特钢、化学工业和电子信息产业等三大千亿元产业建设项目、淮阴卷烟厂、今世缘酒业集团（百亿元企业）等以特大型企业为龙头已经发展起来的产业集群。

基于以上分析，淮安市产业集群的数量大致在 12 个左右。考虑到钢铁企业的特殊性（主要依靠特大型企业，集群网络并不发达），未列入本次调查对象。

其次，划定调查企业的范围。以拟调查开发区的行业规模企业（根据工商登记的企业规模信息确定）附近 1 千米为半径范围内的转移企业为调查对象，通过淮安市工商局提供的企业名录取得详细企业名单，并随机抽取拟调查的企业约 400 个。

为了保证调查的实际有效，我们选择了淮安市经济开发区的10家企业进行了预调查，并在此基础上完善了调查问卷。同时，我们还对调查员进行了集中培训，以确保调查问卷的质量。采取等距抽样和用点对点当面调查方式，本次调查共发放问卷150份，收回有效问卷84份，问卷有效率为56%，调查结束以后，由本课题组成员对所得到的问卷进行进一步的检查和甄别，对于存在空白（大多数在“贵企业来本地发展前所在地”一栏未准确填写，占无效问卷的60%以上）、错误以及其他问题的问卷，均作为无效问卷处理，并将合格的问卷输入，借助SPSS软件形成数据库。

第二节　移入企业的基本情况描述

表6.1～表6.6分别反映了被调查的84家移入企业的所有制分布、产业分布、通过相关认证情况、企业来源的空间分布和企业规模分布（职工规模和产值规模）等情况。

表6.1　企业所有制性质

企业所有制性质	频数	百分比/%
港资	2	2.4
台资	5	6.0
外资	12	14.3
民营	57	67.9
其他	6	7.1

表6.2　企业的主营业务、产品

产品类型	频数	百分比/%
电子信息	3	3.6
电器机械	16	19.3
纺织服饰	17	20.5
制鞋	2	2.4
家具	3	3.6
食品	4	4.8
化工	38	45.8

表 6.3 是否通过 ISO 认证

是否通过 ISO 认证	频数	百分比/%
是	55	67.1
否	25	30.5
其他	2	2.4

表 6.4 企业来本地发展前所在地

地区	频数	百分比/%
苏南	23	27.4
长三角（不含苏南）	20	23.8
其他省份（含台湾）	33	39.3
境外	8	9.5

表 6.5 企业人数

企业人数	频数	百分比/%
2000 人以上	14	16.7
300～2000 人	32	38.1
300 人以下	38	45.2

表 6.6 企业年销售额

企业年销售额	频数	百分比/%
3000 万元以上	33	39.3
500 万～3000 万元	27	32.1
500 万元以下	24	28.6

表 6.1 反映的是通过产业转移进入淮安市的企业所有制分类。从调查数据看，民营企业占绝对数量（67.9%），其次为外资，占 14.3%，台资的比例为 6.0%（因大多数台资未接受调查，实际比例应高于这一数值），据此可以说明，在产业转移的过程中，相比于国有大中型企业，民营企业往往具有更大的转移灵活性；外资在淮安市承接的产业转移过程中有了一定的提升，已经初步形成了以韩泰轮胎为代表的日韩企业、以安特汽车为代表的欧美中小企业和以美的威灵电机为代表的民营企业等一批规模企业。需要特别指出的是，台资在淮安的发展有了长足的进步，2006 年成功引进了台湾鸿海集团总投资 22 亿美元的富士康淮安科技城项目。二期工程三家企业各增资近 1 亿美元，建筑面积达 90 万平方

米厂房即将竣工投产。继成功引进富士康淮安科技城项目之后，又成功引进了台湾明基集团的达方电子项目，台湾最大的家用电器生产商大同电子的锂电池项目，台玻华南玻璃有限公司的项目、纯碱及相关产品等项目。2005～2007 年台资企业数分别为 18 户、42 户、70 户。淮安经济开发区已逐渐成为外资尤其是台资企业密集区和品牌企业聚集区，目前落户的知名台资企业有：富士康、达方电子、大同电子、台玻集团等，以及配套企业等 300 余家。台资聚集高地，IT 产业集聚区正在加速形成。

表 6.2 是调查企业行业分布情况，样本企业以传统制造业为主，化工类企业最多，有效百分比为 45.8%，其次为纺织服饰与电器机械类企业。样本企业中除化工类、电子信息分别为资源密集型和资本密集型产业外，其余均为劳动密集型产业。淮安市产业集群仍然以劳动密集型产业为主的行业结构，而移入淮安的企业也正好迎合这一特征，具有较为显著的结构一致性特征。需要特别指出的是，电子信息产业所占的百分比较低不是因为移入淮安市的该类企业数量少，而是很多被调查对象（主要是台资企业）一般不是很配合调查的开展，虽尽种种努力，但接受调查的企业数量少之又少。

淮安正致力打造“中国盐都”，具有发展盐化工产业集群得天独厚的条件。岩盐资源探明储量 1350 亿吨（不包括洪泽湖底），居世界首位，且品位高、埋藏浅、品质优，盐层厚度达 100～200 米，卤水浓度在 300～320 克/立升，适宜大规模开发利用；淮安拥有华东最大的无水芒硝矿，已探明芒硝储量达 20 亿吨。基于此，化工类产业是淮安市重点打造的三大千亿元产业之一。近年来，淮安盐化工产业园区依托原有清江石化、安邦电化公司、华尔润化工、银珠化工、井神盐业等盐化工企业，以建设全产业链产业集群为导向，主动承接盐化工行业内大企业和产业链上下游企业的集群化转移。2007 年江苏省盐业集团的年产 60 万吨联碱及配套 24 万吨合成氨投资项目落户园区，项目总投资 15 亿元；2009 年，台玻集团的实联化工纯碱项目转移到淮安。台玻集团公司跻身世界十大浮法玻璃生产企业，玻璃纤维布的产销量居世界第三、亚洲第一，在淮实施的年产 100 万吨联碱项目是台玻集团历史上最大的投资项目，总投资将达 11.4 亿美元；2009 年，园区还先后承接了振亚有限公司投资转移的差别化纤维、安邦光气及下游产品香料化工、总投资 5 亿元的双阳苯胺、总投资 1.2 亿元的联润亚胺、总投资 1 亿元的兄弟胶粘剂、总投资 1.5 亿元的凯晨化工、总投资 1350 万美元的清鼎等项目的产业转移；2011 年，建滔（中国）投资有限公司 50 万吨烧碱等盐化工项目转移淮安，总投资 10 亿美元。随着这些大型“种子”企业的加入及逐步“嵌入”本土化发展，将源源不断地产部分外溢的知识、技术，或者人才的流动，这些部分外溢知识、技术的习得者和流动的人员将使本地企业大受裨益，于是，“种子”企业和本地企业凭借各自优势、通过彼此间的分工和合作，产业集群得以最终形成。

从调查情况看，样本企业的化工类业务和产品的百分比高达 45.8%也反映了这一现状，也充分说明，以寻求比较优势（获取资源）仍然是产业转移的基础动力，而寻求同类企业集中并获取产业集群的竞争优势则是吸引产业转移的核心动力。

表 6.3 反映企业是否通过 ISO 认证情况。获得权威机构的认证和证书，即表明获证企业已经进入了一个开放式的质量管理体系，使企业的任何活动有一个良好的理论指导基础，企业的工作效率可以大幅度提高，浪费得到控制等。因而可以认为，通过 ISO 认证是企业追求更高发展目标、提升自身竞争力的需要。从移入企业的情况看，来淮发展的企业通过 ISO 认证的有效百分比高达 67.1%，这些企业的融入可以在一定程度上提升淮安市企业素质，整体提升淮安市企业竞争力。

表 6.4 是样本企业转移来淮之前的区域分布情况。从样本企业的调查数据看，企业源地主要来自于长三角区域。其中，来自苏南的企业达到 23 家，有效百分比为 27.4%，长三角（不含苏南）的其他省份的 23.8%，两者合计占 51.2%。若扣除大量台资的在淮投资，则其他省份的转移企业比例明显偏低，境外的企业数量也较少。造成这一现状的原因有以下几点：首先，来自于苏南的转移企业较多和江苏省的政策安排不无关系。江苏省委、省政府为了平衡南北之间的巨大差距，先后制定了《关于进一步加快苏北地区发展的意见》和《关于加快南北产业转移的意见》，提出要充分发挥苏南地区支持苏北发展的积极作用，促进苏南与苏北对口帮扶（苏州—宿迁、南京—淮安、无锡—徐州、常州—盐城、镇江—连云港），采取以项目带人才、带资金、带技术的形式进行，进一步提升南北合作的层次。应该说，在制度力的影响下，“实行南北挂钩，促进区域共同发展”的战略决策有力地影响了苏南企业转移苏北机制的形成。其次，淮安市国际化水平和程度还较低，反映为外资企业的转移数量仅占 9.5%。此外，产业转移也距离衰减规律的影响，即随着距离的增加，转移而来的企业逐渐减少。

表 6.5 和表 6.6 分布反映样本企业的职工规模和产值规模。一般而言两者之间具有一定的内在一致性，从企业人数看，调查显示，这些企业人数在 300 人以下的最多，占 45.2%，2000 人以上的最少，仅占 16.7%，300～2000 人的企业也较多，占 38.1%。按照现行的企业规模分类标准，说明淮安承接的转移企业多是中小规模企业（300 人以下的为小型企业，300～2000 人的为中型企业，2000 人以上的为大型企业），两者合计占 83.3%。从企业产值看，企业年销售额在 3000 万元以上的最多，占 39.3%，500 万元以下的最少，占 28.6%，总体说明淮安市承接的转移企业产值规模均较大，多属规模以上产业。之所以两者出现偏差，原因在

于两个方面：一是考虑到被调查转移企业的实际情况（多是中小型企业），有关产值规模的设定范围值本身偏低。按照现行企业规模的产值划分标准，年销售额在30 000万元以上的方称之为大型企业，3000万～30 000万元为中型企业，而3000万元以下的为小型企业，因而设定了一个500万元（规模以上企业的下限标准）范围值。二是，部分转移企业属于资本密集型产业（如电子信息、化学工业等），企业人数虽少，但产值规模往往较大。

第三节　区域产业转移的动因和模式

基于对企业基本状况调查分析的基础上，以下将开始分析产业转移的动因，并以此检验现阶段产业转移的目标模式及其与产业集群之间的关系。

一、区域产业转移的动因

由于产业转移的宏观特征是由微观主体——企业区位选择决定的。所以，只有从产业（企业）区位选择的角度才能深入理解这一宏观特征形成的机理。加拿大经济地理学家Hayter（1997）提出地区位进入理论在解释企业国际化区位选择问题上具有较强地说服力，是这一领域的经典理论，能够为我们深入理解区域产业转移的区位选择特征带来启发。考虑到一国家内部产业区域转移与国际转移存在较大差异，本书借鉴并修改区位进入理论的分析框架，提出一个区域产业转移的一般分析框架（图6.2）。

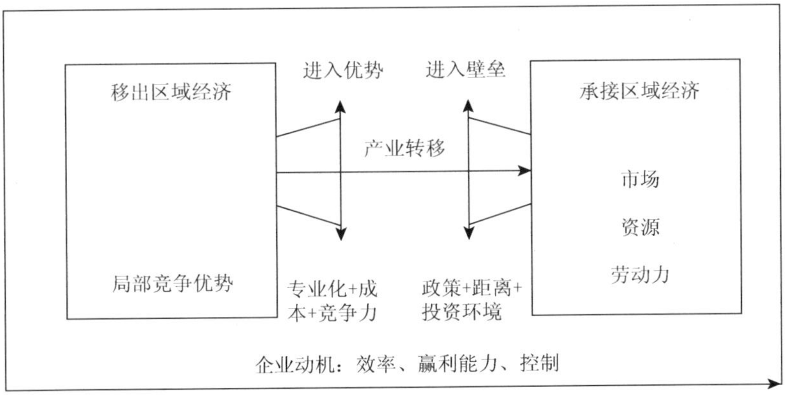

图6.2　进入优势与空间进入壁垒

资料来源：Hayter R，1997

Hayter（1997）提出区位进入理论主要回答的问题是：为什么以某一个国家为基地的企业在其国际化过程中能够在某一特定国家（即东道国）建立分支机构。他吸收了垄断优势理论、内部化理论和折衷理论等成果，以“进入优势”和“进入壁垒”两个概念对企业国际化空间扩张的区位选择进行分析。这一理论的核心观点是：企业在国际化过程中总是在评估和开发内部形成的某些进入优势（或称竞争优势）和进入壁垒，这些进入壁垒指的是在外国市场上与当地企业竞争所遇到的各种问题，只有当企业在某一特定国家的进入优势大于进入壁垒时，企业才选择在这一特定国家进行跨国扩张。

从总体上说，这种模型提出了一种解释企业国际化过程的一般性框架，加以修改后既可以解释在国内具有较强竞争优势的大型企业组织的扩张行为，也可以解释具有相对竞争优势的企业组织的对外扩张。

（一）空间进入壁垒

空间进入壁垒是企业在选择投资区域、社区和地点的过程中所遇到的超过当地竞争者的额外成本和不确定性。由于区域特征和区域差异的存在，企业向外扩张时，不仅会面临跨区域的交通通讯问题，而且会遇到对当地法律、文化、政治、经济和自然条件的信息搜集问题。本书借鉴 Hayter（1997）的观点，主要从心理距离、承接区域政策以及承接产业转移的环境等方面分析产业转移的空间进入壁垒。

1. 心理距离

Hayter（1997）认为，心理距离包括妨碍信息在各种市场间流动的要素的总和，如语言、教育、商业惯例、文化和工业发展水平等。近年来，淮安市努力抓住发达地区地资本、技术扩张的机遇，学习的意识不断增强。反观发达地区的部分劳动密集型产业，正承受着土地和劳动力资源匮乏、价格上涨，产品成本急剧升高的压力，原有的比较优势已不复存在，迫切需要“腾笼换鸟”，转移出相关产业的意愿也在增强。这些均在一定程度上削弱了由于心理距离对产业转移的不利影响。

从表 6.7 可以发现，样本企业感觉到来自市场经济的主要压力分别来自于以下方面：成本太高、员工招聘困难、原料供应困难、加工贸易政策调整、电力供应不足和产业协作条件差等因素。从淮安的情况看，样本企业感觉到来自市场经济压力的主要方面可以得到一定的缓解。首先，淮安的劳动力成本较低，仅为苏南等发达地区的 70%～80%（根据江苏省统计局公布的城镇在岗职工的平均工资比较而得），也就是说，到淮安投资可以节省劳动力成本 20%～30%；其次，淮安的劳动力资源相对丰富。淮安市现有人口 530 余万，2009 年在岗职工人数 347.2

万人（就业人口占总人口比例达 65.5%，高于全国同期的 56.6%近 10 个百分点）。至于人才用工方面，淮安现有 6 所高校、19 所中专学校、18 所职业中学，在校学生 11 万余人，年培养各类专业人才 4 万多人，可提供充足的产业工人和服务业人力资源。此外，淮安市的经济发展水平尚低，工业化也处于起步阶段，在土地价格、劳动力价格、电价、水价以及各种费用相对较低。因此，上述地区的产业通过就近转移淮安（地域上相连或相近，则文化上差异较小），既可以因之获得比较优势，也可以有效缩短心理距离。

表 6.7　企业感觉到来自市场经济的主要压力

主要压力	频数	排名
成本太高	45	1
加工贸易政策调整	20	3
政府各种收费高	10	6
员工招聘困难	36	2
原材料供应困难	17	4
政府服务差，效率低	3	9
电力供应不足	10	6
产业协作条件差	15	5
其他	5	8

2. 承接区域政策

江苏省政府于 2005 年出台了《关于加快南北产业转移的意见》，做出了“实行南北挂钩，促进区域共同发展”的战略决策，为苏南产业向苏北转移扫清了政策障碍。同时，对重大项目在苏北布点，土地指标优先用于产业转移，专项资金奖励到苏北投资者，重大项目转移在税费、规费和地方分成四个方面也在政策上给予了较为明确的优惠措施，为苏南及其他地区产业转移苏北提供了良好的政策环境。此外，淮安市也充分用好用足相关有利于自身发展的政策，本着“优势互补、注重实效、共同发展、实现双赢”的原则，以项目为纽带，以产业转移为载体，努力为转移企业提供更好的发展政策环境，并通过政府推动、市场调节的方式积极吸引除苏南以外的产业转移，取得较为显著的成效。

表 6.8 反映的是企业转移至淮安后得到过当地政府的服务情况看，绝大多数企业均得到了当地政府包括税收减免、政府贷款、信息服务、人才服务等方面的服务，说明制度力对于产业转移起到了很好的作用，而淮安市为吸引产业转移也

做出了大量努力。调查也显示，转移企业对淮安市承接产业转移的相关政策安排满意度较高。

表 6.8　企业得到过当地政府的服务

政府服务	频数	排名
政府性贷款	36	5
税收减免	31	6
技术培训	67	2
信息服务	46	4
人才服务	49	3
其他	76	1

3. 承接产业转移的环境

淮安交通、水利、能源、通信等基础设施建设有了突破性进展，投资软环境也得到明显改善，具备了实现产业集聚的条件，已成为新兴的“投资热土”，得到许多企业的青睐。淮安处于全国承南启北的地理位置，是苏北腹地的区域性中心城市，公路、铁路、水路四通八达，适合于资源产品大进大出，能较快地向全国辐射延伸。此外，淮安是历史文化名城、中国优秀旅游城市、国家卫生城市、现代文明城市，素有“文化名城、伟人故里、运河之都、美食之乡、生态家园”之美称，非常适宜人居，可以说，淮安具备了承接较大规模产业转移的良好的经济发展环境、政策环境、生态环境等基础。

调查显示（表 6.9），这些企业来淮安发展主要看重的是当地的经济发展环境，其次是转移的成本和收益比，最后是政府的政策取向问题。可见，淮安吸引企业产业转移的有利条件在于良好的经济发展环境和转移到淮安后可能的成本与收益比提高，另外，政府的政策取向也是吸引企业转移的一个亮点。

表 6.9　企业来淮安发展主要考虑的因素

考虑因素	频数	排名
转移的成本/收益比	41	2
当地有产业链条和相关产业集群	13	4
当地经济发展环境	42	1
政府的政策取向	33	3
其他	12	5

（二）空间进入优势

按照 Hayter（1997）的观点，产业转移是企业为了实现其战略动机，这种动机一方面是与企业的盈利性和效率有关；另一方面是与产业对市场、资源及有关安全性的控制有关（图 6.2）。也就是说，在产业转移的过程中，一方面企业要利用已有的竞争优势占领产业承接区域的市场；另一方面在产业转移过程中要进一步扩展所确立的竞争优势。

1. 成本优势

随着外向型经济的发展，部分发达地区的部分劳动力密集型产业需要寻求更广阔的市场空间，而且这些地区经过长期高强度的开发与发展，在资源环境方面已经出现了超负荷现象。相比而言，淮安市在承接并发展该类型产业具有明显的成本优势。首先，从需求角度看，淮安拥有 530 余万人口，具有一定的消费能力（淮安市居民收入水平虽低于全省平均水平，但仍然高于全国平均水平），对于该产业类型的相关产品而言本身意味着较好的市场前景。同时，淮安在经济发展中也将形成巨大的要素需求和中间产品需求。其次，从供给角度看，淮安劳动力资源和自然资源禀赋优势明显，随着地区基础设施的完善，市场的发育和健全，完全可以满足发达地区尤其是苏南企业转移所追求的成本优势。

调查显示（表 6.10 和表 6.11），企业来淮安发展看重的主要是劳动力成本的降低，其余依次是人力资源成本的降低和原材料成本的降低。调查还显示，企业来苏北（淮安）发展最为看重的优势是劳动力资源，因为其员工的主要来源是当地市场（占 53.6%，表 6.12），而淮安市的劳动力相对丰富，其次是土地资源（从企业厂房类型也可以发现，91.8%的企业选择买地自建厂房，也从一个侧面说明淮安市土地价格的相对便宜，表 6.13）。总体可以发现，企业追求比较利益仍然是影响产业转移的主要因素，当然也和转移企业自身的产业层次低不无关系。

表 6.10　企业来淮安发展看重的是哪种成本的降低

成本类型	频数	排名
劳动成本	63	1
原材料成本	30	3
租用厂房的成本	20	4
电力能源成本	19	5
人力资源成本	34	2
运输成本	8	6
其他	7	7

表 6.11 企业来淮安发展看重的优势

看重的优势	频数	排名
劳动力资源	64	1
原材料资源	27	3
能源资源	22	5
交通，区位优势	23	4
土地资源	45	2
集群优势	7	7
其他	8	6

表 6.12 企业员工来源集中地

地区	频数	百分比/%
本市	45	53.6
本省	28	33.3
其他省份	11	13.1

表 6.13 企业厂房类型

厂房类型	频数	百分比/%
买地自建	72	86.7
租赁厂房	11	13.3
总计	83	100.0

2. *局部竞争优势*

这一优势总体表现为两个方面。一是分工优势，即由于产业专业化收益高，交易频率也高，所以使分工和专业化水平提高，而分工和专业化又是交易成本降低的结果，是企业集聚的物质动力。从总体来看，苏南等发达地区的待转移产业多以传统行业居多，技术含量较低，主要依靠劳动力低廉来获取竞争优势。因此，这些产业也是当前产业转移的重点。二是网络优势，即转移企业融入当地企业网络而重新建立价值链之优势。而这些优势的获取无一例外地和承接地的产业集群密切关联，有关区位进入优势的局部竞争优势（表现为结构升级、技术进步与制度创新等方面）分析将在下文一并进行。

综上分析，区域产业转移的空间选择取决于进入壁垒和进入优势的大小。由于淮安产业进入壁垒逐渐小于苏南地区等发达地区产业进入优势，产业不断地跨区域向淮安转移当属必然，并将在这一过程中进一步确立其竞争优势。

二、区域产业转移模式

产业转移的空间选择也受其转移模式的影响。保守型转移战略和大胆型转移战略在空间选择上存在较大差异。调查显示，企业来淮安发展的方式最多的是新增加投资项目，其次是部分生产环节转移，最少的是企业整体搬迁。从产业转移模式的角度分析，移入至淮安的企业大抵属于渐进式空间扩张模式，表现的特征为本地市场—邻近市场的渐进式扩张。即在空间上，首先以本地为中心，向空间邻近、文化相通的地区进行转移（表 6.14），而这一模式又可以进一步细分为资源利用型、节约成本型、拓展市场型和优势延伸等类型。

资本输出性产业转移（新增投资项目，其主要目的是拓展市场和优势延伸）仍然是淮安市承接的重点领域。一般而言，资本输出就是经济发展强势区域把工厂由自己的属地迁移到原本的商品输入地，在商品输入地直接生产商品并就地销售，通常是企业推行多元化战略的主要途径之一。样本数据显示（表 6.14），新增加投资项目是淮安承接产业转移的主要方式，数据也显示产业转移出于多元化需要的百分比高达 85.5%（表 6.15），与资本输出性产业转移的出发点不谋而合，表现出显著的一致性。

表 6.14　企业来淮安发展的方式

转移方式	频数	排名
企业整体搬迁	9	5
部分生产环节转移	26	2
开辟零部件生产地	10	3
新增加投资项目	36	1
其他	10	3

表 6.15　产业转移是否出于多元化需要

是否出于多元化	频数	有效百分比/%
是	71	85.5
否	12	14.5
总计	83	100.0

整体迁移至淮安的样本量并不大，这也和整体迁移的两个前提相吻合，即一种具有更大增值能力的新兴行业造成了行业的成长替代，或企业的边际成本大于

边际收益时，将迫使企业转移。说明淮安的产业层次和发展水平及至生产成本之降低尚未达到满足企业整体搬迁的需要，因而，所吸引的产业转移多是产业链条的某些生产环节的转移。

第四节　区域产业转移与产业集群的关系

如前所述，产业转移至承接地产业集群不仅可以获得相应的比较优势，而且还可以获得竞争优势。而这种竞争优势的获取一方面源于转移企业自身所具有的竞争优势（主要是基于转出地同类企业间的相互比较）；另一方面则主要通过承接地产业集群的作用，将企业转移所获取的比较优势转化为企业的局部竞争优势。鉴于本部分的分析是基于承接地的调查而展开，所以主要对后一种类型的局部竞争优势的获取路径加以阐述。

问卷设计了一个开放题，“假设当地有与贵企业相关的集群，而贵企业游离于集群之外，即当地本集群内企业间的产业链对贵企业不起作用（用数值表示这种情况为 0）；第二种情况：假设将当地相关集群的产业链上所有企业以集群网络的形式进行生产管理（企业间关系相当紧密，用数值表示这种情形为 1），对贵企业发展有极大促进。贵企业的情况一定介于这两者中间，您认为贵企业更偏向于那种情况，请用 0～1 的数值来衡量”。从样本企业的调查数据看（表 6.16），用 1 衡量企业的最多，有 26 家，占 40.6%，用 0.5 及以下的数值来衡量的企业一共有 24 家，占 37.5%，用 0.5 以上数值来衡量的企业有 40 家，占 62.5%，平均数值为 0.67。总体可以说明，区域产业转移与产业集群相互促进并耦合发展得到了大多数企业的认同，而这也在企业转移及在淮生产过程中得到了印证。

表 6.16　0～1 数值所反映的企业与当地产业集群的关系

数值	频数	百分比/%
0.00	6	9.4
0.21	1	1.6
0.22	1	1.6
0.30	2	3.1
0.34	1	1.6
0.35	3	4.7
0.36	1	1.6
0.40	2	3.1
0.50	7	10.9
0.55	1	1.6

续表

数值	频数	百分比/%
0.60	5	7.8
0.70	1	1.6
0.80	7	10.9
1.00	26	40.6

进一步分析调查数据可以发现，区域产业转移与淮安的产业集群也存在着效益目标、整合资源目标、结构升级目标、技术进步与制度创新目标等方面耦合的规律和路径，进而整体转化为转移企业的局部竞争优势。

效益目标耦合。调查数据显示（表 6.17 和表 6.18），移入企业与当地协作企业间合作的各主要目的选择大致相当，主要出于降低营销的风险、进行着眼于长远发展、共同开辟市场以及在政府引导下建立产业集群等目的。由于集群包括了一连串上、中、下游产业以及其他企业或机构，包括诸如零件、设备、服务等特殊原料的供应商以及特殊基础建设的提供者（表 6.18 也显示，企业与当地企业合作最多是设备购买维修，其次是技术委托与合作，最少的是原料购买），所以产生明显的外部规模经济和范围经济、深化专业分工、降低交易费用等效应，这无疑也是产业转移的主体——企业所看重的。

表 6.17　企业与当地协作企业关系现状

关系现状	频数	百分比/%
企业与大量非本行业的组织合作	11	16.9
企业与大量非本企业的组织机构有合作关系	17	26.2
企业与当地相关集群外部的企业或组织机构有合作关系	37	56.9

表 6.18　与本地协作企业存在哪些合作关系

合作关系	频数	排名
原料购买	42	6
设备购买维修	58	2
产品代销	56	4
信息咨询	53	5
技术委托与合作	57	3
其他	65	1

整合资源目标耦合。调查现实（表 6.19），有 45 家企业加入了行业协会，占 60%，30 家企业未加入行业协会，占 40%。充分说明移入企业已经很好地融入本地集群，并开始主动寻求通过加入行业协会来组织并整合区域内的软、硬资源，从而实现资源配置的帕雷托最优效应。

表 6.19　是否加入行业协会

是否加入行业协会	频数	百分比/%
是	30	40.0
否	45	60.0

结构升级目标的耦合。首先，转移企业多元化的发展战略结构与价值链目标结构的内在一致性。样本企业的调查数据显示（均通过 Chi-Square 检验，表 6.20），以多元化战略目标为取向的转移企业（50%），绝大多数转移企业同时寻求与承接地企业形成新的价值链（93.9%）。说明企业的多元化战略目标往往和企业价值链的转移和再造联系在一起，而这一过程的实现，也就是企业结构升级的表现。

表 6.20　产业转移与企业多元化战略、价值链目标的关联表

<table>
<tr><th colspan="3" rowspan="2">产业转移是否与产业多元化有关</th><th colspan="2">产品生产是否与当地企业形成价值链</th><th rowspan="2">总计</th></tr>
<tr><th>是</th><th>否</th></tr>
<tr><td rowspan="6">产业转移是否出于多元化的需要</td><td rowspan="3">是</td><td>频数</td><td>31</td><td>31</td><td>62</td></tr>
<tr><td>产业转移是否出于多元化的需要/%</td><td>50.0</td><td>50.0</td><td>100</td></tr>
<tr><td>产品生产是否与当地企业形成价值链/%</td><td>93.9</td><td>75.6</td><td>83.8</td></tr>
<tr><td rowspan="3">否</td><td>频数</td><td>2</td><td>10</td><td>12</td></tr>
<tr><td>产业转移是否出于多元化的需要/%</td><td>16.7</td><td>83.3</td><td>100</td></tr>
<tr><td>产品生产是否与当地企业形成价值链/%</td><td>6.1</td><td>24.4</td><td>16.2</td></tr>
</table>

其次，产业转移与企业网络结构优化的内在一致性。调查显示（表 6.21），企业认同度最高的是企业与重要的合作伙伴之间相互信任，有 33 家企业认同这一关系的重要性，占 47.1%。

表 6.21　企业对对重要合作伙伴的认同度

认同项	频数	百分比/%
企业的重要合作伙伴对公司的发展提供了很大的帮助	13	18.6
企业非常认同重要合作伙伴的战略	8	11.4
企业与重要的合作伙伴之间相互信任	33	47.1
企业与合作伙伴之间的合作次数很频繁	16	22.9

问卷 24 题、25 题是对企业产品与当地的配套情况以及在本地配套较少或市场较小的主要原因的调查。调查显示，转移企业在当地最多有 20 家配套协作企业，有 8 家协作企业的最多，占 16%，平均每个转移企业在淮有 4.7 家协作企业，有 44%的转移企业与当地协作企业形成完整的价值链。可见，企业之间的协作很频繁，转移企业已经较好地融入当地企业网络。从部分在当地具有较少配套或市场较小的原因调查结果看，主要表现为以下几个方面：一是企业众多，竞争激烈；二是本土化工、农药企业少，外贸企业少；三是位于小地方；四是未形成完整的产业链；五是企业整体技术低，技术落后。从整体情况看，这些问题一方面反映转移企业对协作企业的重视程度；另一方面也暴露出淮安市产业结构层次低下、经济发展水平及工业化水平不高、企业网络结构不发达等现实瓶颈。但也从另一个侧面说明，淮安市可以借助先进产业和组织方式的移入促使原来的较低层次或等级的产业发生“升级转型”运动，从而促进产业结构向高级化方向演进，进而推动整个区域经济的发展，形成良性循环的局面。

技术进步与制度创新目标的耦合。表 6.8 也反映企业得到当地政府的服务情况，调查显示，企业得到政府最多的服务是技术培训，其次是人才服务，信息服务。说明淮安市已经在适应新思想、新观念、新意识和新的管理方式等方面做出了努力，通过加强技术培训、人才服务和信息服务，整体提升企业整体素质，促进产业集群的技术进步并为其创造有利的技术创新环境和氛围。

调查显示（表 6.22），当地政府为促进承接产业转移和产业集群的协调发展做了大量努力，尤其是在加强对发展非公有制经济的指导和政府协调、帮助集群开拓市场、改进政府对企业的监督、加大对中小型企业的财政金融支持等方面的努力，得到了转移企业的认可，并对促进两者的协调发展发挥了积极作用。

表 6.22　政府对促进形成与企业相关的产业集群所做的努力

努力	频数	排名
放宽非公有制市场准入	27	8
加大对中小型企业的财政金融支持	48	5
加强对发展非公有制经济的指导和政府协调	55	2

续表

努力	频数	排名
改进政府对企业的监督	51	4
引导企业提高自身素质	43	6
维护企业和职工的合法权益	43	6
帮助集群开拓市场	52	3
其他	74	1

从企业对当地承接产业转移的相关政策的满意程度看（表 6.23），企业对淮安市为了发展本地产业集群而在土地使用、项目审批、土地税收、工商管理以及劳动力用工等方面的政策安排总体满意程度较高。

表 6.23　企业对当地承接产业转移的相关政策的满意程度

政府政策	满意	一般	不满意
土地使用方面	61	21	1
土地税收方面	50	29	5
劳动力用工方面	43	32	8
项目审批方面	55	26	3
工商管理方面	46	35	3

如前文所分析的那样，集群内关联企业之间由于地理位置接近联系频繁，具有较强的“知识溢出效应”，有利于群内企业对市场和技术方向的把握，有利于相关企业合作与制度创新。而先进企业的移入带来与市场经济相适应的新思想、新观念、新意识和新的管理方式，也迫切希望产业移入地区能尽快消化吸收转入的先进技术和管理理念，借此加快产业融入本土化的进程。通过表 6.8、表 6.22、表 6.23 的综合分析，可以发现，地方政府已经意识到产业集群的技术进步与创新对吸引转移企业的重要性，因而也很好地反映为政府在为促进形成与转移企业相关的产业集群而在土地使用、项目审批、土地税收、工商管理等的制度创新方面所做的努力，显然，这些努力得到了转移企业的认可，也为促企业转移与淮安市产业集群实现互动发展提供了制度力的现实保障。

根据以上调查分析，本节可以总结出区域产业转移的基本规律（表 6.24）。

首先，产业转移的机制性规律。从企业主体角度出发，经济律是企业转移的主要目的，如淮安市所拥有的在劳动力、土地及相关自然禀赋方面的独特优势，就是吸引相关产业，尤其是劳动密集型产业转移的重要因素。这也说明，寻求比较优势仍然是产业转移的基本规律。再有，集群律是企业寻求竞争优势的关键。

转移至淮安的企业约有 1/3 是因为当地有关发展产业集群的努力或基础，这也很好地体现在企业在淮安的发展过程中。比如，积极加入当地行业协会，努力与当地企业建立良好的协作关系并寻求建立新的价值链，等等。同时，也很好地体现为政府对促进形成与相关企业相关的产业集群所做的加强对发展非公有制经济的指导和政府协调、帮助集群开拓市场、改进政府对企业的监督以及加大对中小型企业的财政金融支持等努力。这也充分说明，寻求竞争优势和努力为企业提供竞争优势成为企业和承接地政府的一种共识，也是更好地推动两者耦合发展的关键所在。

表 6.24 区域产业转移的基本规律

研究领域	具体规律	规律内涵
转移机制	经济律	为了获得比较优势而进行转移（劳动力、土地、自然禀赋等）
	集群律	为了获得竞争优势
转移结构	规模结构	中小企业为主
	大企业的“种子条件”	大企业也可以向可能形成集群的区域转移，成为承接地产业集群发展的“种子条件”
	链式结构	产业链的某个环节
空间特征	距离律	转移的数量分布随着距转移中心距离的增加而减少
	非线性律	区域间并不存在一一对应的线性关系，产业转移可能是跳跃的

其次，产业转移的结构性规律。从转移企业的规模结构看，相比于大型企业而言，中小企业因为在机制灵活、对生产地要求相对宽松、主观能动性较强等优势，因而往往是产业转移的主体，而这些企业也更容易融入当地企业网络，因而对于加入集群或吸引同类企业转移而在承接地形成集群大有裨益。当然，一些大企业的移入，很容易成为承接地新产业集群成长的“种子”条件。例如，淮安市的电子信息产业集群的形成就很明显有这种因素的作用，正是因为富士康这一新龙头企业的出现，又吸引了大批同类企业“抱团”移入，进而在承接地形成产业集群。从转移产业的链式结构看，企业整体搬迁的模式并不多见，而产业链条上的某个环节的转移是产业转移的主要形式，而这一规律也和前文有关模块化的生产变革紧密相连。从另一个角度说，也正是因为产业链条的整体或某些环节的转移使得承接地产业集群成长的门槛大大降低，承接地可以不再像中国早期很多产业集群的形成那样需要某些或同时具有诸如良好的产业基础、商业氛围、技术等条件等支撑，在转移企业的影响带动下，围绕产业链的某些环节集聚，形成产业集群，尽管这些产业集群的层级可能不高。进而我们可以得出下述结论：产业链分工越细化，产业集群化转移将愈益显著。

最后，产业转移的空间性规律。和很多人文社会现象一样，产业转移也同样受到距离衰减规律的影响，具体表现为产业（企业）转移的数量随着距转移中心距离的增加而减少。按照本书的分析，出现这一规律性特征可以从空间壁垒和进入优势两者的强弱对比过程加以解读。从空间壁垒角度，如距离的增加会导致成本的增加，特别是心理距离会随之增加；从空间进入优势角度，随着距离的增加将使转移企业融入当地企业网络的难度加大，竞争优势减弱。当然，产业转移也并非只能在邻近区域发生，也并不存在一一对应的线性关系，“跳跃”式转移也是大量存在的，如富士康转移淮安就是这种情况下发生的，而且这种“跳跃”也可能是双向的，一旦这种“跳跃”性转移成为承接地产业集群的“种子条件”，就会不断吸引同类企业的转移集聚，从而促进承接地产业集群的成长。

第七章　区域产业转移与产业集群耦合发展的效应及调控政策

根据 Kelly 和 Philippatos（1982）的相关研究，经济活动的空间集聚和产业发展和经济增长是并行的过程。经济活动的空间集聚现象出现并成为主导是与库兹涅茨所描述的现代经济增长相联系的客观事实之一。相应的，本书认为，菲利普 •马丁和奥塔维亚诺的模型系列也可以用来解释区域产业转移和承接地产业集群耦合发展的效应及产生机理。区域的集聚效应对另一区域产业产生吸引并最终完全转移条件进行了分析，按照模型的最终推演，在$\gamma \geqslant 1/2$ 情况下，区域产业转移和承接地产业集群实现耦合发展。

（1）假设两个区域，分别为区域 1 和区域 2，它们的初始条件完全相同，存在同质产品、差异化产品和专利生产（创新）三个部门。

（2）假定同质产品 Y 的生产把劳动作为唯一的投入要素，在完全竞争结构下，假设规模报酬不变，生产一个单位同质产品需要投入一个单位劳动，单位劳动投入的工资为 W。

（3）假定整体经济对同质产品的需求足够大，区域 1（产业承接地）和区域 2（产业移出地）都生产才能满足，均衡条件下同质产品的价格 $p_y = w$。

（4）差异化产品由垄断竞争部门生产，遵循规模报酬递增，其生产投入需 β 单位劳动和至少一项专利（可看作是固定成本），产品之间具有不扣替代性，与产品滋生需求价格弹性相同均为 δ，且 $\delta > 1$。

假定 N 为区域 1、区域 2 生产的差异化产品总数，差异化产品集合在一起共同构成复合型产品，一定时期两个区域生产的复合型产品数量为

$$D(t)=\left[\sum_{i=1}^{N(t)} D_i\left(t\right)^{1-1/\delta}\right]^{1/(1-1/\delta)} \quad (\delta > 1) \tag{7.1}$$

根据垄断市场结构的定价原则，差异化产品的最优化价格为

$$p=\frac{w\beta\delta}{\delta-1} \tag{7.2}$$

差异化产品集合在一起共同构成复合型产品，复合型产品作为创新部门的中间投入以创造出各种新的复合型产品。创新过程需要复合型不变替代弹性的产品，它由差异化产品所构成。区域 1 的创新成本为两个区域提供的差异化产品投入的成本之和，公式为

$$F=\frac{w\beta\delta}{\delta-1}[nz_i+n^*\tau z_i] \tag{7.3}$$

其中，F 为区域 1 开发一种新的产品的创新成本；n 为区域 1 的差异化产品系数；n^* 为区域 2 的差异化产品系数；$N=n+n^*$，z_i 和 z_j 分别为对区域 1 和区域 2 的差异化产品需求。由于运输成本和交易成本的存在，令交易成本系数 $\tau>1$；η 为创新成本，其不直接雇佣劳动，但须投入复合型产品，投入量为 ηN^μ，其中，μ 为保证一个恒定的经济增长率所需的技术溢出参数。

$$\eta N^\mu=\left[nz_i^{1-1/\delta}+n^*z_j^{1-1/\delta}\right]^{1/(1-1/\delta)} \tag{7.4}$$

根据式（7.1），可以将投入的约束条件表示为

$$F=\frac{w\beta\delta}{\delta-1}\eta N^\mu N^{1/(1-\delta)}\left[\gamma+(1-\gamma)\delta\right]^{1/(\delta-1)} \tag{7.5}$$

其中，$\gamma=n/N\in(0,1)$，用以代表集聚的程度；$\delta=\tau^{1-\delta}\in(0,1)$，代表交易成本。同理，区域 2 的均衡创新成本为

$$F^*=\frac{w\beta\delta}{\delta-1}\eta N^\mu N^{1/(1-\delta)}\left[1-\gamma+\gamma\delta\right]^{1/(1-\delta)} \tag{7.6}$$

从式（7.5）、式（7.6）可以看出，在交易成本为 0 的情况下，创新成本在区域 1、区域 2 近于相等，当 $\gamma<1/2$ 时，制造业完全分离在两个区域；当交易成本存在的情况下，若 $\gamma>1/2$，区域 1 的创新成本低于区域 2 的创新成本，集聚程度越来越强，区域 2 的产业趋于向区域 1 转移，创新成本随集聚增加而递减，制造业越来越集聚于区域 1；若 $\gamma=1/2$ 时，最终所有的差异化产品都在区域 1 生产，即区域 2 产业完全转移至区域 1，出现产业“空洞化”，它的经济增长率即为差异化产品的增长率，即 $g=N/n$，因而区域 1 的经济增长率提高。

菲利普·马丁和奥塔维亚诺的模型在创新成本函数和支出函数基础上，进一步推导出两组经济增长与集聚度（γ）相互关系的公式：

$$g=\frac{2\alpha L}{\eta\beta\delta}[\gamma+(1-\gamma)\delta]^{1/(\delta-1)}-\rho\frac{\delta-\alpha}{\delta-1} \tag{7.7}$$

$$\gamma=\frac{\alpha L(E+E^*)[(1+\delta)\varepsilon-\delta]+gNF}{(1-\delta)[\alpha L(E+E^*)+gNF]} \tag{7.8}$$

式（7.7）中，α 为差异化产品的消费份额；ρ 为时间偏好率；L 为劳动投入量。此关系式说明区域经济增长率 g 随着集聚度 γ 的增加而提高。

式（7.8）中，E 和 E^* 分别为区域 1 和区域 2 对同质产品和差异化产品的总支出；ε 为区域 1 在总支出中的份额。此关系式说明，产业转移可以导致区域经济增长率的提高，带来差异化产品需求增大，规模报酬递增的生产厂商趋于向该区域转移并聚集，即随着集聚度 γ 的增加而增加。

根据菲利普·马丁和奥塔维亚诺的研究，可以认为，区域产业转移与产业集

群之间也存在类似的循环累积因果关系，即产业集聚（产业集群）通过区域产业转移（资金）的外部经济性降低了创新成本，促进区域的经济增长；区域经济增长又可以通过集群创新激励经济活动的空间集聚，集聚则引致更低的创新成本和更高的区域增长，两者进入正反馈机制下的循环因果自我强化过程。值得注意的是，与这一过程相伴而生的负反馈机制，即由于产业集群的生命周期和拥挤效应、区域产业转移及产业集群的路径依赖效应、环境负效应等对创新成本、区域增长产生的负反馈作用。

理论上讲，区域产业转移与产业集群耦合发展的效应既包括对转出地的效应，也包括对转出地的效应；既包括其耦合发展的正效应，也包括其耦合发展的负效应。鉴于本书重点研究区域产业转移与承接地产业集群的耦合关系，本书有关区域产业转移与产业集群耦合发展效应分析及调控的分析主要从正负反馈机制入手（图 7.1），实证分析选择的案例区域为江苏省淮安市，产业案例为制造业门类中的盐化学工业（化学原料及化学制品制造业）。

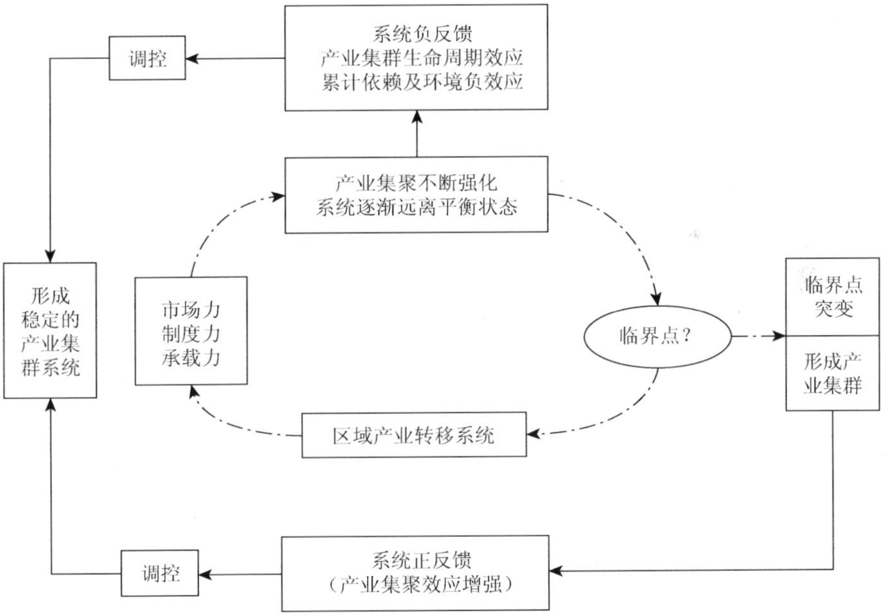

图 7.1 区域产业转移与产业集群耦合发展的正负反馈及调控机制

第一节 区域产业转移与产业集群耦合发展的效应

淮安市地处中国江苏省北部腹地，为江苏省省辖市，是国家级历史文化名城。下辖 4 区、4 县，面积为 1.072 万平方千米，人口为 517.68 万。境内自然资源丰富、土地肥沃、水网密布。历史上，是青莲岗文化的发祥地，水陆交通要冲，是古运河沿岸的四大都市之一。淮安的工业生产历史悠久，从商周时期的布帛、汉代的酿酒到清朝的造船都很发达，后因黄河北徙、漕运停废、铁路绕道、盐运异途、内战迭起、日寇入侵等重大变故，工业奄奄一息。新中国成立后，经过几十年发展，特别是改革开放以来工业经济的建设，淮安已成为新兴的工业城市。

分析 2013 年淮安市工业经济运行及承接产业转移情况，可以总结出如下四个特点。

第一，淮安市工业经济整体发展迅速。2013 年①，地区生产总值突破 2000 亿元、达到 2160 亿元，增长 12%，人均超过 7200 美元。其中，国有工业增加值 116.20 亿元，增长 7.1%；集体工业增加值 4.12 亿元，增长 10.6%；股份制工业增加值 591.60 亿元，增长 13.2%；外商港澳台投资工业增加值 300.98 亿元，增长 16.5%。工业经济的快速发展带动了城市化水平的快速提高，中心城市集聚功能和辐射作用有所增强。

第二，规模以上企业发展迅速，为全市工业经济提供有力支撑。2013 年，全市规模以上工业增加值、高新技术产业产值跃上千亿元台阶，分别达 1134 亿元、1130 亿元。其中，全市大中型工业企业增加值 556.00 亿元，增长 10.9%，销售百亿元以上企业 3 户，50 亿元以上企业 8 户，30 亿元以上企业 13 户，10 亿元以上企业 46 户。规模以上企业，特别是龙头企业的迅速发展为区域产业集群的形成和发展奠定的坚实基础。

第三，园区建设稳步推进，产业转移承接载体功能得到加强。基本形成了以省经济开发区、特色工业园区、乡镇工业集中区为主体、各类专业园区为补充的产业承载体系，企业集聚发展局面初步形成，生产力布局明显优化，各级开发区和园区已成为工业经济的主要增长极。目前，淮安市 8 个省级开发区建设区面积达 171.5 平方千米，实现业务总收入 1653 亿元，新创 1 个国家级火炬计划出口基地，1 个省级新型工业化示范基地，7 个省级特色产业园区。2013 年年末，淮安市盐化工获科技部特色产业基地认证，已形成年产 550 万吨盐、300 万吨元明粉、220 万吨纯碱、35 万吨烧碱的基础盐化产品能力，矿盐产能居全国前列，元明粉产能居亚洲第一、世界第二，乙烯利、邻氯苯胺、香芹酮产能世界第一，形成华东地区最大的以盐业为源头，两碱化工为基础，精细化工、生物技术、新材料及制品为主的盐化工产业发展格局。

第四，区域产业转移与产业集群的耦合发展正效应初步显现。从承接的产业转移项目总量上看，2013 年，淮安市新引进投资超亿元或超 3000 万美元项目 231 个，其中超 10 亿元或超 9000 万美元项目 25 个；从承接产业转移的企业来源看，

① 淮安市 2013 年国民经济和社会发展统计公报. http：//www.huaian.gov.cn[2014-05-06].

淮安市在巩固闽资、浙资高地的基础上，承接了北上广深和环渤海湾等区域的转移企业，北京首创、上海国际、中兴通讯、青岛海尔等一批知名企业相继落户，在主攻台资、港资的同时，先后承接了部分欧美日韩转移项目 14 个，外资利用质态得到提升，实际利用外资 13 亿美元，开工项目到账外资占比达 61.5%；从承接的产业链转移项目看，中兴 4G 智慧产业园、天地龙智能电网等一批投资超 30 亿元重大项目正式签约，新世代半导体、惠浦 OLED 液晶显示屏等一批投资超 5 亿美元外资项目成功引进，富士康智能电视、奔驰系列商用客车等一批终端产品项目相继落户，带动了主导产业转型升级，助推新兴产业集群发展，台资高地加速崛起。

一、正效应

从区域层面看，淮安市承接产业转移与产业集群耦合发展的正效应主要体现为以下三个方面。

首先，增加资本存量，促进经济增长。著名的哈罗德—多马模型表明资本的增加与经济增长存在着密切的正相关关系。在产业转移中，往往伴随着资本、技术、知识和劳动力的转移，同时也会吸收区域外配套企业的进一步进入，通过“乘数效应”进一步放大资本存量。而直接投资是产业承接区域资本积累的重要来源之一，是促进生产要素存量增长的重要保证，进而提高区域经济的潜在供给能力，促进区域经济增长，使区域产出水平由 $Q1$ 增加到 $Q2$（图 7.2）。

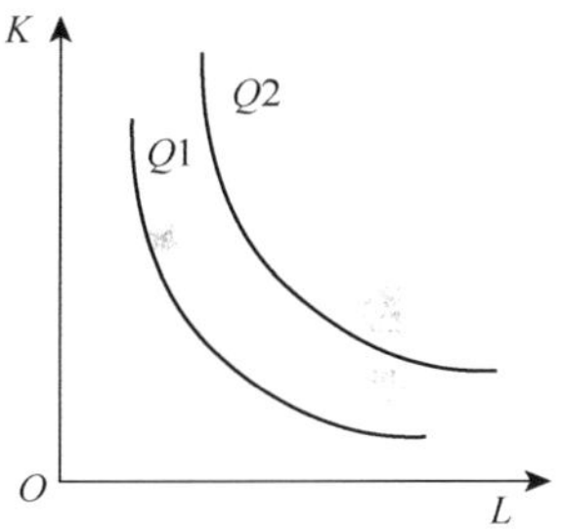

图 7.2　产业转移对区域产出的影响

据淮安市 2011 政府工作报告，“十一五”期间，全市累计引进 5000 万元以上内资项目 1108 个；新批外资项目 760 个，注册外资实际到账 26.24 亿美元，累计新批台资企业 600 余家（其中，富士康淮安科技城项目吸引台资 22 亿美元，台湾明基集团的达方电子项目总投资 5 亿美元，台玻华南玻璃有限公司在淮总投资 15 亿美金，4.5 亿美金的纯碱及相关产品项目，仅此 4 项产业转移的投资总额就达到 46.5 亿美元），虽然淮安市承接产业转移的具体投资额度无从考证，但粗略估算，淮安市“十一五”期间承接产业转移而致资本数量的增长额度当达 1000 亿元（人民币）以上，大致与 2010 年淮安市 GDP 总量相当（1121.75 亿元，2005 年为 572.42 亿元，总量翻了一番多，年均增长率 18.3%）。相关研究表明，外来投资对 GDP 增长的贡献率，东部发达地区为 18.11%，西部落后地区为 1.15%，这一差异也是导致我国区域发展不平衡的根本原因。据此推算，按照外来投资对淮安市 GDP 增长的贡献率 18%计，则 2005～2009 年，淮安市每年因承接产业转移而促进的 GDP 增长至少为 3 个百分点。

其次，提升产业结构，优化就业结构。经济发展是经济增长和经济结构变动的综合过程，而经济结构又包括产业结构、就业结构、消费结构等部分，各种经济结构的变动不是单一的，而是互动的。中国社会科学院工业经济研究所研究员魏后凯曾指出①，中国区域经济将进入科学发展的新阶段，从现有的“迁移人口”模式转变为“转移岗位”，促进人口与产业的适度空间均衡是其中最为重要的特点。

淮安市通过承接发达地区转移出来的成熟产业，可以直接快速地建立起新兴部门，大大缩短了产业演进的时间，不仅加快了对传统产业的改造，而且提升了产业层次和产业结构；另外，产业转移通过在淮安建立起新产业，吸收了一定量的劳动力就业，或从其他产业流入一定量的劳动力，从而使地区就业结构得到优化。

对比 2005 年和 2009 年淮安市及江苏省就业结构与产业结构可以发现（表 7.1），虽然淮安市就业结构、产业结构仍然在省内处于较低层次，但其优化的成效和调整空间却远远大于全省其他地区。2009 年，淮安市第二、第三产业的产值所占 GDP 的比重较 2005 年约提高了 6.1 个百分点，而第二、第三产业就业比重则较 2005 年上升了近 12.5 个百分点。虽然，这种变化更多地得益于淮安市经济发展的惯性影响，但根据著名的“奥肯定律”：失业率与 GDP 增长率两者呈反方向变化的关系（0.5：1），据此推算，随着淮安承接转移投资规模的扩大及引发的投资乘数，则由此带动的淮安市经济增长而引致就业结构变化的贡献率至少达到 10%左右。即 2005～2009 年淮安市第二、第三产业就业比重上升的 12.5 个百分点中，至少有 1～2 个百分点是由承接产业转移所引致，2009 年淮安市统计年鉴显示的从业人数 347.2 万人，以此类推，其间淮安市因承接产业转移至少拉到了 30 万～60 万人的就业。

表 7.1 淮安市及江苏省就业结构、产业结构各地区比较 （单位：%）

项目	2005 年						2009 年					
	第一产业		第二产业		第三产业		第一产业		第二产业		第三产业	
	人口	产值	人口	产值	人口	产值	人口	产值	人口	产值	人口	产值
江苏	31.5	8.0	34.3	56.6	34.2	35.4	25.1	6.5	35.7	53.9	39.2	39.6
苏南地区	13.5	2.7	51.7	60.5	34.8	36.8	8.9	2.5	52.3	55.4	38.8	42.1
苏中地区	27.1	10.5	41.1	56.6	31.8	32.8	18.6	8.1	45.7	56.2	35.7	35.7
苏北地区	40.4	19.7	26.1	46.4	33.5	33.9	31.6	14.8	33.8	49.1	34.6	36.1
淮安市	40.8	21.3	20.1	45.5	39.1	33.2	28.3	15.2	31.8	48.3	39.9	36.5

资料来源：《江苏统计年鉴 2006》和《江苏统计年鉴 2010》

① 转引自：马姝瑞，蔡敏. 中国区域经济发展将从迁移人口走向转移岗位. http://new.xinhuanet.com/newscenter/2008-07/14/content_8544215.hem[2008-07-14].

最后，提高产业集聚水平，促进技术进步与制度创新。大量产业联系密切的企业以及相关支撑机构在空间上集聚，是形成地区强劲、持续竞争优势的关键。近年来，苏南企业大量落户淮安各类工业园区，产业划分和专业化分工越来越细，产业的集聚化特点越来越凸显，并由此形成新的产业集聚平台和新型的规模经济，大大降低了成本，又进一步促使苏南同类型相关配套企业更大范围的集聚，园区产业聚集度大幅度提高（由 6.95 亿元/平方千米迅速上升到 35 亿元/平方千米），从而形成良性循环的局面（表 7.2）。

表 7.2　淮安市工业园区建设和园区聚集度

年份	基础设施投资密度/（亿元/平方千米）	进园工业项目		园区聚集度/（亿元/平方千米）	综合效益	
		项目总数/个	到位投资资金/亿元		当年入库税收/万元	园区就业人数/人
2004 年	0.35	888	76.86	6.95	23 333	44 535
2005 年	0.62	1 230	130.65	7.66	43 617	69 729
2010 年	1.50	—	2 259	35.00	—	—

注：所列项目为固定资产投资 500 万元以上项目

资料来源：根据淮安市招商局内部资料整理，2010 年数据根据淮安市统计局公布全市省级及以上开发区发展情况表整理

更为重要的是，伴随着富士康特大企业集团转移至淮安，在提升产业集聚的同时，更为淮安带来技术溢出效应和扩散效应，通过技术、管理的溢出与扩散、人员流动、正式和非正式交流、示范效应、模仿和学习等途径创造小岛清所说的“生产函数改变后的比较优势”。同时，在宏观层面上迫使当地政府创新政策、管理模式等，在微观层面上促进企业组织形式、管理制度的创新，从而整体推动政府层面制度创新。而上述效应无一例外地将成为淮安市产业集群成长的内生动力。

从产业层面看，“十一五”以来，淮安市以盐化工产业园区盐化工为载体，承接、集聚了大量的产业转移。园区现有盐化新材料相关企业 300 多家，引进了世界 500 强企业台玻及实联化工等国内外大型知名企业，培育了井神盐化、银珠集团、安邦集团、万邦集团等行业龙头企业和宏邦、汉邦、嘉诚、百麦等一批极具自主创新能力的科技型中小企业。建有国家级盐化工产品质检中心、盐化工产业研究院、盐化工重点实验室、盐化工产业中试基地和国家级高新技术创业中心等一批科技创新平台；引进建设了南京大学淮安高新技术研究院、中科院大连化物所淮安研究中心、中科院新疆理化所淮安研究中心等一批研发机构，盐化工产业集群形成和发展的基础条件已基本完备。

根据淮安市 2007～2010 年统计年鉴外商和港澳台投资企业数据整理如图 7.3

所示，可以发现，2005～2010 年，淮安市化学原料及化学制品制造业企业单位数和工业增加值均有较大幅度增长，区域产业转移与产业集群耦合发展的循环因果关系初步确立起来。

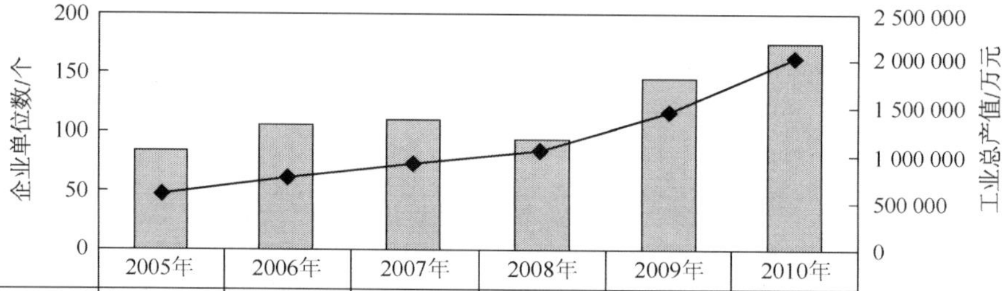

	2005年	2006年	2007年	2008年	2009年	2010年
企业单位数	83	104	108	94	144	173
工业总产值	608 797	769 155	923 429	1 087 408	1 452 516	2 016 486

图 7.3　淮安市 2005～2010 年化学原料及化学制品制造业企业单位数及总产值

为了进一步阐述区域产业转移对化学原料及化学制品制造业集聚的影响，现综合运用产业静态集聚指数和产业动态集聚指数来衡量区域集聚程度。产业静态集聚指数表现的是该地区的现有生产能力；动态集聚指数（A）则侧重于某产业向该地区的集聚速度，表现的是区域产业转移的速度和趋势。

产业静态集聚指数，是表示某行业在各区域间的集聚程度最常用的指标之一，其计算公式为

$$\mathrm{LQ}_{ij}=\frac{E_{ij}\Big/\sum\limits_{i=1}^{n}E_{ij}}{\sum\limits_{j=1}^{m}E_{ij}\Big/\sum\limits_{i=1}^{n}\sum\limits_{j=1}^{m}E_{ij}}=S_{ij}/S_{j} \tag{7.9}$$

其中，E_{ij} 表示 i 产业在 j 地区的产值，LQ_{ij} 越大，则表明在该地区该产业的集聚能力越强，优势越明显。

产业动态集聚指数是对静态集聚指数的一种拓展，引入了时间因素，反映了某个行业在 t 年内的产业集聚的动态变化过程。产业 i 的动态区域集聚指数为 A_{ijt}，t 年内产业 i 的平均产值增长速度为 S_{ijt}，全国 i 产业产值的平均增长速度为 S_{it}，第 i 产业的起初、期末的产值分别用 E_{ij0} 和 E_{ijt} 表示。j 为各产业，取值为[0，m]，其计算公式为

$$S_{ijt}=\sqrt[t]{E_{ijt}/E_{ij0}}-1 \tag{7.10}$$

$$S_{it}=\sqrt[t]{\sum_{j=1}^{m}E_{ijt}\Big/\sum_{j=1}^{m}E_{ijo}}-1 \tag{7.11}$$

$$A_{ijt}=S_{ijt}/S_{it} \tag{7.12}$$

若$S_{it}>0$，表明产品i在全国的规模在扩大，该产业属于扩张性产业，若$S_{it}<0$，则表明产品i在全国的规模在减小，属于收缩性产业。

在$S_{it}>0$时，若$A_{ijt}>1$，则表明在时间（$0\sim t$）内行业i生产向地区I迅速集聚；

若$A_{ijt}<0$，则表明在时间（$0\sim t$）内行业i生产从j地区向外部转移扩散；

若$0<A_{ijt}<1$，则表明在时间（$0\sim t$）内虽然地区j行业i地区的生产纵向比较有所增加，但其增长速度小于全国平均增长速度，该行业生产也相对向外部转移。

当$S_{it}<0$时，若$A_{ijt}>0$时，$S_{ijt}<0$则表明在时间（$0\sim t$）内产品i生产从地区j向外转移扩散；若$A_{ijt}<0$时，$S_{ijt}>0$则表明在（$0\sim t$）内产品i生产向地区j集聚。

综合考察静态集聚指数和动态集聚指数可以更好地反映产业在全国范围内的转移和集聚趋势。

当$LQ_{ij}>1$且$A_{ijt}\geqslant 1$，则产业属于集聚强化阶段；当$LQ_{ij}<1$且$A_{ijt}\geqslant 1$，则属于产业集聚形成阶段；当$LQ_{ij}>1$且$0\leqslant A_{ijt}\leqslant 1$时，则处于产业集聚退化阶段；当$LQ_{ij}<1$且$A_{ijt}\leqslant 1$时，产业集聚处于劣势阶段。

因为化学原料及化学制品制造业对研究淮安盐化工产业的集聚具有代表性，所以此处选取淮安市化学原料及化学制品制造业的相关指数对淮安盐化工产业集聚程度进行分析。因淮安市2011年工业与能源统计口径与前几年统计口径有别，为了真实反映淮安市产业集聚程度，选用2005～2010年这6年的数据来进行计算。计算结果见表7.3和表7.4。

表7.3　2005～2010年淮安市化学原料及化学制品制造业静态集聚指数（单位：亿元）

年份	淮安市该产业产值	淮安市工业总产值	S_{ij}	全国该产业产值	全国工业总产值	S_j	LQ_{ij}
2005	60.88	568.61	0.11	16359.66	251619.50	0.07	1.65
2006	76.92	794.07	0.10	20448.69	316588.96	0.06	1.50
2007	92.34	1044.34	0.09	26798.80	405177.10	0.07	1.34
2008	108.74	1254.88	0.09	33955.07	507448.30	0.07	1.30
2009	145.25	1621.90	0.09	36908.63	548311.40	0.07	1.33
2010	201.65	2439.11	0.08	47920.02	698590.50	0.07	1.21

资料来源：根据相关年份《淮安统计年鉴》与《中国统计年鉴》整理计算而得

表 7.4　淮安化学原料及化学制品制造业动态集聚指数（单位：亿元）

年份	淮安市该产业产值	全国该产业产值	S_{ijt}	S_{it}	A_{ijt}
2005	60.88	16359.66	0.285	0.268	1.063
2006	76.92	20448.69			
2007	92.34	26798.8			
2008	108.74	33955.07			
2009	145.25	36908.63			
2010	201.65	47920.02			

资料来源：根据相关年份《淮安统计年鉴》与《中国统计年鉴》整理计算而得

数据显示，从 2005～2010 年淮安市化学原料及化学制品制造业的静态集聚指数全部大于 1，表明该产业在淮安市具有很大的比较优势，而具有集聚的可能性。

在计算化学原料及化学制品制造业的动态集聚指数时，S_{it} 值均大于 0，说明该产业在全国范围内的生产规模都在扩大，淮安市动态集聚指数约为 1.063 大于 1，即淮安市化学原料及化学制品制造业正迅速集聚。

淮安市化学原料及化学制品制造业的静态集聚指数和动态集聚指数均大于 1，根据当 $LQ_{ij}>1$ 且 $A_{ijt}\geqslant1$，则产业属于集聚强化阶段的意义，可以得出淮安市化学原料及化学制品制造业属于集聚强化阶段。

盐化工产业产品用途广泛、产业链长、附加值高，为了进一步分析产业集聚对区域增长的影响，本书还计算了 2011 年淮安市主要工业产品静态集聚指数。产品静态集聚指数是指一个地区某种产品的产量与高一级地区的该产品产量的比值，反映的是一种产品在某地区的现有生产能力和产量占全国的比重，是衡量当前产品生产分布的存量指标。

由表 7.5 可以看出，产品集聚指数靠前几个产品中浓硝酸、原盐、纯碱、合成洗涤剂、烧碱、盐酸、化学农药等均属于盐化工产业产品，说明盐化工产业比淮安市同类产业的产品集聚程度都要高。

表 7.5　2011 年淮安市主要工业产品静态集聚指数

产品	集聚指数	产品	集聚指数	产品	集聚指数
浓硝酸	6.83	合成氨	0.46	原油加工量	0.21
原盐	3.45	生铁	0.44	水泥	0.2
纯碱	3.37	粗钢	0.43	焦炭	0.19
无缝钢管	1.56	化学农药原药	0.39	服装	0.19
卷烟	1.36	汽油	0.37	金属切削机床	0.12
合成洗涤剂	1.26	钢材	0.35	饮料酒	0.11

续表

产品	集聚指数	产品	集聚指数	产品	集聚指数
橡胶轮胎外胎	1.13	机制纸及纸板	0.33	纱	0.11
中型拖拉机	0.98	农用化学肥料	0.26	化学药品原药	0.1
烧碱	0.8	发电量	0.25	柴油	0.1
盐酸	0.75	绒线	0.21	乳制品	0.06

资料来源：根据2011年《淮安统计年鉴》与《中国工业经济统计年鉴》整理计算而得

从表7.6可以看出，淮安市盐化工产品的比较优势可谓喜忧参半。总体上看，淮安市盐化工产品静态聚集指数均有一定的增加，其中尤以原盐、纯碱、合成洗涤剂等初级产品的静态聚集指数高于全国平均水平。在已统计的几种盐化工产品占全国的百分比，其中，原盐2008年占全国原盐产量百分比高达6.02%，其余年份也不低于3%，这与淮安是江苏省乃至全国的盐矿中心的地位相吻合；而烧碱、农用化肥、化学农药、合成洗涤剂等深加工产品产量仅分别占全国的0.8%、0.26%、0.39%、1.26%。说明淮安的盐化工产业在集聚的同时也暴露出一些问题，即淮安的盐化工产业以初级产品生产为主，附加值低，其他专用产品、高档产品、深加工和高附加值产品规模小，开发力度不够。所以要注意在以原料为主要原因吸引产业集群化转移，同时要注重加强深加工产品开发、延伸产业链，以充分发挥产业集聚的优势。

表7.6　2007～2011年淮安市盐化工产品产量与产品静态集聚指数　（单位：万吨）

产品	2007年		2008年		2009年		2010年		2011年	
	产量/万吨	集聚指数	产量/万吨	集聚指数	产量/万吨	集聚指数	产量/万吨	集聚指数	产量/万吨	集聚指数
原盐	304.44	4.94	401.34	6.02	229.26	3.44	237.49	3.37	232.85	3.45
烧碱	15.06	0.86	14.99	0.78	14.13	0.77	15.01	0.67	19.88	0.80
纯碱	32.76	1.86	36.50	1.97	39.43	2.03	39.93	1.96	77.35	3.37
农用化肥	18.10	0.31	23.00	0.38	14.19	0.22	14.15	0.22	16.18	0.26
化学农药	0.62	0.35	0.35	0.17	0.73	0.35	0.84	0.38	0.90	0.39
合成洗涤剂	0.80	0.14	8.36	1.28	10.67	1.53	11.21	1.49	11.22	1.26

资料来源：根据相关年份《淮安统计年鉴》与《中国工业经济统计年鉴》整理计算而得

二、负效应

区域产业转移与产业集群耦合发展的负效应，主要包括承接产业转移引致产业集聚（集群）的拥挤效应、路径依赖效应和环境负效应（冯薇，2008）。

首先，承接产业转移引致产业集聚（集群）的拥挤效应。产业和产品都有生命周期，由于产业转移所引致的产业集聚抑或产业集群同样也具有生命周期的特质，当产业集群处于衰退阶段时，群内关键企业或迁移或消亡，区域增长也将随之变缓，有些区域甚至成为问题区域（许庆明等，2003），这种负面效应根源于产业集聚（集群）的拥挤效应。

根据詹姆斯·M. 布坎南的俱乐部经济理论（冯薇，2008），任何一个社会成员都力求个人效用最大，为此他首先得决定是否加入俱乐部，而一旦加入俱乐部后，他还得决定对俱乐部的利用率。随着会员数量的增加就会产生拥挤效应，公共物品的收益估价由递增进入递减状态。产业集聚是由微观企业个体自主进入行为而形成的经济群落，具有类似于俱乐部的性质，因此，也将产生拥挤效应，主要表现在两个方面：其一，产品市场的拥挤。随着群内企业数量的大量增加，在市场容量不变或稍有增加的情况下，企业产能将产生过剩，群内企业出于生存需要，竞相压价、低价竞争将成为唯一手段，这种过度竞争将破坏正常的市场秩序。其二，投入要素市场的拥挤。当产业集聚的密度增加到一定程度之后，地方公共基础设施供给难以满足企业发展的需要，出现交通拥挤、能源紧张、要素供给不足（劳动力，土地等）现象，这将给集群的生存和区域发展带来严重负面效应。

其次，承接产业转移引致产业集聚（集群）的路径依赖效应。诺斯提出了制度变迁的路径依赖理论，系指具有正反馈机制的随机非线性系统存在某种不可逆转的自我强化趋向，人们一旦选择了某种偶然事件，由于规模经济（economies of scale）、学习效应（learning effect）、协调效应（coordination effect）以及适应性预期（adaptive effect）等因素的存在，产生累积性自我增强过程，并沿着这一路径发展演进。一旦人们做了某种选择，即使这种路径不是最优的，惯性的力量会使这一选择不断自我强化，并很难为其他更好的选择所替代。产业集聚（集群）的形成过程也存在类似的路径依赖性，并导致产业集群的三种锁定效应，即功能性锁定、认知性锁定和政治性锁定。在我国，无论是内生型产业集群还是外生植入型产业集群，无论是传统产业集群还是高新技术产业集群，都在一定程度上嵌入了全球价值链，但客观地说，这些集群中的大部分都被锁定在价值链的最低端。例如，苏南地区向淮安等苏北地区转移的产业基本上是纺织业、服装业、机械制造业和食品加工业等劳动密集型、初级加工工业和资源型产业。而苏南地区由于部分产业向苏北地区转移让出发展空间，通过自行开发或接受国外的转移产业，一般都属于技术含量较高的资本密集型和技术密集型产业，所以会造成苏南、苏北地区产业级差和技术级差拉大并固定化。

最后，承接产业转移引致环境负面效应。以“污染避难所”假说（hypothesis of pollution haven）的提出为标志，人们开始意识到产业转移过程中可能产生的环境效应。仇方道等（2013）的研究表明，2000～2005年江苏纺织业、造纸及纸制品、石油加工及炼焦业、化学原料及化学制品、化学纤维制造业、非金属矿物制品业、黑色金属冶炼及压延加工业等污染密集型产业呈现向苏南地区不断集聚趋势，2005年以后，上述污染密集型产业开始向苏北转移，产业集中率增幅23.14%，而苏南则下降8.27%，这一现象符合国际污染密集型产业转移规律。调查也显示，2006年以来，苏北承接苏南产业转移的工业项目中，机电、纺织、化工等项目个数占总数60%以上，以淮安市为例，近年来承接、集聚了大量盐化工产业链转移企业，鉴于该行业原材料和产品多为易燃、易爆、有毒、有害的物质，企业生产过程中产生的“三废”成分繁多，数量比较大，是典型的污染密集型和高耗能产业，不仅给区域生态环境带来一定的破坏，也影响到区域原有的产业体系，还给区域土地、劳动力及能源、动力供给持续压力。例如，俗称为洪泽湖畔“鱼米之乡”的江苏省洪泽县，因为近几年圈占大批农田开发建设盐化工园区，以往引以为傲的草鸡蛋野生鱼、黄集羊肉等优势农村资源，已经被盐化工园区的“宏伟规划”所取代，引发了群众对环境生态问题的普遍质疑，还导致了对洪泽湖流域、苏北灌溉总渠的污染威胁加大，而沿途随机采访一个村民，都会发出对当地政府的不满声，“河里鱼虾绝迹了”成为普通群众的一句口头禅[①]。此外，根据公布的淮安市大气环境质量监测数据，淮安市能源总消耗量由2000年前后的437.8万吨标准煤迅速增加到2010年的1191万吨标准煤，增长了172%。说明苏北地区对投资者有较大吸引力的仍然是劳动力、土地、剩余生态环境容量等资源优势。很显然，如何发挥产业转移的积极作用、消除环境负效应的影响是当前包括淮安在内的苏北地区迫切需要解决的现实问题。

第二节　区域产业转移与产业集群耦合发展的调控政策

世界发达国家和地区以及我国珠三角、长三角区域经济发展的实践表明，产业集聚是工业化发展到一定阶段的必然产物，产业集群是区域发展和产业布局的重要模式和发展趋势，是世界各国和地区参与全球竞争、推动经济发展的重要工具。无论是美国硅谷的信息产业集群、加州的葡萄酒酿造业产业集群、洛杉矶的国防和航空产业集群、纽约的金融产业集群等，爱尔兰都柏林的软件产业集群，我国台湾新竹的半导体产业集群，还是我国浙江、广东、江苏等地产业集群的成功实践，都是推动产业集聚、发展产业集群、推进区域发展的典范。

① 丁国锋. 江苏洪泽村民痛斥“鱼米之乡”无鱼可抓. 法制日报，2013-04-07.

20世纪80年代以来，产业集群政策与战略就一直备受世界经合组织（Organization for Economic Cooperation and Development，OECD）的成员国尤其是欧洲各国的推崇。例如，芬兰和瑞典专门成立了相关机构负责研究制定产业集聚政策，英国则为产业集群发展提供专立预算，丹麦于1989～1990年首先提出了一项针对集群发展的战略规划，以促进企业间的合作。之后，美国政府以此规划为蓝本，根据本国情况，制定了促进中小企业之间建立网络联系以实现集群发展的一些具体政策措施。相比而言，美国虽是最早研究产业集群的国家，其在集群政策实施方面并不领先，尤其是国家战略层面的集群政策体系要晚于北欧的荷兰、芬兰等国家，但其与产业集群发展密切相关的国家层面的政策措施却相当完善，尤其是美国各地方政府大多制定了更为具体、完善、可行的集群政策，为美国类型多样、特点显著的产业集群竞相发展提供了很好的制度力。

可以说，产业集群政策已经引起了世界各国的普遍重视，但由于产业规划目的、集群类型、集群参与者等各种因素的影响，并不存在一种政策能够满足各国所有的集群及集群内企业的需要。所以，在经济全球化加速推进、国际竞争日趋激烈、国际国内产业转移新趋势的背景下，我国如何借鉴发达国家、地区经验，在区域层面适时适度地通过政策对产业转移与产业集群耦合发展加以调控，形成产业竞争优势，促进区域协调发展，是一个重要的课题。

一、调控政策的分类与产业政策

一般而言，产业转移中的政府调控作用主要包括区域规划与产业政策两种方式。区域规划特别是战略型规划，是有效解决区域经济冲突的最有效规划，用以从战略角度调控、平衡区域各方经济利益；产业政策是政府干预主义的体现，综合运用直接投资、行政干预、税收政策、金融政策、人力资源政策和法律规范等调控工具平衡各方经济利益。

本质上说，产业转移与产业集群耦合发展的调控政策也是一种产业政策，但是，它比一般产业政策的内涵丰富得多，是一个复杂的政策体系，涵盖了产业的各个层次。在宏观层面，需要对调控国际环境下国际国内产业间关系，促进产业集群化转移进行政策设计；在中观层面，需要对调控区域内产业间关系，实现区域结构、产业结构合理化进行政策设计；在微观层面，需要对调控集群内企业间网络关系，创造良好的集群发展环境进行政策设计。

产业政策主要从供给方面调控产业经济的运行，通过干预区域之间、产业部门之间和部门内部的资源分配及正负效应，进而影响区域产业转移与产业集群发生、发展，因此，不同的产业政策通常具有不同的目标。根据区域产业转移与产业集群耦合发展调控政策的侧重点，本书将产业政策分为两大类：一类为产业关系政策，此类政策侧重于调控产业的空间布局关系以及产业之间的关系，相对应的是产业布局政策和产业结构政策；另一类为产业运行政策，此类政策侧重于调控集群创新与集群组织，保障群内企业网络的有效运行，相对应的是产业技术政策和产业组织政策。

（1）产业布局政策。此类政策体现了国家或地方政府从全局出发对国民经济和区域经济进行调控的意图，政府通过制定政策对经济运行施加影响，从而实现包括产业布局在内的经济目标。2011 年，国家出台的产业转移政策从工业转型升级、区域协调发展和主体功能区建设的战略高度提出了相应的思路与措施。例如，按照国家区域发展总体战略和全国主体功能区规划要求，要充分发挥地区比较优势，合理、有序引导产业向中西部等地区转移，促进区域协调发展，中西部的重点开发区域、东北沿海沿边地区、东部欠发达地区以及边境地区、牧区等特色区域都是“十二五”承接产业转移的重点区域，国务院出台的地区发展指导意见明确提出，要将河南、内蒙古、云南、贵州等中西部地区作为承接产业转移的重点地区。此外，一些承担国家层面体制机制改革等功能区域也是承接产业集群化转移的重点区域。例如，国家支持连云港作为服务中西部地区的进口资源加工基地、出口产品加工基地，积极承接长三角其他地区和日、韩等国际、国内产业转移，打造成东、中、西地区产业合作的集聚区。

（2）产业结构政策。此类政策体现了国家或地方政府依据本国或区域在一定时期内产业结构的现状，遵循产业结构演进的一般规律，规划产业结构逐渐演进的目标，通过财政、金融、价格、行政命令等手段（表 7.7），分阶段地确定重点发展的战略产业，实现资源的重点配置，引导国民经济向新的深度和广度发展的政策。产业结构政策对产业转移与产业集群耦合发展的作用体现在两个方面：一是对承接产业转移、发展产业集群的方向加以调控；二是对引发产业转移、产业集群的基础性资源配置结构加以调控。例如，按照国家“十二五”规划和全国主体功能区规划要求，要求各地根据资源优势、产业基础和资源环境承载力，定期出台“全国产业转移目录”，国家和地区利用目录的导向作用，发挥地区比较优势，增强区域产业互动合作，可以有效防止落后产能的异地转移。

表 7.7　区域产业转移与产业集群耦合发展的产业结构政策

手段	直接干预		间接引导	
	支持	限制	支持	限制
财政手段	政府资助 财政补贴 政府采购	财政资金禁止进入	减税、免税 加速折旧	高税率 征收附加税

续表

手段	直接干预		间接引导	
	支持	限制	支持	限制
金融手段	准许贷款 贷款优先权 允许直接投资 公共利益基金	不准贷款 贷款附加条件	优惠利率 有利还贷条件	高利率 不利还贷条件
价格手段	固定价格 浮动价格			
行政命令手段	强制配额			

资料来源：吴力波，2010

（3）产业技术政策。此类政策体现了国家或地方政府以产业技术进步为直接的政策目标，重点保障产业技术适度和有效发展，包括国家或地方政府制定的用以引导、促进和干预产业技术进步的政策的总和。产业技术政策对区域产业转移与产业集群耦合发展的影响主要体现在三个方面（表 7.8）。一是通过产业技术进步的指导性（经济支持）政策调控转移产业技术的发展目标、集群规划和指导各技术进步主体的行为；二是通过产业技术进步的组织政策调控推进产业集群化转移企业技术进步；三是通过产业技术进步的教育培训、奖惩政策调控并建立起切实有效的技术进步激励机制，使集群内企业成为技术创新主体，政府通过制定直接或间接的经济刺激和制裁政策，对民间科研机构、企业的研究开发以及技术引进、扩散工作进行劝诱和鼓励，对技术进步迟缓者或缺乏技术进步具体规划和措施者实施经济惩罚。例如，我国出台的产业转移示范区创建工作的实施方案中明确对示范区承接产业的行业类型、投资规模、企业技术工艺水平和节能减排状况提出要求，并在用地指标、税收优惠、基础设施建设等方面给予相应的支持，对产前、产中、产后加强对产业转移项目开展环评，建立定期环境监测机制。

表 7.8　区域产业转移与产业集群耦合发展的产业技术政策

		技术开发	技术引进	技术推广
经济支持政策	财政	政府补助 研发补贴 直接奖励 税收优惠	税收优惠	财政拨款 补贴 税收优惠 加速折旧
	金融	贷款优惠 设立技术研发基金	外汇扶持 引进外资同时引进技术	贷款优惠

续表

	技术开发	技术引进	技术推广
技术组织协调	政府委托项目研发 政府委托课题研究 重大工程技术装备招标	人才引进	发明表彰 产学研合作 科研成果转化 提高专利权利益
教育培训政策	发展教育事业		为企业提供技术指导 技术人员培训 前提技术交流

资料来源：吴力波，2010

（4）产业组织政策。此类政策体现了国家或地方政府为实现产业组织的合理化，并借此达到资源有效利用、收益分配公平等目标而对某一产业或企业采取的鼓励或限制性的政策措施。因一般认为良好产业组织的形成需以市场结构合理、竞争适度为条件，因而，产业组织政策也被称为“禁止垄断政策”或“促进竞争政策”。产业组织政策对区域产业转移与产业集群耦合发展的影响主要体现在两个方面：一是促进产业集群化转移，实现产业规模化发展，提高社会总体产出效率和产业竞争力；二是促进区域、产业竞争，保证市场机制的公平性、有效性，提供产业发展和进步必需的动力。例如，我国《工业转型升级规划（2011～2015）》强调，在有条件的中西部省市，要按照“政策引导、市场主导、优势互补、合作共赢”的原则，探索要素互换、企业合作、产业链协作等合作对接新模式；充分利用经济技术开发区、高新区、产业集聚区、出口加工基地等各级、各类园区的平台作用，打造一批承接国际、国内产业转移的载体；加快国家新型工业化产业示范基地建设，以此作为承接产业转移和促进产业集聚的平台。

二、调控政策的国际经验与中国实践

（一）调控政策的国际经验

爱尔兰的软件产业集群政策是通过吸引外国直接投资催生本土软件产业成长实施的。爱尔兰软件产业起源于20世纪50年代末[①]，20世纪80年代以来，爱尔兰凭借良好的区位、优惠税率、高技能、低成本劳动力等综合优势，吸引了Microsoft、IBM、Intel、Oracle、Google、Yahoo等世界知名IT公司落户，软件产业异军突起，现已已成为该国支柱产业之一，形成了令人瞩目的国际竞争能力。

① 国家发展和改革委员会东北振兴司．爱尔兰软件和服务外包产业发展情况分析．http：//www.chinaneast.gov.cn[2010-05-28].

如今，爱尔兰已经成为世界大型软件公司进入欧洲市场的门户和集散地，是全球最大的软件本地化供应基地，其软件在欧洲市场占有率超过 60%，全球排名前 10 位的软件企业在爱尔兰都设有分支机构。

爱尔兰软件产业的快速发展，在很大程度上得益于国家出台的“科技兴国”战略以及一系列产业政策措施。

首先，在产业布局政策方面着力引导软件产业向都柏林地区集中。都柏林地区是爱尔兰软件产业的主要聚集地，该地区软件业从业人员占整个爱尔兰软件业的 83%以上，汇集了爱尔兰约 73%的软件公司，是 Microsoft、IBM、Intel、Oracle、Google、Yahoo 等世界知名 IT 公司的欧洲总部所在地。另外，软件和服务外包产业在 Limerick 的中部地区、Galway 和 Cork 等地也形成了一定的产业集聚。

其次，在产业结构政策方面着力提升软件产业层次。爱尔兰软件产业发展方向定位在更高附加值和更具发展潜力的专业化细分市场和特殊的商业应用市场。从软件产品和服务涉及的技术层面来看，爱尔兰软件行业提供包括软件服务、应用软件、工具软件和系统软件等多个层面的产品和服务，可以满足企业用户和普通消费者的多样化需求。

再次，在产业技术政策方面着力推动企业技术进步。具体包括制订国家发展计划、设立专项研究基金、实施财税优惠等一系列政策措施，为产业的技术进步提供保障。早在 20 世纪 70 年代，爱尔兰政府就选择软件设计与开发等作为国家的发展重点。1981 年爱尔兰政府制订和实施了《国家服务业鼓励计划》，为鼓励本国软件及信息服务业的出口，对出口企业免征出口关税，同时鼓励外国软件及信息服务企业到爱尔兰从事研发工作。20 世纪 90 年代，政府划拨土地建立了软件园区，并制定了为企业提供必要的中介及孵化服务等一系列优惠政策。政府为提高软件产业的国际竞争力，进一步加大了对软件产业的资金支持力度，如 1996 年设立的“专项高科技产业风险资本基金”，2000 年政府建立的 7.1 亿欧元的“技术前瞻基金”等，在很大程度上促进了软件产业的发展。此外，爱尔兰政府高度重视教育，早在 1967 年，就率先在欧洲实行免费中等教育，1971 年政府扩大高校招生数量，进一步加强了软件、电子等专业技术人才的培养，并逐渐建立起了基础理论与学用结合的高等教育模式，成为目前世界上 15～29 岁年龄段人口在校就读率最高和人均受教育水平最高的国家之一。政府鼓励高校和产业相结合，使科研成果迅速转化为生产力和利润，探索了一条国家、企业、私人并举，产、学、研相结合，正规与非正规教育互为补充的人才培养模式，造就了多层次的软件技术人才，为软件产业源源不断地输送了大批年轻且高水准的实用型人才。

最后，在产业组织政策方面着力营造公平的竞争环境。在政策实施环节，建立了爱尔兰企业署、爱尔兰工业发展局等。爱尔兰企业署主要职责是为本地软件企业发展和开拓海外市场提供政策及资金等各方面的扶持；爱尔兰工业发展局负责招商引资，为外国投资商提供优质服务，并说服海外大的软件公司在爱尔兰成立公司。在协调产业发展方面，爱尔兰软件协会发挥了重要作用，其首要任务是就爱尔兰科技行业的相关事宜同政府进行协商，为软件产业的健康发展提供最新信息。此外，为了促进企业间的公平竞争，爱尔兰加大了知识产权法、信息安全法、数据保护法、电子签名法等与软件与服务外包紧密相关的立法工作。

美国加州的葡萄酒产业集群由689个酿酒厂和数千个葡萄种植园构成，是一个极具区域特色的地区向产业，集聚了美国葡萄酒的绝大多数生产活动，包括葡萄种植、葡萄酒生产、葡萄酒设备制造、酒瓶、瓶盖、瓶塞、商标、专业出版物等全产业链若干条。美国加州的葡萄酒产业集群政策缘起于1996年加州经济战略小组提出的产业发展援助政策建议，其产业政策包括调整经济政策、实行经济发展激励和完善公共服务体系等。

深入分析爱尔兰和美国的相关产业政策，可以发现，其成功之处在于：一是区域最初的资源和信息等优势促进了产业的选择性转移和集聚，产业政策可以为产业集群形成、发展提供制度保障；二是产业集群的不断发展，进一步导致技术、劳动力、资金等资源的加速集聚，需要产业政策为产业集群健康发展提供方向引领。

（二）调控政策的中国实践

近年来，我国先后颁布了《国务院关于中西部地区承接产业转移的指导意见》《中华人民共和国国民经济和社会发展第十二个五年（2011～2015年）规划纲要》《全国主体功能区规划》等国家层面的战略与政策。同时，还根据“十二五”规划和《全国主体功能区规划》相继出台了一系列省级发展指导意见和区域规划，确定了重点区域发展的战略定位、产业发展方向和空间布局，把产业转移作为加快地区产业发展和扩大地区对内、对外开放的一项重要内容。具体政策内容体系健全，涉及产业转型升级、促进地区发展指导意见、区域规划、产业规划等，具有目标明确、内容丰富、针对性强等特点（工业和信息化部产业政策司，2012），体现了国家对不协调、不平衡、不可持续等问题的高度重视。

为了响应国家的号召，在国家“十二五”规划等文件的指导下，近些年间，中国各省市政府也在积极制定、出台一系列的区域政策，力求做好与国家层面的衔接工作。例如，安徽省出台了《皖江城市带承接产业转移示范区规划》《安徽省“十二五”利用外资和境外投资规划》，甘肃省出台了《关于加快开发开放积极承接产业转移的实施意见》《甘肃省承接产业转移指导目录》，广东省出台了《广东省产业转移工业园管理办法》《关于进一步推进产业转移的若干意见》，河南省出台了《关于加快产业集聚区科学发展若干政策（试行）》《河南省人民政府关于进一步促进产业集聚区发展的指导意见》，江苏省出台了《关于加快苏北振兴的意见》

《关于加快南北产业转移的意见》《关于促进苏北地区加快发展的若干政策意见》《关于加强环境管理促进苏北地区产业优化的意见》，四川省出台了《四川省人民政府关于承接产业转移的实施意见》《四川省人民政府关于加强与泛珠三角区域合作承接产业转移的意见》等政策文件。

通过收集整理中国各省市（港澳台除外）的产业转移政策（表 7.9 和表 7.10），不难发现，中国各省市促进区域产业转移与产业集群耦合发展的政策既有诸多相似之处，也有一定的区域特色。相比而言，鉴于东部地区整体发展水平较高，因此在产业政策导向上大多明确提出了提升产业层次、推动产业集群化转移、发展产业集群的目标，此外，东部地区的产业政策还突出以下几点：一是鼓励支持传统产业向中西部或周边地区转移；二是依托产业示范园区，走产业集群发展道路；三是完善优惠政策，改善投资环境，吸引高新技术产业的转移，加快产业优化升级。其中部分省市的政策尤其鲜明的特色，浙江省抓住了海洋经济产业转移的机遇，有针对性地吸纳外资投入；福建省、广东省加强与港澳台的合作交流，建立两岸交流合作示范区，承接国际国内产业转移。

表 7.9　中国各省市区域产业转移政策汇总

区域	文件名称	产业集群化转移的政策要点
安徽省	（1）《安徽省“十二五”利用外资和境外投资规划》 （2）《皖江城市带承接产业转移示范区规划》 （3）《安徽省战略性新兴产业“十二五”发展规划》 （4）省财政厅《关于我省 2013 年外贸促进政策的通知》 （5）《安徽省国民经济和社会发展第十二个五年规划纲要》	（1）皖江城市带积极承接产业转移，建设开放型经济 （2）利用产业转移示范区，吸引外商投资 （3）积极争取中央政府财政补贴，出台吸引外省乃至外国的产业转移
北京市	（1）《北京市国民经济和社会发展第十二个五年规划纲要》 （2）《北京市“十二五”时期就业促进规划》	（1）扩大首都经济优势，将失去优势的传统产业向周边地区转移，大力发展高新技术产业 （2）完善鼓励机制和优惠政策，将部分产业向城市发展新区和京津冀产业协作区转移
福建省	（1）福建省政府《关于支持台资企业发展的若干意见》 （2）《彭州市承接福建产业转移投资优惠政策》 （3）《福建省装备制造业“十二五”发展规划》 （4）《两岸经济合作框架协议》 （5）《福建省省国民经济和社会发展第十二个五年规划纲要》	（1）政策倾斜，积极承接产业转移 （2）外省通过制定优惠政策，鼓励福建企业的产业转移与投资 （3）积极承接台湾机械业专业，加大两岸交流协作 （4）建立两岸交流合作示范区，深化闽港闽澳合作，吸引国际产业转移
甘肃省	（1）《关于中西部地区承载产业转移的指导意见》 （2）《关于加快开发开放积极承接产业转移的实施意见》 （3）《甘肃省承接产业转移指导目录》 （4）《甘肃省国民经济和社会发展第十二个五年规划纲要》	（1）抓住国内外产业加速向中西部地区转移的重大机遇，充分发挥甘肃省区位、资源能源与原材料保障、土地与劳动力供应、市场潜力等比较优势，加大招商引资和承接产业转移力度，推进大开发、大开放，全面推进产业转移承接，促进工业经济转型跨越发展 （2）构建立足全国均衡发展的东西合作示范区，吸引外省产业转移

续表

区域	文件名称	产业集群化转移的政策要点
广东省	（1）《关于我省山区及东西两翼与珠三角联手推进产业转移的意见（试行）》 （2）《中共广东省委、广东省人民政府关于推进产业转移和劳动力转移的决定》 （3）《珠三角地区规划发展纲要（2008～2020年）》 （4）《广东省产业转移工业园管理办法》 （5）省经济和信息化委《关于进一步推进产业转移的若干意见》 （6）《广东省国民经济和社会发展第十二个五年规划纲要》	（1）政府高度重视产业转移，做好产业转移园的基础建设 （2）依托产业园区形成产业集群，坚定不移地走产业集群发展的道路。 （3）对产业转移进行资金支持，完善产业转移政策体系 （4）广东省政府鼓励及禁止部分产业向东西两翼及粤北山区转移 （5）加强与港澳台和东盟的合作，吸引高新技术产业的转移，加快产业优化升级的步伐
广西壮族自治区	《广西壮族自治区国民经济和社会发展第十二个五年规划纲要》	（1）把承接产业转移与优化产业结构和区域布局相结合 （2）加快示范园区建设，增创优势，更好的对接东部地区
贵州省	（1）贵州省人民政府《关于进一步做好承接产业转移工作的意见》 （2）《贵州省国民经济和社会发展第十二个五年规划纲要》	（1）大力推动能矿资源深加工业、装备制造业、现代服务业、高新技术产业、现代农业、劳动密集型产业等产业承接 （2）抢抓机遇，实现本地产业转型升级，大力发展特色优势产业，将资源优势转化为产业优势，吸引中东部地区的产业转移
海南省	（1）《海南省人民政府关于承接产业转移的实施意见》 （2）《海南省国民经济和社会发展第十二个五年规划纲要》	（1）加强政策指导和支持，包括财政政策、园区和土地政策等等，加大对承接产业转移的扶持力度 （2）完善承接转移的体制机制，改善承接转移的环境，促进承接产业集中布局
河北省	（1）天津市人民政府与河北省人民政府《关于加强经济与社会发展合作备忘录》 （2）《河北省国民经济和社会发展第十二个五年规划纲要》	（1）加快产业转移和对接，形成跨区域产业链 （2）大力建设产业转移工业园区，积极承接京津地区产业转移
河南省	（1）《关于加快产业集聚区科学发展若干政策（试行）》 （2）《河南省人民政府关于进一步促进产业集聚区发展的指导意见》 （3）《河南省人民政府关于加快建设创新型产业集聚区的实施意见》 （4）《国务院关于支持河南省加快建设中原经济区的指导意见》 （5）《河南省国民经济和社会发展第十二个五年规划纲要》	（1）发挥河南省承接产业转移的有利条件，构筑良好的产业转移环境，增强对发达地区的产业转移的吸引力 （2）加快产业集聚发展，形成产业转移示范区，给予政策鼓励与倾斜 （3）构建结构优化、技术先进、清洁安全、附加值高、吸纳就业能力强的现代产业体系
黑龙江省	《黑龙江省国民经济和社会发展第十二个五年规划纲要》	（1）进一步增强政府调控指导作用，进一步完善鼓励扶持政策和承接产业转移环境，提高产业承接层次水平 （2）加强基础设施建设，增强综合配套能力
湖北省	（1）《关于加快全省纺织产业结构调整，促进产业优化升级的若干意见》 （2）《省人民政府关于促进产业集群发展的意见》 （3）《湖北省重点成长型产业集群管理试行办法》 （4）《湖北省国民经济和社会发展第十二个五年规划纲要》	（1）成立专班，为承接产业转移提供组织保障 （2）扩大招商，为承接产业转移创新引资模式 （3）建设园区，为承接产业转移搭建平台 （4）创新机制，为承接产业转移提供优质服务 （5）出台政策，形成支持承接产业转移的强大合力

续表

区域	文件名称	产业集群化转移的政策要点
湖南省	(1)《关于积极承接产业转移促进加工贸易发展的意见》 (2)《湖南省国民经济和社会发展第十二个五年规划纲要》	(1) 加快发展诸多有利条件，完善承接产业转移的环境 (2) 改造提升传统产业，引导产业集群发展 (3) 强化政策导向，完善产业机制
吉林省	(1)《吉林省工业通信业产业转移指导目录》 (2)《中国东北地区面向东北亚区域开放规划纲要(2012～2020年)》 (3)《吉林省国民经济和社会发展第十二个五年规划纲要》	(1) 根据国家区域发展的总体布局落实好国家的相关政策，结合本地区的实际，促进当地就业和经济发展 (2) 各地要结合实际做好产业升级的扶持工作，促进区域的可持续发展 (3) 大力推进企业组织结构调整和兼并重组，提高产业集中度和资源配置效率 (4) 积极支持企业加快技术改造，建设创新型企业
江苏省	(1)《关于加快苏北振兴的意见》 (2)《关于加快南北产业转移的意见》 (3)《关于促进苏北地区加快发展的若干政策意见》 (4)《省有关部门和单位2004年度支持苏北地区发展的任务》 (5)《关于加强苏北地区人才队伍建设的意见》 (6)《江苏省沿东陇海线产业带建设总体规划》 (7)《关于支持南北挂钩共建苏北开发区政策措施的通知》 (8)《江苏省沿海开发总体规划》 (9)《关于加快振兴徐州老工业基地的意见》 (10)《江苏省苏北地区工业发展纲要》 (11)《关于进一步支持苏北地区加快发展的政策意见》 (12)《关于加强环境管理促进苏北地区产业优化的意见》 (13)《关于进一步加快民营经济发展的若干意见》 (14)《江苏省国民经济和社会发展第十二个五年规划纲要》	(1) 明确南北产业转移的相关原则、政策措施以及组织管理，在财政土地等政策上给予转移企业优惠，促进省内南北产业的转移 (2) 加强承接产业转移的特色工业园区建设 (3) 对江苏区域间的产业转移研究，从全局观、系统观全方位综合考虑，让苏南苏北产业转移双方都能在转移中获得新的发展 (4) 建立和完善产业转移的效率效果评价体系 (5) 鼓励转移中的企业做好产品的升级换代，注重研发，增加自主知识产权比重，提高可持续发展能力
辽宁省	(1)《东北振兴“十二五”规划》 (2)《辽宁省国民经济和社会发展第十二个五年规划纲要》	(1) 支持产业转移承接地区的企业新建高技术水平、促进产业结构调整和升级，支持重点向纺织行业倾斜，以促进资源优化配置，实现可持续发展 (2) 建立健全产业转移体系，优化产业园区布局
内蒙古自治区	(1)《国务院关于进一步促进内蒙古经济社会又好又快发展的若干意见》 (2) 内蒙古人民政府《全区工业重点领域承接发达地区产业转移工作方案》 (3)《内蒙古自治区国民经济和社会发展第十二个五年规划纲要》	(1) 促进内蒙古加快国内外区域合作步伐，建立健全合作机制，拓展合作领域，支持建设承接产业转移示范区 (2) 完善承接产业转移的体制机制 (3) 全力推进承接产业转移的要素吸引力和政策推动力
宁夏回族自治区	(1)《宁夏银川承接产业转移（生态纺织）示范区实施方案》 (2)《关于进一步促进宁夏经济社会发展的若干意见》 (3)《宁夏回族自治区国民经济和社会发展第十二个五年规划纲要》	(1) 搭建大型平台，承接产业转移，建设飞地工业园，探索产业转移的新形势 (2) 坚持规划先行，增强承接产业转移的吸引力；选准承接点，增强承接产业转移的竞争力；打造承接平台，增强承接产业转移的承载力；强化招商引资，突出主导产业和特色产业招商；强化要素供给，增强承接产业转移的创新力

续表

区域	文件名称	产业集群化转移的政策要点
青海省	(1)《关于加快推进青海省工业和信息化发展战略合作框架协议》 (2)《青海省柴达木循环经济试验区总体规划》 (3)《青海省国民经济和社会发展第十二个五年规划纲要》	(1) 抓住发展机遇和有利条件，充分利用西部大开发等政策措施吸引外省的产业转移 (2) 加强基础设施建设，构建现代化产业转移体系
山东省	(1)《关于进一步提升与日韩经贸合作水平的意见》 (2)《山东省国民经济和社会发展第十二个五年规划纲要》	(1) 积极拓展各地地方政府、中介、大企业、银行、园区等五大合作渠道，建立更加紧密的经贸交流机制和平台，形成立体招商网络 (2) 充分利用西部地区在资源、土地、市场、劳动力等方面的优势，引导推动省内资源加工型、劳动密集型和适应西部地区的技术密集型产业向西部有序转移，促进了山东与西部地区产业结构的优化调整
山西省	(1)《关于建设新型产业基地、进一步推进行业结构调整的意见》 (2)《国务院关于加快振兴装备制造业的若干意见》 (3)《山西省国民经济和社会发展第十二个五年规划纲要》	(1) 完善承接产业转移载体的建设 (2) 加强产业转移投资环境的建设 (3) 重视承接产业的科学规划 (4) 努力构建合理的产业转移体制体系
上海市	(1)《关于加快本市产业结构调整盘活存量资源若干意见的通知》 (2)《关于推动产业转移与合作的框架协议》 (3)《上海市国民经济和社会发展第十二个五年规划纲要》	(1) 积极调整与优化升级产业结构，提高产业转移的承接层次 (2) 政府积极参与，探索产业转移新模式 (3) 建立异地工业园区，建立利益共享机制 (4) 拒绝污染转移，构建产业转型的良性循环
四川省	(1)《关于承接产业转移的实施意见》 (2)《四川省人民政府关于承接产业转移的实施意见》 (3)《四川省人民政府关于加强与泛珠三角区域合作承接产业转移的意见》 (4)《四川省国民经济和社会发展第十二个五年规划纲要》	(1) 建设战略性新兴产业地，承接发展优势特色产业 (2) 承接“产业高端”，打造产业集群 (3) 发挥比较优势，增强产业转移吸引力 (4) 完善承接产业转移体制机制，加强政策支持和引导 (5) 改善承接产业转移环境 (6) 加快“四川泛珠三角合作示范园区”的建设，促进珠三角地区的产业更多、更快转移
天津市	(1)《天津市人民政府河北省人民政府关于加强经济与社会发展合作备忘录》 (2)《天津市国民经济和社会发展第十二个五年规划纲要》	(1) 加强战略合作，推动京津共同繁荣，承接北京地区的产业 (2) 支持和鼓励符合国家产业转移的政策，形成跨区域的产业链 (3) 积极承接国际转移，走工业化发展道路，推动天津经济发展
西藏自治区	(1)《西藏自治区人民政府关于自治区承接产业转移工作的意见》 (2)《西藏自治区人民政府青海省人民政府关于建立格尔木藏青工业园区协调领导机制的协议》 (3)《西藏自治区国民经济和社会发展第十二个五年规划纲要》	(1) 建设国家级新型工业化产业示范基地，进一步增强走西藏特点新型工业化道路的信心 (2) 依托西藏特色优势资源加大工业园区建设，促进产业集聚，加快工业经济发展 (3) 对原材料进行精深加工，延伸产业链和价值链，提升产品附加值 (4) 抓住发展机遇和有利条件，充分利用西部大开发等政策措施吸引外省的产业转移

续表

区域	文件名称	产业集群化转移的政策要点
新疆维吾尔自治区	(1)《关于促进新疆工业、通信业和信息化发展的若干政策意见》 (2)《新疆产业结构调整指导目录（2010年本)》 (3)《新疆工业和信息化领域承接产业转移指导目录（2011年本)》(试行) (4)《工业和信息化部、新疆维吾尔自治区人民政府关于共同推进新疆工业和信息化发展的合作协议》 (5)《新疆维吾尔自治区国民经济和社会发展第十二个五年规划纲要》	(1) 加强宏观指导，促进产业的合理布局，引导产业的集聚，推动重点地区加快发展 (2) 突出比较优势，提升承接产业转移的实效 (3) 积极与各对口援疆省市建立合作机制，深化产业合作
浙江省	(1)《关于加快信息服务与软件业发展的若干意见》 (2)《杭州市信息服务与软件业发展规划（2005～2010年)》 (3)《浙江省国民经济和社会发展第十二个五年规划纲要》	(1) 抓住发展海洋经济产业转移的机遇，有针对性地吸纳外资的投入 (2) 坚持创新发展、统筹发展、和谐发展，实现产业升级新突破 (3) 加快建设现代产业体系，提高产业核心竞争力 (4) 响应国家西部大开发号召，支持欠发达地区发展，加快传统产业的转移
重庆市	(1)《沪渝川三省市口岸大通关合作框架协议》 (2)《重庆沿江承接东部产业示范区规划》 (3)《关于区县产业招商的指导意见》 (4)《重庆市承接中高档陶瓷产业转移规划》 (5)《重庆市国民经济和社会发展第十二个五年规划纲要》	(1) 发挥重庆地区比较优势，制定合理的展政策 (2) 发展特色工业示范园区，吸引国内、国际产业转移 (3) 强化招商引资政策，发展产业集群 (4) 努力融资环境，整合政策优势，加强地区间的合作交流

表 7.10　中国东中西部地区产业转移政策要点

地区	产业政策要点
东部地区	(1) 鼓励支持传统产业向中西部或周边地区转移 (2) 依托产业示范园区，大力发展产业集群 (3) 完善优惠政策，改善投资环境，吸引高新技术产业的转移，加快产业优化升级
中西部地区	(1) 发挥中西部地区的自然资源、土地、劳动力等比较优势，全面推进产业转移的承接工作 (2) 完善鼓励扶持政策和承接产业转移的环境，建立承接产业转移示范园区，提高产业承接层次水平，提升产业集聚水平 (3) 加强基础设施建设，构建现代化产业承接体系，促进产业优化升级

中西部地区的整体发展水平落后于东部地区，因此，本区域的产业政策都将承接东部地区产业转移作为推动区域发展的重要抓手，除部分省市明确提出承接产业转移、发展产业集群的导向外，大多省市将提升产业集聚水平作、建设承接产业转移示范园区作为重要发展目标。中西部区域的产业政策总体突出以下几点：其一，发挥中西部地区的自然资源、土地、劳动力等比较优势，全面推进产业转移的承接工作；其二，完善承接产业转移的市场环境和政策政策，建立承接产业转移示范园区，提高产业承接层次水平和集聚水平；其三，加强基础设施建设，

构建现代化产业承接体系，促进产业优化升级。不同于中西部其他省市，四川省提出了承接“产业高端”，打造产业集群；宁夏回族自治区提出搭建大型平台，承接产业转移，建立飞地工业园，探索产业转移的新形势；云南省提出把握技术和市场准入门槛，防止污染严重、技术落后的产品工艺转移到西部地区。

根据各地区的自然、经济状况，各地方政府制定的产业政策要点主要包括（表 7.11）：降低税收、土地价格优惠、加大财政补贴、加大科教投入、建设示范园区、加强基础设施建设、改善环境。其中区域产业政策中提出降低税收的包括：安徽、福建、甘肃、贵州、江西、内蒙古、宁夏、青海、西藏、新疆、云南、重庆 12 个省市、自治区；出台土地优惠政策的有安徽、甘肃、海南、黑龙江、江苏、江西、辽宁、内蒙古、宁夏、山西、西藏、新疆和浙江 13 个省市、自治区；给予财政补贴的省市、自治区有 26 个，包括：安徽、北京、福建、甘肃、广东、贵州、海南、黑龙江、湖北、湖南、吉林、江苏、内蒙古、宁夏、青海、山东、山西、陕西、上海、四川、天津、西藏、新疆、云南、浙江、重庆；明确指出要加大科教投入，提高科学技术水平的有安徽、北京、吉林、江苏、辽宁、山东、陕西、上海、天津、浙江、重庆 11 个省市；建立产业转移示范区，吸引产业转移的省市有安徽、福建、甘肃、广东、广西、黑龙江、江苏、江西、辽宁、内蒙古、宁夏、陕西、山西、上海、四川、天津、云南、浙江和重庆 19 个省市、自治区；安徽、贵州、河北、河南、湖北、内蒙古、宁夏、青海、西藏、新疆和云南 11 各省市、自治区指出要加强基础设施的建设；此外，海南、河北、河南、湖北、湖南、陕西、山西、上海、云南、重庆 11 个省市、自治区出台的区域政策中还包含改善环境的建设。由此可见，中国的各地方政府都在以积极主动地姿态迎接产业转移的机遇，从各个方面，努力制定合理的区域政策，力图推动区域产业转移的进程。

表 7.11　区域产业转移政策分类及政策要点

政策分类点	产业政策要点相似的区域
税收优惠	安徽、福建、甘肃、贵州、江西、内蒙古、宁夏、青海、西藏、新疆、云南、重庆
土地	安徽、甘肃、海南、黑龙江、江苏、江西、辽宁、内蒙古、宁夏、山西、西藏、新疆、浙江
财政补贴	安徽、北京、福建、甘肃、广东、贵州、海南、黑龙江、湖北、湖南、吉林、江苏、内蒙古、宁夏、青海、山东、山西、陕西、上海、四川、天津、西藏、新疆、云南、浙江、重庆
科教	安徽、北京、吉林、江苏、辽宁、山东、陕西、上海、天津、浙江、重庆
承接产业转移示范区	安徽、福建、甘肃、广东、广西、黑龙江、江苏、江西、辽宁、内蒙古、宁夏、陕西、山西、上海、四川、天津、云南、浙江、重庆
基础设施	安徽、贵州、河北、河南、湖北、内蒙古、宁夏、青海、西藏、新疆、云南
投资环境	海南、河北、河南、湖北、湖南、陕西、山西、上海、云南、重庆

三、调控政策的目标导向与着力点

根据波特的观点，正确的宏观经济政策仅是必要条件而非充分条件，一个国家或民族的振兴繁荣取决于生产率而非出口或自然资源禀赋。因此，政府应该尽力创造生产率日益增长的环境。从竞争的角度看，微观经济基础将最终决定生产力和竞争力，中央政府或地方政府都可以发挥作用，比如，提供高质量投入的供给，制定竞争的规则（保护知识产权和实施反垄断法）等。对于集群政策，波特认为，政府在与民间部门合作的过程中，应加强和建立现存的和正在出现的簇群，而不是努力去创造一个全新的簇群（迈克尔·波特，2000）。政府的功能在于促进簇群形成、升级以及构建对大量相关业务有重要影响的公共品或准公共品。

从国际经验和国内实践看，政府制定区域产业转移、促进产业集群发展政策的目的不是取代市场机制，而是要强化市场机制功能的发挥，实现区域产业转移与产业集群耦合发展的总体目标。如前文所述，在我国区域分权导致地方保护主义的大背景下，不同区域尺度、不同产业细分的产业集群化转移的空间路径、集中模式及其耦合发展机制不尽相同，其具体的调控政策也应不尽相同。因此，本书仅就区域产业转移与产业集群耦合发展调控政策的目标导向和着力点做出概要性分析，算是抛砖引玉。

（一）调控政策的目标导向

结合前文有关区域产业转移与产业集群耦合的内容、模式、原因、驱动力及效应分析，本书认为区域产业转移与产业集群耦合发展调控的基本思路应为“一个中心，两个有利于，三个转变”。一个中心，即要以促进区域协调发展为中心。两个有利于，即产业转移要有利于承接地和移出地产业结构调整和技术升级，要有利于产业集群的形成、发展和转型升级。三个转变，即在承接产业集群化转移的方式上，要由全盘式承接向选择性承接转变；在承接产业集群化转移的区位选择上由遍地开花、分散布局向特色园区和各类产业转移承接示范区集中布局转变；在承接产业集群化转移的发展路径上由转移企业自发、产业生产环节式发展向政府规划引领、全产业链式集群化发展转变。

基于此，其调控政策的目标导向主要有以下内容。

第一，有效利用各种要素资源，努力实现区域产业集群化转移效益最大化，合理调控产业集群化转移所引致的正、负效应。

第二，有效改善区域产业转移与产业集群耦合发展的外部环境，努力提供高质量投入的供给，合理制定竞争的规则。

第三，有效促进产业技术进步，努力优化产业结构和产业空间结构，协调好区域之间、区域成员之间以及区域和整体之间的关系。

第四，有效应对国际国内产业集群化转移新趋势，强化规划导向，努力为产业转移与产业集群耦合发展提供方向指引和制度保障。

其调控的基本原则主要有以下内容。

一是市场主导与政府引导相结合的原则。推动区域产业转移与产业集群耦合发展，既要遵循客观经济规律，发挥市场机制的基础性作用和企业的主体作用，同时也要加强政府引导，优化引资环境，强化规划导向，完善公共服务，统筹社会资源，完善各方利益协调机制，创造有利的产业转移、承接以及集群成长、发展的体制与政策环境。

二是全面推进与突出重点相结合的原则，既要从经济社会各个方面统筹资源，系统推进，加快产业集群化转移及承接步伐，又要注意突出重点区域、重点产业、重点项目和重点企业，找准承接转移产业的关键领域和环节，围绕产业结构优化、产业技术升级、产业布局协调和产业组织健全的目标，寻求重点突破。

三是区域协同与分类指导相结合的原则。既要充分尊重不同区域主体、企业主体的利益，也要充分考虑不同区域的资源类型和禀赋差异，扬长避短，优势互补，分区域、分领域、有重点地寻求利用市场机制实现区域间产业合作发展的路径与模式，实现区域间优势互补、协同发展。

四是可持续发展原则。要正确处理区域产业转移与产业集群耦合发展与资源、环境、生态的关系，既要防止对资源环境依存或破坏性大的产业的转移，又要防止高污染、高能耗的产业低层次、低水平转移，实现经济社会的可持续发展。

（二）调控政策的着力点

当前，金融危机所导致全球资金流动性趋紧的不利影响开始呈现，欧盟、美国、日本、英国等主要经济体和部分新兴市场国家经济增长明显放缓，全球经济出现衰退迹象，流动性过剩出现逆转，国际资本、产业和我国东部沿海发达地区的资本、产业开始呈现回流迹象，上述外生因素给我国相关地区承接国际国内产业转移带来严峻挑战。不仅如此，区域产业转移与产业集群耦合发展的内生能力不足也是不容忽视的现实问题，主要包括：一是承接区域产业集群发展大都尚处于初级阶段，以产业集群承接产业转移的能力不足；二是可能引致承接区域产业级差和技术级差拉大并固化、环境生态压力增加等潜在风险；三是受到产业转移的黏性、距离衰减规律以及区域之间的竞争等空间壁垒因素的制约。因此，需要不断加强承接区域以产业集群承接产业转移的能力建设。主要着力点有以下内容。

1. 增强区域经济实力以提升承接能力

从市场经济的要旨出发，产业集群化转移的过程，也是价值链分解和重新建立的过程。随着企业在相关产业的价值链的某些环节建立起自身的竞争优势，并表现出企业在某环节上具有较成熟、较精湛的技术和较低的生产成本时，价值链也随之分解、转移。于是，又可以吸引更多的有竞争力的企业开始加入这条价值链过程的产品开发、生产到营销、运输等各个环节，价值链或在产业移出地或在承接地又得到重建。毫无疑问，在价值链一次次的分解和重新建立过程中，转移企业的市场进入能力将得到显著增强，也将使转移企业的竞争力乃至产业竞争力得到提升。因此，对于产业承接区域，要树立现代化和国际化的发展理念，自觉融入国际国内发展的大格局中，以更加开放的眼界、更加开放的思维、更加开放的举措参与国际、国内的合作与竞争，在主动承接国际、国内资本、产业的转移中，在密切与国际、国内打市场的联结中，在推进与国内、国际大格局的融合中，一方面，要把发展产业集群作为承接产业转移的主要抓手。要充分利用区域分工，完善产业配套体系，以产业链的专业化分工和差异化竞争为导向，形成区域研发、生产、服务的优势，承接符合当地支柱产业发展战略需求的产业转移，努力培育产业转移带动型集群。另一方面，要加强对产业集群—区域产业转移耦合系统的时空调控，从效益、资源整合、结构升级、技术进步与技术创新等多角度，从攸关产业集群发展的集群度、网络系统、竞争力以及攸关区域产业转移的投资、结构、关联效应等因子，全方位予以系统分析和把握，以使系统持续保持较高的时空协调性，从而不断增强区域自身经济实力。

2. 推进制度创新体系建设以提升承接活力

经济制度和经济政策对产业集群化转移的影响是至关重要的。虽然经济制度和经济政策都是一种政府行为，但在强调政府调控的国家，经济制度和经济政策仍然会对产业发展的基本格局产生决定性影响，并决定能否为转移产业发展提供相应的竞争环境。在市场经济条件下，要实现区域产业转移与产业集群耦合发展，必须促进政府职能转变，通过推进制度创新体系建设，为转移产业发展提供公平竞争的体制基础和政策环境，从而形成有效的产业集群形演进的内在动力机制。所谓制度创新体系（innovation system），就是一种有关科学技术长入经济增长过程之中的制度安排，其核心内容就是科技知识的生产者、传播者、使用者，以及政府机构之间的相互作用，并在此基础上形成科学技术知识在整个社会范围内循环流转和应用的良性机制（厉无畏和王振，2003）。

基于此，承接区域一方面要进一步推进体制和机制创新，为区域产业转移与产业集群耦合发展奠定体制基础。主要内容包括：①大力推进企业产权制度变革，形成规范的决策和约束机制。加大国有经济战略性调整和国有企业改革力度，积极发展混合制经济。②创建宽松环境，建立非公有制经济良性发展机制。重点推进“三转一退一完善”政策措施，制定和落实鼓励私营个体经济发展的政策措施，尤其要在投资准入、金融支持、税收征收、土地使用、技术改造、人才引进等方面，营造宽松的投资环境。③深化分配制度改革，建立现代企业制度。各级政府应减少对企业的行政干预，避免乱收费、乱干预行为。引导转移企业确立劳动、资本、技术和管理等生产要素按贡献参与分配的原则，建立有效的激励机制，逐步实现分配形式多元化。使企业真正成为自主经营、自负盈亏、自我发展、自我约束的法人主体，促进企业做大做强、④加强科技创新服务体系建设。面向中小企业、乡镇企业、民营科技企业，开展技术开发、人才信息、对外合作、投资导向、管理咨询、新技术应用、知识产权保护等社会化服务，积极发挥专利服务、无形资产评估等科技中介服务机构的作用，同时鼓励社会力量参与创建科技服务机构，逐步建立起结构合理、功能齐全、运行有序的科技服务机构体系，增强服务功能。

另一方面，承接区域要加快政府职能转变，为区域产业转移与产业集群耦合发展营造良好环境。主要内容包括：①落实和制定符合为区域产业转移与产业集群耦合发展的政策法规，落实好国家产业政策和技术装备政策，研究制定推动循环经济实施的相关经济政策、营造产业集群的地方法规等。②强化区域产业转移与产业集群耦合发展的组织引导工作，从产业发展规划、产业政策、投资引导、国际国内合作、信息服务等方面加强对转移产业发展的指导和引导。③建立健全企业中介服务。加强对转移企业新技术推广、企业信息化、担保、监理、审计等各类中介机构的工作引导。发展企业文化，建立企业信息网络，营造企业信用环境，全方位提升企业核心竞争力。

3. 加强承接载体建设以提升集群成长能力

各级各类产业园区，包括经济技术开发区、高新区、产业集聚区、出口加工基地等，以突破旧体制、建立新体制为改革目标，实行一套有别于计划经济体制的市场经济体制以及与市场经济体制相配套的行政管理体制，深受特殊的政策、体制、环境影响，在发展基础、诱因、路径和趋势等方面都具有特殊性。此外，产业园区一般具有精干、高效的行政管理机构，构建起了良好的社会资本网络结构，并可依靠经济手段，充分运用和发挥市场、法规、投资、税收、海关、土地等各种杠杆的调节作用，逐步建立起社会资本的信任和规范体系，正是由于产业园区的这些特征和优势，理应成为承接产业集群化转移的有效载体。因此，要充分利用各级各类产业园区的平台作用，打造一批承接国际、国内产业转移的载体。把产业园区作为产业集群承接产业转移的有效载体和发展空间，努力形成“吸引发达地区产业转移加入产业集群—集群成长—集群衍生繁殖—形成更多新的产业集群—吸引更多高质量的产业转移”的协调发展效应，江苏的经验业已表明，发达地区与欠发达地区共建产业园区是产业转移的一种创新模式，产业园区已经成为苏北产业集群承接产业转移的有效载体。

同时，要加快承接产业转移示范区建设。这既是有效应对国际国内产业转移新趋势的现实需要，也是贯彻落实《国务院关于中西部地区承接产业转移的指导意见》的一项具体工作。在实践中，可以尝试专立产业集群化转移示范区，并开展一定层面的试点工作，鼓励产业移出地和承接地在同等条件下优先创建国家级产业转移示范区。采取区域分类指导和差别化政策支持的办法，对于产业移出地的示范区建设，重点考察产业集群化转移的规模、新兴产业培育状况以及淘汰落后产能等方面，对于符合标准的给予技术改造资金、重点科技项目立项等支持；对于产业承接地的示范区建设，重点考察承接产业集群化转移的行业类型、投资规模、技术工艺水平、与自身资源及产业链的匹配度、环境效应等方面，对于符合标准的给予用地、税收、基础设施建设等方面建设等方面的支持和优惠。

参考文献

阿瑟·刘易斯. 1984. 国际经济秩序的演变. 乔依德，译. 北京：商务印书馆

阿瑟·刘易斯. 2002. 经济增长理论. 周师铭，沈丙杰，沈伯根，译. 北京：商务印书馆

埃德加·M. 胡佛. 1990. 区域经济学导论. 王翼龙，译. 北京：商务印书馆

爱德华·W. 索亚. 2005. 第三空间. 陆杨，刘佳林，朱志荣，译. 上海：上海教育出版社

白义霞. 2008. 我国产业集群兴起与发展的理论研究——基于制度变迁、社会资本的分析. 技术经济与管理研究，(2)：114～116

包亚明. 2003. 现代性与空间的生产. 上海：上海教育出版社

保罗·A. 萨谬尔森，威廉·D. 诺德豪斯. 1996. 经济学. 胡代光，余斌，张军扩，等，译. 北京：北京经济学院出版社

彼得·迪肯. 2007. 全球性转变——重塑21世纪的全球经济地图. 刘卫东，马丽，张晓平，等，译. 北京：商务印书馆

彼得·罗布森. 2001. 国际一体化经济学. 戴炳然，等，译. 上海：译文出版社

蔡昉，王德文，都阳. 2001. 劳动力市场扭曲对区域差距的影响. 中国社会科学，(2)：4～14

蔡宁，王晓娟. 2006. 社会资本与企业竞争优势：基于知识的观点. 技术经济，25(1)：74

蔡宁，杨闩柱. 2003. 论企业集群竞争优势基础的转变. 浙江大学学报（人文社会科学版），33(6)：42～48

曹慧平. 2010. 发展中国家在承接国际产业转移过程中的模式选择. 经济问题探索，4：105-109

曹又波. 2008. 我国产业集群迁移机理与湖南经济发展研究. 湘潭：湘潭大学硕士学位论文

柴彦威，曲华林，马玫. 2008. 开发区产业与空间及管理转型. 北京：科学出版社

陈红儿. 2002. 区际产业转移的内涵、机制、效应. 内蒙古社会科学（汉文版），23(1)：16～18

陈继祥. 2005. 产业集群与复杂性. 上海：上海财经大学出版社

陈建军. 2002a. 产业区域转移与东扩西进战略——理论和实证分析. 北京：中华书局

陈建军. 2002b. 中国现阶段产业区域转移的实证研究——结合浙江105家企业的问卷调查报告的分析. 管理世界，(6)：64～74

陈建军. 2002c. 中国现阶段的产业区域转移及其动力机制. 中国工业经济，(8)：37～44

陈蓉芳. 2005. 产业转移理论与国际纺织制造业中心的变迁. 华东经济管理，19(12)：56～60

陈晓涛. 2006. 产业转移的演进分析. 统计与决策，(4)：87～88

陈修颖，甄峰，吴泓. 2004. 上海市传统产业的地域转移研究——基于国际大都市建设的新思路. 人文地理，19(6)：44～48

陈耀. 2009. 东西部合作互动集群迁移与承接策略. 天津师范大学学报（社会科学版），(1)：14～20

陈勇. 2007. FDI路径下的国际产业转移与中国的产业承接. 大连：东北财经大学出版社

陈愈，吴建伟. 2003. 对我国招商引资中污染产业转移问题应予关注. 商业研究，(19)：1～3

程必定. 2010. 产业转移“区域粘性”与皖江城市带承接产业转移的战略思路. 华东经济管理，(4)：24～27

戴景萌. 2008. 沿海地区产业集群转移动因研究——个成本分析的视角. 现代经济信息，(8)：133～135

邓云峰. 2009. 欠发达地区承接产业转移的环境污染问题分析. 湖湘论坛，(1)：122～123

邓忠. 1999. 我国跨国投资企业区位选择准则. 国内外经济管理，(1)：5～7

董维忠. 2005. 港口经济研究. 北京：中国财政经济出版社

段成荣. 1998. 人口迁移研究：原理与方法. 重庆：重庆出版社

段小梅. 2006. 台商投资祖国大陆的区位选择及其投资环境研究. 北京：中国经济出版社

范爱军，曹庆林. 2008. 中国对东盟地区的贸易流量分析. 亚太经济，(3)：38～43

范剑勇. 2004. 市场一体化、地区专业化与产业集聚趋势——兼谈对地区差距的影响. 中国社会科学，(6)：39～51

冯根福，刘志勇，蒋文定. 2010. 我国东中西部地区间工业产业转移的趋势、特征及形成原因分析. 当代经济科学，32（2）：1～10，124

冯薇. 2008. 产业集聚、循环经济与区域发展. 北京：经济科学出版社

符正平. 2002. 论企业集群的产生条件与形成机制. 中国工业经济，(10)：20～26

付宝宗. 2008. 中国产业区域转移机制问题研究. 北京：中国市场出版社

付小丽. 2010. 中小企业集群融资模式选择. 中国商贸，(28)：130～131

傅帅雄. 2012. 破解产业转移与环境承载能力下降的矛盾. 中国财政，(22)：74～75

高洪深. 2002. 区域经济学. 北京：中国人民大学出版社

工业化和信息产业政策司，中国社会科学院工业经济研究所. 2012. 中国产业发展和产业政策报告（2012）. 北京：经济管理出版社

龚雪. 2009. 产业转移的动力机制与福利效应研究. 北京：法律出版社

顾朝林. 1991. 中国城市经济区划分的初步研究. 地理学报，46（2）：129～141

顾朝林，于涛方，李平. 2008. 人文地理学流派. 北京：高等教育出版社

顾强. 2005. 中国产业集群（第三辑）. 北京：机械工业出版社

郭朝先. 2003. 中国企业跨国经营的特征与趋势. 国际贸易问题，(21)：35～38

郭繁荣. 2006. 产业簇群的竞争优势与我国高新区发展. 经济师，(4)：47～48

郭胜利. 2010. 中国产业集群分类研究. 中国市场，(32)：133～134

郭毅，罗家德. 2005. 社会资本与管理学. 上海：华东理工大学出版社

国家信息产业部. 2005. 中国区域间投入产出表. 北京：社会科学文献出版社

何龙斌. 2010. 西部地区承接产业转移的生态困境与出路. 经济纵横，(7)：65～68

贺灿飞，潘峰华，孙蕾. 2007. 中国制造业集聚形成机制. 地理学报，62（12)：1253～1264

贺灿飞，朱晟军，王俊松，等. 2010. 中国制造业区位：区域差异与产业差异. 北京：科学出版社

贺灿飞，朱彦刚. 2010. 中国资源密集型产业地理分布研究——以石油加工业和黑色金属产业为例. 自然资源学报，25（3)：488～501

胡鞍钢. 2000. 我国知识发展的地区差距分析：特点、成因与对策. 管理世界，(3)：5～18

胡鞍钢，邹平. 2000. 社会与发展：中国社会发展地区差异研究. 杭州：浙江人民出版社

胡彬. 2008. 区域城市化的演进机制与组织模式. 上海：上海财经大学出版社

胡宇辰. 2007. 产业集群对梯度转移理论的挑战. 江西财经大学学报，(5)：28～31

黄建康. 2005. 产业集群论. 南京：东南大学出版社

黄伟. 2008. 集群状态下产业转移的内在机理研究. 林业经济，(10)：76～79

黄玮. 2009. 产业集群视角下产业梯度转移模式研究. 湘潭：湖南科技大学硕士学位论文
霍丽，惠宁. 2007. 制度优势与产业集群制度优势与产业集群的形成的形成. 经济学家，(4)：71～75
吉敏，胡汉辉. 2009. 苏南产业集群升级的路径选择——基于产业集群式跨国转移发展的构想. 软科学，29（2）：93～96
姜海臣，曾永江. 2006. 用产业集群承接国际制造业的转移. 山东经济，(5)：50～53
金碚. 2004. 中国产业发展的道路和战略选择. 中国工业经济，(7)：5～13
金祥荣. 2002. 专业化产业区的起源与演化——一个历史与理论视角的考察. 经济研究，(8)：74～82
卡尔·马克思，弗·恩格斯. 1972. 马克思恩格斯全集（第 23 卷）. 中共中央马克思恩格斯列宁斯大林著作编译局，译. 北京：人民出版社
兰天. 2005. 贸易、跨国界污染与国际环境合作. 北京：经济管理出版社
劳尔·普雷维什. 1990. 外围资本主义——危机与改造. 苏振兴，袁兴昌，译. 北京：商务印书馆
李惠茹. 2009. FDI 与生态环境关系协调机制的构建：完善跨境环境规制. 国际贸易，(2)：49～53
李家玉. 2005. 国际产业转移趋势与我国的对策. 国际经济合作，(8)：16～18
李立辉. 2005. 区域产业集群与工业化反梯度转移. 北京：经济科学出版社
李锐，李平. 2002. 产业经济学. 大连：东北财经大学出版社
李松志. 2007. 佛山禅城建筑陶瓷产业转移机理. 经济地理，27（2)：208～212
李松志. 2008. 珠三角产业转移研究. 北京：中国社会科学出版社
李文清. 2006. IT 产业集群发展的实证研究——中关村、新竹和硅谷案例的比较. 当代经济（下半月），(7)：130～131
李小建. 2007. 经济地理学. 北京：高等教育出版社
李小建，李二玲. 2002. 产业集聚发生机制的比较研究. 中州学刊，(7)：5～8
李小建，张晓平，彭宝玉. 2000. 经济活动全球化对中国区域经济发展的影响. 地理研究，19(3)：225～233
李晓丽. 2010. 欠发达地区承接产业转移的环境风险及防范对策. 改革与战略，(10)：100～102
李学鑫，苗长虹. 2007. 产业转移与中部崛起的思路调整. 湖北社会科学，(10)：72～75
李娅. 2010. 国际产业转移与我国东西部产业链再造. 经济界，(4)：74～77
李娅，伏润民. 2010. 为什么东部产业不向西部转移：基于空间经济理论的解释. 世界经济，8：59～71
李燕，贺灿飞，朱彦刚. 2010. 我国劳动密集型产业地理分布研究. 地理与地理信息科学，26(1)：66～72
李轶敏. 2009. 国外产业转移研究的理论综述. 湖南工程学院学报，19（2)：6～10
李佐军. 2006-10-23. 国际产业转移向我国中西部辐射. 上海证券报，A12
厉无畏，王玉梅. 2001. 价值链的分解与整合——提升企业竞争力的战略措施. 经济管理，(3)：10～11
厉无畏，王振. 2003. 中国产业发展前沿问题. 上海：上海人民出版社
联合国贸易和发展会议. 2002. 2001 年世界投资报告——促进关联. 北京：中国财经出版社
梁琦. 2004. 产业集聚论. 北京：商务印书馆
林斐. 2011. 长三角地区产业“集群化”转移与承接研究. 合肥学院学报（社会科学版)，28（2)：

8～12

林南. 2005. 社会资本——关于社会结构与行动的理论. 张磊，译. 上海：上海人民出版社

林毅夫，刘培林. 2003. 中国的经济发展战略与地区收入差距. 经济研究，(3)：2～21

刘安国，杨开忠. 2001. 克鲁格曼的多中心城市空间自组织模型评析. 地理科学，21（4)：315～322

刘彬. 2006. 江苏省制造业产业集群分布及其经济效应分析. 南京：南京航空航天大学博士学位论文

刘春芝. 2005. 集群式创新——以辽宁装备制造业发展为例. 北京：中国社会科学出版社

刘健通. 2010. 产业转移对产业集群升级影响的理论与实证分析——以珠三角为例. 广州：暨南大学硕士学位论文

刘孟达. 2005. 区域经济发展新空间. 杭州：浙江大学出版社

刘琦岩. 2004. 产业簇群现象浅析及其对欠发达地区现代化建设的启示. 中外科技信息，(4)：33～37

刘世锦. 2008. 中国产业集群发展报告（2007～2008）. 北京：中国发展出版社

刘婷，平瑛. 2009. 产业生命周期理论研究进展. 湖南农业科学，(8)：93～99

刘新荣，龙江松. 2007. 论技术创新、知识创新与湖南现代农业发展//湖南省科学技术协会. 推动新型工业化 促进湖南经济发展——2007 年湖南科技论坛（下）. 长沙：湖南省科学技术协会

刘艳. 2004. 论东部产业集群对西部开发的影响——对传统“梯度转移”理论的一种质疑. 经济问题探索，(1)：21～25

刘耀彬，李仁东，宋学锋. 2005a. 中国区域城市化与生态环境耦合的关联分析. 地理学报，60（2)：237～247

刘耀彬，李仁东，宋学锋，等. 2005b. 中国城市化与生态环境耦合度分析. 自然资源学报，20（1)：105～112

刘耀彬，李仁东，张守忠. 2005c. 城市化与生态环境协调标准及其评价模型研究. 中国软科学，(5)：140～148

刘毅，金凤君. 2005. 沿海地区人地关系协调发展战略. 北京：商务印书馆

卢根鑫. 1994. 试论国际产业转移的经济动因及其效应. 上海社会科学学术期刊，(12)：33～42

鲁开垠. 2006. 增长的新空间——产业集群核心能力研究. 北京：经济科学出版社

陆大道. 2004. 中国人文地理学发展的机遇与任务. 地理学报，59（增刊)：3～7

陆大道，薛凤旋. 1997. 1997 年中国区域发展报告. 北京：商务印书馆

罗浩. 2003. 中国劳动力无限供给与产业区域粘性. 中国工业经济，(4)：53～58

罗浩，钟国平. 2007. 缓解发达地区省内区域经济差距的区域政策研究——以广东省为例. 人文地理，22（1)：77～81

罗建华，邱先裕. 2005. 国际产业转移与中国区域经济的发展. 山西科技，(1)：8～10

雒海潮，苗长虹，李国梁. 2014. 不同区域尺度产业转移实证研究及相关论争综述. 人文地理，129（1)：1～8

马中东. 2007. 基于技术分工和社会分工的产业集群形成机理分析. 广东社会科学，(4)：42～46

迈克尔·波特. 2000. 簇群与新竞争经济学. 经济社会体制比较，(2)：21～31

迈克尔·波特. 2002. 国家竞争优势. 李明轩，邱如美，译. 北京：华夏出版社

曼钮尔·卡斯特. 2003. 网络社会的崛起. 夏铸九，王志弘，译. 北京：社会科学文献出版社
毛广雄. 2008. 产业集群：新型工业化背景下欠发达地区跨越式发展路径的转型. 生态经济，(3)：112～115
毛广雄. 2009a. 产业集群与区域产业转移耦合机理及协调发展研究. 统计与决策，(10)：68～70
毛广雄. 2009b. 基于区位进入理论的苏南产业向苏北转移的动因及模式分析. 人文地理，24（4）：72～76
毛广雄. 2010a. 产业集群化转移：理论述评及启示. 统计与决策，(6)：154～157
毛广雄. 2010b. 基于社会资本理论的产业转移研究：江苏南北共建开发区模式解析. 人文地理，25（4）：91～96
毛广雄. 2011. 产业集群化转移：世界性规律与中国的趋势. 世界地理研究，20（2）：97～106
毛广雄，曹蕾. 2009. 基于流空间视角的苏南产业向苏北转移流强度测算及层域划分. 软科学，23（4）：78～82
毛广雄，王洪海. 2008. 苏南产业转移对苏北区域经济协调发展的影响. 资源开发与市场，24（5）：434～437
蒙丹. 2007. 以集群转移的模式促进东部劳动密集型产业的转移. 商业视角，(6)：258～259
苗长虹，魏也华，吕拉昌. 2011. 新经济地理学. 北京：科学出版社
倪鹏飞. 2005. 中国城市竞争力报告 No. 3. 北京：社会科学文献出版社
聂华林，王水莲. 2009. 区域系统分析. 北京：社会科学出版社
聂鸣，李俊，骆静. 2002. OECD 国家产业集群政策分析和对我国的启示. 中国地质大学学报（社会科学版），2（1)：40～43
宁钟. 2001. 国外创新与空间集群理论评述. 经济学动态，(3)：60～63
帕萨·达斯古普特，伊斯梅尔·萨拉格尔丁. 2005. 社会资本——一个多角度的观点. 张慧东，姚莉，刘伦，等，译. 北京：中国人民大学出版社
钱德勒. 1999. 企业规模经济与范围经济（中译本）. 北京：商务印书馆
钱方明. 2006. 开放与区域经济发展. 北京：人民出版社
秦婷婷. 2008. 东亚区域产业转移研究. 长春：吉林大学博士学位论文
丘兆逸. 2006. 实施产业集群转移模式 实现西部经济腾飞. 探索，(1)：146～149
仇保兴. 1999. 小企业集群研究. 上海：复旦大学出版社
仇方道，蒋涛，张纯敏，等. 2013. 江苏省污染密集型产业空间转移及影响因素. 地理科学，33（7)：789～796
热若尔·罗兰. 2002. 转型与经济学——政治、市场和企业. 比较，(3)：38
芮明杰，刘明宇，任江波. 2006. 论产业链整合. 上海：复旦大学出版社
商务部、国务院发展研究中心联合课题组. 2007. 跨国公司产业转移与产业结构升级. 北京：中国商务出版社
邵宇开，曾赛星，王浣尘. 2006. 国际服务业转移条件下上海服务业发展战略. 经济地理，26(3)：431～437
石碧华. 2008. 我国区域产业研究的理论进展. 广东社会科学，(2)：44～50
史晋川，朱康对. 2002. 温州模式研究：回顾与展望. 浙江社会科学，(3)：3～15
斯蒂芬·马丁. 2003. 高级产业经济学. 史东辉，译. 上海：上海财经大学出版社
宋燕，牛冲槐. 2005. 国际产业转移趋势与我国的基本对策. 工业技术经济，(8)：11～12

隋映辉，解学梅，赵琨. 2007. 全球产业转移：分散化、集群路径与规制. 福建论坛（人文社会科学版），（8）：9～13
孙华平. 2013. 集群式产业转移与升级机制研究. 镇江：江苏大学出版社
孙华平，黄祖辉. 2008. 区际产业转移与产业集聚的稳定性，技术经济，27（7）：74～80
孙江. 2008. 空间的生产——从马克思到当代. 北京：人民出版社
孙中伟，路紫. 2005. 流空间基本性质的地理学透视. 地理与地理信息科学，21（1）：109～112
孙中伟，王杨，李彦丽. 2005. 论流空间及其对地区经济发展的影响. 石家庄学院学报，7（6）：57～61
孙自铎. 2004. 试析统筹城乡发展的切入点. 现代经济探讨，（4）：11～14
覃成林，熊雪如. 2013. 我国制造业产业转移动态演变及特征分析——基于相对净流量指标的测度. 产业经济研究，（1）：12～21
谭雪燕，郑国富，陈基海. 2012. 广西承接产业转移对环境的影响及对策. 经济研究导刊，（29）：50～51
汪斌，赵张耀. 2003. 国际产业转移理论述评. 浙江社会科学，（6）：45～49
王秉安. 2005. 专业市场与制造业产业集群共生现象研究——福建实证. 发展研究，（10）：49～51
王海江，许传阳，陈志超. 2007. 河南省城市流强度与结构研究. 河南理工大学学报（社会科学版），8（4）：390～395
王缉慈. 2001. 创新的空间：企业集群与区域发展. 北京：北京大学出版社
王缉慈. 2010. 超越集群——中国产业集群的理论探索. 北京：科学出版社
王缉慈，李鹏飞，陈平. 2007. 制造业活动地理转移视角下的中国产业集群问题. 地域研究与开发，（5）：1～5
王佳慧，王志峰. 2010. 外商直接投资的产业集聚效应的实证分析——以北京市第三产业为例. 城市发展研究，14（7）：111～115
王雷. 2004. 我国产业集群的风险防范与控制研究. 中央财经大学学报，（7）：45～49
王利军. 2010. 国际产业转移中国环境可持续发展. 经济研究导刊，（3）：154～156
王楠. 2009. 中国区域产业转移动力机制及影响因素分析. 长春：东北师范大学博士学位论文
王琦. 2008. 产业集群与区域经济空间耦合机理研究. 长春：东北师范大学博士学位论文
王琦，陈才. 2008. 产业集群与区域经济空间的耦合度分析. 地理科学，28（4）：145～149
王兴中. 2006. 要素流动与我国地带间的产业梯度转移. 改革与战略，（1）：94～96
王正喜. 2010-02-05. 新沂传统产业实现“精彩一跃”. 徐州日报，3
王祖强，虞晓红. 2004. 分工网络扩展与地方产业群成长——以浙江大唐袜业为例的实证研究. 中共浙江省委党校学报，（2）：55～60
吴传清，任丽凤. 2010. 浙江省产业集群政策的设计及评价. 学习月刊，（6）：14～15
吴大进，曹力，陈立华. 1990. 协同学原理和应用. 武汉：华中理工大学出版社
吴进红. 2006. 国际产业转移与江苏竞争力的提升. 世界经济与政治论坛，（6）：43～47
吴力波. 2010. 中国经济低碳化的政策体系与产业路径研究. 上海：复旦大学出版社
吴利学，魏后凯，刘长全. 2009. 中国产业集群发展现状及特征. 经济研究参考，（15）：2～15
吴强军. 2004. 中小企业集群成长的影响因素及其实证研究——以永康小五金产业为例. 浙江社会科学，（5）：73～78
吴伟萍. 2003. 广东承接新一轮国际产业转移的策略研究. 国际经贸探索，（3）：73～77

吴翔阳. 2005. 产业集群优势与以群引外策略. 华东经济管理，19（9）：24～27
吴翔阳. 2006. 产业自组织集群化及集群经济研究. 北京：中共中央党校出版社
夏靓. 2005. 产业集群对产业“梯度转移”理论的挑战. 北方经贸，（1）：20～21
小岛清. 1978. 对外贸易论. 周宝廉，译. 天津：南开大学出版社
谢丽霜. 2009. 西部地区承接东部产业转移的环境风险及防范对策. 商业研究，（1）：95～99
徐从才. 2010. 江苏产业发展报告——江苏产业地图. 北京：中国经济出版社
徐建华. 2002. 现代地理学中的数学方法. 北京：高等教育出版社
徐庆明，盛其红，黄晖. 2003. 产业集群发展的可持续性. 经济理论与经济管理，（11）：37～40
徐寿松，陈琪. 2003-10-11. 制造业打造长三角 产业链提振长三角制造业. 经济参考报
许林. 2014. 国际产业转移对中国经济及环境保护的影响与对策. 生态经济，30（3）：113～116
许庆明，盛其红，黄晖. 2003. 产业集群发展的可持续性. 经济理论与经济管理，（11）：37～40
许庆瑞，毛凯军. 2003. 论产业集群形成的条件. 科研管理，（1）：72～77
许学强，周一星，宁越敏，等. 2005. 城市地理学. 北京：高等教育出版社
薛凤璇，蔡建明. 1998. 经济全球化、跨国公司及其有关理论研究. 经济地理，18（1）：1～7
薛汉喜. 2002. 区位进入理论与企业集团的国际化扩张——以海尔集团为例. 地理研究，21（4）：529～527
雅科布斯. 2001. 规范·人格体·社会——法哲学前思. 冯军，译. 北京：法律出版社
闫莹，陈建富. 2010. 网络关系强度与产业集群竞争优势关系的实证研究. 软科学，24（12）：43～47
羊绍武. 2006. WTO 背景下中国的产业转移战略研究. 成都：西南财经大学博士学位论文
杨宝良. 2005. 我国渐进式改革中的产业地理集聚与国际贸易. 上海：复旦大学出版社
杨丹辉. 2006. 国际产业转移的动因与趋势. 河北经贸大学学报，27（3）：40～46
杨峰，杨文选，李卫锋. 2005. 产业集群风险：一个演化经济学的视角. 经济师，（5）：91～92
杨建伟. 2008-12-16. 中国承接国际产业转移的特点和新形势. 联合早报网
杨俊生. 2010. 产业转移、能力结构与东西部区域经济协调发展. 经济问题探索，（5）：28～33
杨奇星. 2011. 培育龙头企业带动产业集群升级的政策研究. 中国商贸，（Z1）：78
杨蕊. 2008. 区域产业梯度转移调控研究. 合肥：合肥工业大学博士学位论文
杨锐，李伟娜. 2010. 网络结构、关系互动对创新活动的影响——苏州 IT 产业集群实证分析. 科学学研究，28（7）：1094～1103
杨云彦，敖荣军，朱金生. 2008. 全球化、劳动力流动与经济空间重构. 北京：中国财政经济出版社
姚丽娟. 2009. 创新型产业集群是提升欠发达区域竞争力的战略选择——以甘肃为例. 甘肃社会科学，（4）：103～104，124
叶建亮. 2001. 知识溢出与企业集群. 经济科学，（3）：23～30
叶森. 2009. 区域产业联动研究——以浦东新区与长三角地区 IC 产业联动为例. 上海：华东师范大学博士学位论文
易明，杨树旺，宋德勇. 2008. 产业集群治理理论研究综述及展望. 工业技术经济，（8）：68～71
尹希果. 2007. 社会资本、工业集聚与经济增长——基于中国经验的实证研究. 西南政法大学学报，（8）：110～117
于治贤. 2000. 论世界经济产业结构调整和产业转移. 社会科学辑刊，（2）：74～78

余斌，陈培宇，潘孝珍. 2007. 以温州海城水暖产业为例的产业集群实证研究. 经济论坛，(15)：36～38
俞国琴. 2006. 中国地区产业转移. 上海：学林出版社
俞宪忠. 2010. 专业化分工的经济驱动效应. 东岳论丛，31（4）：71～75
喻春光，刘友金. 2008. 产业集聚、产业集群与工业园区发展战略经济社会体制比较，(6)：128～131
曾刚，林兰，叶森. 2011. 长三角区域产业联动的理论与实践. 上海城市规划，2：18～25
曾珍香. 2001. 可持续发展协调性分析. 系统工程理论与实践，(3)：18～21
张安忠. 2007. 论国际产业转移对我国经济增长的影响. 产业与科技论坛，6（4）：22～23
张驰. 1993. 论跨国公司的海外生产与母国的产业空洞化. 世界经济文汇，(5)：21～30
张聪群. 2007. 产业集群互动机理研究. 北京：经济科学出版社
张存菊，苗建军. 2010. 基于 Panel-data 的区际产业转移粘性分析. 软科学，1：75～79
张海东. 2008. 发展中国家外向型产业集群与跨国公司定位决策——以苏州 IT 业为例的实证研究. 经济经纬，(1)：59～61
张杰，刘东. 2006. 我国地方产业集群升级困境的一个制度解析. 东南学术，(3)：98～104
张菊梅，史安娜，石莎莎. 2008. 高新技术企业融资困境的深层思考. 科技管理研究，(8)：203～205
张克中. 2006. 经济转型：基于社会资本理论视角，天津社会科学，(4)：59～63
张乐才. 2005. 浅析产业梯度转移理论的适用性. 沿海企业与科技，(12)：169
张林，唐艳萍. 2010. 知识经济背景下国际产业转移研究新趋势. 东南亚纵横，(6)：101～105
张平，吴艳华. 2009. 论国内外产业转移及其对我国地区产业升级的影响. 学习论坛，25（7)：26～30
张若雪. 2009. 产业的转移、升级、整合与中国经济. 上海：复旦大学博士学位论文
张望. 2010. 政府公共服务、产业集聚与经济增长. 山西财经大学学报，32（4）：39～45
张望，杨永忠. 2010. 社会资本构成与产业集群演化——以“长汀现象”为例. 科学学与科学技术管理，32（1）：123～132
张伟，李俊. 2005. 国际制造业的转移与产业集群. 晋阳学刊，(6)：46～49
张玉明，刘德胜. 2010. 从线性到非线性：企业成长理论回顾、现状与展望. 福建师范大学学报（哲学社会科学版)，(1)：23～28
张元智，马鸣萧. 2004. 企业规模、规模经济与产业集群. 中国工业经济，(6)：29～35
张元智，马鸣萧. 2006. 产业集群：获取竞争优势的空间. 北京：华夏出版社
赵强，孟越，王春晖. 2009. 产业集群竞争力的理论与评价方法研究. 北京：经济管理出版社
赵细康，李建民，王金营，等. 2005. 环境库兹涅茨曲线及在中国的检验. 南开经济研究，(3)：48～54
赵祥. 2010. 集聚还是分散——兼论中国区域协调发展的策略. 产业经济评论，(3)：87～107
郑立波. 2008. 中国城市郊区化动力机制研究. 北京：经济科学出版社
郑也夫. 2003. 信任：合作关系的建立和破坏. 北京：中国城市出版社
中国经济增长与宏观稳定课题组. 2008. 中国可持续增长的机制：证据、理论和政策. 经济研究，(10)；13～25
钟劲松. 2011. 产业转移视角下我国中西部地区生态循环经济发展问题研究. 经济问题探索，

（3）：153～156
钟庭军，张晔. 2005. 产业集聚、产业链及在西部产业发展中的运用. 重庆工商大学学报（西部论坛），15（5）：58～62
周起业，刘再兴. 1989. 区域经济学. 北京：中国人民大学出版社
周世军，周勤. 2012. 中国中西部地区“集聚式”承接东部产业转移了吗——来自20个两位数制造业的经验证据. 科学学与科学技术管理，（10）：67～79
周志霞. 2010. 山东省木材加工产业集群与区域经济增长实证研究. 林业经济问题，30（5）：444～446
朱国传. 2007. 区域经济发展——理论、策略、管理与创新. 北京：人民出版社
朱华晟. 2003. 浙江产业集群——产业网络、成长轨迹与发展动力. 杭州：浙江大学出版社
朱华友，孟云利，刘海燕. 2008. 集群视角下的产业转移的路径、动因及其区域效应. 社会科学家，（7）：43～50
朱磊. 2004. 浙江制造业成长研究. 北京：中国农业出版社
朱瑞博. 2004. 模块化抗产业集群内生性风险的机理分析. 中国工业经济，（5）：54～60
庄晋财，吴碧波. 2008. 西部地区产业链整合的承接产业转移模式研究. 求索，（10）：5～8
综合开发研究院（中国·深圳）. 2003. 创新与学习——工业集群与经济增长. 北京：中国经济出版社
Akamatsu K. 1962. A historical pattern of economic growth in developing countries，the developing economie. Preliminary Issue，（1）：3～25
Anderson K. 1992. Effects on the Environment and Welfare of Liberalizing World Trade. Gene：University of Michigan Press
Arthur W B. 1996. Increasing returns and the new world of business. Harvard Business Review，（7/8）：100～109
Arthur W B. 1999. Complexity and economy. Science，（284）：107～118
Baumol J W，Oates W. 1988. The Theory of Environmental Policy. Cambridge：Cambridge University Press
Belton F，Dinghuan H，William M，et al. 2010. The evolution of an industrial cluster in China. China Economic Review，（4）：1～14
Borensztein E，De Gregorio J，Lee J W. 1998. How does foreign investment affect economic growth. Journal of International Economics，（45）：115～135
Brenner S. 2009. Optimal formation rules for patent pools. Economic Theory，40（3）：373～388
Buchanan J M. 1965. An economic theory of clubs. Economica，New Series，32（125）：1～14
Cantwell J，Tolentino P E. 1990. Technological accumulation and third world multinationals. University of Reading，Discussion Papers in International Investment and Business Studies，No. 139
Castells M. 1985. High technology，economic restructuring and the urban regional process in the United States//Castells M. High Technology，Spaces and Society California：Stage Publications：11～40
Castells M. 1989. The Information City：Information Technology，Economic Restructuring and the Urban Regional Process . Oxford & Cambridge：Black Well：6～13
Chichilnisky G. 1994. North-South trade and the global environment. American Economics Review，

（9）：851~874

Claassen R，Cattaneo A，Johansson R. 2008. Cost-effective design of agrienvironmental payment programs：U. S. experience in theory and practice. Ecological Economics，65（4）：737～752

Coleman J H. 1988. Social capital in the creation of human capital. American Journal of Sociology，（94）：95～120

Copeland B，Taylor M. 1994. Spatial separation，and the environment. Journal of International Economics，（47）：136～147

Dongya L，Yi L，Mingqin W. 2012. Industrial agglomeration and firm size：evidence from China. Regional Science and Urban Economics，（42）：135～143

Dunning J H. 1988. The paradigm of international production. Journal of International Business Studies，19（2）：1～31

Dunning J H. 1993. Multinational Enterprises and the Global Economy. Wokingham：Addison Wesley：35～41

Eskel G S，Harrison A E. 2003. Moving to greener pasture multinationals and the pollution haven hypothesis. Journal of Development Economics，70（1）：1～23

Freetrade C R. 1994. Protected Environment：Balancing Trade Liberalization and Environmental Interests. New York：Relations Press

Fujita M. 2007. Towards the new economic geography in the brain power society. Regional Science and Urban Economics，（37）：482～490

Hardin G. 1968. The tragedy of the commons. Science，（168）：1243～1248

Hayter R. 1997. The Dynamics of Industrial Location：The Factory，The Firm and the Production Systems. New York：John Wiley & Sons Ltd：265～279

Head K，Ries J，Swenson D. 1995. Agglomeration benefits and location choice：evidence from Japanese manufacturing investments in the United States. Journal of International Economics，（38）：223～247

Hwang K. 2003. Why do korean firms invest in the EU? Evidence from FDI in the Peripheral Regions. EIWorking Paper

Kalacska M，Sanchez Azofeifa G A，Rivard B，et al. 2008. Baseline assessment for environmental services payments from satellite imagery：a case study from Costa Rica and Mexico. Journal of Environmental Management，88（2）：348～359

Kelly M E W，Philippatos G C. 1982. Comparative analysis of the foreign investment evaluation practices by US based manufacturing multinational companies. Journal of International Business Studies，13（3）：19～42

Klmienko M. 2004. Competition，matching，and geographical clustering at early stages of the industry life cycle. Journal of Economics and Business，56（3）：177～195

Knack S，Keefer P. 1997. Does social capikal have an economic pay off ?A Cross-Country Investigation，Quarterly Journal of Economics，（112）：1251～1288

Kojima K. 1978. Direct foreign investment：A Japanese model of Multinational Business Operations . London：Croom Helm

Kojima K. 2000. The Flying geese model of Asian economic development：origin，theoretical extension，and regional policy implications . Journal of Asian Economics，（11）：232～235

Krugman P，Venables A J. 1996. Integration，specialization and adjustment. European Economic Review，（40）：959～967

Krugman P. 1991a. History and industry location：the case of the US manufacturing belt. American Economic Review，（81）：80～84

Krugman P. 1991b. Increasing returns and economic geography. The Journal of Political Economy，1（3）：483～499

Krugman P. 1993. On the relationship between trade theory and location theory. Review of International Economics，（1）：11～22

Krugman P. 1994. Complex landscape in economic geography. American Economic Review，84（2）：412～415

Lall S. 1983. The New Multinationals Chichester and New York. New York：John Wiley

Lefebvere H. 1971. Everyday Life in the Modern World. London：Tr. Sacha Rabinovitch

Low P，Yeats A. 1992. Do dirty industries migrate? International Trade and the Environment. World Bank Discussion Paper

Markusen A. 1996. Sticky places in slippery space：a typology of industrial districts. Economic Geography，（72）：293～313

Martin P，Ottaviano G I P. 2001. Growth and agglomeration. International Economic Review，42（4）：947～968

Mobley S C. 1970. The challenges of socio-economic accounting. The Accounting Review，（11）：29～31

Morrill R L. 1970. The Spatial Organization of Society. Belmont：Wadsworth

Ottaviano G I P. 1996. Monopolistic competition，trade，and endogenous spatial fluctuations. CEPR Discussion Paper No. 1327

Pennings E，Sleuwaegen L. 2000. International relocation：firm and dusty determinants. Economics Letters，（67）：179～186

Puga D，Venables A J. 1996. The spread of industry：spatial agglomeration in economic development. Journal of the Japanese and International Economies，（10）：440～464

Putnam R D. 1993. The prosperous community social capital and public life. The American Prospect，（13）：35～42

Putnam R D，Leonardi R，Raffaella Y. 1993. Making Democracy Work：Civil Tradition in Modern Italy . Princeton：Princeton University Press：11～19

R. 基钦，N. J. 泰特. 2006. 人文地理学研究方法. 蔡建辉，译. 北京：商务印书馆

Repetto R. 1995. Competitiveness and environmental regulation：what are the real issues? World Resources Institute Working Paper

Roberta R，Anna C，Giovanna H. 2009. Italian industrial district on the move：where are they going? European Planning Studies，17（1）：19～41

Runge C F，1993. Protected Environment：Balancing Trade Liberalization and Environmental Interests. New York：Relations Press

Sammarra A. 2005. Relocation and the international fragmentation of industrial districts value chain：

matching local and global perspectives//Belussi F，Sammarra A. Industrial District，Relocation and the Governance of the Global Value Chain. Padova：Cleup

Schmuztler A. 1999. The new economic geography. Journal of Economic Surveys，13（4）：355～379

Valter D G，Marcello P. 2011. Local and global agglomeration and firm patterns：two econometric-based indicators. Regional Science and Urban Economics，41（3）：266～280

Venon R. 1966. International investment and international trade in the product cycle. Quarterly Journal of Economics，80，（2）：190～207

Wunder S. 2007. The efficiency of payments for environmental services in tropical conservation. Conservation Biology，21（1）：48～58

Xing Y，Kolstad C. 2002. Do lax environmental regulations attract foreign investment？Environmental and Resource Economic，（21）：1～22

Ying X，Kelin W. 2010. Eco-compensation effects of the wetland recovery in DongTing Lake area. Journal of Geographical Sciences，（3）：24～27

附录　苏北地区承接产业转移情况调查问卷

尊敬的先生/女士：

您好！因国家自然科学基金、教育部人文社科青年基金项目研究的需要，我们进行本次调查。我们将严格依据法律的有关规定对您提供的相关信息保密，请您放心回答。调查会占用您的一些时间，希望您给予支持。谢谢！

一、企业背景

1. 企业名称：____　　　　　　　　　　创立时间：____

2. 企业的所有制性质（　　）

A. 港资	B. 台资	C. 外资
D. 民营	E.“三来一补”	F. 其他

3. 调查企业现地址：____

4. 贵企业来本地发展前所在地：____

5. 贵企业是否通过 ISO9000 或其他相关认证（　　）

A. 有	B. 没有	C. 其他（具体是____）

6. 贵企业员工人数（　　）

A. 2000 人以上	B. 300～2000 人	C. 300 人以下

7. 贵企业的年销售额为（　　）万元

A. 30 000 万元以上	B. 500 万～3000 万元	C. 500 万元以下

8. 贵企业的主营业务/产品是以下哪类（　　）

A. 电子信息	B. 电器机械	C. 纺织服装
D. 制鞋	E. 玩具	F. 家具
G. 食品	H. 其他	

9. 贵企业员工来源主要集中在哪些地区（　　）

A. 本市	B. 本省	C. 其他省份（具体是____）

10. 贵企业是否在其他地方设立分厂？____数量____个？主要分布地区：____

11. 贵企业与本企业原料供应商之间的联系程度（　　）

A. 频繁	B. 较频繁	C. 一般

12. 贵企业主要的原材料来自哪些地区或国家（　　）

A. 本市	B. 本省

C. 长三角地区 D. 其他省份（具体是____）

E. 其他国家或地区进口（具体是____）

13. 贵企业是否有外包业务（　　）

A. 有 B. 没有

14. 贵企业的目标市场主要是（　　）

A. 江苏省内 B. 长三角地区

C. 全国销售 D. 国外销售

15. 如果是国外销售，主要销往哪个国家（地区）（　　）

A. 欧洲、美洲 B. 东南亚 C. 港澳台地区

D. 非洲 E. 其他

16. 贵企业的厂房类型（　　）

A. 买地自建 B. 租赁厂房

二、企业来苏北发展的原因及形式

17. 在市场竞争激烈的情况下，贵企业感觉到的主要压力在于（　　）

A. 生产成本太高 B. 加工贸易政策调整

C. 政府各种收费太高，企业负担重 D. 员工招聘困难

E. 原材料供应困难 F. 政府服务差，效率低

G. 电力供应不足 H. 产业协作条件差

I. 其他

18. 贵企业来苏北发展是否是出于多元化发展的需要（　　）

A. 是 B. 否

19. 贵企业考虑是否来苏北发展的过程中，主要考虑的因素（　　）

A. 转移的成本/收益比

B. 当地有完整的产业链条和相关产业集群

C. 当地的经济发展环境

D. 政府的政策取向

E. 其他

20. 贵企业来苏北发展如果是出于降低成本的目的，请问最看中哪种成本的降低（　　）

A. 劳动力成本 B. 原材料成本 C. 租用厂房的成本

D. 电力能源成本 E. 人力资源成本 F. 运输成本

G. 其他

21. 贵企业是以何种方式来苏北发展（　　）

A. 企业整体搬迁
B. 部分生产环节转移
C. 开辟零部件（原材料）生产基地
D. 新增加投资项目
E. 其他

22. 对贵企业来说，选择来苏北发展异地发展最看中的优势是什么（　　）

A. 劳动力资源　　B. 原材料资源　　C. 能源资源
D. 交通、区位优势　　D. 土地资源　　E. 集群优势
F. 其他

23. 产业转移过程中遇到的困难主要在哪方面（　　）

A. 销售客源　　B. 信息流通　　C. 劳动力素质
D. 原料供应　　E. 交通运费　　F. 产业配套
H. 其他

三、与当地协作企业、集群、政府关系

24. 与贵企业主要产品配套的协作企业____家；其中本地配套企业____家，占企业总配套量的比例为____%。

25. 贵企业产品与哪些主要产品配套____；你认为在本地配套较少或市场较小的主要原因是（若是，请填写）______________________________。

26. 贵企业的产品生产是否与当地协作企业形成完整的价值链（　　）

A. 是　　B. 否

27. 以下对贵企业与当地协作企业关系现状的描述，您赞同的是（　　）

A. 企业与大量非本行业的组织合作
B. 企业与大量非本企业组织机构有合作关系
C. 企业与当地相关集群外部的企业或组织机构有合作关系

28. 以下对贵企业的描述，您的赞同度是（　　）（由高到低排序）

A. 企业与和合作伙伴之间合作次数很频繁
B. 企业与重要的合作伙伴之间相互信任
C. 企业非常认同重要合作伙伴的战略
D. 企业的重要合作伙伴对公司的发展提供了很大的帮助

29. 第一种情况：假设当地有与贵企业相关的集群，而贵企业游离于集群之外，即当地本集群内企业间的产业链对贵企业不起作用（用数值表示这种情况为 0）。第二种情况：假设将当地相关集群的产业链上所有企业以集群网络的形式进行生产管理（企业间关系相当紧密，用数值表示这种情形为 1），对贵企业

发展有极大促进。

贵企业的情况一定介于这两者中间，您认为贵企业更偏向于那种情况，请用0～1的数值来衡量____。

30. 与当地协作业企业之间的合作的主要目的在于（　　）

A. 共同开辟市场

B. 进行着眼于长远发展的基础性研究

C. 降低营销的风险

D. 政府引导下建立产业集群

31. 贵企业与本地协作企业存在那些合作关系（　　）

A. 原料购买　B. 设备购买维修　C. 产品代销

D. 信息咨询　E. 技术委托与合作　F. 其他

32. 当地是否成立了行业协会（　　）

A. 是　B. 否

33. 贵企业得到过当地政府哪些方面的服务（　　）

A. 政府性贷款　B. 税收减免　C. 技术培训

D. 信息服务　E. 人才服务　F. 其他（请简述____）

34. 政府对促进形成与贵企业相关的产业集群做了哪些努力（　　）

A. 放宽非公有制经济市场准入

B. 加大对中小企业的财税金融支持

C. 加强对发展非公有制经济的指导和政策协调

D. 改进政府对企业的监管

E. 引导企业提高自身素质

F. 维护企业和职工的合法权益

G. 帮助集群开拓市场

H. 其他（请注明：____）

35. 您对当地承接产业转移的相关政策是否满意（请在相应的栏打"√"）。

内容	满意	一般	不满意
土地使用方面			
地方税费方面			
劳动用工方面			
项目审批方面			
工商管理方面			

四、相关建议

欢迎您留下对产业转移与产业集群互动发展的任何意见、建议、评价。您提供的补充信息将帮助我们更深入地研究产业转移及区域发展战略。

调查员签名：________　　　　　　　　调查时间：________

衷心感谢您的支持合作，祝贵企业业务蒸蒸日上！

后　记

本书是在我的博士论文基础上修改完善而成。在华东师范大学攻读硕士、博士学位的时候无疑是我已有学习生涯中最为艰辛的阶段，但华东师范大学严谨、务实的学风也使我一步一步地领略到学术殿堂的博大和神圣。回首曾经的求学岁月，收获了太多感动和感激，不是些许简单的文字所能承载的。博士论文即将付梓之时，感慨万千，喜悦中略带一点伤感，满足中仍有丝丝遗憾。

诚挚地感谢导师丁金宏教授对我的倾力指导。当我决定以主持的教育部青年基金项目作为博士论文的选题时，先生支持和鼓励了我。从博士论文的开题、确定框架、撰写、修改直至定稿，自始至终倾注了先生太多的心血，正是先生的悉心指导、帮助和不断的督促，方使我能如期完成学业。但由于主观上的努力不够和客观上的事务庞杂，博士论文未尽其意，心中甚愧难安。先生毫无保留地将自己的科研思想和方法教授予我，让我时刻感受到为师者的关心和期望。先生严谨治学的态度，宽容大度的情怀，清正为人的作风将时刻影响并鞭策着我日后的学习、工作和生活，丝毫不敢有半点懈怠。

诚挚地感谢我的硕士生导师董波先生将我引入产业研究的学术殿堂。我的硕士论文《新型工业化背景下我国东部欠发达地区产业竞争力研究》从选题到整个写作过程始终得到了董波老师的悉心指导，倾注了其大量的心血。他博学睿智、诲人不倦、待人宽厚，受教期间在学习、工作和生活等方面常常给予我无微不至的关心与指导，其学风和品格将使我终生受益。

诚挚地感谢人口研究所的桂世勋教授、张善余教授、朱宝树教授、吴瑞君教授、高向东教授、王大犇副教授、黄晨熹教授、梁翠玲老师、赵晔琴老师、中国现代城市研究中心的宁越敏教授等的传道授业及对论文的有益指导。同时，也要感谢西欧北美地理研究所的汤建中教授、杜德斌教授、冯春萍教授、陆珏老师、宋韬老师等在学习、生活和工作方面给予我无私的关怀与帮助。

诚挚地感谢以复旦大学彭希哲教授为主席，以王桂新教授、桂世勋教授、吴瑞军教授、高向东教授等为成员的答辩委员会各位专家，感谢各位匿名评审专家，他们对博士论文的中肯评价既让我深受鼓舞又让我倍感学无止境。感谢科学出版社高等教育分社的赵峰副社长、人文分社的杨婵娟编辑等的大力支持，本书方得以顺利出版。

诚挚地感谢我的博士同窗好友颜俊、王章华、刘婕、洪娜、罗国芬、卫伟等的无私帮助，无数个课余，我们相互扶持，疲惫中有欢乐。作为硕士同室好友的阳立军、王洪海、杨波、但涛波、罗永乐、魏海涛、王成超、邓智团、谭峰，与他们相处如同精读一本好书，让我受益匪浅。我的同门余佳、严士清、张玮、接栋正、肖昕如、郑菊芬、韦云波、曹雪梅、缪艳萍、陈颖、王优、王芳等兄弟姐妹在彼此交流学习心得的同时也给予我很多帮助。

诚挚地感谢所在工作单位淮阴师范学院的领导和各位同事对我学业与成长的提携、鼓励与无私帮助。所从事的工作千头万绪，感谢同事们为我分担了很多原本应该我自己完成的工作。感谢课题组的朱国传教授、曹蕾博士、蔡安宁博士、徐海英博士、刘传明博士等所提供的支持与帮助。感谢相关单位、企业在论文调研与访谈过程中所提供的帮助。感谢我的学生陈雅琪、李笑如、王迪、刘剑、张丽君、郭靖宇、钱肖颖、廖庆、周文清、朱晓佳、解婷等对区域调研及部分预研工作的支持与帮助。

诚挚地感谢家人对我的莫大关心与支持。感谢我的爱人，不分昼夜地为全家操劳，感谢她对我的帮助、体谅与分担，感谢女儿毛彦君小朋友每每在我挑灯夜战的日子里配合地走开，让我心怀愧疚的同时，没有了后顾之忧。感谢我的父母、岳父母，他们浓浓的亲情关爱，是我前行的巨大动力。

诚挚地感谢华东师范大学五年半求学生涯给我的启迪：学习无止境，功夫在诗外。

毛广雄

2014年7月于镜月湖畔

新能源船舶电力系统

文书礼 兰 海 著

科学出版社

北京

内容简介

随着社会文明的不断进步和经济的高速发展，化石能源的短缺、环境污染的日益严重与能源需求的日益增长之间的矛盾越发突出。以风能、太阳能为代表的新能源发电技术为解决这一问题提供了良好的途径。本书着眼于伴有新能源特性的船舶电力系统，首先根据船舶特点建立了船载新能源发电系统科学模型，介绍了新能源船舶电力系统的潮流计算方法；然后对比分析了多种智能优化算法的优缺点，给出适合新能源船舶电力系统优化配置的方法；最后从实际工程出发，对伴有新能源特性的船舶电力系统的经济性和环境友好性进行了系统评估。

本书可供从事新能源发电、船舶电力系统规划与运行、储能系统优化配置等工作的科研人员和教师参考，也可作为电气工程等相关专业的研究生和高年级本科生的参考用书。

图书在版编目(CIP)数据

新能源船舶电力系统/文书礼，兰海著. —北京：科学出版社，2019. 6
ISBN 978-7-03-060179-7

Ⅰ. ①新… Ⅱ. ①文… ②兰… Ⅲ. ①新能源-船舶-电力系统 Ⅳ. ①U665

中国版本图书馆 CIP 数据核字(2018)第 291090 号

责任编辑：朱英彪 赵晓廷 / 责任校对：郭瑞芝
责任印制：吴兆东 / 封面设计：蓝正设计

科学出版社 出版
北京东黄城根北街 16 号
邮政编码：100717
http://www.sciencep.com
北京凌奇印刷有限责任公司印刷
科学出版社发行 各地新华书店经销
*
2019 年 6 月第 一 版 开本：720×1000 B5
2024 年 4 月第三次印刷 印张：12 3/4
字数：254 000
定价：98.00 元
（如有印装质量问题，我社负责调换）

前　言

由于传统船舶电站污染重、效率低，将新能源发电技术引入船舶电力系统以提高能源利用率已经迫在眉睫。然而，船载新能源发电系统不仅受自然条件变化的影响，更受到船舶运动的影响，因此新能源发电存在不稳定性和间歇性，如果规划不合理，不仅会对原有电力系统造成冲击，还会降低系统的可靠性和稳定性。对于包含储能功能的新能源发电系统，必须通过合理的规划，优化配置各发电源，在保证充分利用新能源的同时增强船舶电站的供电可靠性，减少污染物的排放，提高电站的经济性。

本书是作者近年来从事新能源技术在船舶电力系统中应用的研究和教学工作的总结，力求揭示船载新能源发电系统的运行机理和特点，反映国内外伴有新能源特性的船舶电力系统设计的最新技术和科研成果。伴有新能源特性的船舶电力系统主要包含船载风力发电系统、船载光伏发电系统、柴油机发电系统、储能系统和船舶用电负载。本书旨在全面介绍伴有新能源特性的船舶电力系统的组成和设计技术，力求概念清晰，层次分明；同时，特别侧重新能源发电系统应用于船舶电力系统后产生的新问题，从工程实际出发，结合相关智能算法，解决科学难题。

本书共7章，第1章是对新能源船舶电力系统的总体概述，从整体上介绍伴有新能源特性的船舶电力系统的组成以及新能源船舶电力系统的关键技术；第2～4章对第1章描述的系统各组成部分分别进行介绍，主要基于新能源发电系统的运行机理和特点，建立符合船舶和海洋特性的船载新能源发电系统科学模型；第5章主要介绍新能源船舶电力系统的潮流计算方法；第6章在对比分析多种智能优化算法的基础上，结合工程实例，给出适合新能源船舶电力系统优化配置的方法，并着重分析系统的经济性和稳定性；第7章主要分析新能源应用船舶电力系统后的环境友好性。从本书的整体结构来看，不仅有概述性的介绍，也有对新能源船舶电力系统优化配置分析所需的一些高级应用算法进行的具体论述与研究，还有根据船载新能源发电系统发电的特殊性，结合具体工程项目，给出的一套完整的符合船舶特点的优化配置方案，以及新能源发电给传统船舶电力系统带来的诸多好处。

本书由哈尔滨工程大学文书礼和兰海撰写，其中文书礼撰写了第1～4章及

第 6 章，兰海撰写了第 5 章和第 7 章。台湾中原大学的洪颖怡教授对本书进行了认真的审阅，给出了一些很有价值和切实的改进意见，在此表示深切的谢意。在本书撰写过程中，作者参考及引用了国内外关于新能源发电和船舶电力系统分析方面的论著，在此向相关作者致以诚挚谢意。

限于作者水平，书中难免存在不妥之处，敬请广大读者及同仁批评指正。

目　录

第 1 章　新能源船舶电力系统概述

在传统船舶电力系统的基础上，引入太阳能、风能等新能源发电系统和储能系统，可构建新能源船舶电力系统。本章简要介绍了新能源船舶电力系统的基本组成、特点和关键技术，使读者对新能源船舶电力系统有一个整体的认识和了解。

1.1　新能源船舶电力系统的基本组成

全球化石能源逐渐减少、环境污染问题日益严重，将新能源发电技术引入船舶电站可提高新能源船舶电力系统的能源利用率，降低燃油成本和污染物排放。新能源船舶电力系统包括以下四个组成部分[1]。

1. 发电部分

发电部分又称为电源装置。新能源船舶电站中常用的电源装置包括柴油机发电系统、光伏发电系统、风力发电系统和储能系统。

2. 配电部分

配电部分又称为配电装置，主要是对电源进行分配、切换、保护、监视和控制。船舶电站中的配电装置包括总配电板、应急配电板、动力分配电板、照明分配电板和蓄电池充放电配电板等。

3. 输电部分

输电部分又称为电网，是全船输电电缆和电线的总称，用于将电能传送给全船所有用电设备（负载）。船舶电网通常由动力电网、照明电网、应急电网、低压电网和弱电电网等部分构成。

4. 用电部分

用电部分又称为负载。船舶负载可分为下面几类。

(1) 各种船舶机械的电力拖动设备。

甲板机械:舵机、锚机、绞缆机和起货机等;

舱室机械:各类油泵、水泵、空压机、冷冻机、通风机和空调设备等;

电力推进:推进电机、螺旋桨等。

(2) 船舶电气照明。工作场所和生活舱室的各种照明灯具以及航行信号灯具等。

(3) 船舶通信设备和电航设备。

船舶通信设备:无线电收发报机、电话、广播、声光警报器、电车钟和舵角指示器等;

电航设备:电罗经、雷达、无线电测向仪、电测深仪和电计程仪等。

(4) 其他用电设备,如电热器、电风扇和电视机等。

上述新能源船舶电力系统各组成部分相互间的关系可用图 1.1 来表示。

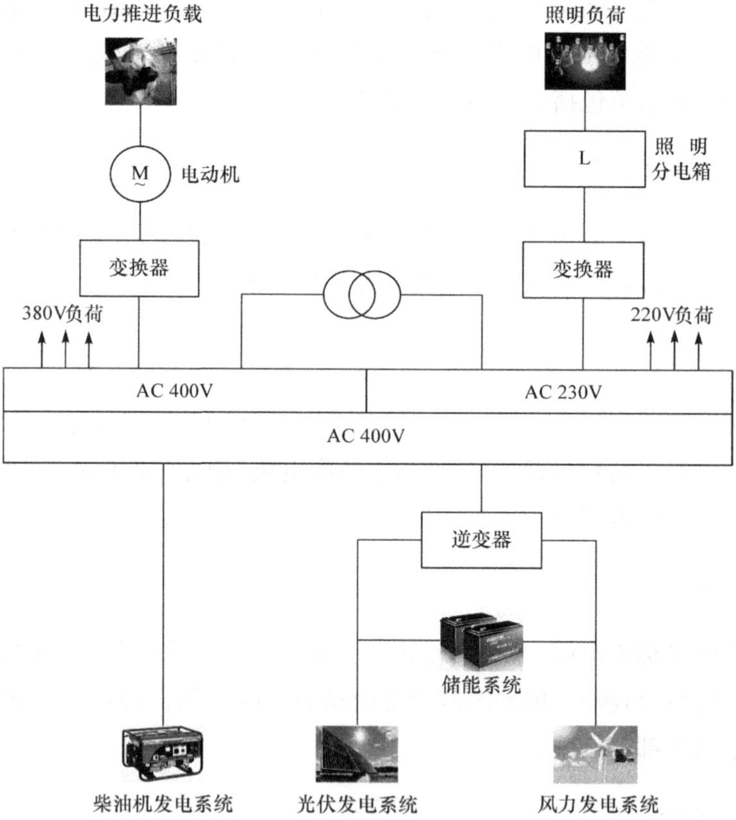

图 1.1 新能源船舶电力系统示意图

1.2　新能源在船舶电力系统中的应用现状

目前，日益加剧的环境污染和能源危机已经对经济的可持续发展提出了更高的要求，发达国家和一些发展中国家纷纷将能源发展战略的目光投向可再生能源的开发与利用。船舶作为大量消耗能源的交通工具，该领域的可再生能源开发已势在必行。据不完全统计，全球范围内约10%的能源消耗被船舶运输业占据，燃油费已经在船舶营运成本中占据了主要比例。与此同时，随着新兴市场的开拓和全球范围内经济的发展，海运需求仍在以3%的速度持续增长，由此带来的温室气体排放量将会继续增加。海洋环境保护委员会(Marine Environment Protection Committee，MEPC)发布的《2009年第二次IMO温室气体研究》报告[2]显示，2007年近11.2亿t二氧化碳(CO_2)的海运排放量已经占到了全球人为排放量的3.5%；同时预测，不采取措施的持续增长将最终迎来2020年高达30%的船舶温室气体(CO_2)排放增长量。

1997年，《"联合国气候变化框架公约"京都议定书》的出台让温室气体排放问题成为国际社会广泛关注的重要议题。随后，国际海事组织(International Maritime Organization，IMO)通过了《MARPOL 73/78防污公约》，对海运航行中船舶的温室气体排放做出了相关规定。2009年7月13日召开的国际海事组织MEPC第59届会议又推出了反映新造船舶能耗和碳排放水平的能效设计指数(energy efficiency design index，EEDI)，并由此开始计划设立最低能源效率标准。能效设计指数综合考虑船舶的CO_2排放量和货运能力来衡量其能效水平。在详细的计算公式中，分母包含船速与载货量两个要素；分子反映主辅机功率和油耗，同时也将利用减少油耗的节能新技术所带来的能效提升考虑在内。综合而言，采用新能源节能技术是减小能效设计指数的一种有效措施。

作为一个全球性的研究课题，航运业的节能减排技术已经引起了国际社会的高度重视。针对节能减排技术的研究、开发和利用，各国在给予政策扶持的同时，更投入了大量的人力、物力和财力，以期能着实有效地实现节能减排这一根本性的目标。随着科学技术的不断进步，以风能、太阳能等为典型代表的新能源在节能减排方面具有的独特优势和效益已经越来越显著，其在船舶交通运输行业的应用和推广已呈潮涌之势。

我国有关船舶运输的节能减排工作也已相继展开，2011年交通运输部在《建设低碳交通运输体系指导意见》中明确指出，到2020年国内运输船舶单次运输货物的能耗指标与温室气体排放指标应较2005年分别降低20%和22%。2016年，我国已有内河运输船 17.2 万艘、渔船 106 万艘，上海长江沿线港口有趸船 1800 余艘、游艇 6400 多艘。这些内河船舶存在诸多问题，具体情况如下。

(1) 大多使用柴油发电设备，环境污染较为严重。传统柴油发电设备的维修费用和维修水平相对较低，目前还有相当数量的内河船舶仍在继续使用这种陈旧落后的柴油发电设备。这些柴油发电设备排放性能差，造成的环境污染问题严重。

(2) 船舶港口停泊、转运时，岸电不能及时接入，需要启动柴油发电机提供生活用能，耗油量大，排放不达标。

(3) 极少数地区有一些使用风能、太阳能发电的船舶，但由于发电系统不稳定、效率低，没有达到预期效果，不能解决实际问题。

为了满足提高船舶能效和减少污染物排放的需要，研究与推广新能源在船舶上的应用，将成为未来船舶的重要发展方向。新能源的引入势必会成为提升能源利用率和减少温室气体排放量的重要方法。

将新能源发电技术引入船舶电力系统中具有得天独厚的条件。①船舶电力系统采用太阳能发电，其最大优势是光照充足，广阔的海面上没有各类建筑物的遮挡，在同等光照条件下，能最大限度地利用太阳能。②利用海面上丰富的风力资源发电。海上风电场的大规模应用已经说明在船舶上风能资源具有巨大的潜力和广阔的应用前景。

以大型油轮应用太阳能和风能为例，太阳能和风能发电相比于传统柴油机发电，在减少污染性气体排放方面的优势显而易见。据统计，油轮在 2009 年排放了大约 1.15 亿 t CO_2，与 2007 年相比增加了 8%。目前，约 12%的国际航运温室气体排放都来自油轮。如果对不产生温室气体排放的太阳能和风能加以利用，CO_2 排放量将得到有效的降低。而油轮作为重要运输船型，体积庞大、甲板开阔，适宜安装太阳能板和风机。

综上所述，将高效节能的新能源发电技术应用于传统的船舶电站，既能迎合国内外发展需求，提高船舶电力系统的能源利用率，又可解决当前面临的能效和排放问题。

1.2.1 风能在船舶电力系统中的应用现状

风能在日常生活中主要用于风力发电、风力泵水、风帆助航和风力制热等方面。根据船舶的可移动性以及自身结构等因素，风能在船舶中的应用主要有风力发电和风帆助航两种方式[3]。船舶风力发电应用的研究对象主要是沿海的小渔船。对于沿海小渔船上风能发电的研究我国还在起步阶段，应用不多。我国沿海的小渔船数量很多，无论从经济角度还是社会角度考虑，船舶风力发电都有很广泛的应用前景。目前，风能在现代船舶上的应用主要以风帆助航的方式出现。世界各国在风帆助航方面已有很多研究，丹麦、德国、美国、日本和澳大利亚等国家对风能作为船舶推进能源在船舶上的应用进行了研究和实船试验，发现利用风力的装置推动船只航行，可节省 30％～40％的燃料费用[4]。

现阶段，以风力发电为应用形式的研究主要集中在日本和中国。2004 年 8 月，日本在用于运送汽车的专用大型运输船舶中安装了一台新型风力发电机，并完成了风机测试。在船舶航行过程中，这台风力发电机能够满足全船 30％的电力需求，可减少约 7％的温室气体排放量。安装有风力发电机的船舶如图 1.2 所示。

(a) 日本风力发电船

(b) 我国风力发电船

图 1.2　安装有风力发电机的船舶

2006 年底，我国“方驳 84”号船舶上安装了 2kW 的 FD-2000 型风力发电机。该风力发电机可在 3～10 级风力下正常运行，不需要人工操作和保养，能满足船员的日常生活用电。

2009年,中国长江航运集团在5000吨级趸船"长轮29004"号中安装了4台5kW的风力发电设备。试验证明,该船每年直接节约成本10.98万元,预计20年节约柴油约348t,直接产生经济效益可达256万余元。

1.2.2　太阳能在船舶电力系统中的应用现状

将光伏发电技术应用于船舶中的设计构想并不是近期内产生的,美国Sun-Smith公司于1985年首次生产出了太阳能充电装置,用于船舶、汽车等交通运输工具。此后,以小型太阳能电池为动力的试验船舶在世界许多国家先后出现[5]。

由日本松下股份有限公司研制的一艘以太阳能为全动力的小型划艇,在阳光充裕的条件下,每天能够发电7kW·h。瑞士于2007年成功研制的"太阳21"号小型游艇以太阳能作为船舶航行的全部动力,利用5个多月的时间,完成了横渡大西洋之旅,是世界上首艘以太阳能作为船舶航行的全部动力横跨大西洋的太阳能船舶。太阳能动力船舶如图1.3所示。

世界第一艘由太阳能提供部分动力的大型货轮"御夫座领袖"号于2008年在日本港口下水,该船排水量达60000t,船长200m,由328块太阳能电池组件为驱动船只的液压设备、推进器与舵机提供主要电能,所提供的电能约占该船总用电量的10%。

世界上最大的太阳能全动力船舶"星球太阳"号于2010年2月25日在德国基尔下水,如图1.4所示。该船长31m,宽15m,重60t,在充满电的状态下,一次航行最远距离可达300km,平均航速为5kn,最高航速可达10kn。船舶装载的光伏发电系统不仅为该船的动力系统提供电能,也为船舶生活负载提供可靠电能。

(a) 日本松下股份有限公司研制的太阳能划艇

(b)“太阳21”号游艇

图 1.3　太阳能动力船舶

图 1.4　“星球太阳”号太阳能全动力船舶

2012 年 6 月 29 日，太阳能混合动力汽车运输船“Emerald Ace”号在三菱重工神户造船厂下水。该船将 768 块太阳能电池组件安装在船舶顶层甲板上 $1000m^2$ 区域内，可提供 160kW 的输出功率。在“Emerald Ace”号航行过程中，船载光伏系统以辅助动力能源形式提供动力；在光照充足条件下，将剩余电能存储在储能装置中。

我国第一艘太阳能混合动力船舶“尚德国盛”号于 2010 年 6 月 5 日首次亮相上海世界博览会。该船长 31.85m，宽 9.8m，高 7m，目前已成功投入运营[6]，如图 1.5 所示。

图 1.5 “尚德国盛”号太阳能混合动力船舶

1.2.3 太阳能和风能混合动力船舶的应用现状

在船舶电力系统中同时引入风能与太阳能组成新能源船舶电站，已成为国内外关注的一个热点[7]。世界第一艘以太阳能和风能作为船舶动力的混合动力双体船舶“Solar Sailor”号于 2000 年在澳大利亚完成首次航行，这标志着新能源在船舶中的应用进入了一个崭新的里程。该船长约 21m，可搭载 100 人，船上装有 8 片用于助航的可调控风帆，风帆表面覆盖有太阳能发电装置。该新能源混合动力船舶如图 1.6 所示。

图 1.6 “Solar Sailor”号新能源混合动力船舶

图 1.7 所示为日本 Eco Marine Power 公司研制的“Tonbo”号新能源混合动力渡船，采用伴有太阳能与风能的混合动力系统为船舶推进系统和船舶负载提供

所需电能。该船可载客 200～250 人，当低速巡航时，能够使用船载电池以全电力模式运行。

图 1.7　"Tonbo"号新能源混合动力渡船

图 1.8 所示为德国 Sauter Carbon Offset 设计公司于 2010 年设计推出的可实现零碳排放的"Black Magic"号混合新能源船舶。该船通过充分利用风能与太阳能，可以减少单船 75%～100%的二氧化碳排放量；能以 16kn 的航速实现零排放行驶，加装的 300～1000kW 风帆推进装置可以实现 10kn 航速的无排放航行。

图 1.8　"Black Magic"号混合新能源船舶

综上可以发现，船舶电力系统应用新能源具有"天时、地利、人和"的先决条件。随着新能源技术的日趋成熟，将新能源发电技术引入船舶电力系统不仅可以提高能源利用率，降低传统能源的消耗，也可降低成本，减少污染物的排放。

1.3　新能源船舶电力系统关键技术

1.3.1　光伏发电技术

21世纪是人类大规模利用太阳能的世纪。自1954年第一块实用太阳能电池问世以来，光伏发电技术取得了长足的进展，光伏发电是目前发展最为迅速、前景最为看好的可再生能源产业之一。

根据欧洲联盟(简称欧盟)的预测，到21世纪中叶，光伏发电容量将占整个欧盟发电总量的40%左右。只要有阳光，太阳能电池就可以发电，不受地域限制。随着各国政府支持力度的不断加大，太阳能电池的生产种类、数量逐渐增多，成本不断下降，同时太阳能电池板可以部分替代建筑材料，这些都极大地促进了光伏发电相关产业的迅猛发展。

光伏发电是根据光生伏特效应原理，利用太阳能电池将太阳能直接转化为电能[8]。无论是独立使用还是并网发电，光伏发电系统主要由太阳能电池板(组件)、光伏控制器和变换器三大部分组成，典型系统如图1.9所示。它们由电子元器件构成，不涉及机械部件，因此设备极为精炼、可靠稳定、寿命长、安装维护简便。理论上讲，光伏发电技术可以用于任何需要电源的场合，上至航天器，下至家用电源，大到兆瓦级电站，小到玩具。国产太阳能晶体硅电池效率为10%～13%，国外同类产品效率为12%～14%。由一个或多个太阳能电池片组成的太阳能电池板称为太阳能电池组件。本节将对光伏发电系统分类和太阳能电能类型进行进一步的介绍。

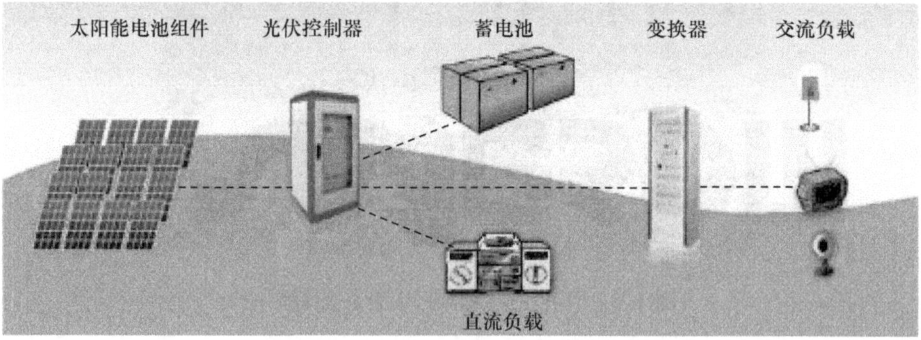

图1.9　光伏发电的典型系统

1. 系统分类

光伏发电系统分为离网光伏发电系统、并网光伏发电系统和分布式光伏发电系统[9,10]。

(1) 离网光伏发电系统是独立的光伏发电系统，适用于没有并网或并网电力不稳定的地区。离网发电系统主要由太阳能电池组件、控制器和蓄电池组成，如果输出电源为交流 220V 或 110V，则需要配置变换器。

(2) 并网光伏发电系统是指太阳能电池组件产生的直流电经过并网变换器转换成符合市电电网要求的交流电之后直接接入公共电网。并网发电系统又分为集中式并网系统和分散式小型并网发电系统。集中式大型并网电站一般都是国家级电站，主要特点是将所发电能直接输送到电网，由电网统一调配向用户供电。这种电站投资大、建设周期长、占地面积大，还没有太大的发展。而分散式小型并网发电系统，特别是光伏建筑一体化发电系统，由于投资小、建设快、占地面积小以及政策支持力度大等优点，成为并网发电的主流。

(3) 分布式发电系统又称分布式供能系统，指在用户现场或靠近用电现场配置较小的光伏发电/供电系统，以满足特定用户的需求，支持现存配电网的经济运行，或者同时满足这两个方面的要求。分布式发电系统的基本设备包括太阳能电池组件、太阳能电池阵列支架、直流汇流箱、直流配电柜、变换器和交流配电柜等设备，另外还有供电系统监控装置和环境监测装置。在有太阳辐射的条件下，光伏发电系统的太阳能电池组件(阵列)将太阳能转换成电能，经过直流汇流箱集中送入直流配电柜，由变换器逆变成交流电供给建筑自身负载，多余或不足的电力通过连接电网来调节。

在船舶电站中，大都采用分布式光伏发电系统。由于船舶结构的特殊性，太阳能电池板往往安装在空旷的甲板和上层建筑的外壁。

2. 太阳能电池

太阳能电池按材料可分为晶硅太阳能电池、非晶硅太阳能电池和多元化合物太阳能电池等。

1) 晶体硅太阳能电池

近年来，光伏产业发展迅速，晶体硅太阳能电池在光伏产业中朝着高效、廉价方向发展。据 2004 年数据分析，晶体硅太阳能电池产量已占太阳能电池总产量的 84.6%。晶体硅太阳能电池分为单晶硅太阳电池和多晶硅太阳电池。

单晶硅太阳能电池工艺已近成熟，在电池制作中，一般采用表面织构化、发射区钝化、分区掺杂等技术以提高光电转换效率。单晶硅太阳能电池转换效率最高可达 24%，是所有太阳能电池种类中最高的。利用钢化玻璃和防水树脂进行封装的单晶硅太阳能电池坚固耐用，使用寿命一般可达 15 年，最高可达 25 年。但由于制作工艺复杂，单晶硅太阳能电池制作成本过高，目前还不被广泛采用。

多晶硅太阳能电池的制作工艺与单晶硅太阳能电池相似，但其光电转换效率要低不少，为 12%左右(2004 年 7 月 1 日日本推出了光电转换效率高达 14.8%的多晶硅太阳能电池)。多晶硅太阳能电池制作成本比单晶硅太阳能电池要低一些，材料制造简便，可节约电耗，因此得到大的发展。此外，多晶硅太阳能电池的使用寿命比单晶硅太阳能电池短。从性价比来讲，单晶硅太阳能电池略高。

2) 非晶硅太阳能电池

非晶硅太阳能电池是 1976 年出现的新型薄膜式太阳能电池，它的制作方法与晶硅太阳能电池完全不同，工艺过程显著简化，硅材料消耗很少，电耗更低，主要优点是在弱光条件下也能发电。非晶硅太阳能电池存在的主要问题是光电转换效率偏低，国际先进水平为 10%左右，且不够稳定，随着时间的延长，其转换效率会衰减。

3) 多元化合物太阳能电池

多元化合物太阳能电池指不是用单一元素半导体材料制成的太阳能电池。目前各国研究中的品种繁多，但大多数尚未实现工业化生产，主要有以下几种：①硫化镉太阳能电池；②砷化镓太阳能电池；③铜铟硒太阳能电池(新型多元带隙梯度 $Cu(In,Ga)Se_2$ 薄膜太阳能电池)。

$Cu(In,Ga)Se_2$ 不仅是性能优良的太阳光吸收材料，也是具有梯度能带间隙(导带与价带之间的能级差)的多元半导体材料，可以扩大太阳能吸收光谱范围，进而提高光电转换效率。以它为基础可以设计出光电转换效率更高的薄膜太阳能电池，光电转换效率可达 18%，而且到目前为止未发现此类薄膜太阳能电池存在光辐射导致的性能衰退效应，其光电转换效率比商用的薄膜太阳能电池板高 50%～75%。

值得注意的是，船舶航行时，甲板上的部分太阳能电池板不得不浸泡在海水中，有些还要承受海浪的冲击，因此太阳能电池板需经过防潮、抗压、抗震等处理后方可上船使用。为提高发电转换效率，目前我国船舶电站中大都采用单晶硅太阳能电池。

1.3.2 风力发电技术

风力发电技术是把风能转变为电能的技术，即通过风力发电机，利用风力带动风轮叶片旋转，再通过增速机将旋转的速度提升，来促使发电机发电[11]。

风力发电机一般由风轮、发电机（包括装置）、调向器（尾翼）、塔架、限速安全机构和储能装置等组成。风力发电机的工作原理比较简单，风轮在风力的作用下旋转，把风的动能转变为风轮轴的机械能，发电机在风轮轴的带动下旋转发电。风轮是集风装置，它的作用是把流动空气具有的动能转变为风轮旋转的机械能。一般风力发电机的风轮由 2 个或 3 个叶片构成。在风力发电机中，已采用的发电机有直流发电机、同步交流发电机和异步交流发电机。调向器的功能是使风轮随时都迎着风向，从而能最大限度地获取风能；而尾翼就是用来控制风轮的迎风方向的，其材料通常采用镀锌薄钢板。限速安全机构主要用来保证风力发电机的运行安全，使风轮的转速在一定的风速范围内基本保持不变。塔架是风力发电机的支撑机构，稍大的塔架一般采用由角钢或圆钢组成的桁架结构。储能装置是提高风力发电系统稳定性的重要设备，不仅可以把多余的电能储存起来，也可在电能不足时补偿使用。目前，风力发电机用的蓄电池多为铅酸蓄电池。风力发电机结构如图 1.10 所示。

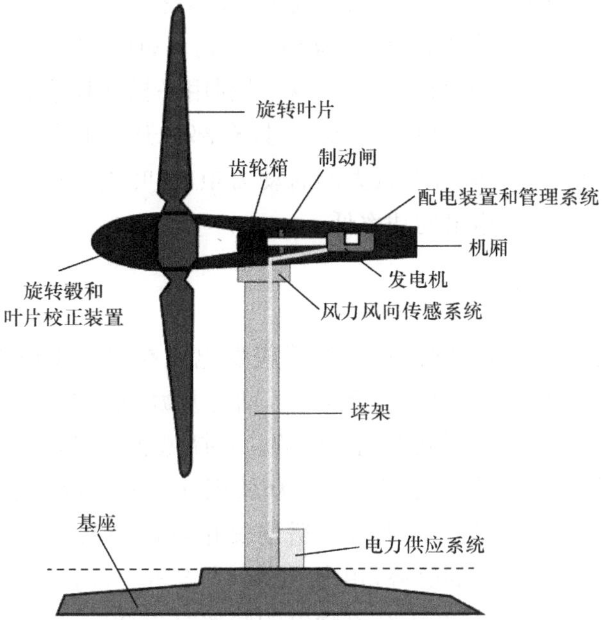

图 1.10 风力发电机结构图

尽管风力发电机的种类多样，但归纳起来可分为三类：①水平轴风力发电机，其风轮的旋转轴与风向平行；②垂直轴风力发电机，其风轮的旋转轴垂直于地面或者气流方向；③双馈型感应发电机（double-fed induction generator，DFIG），控制励磁电流，精确调节发电机输出电流。

1. 水平轴风力发电机

水平轴风力发电机可分为升力型和阻力型两类。升力型水平轴风力发电机旋转速度快，阻力型水平轴风力发电机旋转速度慢。目前，多采用升力型水平轴风力发电机。大多数水平轴风力发电机具有对风装置，能随风向改变而转动。小型风力发电机的对风装置采用尾舵，大型风力发电机则利用由风向传感元件和伺服电机组成的传动机构。

风力机的风轮在塔架前面的称为上风向风力机，风轮在塔架后面的则称为下风向风力机。水平轴风力发电机的样式很多，有的具有反转叶片的风轮，有的在一个塔架上安装多个风轮以便在输出功率一定的条件下减少塔架的成本，还有的能在风轮周围产生旋涡，集中气流，增加气流速度。

2. 垂直轴风力发电机

垂直轴风力发电机在风向改变时不需要对风，这相对于水平轴风力发电机是一大优势，它不仅使结构设计简化，也减小了风轮对风时的陀螺力[12]。利用阻力旋转的垂直轴风力发电机有两种类型，一种是利用平板和杯子做成风轮的纯阻力装置的风力发电机，另一种是风轮为S形，具有部分升力但主要还是以阻力装置为主的风力发电机。这些装置有较大的启动力矩，但叶尖速比低，在风轮尺寸、重量和成本一定的情况下，输出的功率低。

3. 双馈型感应发电机

随着电力电子技术的发展，双馈型感应发电机在风力发电中的应用越来越广。这种发电机不过分依赖蓄电池的容量，而是从励磁系统入手，对励磁电流加以适当控制，从而达到输出恒频电能的目的。双馈型感应发电机在结构上类似于异步发电机，但在励磁上采用交流励磁。众所周知，一个脉振磁势可以分解为两个方向相反的旋转磁势，而三相绕组的适当安排可以使其中一个磁势的效果消去，这样就得到在空间旋转的磁势，相当于同步发电机中带有直流励磁的转子[13]。双馈型感应发电机的优势就在于交流励磁的频率是可调的，即旋转励磁磁动势的频率可调。当原动机的转速不定时，适当调节励磁电流的频率，可以达到输出恒频电能的目的。随着电力电子元器件的容量越来越大，双馈型感应发电机励磁系统的调节能力也越来越强，这使得双馈型感应发电机的单机容量得以提高。目前，虽然部分理论还在完善中，但是双馈型感应发电机将得到广泛应用。

船舶安装空间有限，目前应用于船舶上的风力发电机大多采用小型水平轴直流风力发电机。由于船舶对于结构的特殊要求，风力发电机在上船之前需经过严格的计算和论证。

1.3.3　储能技术

由于新能源发电具有随机性、波动性和间歇性等特点，需要储能系统平抑新能源发电所带来的系统波动，因此储能技术在保障系统可靠性、增强电能品质、提升能源利用效率等方面起到至关重要的作用。优化配置后的储能系统可以维持电网能量平衡、提高电网经济性、减少系统损耗、抑制电压波动、调节系统功率因数等。

与陆地电网不同，船舶电力系统是一个移动的、一直处于孤岛运行的特殊微电网系统。船载新能源发电系统不仅受自然条件的影响，更受到船舶航行时海浪的影响，故其输出功率变化与陆地相比更加频繁，幅度更大，储能系统对于抑制系统波动、改善船舶电站的电能质量起到至关重要的作用[14]。

储能主要分为储电与储热。储能技术主要分为物理储能（如抽水储能、压缩空气储能和飞轮储能等）、化学储能（如铅酸电池、氧化还原液流电池、钠硫电池和锂离子电池等）和电磁储能（如超导储能、超级电容器储能等）。综合比较各种储能技术的特点，飞轮储能、超导储能和超级电容器储能适合于需要提供短时较大脉冲功率的场合，如应对电压暂降和瞬时停电、提高用户的用电质量、抑制电力系统低频振荡、提高系统稳定性等；而抽水储能、压缩空气储能和化学电池储能适合于系统调峰、大型应急电源、可再生能源并入等大规模、大容量的应用场合。

目前，飞轮储能、蓄电池储能、锂离子电池及超级电容器储能等技术已经应用于船舶领域。

1.3.4　电力推进技术

船舶推进的发展经历了从机械传动到电力推进再到综合电力推进的过程。1838 年，俄国科学家雅柯宾首次将直流电机和蓄电池应用于一艘小船的动力试验，形成“电力推进”的概念[15]。1860 年，世界上第一艘以蓄电池为动力、电动机为直接驱动装置的电力推进潜水艇投入使用。1908 年，美国建造了第一艘以直流电力推进作为主动力的消防船，开创了船舶电力推进技术应用的先河。进入 20 世纪，大部分潜水艇都采用电力推进方式，常规潜水艇在水面航行时由柴油发电机组给蓄电池充电，在水下由蓄电池供电、电动机驱动航行；核潜艇则采用原子能发电、电动机驱动的推进方式。据统计，第二次世界大战期间，仅美国就建造了

300多艘柴油机-发电机-电动机驱动模式的战舰和军船。第二次世界大战后，受装置本身大而笨重、效率低、成本高及其他技术条件的限制，电力推进未能得到广泛应用。大型水面船舶均采用蒸汽轮机和燃气轮机推进，柴油发电机作为辅机使用，中小型舰船则大部分以柴油机作为原动机的机械推进。自20世纪80年代以来，船舶综合电力推进系统的应用发生了根本性变化。一方面，各国对军舰的作战能力、舒适性和操纵性等的要求进一步提高；另一方面，随着电力电子器件、交流电机、变频设备及其控制技术的快速发展，兆瓦级以上的各种交流电机调速变换器已获得成功应用，成本也大大降低。满足各种需求的综合电力推进系统成为越来越经济的一种选择，也是必然的发展趋势。进入20世纪90年代后，美国提出并开始了新型船舶综合电力系统的研发，英法两国提出并开始了综合全电力推进系统研发的计划，荷兰也提出了全电力船的概念。

目前，世界上的主流电力推进系统分别是轴系推进系统、全方位推进系统和吊舱式推进系统。

1. 轴系推进系统

轴系推进系统是指在推进装置中，主机通过传动轴将动力矩传给推进器的系统。在带轴系螺旋桨的柴油电力推进系统中，螺旋桨通常由变速电动机驱动。变速电动机与螺旋桨轴的连接方式通常有以下两种。

(1) 直接连接：能够使系统结构更简单、更牢固、更耐用。

(2) 通过齿轮装置将电动机与螺旋桨轴相连：优点是有助于提高电动机的转速，使电动机的结构更加紧凑；缺点是电动机的机械结构较为复杂，会增加整个电力推进系统的机械功率损失。

轴系推进系统通常配备在以下三类船舶中[16]。

(1) 船舶所需要的推进功率比较大，超出了全方位推进系统能提供的功率范围。

(2) 船舶不需要进行控位操作和机动操作，因而不需要横向推力。

(3) 船舶需要横向推力，但通过使用导管推进器等更经济的方法来获得横向推力。

采用轴系推进系统的船型主要包括穿梭油轮、科学考察船、抛锚船和电缆敷设船等。

2. 全方位推进系统

全方位推进系统可以自由转动，能产生任何方向的推力。其推力既可以通过定速可调螺距螺旋桨(controllable pitch propeller,CPP)或变速定螺距螺旋桨(fixed pitch propeller,FPP)控制,也可以在特殊情况下通过速度和螺距联合控制。与定速可调螺距螺旋桨相比,变速定螺距螺旋桨的水下机械结构更加简单,其推力损失也更小。全方位推进系统内部的电动机通常有两类,即卧式电动机和立式电动机。对推进器内部高度有严格限制的船舶,电动机通常是卧式的,采用 Z 形齿轮传动;在推进系统内部高度允许的情况下,采用立式电动机和 L 形齿轮传动,可使整个结构更加简单,功率损耗更小。全方位推进系统大多是按照单向推力的思路进行设计的,一般无法反向转动产生推力。如果全方位推进系统在一定程度上具有产生反向推力的能力,那么就可以在不转动该推进系统的情况下维持动态稳定。

3. 吊舱式推进系统

吊舱式推进系统可以自由转动并产生任何方向的推力。与全方位推进系统不同的是,吊舱式推进系统将电动机与螺旋桨直接集成在一个封闭的吊舱装置中,定距螺旋桨则直接安装在电动机轴上。由于不需要使用机械式齿轮传动装置,其传动效率要比全方位推进系统高。此外,螺旋桨的螺距是固定的,其机械结构也相对简单。吊舱式推进系统的吊舱既可以设计成推式也可以设计成拉式。拉式吊舱的螺旋桨能够产生均匀的伴流区,提高螺旋桨的流体动力效率并减少空泡现象,从而降低系统产生的噪声和振动。

与传统推进方式相比,电力推进系统的优越性主要体现在以下方面。

(1) 减少了燃油消耗和维护费用,船舶的全寿命费用大幅度降低,在船舶负荷变化较大时效果更加显著。例如,动力定位船的控位/机动操纵时间通常很长,基本和行驶操作时间相当,在这类船舶上使用电力推进系统可以大量减少燃油消耗和维护费用。

(2) 不易受到单个故障的影响,且可以对原动机(柴油机或燃气轮机)的负荷进行优化。

(3) 为电力推进系统提供电力的高中速柴油机,其重量小于作为主机的低速柴油机,设备体积小,占用的船体空间少,从而增加了船舶的有效载荷,为船舶的总体布置和设计提供了更多的空间。

(4) 通过电缆供电,系统可以不与原动机布置在一起,因此电力推进系统的位置选择具有较大的灵活性。

(5) 动态性能好,使船舶具有良好的灵活性,大幅度提高了船舶的机动性能。

(6) 调速范围广,可以保证船舶在不同工况下的各种船速。

电力推进系统与常规推进装置相比也有其不足之处，主要体现在以下方面。

(1) 电力推进系统的价格较传统推进装置更为昂贵，因此船舶建造的投资将会增加。

(2) 在原动机与螺旋桨之间增加的电气设备，如发电机、变压器、变频器和电动机等，加大了船舶满载时的传输损耗。

(3) 大量采用的电气设备可能引起一些危害，如火灾和电网的谐波干扰等。

(4) 由于船舶安装了多种新型设备，需要制定不同的运行、人员配备及维护策略，对于操作人员和维护人员具有更高的要求。

吊舱式推进系统除了具有噪声低和振动小的特点，还能够大大提高船舶的机动性，显著降低燃料费用，并能够将船舶的推进效率提高近 10%，因此目前绝大部分新造的豪华邮轮都采用吊舱式推进系统。

1.4 本章小结

本章从整体上介绍了新能源船舶电力系统的组成和特点，对引进新能源发电系统后的船舶电站关键技术进行了分析，力求使读者对新能源船舶电站有一个新的认识。

参考文献

[1] 管小铭. 船舶电力系统及自动化[M]. 大连：大连海事大学出版社，1999.

[2] IMO. Second IMO GHG study 2009[C]. IMO Environment Meeting，London，2009.

[3] 何建海，胡以怀，张建霞，等. 风能在船舶上的应用现状及展望[J]. 船舶工程，2013，35(5)：112-115.

[4] 任宝. 风翼-柴油机混合动力船舶特性分析研究与风帆控制系统设计[D]. 大连：大连海事大学，2011.

[5] 孙玉伟. 海洋环境下船用太阳能光伏系统特性研究[D]. 武汉：武汉理工大学，2013.

[6] 严新平，孙玉伟，袁成清. 太阳能船舶技术应用现状及展望[J]. 船海工程，2016，45(1)：50-54.

[7] 严新平. 新能源在船舶上的应用进展及展望[J]. 航海工程，2010，39(6)：111-115.

[8] 张兴，曹仁贤. 太阳能光伏并网发电及其逆变控制[M]. 北京：机械工业出版社，2011.

[9] 赵为. 太阳能光伏并网发电系统的研究[D]. 合肥：合肥工业大学，2003.

[10] Chiras D，Aram R，Nelson K. 太阳能光伏发电系统[M]. 张春朋，姜齐荣，译. 北京：机械工业出版社，2011.

[11] 姚兴佳，宋俊. 风力发电机组原理与应用[M]. 3 版. 北京：机械工业出版社，2016.

[12] Kutcher H R. Vertical axis wind turbine:US,4449053[P]. 1984-5-15.

[13] Mulier S,Deicke M,de Doncker R W. Doubly fed induction generator systems for wind turbines[J]. IEEE Industry Applications Magazine,2002,8(3):26-33.

[14] Cao J,Emadi A. A new battery/ultracapacitor hybrid energy storage system for electric,hybrid,and plug-in hybrid electric vehicles[J]. IEEE Transactions on Power Electronics,2012,27(1):122-132.

[15] 王汉刚. 美国核潜艇推进系统减振降噪技术发展分析[J]. 舰船科学技术,2013,35(7):149-153.

[16] 王焕文. 舰船电力系统及自动装置[M]. 北京:科学出版社,2004.

第 2 章　船载光伏发电系统

光伏发电技术日趋成熟，近年来无论在发达国家还是在发展中国家，都得到了广泛推广和应用。本章将详细介绍光伏发电的原理，对比不同类型光伏发电系统的优缺点，着重分析船载光伏发电系统，并对其经济性和环境友好性进行系统的分析和评价。

2.1　太阳辐射

2.1.1　太阳能量与光谱

太阳能主要以电磁波的形式向外传递能量，虽然地球表面接收到的太阳辐射能量仅为太阳向宇宙空间放射的总辐射能量的 22 亿分之一，但这些能量是巨大的，因此地球上蕴藏着丰富的太阳能资源。与陆地上有诸多遮盖物不同，海平面更加辽阔，太阳能资源更加丰富。

1. 太阳能量

太阳是一个主要由氢气和氦气组成的炽热的气体星球，直径约为 1.392×10^6 km，与地球的距离约为 1.496×10^8 km。太阳是能量最强、天然、稳定的自然辐射源，其中心温度为 1.5×10^7 K，表面的有效温度为 5762K。内部发生由氢气转换成氦气的聚核反应，每秒有 6.57×10^{11} kg 氢气聚合生成 6.53×10^{11} kg 的氦气，总辐射功率可达到 3.8×10^{26} W。这些能量通过电磁波的形式，以 3×10^8 m/s 的速度向外发射，有大约 22 亿分之一能到达地球大气层（约为 1.7×10^{17} W），这已是相当于 5.9×10^6 t 煤的能量。这部分太阳辐射能在穿越大气层时，约 19%被大气所吸收，约 30%被大气尘粒和地面反射回宇宙空间，最后约有 8.7×10^{16} W 到达地球的表面[1]。

2. 太阳光谱

太阳是一颗黄矮星，光谱为 G2V 型，太阳辐射的波长范围覆盖了从 X 射线到无线电波的整个电磁波谱。在大气层外，太阳的光谱分布曲线和 5900K 黑体的光谱分布曲线相近。在地面上观测的太阳辐射的波段范围为 0.295～2.5μm。小于 0.295μm 和大于 2.5μm 波长的太阳辐射，因被地球大气中的臭氧、水气和其他大气分子强烈吸收，而不能到达地面。

太阳辐射主要集中在可见光部分（0.4～0.76μm），波长大于可见光的红外线部分（>0.76μm）和波长小于可见光的紫外线部分（<0.4μm）所占比例较小。在全部辐射能中，波长为 0.15～4μm 的占 99%以上，可见光区的太阳辐射量约占太阳辐射总能量的 50%，红外区的太阳辐射量约占太阳辐射总能量的 43%，紫外区的太阳辐射能很少，只占太阳辐射总能量的 7%。

太阳光谱辐射度的积分值如表 2.1 所示。

表 2.1　太阳光谱辐射度的积分值

波长范围/μm	光照辐射度/(W/m^2)
[0.1510,0.2100)	a:0.2 b:0.2
[0.2100,0.3000)	a:16.0 b:16.2
[0.3000,0.3300)	a:20.8 b:22.0
[0.3300,0.6569)	540.3
[0.6569,0.8770)	272.0
[0.8770,1.2500)	a:η=2.0%　246.4 b:η=1.0%　248.9
[1.25,2.5)	a:225.7 b:228.9
[2.5,10)	a:45.6 b:47.9
>10	0.8
总计	a:1368 b:1377

注：a 代表红外区，b 代表可见光区。

3. 太阳常数

太阳的辐射能量用太阳常数表示。太阳常数定义为在平均日地距离上地球大气层外测得的垂直于光线的单位面积上所接收到的太阳辐射能量，用 I_{sc}（solar constant）表示。1976 年，美国宇航局发布的太阳常数值为（1353±21）W/m^2。1981 年，世界气象组织推荐的太阳常数值为（1376±7）W/m^2，但通常采用的太阳常数值为 1367W/m^2。

某一实际日地距离 R 处的太阳辐射通量 I_R 可表示为[2]：

$$I_R=\frac{R_0^2}{R^2}I_{R_0} \tag{2.1}$$

式中，R_0 为平均日地距离（km）；I_{R_0} 为平均日地距离的太阳辐射通量（W）。

2.1.2 太阳与地球的位置关系

1. 地理坐标系

地理坐标系是用于确定某一物体在地球上位置的坐标系。地球除了绕太阳公转外，还绕自己的轴线旋转，地球自转轴线（地轴）与地球椭球体的短轴相重合，并与地面相交于两点，即地球的两极——北极和南极。垂直于地轴，并通过地心的平面称为赤道平面，赤道平面与地球表面相交的大圆圈（交线）称为赤道，赤道平面将地球分为南半球和北半球。

地球表面上任一点的位置均可用纬度（latitude）和经度（longitude）来确定。纬线和经线是地球表面上两组正交（相交为 90°）的曲线，所构成的坐标称为地理坐标系，如图 2.1 所示。

1）纬度

过地表任意点 M 平行于赤道的圆周线，称为纬线；纬线上任意点指向地心的铅垂线与赤道面的交角，称为该点的地理纬度（简称纬度），用字母 φ 表示。纬线离赤道越远，纬度越大，至极点时纬度为 90°。赤道以北称为北纬，赤道以南称为南纬。

2）经度

地表任意点 M 过南北极的垂直于赤道面的圆周线，称为经线（又称为子午线）；过某点的子午面与通过英国格林尼治天文台的子午面所夹的二面角，称为该点的地理经度（简称经度），用字母 L 表示。国际规定通过英国格林尼治天文台的子午线为本初子午线（或称为首子午线），作为计算经度的起点，该线的经度为 0°，向东 0°～180°称为东经，向西 0°～180°称为西经。

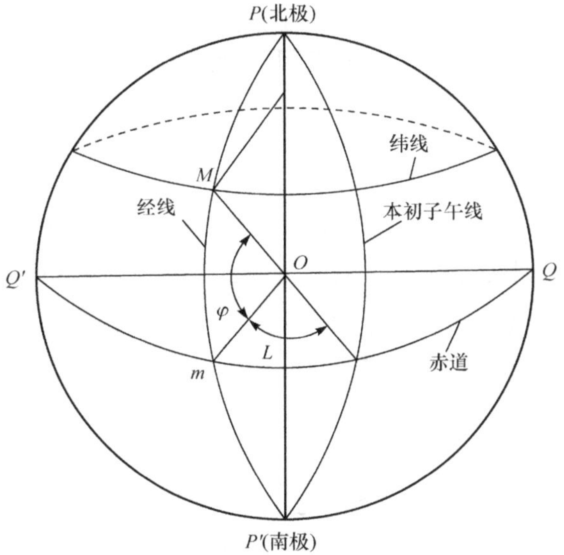

图 2.1　地理坐标系

2. 天球坐标系

要研究太阳和地球的相对位置关系，可采用表明太阳所处位置的天球坐标系。天球是以地球的地心为球心、以日地平均距离为半径的一个假想球面，太阳在这个球面上自东向西相对于地球做旋转运动。天球坐标系上一些物理量和地理坐标系上的物理量可以相对应，只是所针对的球面不同，通过延长或平行放大就可得到。常用的天球坐标系分为赤道坐标系和地平坐标系两种。

1）赤道坐标系

赤道坐标系是以天赤道 QQ' 为基本圆，以天赤道与天子午圈的交点 Q 为原点的天球坐标系，如图 2.2 所示。太阳的位置 S_θ 由时角 θ_h 和赤纬角 δ 这两个具有相互垂直关系的坐标决定。

时角 θ_h 表示太阳中心到地心的连线 OS_θ 与天子午线 PQ 之间的夹角。对于圆弧 QB，顺时针方向为正，逆时针方向为负。太阳正午时刻，$\theta_h=0°$，上午为负值，下午为正值，每 1h 对应的时角为 15°。任一时刻所对应的时角为该时刻与正午的时间差乘以 15°。

赤纬角 δ 表示太阳中心到地心的连线 OS_θ 与其在天赤道平面投影 OB 之间的夹角。赤纬角是由地球绕太阳运行造成的，它随时间变化而变化。赤纬角以年为周期，在 $+23.45°\sim-23.45°$ 范围内移动。每年夏至，赤纬角达到最大值 $+23.45°$，太阳位于地球北回归线正上空，夏至日是北半球日照时间最长、南半球

表 2.2　各种大气透明度下平均太阳直接辐射度对应的相对大气光学质量

P_2		相对大气光学质量 m					
代表值	范围	8	5	4	3	2	1
0.60	<0.625	0.158	0.298	0.390	0.522	0.698	0.852
0.65	[0.625,0.675)	0.244	0.419	0.522	0.647	0.843	1.001
0.70	[0.675,0.725)	0.340	0.533	0.647	0.791	0.960	1.100
0.75	[0.725,0.775)	0.470	0.682	0.791	0.923	1.103	1.220
0.80	[0.775,0.825)	0.600	0.814	0.923	1.053	1.222	1.327
0.85	≥0.826	0.748	0.957	1.067	1.186	1.350	1.432

4. 水平面上的太阳直接辐射度

如果太阳以某一高度角 α 入射，则可按下面的分析计算到达地球水平面上的太阳直接辐射度。

太阳直接辐射度与高度角的关系如图 2.5 所示。I_n 表示入射到 AC 面上的直接太阳辐射度，I_b 表示水平面上的太阳直接辐射度。

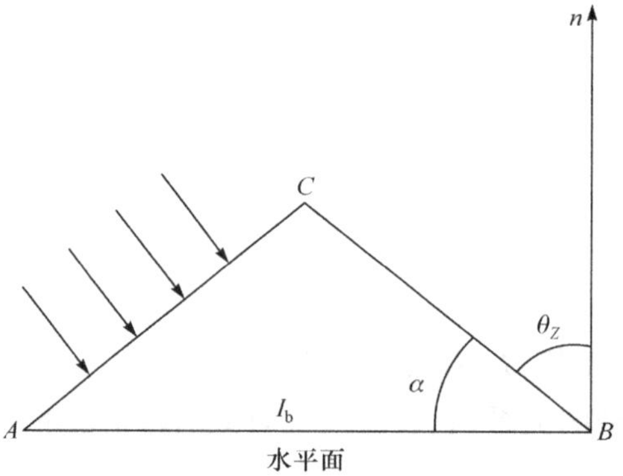

图 2.5　太阳直接辐射度与高度角的关系

由于在 AC 面上接收到的太阳能量与 AB 面上接收到的太阳能量相等，即

$$I_n \times AC = I_b \times AB \tag{2.15}$$

而 $AC = AB\sin\alpha$，所以水平面上的太阳直接辐射度为

$$I_b = I_n \sin\alpha \tag{2.16}$$

将式(2.14)代入式(2.16)，可得

$$I_{\mathrm{b}}=\gamma I_{\mathrm{sc}}P_2^m\sin\alpha \tag{2.17}$$

将式(2.17)对时间积分，则可得到水平面单位面积上的太阳辐射能为

$$Q_{\mathrm{b}}=\int_0^t\gamma I_{\mathrm{sc}}P_{\mathrm{k}}^m\sin\alpha\mathrm{d}t \tag{2.18}$$

将式(2.4)代入式(2.18)，并利用时角 θ_{h} 与 t 的关系

$$\mathrm{d}t=\frac{T}{2\pi}\mathrm{d}\theta_{\mathrm{h}} \tag{2.19}$$

得到

$$Q_{\mathrm{b}}=\frac{T}{2\pi}\gamma I_{\mathrm{sc}}\int_{-\omega_0}^{\omega_0}P_{\mathrm{k}}^m(\sin\varphi\sin\delta+\cos\varphi\cos\delta\cos\theta_{\mathrm{h}})\mathrm{d}\theta_{\mathrm{h}} \tag{2.20}$$

式中，T 为昼夜时长(1 天为 24h)；$-\omega_0$ 和 ω_0 分别为日出和日落的时角。

5. 水平面上的太阳散射辐射度

水平面上的太阳散射辐射度主要由太阳高度角 α 和大气透明度决定，即

$$I_{\mathrm{d}}=c_1(\sin\alpha)^{c_2} \tag{2.21}$$

式中，I_{d} 为水平面上的散射辐射度；c_1、c_2 为经验系数。

6. 水平面上的太阳总辐射度

以高度角 α 入射到地球表面水平面上的太阳总辐射度为

$$I=I_{\mathrm{b}}+I_{\mathrm{d}}=\gamma I_{\mathrm{sc}}P_2^m\sin\alpha+c_1\ (\sin\alpha)^{c_2} \tag{2.22}$$

7. 倾斜面上的太阳直射辐射度

通常情况下，由于太阳能电池阵列在安装时要与地球表面保持某一倾斜角 β，而一般气象台测量得到的是水平面上的太阳辐射度，因此还需将水平面上的太阳辐射度转换成倾斜面上的太阳辐射度。倾斜面上的太阳直射辐射情况可用图 2.6 来表示，θ 为太阳入射光线与倾斜面法线之间的夹角，I_{n} 表示正入射到 AC 面上的太阳直射辐射度，$I_{\mathrm{T,b}}$表示入射到倾斜面上的太阳直射辐射度。

由于在 AC 面上接收到的太阳能量与 AB 面上接收到的太阳能量相等，即

$$I_{\mathrm{n}}\times AC=I_{\mathrm{T,b}}\times AB \tag{2.23}$$

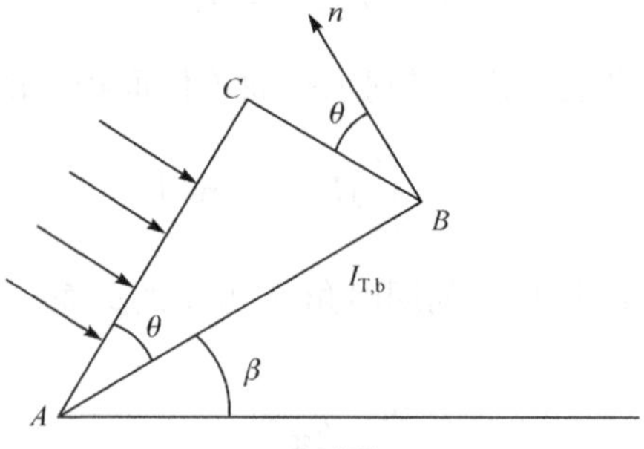

图 2.6　倾斜面上的太阳直射辐射情况

而 $AC=AB\cos\theta$，所以倾斜面上的太阳直射辐射度为

$$I_{T,b}=I_n\cos\theta \tag{2.24}$$

θ 角与前述各相关的太阳和地球位置关系的角度之间有如下几何关系：

$$\begin{aligned}\cos\theta= & \sin\delta\sin\varphi\cos\beta-\sin\delta\cos\varphi\sin\beta\cos\gamma+\cos\delta\cos\varphi\cos\beta\cos\theta_h \\ & +\cos\delta\sin\varphi\sin\beta\cos\gamma\cos\theta_h+\cos\delta\sin\beta\sin\gamma\sin\theta_h\end{aligned} \tag{2.25}$$

式中，γ 为倾斜面方位角。

8. 倾斜面上的太阳散射辐射度

倾斜面上太阳散射辐射度 $I_{T,d}$ 与水平面上的太阳散射辐射度 I_d 和斜面的倾角 β 有关，为

$$I_{T,d}=\frac{(1+\cos\beta)I_d}{2} \tag{2.26}$$

9. 地面反射的太阳辐射度

假设太阳光线入射到地面时其反射是各向同性的，则地面反射的太阳辐射度 $I_{T,r}$ 为

$$I_{T,r}=\frac{\rho(1-\cos\beta)I}{2} \tag{2.27}$$

式中，ρ 为地面反射率；I 为水平面上的太阳总辐射度。

不同地面状态的反射率不同，具体如表 2.3 所示。

表 2.3　不同地面状态的反射率

地面状态	反射率/%	地面状态	反射率/%
干燥黑土	14	新雪	81
湿黑土	8	残雪	46～70
干灰色地面	25～30	干草地	15～25
湿灰色地面	10～12	湿草地	14～26
干砂地	18	森林	4～10
湿砂地	9	—	—

10. 倾斜面上的太阳总辐射度

可用以下两个不同的模型来计算倾斜面上的太阳总辐射度。

1) 天空各向同性模型

假设太阳辐射是各向同性的，则倾斜面上的太阳总辐射度为

$$I_T = I_{T,b} + I_{T,d} + I_{T,r} = I_n\cos\theta + I_d\frac{1+\cos\beta}{2} + \rho I\frac{1-\cos\beta}{2} \tag{2.28}$$

2) 天空各向异性模型

实际上天空中的太阳辐射并不是各向同性的，Hay、Davies、Rcindl、Klucher 等分别提出了天空散射各向异性模型，构成了 HDRK 模型[3]。在天空各向异性情况下，倾斜面上的太阳总辐射度为

$$I_T = \left(I_b + I_d\frac{I_b}{I_0}\right)R_b + I_d\left(1-\frac{I_b}{I_0}\right)\frac{1+\cos\beta}{2}\left[1+\sqrt{\frac{I_b}{I}}\sin^3\left(\frac{\beta}{2}\right)\right] + \rho I\frac{1-\cos\beta}{2} \tag{2.29}$$

式中，I_0 为大气层外的太阳总辐射度；R_b 为倾斜面与水平面上太阳直射辐射度的比值：

$$R_b = \frac{I_{T,b}}{I_b} = \frac{\cos(\varphi-\beta)\cos\delta\sin\omega_r + \frac{\pi}{180}\omega_r\sin(\varphi-\beta)\sin\delta}{\cos\varphi\cos\delta\sin\omega_p + \frac{\pi}{180}\omega_p\sin\varphi\sin\delta} \tag{2.30}$$

式中，ω_r 为倾斜面上的日落时角；ω_p 为水平面上的日落时角。

11. 倾斜面上的月平均太阳总辐射度

在光伏发电系统设计中，需要进行负载用电量和太阳能电池组件输出能量之

间的平衡计算，但太阳辐射具有随机性，比较合理的是按月进行能量平衡，因此需要计算倾斜面上的月平均太阳总辐射度。

Klein 和 Theilacker 在 1981 年提出了基于天空各向异性模型的倾斜面上的月平均太阳总辐射度的计算方法[4]。

设倾斜面上月平均太阳总辐射度与水平面上月平均总辐射度的比值 $\bar{R}$ 为

$$\bar{R}=\frac{\sum_{n=1}^{N}\int_{t_{sr}}^{t_{ss}}G_{T}\mathrm{d}t}{\sum_{n=1}^{N}\int_{t_{sr}}^{t_{ss}}G\mathrm{d}t} \tag{2.31}$$

式中，G_T 为倾斜面上的太阳辐射度；G 为水平面上的太阳辐射度；t_{ss} 为倾斜面上的日落时间；t_{sr} 为倾斜面上的日出时间；N 为每个月的天数。

假设散射和地面反射仍然是各向同性的，则有

$$N\bar{I}_{T}=N\left[(\bar{I}-\bar{I}_{d})R_{b}+\bar{I}_{d}\frac{1+\cos\beta}{2}+\rho\bar{I}\frac{1-\cos\beta}{2}\right] \tag{2.32}$$

式中，$\bar{I}$ 和 $\bar{I}_d$ 分别是水平面上总辐射度和散射辐射度的长期平均值，为总辐射度 I 和散射辐射度 I_d 在 N 天内对每小时求和再除以 N。

将式(2.32)代入式(2.31)中，可得

$$\bar{R}=\frac{N\int_{t_{sr}}^{t_{ss}}\left[(\bar{I}-\bar{I}_{d})R_{b}+\bar{I}_{d}\frac{1+\cos\beta}{2}+\rho\bar{I}\frac{1-\cos\beta}{2}\right]\mathrm{d}t}{\bar{H}} \tag{2.33}$$

式中，$\bar{H}$ 为水平面上的月平均太阳总辐射度。

Klein 和 Theilacker 考虑到在朝向赤道(方位角 $\gamma=0°$)的倾斜面上，其日出时间和日落时间相对于太阳正午仍然是对称的，而在任意方位角的倾斜面上，日出时间和日落时间相对于太阳正午并不是对称的等因素，得到倾斜面上月平均太阳总辐射度与水平面上月平均太阳总辐射度的比值 $\bar{R}$ 为

$$\bar{R}=D+\frac{\bar{H}_{d}}{2\bar{H}}(1+\cos\beta)+\frac{\rho}{2}(1-\cos\beta) \tag{2.34}$$

式中，$\bar{H}_d$ 为水平面上的月平均太阳散射总辐射度；$\bar{H}$ 为水平面上的月平均太阳总辐射度；β 为阵列倾角；ρ 为地面反射率；

$$D=\begin{cases}\max[0,G(\omega_{ss},\omega_{sr})], & \omega_{ss}\geqslant\omega_{sr}\\ \max\{0,[G(\omega_{ss},-\omega_{s})+G(\omega_{s},\omega_{sr})]\}, & \omega_{sr}>\omega_{ss}\end{cases} \tag{2.35}$$

函数 G 可用式(2.36)求得

$$G(\omega_1,\omega_2)=\frac{1}{2d}\left[\left(\frac{bA}{2}-a'B\right)(\omega_1-\omega_2)\frac{\pi}{180^\circ}+(a'A-bB)(\sin\omega_1-\sin\omega_2)\right.$$
$$-a'C(\cos\omega_1-\cos\omega_2)+\frac{bA}{2}(\sin\omega_1\cos\omega_1-\sin\omega_2\cos\omega_2)$$
$$\left.+\frac{bA}{2}(\sin^2\omega_1-\sin^2\omega_2)\right] \tag{2.36}$$

式中，$A=\cos\beta+\tan\varphi\cos\gamma\sin\beta$；$B=\cos\omega_s\cos\beta+\tan\delta\sin\beta\cos\gamma$；$C=\frac{\sin\beta\sin\gamma}{\cos\varphi}$；$b=0.6609-0.4767\sin(\omega_s-60^\circ)$；$d=\sin\omega_s-\frac{\pi}{180^\circ}\omega_s\cos\omega_s$；$a'=a-\frac{\overline{H}_d}{\overline{H}}$，$a=0.409+0.5016\sin(\omega_s-60^\circ)$；$\gamma$ 为方位角，朝向正南时为 0°，朝向正北时为 180°，偏东为负，偏西为正；ω_s 为太阳时角，与当地纬度 φ 和太阳赤纬角 δ 的关系为 $\cos\omega_s=-\tan\varphi\tan\delta$；$\omega_{sr}$为倾斜面上的日出时角，满足下列关系式：

$$|\omega_{sr}|=\min\left[\omega_{sr},\arccos\frac{AB+C\sqrt{A^2-B^2+C^2}}{A^2+C^2}\right] \tag{2.37}$$

$$\omega_{sr}=\begin{cases}-|\omega_{sr}|, & A>0 \text{ 且 } B>0 \text{ 或 } A\geqslant B\\ |\omega_{sr}|, & \text{其他}\end{cases} \tag{2.38}$$

式(2.35)中，ω_{ss}为倾斜面上的日落时角，满足下列关系式：

$$|\omega_{ss}|=\min\left[\omega_s,\arccos\frac{AB-C\sqrt{A^2-B^2+C^2}}{A^2+C^2}\right] \tag{2.39}$$

$$\omega_{ss}=\begin{cases}-|\omega_{ss}|, & A>0 \text{ 且 } B>0 \text{ 或 } A\geqslant B\\ |\omega_{ss}|, & \text{其他}\end{cases} \tag{2.40}$$

目前计算太阳辐射量的模型有很多，以上介绍的方法是由水平面月平均太阳总辐射度和散射辐射度来计算倾斜面上的月平均太阳总辐射度。在设计太阳能系统时，可根据不同的方位和不同的倾斜面来计算月平均太阳总辐射度。当然，实际计算会非常复杂，可利用专门的计算软件来进行处理。

2.2　光伏效应的原理

光伏发电技术具有的特点包括：太阳能是一种用之不竭的可再生能源，初始能源成本极低；光伏电源或光伏电站的功率可根据需要从几毫瓦至数十兆瓦配置，发电系统建设周期短；作为将光能直接转变为电能的半导体器件——晶体硅太阳电池，可使用 20 年以上，且整个系统没有转动装置，系统寿命长，可靠性高，使用方便。

虽然目前太阳能发电成本仍高于火力发电成本，但随着全球化石能源的日渐枯竭和光伏发电技术的迅速发展，光伏发电成本将继续下降，在计入火力发电外部成本的情况下，在不远的将来，光伏发电成本与火力发电成本将会相等，继而低于火力发电成本。据《全球光伏市场分析和 2020 年展望》报告，到 2030 年，光伏发电系统将提供 2600TW · h 的电能，占全球所需电量的 14%；到 21 世纪末，可再生能源能源发电将占到 80%以上，其中太阳能发电将占到 60%以上。

光伏发电系统是直接将太阳能转化为直流电能或交流电能供用户使用的电力系统。一个光伏发电系统需要包括太阳能电池组件（阵列）、储能装置（蓄电池组）、控制器和变换器等部件，其基本构成如图 2.7 所示。

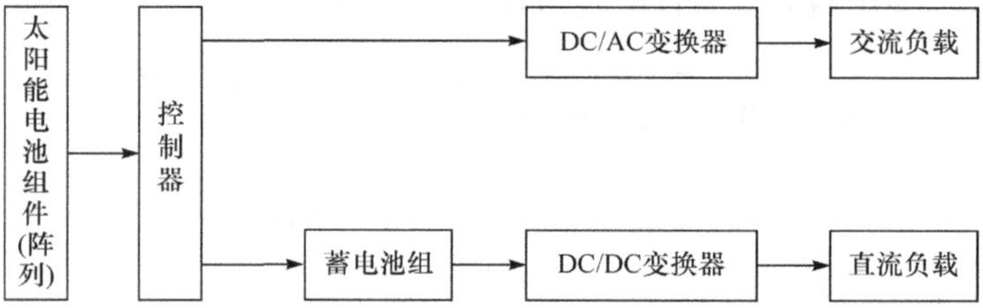

图 2.7　光伏发电系统结构

1. 太阳能电池组件（阵列）

太阳能电池的作用是基于半导体 PN 结的光生伏特效应，直接将太阳光能转换成电能。一个太阳能单体电池只能产生约 0.45V 的电压，因此需要将单体电池按要求串联（及并联）起来，形成太阳能电池组件，以满足所配套蓄电池的额定充电电压的要求。如果要对额定电压为 12V 的蓄电池充电，一般串联的数量是 33 个或 36 个。太阳能电池组件按用户的负载需求（电压、功率）再进行串/并联就构成了太阳能电池阵列。太阳能电池、太阳能电池组件和太阳能电池阵列的实物图如图 2.8 所示。

太阳能电池开路电压的负温度系数为 2～3mV/℃。因此，在确定组件电池串联数量时，要考虑应用场所的环境温度问题，例如在高温地区使用，应考虑选择电池串联数量较多的组件。这种形式的组件开路电压较高，在实际使用时，即使由于温度的升高引起开路电压下降，太阳能电池组件仍可以工作在其最佳工作点附近。

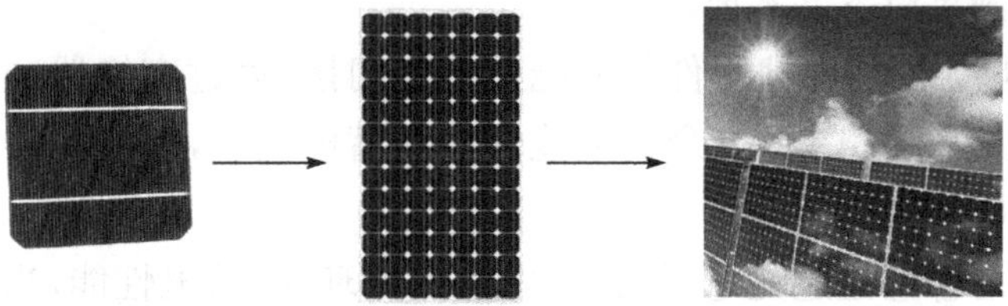

太阳能电池　　太阳能电池组件　　太阳能电池阵列

图 2.8　太阳能电池、太阳能电池组件和太阳能电池阵列实物图

在实际工作中，还要注意防止太阳能电池阵列的“热斑”效应。太阳能电池阵列可能会出现部分被遮挡的情况，当串联组件中局部被遮挡时，被遮挡组件的通流能力将下降，它将消耗未被遮挡组件所发出的功率，从而导致发热。为了防止“热斑”效应的发生，在每个串联组件旁并联一个旁路二极管，当组件被遮挡时，电流可通过旁路二极管，使被遮挡的组件不构成负载回路。

2. 储能装置

蓄电池是光伏发电系统中常用的储能装置，其作用是在光照充足时将太阳能电池阵列发出的多余电能存储起来，在晚间或阴雨天通过放电给负载供电，尤其在独立光伏发电系统中，更需要配置储能装置来平抑由光伏发电系统带来的系统波动。蓄电池是光伏发电系统中除太阳能电池外成本最高的部件，也是最需要维护的部件，其性能的优劣直接影响到光伏发电系统的可靠性和成本，在使用时必须配置控制器对蓄电池的充/放电进行控制，以尽可能延长其使用寿命。光伏发电系统对蓄电池的基本要求是自放电率低，使用寿命长，放电能力强，充电效率高，维护少，工作温度范围宽，价格低廉等。目前，在独立光伏发电系统中常用的蓄电池有铅酸蓄电池和硅胶蓄电池等，对于要求较高的场合，可采用价格比较昂贵的镍镉蓄电池等。

3. 控制器

在光伏发电系统中，控制器主要是针对蓄电池的特性，对蓄电池的充/放电进行控制。不同类型的光伏发电系统中所采用的控制器各不相同，其功能及复杂程度也会有很大差别，需根据发电系统的要求及重要程度来确定。在独立光伏发电系统中，由于蓄电池（主要为铅酸蓄电池）的投资在系统中占有较大的比例，过度的充电和放电都将大大缩短蓄电池的寿命，因此控制器的主要作用就是保证系统能正常、可靠地工作，延长系统部件（特别是蓄电池）的使用寿命。

控制器应满足以下基本要求。

(1) 将来自太阳能电池组件的电能直接或间接(通过变换器)向用电器供电，同时确定最佳充电方式，将多余的电能储存到蓄电池中，以备太阳能电力不足时(如夜间)对用电器供电。

(2) 为防止蓄电池过充电，保护蓄电池的循环充/放电性能，当蓄电池出现过充电时，控制器能及时切断充电回路，并能按照预先设定的模式自动恢复充电。

(3) 提供蓄电池对各种用电器的供电通路，进行蓄电池的放电管理。为确保蓄电池的正常使用寿命，当蓄电池出现过放电时，能及时切断放电回路；当蓄电池再次充电后，又能自动恢复供电。

(4) 当用电器发生故障或短路时，能自动保护控制器及系统的安全。

(5) 具有能够承受雷击引起的击穿保护、防反充功能和各种运行状态指示功能。

4. 变换器

变换器可分为直流-交流(DC/AC)变换器和直流-直流(DC/DC)变换器，其作用是将太阳能电池和蓄电池输出的直流电转换成与用电器匹配的交流电或直流电。

变换器应满足以下基本要求。

(1) 在规定的输入直流电压允许的波动范围和额定的负载变化范围内，要有稳定的交/直流电压输出。例如，在稳态运行时，电压偏差不超过额定值的±3%；在动态情况下，电压偏差不超过额定值的±8%。

(2) 在正弦逆变输出情况下，输出电压的总波形失真度值不应超过5%。其额定输出频率应是一个稳态值，通常为工频50Hz，正常工作条件下其偏差不超过额定值的±1%。

(3) 具有一定的过负载能力，一般可承受150%的过载。

(4) 具有过电压、过电流和过热等保护的显示报警功能。

(5) 具有较高的变换效率，满负荷效率一般在85%以上。

5. 负载

太阳能电池的输出特性使得光伏发电系统对负载有一定的要求，容量较大负载的启动和停止会对光伏发电系统的输出造成较大冲击，严重时还会使感性负荷不能正常启动。在某一光照条件下，太阳能电池输出的最大功率点不能精确地与不同的负载相匹配，需要对负荷加以调整，以使光伏输出最大功率。

负载可分为阻性、感性和容性三类，其对光伏发电系统的影响各不相同。阻性负载在启动和断开时对系统几乎不产生影响。感性负载和容性负载在启动时会产生远大于额定电流的“浪涌电流”，在断开时由于电感的续流效应，会在开关两端产生远高于负载工作电压的感应过电压，这类负载往往会威胁光伏发电系统变换器中对过电压敏感的电力电子器件的耐压安全和电流安全。

在光伏发电系统中接入负载一般应遵循以下原则。

(1) 对接入系统的负载要进行限制，不得使用大功率电器和高耗能负载，尽量选用节能型负载。

(2) 科学、合理地安排负载使用时段。大功率电器(如水泵等)尽可能安排在光伏发电能力最强的中午，并错开时段使用。在连续阴雨天气下，尽量少用电器，减少蓄电池用电量，延长蓄电池使用寿命，提高系统综合效率。

光伏发电系统的负载特性分为稳态特性和动态特性。稳态特性包括负载正常运行条件下的伏安特性和功率特性等。动态特性包括启动特性和停止特性，以及电压和电流突变期间的电压与电流之间的非线性函数关系。

2.3　光伏发电系统分类

光伏发电系统在不同的应用场合有不同的构成形式，一般可分为独立光伏发电系统和并网光伏发电系统两大类。

1. 独立光伏发电系统

独立光伏发电系统是一个独立运行的光伏发电系统，通过太阳能电池将接收到的太阳辐射转换成电能，可直接提供给负载，也可将多余能量存储在蓄电池中，供需要时使用。独立光伏发电系统又可分为户用光伏发电系统和独立光伏电站两类。

1) 户用光伏发电系统

户用光伏发电系统指为住户本身提供的光伏发电系统，一般由太阳能电池板、蓄电池、控制器和变换器构成。典型的户用光伏发电系统如图 2.9 所示。阳光充足时，发电系统可直接对用户负载供电，或者对蓄电池进行充电。无阳光时，由蓄电池输出能量，通过变换器实现对住户负载的供电。户用光伏发电系统应用技术相对简单，其供电可靠性、稳定性要求相对不高。户用光伏发电系统的 DC/DC 变换电路或 DC/AC 变换电路的容量一般都比较小。从经济和技术角度考虑，户用光伏发电系统还可采用与风力发电、柴油机发电或市电互补的方式。

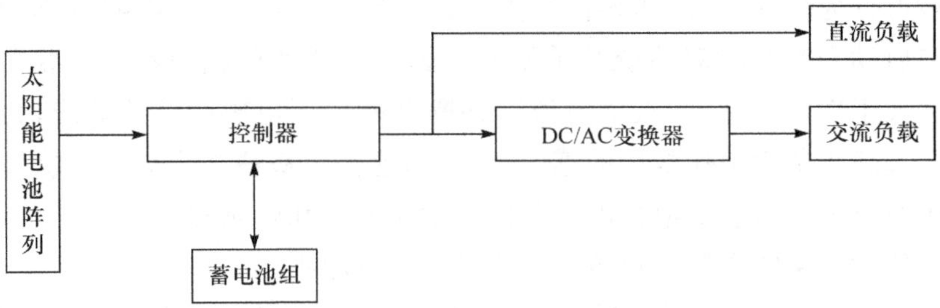

图 2.9　典型户用光伏发电系统

2）独立光伏电站

独立光伏电站指为区域型用户供电的光伏发电系统。独立光伏电站主要由太阳能电池阵列、蓄电池组、变换器、能量管理器、配电和输电系统构成。通常，独立光伏电站可应用于光照条件较好的无电村镇和海岛。由于独立光伏电站要同时给许多负载供电，所以需要配置能量管理系统，合理规划与管理用电，以便更加充分地利用太阳能资源。独立光伏电站系统如图 2.10 所示。独立光伏电站系统的 DC/AC 变换器容量都较大。

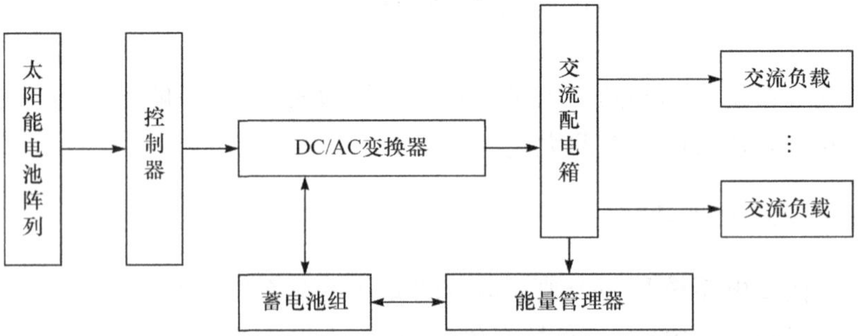

图 2.10　独立光伏电站系统

2. 并网光伏发电系统

并网光伏发电系统用来将太阳能电池阵列产生的直流电经过变换器转换成符合市电电网要求的交流电，直接并入公共电网。并网光伏发电系统是今后光伏技术的发展方向。与独立光伏电站相比，并网光伏发电系统具有很大优点，例如，不必考虑负载供电的稳定性和供电质量问题；太阳能电池可以始终运行在最大功率点处，提高了光伏发电系统的利用效率；以电网作为储能装置，不需要蓄电池进行储能，除降低了光伏发电系统建设初始投资外，还降低了蓄电池充/放电过程中的能量损失，免除了蓄电池的运行与维护费用。

与独立光伏发电系统类似，并网光伏发电系统可以分为户用并网光伏发电系统和并网光伏电站两类。并网光伏发电系统由太阳能电池阵列、变换器和控制器组成，其结构如图 2.11 所示。变换器将太阳能电池阵列发出的直流电流逆变成正弦电流并入电网；控制器用来控制太阳能电池的最大功率点跟踪、变换器并网电流的波形和功率，使向电网传送的功率与太阳能电池阵列所发出的最大功率平衡。

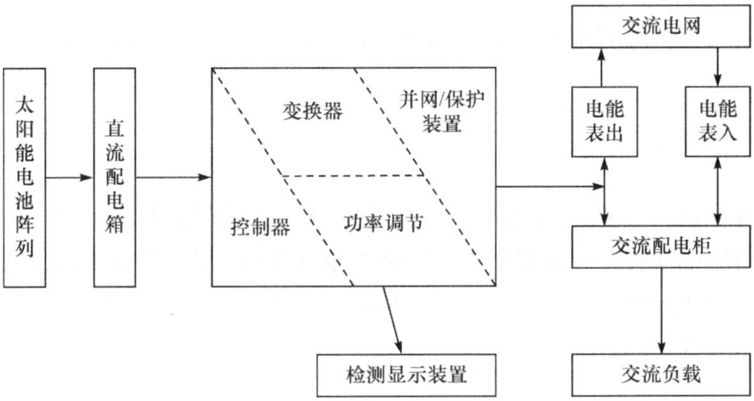

图 2.11　并网光伏发电系统结构

2.4　光伏发电系统数学模型

2.4.1　含光伏发电系统的微电网系统模型

含光伏发电系统的微电网系统主要包含光伏发电单元、蓄电池储能单元、可控分布式电源和负荷等元件模型。明确各部分元器件的稳态模型对伴有太阳能光伏特性的微电网优化运行具有重要意义。

1. 光伏发电单元模型

光伏发电单元的输出功率主要受太阳能电池组件的固有特性、太阳能电池板表面接收到的太阳辐射度和太阳能电池板温度等因素的影响。其中，太阳能电池组件的固有特性包括太阳能电池组件半导体材料的光电转换效率、晶体缺陷等，这些因素是相对确定的，而太阳能电池板表面接收到的太阳辐射度和太阳能电池板温度这两个因素受外界条件影响很大。因此，光伏发电单元的输出功率与天气条件紧密相关，并具有很大的波动性和间歇性[5,6]。

由于光伏发电所利用的是清洁可再生能源，通常设置光伏发电单元运行在最大功率点跟踪(maximum power point tracking，MPPT)模式，不对其输出功率进行限制，可视作一个功率值为负的负荷。在微电网优化运行问题中，用光伏发电单元的功率预测值近似表示光伏输出功率，如式(2.41)所示，并将光伏输出功率作为优化运行问题的已知量：

$$P_{\upsilon(t)}=P'_{\nu(t)} \tag{2.41}$$

式中，$P_{\upsilon(t)}$表示t时刻的光伏输出功率(kW)；$P'_{\nu(t)}$表示t时刻的光伏预测功率(kW)。

2. 蓄电池储能单元模型

蓄电池储能单元在运行过程中主要存在充电过程与放电过程。在充电过程中，能量从微电网系统流入储能单元，储能单元剩余量增加；在放电过程中，能量从储能单元流入微电网，储能单元剩余量减少。上述过程可以表示为

$$\begin{cases}E_{\mathrm{ESS},t+1}=E_{\mathrm{ESS},t}-\Delta T^{t}P_{\mathrm{ESS},t}\eta_{\mathrm{ch}}, & P_{\mathrm{ESS},t}\leqslant 0\\ E_{\mathrm{ESS},t+1}=E_{\mathrm{ESS},t}-\Delta T^{t}P_{\mathrm{ESS},t}/\eta_{\mathrm{dis}}, & P_{\mathrm{ESS},t}>0\end{cases} \tag{2.42}$$

式中，$E_{\mathrm{ESS},t}$是t时刻储能单元的剩余能量(kW·h)；$P_{\mathrm{ESS},t}$是t时刻储能单元的输出功率(kW)，放电为正，充电为负；η_{ch}、η_{dis}分别为储能单元的充、放电转换效率；ΔT^{t}是t时段的时间间隔(h)。

荷电状态(state of charge，SoC)常用于表示蓄电池的剩余电量与其完全充满状态下的电量的比值，即

$$\mathrm{SoC}^{t}=E_{\mathrm{ESS},t}/E_{\mathrm{rate}} \tag{2.43}$$

式中，E_{rate}表示储能单元额定容量(kW·h)。

蓄电池储能单元在运行过程中受到充放电功率约束和能量状态约束，如式(2.44)～式(2.46)所示：

$$0\leqslant P_{\mathrm{dis}}^{t}\leqslant P_{\mathrm{dis}}^{\max} \tag{2.44}$$

$$0\leqslant P_{\mathrm{ch}}^{t}\leqslant P_{\mathrm{ch}}^{\max} \tag{2.45}$$

$$\mathrm{SoC}^{\min}\leqslant \mathrm{SoC}^{t}\leqslant \mathrm{SoC}^{\max} \tag{2.46}$$

式中，P_{dis}^{t}、P_{ch}^{t}分别为t时刻的放电功率与充电功率(kW)；$P_{\mathrm{dis}}^{\max}$、$P_{\mathrm{ch}}^{\max}$分别为放电功率与充电功率的上限(kW)；$\mathrm{SoC}^{\max}$、$\mathrm{SoC}^{\min}$为荷电状态的上下限。

储能单元在运行过程中，运行维护成本、替换成本费用与充放电功率相关，如式(2.47)所示：

$$C_{\mathrm{ESS},t}(P_{\mathrm{dis}}^{t},P_{\mathrm{ch}}^{t},\Delta T^{t})=(c_{\mathrm{ESSdis}}P_{\mathrm{dis}}^{t}+c_{\mathrm{ESSch}}P_{\mathrm{ch}}^{t}+c_{\mathrm{ESSo}})\Delta T^{t} \tag{2.47}$$

式中，$C_{\mathrm{ESS},t}$表示 t 时刻的储能单元运行维护费用(元)；c_{ESSch}、c_{ESSdis}表示一次项充放电成本系数 (元/(kW · h))；c_{ESSo}表示常数项成本系数(元/h)。

3. 可控分布式电源模型

由于光伏发电单元具有较大波动性，在伴有太阳能光伏特性的微电网中，还需要配备可控分布式电源，以承担微电网孤岛运行时维持系统电压和频率稳定的任务，保障微电网的供电可靠性。

微电网常见可控分布式电源有柴油发电机、微型燃气轮机和燃料电池等，它们在运行过程中受输出功率约束、爬坡约束。通常情况下，可控分布式电源的输出功率不能超过其额定功率，且考虑到低功率运行时存在燃料利用不充分、效率低等问题，需要同时设置输出功率的最小值。另外，可控分布式电源还受机组爬坡约束，其功率约束与爬坡约束分别如式(2.48)和式(2.49)所示：

$$P_{\mathrm{GEN}}^{\min}\leqslant P_{\mathrm{GEN},i}^{t}\leqslant P_{\mathrm{GEN},i}^{\max} \tag{2.48}$$

$$-r_{\mathrm{dGEN},i}\Delta T^{t}\leqslant P_{\mathrm{GEN},i}^{t}-P_{\mathrm{GEN},i}^{t-1}\leqslant r_{\mathrm{uGEN},i}\Delta T^{t} \tag{2.49}$$

式中，$P_{\mathrm{GEN},i}^{\max}$、$P_{\mathrm{GEN},i}^{\min}$分别表示可控分布式电源 i 的输出功率上下限(kW)；$P_{\mathrm{GEN},i}^{t}$表示 t 时刻可控分布式电源 i 的输出功率(kW)；$r_{\mathrm{dGEN},i}$、$r_{\mathrm{uGEN},i}$分别表示可控分布式电源 i 的爬坡上下限(kW/h)。

常见可控分布式电源的运行费用包括运行维护费用和燃料费用。其中，运行维护费用与发电单元的输出功率成正比，即

$$C_{\mathrm{maintain,GEN}i}^{t}=(c_{\mathrm{m},i}P_{\mathrm{GEN},i}^{t})\Delta T^{t} \tag{2.50}$$

式中，$C_{\mathrm{maintain,GEN}i}^{t}$表示 t 时刻可控分布式电源 i 的运行维护费用(元)；$c_{\mathrm{m},i}$表示 t 时刻可控分布式电源 i 的运行维护成本系数(元/(kW · h))。

不同类型的可控分布式电源的燃料成本函数不同。对于柴油发电机，其燃料成本可表示为

$$C_{\mathrm{fuel,DG}}^{t}=[a_{\mathrm{fuel,DG}}(P_{\mathrm{DG}}^{t})^{2}+b_{\mathrm{fuel,DG}}P_{\mathrm{DG}}^{t}+c_{\mathrm{fuel,DG}}]\Delta T^{t} \tag{2.51}$$

式中，$C_{\mathrm{fuel,DG}}^{t}$表示 t 时刻柴油发电机单元的燃料费用(元)；$a_{\mathrm{fuel,DG}}$、$b_{\mathrm{fuel,DG}}$、$c_{\mathrm{fuel,DG}}$表示柴油发电机单元的燃料成本系数(元/(kW · h))；P_{DG}^{t}表示 t 时刻柴油发电机单

元的输出功率(kW)。

对于燃料电池和微型燃气轮机,其成本函数分别如式(2.52)和式(2.53)所示:

$$C_{\text{fuel,FC}}^{t}=\left(c_{\text{fprice,FC}}\frac{P_{\text{FC}}^{t}}{\eta_{\text{FC}}}\right)\Delta T^{t} \tag{2.52}$$

$$C_{\text{fuel,MT}}^{t}=\left(c_{\text{fprice,MT}}\frac{P_{\text{MT}}^{t}}{\eta_{\text{MT}}}\right)\Delta T^{t} \tag{2.53}$$

式中,$C_{\text{fuel,FC}}^{t}$、$C_{\text{fuel,MT}}^{t}$分别表示 t 时刻燃料电池和微型燃气轮机的燃料费用(元);$c_{\text{fprice,FC}}$、$c_{\text{fprice,MT}}$分别表示燃料电池和微型燃气轮机的燃料价格;η_{FC}、η_{MT}分别表示燃料电池和微型燃气轮机的转换效率;P_{FC}^{t}、P_{MT}^{t}分别表示 t 时刻燃料电池和微型燃气轮机的输出功率(kW)。

4. 负荷模型

根据光伏微电网应用场景的不同,微电网负荷可能包含城乡居民负荷、工业负荷、商业负荷、农业负荷和市政负荷等。负荷量可能与季节、日类型、天气、气温、湿度、降雨量和用户用电习惯等因素相关。

在光伏微电网优化运行问题中,通常用负荷单元的功率预测值近似表示负荷功率,如式(2.54)所示,若完全满足负荷需求,不进行负荷管理与控制,则负荷功率将作为优化运行问题的已知量:

$$P_{\text{load}(t)}=P'_{\text{load}(t)} \tag{2.54}$$

在目前的微电网能量管理研究中,需求侧管理(demand side management,DSM)成为一个重要的分支。需求侧管理的提出[7],改变了仅由电力供应方面满足不断增长的电力需求的局面。负荷管理是需求侧管理的一种主要实现方式,该技术通过管理可控负荷以达到需求侧管理的目的。在微电网优化运行中,微电网内的电力负荷可分为固定负荷、可转移负荷和随机负荷。其中,可转移负荷是负荷管理的主要对象。若在微电网能量管理中引入负荷管理,则负荷功率将作为待优化变量。

2.4.2 太阳能电池最大功率点跟踪法

最大功率点跟踪控制的实现实质上是一个自寻优过程,即通过控制端电压,使太阳能电池阵列在不同的光照强度和环境温度下智能化地输出最大功率[8,9]。图 2.12 为太阳能电池阵列的输出功率特性曲线。由图可知,当太阳能电池阵列的工作电压小于最大功率点电压 V_{max} 时，太阳能电池阵列的输出功率随阵列端电压的上升而增加；当阵列的工作电压大于最大功率点电压 V_{max} 时，阵列的输出功率随端电压的上升而减小。

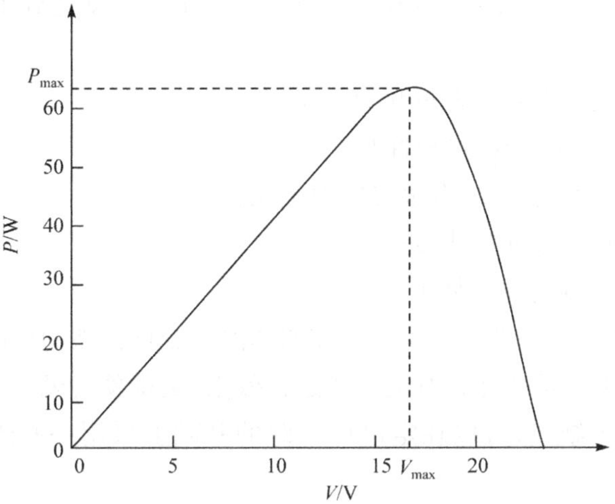

图 2.12　太阳能电池阵列的输出功率特性 P-V 曲线

太阳能电池阵列的开路电压和短路电流在很大程度上受光照强度和温度的影响，系统工作点也会因此飘忽不定，这必然导致能源利用率的损失。为此，太阳能电池阵列必须实现最大功率点跟踪控制，以使阵列在任何光照下都能获得最大功率输出[10]。目前常用的最大功率点跟踪方法有定电压跟踪法[11]、功率反馈法、扰动观测法[12]、导纳增量法[13]、开路电压法、三点重心比较法[14]和最优梯度法等。

1. 定电压跟踪法

定电压跟踪(constant voltage tracking，CVT)法的原理是在任何条件下都将输出电压调整到相同的定值。根据此原理，仔细观察光伏特性曲线发现，在一定温度下，当日照强度较高时，曲线的最大功率点几乎都分布在一条垂直线的两侧，说明太阳能电池阵列的最大功率输出点大致对应于某一恒定电压，这就大大简化了最大功率点跟踪的控制设计，即仅需从生产厂商处获得 V_{max} 数据，并使阵列的输出电压钳位于 V_{max} 值即可，实际上是把最大功率点跟踪控制简化为稳压控制，这就构成了定电压式的最大功率点跟踪控制。采用定电压跟踪较之不带定电压跟踪的直接耦合工作方式要有利得多，对于一般光伏发电系统可望额外获得多至20%的电能。

基于恒定电压法的跟踪器制造比较简单，初期投入也比较少。但这种控制方式忽略了温度对开路电压的影响，对于常规的单晶硅太阳能电池，环境温度每升高1℃，开路电压下降0.35%～0.45%。以某一位于新疆的光伏电站为例，在环境温度为25℃时太阳能电池阵列的开路电压为363.6V；当环境温度为60℃时开路电压下降至299V（均在光照强度相同情况下），其下降幅度达到17.8%，可见此影响是不容忽视的。

综上可知定电压跟踪控制的优点如下。

（1）控制简单，易实现，可靠性高。

（2）系统不会出现振荡，有很好的稳定性。

（3）可以方便地通过硬件实现。

定电压跟踪控制的缺点如下。

（1）控制精度差，特别是对于早晚和四季温度变化剧烈的地区。

（2）必须人工干预才能具有良好的运行效果，更难预料风、沙等影响。

为了克服以上缺点，可以在定电压跟踪的基础上采用一些改进的办法，具体如下。

（1）手工调节方式：根据实际温度的情况，手动调节设置不同情况下的V_{max}。

（2）微处理器查询数据表格方式：事先将不同温度下测得的V_{max}值存储于可擦写可编程只读存储器（erasable programmable read-only memory，EPROM）中，当实际运行时，微处理器通过太阳能电池阵列上的温度传感器获取阵列温度，通过查表确定当前的V_{max}值。

2. 功率反馈法

功率反馈（power feedback）法的基本原理是采集太阳能电池阵列的直流电压值和直流电流值，采用硬件或者软件计算出当前的输出功率，由当前的输出功率P和上次记忆的输出功率P'来控制调整输出电压值。功率反馈法的控制原理如图2.13所示。

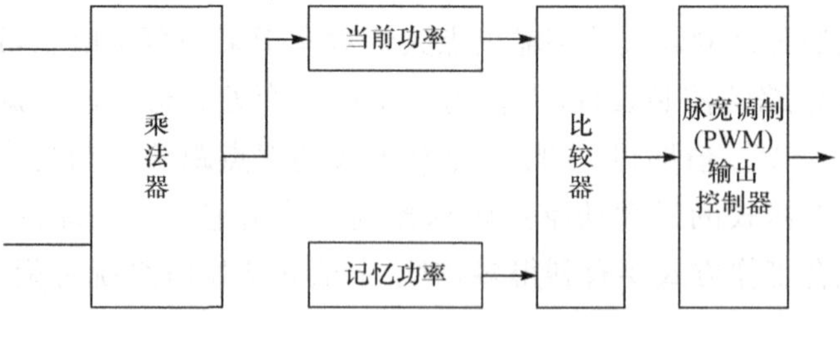

图2.13　功率反馈法的控制原理

由图 2.13 可知,同一输出功率下的输出电压可能不唯一,因此控制器应设计为单值控制模式,即仅以光伏特性曲线右侧为控制范围,当输出功率变大时减小输出电压,当输出功率变小时增大输出电压,最终在最大功率点附近振荡运行。这种方法使用方便,但可靠性和稳定性均不佳,在实际系统中较少采用。

3. 扰动观测法

扰动观测(perturbation and observation)法是目前实现最大功率点跟踪控制最常用的方法之一。其原理是先让太阳能电池按照某一电压值输出,测得它的输出功率,然后在这个电压的基础上增加一个电压扰动,再测量输出功率,比较测得的两个功率值,如果功率值增加,则继续给予相同方向的扰动,如果功率值减少,则给予反方向的扰动[12]。扰动观测法的流程如图 2.14 所示。

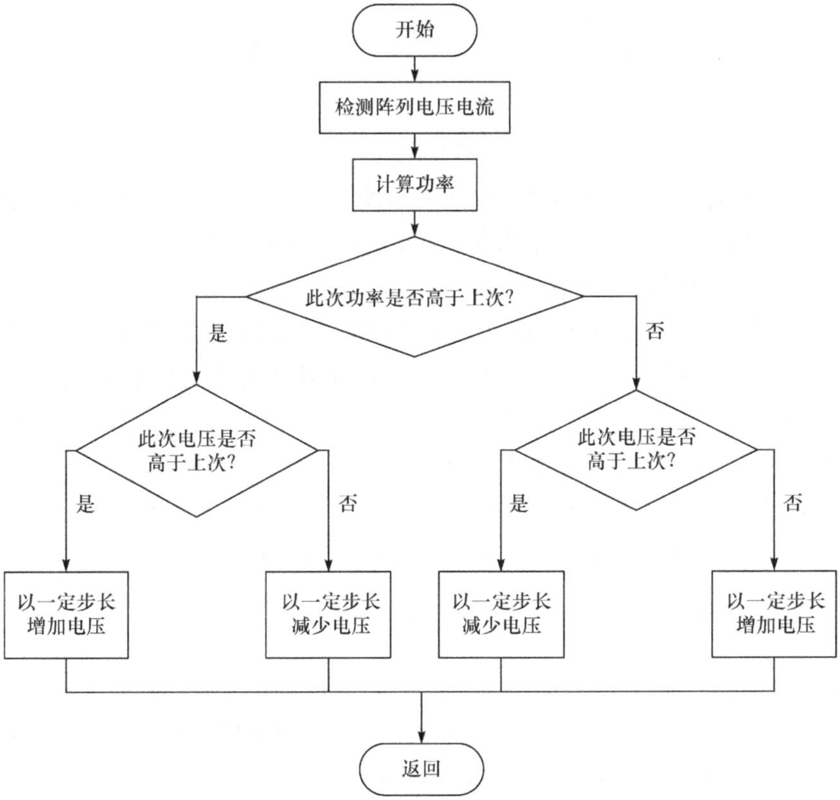

图 2.14　扰动观测法流程

扰动观测法的最大优点在于其结构简单,被测参数少,能比较普遍地适用于光伏发电系统的最大功率点跟踪。但是,在系统已经跟踪到最大功率点附近时,扰动仍然没有停止,系统在最大功率点附近振荡会损失一部分功率,且初始值和步长的选取对跟踪的速度与精度都有较大的影响。

扰动观测法还可能产生“误判”,其原因分析如图 2.15 所示。

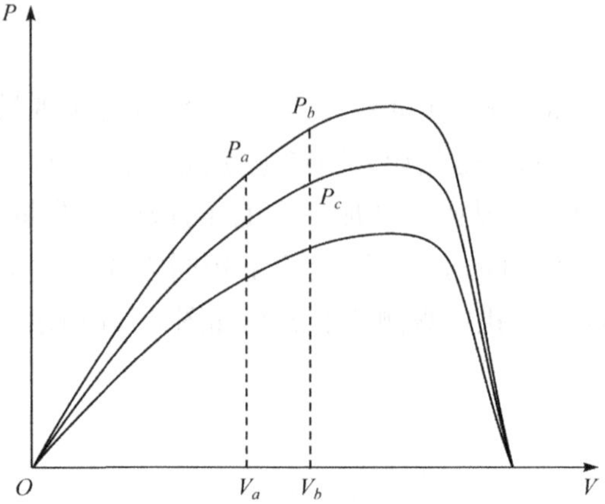

图 2.15 扰动观测法可能误判的示意图

在一天中日照是时刻变化的,特别是早晚和有云天气时,对太阳能电池阵列来说,其光伏特性曲线是不停变化的。当光伏发电系统用扰动观测法进行最大功率点跟踪控制时,假设系统已经工作在最大功率点附近,当前工作点电压记为 V_a,阵列输出功率记为 P_a。当电压扰动方向往右移至 V_b 时,如果光照没有变化,则阵列输出功率为 $P_a>P_b$,控制系统工作正确。但如果光照强度下降,则对应 V_b 的输出功率可能为 $P_c>P_a$,系统会误判电压扰动方向,从而控制工作电压往左移回 V_a。如果光照持续下降,则有可能出现控制系统不断误判,使工作点电压在 V_a 和 V_b 之间来回移动,而无法跟踪到阵列的最大功率点。对于这种由光照强度影响造成的系统误判,可以通过加大扰动频率和减小扰动步长来消除。

4. 导纳增量法

导纳增量(incremental conductance)法也是太阳能电池阵列最大功率点跟踪控制的常用方法之一。由太阳能电池阵列的光伏特性曲线可知,在最大功率点处其斜率为零,而 $P=VI$,因此在最大功率点处有

$$\frac{\mathrm{d}P}{\mathrm{d}V}=I+V\frac{\mathrm{d}I}{\mathrm{d}V}=0 \tag{2.55}$$

即

$$\frac{\mathrm{d}I}{\mathrm{d}V}=-\frac{I}{V} \tag{2.56}$$

式(2.56)即达到最大功率点的条件。如果$\frac{\mathrm{d}I}{\mathrm{d}V}<-\frac{I}{V}$,则太阳能电池组件的工作点在最大功率点的右边,此时应减小输出电压;如果$\frac{\mathrm{d}I}{\mathrm{d}V}>-\frac{I}{V}$,则太阳能电池组件的工作点在最大功率点的左边,此时应增大输出电压。

导纳增量法的控制流程如图 2.16 所示。

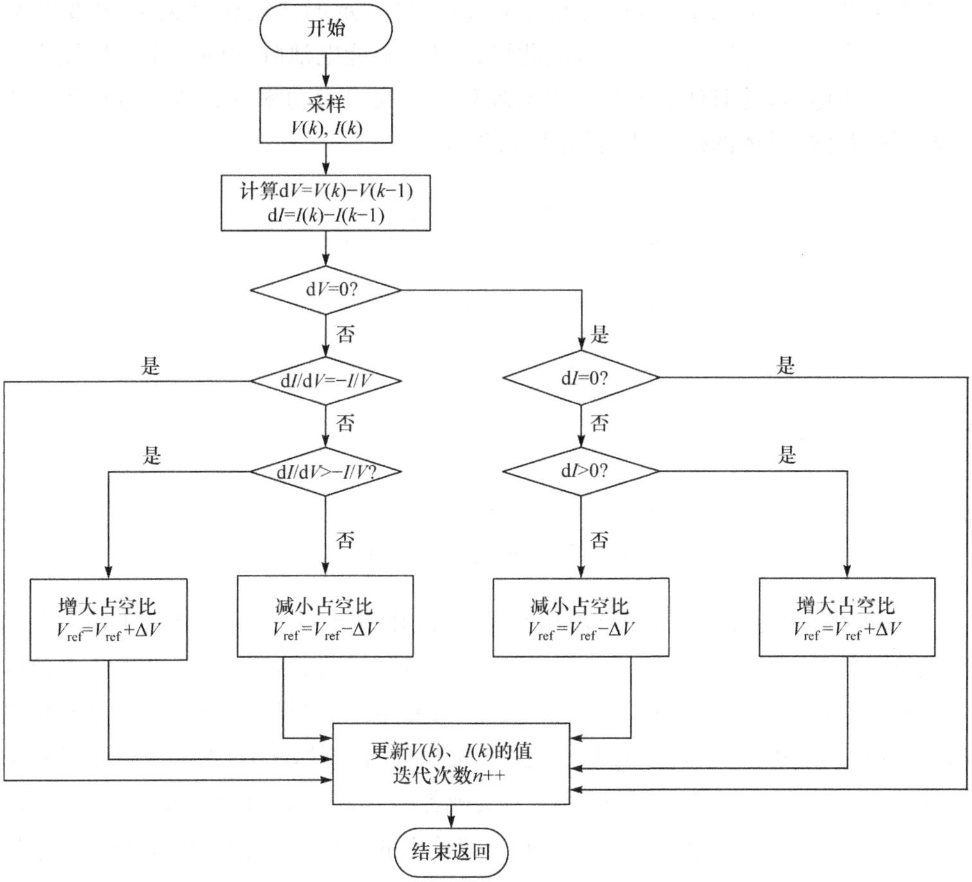

图 2.16　导纳增量法的控制流程

其中,$V(k)$和 $I(k)$分别为第 k 个采样点的太阳能电池输出电压和电流;$V(k-1)$和 $I(k-1)$ 分别为前一个采样点的太阳能电池输出电压和电流;V_{ref}和ΔV 分别为参考电压和电压增量步长。

当太阳能电池接收的光照强度和温度变化时，其输出电压能平稳地跟踪变化，且与太阳能电池组件的特性及参数无关。但这种控制算法实现起来相对复杂，且检测精度和速度在一定程度上会影响跟踪的精度和速度；同时，电压增量步长的选取也比较苛刻，步长太大会导致跟踪误差较大，步长较小又会导致跟踪速度变慢。

5. **开路电压法**

开路电压(open circuit voltage)法的基本原理是，当太阳能电池阵列工作在最大功率点时，工作电压 V_{op} 与开路电压 V_{oc} 总是呈一定的线性比例关系，比例系数一般都取为 0.76(误差在±2%)，因此可以将太阳能电池阵列的工作电压设定为76%的开路电压，此时认为太阳能电池阵列工作在最大功率点。这种方法类似于定电压跟踪法，具体的硬件结构如图 2.17 所示。

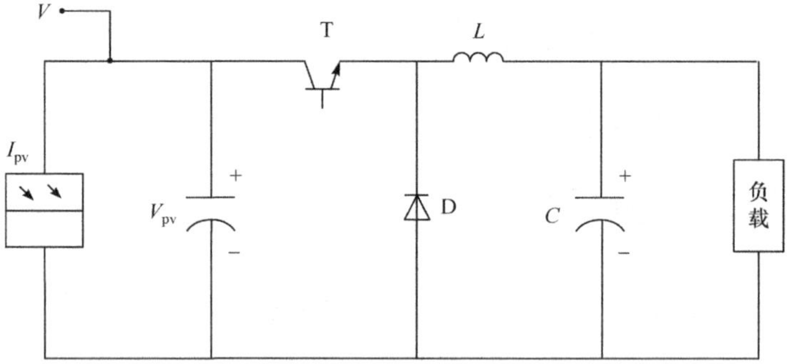

图 2.17　开路电压法硬件结构

在测量开路电压时，需要断开开关 T，测得开路电压，根据开路电压和最大功率点电压的关系可得该条件下的最大功率点电压，这样就可以控制太阳能电池阵列的输出电压，从而跟踪最大功率点电压。开路电压测量所需要的时间是毫秒级的，而测量间隔可以控制在秒级。开路电压法经济方便，不用考虑光照强度和温度的变化，且不会产生振荡，同时避免了其他各种方案因搜索振荡引起的功率损失。开路电压法的缺点是不能工作在需要有连续输出的光伏发电系统中，而且由于采样需要时间，采样周期不可能设定得很短；每次采样结束都是以恒定电压工作，当环境条件快速变化时，会带来较大的能量损失；需要较大的存储空间和运算能力。

6. **三点重心比较法**

扰动观测法的基本思想是两点比较，即当前工作点和前一个扰动点相比较，通过判断功率变化的方向来决定工作电压移动的方向。这种方法除了带来能量损失之外，还会带来如前所述的误判。当光照强度变化缓慢时，多余的扰动会带来能量损失。三点重心比较(three-point weight comparison)法则可以在光照强度快速变化时并不快速移动工作点，从而减小扰动损失。三点可能出现的详细情况如图 2.18 所示。

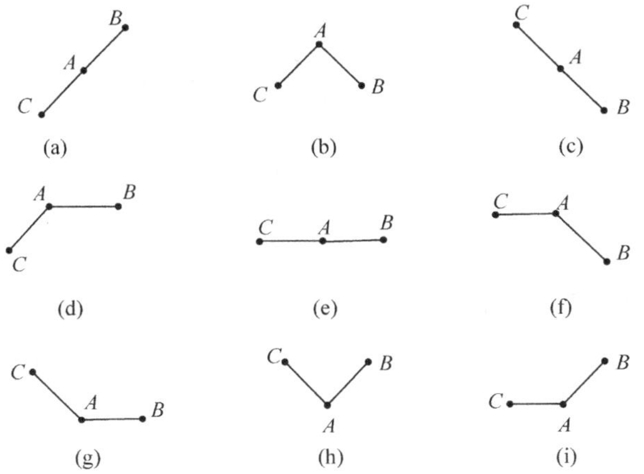

图 2.18 最大功率点附近可能出现的各种状况(三点)

结合光伏特性曲线，在曲线顶点附近任意选取三个不同位置，所得到的结果可分为图 2.18 所列的九种情况。其中，第一个点 A 为当前工作点，第二个点 B 为在 A 点的基础上增加 ΔD 的工作点，第三个点 C 为在 A 点的基础上减小 ΔD 的工作点。在分析之前，先引入一个状态量 M。如果 B 点功率大于或等于 A 点功率，则状态量为"+"，否则为"−"；如果 C 点功率小于 A 点功率，则状态量为"+"，否则为"−"。当状态量有两个"+"时，记为 $M=2$，则应增加扰动量来加大输出电压；如果状态量有两个"−"，记为 $M=-2$，则应减小扰动量来减小输出电压；当状态量有"+"、"−"各一个时，$M=0$，则电压扰动量不改变，此时视为达到最大功率点。

三点重心比较法的控制流程如图 2.19 所示。V_A、I_A、D_A 分别为 A 点的电压、电流、扰动量，V_B、I_B、D_B 分别为 B 点的电压、电流、扰动量，V_C、I_C、D_C 分别为 C 点的电压、电流、扰动量。三点重心比较法先读取 A、B、C 三点的电压、电流值，然后计算功率。M 表示 A、B、C 三点功率的大小关系，当 $M=2$ 时，增加扰动量；当 $M=-2$ 时，减小扰动量；当 $M=0$ 时，扰动量不变。这种方法虽然计算准确度较高，但是算法实现相对麻烦，且对处理器的运算速度和存储容量都有较高的要求。

2. 布置区域选择分析

若在船舶上采用独立光伏发电系统，首先要考虑船舶实际的需求电量；若在船舶上采用并网型光伏发电系统和混合型光伏发电系统，则优先考虑电池板布置面积最大化。船舶上布置区域的选择有以下几个条件：①选择的区域具有相对较大的面积；②选择的区域为非操作区域；③选择的区域不是具有特殊用途的区域，如紧急情况下的直升机停靠平台等。

3. 不同布置形式分析

陆地上太阳能电池组件主要采用固定布置和跟踪布置。跟踪布置又分为方位角跟踪和全程跟踪，对于航线较长、太阳能电池组件安装面积较大的大型船舶，跟踪布置的经济性与可靠性较差。固定布置分为水平布置和倾斜布置。船舶是一种移动的交通工具，陆地上的一些相关研究结论不一定适用于船舶上的应用，结合船舶特点，太阳能电池组件在船舶中可全部水平布置或全部以一定倾角倾斜布置[9]。太阳能电池组件在船舶中水平布置与一定倾角倾斜布置的效果如图 2.21 所示。

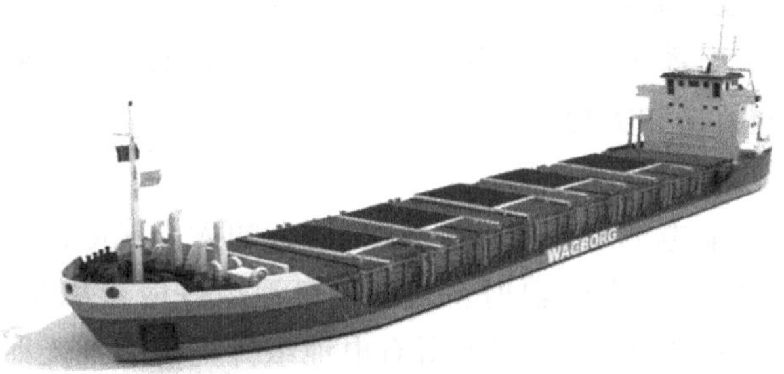

(a) 水平布置

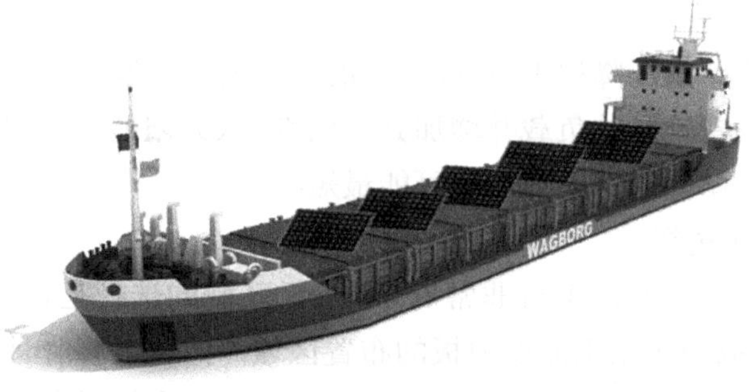

(b) 倾斜布置

图 2.21　太阳能电池组件布置效果图

4. 同一布置区域布置优化分析

在陆地上,光伏发电系统的太阳能电池组件设计的基本思路是满足年平均负载需求。计算太阳能电池组件数量的基本方法是用负载平均每天所需要的功率除以一块太阳能电池组件可以产生的功率,算出系统需要并联的太阳能电池组件数,将这些组件并联就可以产生系统负载所需要的电流。将系统的标称电压除以太阳能电池组件的标称电压,可以得到需要串联的太阳能电池组件数,将这些太阳能电池组件串联就可以产生系统负载所需要的电压。在此基础上,再根据一些外在因素的影响做必要的修正。

对于船载光伏发电系统,根据上述的设计基础和船舶可利用布置区域的有限面积做出容量的修正。因此,如何让有限的布置区域得到更多的电量是船载光伏发电系统一个有实际意义的问题。

2.5.2 船载光伏发电系统数学建模

1. 太阳能总辐射度计算

太阳能电池组件表面接收的总辐射度 H_T 主要有三个分量,即空气散射辐射度 H_{dt}、太阳直接辐射度 H_{bt}和地面反射辐射度 H_{rt},其中,$H_{dt}=\left(H_b+\dfrac{H_d H_b}{H_o}\right)R_b$,$H_{bt}=\dfrac{H_b}{2H_o}(H_o-H_b)(H\cos\beta)$,$H_{rt}=\dfrac{1}{2}\rho_H(1-\cos\beta)$。为方便计算,通常将空气散射辐射度等效为均匀分布[15],总辐射度 H_T 为

$$H_T=\left(H_b+\frac{H_d H_b}{H_o}\right)R_b+\frac{H_b}{2H_o}(H_o-H_b)(1+\cos\beta)+\frac{1}{2}\rho H(1-\cos\beta) \tag{2.61}$$

式中,H_b 为水平面上的直接辐射度;H_d 为水平面上的散射辐射度;H_o 为大气层外的水平辐射度;H 为水平面上的总辐射度;ρ 为地球表面的地面反射率;R_b 为倾斜面直接辐射度与水平面直射辐射度的比值:

$$R_b=\frac{\cos(\varphi-\beta)\cos\delta\cos\omega_s+\sin(\varphi-\beta)\sin\delta}{\cos\varphi\cos\delta\cos\omega_s+\sin\varphi\sin\delta} \tag{2.62}$$

式中,φ 为当地纬度;δ 为太阳赤纬角;ω_s 为太阳时角。

太阳赤纬角是太阳与地球中心连接线和赤道平面所形成的夹角。太阳赤纬

角在夏至日达到最大，为＋23.45°；在冬至日达到最小，为－23.45°；春分日和秋分日变为0°。太阳赤纬角仅与时间有关，不受纬度、温度、海拔和湿度等因素的影响。也就是说，同一天内，世界各地的太阳赤纬角都相同。太阳赤纬角与时间的关系可表示为

$$\delta=23.5^\circ\sin[360^\circ\times(284+n)/365]$$

太阳时角与一天中的小时数有关，在正午前全部为正值，到正午时变为零，随后逐渐变为负值，其关系式为

$$\omega_s=\left(\frac{t}{12}-\frac{N}{24}\right)\pi \tag{2.63}$$

2. 水平面辐射度核算

我国气象站的太阳辐射测量数据缺乏，很难得到某个地区水平面上散射辐射度的实测数据，通常采用国际上比较通用的方法，即通过当地水平面总辐射度和当地水平面散射辐射度分离的近似公式来间接得到当地水平面散射辐射度。

该理论分析方法认为 H_d/H 是 K_T 的函数，其相关公式如下：

$$\begin{cases}\dfrac{H_d}{H}=1.390-4.027K_T+5.531K_T^2-3.108K_T^3, & \omega_s\leqslant 81.4^\circ\\[2ex]\dfrac{H_d}{H}=1.311-3.022K_T+43.427K_T^2-1.821K_T^3, & \omega_s>81.4^\circ\end{cases} \tag{2.64}$$

式中，K_T 为晴朗指数，定义为

$$K_T=\frac{H}{H_o} \tag{2.65}$$

大气层外表面辐射度 H_o 与地球表面总辐射度 H 之间存在数学关系，可表示为

$$H=H_o(0.7)^{\alpha^{0.687}} \tag{2.66}$$

式中，α 表示晴空模式下的相对大气光学质量因子，定义为

$$\alpha=\frac{1}{\sin\alpha} \tag{2.67}$$

太阳高度角的取值范围为0°～90°，具体数学关系式如下：

$$\sin\alpha = \sin\phi\sin\delta + \cos\alpha\cos\delta\cos\omega_s \tag{2.68}$$

根据定义，当地的水平面总辐射度等于水平面散射辐射度与水平面直射辐射度之和，故有水平面直射辐射度如下：

$$H_b = H - H_d \tag{2.69}$$

3. 阴影影响

在设计初期的功率核算中，光伏发电系统通常不考虑前后太阳能电池组件之间的遮挡影响，是在完全无遮挡的情况下进行的功率核算。实验证明，在阴天或遮挡条件下，太阳光无法直接辐射到太阳能电池组件表面，仅剩天空散射辐射度，此时与正常情况相比，输出功率会减少10%～20%。在太阳能电站设计之初，若太阳能电池组件前后距离设计不当，则在一天中的一定时间段内，后排太阳能电池组件必然会受到前排太阳能电池组件的遮挡，影响光伏系统的功率输出。若太阳能电池组件长期受到遮挡，在遮挡区域内会发生热斑效应，甚至会被烧坏。太阳能电池组件的安装示意图如图2.22所示。

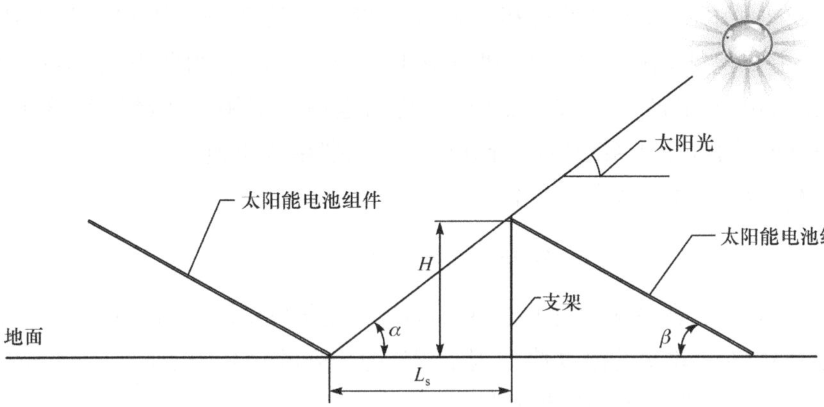

图2.22　太阳能电池组件安装示意图

由几何关系分析可得出阵列间距为

$$L_s = H\cot(90° - |\phi - \delta|) \tag{2.70}$$

根据式(2.71)，取冬至日正午时的太阳高度角进行计算，求得太阳能电池阵列在各纬度下安装布置的最小间距，如表2.4所示。

表 2.4　间距计算表

纬度	太阳高度角	间距值/m	备注
90°	−23°27′	−2.301H	无意义
66°33′	0°	—	无穷大
50°	16°33′	3.367H	—
40°	26°33′	2.003H	—
30°	36°33′	1.350H	—
23°27′	43°06′	1.073H	—
20°	46°33′	0.489H	—
10°	56°33′	0.661H	—
0°	66°33′	0.435H	—

2.5.3　船载光伏发电系统经济性分析和环境友好性评价

1. 经济性分析

太阳能船舶电站的经济性分析是对光伏发电系统全寿命周期内各项费用的综合概算，主要包括光伏发电系统建设成本投资与柴油节约费用，其中建设成本又包括太阳能电池组件、变换器、支架、安装和运输等费用。在经济性分析中，建设成本按负值计算，光伏系统发电所节约柴油的费用按正值计算[16]。

光伏发电系统的功率估算如下：

$$W=I_s\eta_m F_t F_p F_s A_{PV} \tag{2.71}$$

式中，I_s 为平均日太阳辐射总量(kW·h)；η_m 为光伏发电转换效率(与温度有关)；F_t 为光伏发电转换效率的温度修正因子；F_p 为阵列的封装因子；F_s 为阵列表面的积尘因子；A_{PV} 为太阳能电池组件总铺设面积(m^2)。

这里选取某油轮航行的整条航线作为实例，单位面积的太阳能电池组件在不同纬度、不同倾角下的斜面辐射总量如图 2.23 所示。

由图 2.23 可以看出，在同一纬度下，随着太阳能电池组件安装角度的增大，斜面辐射量也相应增加，直到达到最大值后，开始逐渐减少。图 2.23 中各纬度下获得辐射总量最大值所对应的倾角为该纬度的最佳倾角，计算得到的最佳倾角与根据当地纬度粗略估算的最佳倾角基本符合。该油轮一年航行 5 次，在太阳能电池组件采用不同安装角度下太阳能船舶电站的发电总量如图 2.24 所示。

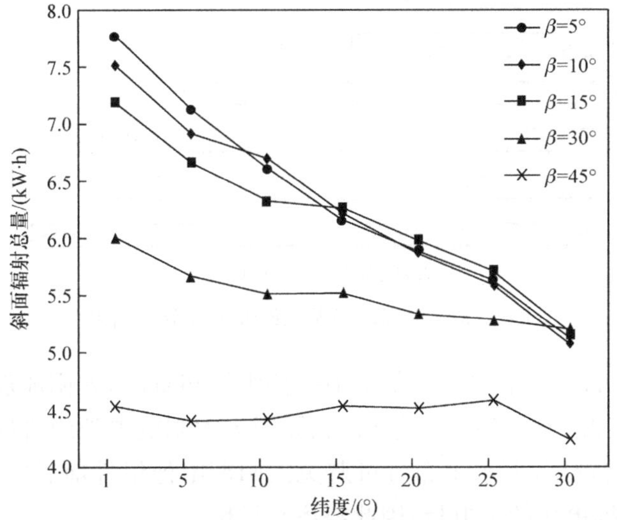

图 2.23　太阳能电池组件在各安装角度下的辐射总量

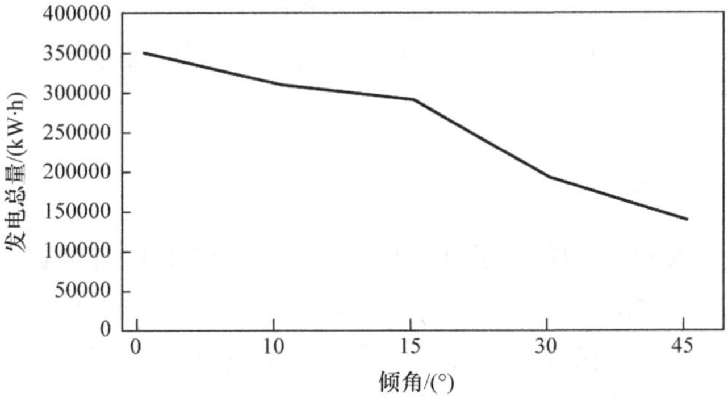

图 2.24　太阳能电池组件各安装角度下太阳能船舶电站的发电总量

由图 2.24 可以看出，当太阳能电池组件采用水平布置方式时，太阳能船舶电站的发电总量最大，为 350159kW·h。随太阳能电池组件倾角的不断增大，太阳能船舶电站的发电总量逐渐减小，倾角为 45°时产生的发电量最少，为 142536kW·h，减少 59.29%。

在伴有太阳能光伏特性的船舶电站经济性分析中，将成本投资费用记为负值，节省柴油的费用记为正值。当太阳能电池组件采用水平布置和固定倾角布置方式时，对太阳能船舶电站全寿命周期(25 年)内的经济性进行对比分析，得到的结果如图 2.25 所示。

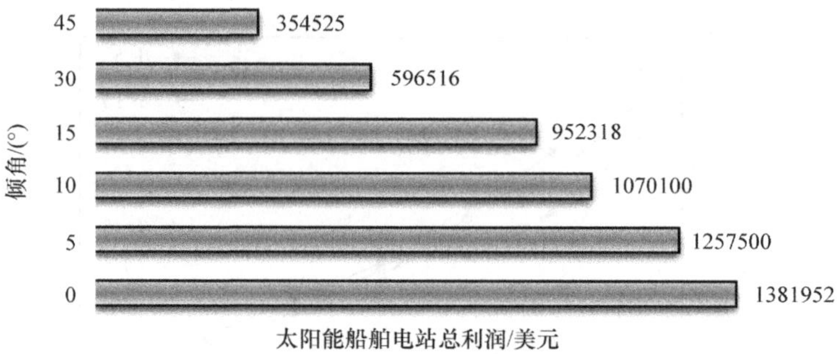

图 2.25　太阳能船舶电站经济性分析结果

由图 2.25 可以看出，当太阳能电池组件水平布置时，太阳能船舶电站在全寿命周期内利润最大，为 1381952 美元。其原因为太阳能电池组件倾斜布置需要的一体化支架价格较高，而水平布置可避免太阳能电池组件前后的阴影影响，铺设面积更大，可获得更多的发电量，因此经济性最优。

船舶在航行时是一个移动的平台，具有纬度跨度大、航行方向不确定、一年中航行时间变化多等特点，因此在船舶上基本不存在布置的最佳倾角。从经济性角度分析，比较太阳能电池组件不同安装角度下的太阳能船舶电站总利润可知，在大型油轮中应采用固定水平布置方式。

2. 环境友好性评价

太阳能的引入对船舶能效提升和污染物排放减少具有促进作用，在技术特性、能源效率、污染物排放和经济效益方面，引入太阳能后的评价结果均优于传统发电方式。虽然引入光伏发电系统后，目标船型的初始投资会有所增加，但全寿命周期内燃油消耗的减少仍能为其带来可观的利润。考虑到未来将会强制性收取污染性气体排放税，光伏发电方式无论从经济性角度还是在减少污染性气体排放方面均将优于传统发电方式。

综合来看，船载光伏发电系统与传统船舶发电系统相比，具有如下优势。

(1) 虽然传统柴油机发电方式在技术成熟度和可靠性方面具有明显优势，但是由于当前发展趋势更注重节能减排的技术应用与推广，该指标在技术特性评价中所占权重也较大，从而使得太阳能的引入在技术特性评价方面表现更佳。

(2) 引入太阳能后由于降低了单位运输成本，尽管维护费用投入有所增长，但是总体经济效益更好。

(3) 引入太阳能后油耗和气体排放各相关指标均得到有效提升，表现显著。

2.6 本章小结

本章介绍了太阳能的分布特性和光伏效应的原理，对现有光伏发电系统进行分类，并分析了各自的优缺点。结合光伏发电特性和船舶自身特点，本章建立了船载光伏发电系统的科学模型，系统分析了船载光伏发电系统的经济性和环境友好性，力求使读者对光伏发电技术应用于船舶电站而产生的新问题有一个全面的了解。

参考文献

[1] 赵明智，张晓明，宋士金. 太阳能光伏发电技术及应用[M]. 北京：北京大学出版社，2014.

[2] 赵争鸣，刘建政，孙晓英，等. 太阳能光伏发电及其应用[M]. 北京：科学出版社，2005.

[3] 杨金焕，汪乐，于化丛，等. 太阳能光伏发电应用技术[M]. 2 版. 北京：电子工业出版社，2013.

[4] Klein S A，Theilacker J C. An algorithm for calculating monthly-average radiation on inclined surfaces[J]. Journal of Solar Energy Engineering，1981，103(1)：29-33.

[5] 周念成，闫立伟，王强钢. 光伏发电在微电网中接入及动态特性研究[J]. 电力系统保护与控制，2010，38(14)：119-127.

[6] 丁明，王伟胜，王秀丽，等. 大规模光伏发电对电力系统影响综述[J]. 中国电机工程学报，2014，34(1)：1-14.

[7] Mohsenian-Rad A H，Wong V W S，Jatskevich J，et al. Autonomous demand-side management based on game-theoretic energy consumption scheduling for the future smart grid[J]. IEEE Transactions on Smart Grid，2010，1(3)：320-331.

[8] Kjaer S B，Pedersen J K，Blaabjerg F. A review of single-phase grid-connected inverters for photovoltaic modules [J]. IEEE Transactions on Industry Applications，2005，41 (5)：1292-1306.

[9] Hohm D P，Ropp M E. Comparative study of maximum power point tracking algorithms[J]. Progress in Photovoltaics：Research and Applications，2003，11(1)：47-62.

[10] Hua C C，Lin J G，Shen C M. Implementation of a DSP-controlled photovoltaic system with peak power tracking[J]. IEEE Transactions on Industrial Electronics，1998，45(1)：99-107.

[11] 戴志威，舒杰，吴昌宏. 基于环境参数模型的定电压 MPPT 控制算法研究[J]. 电力电子技术，2015，49(5)：61-63.

[12] Sera D，Mathe L，Kerekes T，et al. On the perturb-and-observe and incremental conductance MPPT methods for PV systems[J]. IEEE Journal of Photovoltaics，2013，3(3)：1070-1078.

[13] Safari A，Mekhilef S. Simulation and hardware implementation of incremental conductance

MPPT with direct control method using cuk converter[J]. IEEE Transactions on Industrial Electronics,2011,58(4):1154-1161.

[14] 闵江威.光伏发电系统的最大功率点跟踪控制技术研究[D].武汉:华中科技大学,2006.

[15] Lan H,Dai J F,Wen S L,et al. Optimal tilt angle of photovoltaic arrays and economic allocation of energy storage system on large oil tanker ship[J]. Energy, 2015, 8(10): 11515-11530.

[16] Lee K J,Shin D,Yoo D W,et al. Hybrid photovoltaic/diesel green ship operating in standalone and grid-connected mode—Experimental investigation[J]. Energy,2013,49:475-483.

第 3 章　船载风力发电系统

伴随着化石能源的巨大消耗，环境污染问题日益严重，发展清洁能源是应对能源危机、解决环境问题的良好途径，这也是人类命运共同体的战略发展方向。作为一种干净、可持续利用的可再生能源，风能被当成取之不尽、用之不竭的清洁能源。目前，海上风能的开发和利用依然处于起步阶段，各国正在积极地讨论和不断地试验。

本章将介绍风能的分布特点和风力发电的原理，对比分析不同类型的风力发电机，并结合船舶特性对船载风力发电系统进行建模，分析船载风力发电系统的经济性和环境友好性。

3.1 风　　能

风能是一种干净的、储量极为丰富的可再生能源，它与存在于自然界的矿物燃料能源不同，不会随着本身的转化和利用而减少[1]。而煤、石油和天然气等矿物燃料能源在利用过程中会带来严重的环境污染问题，导致温室效应、酸雨等现象的产生。随着世界各国对环境保护、能源短缺及节能等问题的广泛关注，大规模有效地利用风力发电是减少空气污染、减少有害气体排放的有效措施之一。

3.1.1　风向和风速

风向和风速是描述风特性的两个重要参数。风向是指风吹来的方向，风速表示风移动的速度。风向和风速随时、随地都不同，风随时间的变化包括每日的变化和各季节的变化。季节不同，太阳和地球的相对位置就不同，地球上的季节性温差会形成风向和风速的季节性变化。

1. 风廓线和风切变律

风速随地面高度变化的曲线称为风廓线，其变化规律称为风切变律。风随高度变化的经验公式很多，通常采用对数公式（对数风廓线）和指数公式（指数风廓线），如式（3.1）和式（3.2）所示。

对数风廓线：

$$v(z)=v(z_r)\frac{\ln(z/z_0)}{\ln(z_r/z_0)} \tag{3.1}$$

指数风廓线：

$$v(z)=v(z_r)\left(\frac{z}{z_r}\right)^n \tag{3.2}$$

式中，$v(z)$为高度 z 处的风速；z 为离地面高度；z_r 为用于拟合风廓线的离地面标准高度；z_0 为粗糙长度；n 为风切变指数，它取决于大气稳定度和地面粗糙度，其值为 1/8～1/2。

2. 平均风速的分布

平均风速的分布是用数学概率分布来描述的。它有两种表达方式：一种是概率密度分布，可用来描述平均风速的概率分布；另一种是累积分布函数，可用来描述平均风速的累积分布。此处仅对累积分布函数进行说明，对分布函数进行求导，就能得出相应的概率密度函数。对于平均风速的累积分布，一般采用韦布尔(Weibull)和瑞利(Rayleigh)分布。

韦布尔累积分布函数表示为

$$P_W(v_0)=1-e^{-(v_0/C)^k} \tag{3.3}$$

式中，k 和 C 分别为尺度参数和形状参数，$C=v_0/\Gamma(1+1/k)$，Γ 为伽马函数。

当 $k=2$、$C=2/\sqrt{\pi}$时，韦布尔累积分布函数变成瑞利累积分布函数：

$$P_R(v_0)=1-e^{-\pi(v_0/2)^2} \tag{3.4}$$

式中，$P_R(v_0)$为累积概率函数，即 $v<v_0$ 的概率；v_0 为风速(平均风速)。

3. 发力发电机设计要求的风况

发力发电机应设计成能安全承受相应等级定义的风况。风况的设计值需要在设计文件中明确规定。根据载荷和安全条件，风况可以为正常工作期间频繁出现的正常风况和 1 年或 50 年一遇的极端风况两种。在所有情况下，都要考虑平均气流与水平面夹角达 8°时的影响。

1) 正常风况

(1) 风速概率分布特性。风场的风速分布对风力发电的设计至关重要，它决定了各级载荷出现的频率。对标准级风力发电机，计算设计载荷时，10min 平均风速 v_{ave} 按瑞利分布计算，此时轮毂中心高度处风速 v_{hub} 的累积概率分布为

$$P_{\text{R}}(v_{\text{hub}})=1-\mathrm{e}^{-\pi[v_{\text{hub}}/(2v_{\text{ave}})]^2} \tag{3.5}$$

(2) 正常风廓线模型。风廓线 $v(z)$ 表示平均风速随离地面高度 z 变化的函数关系。对标准级风力发电机，正常风廓线函数为

$$v(z)=v_{\text{hub}}\left(\frac{z}{z_{\text{hub}}}\right)^a \tag{3.6}$$

式中，指数 a 假定为 0.2；z_{hub} 为轮毂中心高度。

(3) 正常湍流模型。风湍流表示 10min 内平均风速的随机变化。标准级风力发电机的风湍流值由湍流纵向分量能谱强度 $S_1(f)$ 表示：

$$S_1(f)=0.05(\sigma_1)^2\left(\frac{\Lambda_1}{v_{\text{hub}}}\right)^{-2/3}f^{-5/3} \tag{3.7}$$

式中，σ_1 为纵向风速分量标准偏差特性值：

$$\sigma_1=\frac{I_{15}(15+av_{\text{hub}})}{a+1} \tag{3.8}$$

Λ_1 为湍流尺度参数，可计算如下：

$$\Lambda_1=\begin{cases}0.7z_{\text{hub}}, & z_{\text{hub}}<30\\ 21, & z_{\text{hub}}\geqslant 30\end{cases} \tag{3.9}$$

2) 极端风况

极端风况用于确定风力发电机的极端风载荷。这种风况包括由暴风造成的风速峰值及风向、风速的变化值。极端状况含有湍流潜在影响，在设计计算中仅考虑其中确定的因素。

(1) 极端风速模型。50 年一遇极端风速 v_{e50} 和 1 年一遇极端风速 v_{e1} 应根据参考风速 v_{ref} 确定。在标准级风力发电机的设计中，v_{e50} 和 v_{e1} 是高度 z 的函数，分别如下：

$$v_{\text{e50}}(z)=1.4v_{\text{ref}}\left(\frac{z}{z_{\text{hub}}}\right)^{0.11} \tag{3.10}$$

$$v_{\text{e1}}(z)=0.75v_{\text{e50}}(z) \tag{3.11}$$

式中，z_{hub} 为轮毂中心高度，假定与平均风向的短期偏离为±15°。

(2) 极端工作风。标准级的风力发电机 N 年一遇轮毂中心高度处阵风值 $v_{\mathrm{gust}N}$ 由式(3.12)给出：

$$v_{\mathrm{gust}N}=\beta\frac{\sigma_1}{1+0.1\dfrac{D}{\Lambda_1}} \tag{3.12}$$

式中，σ_1 为标准偏差，由式(3.8)计算；Λ_1 为湍流尺度参数，由式(3.9)计算；D 为风轮直径；$\beta=4.8$(1 年一遇)，$\beta=6.4$(50 年一遇)。

周期为 N 年一遇的风速由式(3.13)确定：

$$v(z,t)=\begin{cases}v(z)-0.37v_{\mathrm{gust}N}\sin\left(\dfrac{3\pi t}{T}\right)\left[1-\cos\left(\dfrac{2\pi t}{T}\right)\right], & 0\leqslant t\leqslant T\\ v(z), & t<0 \text{ 或 } t>T\end{cases} \tag{3.13}$$

式中，$v(z)$ 由式(3.6)进行计算；$T=10.5\mathrm{s}$，$N=1$；$T=14\mathrm{s}$，$N=50$。

(3) 极端风向变化。N 年一遇极端风向变化值 $\theta_{\mathrm{e}N}$ 用式(3.14)进行计算：

$$\theta_{\mathrm{e}N}(t)=\pm\beta\arctan\left[\frac{\sigma_1}{v_{\mathrm{hub}}\left(1+0.1\dfrac{D}{\Lambda_1}\right)}\right] \tag{3.14}$$

式中，$\theta_{\mathrm{e}N}$ 限定在[$-180°$，$180°$]范围内；Λ_1 为湍流尺度参数，由式(3.9)计算；D 为风轮直径；$\beta=4.8$，$N=1$；$\beta=6.4$，$N=50$。

N 年一遇风向瞬时极端变化 $\theta_N(t)$ 由式(3.15)给出：

$$\theta_N(t)=\begin{cases}0, & t<0\\ 0.5\theta_{\mathrm{e}N}\left[1-\cos\left(\dfrac{\pi t}{T}\right)\right], & 0\leqslant t\leqslant T\\ \theta_{\mathrm{e}N}, & t>T\end{cases} \tag{3.15}$$

(4) 极端风速切变。50 年一遇极端风速切变应用下列两种瞬时风速来计算。

瞬时垂直切变：

$$v(z,t)=\begin{cases}v_{\mathrm{hub}}\left(\dfrac{z}{z_{\mathrm{hub}}}\right)^{a}+\dfrac{z-z_{\mathrm{hub}}}{D}\left[2.5+0.2\beta\sigma_1\left(\dfrac{D}{\Lambda_1}\right)\right]\left[1-\cos\left(\dfrac{2\pi t}{T}\right)\right], & 0\leqslant t\leqslant T\\ v_{\mathrm{hub}}\left(\dfrac{z}{z_{\mathrm{hub}}}\right)^{a}, & t<0 \text{ 或 } t>T\end{cases} \tag{3.16}$$

瞬时水平切变：

$$v(y,z,t)=\begin{cases} v_{\text{hub}}\left(\dfrac{z}{z_{\text{hub}}}\right)^{a}+\dfrac{Y}{D}\left[2.5+0.2\beta\sigma_1\left(\dfrac{D}{\Lambda_1}\right)^{1/4}\right]\left[1-\cos\left(\dfrac{2\pi t}{T}\right)\right], & 0\leqslant t\leqslant T \\ v_{\text{hub}}\left(\dfrac{z}{z_{\text{hub}}}\right)^{a}, & t<0 \text{ 或 } t>T \end{cases} \tag{3.17}$$

式中，$a=0.2$；$\beta=6.4$；$T=12\text{s}$；Λ_1 为湍流尺度参数；D 为风轮直径；$t=0,1,\cdots,T/2$。

3.1.2 风能密度

风能可用风能密度来描述。空气在1s时间里以平均速度 v 流过单位面积所产生的动能称为风能密度，表示为

$$E=\frac{1}{2}\rho v^3 \tag{3.18}$$

风能密度与平均风速 v 的三次方成正比，当平均风速为10m/s时，风能密度为600W/m^2；当平均风速为15m/s时，风能密度为2025W/m^2。ρ 是空气密度，随气压、气温和湿度变化。

计算平均风能密度可采用直接计算法和概率计算法。

1. 直接计算法

直接计算法是将某地一年(月)每天24h逐时测到的风速数据，首先按某间距(如间隔为1m/s)分成各等级风速，如 $v_1(3)$，$v_2(4)$，…，$v_i(i+2)$，然后将各等级风速在该年(月)出现的累计小时数 $n_1,n_2,\cdots,n_i$ 分别乘以各相应风速下的风能密度 $\left(n_i\times\frac{1}{2}\times\rho\times v_i^3\right)$，最后将各等级风能密度相加之后除以年(月)总时数 N，即可求出某地一年(月)的平均风能密度：

$$E_{\text{ave}}=\frac{\sum 0.5n_i\rho v_i^3}{N} \tag{3.19}$$

2. 概率计算法

概率计算法是通过某种概率分布函数拟合风速频率的分布，按积分公式计算得到平均风能密度。一般采用韦布尔公式，其风速 v 的概率分布函数为

$$f(v)=\frac{K}{C}\left(\frac{v}{C}\right)^{K-1}\text{e}^{-\left(\frac{v}{C}\right)^K} \tag{3.20}$$

式中，K 为形状参数；C 为尺度参数。

利用风速观测数据，通过最小二乘法、方差法和最大值法等可以确定参数 C、K 的值。将 C、K 值代入式(3.4)，计算出各等级风速的频率，再求出各等级风速出现的累计时间，按直接计算公式计算风能密度。另外，当 C、K 值确定后，也可以利用风能密度直接计算公式推导出积分形式的公式。当风速 v 在上、下限分别为 a、b 的区域内时，f 为 v 的连续函数，则积分形式的风能密度计算公式为

$$\bar{E}=\frac{\rho}{2}\frac{\int_a^b\left[\frac{K}{C}\left(\frac{v}{C}\right)^{K-1}\mathrm{e}^{-\left(\frac{v}{C}\right)^K}\right]v^3\mathrm{d}v}{\mathrm{e}^{-\left(\frac{a}{c}\right)^K}-\mathrm{e}^{-\left(\frac{b}{c}\right)^K}} \tag{3.21}$$

3.1.3 风能资源

据估计，每年来自外层空间的辐射能为 1.5×10^{18} kW · h，其中的 2.5%，即 3.75×10^{16} kW · h 的能量被大气吸收，产生大约 4.3×10^{12} kW · h 的风能。这一能量约是 1973 年全世界电场能量(1×10^{10} kW · h)的 400 倍。

风能利用是否经济取决于风力发电机轮毂中心高度处的最小年平均风速。这一界线值目前大约取 5m/s，根据实际的利用情况可能会有一些偏差。由于风力发电机制造成本降低及常规能源价格提高，或者考虑生态环境，这一界线值可能会下降。

我国风能资源可以划分为如下几个区域。

1. 最大风能资源区

东南沿海及岛屿。这一地区，有效风能密度大于等于 200W/m^2 的等值线平行于海岸线，沿海岛屿的风能密度为 300W/m^2 以上，有效风力出现时间百分率为 80%～90%，风速大于等于 3m/s 的全年累计时数为 7000～8000h，大于等于 6m/s 的风速也有 4000h 左右。但从这一地区向内陆，丘陵连绵，冬季强大冷空气南下，很难长驱直下，夏季台风在离海岸 50km 时风速便减小到 68%。因此，东南沿海仅在海岸向内陆几十千米的地方有较大的风能，再向内陆则风能锐减。在福建的台山岛、平潭岛和浙江的南麂岛、大陈岛等沿海岛屿上，风力资源比较丰富。其中，台山岛的风能密度为 534.4W/m^2，有效风力出现时间百分率为 90%，大于等于 3m/s 的风速全年累计时数为 7905h，即平均每天大于等于 3m/s 的风速时间有 21.3h，是我国有记录的平地上风能资源最大的地方之一。

2. 次大风能资源区

内蒙古和甘肃北部。这一地区终年在西风带控制之下，且又是冷空气入侵首

当其冲的地方，风能密度为 200～300W/m^2，有效风力出现时间百分率为 70%左右，大于等于 3m/s 的风速全年有 5000h 以上，大于等于 6m/s 的风速有 2000h 以上，从北向南逐渐减少，但不像东南沿海梯度那么大，该资源区风能资源最大的虎勒盖地区，风速大于等于 3m/s 和大于等于 6m/s 的全年累计时数分别可达 7659h 和 4095h。这一资源区的风能密度虽较东南沿海小，但其范围较广，是我国连成一片的最大风能资源区。

3. 大风能资源区

黑龙江和吉林东部以及辽东半岛沿海。风能密度为 200W/m^2 以上，大于等于 3m/s 和 6m/s 的风速全年累计时数分别为 5000～7000h 和 3000h。

4. 较大风能资源区

青藏高原、三北地区（东北、华北、西北）的北部以及渤海和黄海沿岸。该资源区（除去上述范围）的风能密度为 200～300W/m^2，风速大于等于 3m/s 的全年累计时数为 4000～5000h，大于等于 6m/s 的全年累计时数为 3000h 以上。青藏高原风速大于等于 3m/s 的全年累计时数可达 6500h，但青藏高原海拔高、空气密度小，风能密度相对较小，在 4000m 的高度，空气密度大约为地面的 67%，即同样是 8m/s 的风速，在平地为 313.6W/m^2，而在 4000m 的高度却只有 209.3W/m^2。因此，如果仅按大于等于 3m/s 和大于等于 6m/s 风速的出现时数计算，青藏高原应属于最大风能资源区，但实际上这里的风能远较东南沿海岛屿小。从三北地区北部到沿海几乎连成一片，包围着我国大陆。大陆上的风能可利用区，也基本上同这一资源区的界限相一致。

5. 最小风能资源区

云南、贵州、四川、甘肃、陕西南部、河南、湖南西部、福建、广东、广西的山区以及塔里木盆地。有效风能密度为 50W/m^2 以下时，可利用的风力仅有 20%左右，风速大于等于 3m/s 的全年累计时数在 200h 以下，大于等于 6m/s 的全年累计时数在 150h 以下。在该资源区中，尤以四川盆地和西双版纳地区风能最小，这里全年静风频率在 60%以上，如绵阳为 67%、巴中为 60%、阿坝为 67%、德格为 63%、景洪为 79%。风速大于等于 3m/s 的全年累计时数仅为 300h，大于等于 6m/s 的全年累计时数仅为 2h。因此，这一资源区除高山顶和峡谷等特殊地形外，风能潜力很低，无利用价值。

6. 可季节利用的风能资源区

可季节利用的风能资源区是指较大风能资源区和最小风能资源区之外的广大地区。有的在冬、春季可以利用,有的在夏、秋季可以利用。这些地区的风能密度为 50～100W/m^2,可利用风力为 30%～40%,风速大于等于 3m/s 的全年累计时数为 2000～4000h,大于等于 6m/s 的全年累计时数为 1000h 左右。

3.2 风力发电原理

风能是地球表面大量空气流动所产生的动能。太阳光照射在地球表面上,地表温度升高,地表的空气受热膨胀变轻而上升。热空气上升后,低温的冷空气横向流入,上升的空气因逐渐冷却变重而降落,由于地表温度较高又会加热空气使之上升,这种空气的流动就产生了风。风能资源约等于风能密度和可利用的风能年累计时数。据估算,全世界的风能总量约为 1300 亿 kW,我国的风能总量约为16 亿 kW。

风力发电所需要的装置称为风力发电机。风力发电机的工作原理比较简单,最简单的结构包括风轮和发电机两部分,风轮在风力的作用下旋转,把风的动能转变为风轮轴的机械能,将风轮的转轴与发电机的转轴相连,发电机就在风轮轴的带动下旋转发电。现代风力发电是利用风力带动风轮叶片旋转,再通过增速机将旋转的速度提升,来促使发电机发电。根据目前的风力发电机技术,大约 3m/s 的微风速度(微风的程度)便可以开始发电。把风能转变为电能是风能利用中最基本的一种方式[2]。

3.2.1 贝茨理论

贝茨(Betz)理论是世界上第一个关于风力机风轮叶片接收风能的完整理论[3]。贝茨理论假定风轮是“理想”的。“理想风轮”是指风轮全部接收风能,假设没有轮毂,叶片无限多,气流通过风轮时没有阻力,空气流是连续的、均匀的、不可压缩的,气流速度的方向在叶片前或流经叶片后都是垂直于叶片扫掠面的(或称平行于风轮轴线的),具体条件如下。

(1) 风轮没有锥角、倾角和偏角,全部接收风能(没有轮毂),叶片无限多,对空气流没有阻力。

(2) 风轮叶片旋转时没有摩擦阻力,风轮前未受扰动的气流静压和风轮后的气流静压相等。

(3) 风轮流动模型可简化成一个单元流管。

(4) 作用在风轮上的推力是均匀的。

下面分析一个放置在移动空气中的“理想风轮”叶片所受到的力及移动空气对风轮叶片所做的功。设风速通过风轮叶片前的面积为 S_1，叶片扫掠面的面积为 S，风速扫掠后的面积为 S_2。风吹到叶片上所做的功等于将风的动能转化为叶片转动的机械能，则必有 $v_1>v_2$，$S_2>S_1$，如图 3.1 所示。

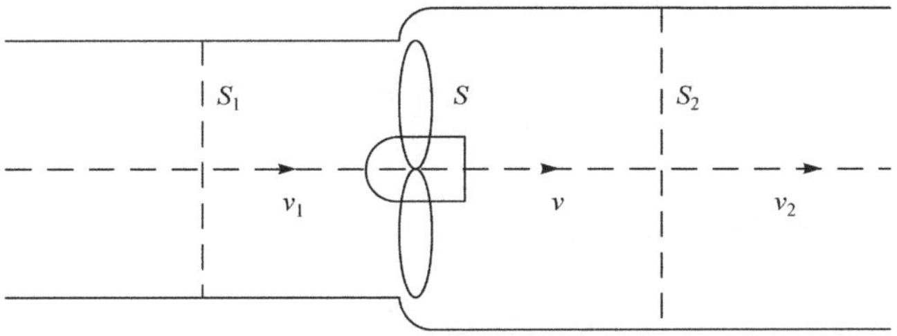

图 3.1　贝茨理论简图

假设空气是不可压缩的，由连续条件可得

$$S_1v_1=S_2v_2=Sv \tag{3.22}$$

风作用在叶片上的力由欧拉定理求得：

$$F=\rho Sv(v_1-v_2) \tag{3.23}$$

式中，ρ 为空气密度(kg/m^3)；S 为叶片扫掠面的风速面积(m^2)；v 为实际通过风轮的风速(m/s)；v_1 为风轮前方的风速(m/s)；v_2 为风轮后方的风速(m/s)。

因此，风轮吸收的功率为

$$P=Fv=\rho Sv^2(v_1-v_2) \tag{3.24}$$

从上游至下游动能的变化为

$$\Delta W=\frac{1}{2}mv_1^2-\frac{1}{2}mv_2^2 \tag{3.25}$$

因为从上游至下游空气质量不变，则

$$m=\rho_1S_1v_1=\rho Sv=\rho_2S_2v_2 \tag{3.26}$$

所以有

$$\Delta W=\frac{1}{2}\rho v(v_1^2-v_2^2) \tag{3.27}$$

因为风轮吸收的功率是由动能转换而来的，所以有

$$P=\Delta W \tag{3.28}$$

即

$$\rho S v^2(v_1-v_2)=\frac{1}{2}\rho S v(v_1^2-v_2^2) \tag{3.29}$$

可得

$$v=\frac{v_1+v_2}{2} \tag{3.30}$$

将式(3.29)代入式(3.23)、式(3.24)，可得

$$F=\frac{1}{2}\rho S(v_1^2-v_2^2) \tag{3.31}$$

$$P=\frac{1}{4}\rho S(v_1^2-v_2^2)(v_1+v_2) \tag{3.32}$$

风速 v_1 是在风轮前方，可测得并给定，写出 P 与 v_2 的函数关系式，并对 P 微分求最大值得

$$\frac{\mathrm{d}P}{\mathrm{d}v_2}=\frac{1}{4}\rho S(v_1^2-2v_1v_2-3v_2^2) \tag{3.33}$$

令 $\frac{\mathrm{d}P}{\mathrm{d}v_2}=0$，有两个解：① $v_2=-v_1$，没有物理意义；② $v_2=v_1/3$。

将 $v_2=v_1/3$ 代入式(3.32)，得到最大功率为

$$P_{\max}=\frac{8}{27}\rho S v_1^3 \tag{3.34}$$

将式(3.34)除以气流通过扫掠面的面积 S 时风所具有的动能，可推得风力发电机的理论最大效率（或称理论风能利用系数）为

$$\eta_{\max}=\frac{P_{\max}}{\frac{1}{2}\rho S v_1^3}=\frac{16}{27}\approx 0.593 \tag{3.35}$$

式(3.35)即贝茨理论的极限值，表明风力发电机从自然风中所能索取的能量是有限的，这个有限效率值为理论风能系数 $C_p'=0.593$。风力发电机的实际风能

利用系数往往更低，即 $C_p<0.593$。其功率损失部分可以解释为留在尾流中的旋转动能，这样风力发电机实际能得到的功率输出为

$$P_S=\frac{1}{2}\rho S v_1^3 C_p \tag{3.36}$$

3.2.2　叶素理论

叶素理论是从叶素附近流动来分析叶片上的受力和功能交换[4]。叶素为风轮叶片在风轮任意半径 r 处的一个基本单元，是由 r 处翼型剖面延伸一小段厚度 $\mathrm{d}r$ 而形成的，如图 3.2 所示。像这样把叶片假想分割成无限多个叶素，每个叶素都是叶片的一部分，每个叶素的厚度无限小，且假定所有叶素都是独立的，叶素之间不存在相互作用，通过各叶素的气流也不互相干扰。在分析叶素的空气动力学特征时就可以忽略叶片长度的影响，这种理论称为叶素理论。

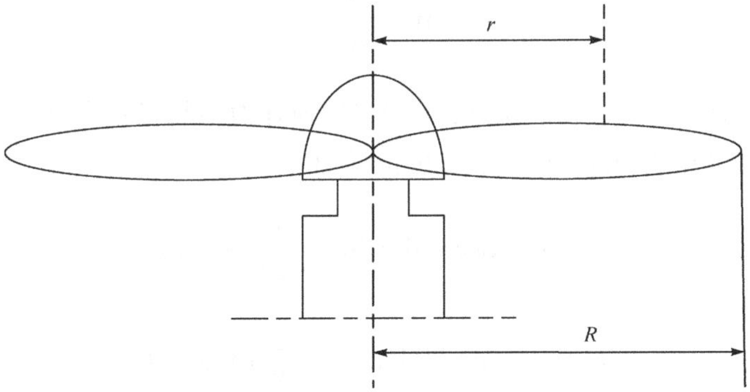

图 3.2　风轮的叶素

作用在每个叶素上的力仅由叶素的翼型升阻特性来决定，叶素本身可以看成一个二元翼型，将作用在每个叶素上的力和力矩沿展向积分，就可以求得作用在风轮上的力和力矩，如图 3.3 所示。

升力元：

$$\mathrm{d}L=\frac{1}{2}\rho W^2 \lambda_c C_L \mathrm{d}r \tag{3.37}$$

阻力元：

$$\mathrm{d}D=\frac{1}{2}\rho W^2 \lambda_c C_D \mathrm{d}r \tag{3.38}$$

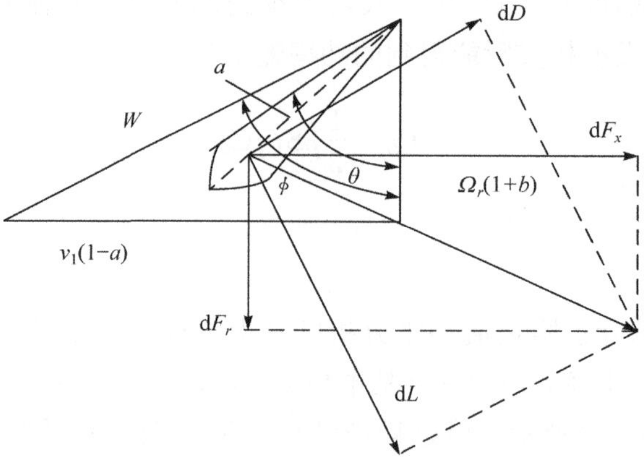

图 3.3　叶剖面与气流角、受力关系

合速度：

$$W=\frac{V}{\sin\phi} \tag{3.39}$$

式中，L 为升力(N 或 kN)；λ_c 为弦长(m)；C_L 为升力系数；C_D 为阻力系数。

通过图 3.3 中展现的受力关系，可推导出

$$\mathrm{d}F_x=\mathrm{d}L\cos\phi+\mathrm{d}D\sin\phi=\frac{1}{2}\rho W^2\lambda_c\mathrm{d}rC_x \tag{3.40}$$

$$\mathrm{d}F_r=\mathrm{d}L\sin\phi-\mathrm{d}D\cos\phi=\frac{1}{2}\rho W^2\lambda_c\mathrm{d}rC_r \tag{3.41}$$

式中，

$$C_x=C_L\cos\phi+C_D\sin\phi \tag{3.42}$$

$$C_r=C_L\sin\phi-C_D\cos\phi \tag{3.43}$$

风轮半径 r 处环素上周推力为

$$\mathrm{d}T=N_B\mathrm{d}F_x=\frac{1}{2}\rho W^2N_B\mathrm{d}rC_x \tag{3.44}$$

转矩为

$$\mathrm{d}M=N_B\mathrm{d}F_r=\frac{1}{2}\rho W^2N_B\lambda_c\mathrm{d}rC_r \tag{3.45}$$

式中，N_B 为叶片数。

在这里干扰系数又称为诱导系数，共有两个：一个是轴向干扰系数 a，另一个是周向干扰系数 b。它们的物理意义就是当气流通过风轮时风轮对气流速度的影响程度。从图 3.3 可以清楚地看出，通过风轮的轴向速度为 $v_1(1-a)$，而不是来流风速 v_1，其中 av_1 就是风轮产生的诱导速度。同理，气流相对于风轮的切向速度也不是 Ω_r，而是多了切向诱导速度项 $b\Omega_r$。

应该指出，在进行气动分析时，干扰系数的影响是不可忽略的，但确定它们比较困难，这就造成了气动设计的复杂性。

3.2.3　涡流理论

另一种计算风轮气动性能的理论是涡流理论[5]。涡流理论的优点在于考虑通过风轮的气流诱导转动。风轮旋转工作时，流场并不是简单的一维定常流动，而是一个三维流场，如图 3.4 所示。考虑风轮后的涡流流动，在进行理论分析时有以下假定。

(1) 忽略叶片翼型阻力和叶梢损失的影响。

(2) 忽略有限叶片数对气流的周期性影响。

(3) 叶片各个径向环断面之间相互独立。

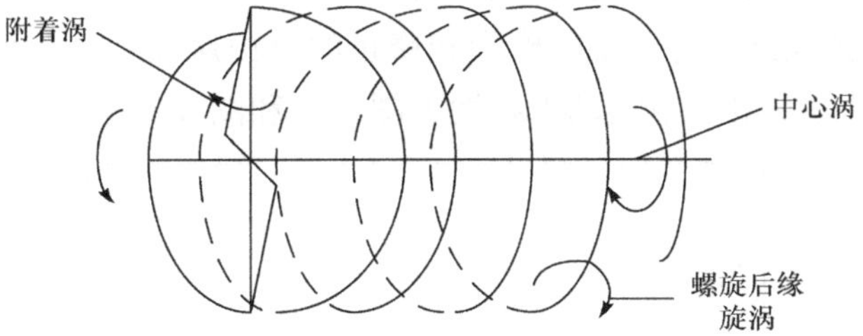

图 3.4　风轮涡流示意图

涡流理论认为对于有限长的叶片，空气流经风轮后形成尾迹旋涡，主要形成两个旋涡区：一个靠近叶尖；另一个在轮毂附近。当风轮旋转时，每个叶片尖部下游的气流迹线是一螺旋线。因此，每个叶片的尾迹旋涡呈螺旋形。由涡流引起的风速可看成是由 3 个涡流系统叠加的结果：①中心涡，集中在转轴上；②每个叶片的附着涡；③每个叶片尖部形成的螺旋涡。

正是因为涡系的存在，流场中轴向和周向的速度发生变化，即引入诱导因子(轴向干扰因子 a 和周向干扰因子 b)。由涡流理论可知，在风轮旋转平面处气流的轴向速度为

$$v=v_1(1-a) \tag{3.46}$$

周向方向上，由于气流涡轮运动，气流在下游周向方向上产生一个旋转角速度Ω，上游周向的角速度为0，假定风轮以角速度ω旋转。由贝茨理论的思想可得出气流在风轮处的角速度为$(\Omega-0)/2$，在风轮平面内气流相对于风轮的轴向速度为

$$\omega+\Omega/2=(1+b)\Omega \tag{3.47}$$

式中，Ω为气流的旋转角速度(rad/s)；ω为风轮的旋转角速度(rad/s)。

因此，由式(3.47)可得在风轮半径r处的切向速度为

$$u=(1+b)\Omega_r \tag{3.48}$$

式中，Ω_r为风轮半径r处气流的旋转角速度(rad/s)。

在轮毂附近也存在同样的情况，每个叶片都对轮毂涡流的形成产生一定的作用。在涡流理论中，空间给定一点的风速，可以看作直线运动的风速和旋涡诱导速度的合速度，风轮叶片上的诱导速度和升力是由风轮尾流中的自由尾流涡诱导产生的。

用涡流理论计算风轮气动性能的关键在于如何合理地模拟风轮后面的尾涡几何结构。因此，涡流理论研究的重点就在于如何建立尾流模型。目前常用的计算模型有刚性尾流模型、自由尾流模型和修正的自由尾流模型。由涡流理论计算得到的多叶片风力发电机空气动力特性如图3.5和图3.6所示。

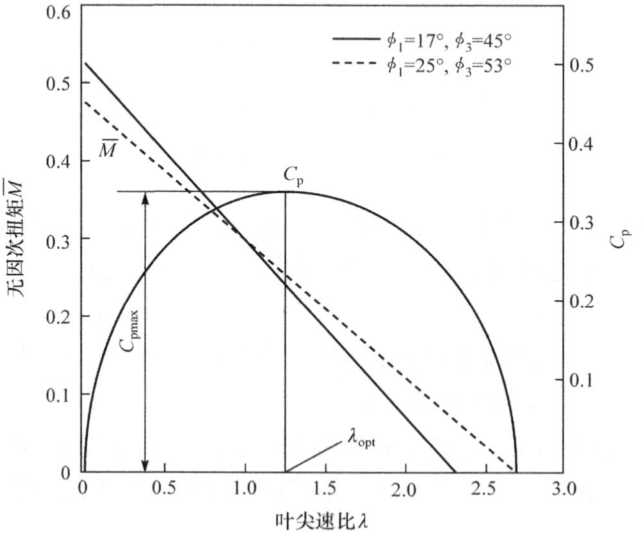

图3.5　多叶片风力发电机空气动力特性曲线

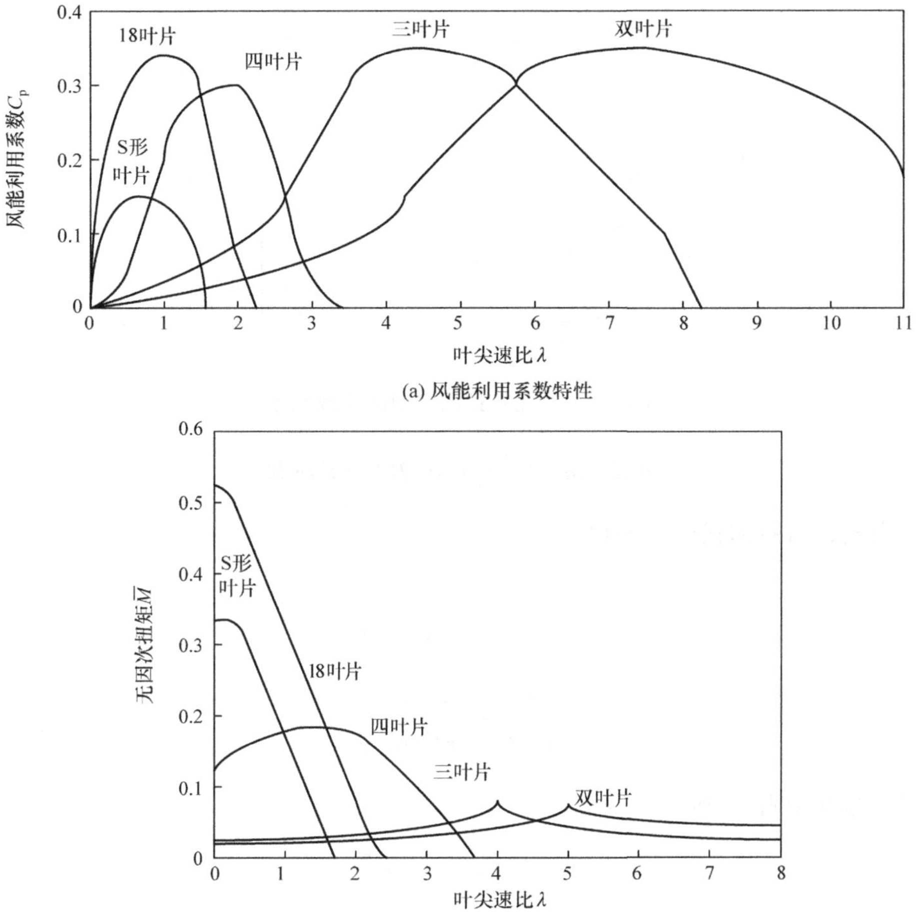

图 3.6　风能利用系数特性和无因次扭矩特性

3.2.4　动量理论

动量理论是 Rankine 于 1865 年提出的[6]。动量理论主要用来描述作用在风轮上的力与来流速度之间的关系，可计算出风轮从动能中转换得到的机械能。

风轮扫掠面上半径为 dR 的圆环微元体如图 3.7 所示。

在风轮扫掠面内半径 r 处取一个圆环微元体，应用动量理论，作用在风轮(R，R+dR)环形域上的推力为

$$\mathrm{d}T=m(v_1-v_2)=4\pi\rho v_1^2(1-a)a\mathrm{d}R \tag{3.49}$$

转矩为

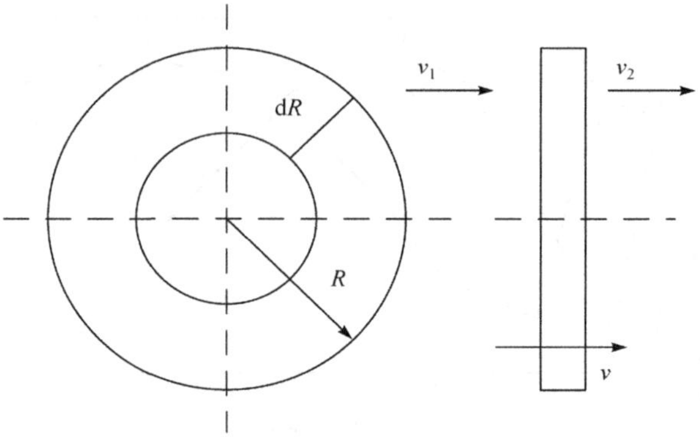

图 3.7 风轮扫掠面上的圆环微元体

$$dM = mr^2 = 4\pi\rho r^3 v_1 \Omega (1-a) b dR \tag{3.50}$$

由式(3.49)和式(3.50)得

$$\frac{a}{1-a} = \frac{B\lambda_c C_x}{8\pi R \sin^2\phi} \tag{3.51}$$

$$\frac{b}{1-b} = \frac{B\lambda_c C_r}{4\pi R \sin^2\phi} \tag{3.52}$$

如果忽略叶型阻力，则

$$C_x \approx C_L \cos\phi \tag{3.53}$$

$$C_y \approx C_L \sin\phi \tag{3.54}$$

$$\tan\phi = \frac{1-a}{1+b}\frac{1}{\lambda} \tag{3.55}$$

式中，$\lambda = \frac{\Omega_r}{v_1}$称为半径 r 处的速度比。

由式(3-51)～式(3-55)可导出能量方程为

$$b(1+b)\lambda^2 = a(1-a) \tag{3.56}$$

再将动量理论中的转矩公式和叶素理论中的结论相结合可得

$$\frac{N\lambda_c C_L}{r} = \frac{8\pi a}{1-a}\frac{\sin^2\phi}{\cos\phi} \tag{3.57}$$

3.3　风力发电系统分类

风力发电机的种类和样式虽然很多,但按风轮结构和风轮在气流中的位置,大体可分为两大类:水平轴式风力发电机和垂直轴式风力发电机[7,8]。

水平轴式风力发电机有双叶式、三叶式、多叶式、顺风式、迎风式、扩散器式和集中器式。垂直轴式风力发电机有S形单叶片式、S形多叶片式、达里厄(Darrieus)透平式、太阳能风力透平式和偏导器式。目前,主要采用水平轴式风力发电机。

3.3.1　水平轴式风力发电机

水平轴式风力发电机的风轮围绕一根水平轴旋转,工作时,风轮的旋转平面与风向垂直。风轮上的叶片是径向安置的,垂直于旋转轴,与风轮的旋转平面成一角度 φ(安装角)。风轮叶片的多少视风力机的用途而定,用于风力发电的大型风力机叶片数一般取 1～4 片(大多为 2 片或 3 片),而用于风力提水的小型、微型风力机叶片数一般取 12～24 片。这与风轮的高速特性数 λ 曲线有关。

叶片数多的风力机通常称为低速风力机,它在低速运行时有较高的风能利用系数和较大的转矩。低速风力机的启动力矩大,启动风速低,因此适用于提水。

叶片数少的风力机通常称为高速风力机,它在高速运行时有较高的风能利用系数,但启动风速较高。由于其叶片数很少,在输出同样功率的条件下,比低速风力机要轻得多,因此适用于发电。

水平轴式风力发电机随风轮与塔架相对位置的不同,可分为逆风向式与顺风向式两种。风轮在塔架的前面迎风旋转,这种电力发电机称为逆风向风力发电机;风轮安装在塔架的下风位置,则称为顺风向风力发电机。逆风向风力发电机必须有某种调向装置来保持风轮总是迎风受力,而顺风向风力发电机则能够自动对准风向,不需要调向装置。顺风向风力发电机的缺点是部分空气先通过塔架,后吹向风轮,塔架会干扰流向叶片的空气流,造成塔影效应,降低了风力发电机的整体性能。

水平轴式风力发电机的塔架主要分为管柱型和桁架型两类。管柱型塔架可采用木杆、大型钢管和混凝土管柱。小型风力发电机塔架为了增加抗风压弯矩的能力,可以用缆线来加强。中、大型风力发电机塔架为了运输方便,可以将钢管分为几段。一般管柱型塔架对风的阻力较小,特别是对于顺风向风力发电机,产生紊流的影响要比桁架型塔架小。桁架型塔架常用于中、小型风力发电机上,其优点是造价不高,运输也方便,但这种塔架会对顺风向风力发电机的叶片产生很大的紊流，影响发电机的经济性。

3.3.2 垂直轴式风力发电机

垂直轴式风力发电机的风轮围绕一个垂直轴旋转，其主要优点是可以接收来自任何方向的风，因而当风向改变时，无须安装调向装置。由于不需要调向装置，它们的结构设计得以简化。垂直轴式风力发电机的另一个优点是齿轮箱和发电机可以安装在地面上，运行维修简便。

垂直轴式风力发电机可分为两类，一类是利用空气动力的阻力做功，典型的结构是S形风轮。它由两个轴线错开的半圆柱形叶片组成，其优点是启动转矩较大，缺点是围绕风轮产生不对称气流，会对它产生侧向推力。对于较大型的风力发电机，受偏转与安全极限应力的限制，采用这种结构比较困难。S形风力发电机的风能利用系数低于高速垂直轴式风力发电机或水平轴式风力发电机的风能利用系数，在风轮尺寸、质量和成本一定的情况下，提供的功率较低，因而不宜用于发电。

另一类是利用翼型的升力做功，最典型的是达里厄型风力发电机[9]。达里厄型风力发电机是最早的升力型垂直轴式风力发电机，简称D叶轮。它是由法国工程师 Darrieus 发明的，在 1931 年获得专利，但一直未得到重视，直到 20 世纪 60 年代末才开始引起注意。经加拿大国家空气动力实验室和美国 Sandia 实验室研究证明，达里厄型风力发电机具有一定的实用价值。与所有垂直轴式风力发电机相比，它的风能利用系数最高。目前，所有的升力型垂直轴式风力发电机都可以归到达里厄型风力发电机中。达里厄型风力发电机的风轮有多种形式，有 H 形、三角形、菱形、Y 形和 ϕ 形等，如图 3.8 所示。

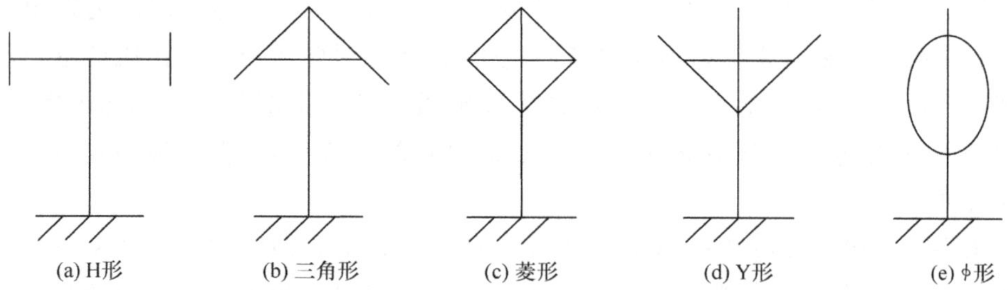

图 3.8 达里厄型风力发电机的风轮结构形式

H 形风轮结构简单，但这种结构造成的离心力使叶片在其连接点处会产生严重的弯曲应力。另外，直叶片需要采用横杆或拉索支撑，这些支撑将产生气动阻力，降低效率。

ϕ 形风轮所采用的弯叶片只承受张力，不承受离心力载荷，从而使弯曲应力减至最小。材料可承受的张力比弯曲应力要强，对于相同的总强度，ϕ 形叶片比较轻，运行速度比直叶片高。但是，ϕ 形叶片不便采用变桨距方法实现自启动和转速控制。另外，对于高度和直径相同的风轮，ϕ 形转子的扫掠面积比 H 形转子要小一些。

在两种类型的风力发电机中，水平轴式风力发电机占绝大多数。目前，国外还提出了一些新型的风能转换装置，但仍在研究试验阶段。

3.4　风力发电机输出功率特性分析

由于受到空气密度、气流、尾流等气候因素的影响，风力发电机的工作效率和利用率往往偏低。本节将从实际出发，重点分析风力发电机的输出功率特性和影响因素。

1. 风力发电机功率

风力发电机功率(P_w)＝转矩(M)×角速度(w)，即

$$P_w = Mw = \frac{1}{2} A\rho v_W^3 C_p \tag{3.58}$$

2. 风能利用系数

风能利用系数和叶尖速比的关系由下列公式推导得出。首先将式(3.58)移项可得

$$C_p = \frac{2Mw}{A\rho v_W^3} \tag{3.59}$$

然后令叶尖速比为 $\lambda = \frac{wr}{v_W}$，可得 $w = \frac{\lambda v_W}{r}$。又因为 $w = \frac{2\pi n}{60}$，可得 $\lambda = \frac{wr}{v_W} = \frac{\pi n r}{30 v_W}$。

最后由式(3.59)，以及 $w = \frac{\lambda v_W}{r}$，$A = \pi r^2$，可得

$$C_p = \frac{2M\omega}{A\rho v_W^3} = \frac{2M\lambda v_W / r}{\pi r^2 \rho v_W^3} = \frac{2M\lambda}{\pi r^3 \rho v_W^3} \tag{3.60}$$

式(3.60)即风能利用系数和叶尖速比的关系式。

3. 无量纲转矩

无量纲转矩和叶尖速比的关系为

$$\frac{C_p}{\lambda} = \frac{2M}{\pi r^3 \rho v_W^3} = \overline{M} \tag{3.61}$$

式中，$\overline{M}$ 为无量纲转矩，故 $\overline{M} = \frac{C_p}{\lambda} = f_2(\lambda)$ 。

$C_p = f_1(\lambda)$、$\overline{M} = f_2(\lambda)$的关系曲线称为风力发电机空气动力特性曲线(图 3.5 和图 3.6)，一般可由模型试验或理论计算得到。由特性曲线可方便地比较各种风力发电机的空气动力特性，这也是风力发电机设计最重要的依据。

3.5 船载风力发电系统分析

风力发电机属于交流电源，输出的交流电需经过变换器接入船舶电站中。为了抑制风力发电带来的系统波动，储能系统通过双向变换器平抑交流母线上的波动，并配合柴油发电机为船舶负载供电。伴有风力发电特性的船舶电力系统结构如图 3.9 所示。

与陆地电网不同，船舶行驶在海面上，船舶电站一直独立运行；陆地上的风力发电系统的输出只依赖于自然条件，而船载风力发电系统的输出不仅依赖于风速和风向，还依赖于船舶的航向和航速。

受船舶运动特性的影响，作用于船载风力发电机上的风速应为自然风与船舶航速共同作用下的相对风速，这也是船载风力发电系统与陆上风电场的本质区别[10-12]。基于以上分析，本节主要解决船载风力发电系统的相对风速核算、风力发电机选型、风力发电机在船舶中的优化布置以及输出功率的估算等技术问题。

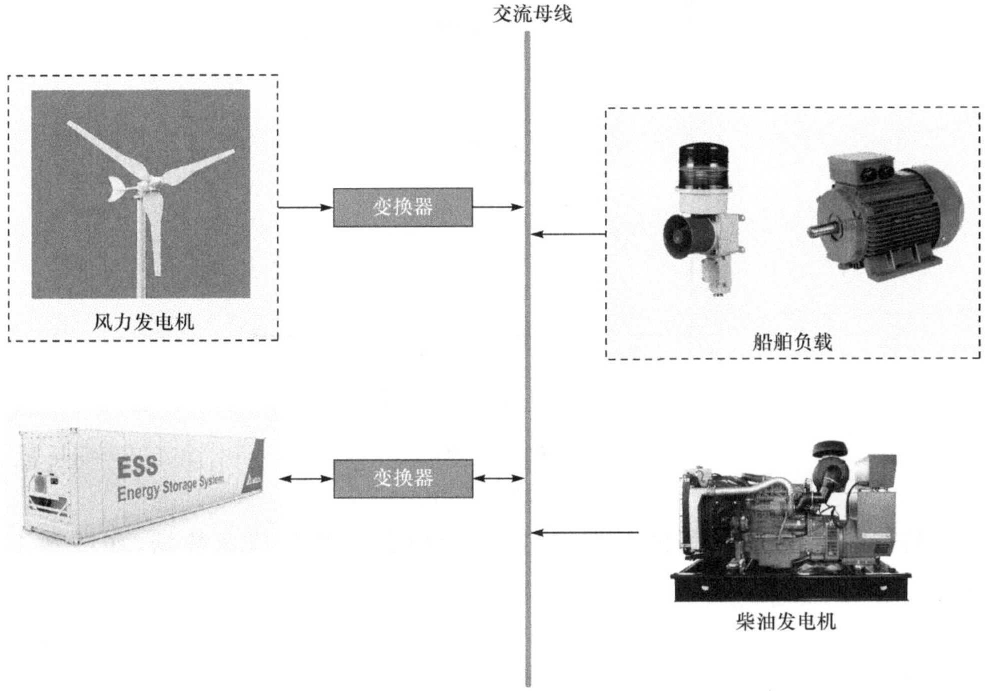

图 3.9　伴有风力发电特性的船载风力发电系统结构

3.5.1　船载风力发电系统的选型和布置

1. 相对风速核算

油轮在航线中航行，其相对风速应为油轮航速与风速的矢量和，船舶运动示意图如图 3.10 所示。其中，u_R、u_T、v 分别表示相对风速、自然风速和船舶航速(m/s)；φ 为航向角；φ_T 为风向；φ_R 代表相对风速与船舶的夹角；G 为油轮重心；δ 表示舵角。

由矢量计算可得

$$\vec{u}_R=\vec{u}_T-\vec{v} \tag{3.62}$$

则相对风速可表示为

$$u_R=\sqrt{u_T^2+v^2-2u_Tv\cos(\varphi_T-\varphi)} \tag{3.63}$$

由正弦定理可得，相对风速与船舶航向之间的夹角可通过式(3.67)求得

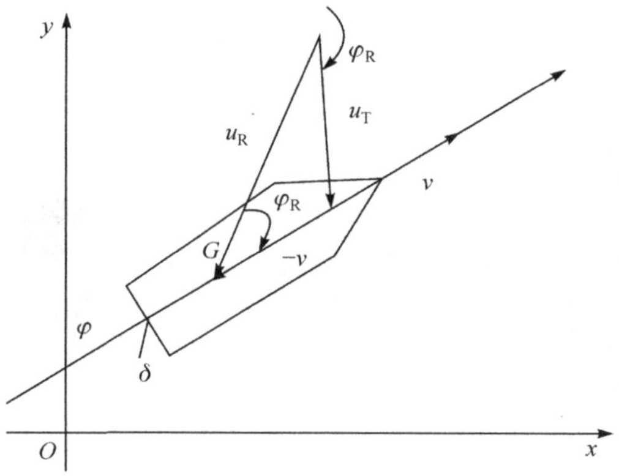

图 3.10　船舶运动示意图

$$\frac{u_R}{\sin\varphi_R}=\frac{u_T}{\sin\varphi_T} \tag{3.64}$$

基于 GeoModel 公司的数据，可得油轮航行一年的风速数据，如图 3.11 所示。

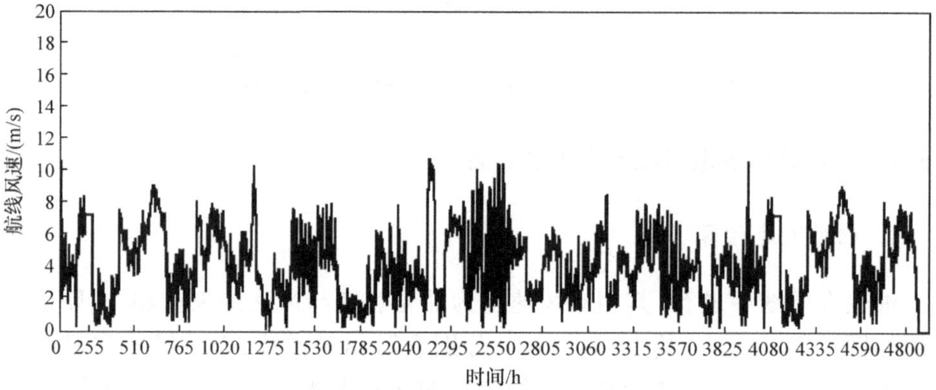

图 3.11　油轮航行一年的风速数据

以正北为基准，将东、南、西、北四个方位分为 16 部分，则风向定义如图 3.12 所示。

基于油轮航线风速与风向数据，由式(3.63)可得油轮航行一年的相对风速，如图 3.13 所示。

比较图 3.12 与图 3.13 可知，考虑油轮航速影响下的相对风速与自然风速存在较大差异，对应的风力发电系统的发电功率核算结果相差更大，因此，在船舶风力发电系统的相关研究中以船舶相对风速为基础的分析结果才会更加准确。

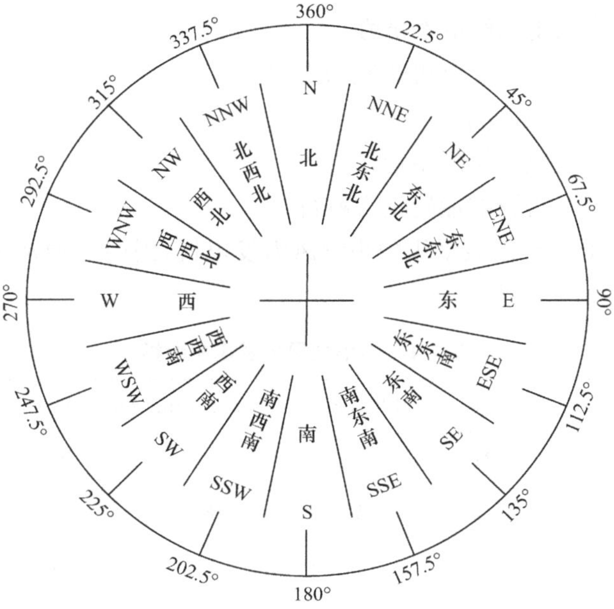

图 3.12　风向方位图

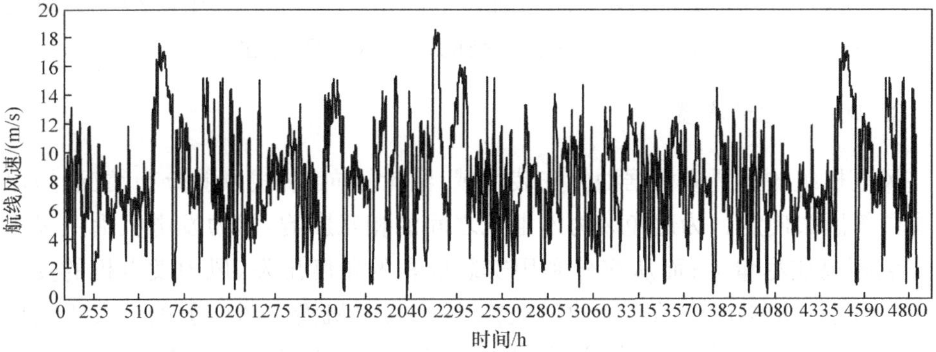

图 3.13　油轮航行一年的相对风速

2. 风力发电机选型

船载风力发电系统的风力发电机选择受许多因素影响。例如，安装在左右船舷的风力发电机叶片是否妨碍船舶作业和船舶进出港，安装位置与高度是否影响驾驶室的航海瞭望和操纵作业，安装距离是否影响风力发电机发电效率。在船载风力发电系统风力发电机选型过程中，应具体考虑以下因素。

(1) 风力发电机在油轮中应用的可行性。

(2) 船载风力发电系统的经济性。

(3) 油轮航速对风力发电机转速的影响。

(4) 航线风能分布情况。

(5) 船载风力发电系统的稳定运行。

(6) 叶片直径是否影响油轮正常航行。

船载风力发电系统多数采用中小型风力发电机，国内几种常用的中小型风力发电机参数如表 3.1 所示。

表 3.1　中小型风力发电机参数

规格	顶部质量/t	塔架质量/t	叶片直径/m	塔架高度/m	额定风速/(m/s)	工作风速/(m/s)
10kW	0.60	0.24	8	12	8	3～30
20kW	0.75	0.24	10	18	8	3～30
30kW	1.50	1.70	12	18	10	3～30
50kW	2.20	2.00	16	18	10	3～30

基于以上各因素影响，结合油轮航行中的相对风速数据、中小型风力发电机参数，选择 30kW 的风力发电机具有较高的经济性与实用性。

3. 风电机组的布置

风电机组的布置应根据油轮安装区域、油轮航向、航线风能分布情况、风电机组参数等因素确定。为避免风力发电机之间的相互影响，风力发电机沿主风向上的安装距离应尽量大；而从充分利用安装面积的角度出发，风力发电机的安装距离应尽量小。根据风电站实际建设经验，风力发电机沿主风向上的安装距离应控制在 5～9 倍叶片直径范围内，沿主风向垂直方向上的安装距离应控制在 3～5 倍叶片直径范围内。基于以上布置原则，风电机组在油轮中的布置效果如图 3.14 所示。

由式(3.64)可得到每一时刻油轮航向与相对风速之间的夹角，以油轮航向为 90°、左右方向分别为 0°和 180°作为平面坐标，得到油轮航向与相对风速间的夹角在此区间内的分布情况如表 3.2 所示。

图 3.14　风电机组在油轮中的布置效果

表 3.2　油轮航向与相对风速之间夹角的分布情况

区间	分布概率/%
[0,60)	17.63
[60,120)	66.30
[120,180]	16.07

由表 3.2 可知，油轮航向与相对风速之间的夹角主要分布在[60，120)区间内，占全部区间的 66.30%。结合以上分析，相对风速的主风向主要分布在与航向成±30°夹角区域内。

根据前面风力发电机选型结果，船载风力发电系统选用 30kW 的小型风力发电机，其叶片直径为 12m。风力发电机沿主风向上的安装距离取 5 倍叶片直径，为 60m。沿主风向垂直方向上的安装距离取 3 倍叶片直径，为 36m。风电机组在油轮中的安装布置方案如图 3.15 所示。

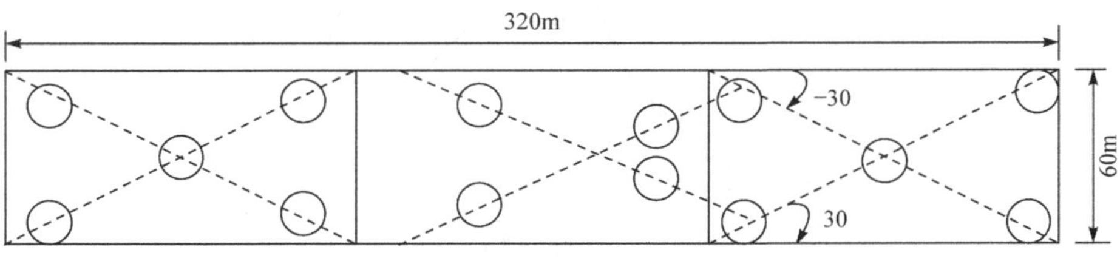

图 3.15　风电机组在油轮中的安装布置方案

由以上风电机组的安装布置方案可知，油轮甲板上可安装风力发电机 14 台。

3.5.2 船载风力发电系统建模与输出修正

风力发电机的叶片在自然风的吹动下转动，转动产生的机械能经传动装置带动发电机转子进行发电，最后将风力发电机组所发电能通过并网方式注入电网中。

风力发电机的转化效率直接受其发电过程影响，风力发电机发电功率与风速间的关系为

$$P=\frac{1}{2}C_{\mathrm{p}}A\rho v^{3} \tag{3.65}$$

式中，C_{p} 为风能利用系数，其与叶尖速比 λ 和桨距角 β 有关，三者间的具体关系如图 3.16 所示，根据贝茨理论，C_{p} 的数值应小于等于 0.593；ρ 为空气密度，在研究中取 1.2kg/m^3；v 为风速(m/s)；A 为风力发电机叶片扫风面积(m^2)：

$$A=\pi R^{2} \tag{3.66}$$

式中，R 为风轮半径(m)。

值得注意的是在船舶电力系统中，式(3.65)的风速 v 是相对风速 u_{r}。

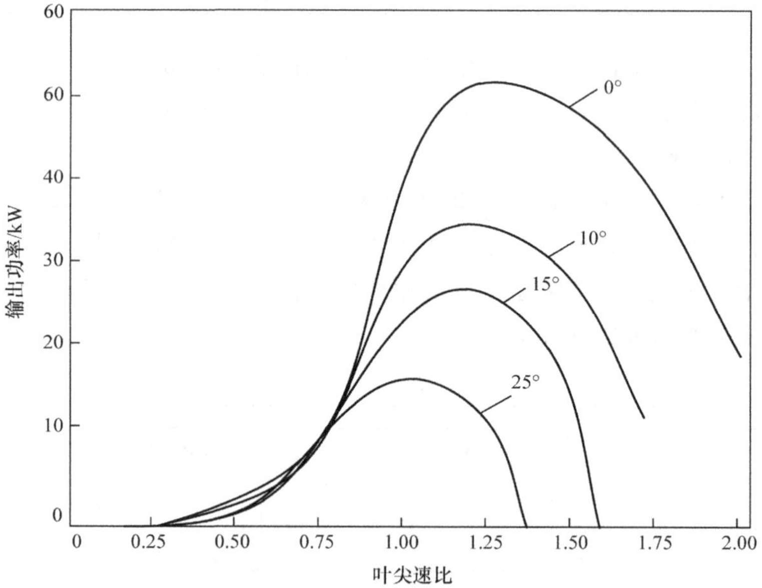

图 3.16　功率系数 C_{p}-λ 曲线

风力发电能量转化过程为风能—机械能—电能。将风能转化为最终电能的过程中会产生部分能量损耗，船载风力发电系统的输出功率可表示为

$$P_e = \frac{1}{2} C_p \eta_m \eta_n A \rho u_r^3 \tag{3.67}$$

式中，η_m 为机械效率，取 0.96；η_n 为发电机发电效率，这里取 0.80。

3.5.3　船载风力发电系统输出功率估算

在得到风速的修正值后，要根据生产厂家提供的风速功率特性曲线图表，估算出风轮处产生的平均功率。对于不同型号的风力发电机，即使额定功率相同且在同一地点使用，其输出的电能也可能存在较大的差异，因此最好采用实际的输出特性方程进行风力发电机每小时发电量的计算。通常采用的方法是对给出的特定型号的风力发电机的功率特性曲线采取最小二乘法进行拟合。为了较精确地进行计算，一般采用三个二项式用分段函数的形式给出特性曲线方程表达式，如对某型号 800W 风力发电机进行拟合后得到如下方程：

$$f(v)=\begin{cases} 0, & v<3 \\ 0.007\times(v-5.6)^2+0.06\times(v-5.6)^2+0.015, & 3\leqslant v\leqslant 8.5 \\ 8, & 8.5<v\leqslant 25 \\ 0, & v>25 \end{cases} \tag{3.68}$$

由式(3.68)可知，此风力发电机的切入风速为 3m/s，切出风速为 25m/s，在两者之间以 8.5m/s 和 25m/s 为界分别给出输出功率的表达式，将实际风速修正值代入后可得到平均功率值。

3.5.4　船载风力发电系统环境友好性评价

各国对于风能在现代大型船舶上的应用，特别是把风能作为船舶推进能源在现代大型船舶上的应用做了大量的研究和实船尝试。近来，日本又对在大型远洋货船上应用风力发电的可能性开展了多项比较深入的研究和评价工作，主要涉及风力发电装置运行风速的设定方法、风力发电装置抗风力的计算方法、不同情况下风力发电在船舶电源系统中的利用程度、大型远洋煤炭专用船舶电力系统中风力发电的利用程度、带有风力发电和柴油发电的船舶混合电力系统与现行常规电源系统的发电柴油机及主机的燃料消耗量及 NO_x、SO_x 排放量比较等，以评价采用风力发电后的全船燃料节省效果和因 NO_x、SO_x 排放量减少而产生的环境保护、生态平衡的效果。

对于今后海洋天然能源的有效利用，各国都在尝试采用风力发电系统、光伏发电系统、柴油机发电系统并用的混合电力系统，对于混合电力系统在节能和环保效果方面的评价尚需做大量深入的研究。风力发电在大型船舶上的应用研究现在还只是处于初始阶段，真正实用尚需时日。

3.6 本章小结

本章基于风能资源概况分析了风力发电的科学原理，对比了不同类型的风力发电机，并结合船舶特性建立了符合船舶特点的风力发电系统，分析了船载风力发电系统的经济性和环境友好性，希望读者能对船载风力发电技术有更全面的了解。

参考文献

[1] 王毅，朱晓荣，赵书强. 风力发电系统的建模与仿真[M]. 北京：中国水利水电出版社，2015.

[2] 叶杭冶. 风力发电机组的控制技术[M]. 北京：机械工业出版社，2002.

[3] 钱杰. 低风速小型永磁风力发电机叶片及支承的研究与设计[D]. 武汉：武汉理工大学，2010.

[4] 田德，蒋剑峰，邓英，等. 基于动量叶素理论改进的叶片气动特性计算方法[J]. 风能，2013，(11)：88-92.

[5] 康传明. 大型风力发电机组总体设计方法的初步研究[D]. 北京：华北电力大学，2007.

[6] Rankine W J M. On the mechanical principles of the action of propellers[J]. Transactions of the Institution of Naval Architects，1865，6：13-39.

[7] 林成武，王凤翔，姚兴佳. 变速恒频双馈风力发电机励磁控制技术研究[J]. 中国电机工程学报，2003，23(11)：122-125.

[8] 王伟，孙明冬，朱晓东. 双馈式风力发电机低电压穿越技术分析[J]. 电力系统自动化，2007，31(23)：84-89.

[9] Islam M，Ting D S K，Fartaj A. Aerodynamic models for Darrieus-type straight-bladed vertical axis wind turbines[J]. Renewable and Sustainable Energy Reviews，2008，12(4)：1087-1109.

[10] Slootweg J G，Kling W L. The impact of large scale wind power generation on power system oscillations[J]. Electric Power Systems Research，2003，67(1)：9-20.

[11] Datta R，Ranganathan V T. Variable-speed wind power generation using doubly fed wound rotor induction machine—A comparison with alternative schemes[J]. IEEE Transactions on Energy Conversion，2002，17(3)：414-421.

[12] Wang J H，Shahidehpour M，Li Z Y. Security-constrained unit commitment with volatile wind power generation[J]. IEEE Transactions on Power Systems，2008，23(3)：1319-1327.

第4章　船载储能系统

随着电力系统的蓬勃发展、新能源渗透率的不断升高，系统动态过程的强耦合性、系统运行的随机性、电网克服扰动的惯性等问题也更加突出。值得注意的是，将新能源应用于船舶电站后，船舶航行时自身的摆动会增加新能源发电的不确定性和间歇性，这些问题给新能源船舶电力系统带来了新的挑战。

具有削峰填谷作用的储能技术日趋成熟，储能技术可为电网提供电能，并在用电高峰期通过自身放电达到调峰的目的，实现电能的双向流动；储能的快速充放电特性可以显著提高电网的电能质量，储能技术的提升为电力系统带来了诸多好处。本章将着重介绍各种储能技术及其特点，提出适合船舶电力系统的储能技术。

4.1　储能技术概述

近几十年来，储能技术的研究和发展一直受到各国能源、交通、电力和电信等部门的重视。电能的存储是伴随着电力工业发展一直存在的问题，经过几代科学家的努力，一些比较成熟的储能技术已在各行各业发挥着重要的作用。储能的优点有很多，如节能、环保和经济等。例如，火电厂要求以额定负荷运行，以维持较高的能源转换效率和品质，但用电量却随时间变化，如果有大容量、高效率的储能技术对电力系统进行调峰，那么对电厂的稳定运行和节能将起到重要的作用。另外，由于分布式发电在电网中所占的比例越来越高，基于系统稳定性和经济性的考虑，分布式发电系统要存储一定的电能，用以平抑新能源发电系统带来的系统波动，并留有足够的裕量来应付突发事件。随着电力电子学、材料学等学科的发展，现代储能技术已经得到了快速的发展，在分布式发电中起着重要作用[1]。

在新能源技术快速发展的大背景下，如果能在风力发电、光伏发电等新能源发电设备中都配备储能装置，那么通过储能元件对机组的出力曲线进行调整，可以解决新能源发电自身出力随机性、不可控的问题，减小新能源出力变化对电网的冲击；可以在电力充沛时储存电能，在负荷高峰时释放电能，起到削峰填谷、减少系统备用需求的作用[2,3]。光伏发电系统中储能装置的作用是在光照强时，除了通过太阳能电池板向负荷供电外，将多余的太阳能转换为其他形式的能量在储能装置中储存起来；在光照弱或无光时，再将储能装置中储存的能量释放出来并转换为电能，向负荷供电。通过对来自可再生能源的电能的储存与释放，可使廉价的、不稳定的能源变成稳定的具有较高价值的产品。此外，电网负荷有高峰和低谷特性，电力系统的负荷有峰有谷，用储能系统调节电力负荷很有必要。

此外，储能技术为解决电力供应链的燃料、发电、输电、配电和用电等问题，以及实现电网可持续发展提供了全新的途径。近年来，随着国家节能减排政策的实施，储能已经逐渐成为电力生产的重要环节。电力系统引入储能环节后，能够有效地实现需求侧管理，消除昼夜间峰谷差，平滑负荷，不仅可以更有效地利用电力设备，降低供电成本，也可以促进可再生能源的应用，还可作为提高系统运行稳定性、调整频率、补偿负荷波动的一种手段。

4.2 储能系统分类及原理

电能可以转换为化学能、势能、动能和电磁能等形态进行存储，按照具体存储方式可分为机械储能、电化学储能、电磁储能和热力储能四大类型[4]。其中，机械储能包括抽水储能、压缩空气储能和飞轮储能；电化学储能包括铅酸电池储能、镍氢电池储能、锂离子电池储能、钠硫电池储能和镍镉电池储能；电磁储能包括超导储能和超级电容器储能；热力储能包括熔岩储能和热电储能等。储能系统的分类如图 4.1 所示。

4.2.1 机械储能

1. 抽水储能

抽水储能是一种特殊的储能发电方式。其工作原理是利用离峰电力将水从下水库抽到上水库，当用电高峰时，水从上水库流向下水库，启动涡轮机发电，如图 4.2 所示。发电和抽水都可以由一个机械装置来完成，即可逆泵汽轮机或独立泵涡轮机[5]。抽水和发电之间的切换可以在几分钟内完成。根据实际情况，一天之内抽水和发电之间的转换可以多次，甚至超过 40 次。储存的能量与两个水库的高度差，以及水库容量成正比。考虑抽水储能系统的低能量密度，实际应用中需要一个容量巨大且上下游高度变化大的水库。抽水储能是一项成熟的技术，抽水储能系统的使用可分为 24h 的时间尺度应用和更长时间尺度应用。

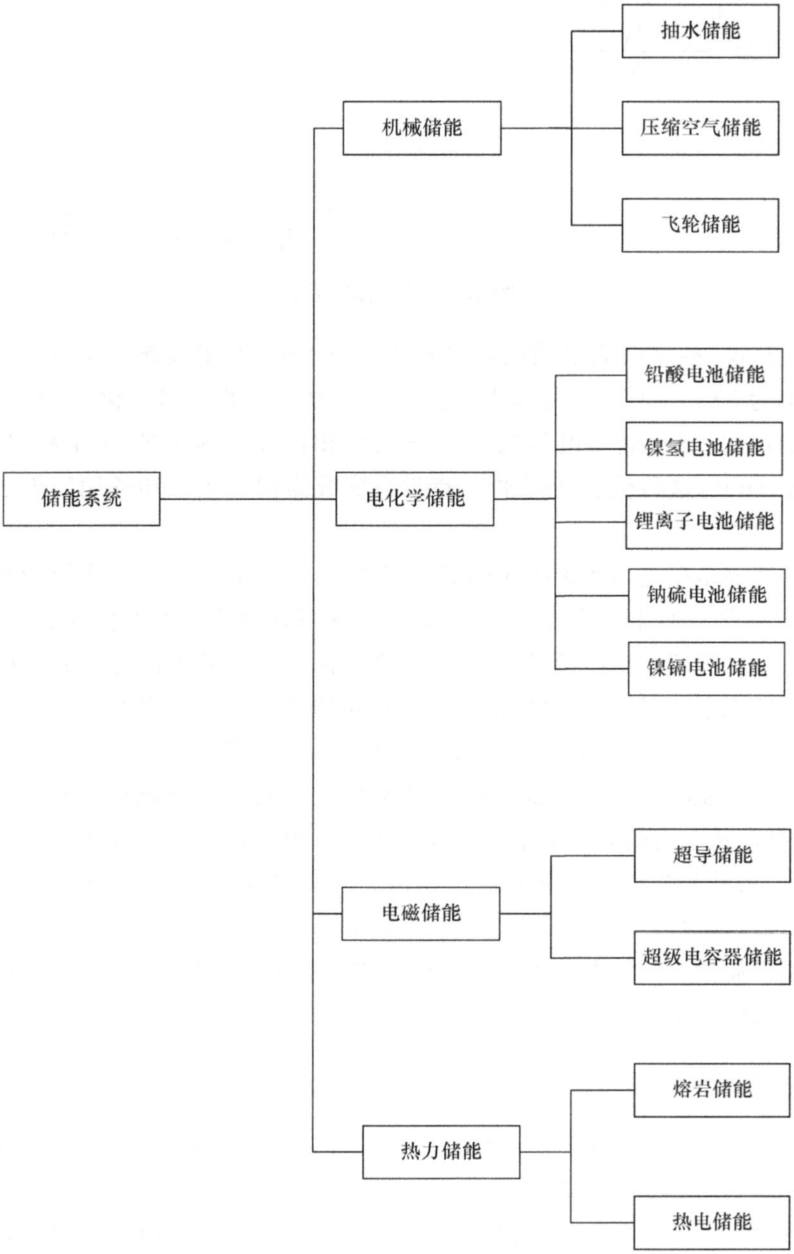
储能系统
机械储能
抽水储能
压缩空气储能
飞轮储能
电化学储能
铅酸电池储能
镍氢电池储能
锂离子电池储能
钠硫电池储能
镍镉电池储能
电磁储能
超导储能
超级电容器储能
热力储能
熔岩储能
热电储能

图 4.1　储能系统的分类

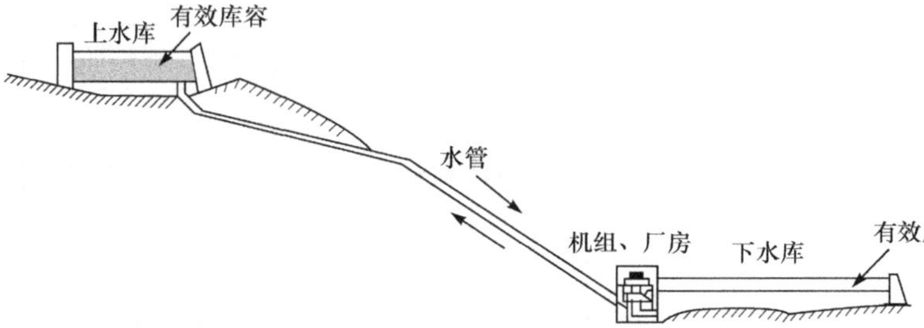

图 4.2 抽水储能系统

一般来说，抽水储能电站的寿命是 30～50 年，工作效率在 70%左右，电力资本成本为 3700～12000 元/kW。在应对电力需求的突然变化、潜在的频率和电压不稳定时，抽水储能电站与火力发电厂相比反应能力要强得多，响应时间往往小于 1min，这些优势使得抽水储能系统成为调节频率和备用发电的重要电气装置。

抽水储能是在电力系统中应用最为广泛的一种储能技术，其主要应用领域包括能量管理、频率控制以及为电力系统提供备用容量等。由于投入成本较低，抽水储能电站比锂离子电池有更好的投资效益比。虽然抽水储能的充放电效率低于锂离子储能电池，但是抽水储能电站不仅可以吸收光伏发电和风力发电发出的功率，还可以利用落水差增加发电能力。因此，抽水储能电站的“储能”效益实际上比锂离子储能电池还高。抽水储能电站与太阳能、风能相结合，专门保证高峰用电的供应，从电力的调配上最为合理。水力发电的最大优势在于可自由地控制发电输出，启动和关闭等操作都比较容易。目前，全世界共有超过 90GW 的抽水储能机组投入运行，约占全球总装机容量的 3%，但地理位置、建设工期长、工程投资较大是限制抽水储能电站更广泛应用的重要因素。在我国，抽水储能电站面临着高速发展的契机。

2. 压缩空气储能

压缩空气储能是在电网负荷低谷期将电能用于压缩空气，将空气高压密封在报废的矿井、沉降的海底储气罐、山洞、过期油气井或新建储气井中，在电网负荷高峰期释放压缩的空气来推动汽轮机发电[6]。在该储能方式中，能量是通过压缩空气来储存的。在空气库内，配备特殊离合器的压缩机允许涡轮和发电机双向运行，以用于充电和放电。在充电过程中，发电机以电动机的形式反向运行，压缩机提供所需的机械能，将压缩空气送入储藏罐。当放电时，压缩机使用压缩空气操控来发电机发电。

压缩空气储能有许多优点：改进电网负荷率，提高经济性，使系统中大型发电机组的负荷波动减小，提高可靠性。与抽水储能电站相比，压缩空气储能系统选择灵活，不需要建造地面水库，地形条件容易满足。压缩机由电网供电的电动机驱动，因此汽轮机的输出功率全部用于发电，其发电功率是常规燃气轮机的 3 倍。另外，由于大量能量储存在空气和燃料中，与抽水储能相比，压缩空气储能拥有更高的能量密度。压缩空气储能可实现快速启动，即使在无照明的条件下，启动也较为迅速，3min 即可从空载达到额定出力，提高了系统的灵活性，适合作为旋转备用。压缩空气储能电站可以积木式地组装，实现模块化。一座 220MW 的压缩空气储能电站可用 25～50MW 的小型压缩空气储能电站积木式地逐年扩建发展。

最早实现商业化运营的压缩空气储能系统建于德国。另一个成功案例是 1991 年建于美国亚拉巴马州的压缩空气储能系统，压缩空气储存在地下 450m 的废盐矿中，可供 110MW 的汽轮机连续工作 26h。

3. 飞轮储能

飞轮储能的原理是先将电能转换成旋转物体的机械能，然后进行能量存储[7-9]，其结构如图 4.3 所示。在储能阶段，通过电动机拖动飞轮，使飞轮本体加速到一定的转速，将电能转化为机械能；在能量释放阶段，电动机作为发电机运行，使飞轮减速，将机械能转化为电能。飞轮储能系统运行于真空度较高的环境中，优点是没有摩擦损耗、风阻小、寿命长、对环境没有影响，几乎不需要维护，适用于电网调频和电能质量保障，是目前最有发展前途的储能技术之一。飞轮储能系统的缺点是能量密度比较低，保证系统安全性方面的费用很高，在小型场合还无法体现其优势，主要作为蓄电池系统的补充。在美国，十几年前现代飞轮储能电源商业化产品开始推广，风险投资的大量介入，使飞轮储能技术获得了成功应用。风力发电和光伏发电本身所固有的随机性及间歇性特点，决定了其大规模使用必定会对电网调峰和稳定运行带来负面影响，因此需要先进储能技术的支持。飞轮储能技术的发展，能在很大程度上解决新能源发电的随机性、波动性问题，可以实现新能源发电的平滑输出，有效调节新能源发电引起的电网电压、频率及相位的变化，使大规模风电和太阳能发电能方便可靠地并入常规电网，减少温室气体的排放。

目前，已经开发出大功率飞轮储能系统，并应用于航空以及不间断电源领域。Beacon Power 等研究机构正在致力于飞轮储能的优化设计，以便将其用于长时间

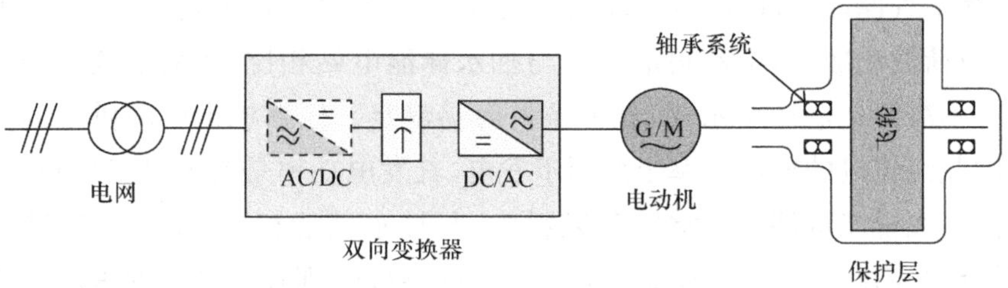

图 4.3　飞轮储能系统

储能服务(多达几个小时),同时降低其商用成本。小型飞轮储能系统已可为通信设备供电,而大型飞轮储能系统的输出功率可达兆瓦级、持续充放电时间长达数小时。随着新材料的应用和能量密度的提高,飞轮储能系统的性能将进一步得到提高。

4.2.2　电化学储能

自 1859 年勒克朗谢发明铅酸电池以来,代表电化学储能的各类化学电池开始朝着高容量、高功率、低污染、长寿命、高安全性方向发展,涉及各种形式的储能体系,成为储能领域中最重要的组成部分。

电化学储能主要包括铅酸电池[10]、镍氢电池、锂离子电池[11,12]、钠硫电池[13,14]、钒液流电池[15]、锌空气电池[16]、燃料电池和超级电容器等储能,其中铅酸电池储能、锂离子电池储能、钠硫电池储能和液流电池储能是研究的热点与重点。

1. 铅酸电池储能

铅酸电池是以化学反应为基础,电极和硫酸作为电解质。铅酸电池成本较低,具有高可靠性和高效率(70%～90%)。除了在低温和高温环境下电池性能相对较差外,铅酸电池的主要缺点是寿命短以及需要周期性用水。

2. 镍氢电池储能

镍氢电池的主要成分是氢离子和金属镍,电量储备比镍镉电池多 30%,比镍镉电池更轻,使用寿命也更长,且对环境无污染。镍氢电池是一种高能绿色充电电池,具有能量密度高、可快速充放电、循环寿命长和无污染等优点,在笔记本电脑、便携式摄像机、数码相机及电动自行车等领域得到了广泛应用。为了促进镍氢电池性能的提升,对储氢材料的研究从未间断。从狭义上讲,储氢材料是一种能与氢反应生成金属氢化物的物质,但与一般金属氢化物有明显的差异,它必须具备高度的反应可逆性，且可逆循环的次数必须足够多，超过 5000 次。实际上，它是能够在适当的温度和压力下大量可逆地吸收和释放氢的材料。镍氢电池的缺点是价格昂贵，目前主要应用于混合电动车。

3. 锂离子电池储能

锂离子电池主要依靠锂离子在正极和负极之间的移动进行工作。在充放电过程中，锂离子在两个电极之间往返嵌入和脱嵌：充电时，锂离子从正极脱嵌，经过电解质嵌入负极，负极处于富锂状态；放电时则相反。锂离子电池一般采用含有锂元素的材料作为电极，是现代高性能电池的代表。

锂离子电池由于兼具高比能量和高比功率的显著优势，被认为是最具发展潜力的动力电池。目前，大容量锂离子动力电池应用的最主要障碍是电池的安全性，即电池在过充、短路、冲压、穿刺、振动、高温热冲击等滥用条件下，极易发生爆炸或燃烧等不安全行为。其中，过充电是引发锂离子电池不安全行为的最危险因素之一。

近年来，锂离子电池作为一种新型的高能蓄电池，具有重量轻、储能容量大、功率大、无污染、寿命长、自放电系数小以及温度适应范围广等优点，因此成为目前世界上大多数汽车企业的首选目标和主攻方向，全球已有 20 余家主流企业进行车载锂离子动力电池的研发，如日本的富士重工、三洋电机、东芝和美国的江森自控公司等。

能源的大规模储存能力对于发展新能源至关重要，锂离子电池在大规模储能领域有着很好的应用前景。锂电池储能系统可以解决电网用电的峰谷调节难题，风能、太阳能、潮汐能等清洁能源都是间断性的能源，锂电池储能设备配合上述清洁能源的使用，在发电时储存能量，在间断期间释放能量，能有效地缓解我国能源紧缺的现状。锂离子电池将是继镍镉电池、镍氢电池之后，市场前景好、发展快的一种二次电池。

4. 钠硫电池储能

钠硫电池需要在 300℃的高温环境下工作，其正极活性物质是液态硫(S)，负极活性物质是液态金属钠(Na)，中间是多孔性陶瓷隔板。钠硫电池具有许多特色：一是比能量高；二是可大电流、高功率放电；三是充放电效率高，充放电效率几乎为 100％。

虽然太阳能、风能等新能源洁净无污染，但由于受到地理、时间、天气等因素影响，发电功率很不稳定，给整个电网带来不期而至的“洪峰”。钠硫电池作为一种储能电池，它的“蓄洪”性能非常优异，可以承受额定功率 5～10 倍的电流，在用电高峰时，可以将储存的电能以稳定的功率释放到电网中。钠硫电池更大的作用还在于为整个电网“削峰填谷”，可使每吨标准煤所发的电多利用100kW·h，带来经济效益约为 500 元。以上海市为例，电网峰谷差可达 16000MW，即使只将 20%的“谷电”存储起来用于高峰时段，其经济效益就超过 70 亿元。钠硫电池的缺点是在工作过程中需要保持高温，有一定安全隐患。

在国外，钠硫电池已是发展相对成熟的储能电池，其使用寿命可以达到 10～15 年。日本东京电力公司在钠硫电池系统开发方面处于国际领先地位，2002 年开始进入商品化实施阶段，2004 年在日立自动化工厂安装了当时世界上最大的钠硫电池系统，容量是 9.6/57.6MW·h。2007 年日本年产钠硫电池量已超过 100MW，开始向海外输出。在我国，国家电网有限公司与中国科学院上海硅酸盐研究所合作，于 2008 年完成钠硫电池模块的研制，2009 年攻关百千瓦级储能设备，2010 年实现世界博览会示范应用，到 2011 年进入大规模产业化阶段。

5. 镍镉电池储能

镍镉电池是最早应用于手机等设备的电池种类，它具有良好的大电流放电特性、耐过充放电能力和维护简单等特点。镍镉电池最致命的缺点是在充放电过程中如果处理不当，会出现严重的“记忆效应”，使得服务寿命大大缩短。“记忆效应”就是在充电前电池的电量没有被完全放尽，久而久之将引起电池容量的降低：在电池充放电的过程中(放电较为明显)会在电池极板上产生些许的小气泡，这些气泡日积月累减少了电池极板的面积，也间接影响了电池的容量。通常，可以通过合理的充放电方法来减轻“记忆效应”。此外，镉是有毒的，发展镍镉电池不利于生态环境的保护。众多的缺点使得镍镉电池已基本被淘汰出数码设备电池的应用范围。

4.2.3 电磁储能

作为极具发展前景的储能技术，电磁储能受到了业内的广泛关注，相关技术已成为研究热点。电磁储能主要包括超导储能和超级电容器储能。

1. 超导储能

尽管早在 1911 年人们就发现了超导现象，但直到 20 世纪 70 年代，才有人首次提出将超导储能作为一种储能技术应用于电力系统。超导储能由于具有快速的电磁响应特性和很高的储能效率(充、放电效率超过 95%),很快吸引了电力工业和军工业的注意。超导储能在电力系统中的应用包括负荷均衡、动态稳定、暂态稳定、电压稳定、频率调整、输电能力提高以及电能质量改善等方面。

超导储能单元由一个置于低温环境的超导线圈组成,低温环境是由包含液氮或者液氦容器的深冷设备提供的。功率变换系统将超导储能单元与交流电力系统相连接,可以根据电力系统的需要对超导线圈进行充放电,如图 4.4 所示。通常使用两种功率变换系统将超导线圈与交流电力系统相连:一种是电流源型变流器;另一种是电压源型变流器。

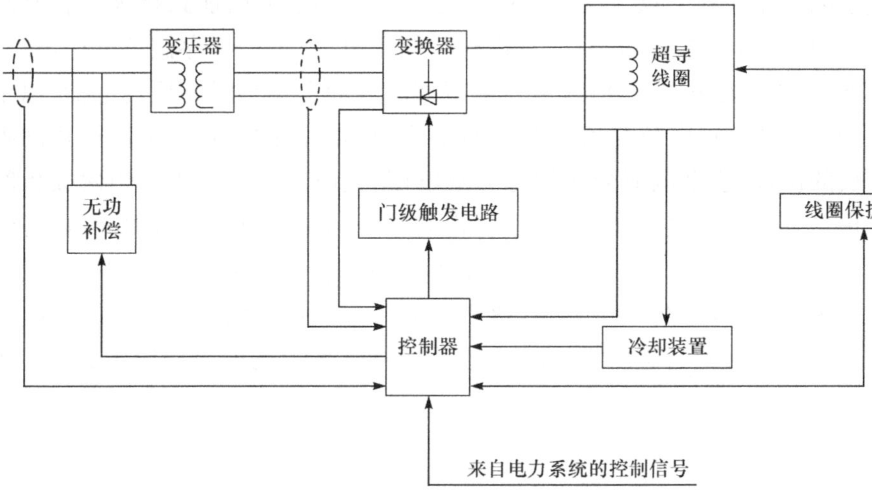

图 4.4　超导储能系统原理

与其他储能技术相比,超导储能可以长期无损耗储存能量,能量返回效率很高,并且能量的释放速度快,通常只需几秒钟。因此,采用超导储能可使电网电压、频率、有功功率和无功功率更加容易调节。但是,超导体价格高,导致一次性投资太大。

高温超导和电力电子技术的发展促进了超导储能技术在电力系统中的应用,其在 20 世纪 90 年代已被应用于风力发电系统和光伏发电系统。超导储能具有快速的功率吞吐能力和较为灵活的四象限调节能力,可以有效地跟踪电气量的波动,提高系统的阻尼。在风力发电系统中使用超导储能系统可以使风力发电机组输出的电压和频率稳定[17]。在光伏发电系统中使用超导储能系统可以增加光伏系统运行的稳定性,提高吸收和释放有功功率的速率。

目前制约超导储能技术发展的主要因素仍是高昂的成本投入。与其他储能技术相比,超导储能仍很昂贵,除了超导体本身的费用外,用于维持低温所需要的费用也相当可观。如果将超导储能线圈与现有的柔性交流输电装置(flexible AC transmission systems,FACTS)相结合,则可以降低变流单元的费用,这部分费用通常在整个超导储能成本中占最大比例。已有的研究结果表明,对输配电应用而言,微型和中型超导储能系统可能更为经济。使用高温超导体可以降低储能系统对于低温和制冷条件的要求,从而使超导储能的成本进一步降低。目前,在世界范围内有许多超导储能工程正在进行或者已经处于研制阶段。

2. 超级电容器储能

超级电容器是利用双电层原理的电容器。当外来电压加到超级电容器的两个极板上时,与普通电容器一样,正极板存储正电荷,负极板存储负电荷,在极板上电荷产生的电场作用下,电解液与电极间的界面上会形成相反的电荷,以平衡电解液的内电场。正电荷与负电荷在两个不同相之间的接触面上以极短间隙排列在相反的位置,这个电荷分布层称为双电层,其电容量非常大。当两极板间电势低于电解液的氧化还原电极电位时,电解液界面上的电荷不会脱离电解液,超级电容器为正常工作状态(通常为 3V 以下);当电容器两端电压超过电解液的氧化还原电极电位时,电解液将分解,超级电容器为非正常状态。随着超级电容器放电,正、负极板上的电荷被外电路泄放,电解液界面上的电荷相应减少。超级电容器的原理如图 4.5 所示。

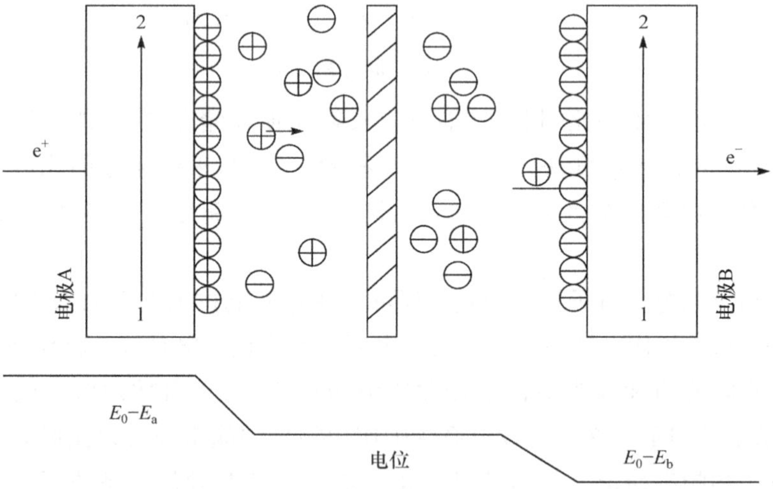

图 4.5　超级电容器的原理

E_0-E_b:充电状态负极电位;E_0-E_a:充电状态正极电位

超级电容器是由特殊材料制作的多孔介质，与普通电容器相比，它具有更高的介电常数、更大的耐压能力和更大的存储容量，保持了传统电容器释放能量快的特点，逐渐在储能领域中被接受。根据储能原理的不同，可以把超级电容器分为双电层电容器和电化学电容器。

超级电容器作为一种新兴的储能方式，与其他储能方式相比具有很多的优势。与电化学储能比较，它具有功率密度大、充放电循环寿命长、充放电效率高、充放电速率快、高低温性能好、能量储存寿命长等特点。与飞轮储能和超导储能相比，它在工作过程中没有运动部件，维护工作极少，相应的可靠性非常高。这些特点使得它在应用于微电网时具有相当高的优势。

超导储能和飞轮储能的成本太高，因此超级电容器成为较为理想的储能装置。目前，超级电容器已经不断应用于如高山气象台、边防哨所等的电源供应场合。但是超级电容器也存在不少缺点，主要有能量密度低、端电压波动范围较大、电容的串联均压问题等，如何解决这些问题从而进一步提升超级电容器的整体性能也是研究的热点和重点。

4.3　船载储能系统设计

由于光伏发电和风力发电都存在不稳定性和间歇性，加上船舶运动的运行环境，为保证新能源系统的供电可靠性，提高供电电能质量，将其接入船舶电力系统时必须配备足够容量的储能装置。储能装置作为伴有新能源特性的船舶电力系统的重要组成部分，对整个系统的运行有着重要作用[18,19]。它能在光伏发电和风力发电因各类暂态过程而出现短时功率突升或跌落时快速吸收或者放出电能，平滑新能源发电系统运行过程中的功率波动，快速跟踪负载变化，保证电能质量，提高船舶电站的稳定性和可靠性等。储能装置可靠而稳定的工作是伴有新能源特性的船舶电力系统稳定运行的保障。

4.3.1　船载储能系统建模

假设 t 时刻光伏发电系统（或风力发电系统）的平均发电功率与理想目标功率输出的差值 $\Delta P=P_{\mathrm{W}}(t)-P_{\mathrm{I}}(t)$，$\Delta P$ 就是需要储能系统进行平抑的功率值，则储能系统的放电功率与充电功率为

$$P_{\mathrm{ESS}}(t)=\begin{cases}\Delta P(t), & -P_{\mathrm{ESSmax}}\leqslant\Delta P(t)\leqslant P_{\mathrm{ESSmax}}\\ P_{\mathrm{ESSmax}}, & \Delta P(t)>P_{\mathrm{ESSmax}}\\ -P_{\mathrm{ESSmax}}, & \Delta P(t)<-P_{\mathrm{ESSmax}}\end{cases}\tag{4.1}$$

若 $P_{\mathrm{ESS}}(t)>0$，则储能系统处于充电状态；反之，则处于放电状态。

储能系统容量的计算应在满足系统电压边界约束的前提下进行，则储能系统在充电状态和放电状态下的储能容量可表示如下。

1. 储能系统充电状态

若光伏(风力)发电系统 t 时刻功率输出大于其系统的理想目标输出，则储能系统进入充电状态，此时，储能系统以光伏(风力)发电系统 t 时刻输出功率与其理想目标输出功率的差值进行充电，达到储能容量后停止充电。t 时刻储能系统的初始容量可表示为

$$C_{\mathrm{ESS}}(t)=\begin{cases}C_{\mathrm{ESS}}(t-1)+P_{\mathrm{ESS}}(t)\eta_{\mathrm{c}}\Delta t P_{\mathrm{ESS}}(t)\Delta t<C_{\mathrm{ESS}N}-C_{\mathrm{ESS}}(t-1)\\ C_{\mathrm{ESS}}P_{\mathrm{ESS}}(t)\Delta t>C_{\mathrm{ESS}N}-C_{\mathrm{ESS}}(t-1)\end{cases}\tag{4.2}$$

式中，η_{c} 为储能系统充电效率；$P_{\mathrm{ESS}}(t)$ 为储能系统 t 时刻的充电功率，且 $P_{\mathrm{ESS}}(t)>0$。

在 Δt 时间段内，储能系统充电电量需小于 t 时刻储能系统的剩余容量，即满足 $P_{\mathrm{ESS}}(t)\Delta t<C_{\mathrm{ESS}N}-C_{\mathrm{ESS}}(t-1)$。在 Δt 时间段内，若储能容量在某一时刻达到其额定容量 $C_{\mathrm{ESS}N}$，则储能系统将停止充电，在储能系统进入放电状态之前，储能系统容量均等于其额定容量。

2. 储能系统放电状态

若光伏(风力)发电系统 t 时刻功率输出小于其系统的理想目标输出，则储能系统进入放电状态，以保证系统的稳定输出。储能系统放电至其最小储能容量时，停止放电。t 时刻储能系统的初始容量可表示为

$$C_{\mathrm{ESS}}(t)=\begin{cases}C_{\mathrm{ESS}}(t-1)+\dfrac{P_{\mathrm{ESS}}(t)\Delta t}{\eta_{\mathrm{d}}}\,|P_{\mathrm{ESS}}(t)\Delta t|<C_{\mathrm{ESS}}(t-1)-C_{\min}\\ C_{\min}\,|P_{\mathrm{ESS}}(t)\Delta t|>C_{\mathrm{ESS}}(t-1)-C_{\min}\end{cases}\tag{4.3}$$

式中，η_{d} 为储能系统的放电效率；$P_{\mathrm{ESS}}(t)$ 为储能系统 t 时刻的放电功率，且 $P_{\mathrm{ESS}}(t)<0$。

在 Δt 时间段内，储能系统放电电量需小于 t 时刻储能系统的剩余电量，即满足 $|P_{\mathrm{ESS}}(t)\Delta t|<C_{\mathrm{ESS}}(t-1)-C_{\min}$。在 Δt 时间段内，若储能容量在某一时刻达到其放电深度，则储能系统将无法继续放电，此时 $C_{\mathrm{ESS}}(t)=C_{\min}$。

4.3.2 船载储能系统控制方法

对风能和太阳能发电所构成的新能源发电系统而言，其发电功率不是一成不

变的，而是随着光照、温度、风速等不可控环境因素的影响发生改变。为了提高新能源发电系统接入船舶电力系统的稳定性，本节利用飞轮储能系统作为船载储能系统以平抑新能源发电带来的系统波动，飞轮储能系统需要根据新能源系统发电功率的变化进行相应的充放电配合，吸收或释放太阳能和风能发电过程中因外界扰动因素所带来的那部分多余或不足的功率，以达到平滑新能源发电系统并网功率输出的目的。

为了达到上述飞轮储能充放电控制的目的，本章确定了飞轮储能系统充放电控制策略，如图 4.6 所示。

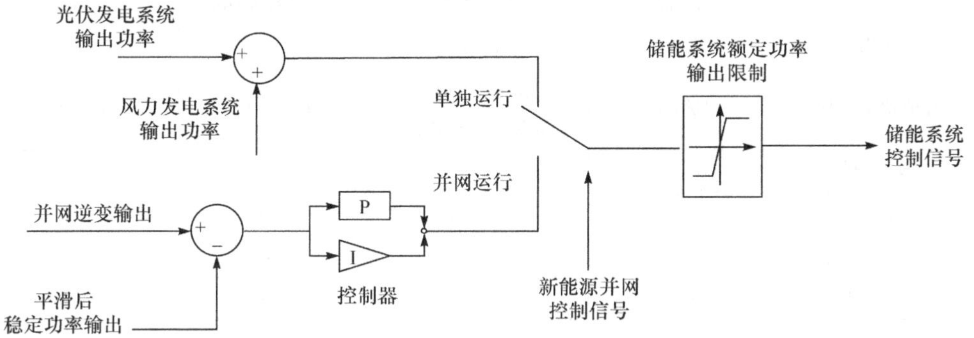

图 4.6　飞轮储能系统充放电控制策略

从图 4.6 的控制策略中可以看出，当光伏发电和风力发电所构成的新能源系统与船舶电力系统并网运行时，储能系统补偿或吸收新能源系统实时功率输出与平滑目标功率输出的差额，补偿或吸收的功率限值为储能系统的额定功率；当光伏发电和风力发电所构成的新能源系统短时与船舶电力系统断开单独运行时，其所发出的电能以额定功率给飞轮储能系统充电。

4.4　储能系统在新能源船舶电站中的应用前景分析

在全球化石能源逐渐减少、环境问题日益突出、燃油成本和运输成本与日俱增的趋势下，研究如何提升船舶能源利用率、减少船舶成本与污染物排放已迫在眉睫。引入清洁能源，构造伴有新能源特性的绿色船舶，不仅可以彻底改变这一不利局面，还可以带来可观的经济效益。伴有新能源特性的绿色船舶与传统船舶相比，具有燃油消耗少、污染小、噪声低等诸多优点，被视为具有广泛发展前景的船舶。

船舶行驶在广阔的海洋上，光照充足、风力资源丰富，良好的自然条件及成熟的技术为应用新能源提供了“天时、地利、人和”的便利条件。可以预测，以风能和太阳能为主的新能源发电技术很快将成为船舶电力系统的主力军，多种能源相互协调配合提供电能将改变传统船舶电站单一的供电方式，故研究伴有新能源特性的船舶电力系统规划与运行具有深远的影响和工程价值。

特别值得注意的是，船载新能源发电系统不仅受到自然条件的影响，还受到船舶航行时船舶运动的影响，其输出波动较陆地电网更加频繁和剧烈，因此储能系统在整个船舶电站中起到至关重要的作用。

表 4.1 给出了船舶常用储能方式性能的对比。

表 4.1　船舶常用储能方式性能的对比

性能	电化学储能	飞轮储能	超级电容器储能	超导储能
储能机制	化学	机械	电	磁
峰值功率/kW	$\approx 10^2$(中)	低速$\approx 10^3$(高) 高速$\approx 10^2$(中)	$\approx 10^2$(中)	$\approx 10^3$(高)
效率/%	80～85	90～95	>95	90
放电时间	>1h	>1s 或>1min	>1min	>1s
SoC 测量的可信度	中	高	高	高
功率密度/(kW/m^3)	10(中)	10^2(高)	10^2(高)	10^2(高)
能量密度/$(kW\cdot h/m^3)$	10^2(高)	10(中)	10(中)	1(低)
使用寿命/年	3～5	>20	10～20	≈ 20
技术成熟度	试验	试验且前景良好	试验且前景良好	试验且前景良好
运行温度范围	有限制	较小限制	限制	严格控制
对环境影响	有污染	无污染	无污染	无污染
年平均价格/(元/(kW·h))	120	500	750	1800
安全性	高	中	高	低
维护量	较小	较大	小	大

对比船舶常用的各种储能技术，在有中小规模电能存储以及用户侧管理的需求时，采用电化学储能相对较好；电能质量和电网频率调节方面较多应用超导储能和飞轮储能；超级电容器储能目前还仅仅应用于电动汽车和混合储能领域。就能量和功率分布比较而言，部分类型的电化学储能(如钠硫电池)和超导储能系统的功率等级，比其他储能方式更高；而从放电时间来说，电化学储能和飞轮储能则更胜一筹。

在电力系统中利用储能技术主要有几个目的：提高系统电能质量；平滑功率输出；配合能量调度和管理。它们对储能充放电时间的要求也不尽相同。稳定电能质量要求储能以秒级或更少时间充放电；功率平滑输出需要秒到分钟时间之内的响应；能量调度和管理则需要储能的充放电时间为数分钟到数小时甚至更多。因此，需要根据实际应用场合，结合各种储能方式的特点（如功率和容量、响应时间、重量、体积运行温度等）来选择储能方式。

4.5 本章小结

本章介绍了不同类型储能系统的工作原理，对比分析了不同类型储能系统的功能和优势，着重介绍了适合船舶电力系统的储能技术和相关的建模分析方法，使读者对船载储能系统有深层次的了解。

参考文献

[1] 丁玉龙，来小康，陈海生. 储能技术及应用[M]. 北京：化学工业出版社，2018.

[2] 冯光. 储能技术在微网中的应用研究[D]. 武汉：华中科技大学，2009.

[3] Chen H S, Cong T N, Yang W, et al. Progress in electrical energy storage systems: A critical review[J]. Progress in Natural Science, 2009, 19(3): 291-312.

[4] Hadjipaschalis I, Poullikkas A, Efthimiou V. Overview of current and future energy storage technologies for electric power applications[J]. Renewable and Sustainable Energy Reviews, 2009, 13(6-7): 1513-1522.

[5] Deane J P, Gallachóir B P Ó, McKeogh E J. Techno-economic review of existing and new pumped hydro energy storage plant[J]. Renewable and Sustainable Energy Reviews, 2010, 14(4): 1293-1302.

[6] Swider D J. Compressed air energy storage in an electricity system with significant wind power generation[J]. IEEE Transactions on Energy Conversion, 2007, 22(1): 95-102.

[7] Thoolen F J M. Development of an advanced high speed flywheel energy storage system[M]. Eindhoven: Eindhoven University of Technology, 1993.

[8] Akagi H, Sato H. Control and performance of a doubly-fed induction machine intended for a flywheel energy storage system[J]. IEEE Transactions on Power Electronics, 2002, 17(1): 109-116.

[9] Cimuca G, Breban S, Radulescu M M, et al. Design and control strategies of an induction-machine-based flywheel energy storage system associated to a variable-speed wind generator[J]. IEEE Transactions on Energy Conversion, 2010, 25(2): 526-534.

[10] Manwell J F, McGowan J G. Lead acid battery storage model for hybrid energy systems[J].

Solar Energy,1993,50(5):399-405.

[11] Yoshio M,Brodd R J,Kozawa A. Lithium-Ion Batteries[M]. New York:Springer,2009.

[12] Diouf B,Pode R. Potential of lithium-ion batteries in renewable energy[J]. Renewable Energy,2015,76:375-380.

[13] 孙丙香,姜久春,时玮,等. 钠硫电池储能应用现状研究[J]. 现代电力,2010,27(6):62-65.

[14] Oshima T,Kajita M,Okuno A. Development of sodium-sulfur batteries[J]. International Journal of Applied Ceramic Technology,2004,1(3):269-276.

[15] 李国杰,唐志伟,聂宏展,等. 钒液流储能电池建模及其平抑风电波动研究[J]. 电力系统保护与控制,2010,38(22):115-119.

[16] 孙法炯,王昉. 高比特性实用化锌-空气电池[J]. 电源技术,2000,24(2):63-66.

[17] Molina M G,Mercado P E. Power flow stabilization and control of microgrid with wind generation by superconducting magnetic energy storage[J]. IEEE Transactions on Power Electronics,2011,26(3):910-922.

[18] Lan H,Wen S L,Hong Y Y,et al. Optimal sizing of hybrid PV/diesel/battery in ship power system[J]. Applied Energy,2015,158:26-34.

[19] Lan H,Dai J F,Wen S L,et al. Optimal tilt angle of photovoltaic arrays and economic allocation of energy storage system on large oil tanker ship[J]. Energy,2015,8(10):11515-11530.

第5章　新能源船舶电力系统潮流计算

不同于陆地微电网，船舶电力系统中发电模块与输配电网络紧密相连，伴随着新能源发电系统的介入，急需相适应的电网潮流计算方法，以满足船舶低压电力网络的要求。因此，本章着重介绍船舶电力网络结构，以及适用于船舶电力系统的潮流计算方法。

5.1　新能源船舶电力系统潮流计算概述

电网的潮流，是指电力系统中所有运行参数的总体，包括各个母线电压的大小和相位、各个发电机和负荷的功率及电流，以及各个变压器和线路所通过的功率、电流和其中的损耗。潮流计算是电力系统分析中一种最基本的计算，它的任务是在已知（或给定）某些运行参数的情况下，计算出系统中全部的运行参数。

新能源船舶电力系统的潮流计算方法是由陆地电网的潮流计算方法发展而来的，但考虑到新能源船舶电力系统的特点，它与陆地电网的潮流计算方法有一定的区别。陆地电力系统的潮流计算方法是建立在高压输电网基础上的，一般为供、配电网络分别计算，计算方法已比较成熟。新能源船舶电力系统则是低电压等级的独立供配电统一网络并伴有新能源发电的随机性，因此需要一套适用的潮流计算方法。

5.2　电力网络的数学模型

电力网络的数学模型指将网络的有关参数和变量及其相互关系归纳起来所组成的可反映网络性能的数学方程组。以下将介绍潮流计算中普遍使用的节点电压方程及各元件模型。

5.2.1　节点电压方程

节点电压是电路中任一节点与参考节点之间的电压。利用基尔霍夫电压定律，结合节点导纳矩阵，可导出如下节点电压方程：

$$I_B = Y_B U_B \tag{5.1}$$

其展开形式为

$$\begin{bmatrix} \dot{I}_1 \\ \dot{I}_2 \\ \dot{I}_3 \\ \vdots \\ \dot{I}_n \end{bmatrix} = \begin{bmatrix} Y_{11} & Y_{12} & Y_{13} & \cdots & Y_{1n} \\ Y_{21} & Y_{22} & Y_{23} & \cdots & Y_{2n} \\ Y_{31} & Y_{32} & Y_{33} & \cdots & Y_{3n} \\ \vdots & \vdots & \vdots & & \vdots \\ Y_{n1} & Y_{n2} & Y_{n3} & \cdots & Y_{nn} \end{bmatrix} \begin{bmatrix} \dot{U}_1 \\ \dot{U}_2 \\ \dot{U}_3 \\ \vdots \\ \dot{U}_n \end{bmatrix} \tag{5.2}$$

在方程(5.1)和(5.2)中，I_B 是节点注入电流列向量。在电力系统计算中，节点注入电流可理解为各节点电源电流与负荷电流的代数和，并规定电源流向网络的注入电流为正，负荷电流的节点注入电流为负。某些仅起联络作用的联络节点，如图 5.1 中的节点 3，注入电流为零。U_B 是节点电压的列向量。网络中有接地支路时，通常以船体作为参考节点，节点电压就指各该节点的对地电压；网络中没有接地支路时，节点电压指各该节点与某一被选定的参考节点之间的电压差。Y_B 是一个 $n \times n$ 节点导纳矩阵，其阶数 n 等于网络中除参考节点外的独立节点数。例如，图 5.1 中，$n=3$。

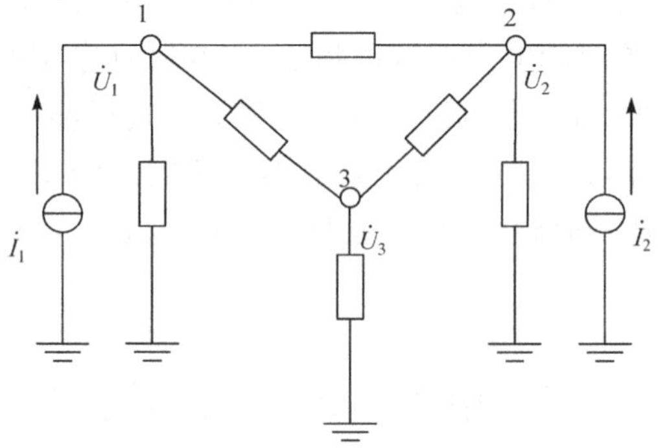

图 5.1　三阶网络

节点导纳对角矩阵中的对角元 Y_{ii} $(i=1,2,\cdots,n)$ 称为自导纳。由式(5.2)可见，自导纳 Y_{ii} 在数值上等于在节点 i 施加单位电压，其他节点全部接地时，经节点 i 注入网络的电流。因此，它可以定义为

$$Y_{ii} = (\dot{I}_i / \dot{U}_i)\big|_{\dot{U}_j=0, j\neq i} \tag{5.3}$$

以图 5.2 所示网络为例，取 $i=2$，在节点 2 接电压源 $\dot{U}_2$，节点 1、节点 3 直接与地短接，按如上定义，可得

$$Y_{22}=(\dot{I}_2/\dot{U}_2)|_{\dot{U}_1=\dot{U}_3=0} \tag{5.4}$$

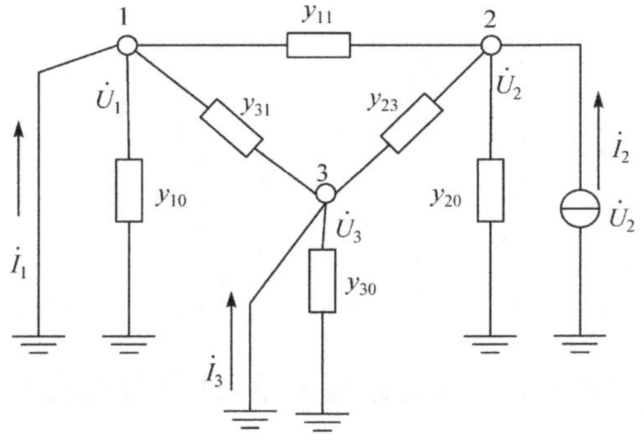

图 5.2　节点导纳矩阵中的自导纳和互导纳

因此，$Y_{22}=y_{20}+y_{21}+y_{23}$。由此可见，节点 i 的自导纳 Y_{ii} 数值上等于与该节点直接连接的所有支路导纳的总和。

节点导纳矩阵中的非对角元 $Y_{ji}(j=1,2,\cdots,n;i=1,2,\cdots,n;j\neq i)$ 称为互导纳。而由式(5.2)可见，互导纳 Y_{ij} 在数值上等于在节点 i 施加单位电压，其他节点全部接地时，经节点 j 注入网络的电流。因此，它可定义为

$$Y_{ji}=(\dot{I}_j/\dot{U}_i)|_{\dot{U}_j=0,j\neq i} \tag{5.5}$$

以图 5.2 所示网络为例，仍取 $i=2$，在节点 2 接电压源 $\dot{U}_2$，节点 1、节点 3 直接与地短接，按如上定义，可得

$$Y_{12}=(\dot{I}_1/\dot{U}_2)|_{\dot{U}_1=\dot{U}_3=0} \tag{5.6}$$

$$Y_{32}=(\dot{I}_3/\dot{U}_2)|_{\dot{U}_1=\dot{U}_3=0} \tag{5.7}$$

因此，$Y_{12}=-y_{12}=-y_{21}$，$Y_{32}=-y_{32}=-y_{23}$。由此可见，节点 j、i 之间的导纳 Y_{ji} 在数值上等于连接节点 j、i 支路导纳的负值。显然，Y_{ji} 恒等于 Y_{ij}。另外，当节点 j、i 之间无直接联系，且不计两支路之间的互感时，$Y_{ji}=Y_{ij}=0$。

互导纳的这些性质决定了节点导纳矩阵是一个对称的稀疏矩阵。由于每个节点所连接的支路数总有一定限度，随着网络中节点数的增加，非零元素相对越来越少，节点导纳矩阵的稀疏度，即零元素数与非零元素数的比值也就越来越高。将式(5.1)等号两侧前都乘以 Y_B^{-1}，可得

$$Y_B^{-1}I_B=U_B \tag{5.8}$$

令 $Y_B^{-1}=Z_B$，式(5.8)可改写为

$$Z_B I_B = U_B \tag{5.9}$$

其展开式为

$$\begin{bmatrix} Z_{11} & Z_{12} & Z_{13} & \cdots & Z_{1n} \\ Z_{21} & Z_{22} & Z_{23} & \cdots & Z_{2n} \\ Z_{31} & Z_{32} & Z_{33} & \cdots & Z_{3n} \\ \vdots & \vdots & \vdots & & \vdots \\ Z_{n1} & Z_{n2} & Z_{n3} & \cdots & Z_{nn} \end{bmatrix} \begin{bmatrix} \dot{I}_1 \\ \dot{I}_2 \\ \dot{I}_3 \\ \vdots \\ \dot{I}_n \end{bmatrix} = \begin{bmatrix} \dot{U}_1 \\ \dot{U}_2 \\ \dot{U}_3 \\ \vdots \\ \dot{U}_n \end{bmatrix} \tag{5.10}$$

经以上推导，结合图 5.1 所示的连接关系，其电力系统等值网络可表示为

$$\begin{bmatrix} Z_{11} & Z_{12} & Z_{13} \\ Z_{21} & Z_{22} & Z_{23} \\ Z_{31} & Z_{32} & Z_{33} \end{bmatrix} \begin{bmatrix} \dot{I}_1 \\ \dot{I}_2 \\ 0 \end{bmatrix} = \begin{bmatrix} \dot{U}_1 \\ \dot{U}_2 \\ \dot{U}_3 \end{bmatrix} \tag{5.11}$$

这些方程式中的 $Z_B = Y_B^{-1}$ 称为节点阻抗矩阵。显然，Z_B 也是 $n \times n$ 对称矩阵。

节点阻抗矩阵的对角元 $Z_{ii}(i=1,2,\cdots,n)$称为自阻抗。由式(5.6)可见，自阻抗在数值上等于经节点 i 注入单位电流，其他节点都不注入电流时，节点 i 的电压。因此，它也可定义为

$$Z_{ii} = (\dot{U}_i / \dot{I}_i)\big|_{\dot{I}_j=0, j\neq i} \tag{5.12}$$

以图 5.3 所示网络为例，取 $i=2$，在节点 2 接电流源 $\dot{I}_2$，节点 1、节点 3 的电流源开路，按如上定义，可得

$$Z_{22} = (\dot{U}_2 / \dot{I}_2)_{\dot{I}_1 = \dot{I}_3 = 0} \tag{5.13}$$

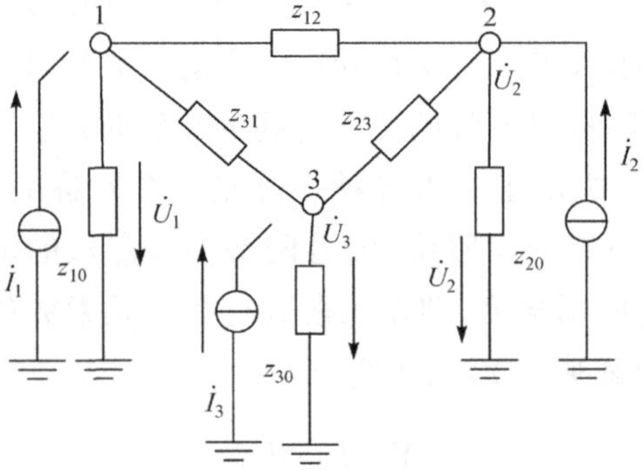

图 5.3　节点阻抗矩阵中的自阻抗和互阻抗

节点阻抗矩阵的非对角元 $Z_{ji}(j=1,2,\cdots,n;i=1,2,\cdots,n;j\neq i)$称为互阻抗。而由式(5.6)可见,互阻抗 Z_{ji}在数值上等于经节点 i 注入单位电流,其他节点都不注入电流时,节点 j 的电压。因此,它也可定义为

$$Z_{ji}=(\dot{U}_i/\dot{I}_i)\big|_{\dot{I}_j=0,j\neq i} \tag{5.14}$$

以图 5.3 所示网络为例,仍取 $i=2$,在节点 2 接电流源 $\dot{I}_2$,节点 1、节点 3 的电流源开路,按如上定义,可得

$$Z_{12}=(\dot{U}_1/\dot{I}_2)\big|_{\dot{I}_1=\dot{I}_3=0} \tag{5.15}$$

$$Z_{32}=(\dot{U}_3/\dot{I}_2)\big|_{\dot{I}_1=\dot{I}_3=0} \tag{5.16}$$

显然,Z_{ji}恒等于Z_{ij}。

互阻抗的这些性质决定了节点阻抗矩阵也是对称矩阵,属于满矩阵而不是稀疏矩阵。因网络中各节点相互间有直接、间接的联系,当节点 i 有注入电流而其他各节点注入电流都为零时,除参考节点外,网络中其他节点电压都不为零。

5.2.2　节点导纳矩阵的形成和修改

1. 节点导纳矩阵的形成

节点导纳矩阵可根据自导纳和互导纳的定义直接求取。求取时,需要注意以下几点。

(1) 节点导纳矩阵是方阵,其阶数等于网络中除参考节点外的节点数 n。

(2) 节点导纳矩阵是稀疏矩阵,其各行非零非对角元素数等于与该行相对应节点所连接的不接地支路数。图 5.2 中,与节点 2 对应的第二行非零非对角元素数为 2。

(3) 节点导纳矩阵的非对角元 Y_{ij} 等于连接 i、j 节点支路导纳的负值。例如,图 5.2 中,$Y_{21}=-y_{21}$,$Y_{23}=-y_{23}$。因此,一般情况下,节点导纳矩阵的对角元往往大于非对角元的负值。

(4) 节点导纳矩阵的对角元等于该节点所连接导纳的总和,例如,图 5.2 中,与节点 2 对应的对角元 $Y_{22}=+y_{20}+y_{21}+y_{23}$。因此,与没有接地支路的节点对应的行或列中,对角元为非对角元之和的负值。

(5) 节点导纳矩阵一般是对称矩阵,只要求取这个矩阵的上三角或下三角部分即可。

(6) 网络中的变压器可运用变压器的 π 型等值电路表示，仍可按上述原则计算。

2. 节点导纳矩阵的修改

在船舶电力系统计算中，往往要考虑不同运行工况下(即接线方式发生变化)以及某些元件参数发生变化的运行状况。由于改变一个支路的参数或它的投入、退出状态只影响该支路两端节点的自导纳和它们之间的互导纳，可不必重新形成与新运行状况相对应的节点导纳矩阵，仅需对原有的矩阵进行某些修改。以下介绍几种典型的修改方法。

(1) 从原有网络引出一支路，同时增加一节点，如图 5.4(a)所示。设 i 为原有网络中的节点，j 为新增节点，新增支路导纳为 y_{ij}。因新增一节点，节点导纳矩阵将增加一阶。新增的对角元 $Y_{jj}=y_{ij}$，新增的非对角元 $Y_{ij}=Y_{ji}=-y_{ij}$，原矩阵中的对角元 Y_{ii} 将增加 $\Delta Y_{ii}=y_{ij}$。

(2) 在原有网络的节点 i、j 之间增加一条支路，如图 5.4(b)所示。由于仅增加支路未增加节点，节点导纳矩阵的阶数不变，但与节点 i、j 有关的元素应进行如下修改：

$$\Delta Y_{ii}=\Delta Y_{jj}=y_{ij} \tag{5.17}$$

$$\Delta Y_{ij}=\Delta Y_{ji}=-y_{ij} \tag{5.18}$$

(3) 在原有网络的节点 i、j 之间切除一支路，如图 5.4(c)所示。切除一导纳为 y_{ij} 的支路，相当于增加一导纳为($-y_{ij}$)的支路。因此，与节点 i、j 有关的元素需进行如下修改：

$$\Delta Y_{ii}=\Delta Y_{jj}=-y_{ij} \tag{5.19}$$

$$\Delta Y_{ij}=\Delta Y_{ji}=y_{ij} \tag{5.20}$$

(4) 原有网络的节点 i、j 之间的导纳由 y_{ij} 改变为 y'_{ij}，如图 5.4(d)所示。这种情况相当于切除一导纳为 y_{ij} 的支路并增加一导纳为 y'_{ij} 的支路，与节点 i、j 有关的元素应进行如下修改：

$$\Delta Y_{ii}=\Delta Y_{jj}=y'_{ij}-y_{ij} \tag{5.21}$$

$$\Delta Y_{ij}=\Delta Y_{ji}=y_{ij}-y'_{ij} \tag{5.22}$$

(5) 原有网络的节点 i、j 之间变压器的变比由 k_* 变为 k'_*。当节点 i、j 之间变压器的变比由 k_* 变为 k'_* 时，图 5.4(e)中变压器 π 型等值电路中的各支路的参数要发生相应变化。与节点 i、j 有关的元素需进行如下修改，即相当于切除变比为 k_* 的变压器并投入变比为 k'_* 的变压器：

$$\Delta Y_{ii}=\left(\frac{1}{k'^2_*}-\frac{1}{k^2_*}\right)y_{\mathrm{T}} \tag{5.23}$$

$$\Delta Y_{jj}=0 \tag{5.24}$$

$$\Delta Y_{ij}=\Delta Y_{ji}=-\left(\frac{1}{k'_*}-\frac{1}{k_*}\right)y_{\mathrm{T}} \tag{5.25}$$

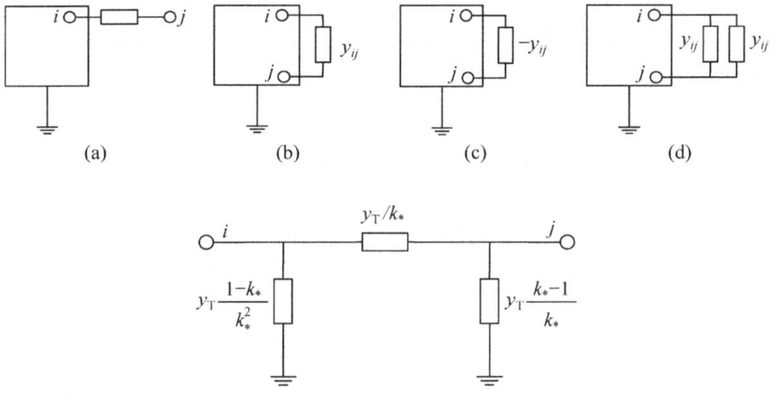

图 5.4　电力网络接线的改变

5.2.3　馈线的三相模型

在船舶的配电系统中，馈线往往采用电缆或架空线，可采用如图 5.5 所示的标准 π 型等值电路表示。馈线的阻抗用串联阻抗矩阵 Z 表示，线路并联电纳分为相等的两部分，分别并联在线路的始末端。

串联阻抗矩阵 Z_l 和并联导纳矩阵 Y_l 都是 $n\times n$ 的复数矩阵，其中 n 为线路相数。图 5.6 为三相电缆馈线的串联阻抗矩阵示意图，串联阻抗矩阵 Z_l 为

$$Z_l=\begin{bmatrix} Z_{aa,l} & Z_{ab,l} & Z_{ac,l} \\ Z_{ba,l} & Z_{bb,l} & Z_{bc,l} \\ Z_{ca,l} & Z_{cb,l} & Z_{cc,l} \end{bmatrix} \tag{5.26}$$

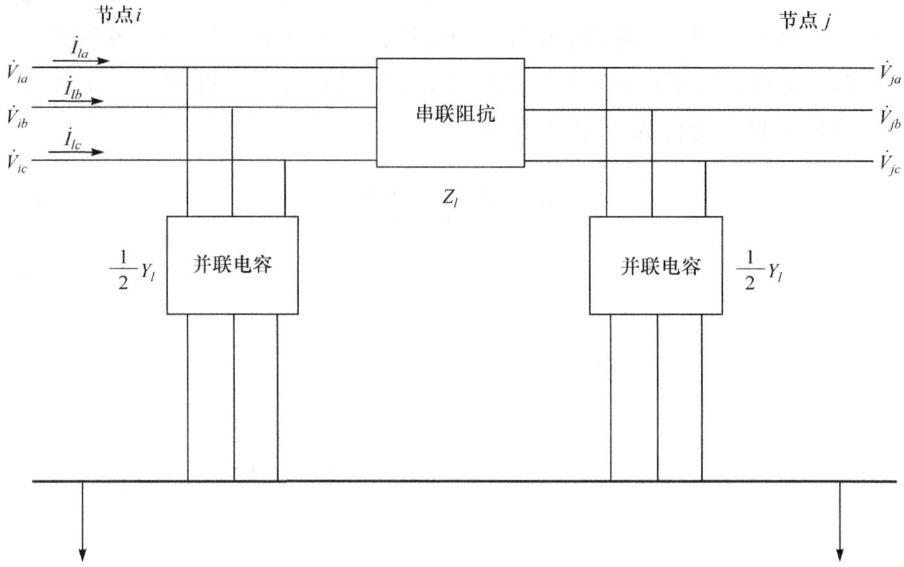

图 5.5　三相电缆馈线模型

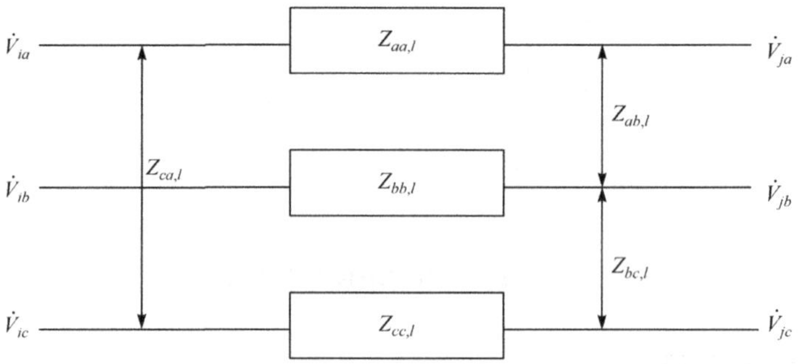

图 5.6　三相电缆馈线的串联阻抗矩阵示意图

图 5.7 为三相电缆馈线的并联阻抗矩阵示意图，并联导纳矩阵 Y_l 为

$$Y_l=\begin{bmatrix} Y_{aa,l} & Y_{ab,l} & Y_{ac,l} \\ Y_{ba,l} & Y_{bb,l} & Y_{bc,l} \\ Y_{ca,l} & Y_{cb,l} & Y_{cc,l} \end{bmatrix} \tag{5.27}$$

对图 5.6 所示的 π 型等值电路，可以写出以下公式：

$$\begin{bmatrix}\dot{V}_{ja}\\ \dot{V}_{jb}\\ \dot{V}_{jc}\end{bmatrix}=\begin{bmatrix}\dot{V}_{ia}\\ \dot{V}_{ib}\\ \dot{V}_{ic}\end{bmatrix}-\begin{bmatrix}Z_{aa,l} & Z_{ab,l} & Z_{ac,l}\\ Z_{ba,l} & Z_{bb,l} & Z_{bc,l}\\ Z_{ca,l} & Z_{cb,l} & Z_{cc,l}\end{bmatrix}\left(\begin{bmatrix}\dot{I}_{ja}\\ \dot{I}_{jb}\\ \dot{I}_{jc}\end{bmatrix}-\frac{1}{2}\begin{bmatrix}Y_{aa,l} & Y_{ab,l} & Y_{ac,l}\\ Y_{ba,l} & Y_{bb,l} & Y_{bc,l}\\ Y_{ca,l} & Y_{cb,l} & Y_{cc,l}\end{bmatrix}\begin{bmatrix}\dot{V}_{ia}\\ \dot{V}_{ib}\\ \dot{V}_{ic}\end{bmatrix}\right) \tag{5.28}$$

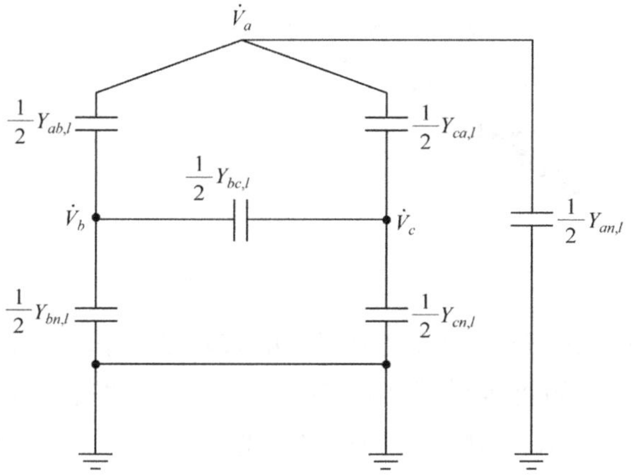

图 5.7　三相电缆馈线的并联阻抗矩阵示意图

5.2.4　分布式电源模型

下面分别阐述几种典型分布式电源的发电原理，由此确定它们在潮流计算时等效的节点类型[1]。

1. 光伏发电

太阳能是电力发展前景最好的清洁能源之一，主要分布在赤道附近，每年辐射到地球表面的能量是全球消耗能量的数万倍，如何合理、高效地利用这些太阳能是当务之急。光伏发电技术是目前人类开发太阳能的主要途径之一。

图 5.8 给出了采用光伏发电技术实现光生电的原理。光伏技术是利用光照到含某种特殊材料的电池板，在电池板内部发生共价电子挣脱原子核束缚的现象，进而产生自由电子；和脱离后的自由电子成对出现的是空穴，空穴与自由电子在运动过程中形成空间电场，载流子受到电场力的影响做规律性运动，自由电子由 P 区向 N 区流动，空穴则反方向流动，这样区间内会产生电势差，与外电路的负荷连接后产生电流，进而实现光电转换。

在潮流计算过程中，光伏电源的等效节点类型是由控制方式决定的，采取恒

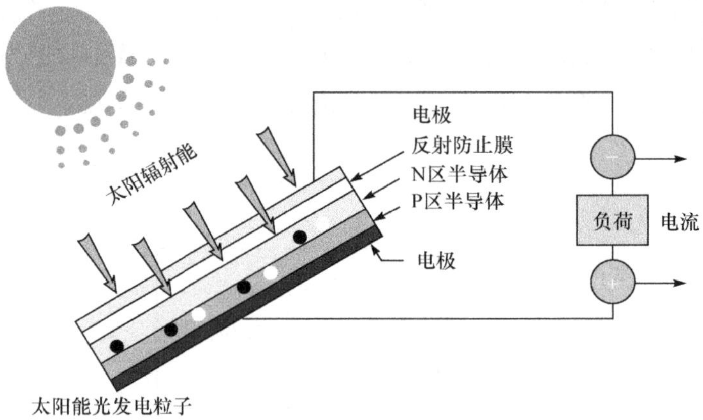

图 5.8　光伏发电原理

压控制方式的可等效成 PV 节点(表示节点的有功功率和电压幅值是恒定的),采取恒定流值控制方式的可等效成 PI 节点(表示节点的有功功率和电流是恒定的)。有时为了实际需求,采用最大功率输出的方式作为 PQ 节点(表示节点的有功功率和无功功率是恒定的)。目前较多采用恒压方式,即作为 PV 节点处理。

2. 风力发电

风力发电(wind power generation)是一种对风能妥善利用的发电形式。全球风力资源非常丰富,目前所开发的风能只是很少的一部分,其发展空间十分广阔。风力发电原理如图 5.9 所示,可知自然风经过增速齿轮箱后风力加速,由加速的风力带动发电机转子旋转产生电能。

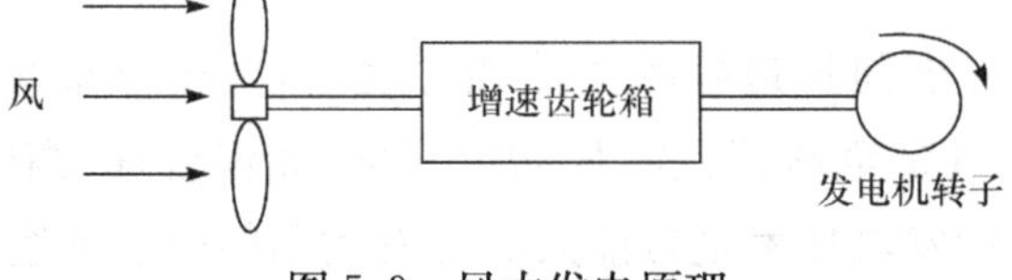

图 5.9　风力发电原理

由于风力发电受环境影响而具有明显的波动性,在发展的初期阶段普遍采用异步形式的风力发电机发电。因为异步式风力发电机缺乏自励磁装置,要依靠网络中的无功电流产生励磁调节电流维持发电机正常运行,所以在计算时不能轻易确定其节点类型,应根据具体情况分析确定。

经分析可知,发电机输出无功功率与接入点系统母线电压存在一定关系,如果用该电压值表示输出无功功率的函数方程,则风力系统可以对应成一个已知有功功率和无功功率受电压影响的 PQ(V)节点。随着风力发电的推广，双馈异步电机也应用到风力发电中，它是利用新型电子装置与系统相连，采取相应控制策略实现有功、无功的解耦。计算时，可以将这类发电系统处理成 PQ 节点。

5.2.5 负荷模型

船舶电力系统的负荷类型较为复杂，包括恒功率、恒电流、恒阻抗和综合负荷等；负荷可能是三相平衡的，也可能是不平衡的，甚至是单相的；负荷的连接方式可能是星形连接方式，也可能是三角形连接方式。在潮流分析中，负荷通常按额定功率给出，因此在计算前应先转换为等效的恒参数模型。对于按星形接地方式连接的负荷(图 5.10)，给定三相的额定功率，即

$$S_{i,\mathrm{nom}}=\begin{bmatrix}S_{ia,\mathrm{nom}}\\ S_{ib,\mathrm{nom}}\\ S_{ic,\mathrm{nom}}\end{bmatrix} \tag{5.29}$$

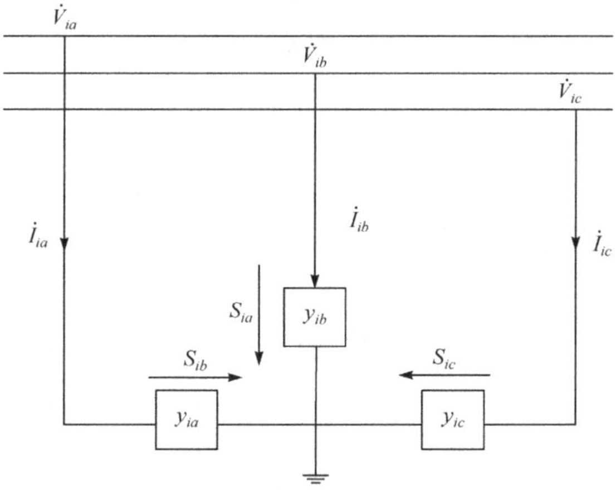

图 5.10　星形连接方式的负荷

根据负荷的类型和额定电压来计算恒功率参数 $\overline{S}_i$、恒电流参数 $\overline{I}_i$ 或恒阻抗(导纳)参数 $\overline{y}_i$。

恒功率类型负荷：

$$\overline{S}_{i,\mathrm{nom}}=\begin{bmatrix}\overline{S}_{ia,\mathrm{nom}}\\ \overline{S}_{ib,\mathrm{nom}}\\ \overline{S}_{ic,\mathrm{nom}}\end{bmatrix} \tag{5.30}$$

恒电流类型负荷：

$$\bar{I}_i=\begin{bmatrix}\bar{I}_{ia}\\ \bar{I}_{ib}\\ \bar{I}_{ic}\end{bmatrix}=\begin{bmatrix}(S_{ia,\mathrm{nom}}/\dot{V}_{ia,\mathrm{nom}})^*\\ (S_{ib,\mathrm{nom}}/\dot{V}_{ia,\mathrm{nom}})^*\\ (S_{ic,\mathrm{nom}}/\dot{V}_{ia,\mathrm{nom}})^*\end{bmatrix} \tag{5.31}$$

式中，* 表示共轭。

恒阻抗类型模型：

$$\bar{y}_i=\begin{bmatrix}\bar{y}_{ia}\\ \bar{y}_{ib}\\ \bar{y}_{ic}\end{bmatrix}=\begin{bmatrix}S^*_{ia,\mathrm{nom}}/|\dot{V}_{ia,\mathrm{nom}}|^2\\ S^*_{ib,\mathrm{nom}}/|\dot{V}_{ia,\mathrm{nom}}|^2\\ S^*_{ic,\mathrm{nom}}/|\dot{V}_{ia,\mathrm{nom}}|^2\end{bmatrix} \tag{5.32}$$

对于按三角形方式连接的负荷（图 5.11），给定的是相与相之间的额定功率，即

$$S_{i,\mathrm{nom}}=\begin{bmatrix}S_{iab,\mathrm{nom}}\\ S_{ibc,\mathrm{nom}}\\ S_{ica,\mathrm{nom}}\end{bmatrix} \tag{5.33}$$

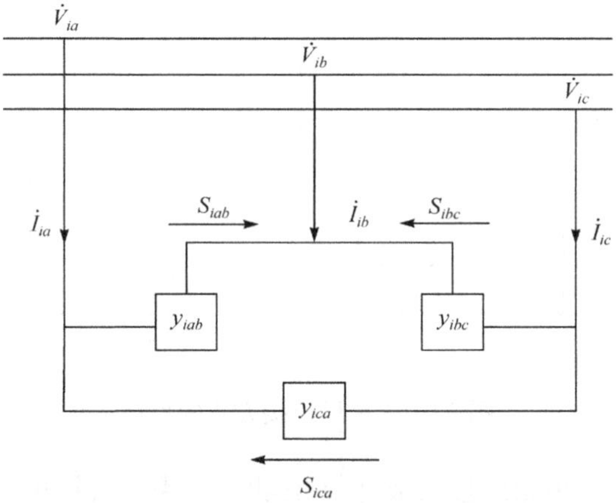

图 5.11　三角形连接方式的负荷

这些值用来计算相应的恒定模型参数，根据负荷的类型和额定电压来计算恒功率参数 $\bar{S}_i$、恒电流参数 $\bar{I}_i$ 或恒阻抗（导纳）参数 $\bar{y}_i$。

恒功率类型负荷：

$$\overline{S}_i=\begin{bmatrix}\overline{S}_{iab,\mathrm{nom}}\\ \overline{S}_{ibc,\mathrm{nom}}\\ \overline{S}_{ica,\mathrm{nom}}\end{bmatrix}\tag{5.34}$$

恒电流类型负荷：

$$\overline{I}_i=\begin{bmatrix}\overline{I}_{iab}\\ \overline{I}_{ibc}\\ \overline{I}_{ica}\end{bmatrix}=\begin{bmatrix}(S_{iab,\mathrm{nom}}/(\dot{V}_{ia,\mathrm{nom}}-\dot{V}_{ib,\mathrm{nom}}))^*\\ (S_{ibc,\mathrm{nom}}/(\dot{V}_{ib,\mathrm{nom}}-\dot{V}_{ic,\mathrm{nom}}))^*\\ (S_{ica,\mathrm{nom}}/(\dot{V}_{ic,\mathrm{nom}}-\dot{V}_{ia,\mathrm{nom}}))^*\end{bmatrix}\tag{5.35}$$

恒阻抗类型负荷：

$$\overline{y}_i=\begin{bmatrix}\overline{y}_{iab}\\ \overline{y}_{ibc}\\ \overline{y}_{ica}\end{bmatrix}=\begin{bmatrix}S^*_{iab,\mathrm{nom}}/|\dot{V}_{ia,\mathrm{nom}}-\dot{V}_{ib,\mathrm{nom}}|^2\\ S^*_{ibc,\mathrm{nom}}/|\dot{V}_{ib,\mathrm{nom}}-\dot{V}_{ic,\mathrm{nom}}|^2\\ S^*_{ica,\mathrm{nom}}/|\dot{V}_{ic,\mathrm{nom}}-\dot{V}_{ia,\mathrm{nom}}|^2\end{bmatrix}\tag{5.36}$$

5.2.6　并联电容器模型

电容器主要用来进行无功补偿，可用恒定容抗来建模。与负荷一样，电容器的连接可以采用星形连接方式和三角形连接方式，如图 5.10 和图 5.11 所示。电容器的恒定模型参数是 $\overline{y}_c$，其通过给定的额定无功功率 $Q_{C,\mathrm{nom}}$ 和额定电压 V_{nom} 计算获得。

对于星形接地方式连接的电容器：

$$\overline{y}_c=\mathrm{j}Q_{C,\mathrm{nom}}/|V_{\mathrm{nom}}|^2=\begin{bmatrix}\mathrm{j}Q_{Ca,\mathrm{nom}}/|V_{a,\mathrm{nom}}|^2\\ \mathrm{j}Q_{Cb,\mathrm{nom}}/|V_{b,\mathrm{nom}}|^2\\ \mathrm{j}Q_{Cc,\mathrm{nom}}/|V_{c,\mathrm{nom}}|^2\end{bmatrix}\tag{5.37}$$

对于三角形方式连接的电容器：

$$\overline{y}_c=\mathrm{j}Q_{C,\mathrm{nom}}/|KV_{\mathrm{nom}}|^2=\begin{bmatrix}\mathrm{j}Q_{Cab,\mathrm{nom}}/|V_{a,\mathrm{nom}}-V_{b,\mathrm{nom}}|^2\\ \mathrm{j}Q_{Cbc,\mathrm{nom}}/|V_{b,\mathrm{nom}}-V_{c,\mathrm{nom}}|^2\\ \mathrm{j}Q_{Cca,\mathrm{nom}}/|V_{c,\mathrm{nom}}-V_{a,\mathrm{nom}}|^2\end{bmatrix}\tag{5.38}$$

式中，$K=\begin{bmatrix}1&0&-1\\-1&1&0\\0&-1&1\end{bmatrix}$。

5.2.7 变压器模型

图5.12给出了一个双绕组三相变压器的结构，其中1、2、3为原边绕组，4、5、6为副边绕组。

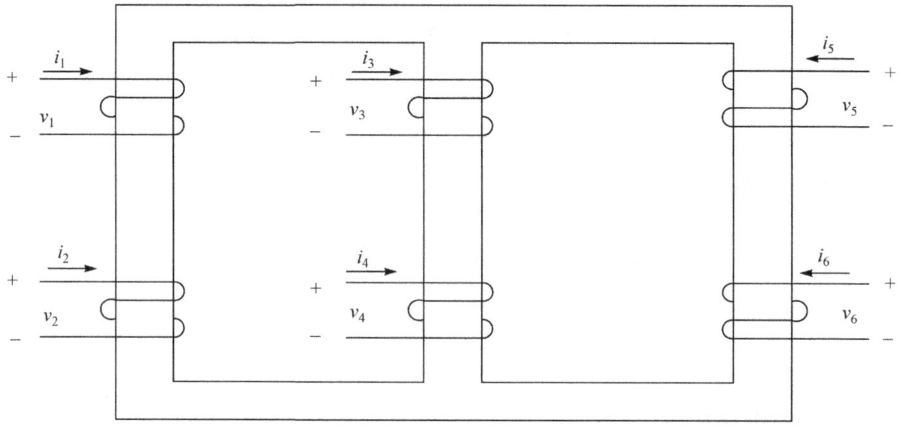

图5.12　双绕组三相变压器

对于如图5.12所示的双绕组三相变压器，其原副边绕组的电压电流关系式为

$$\begin{bmatrix} i_1 \\ i_2 \\ i_3 \\ i_4 \\ i_5 \\ i_6 \end{bmatrix} = I_{\text{branch}} = \begin{bmatrix} y_p & -y_m & y'_m & y''_m & y'_m & y''_m \\ -y_m & y_s & y''_m & y'''_m & y''_m & y'''_m \\ y'_m & y''_m & y_p & -y_m & y'_m & y''_m \\ y''_m & y'''_m & -y_m & y_s & y''_m & y'''_m \\ y'_m & y''_m & y'_m & y''_m & y_p & -y_m \\ y''_m & y'''_m & y''_m & y'''_m & -y_m & y_s \end{bmatrix} \begin{bmatrix} v_1 \\ v_2 \\ v_3 \\ v_4 \\ v_5 \\ v_6 \end{bmatrix} = Y_{\text{prim}} V_{\text{branch}} \tag{5.39}$$

式中，y_p 为一次绕组自导纳；y_s 为二次绕组自导纳；y_m 为同相一、二次绕组之间的互导纳；y'_m为不同相一次侧绕组之间的互导纳；y''_m为不同相一、二次侧绕组之间的互导纳；y'''_m为不同相二次侧绕组之间的互导纳；I_{branch}为变压器支路电流；V_{branch}为变压器绕组两端电压；Y_{prim}为原始导纳矩阵。

考虑到 y'_m和 y''_m在数值上远小于 y_p、y_s 和 y_m，在这些参数难以得到的情况下可以忽略不计；y_p、y_s 和 y_m 在数值上近似相等，都等于短路试验中得到的漏磁阻抗的标幺值 y_t。因此，式(5.39)中的原始导纳阵可以近似写为

$$Y_{\text{prim}}=\begin{bmatrix} y_t & -y_t & 0 & 0 & 0 & 0 \\ -y_t & y_t & 0 & 0 & 0 & 0 \\ 0 & 0 & y_t & -y_t & 0 & 0 \\ 0 & 0 & -y_t & y_t & 0 & 0 \\ 0 & 0 & 0 & 0 & y_t & -y_t \\ 0 & 0 & 0 & 0 & -y_t & y_t \end{bmatrix} \tag{5.40}$$

根据变压器的原始导纳矩阵 Y_{prim}，利用支路节点关联矩阵表示节点和支路电流电压的关系：

$$V_{\text{branch}}=CV_{\text{node}} \tag{5.41}$$

$$I_{\text{node}}=C^{\text{T}}I_{\text{branch}} \tag{5.42}$$

可以得到三相变压器的节点导纳矩阵：

$$Y_{\text{node}}=C^{\text{T}}Y_{\text{prim}}C \tag{5.43}$$

式中，I_{node}为节点注入电流。需要指出的是，不同接法的变压器具有不同的支路节点关联矩阵 C。

因此，可以将变压器的节点导纳矩阵表示为

$$Y_{\text{node}}=\begin{bmatrix} Y_{ii} & Y_{ij} \\ Y_{ji} & Y_{jj} \end{bmatrix} \tag{5.44}$$

考虑到导纳矩阵以标幺值来表示与抽头的非标准变比问题，六种常用的变压器中节点导纳矩阵的元素由表 5.1 给出。

表 5.1　常用变压器的简化节点的导纳矩阵

变压器的接线方式		自导纳子矩阵		互导纳子矩阵
一次侧	二次侧	一次侧 Y_{ii}	二次侧 Y_{jj}	$Y_{ij}Y_{ji}^{\text{T}}$
Y_0	Y_0	Y_I	Y_I	$-Y_I$
Y_0	Y	Y_I	$Y_{II}/3$	$-Y_{II}/3$
Y_0	△	Y_I	Y_{II}	Y_{III}
Y	Y	$Y_{II}/3$	$Y_{II}/3$	$-Y_{II}/3$
Y	△	$Y_{II}/3$	Y_{II}	Y_{III}
△	△	Y_{II}	Y_{II}	$-Y_{II}$

表 5.1 中，有

$$Y_l=\begin{bmatrix} y_t & 0 & 0 \\ 0 & y_t & 0 \\ 0 & 0 & y_t \end{bmatrix} \tag{5.45}$$

$$Y_{ll}=\begin{bmatrix} 2y_t & -y_t & -y_t \\ -y_t & 2y_t & -y_t \\ -y_t & -y_t & 2y_t \end{bmatrix} \tag{5.46}$$

$$Y_{lll}=\begin{bmatrix} -y_t & y_t & 0 \\ 0 & -y_t & y_t \\ y_t & 0 & -y_t \end{bmatrix} \tag{5.47}$$

5.2.8　储能模型

在微电网中，储能系统采用双向的变换器与系统相连，用于维持系统的电压和频率平衡，保证微电网安全、可靠地运行。

储能系统通常采用恒电压、恒电流和恒功率这三种放电控制方式补偿电力网络中的功率差额，采用恒电压、恒电流的充电控制方式吸收过剩电能。通过双向换流装置交换功率，维持储能系统的输出端口电压恒定，在潮流计算时该端口等效成 PV 节点。

5.2.9　异步电动机的建模

如前所述，异步电动机可能在不对称电压下运行，为获取其准确的潮流特性，必须将不对称电压分解为对称分量。异步电动机定子绕组一般是 Y 形或△形连接，故不存在零序电流，只需分析正序分量和负序分量。

图 5.13 所示为异步电动机正序等值电路，可以求出异步电动机的正序等值电路阻抗 Z_1。

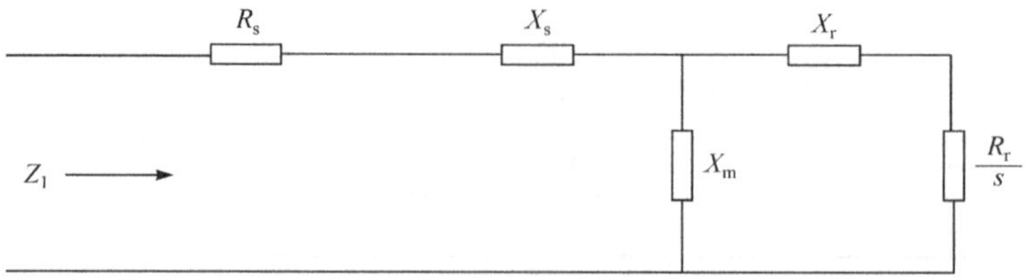

图 5.13　异步电动机正序等值电路

异步电动机负序等值电路如图 5.14 所示，可以求出异步电动机的负序等值电路阻抗 Z_2。由于不存在零序电流，故零序阻抗为 0。

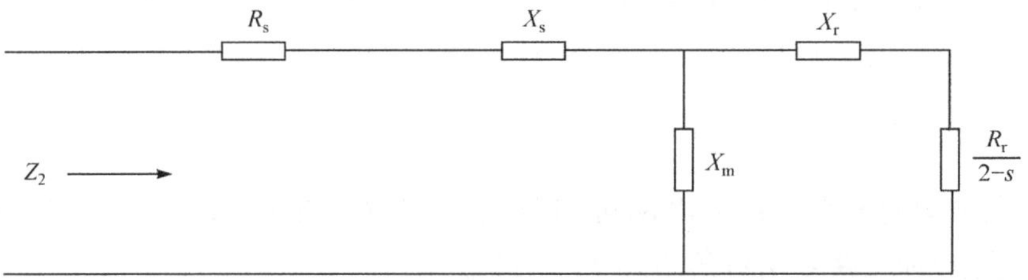

图 5.14　异步电动机负序等值电路

定义线性变换矩阵为

$$S=\frac{1}{3}\begin{bmatrix}1 & 1 & 1\\ 1 & a & a^2\\ 1 & a^2 & a\end{bmatrix} \tag{5.48}$$

式中，$a=\mathrm{e}^{\mathrm{j}2\pi\sigma}$；$a^2=\mathrm{e}^{-\mathrm{j}2\pi\sigma}$；$a^3=1$。

根据图 5.15 所示的等值电路，并假设异步电动机所在的节点为 i，则有

$$I_{iabc}=\begin{bmatrix}I_{ia}\\ I_{ib}\\ I_{ic}\end{bmatrix}=S^{-1}I_{i120}=S^{-1}\begin{bmatrix}y_{i1} & 0 & 0\\ 0 & y_{i2} & 0\\ 0 & 0 & 0\end{bmatrix}V_{i120}=S^{-1}\begin{bmatrix}y_{i1} & 0 & 0\\ 0 & y_{i2} & 0\\ 0 & 0 & 0\end{bmatrix}SV_{iabc} \tag{5.49}$$

式中，I_{iabc}表示异步电动机节点注入电流矩阵；I_{i120}表示异步电动机节点注入序电流矩阵；$y_{i1}=1/Z_{i1}$、$y_{i2}=1/Z_{i2}$分别表示正序导纳和负序导纳，可由异步电动机等值电路求得。

异步电动机导纳矩阵为

$$Y_i=S^{-1}\begin{bmatrix}y_{i1} & 0 & 0\\ 0 & y_{i2} & 0\\ 0 & 0 & 0\end{bmatrix}S \tag{5.50}$$

5.3　节点电压法潮流计算

节点电压法是电力系统中的重要分析方法之一，其主要原理是根据节点到参考点的电压(即节点电压)，利用基尔霍夫定律建立各节点电压方程，结合电路求

解的相关方法，对电力系统相关信息进行计算。节点电压法适用于任何复杂网络的船舶电力系统的潮流计算[2-4]。由于船舶网络电压等级低、供配电很接近，此算法考虑了线路压降的影响，将发电机和异步电动机作为功率源，建立节点-支路关联矩阵，以形成的节点导纳矩阵进行迭代求解。

1. 节点-支路关联矩阵的形成

任意结构的电力系统的电网可用节点-支路关联矩阵 $A_{n\times l}$（n 为节点总数，l 为支路总数）和支路导纳对角矩阵 $\dot{Y}_{\mathrm{b}}$ 来描述：

$$A_{n\times l}=\begin{bmatrix} A_{11} & A_{12} & \cdots & & A_{1l} \\ A_{21} & \ddots & & & A_{2l} \\ \vdots & & A_{ij} & & \vdots \\ & & & \ddots & \\ A_{n1} & A_{n2} & \cdots & & A_{nl} \end{bmatrix}_{n\times l},\quad \dot{Y}_{\mathrm{b}}=\begin{bmatrix} \dot{y}_{\mathrm{b}11} & 0 & \cdots & & 0 \\ 0 & \ddots & & & \vdots \\ \vdots & & \dot{y}_{\mathrm{b}ij} & & \\ & & & \ddots & 0 \\ 0 & \cdots & & 0 & \dot{y}_{\mathrm{b}ll} \end{bmatrix}_{l\times l} \tag{5.51}$$

对于矩阵 A，假定流入节点的电流为正，流出节点的电流为负。因此，当第 j 条支路的电流从节点 i 流出，并流入节点 3 时，有 $A_{1j}=-1$，$A_{3j}=-1$，而当 $i\neq1$ 或$i\neq3$ 时，$A_{ij}=0$；对于支路导纳矩阵 $\dot{Y}$，当 $j=i$ 时，$\dot{y}_{ij}$ 为第 i 条支路（或馈线、跨接线）的导纳向量，而当 $j\neq i$ 时，$\dot{y}_{ij}=0$。为了进一步说明，图 5.15 给出了一个简单的电力系统，包括发电机 G_1、G_2，电动机负载 M_1、M_2、M_3，静态负载 C_1、C_2，配电板 Y_1、Y_2，分电箱 Y_3、Y_4，网络跨接和馈线电缆 B_1、B_2、B_3，其导纳分别为 $\dot{y}_1$、$\dot{y}_2$、$\dot{y}_3$。另外，这里忽略其他馈线电阻，并假定所有开关闭合。将如图 5.15 所示的电力系统转化成如图 5.16 所示的由 4 个节点、3 条支路（其电流正方向如图 5.15 中箭头所示）和电流源（发电机形成的电流源方向为流入节点，电动机形成的电流源方向为流出节点）组成的网络图。图 5.16 对应的节点-支路关联矩阵 A 和支路导纳矩阵 $\dot{Y}$ 为

$$A=\begin{bmatrix} -1 & -1 & 0 \\ +1 & 0 & -1 \\ 0 & +1 & 0 \\ 0 & 0 & +1 \end{bmatrix}_{4\times3},\quad \dot{Y}=\begin{bmatrix} \dot{y}_1 & 0 & 0 \\ 0 & \dot{y}_2 & 0 \\ 0 & 0 & \dot{y}_3 \end{bmatrix}_{3\times3} \tag{5.52}$$

对于支路导纳对角矩阵 $\dot{Y}_{\mathrm{b}}$，当 $j=i$ 时，y_{ij} 为第 i 条支路的导纳向量；而当 $j\neq i$ 时，$y_{ij}=0$。在此基础上可求得节点导纳矩阵 $\dot{Y}$，即

$$\dot{Y}=A\dot{Y}_{\mathrm{b}}A^{\mathrm{T}} \tag{5.53}$$

式中，A^{T} 为 A 的转置矩阵。

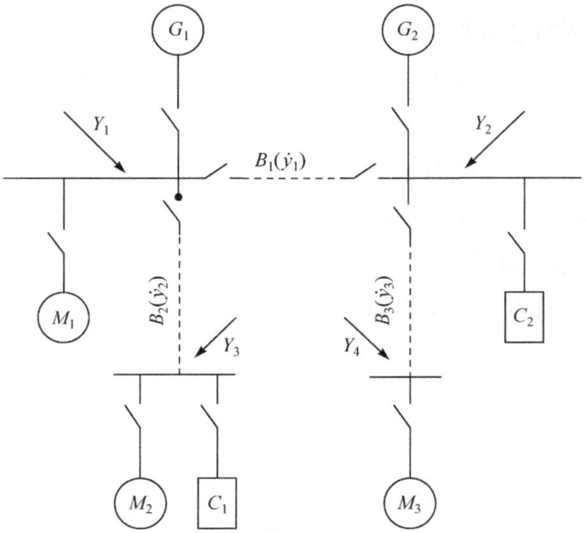

图 5.15　电力系统

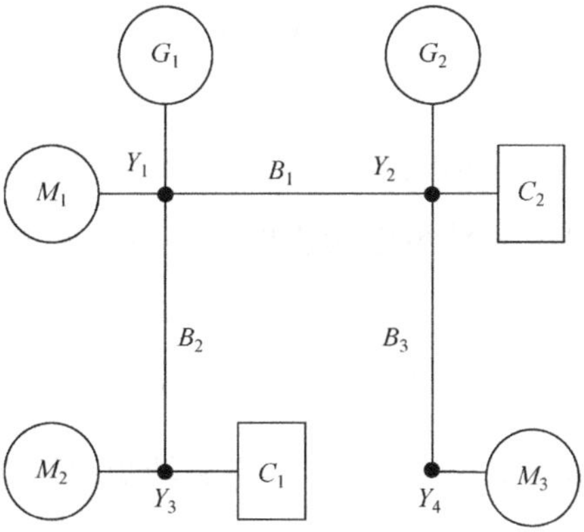

图 5.16　电力系统等效网络

2. 节点电压法

在节点电压法中，综合考虑异步电动机、变压器等非线性负载的建模及线路压降的影响，将整个船舶电力系统看作是由节点(母线、配电板、配电箱等)和支路(馈线、跨接线、静态负载等)组成的，将发电机和异步电动机作为电流源来处理，而把变压器等静态负载作为单独的支路添加到节点-支路关联矩阵。假设条件如下。

(1) 认为系统中某一点的电势不变，通常取某一台发电机的电压，这一假设条件可由自动电压调节装置保证。

(2) 发电机间的有功及无功功率分配关系确定，这一假设条件可由自动调频调载装置保证。

(3) 发电机的转差率近似为零。

用节点电压法进行潮流计算的具体步骤如下。

1) 计算各支路的潮流分布

根据支路信息及电路基本原理可得

$$U_b = BU \tag{5.54}$$

式中，U_b 为各支路电压；U 为各节点电压；B 为节点-支路关联矩阵的转置。

支路电流为

$$I_b = YU_b \tag{5.55}$$

各支路的功率损耗之和为

$$S_b = U_b^T I_b^* \tag{5.56}$$

式中，I_b^* 为 I_b 的共轭矩阵。

2) 计算异步电动机的潮流分布

为保证计算精度，要考虑异步电动机的大多数负载特性，将各种泵及风机类负载建模为

$$T_m^{(k+1)} = T_L^{(k)} = T_0 + K_T n^2 (1 - s^{(k)})^2 \tag{5.57}$$

式中，$T_L^{(k)}$ 为负载转矩第 k 步迭代值；T_0 为空载转矩；K_T 为转矩系数；n 为同步转速；$s^{(k)}$ 为转差率第 k 步迭代值。

因此，得出异步电动机的电流 $\dot{I}_m$ 为

$$\dot{I}_m^{(k)} = \frac{\dot{U}_m^{(k)}}{R_m + jX_m} \tag{5.58}$$

异步电动机所消耗的复功率为

$$\dot{S}_m^{(k)} = \dot{U}_m^{(k)} (\dot{I}^{(k)})^* \tag{5.59}$$

3) 计算各台发电机的输出电流

整个电网消耗的总功率为

$$\dot{S}_{\text{sum}} = \sum_{i=0}^{L-1} S_{\text{b}i}^{(k)} + \sum_{i=0}^{M-1} S_{\text{m}i}^{(k)} \tag{5.60}$$

由发电机组间的功率分配关系，得到发电机的输出电流为

$$\dot{I}_{\text{g}i}^{(k)} = \frac{(k_{pi}R_e S_{\text{sum}} + k_{qi} I_{\text{m}} S_{\text{sum}})^*}{(\dot{U}_{\text{g}i}^{(k)})^*} \tag{5.61}$$

式中，$\dot{I}_{gi}$为第i台发电机的输出电流；k_{pi}、k_{qi}为发电机组间的有功功率和无功功率的分配系数；* 表示共轭。

4）计算各节点电压

（1）各节点注入电流为

$$\dot{I}_i^{(k)} = \sum \dot{I}_{\text{g}i}^{(k)} - \sum \dot{I}_{\text{m}i}^{(k)} \tag{5.62}$$

式中，$\dot{I}_{gi}^{(k)}$表示与第i个节点相连的所有发电机电流总和的第k次迭代值；$\dot{I}_{mi}^{(k)}$表示与第i个节点相连的所有异步电动机电流总和的第k次迭代值。

（2）各节点电压的迭代公式为

$$\dot{U}_i^{(k+1)} = \dot{Y}^{-1} \dot{I}_i^{(k)} \tag{5.63}$$

为了避免对节点导纳矩阵$\dot{Y}$求逆，同时为提高迭代过程中的收敛速度，这里采用高斯-赛德尔法求解节点电压的代数形式，即

$$\dot{U}_i^{(k+1)} = \frac{1}{\dot{Y}_{i,j}}\left[\dot{I}_i^{(k)} - \sum_{j=0}^{i-1} \dot{Y}_{i,j}\dot{U}_j^{(k+1)} - \sum_{j=i+1}^{n-1} \dot{Y}_{i,j}\dot{U}_j^{(k)}\right] \tag{5.64}$$

式中，$\dot{Y}_{i,j}$为节点导纳矩阵$\dot{Y}$中第i行第j列的元素。

5）计算电流误差迭代结束条件

根据基尔霍夫电流定律选定

$$\max|\dot{I}_{ij}^{(k)}| \leqslant \varepsilon_1 \tag{5.65}$$

式中，$\dot{I}_{ij}^{(k)}$为节点i所连接的所有发电机、电动机、静态负载及馈线电流之和；ε_1为预先设定的误差值。

潮流计算的详细流程如图 5.17 所示。

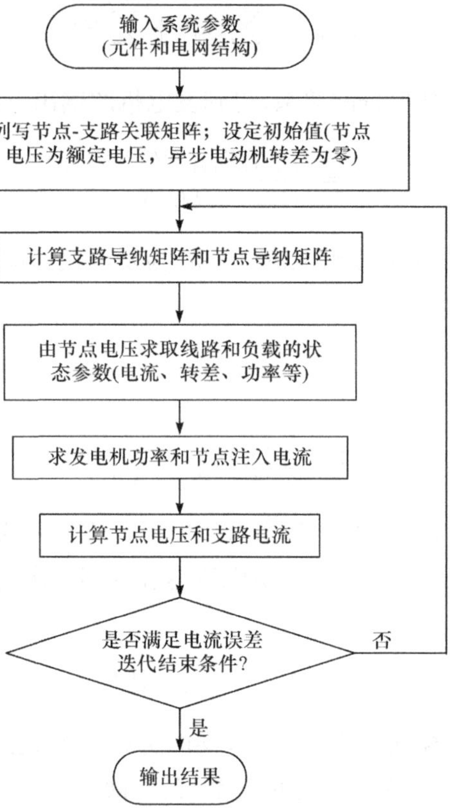

图 5.17　潮流计算的详细流程

5.4　前推回代法潮流计算

前推回代法主要有两种:一种是功率型的前推回代法;另一种是电流型的前推回代法。功率型的前推回代法主要是先假定末端电压,根据末端功率推算始端功率,然后根据始端功率和电压推算末端各节点的电压,反复进行,直到满足条件。电流型的前推回代法主要是先将所有的负荷转化为等值的注入电流,再进行前推回代迭代。基于船舶电网常有的辐射型层次结构特性,采用分层的前推回代法较为适宜。该方法将网络支路按层次进行分类,并分层并行计算各层次的支路功率损耗和电压损耗,可大幅提高船舶电网潮流的计算速度。

1. 网络层次分析

对于辐射型网络,前推回代法的基本原理是:①假定节点电压不变,已知网络末端功率，由网络末端向首端计算支路功率损耗和支路功率，得到根节点注入功率；②假定支路功率不变，已知根节点电压，由网络首端向末端计算支路电压损耗和节点电压。前推时，每条支路的功率都由该支路的下一层支路功率决定；回代时，节点电压都由上一层节点决定。这种特点一方面使不同层次间的功率前推和电压回代不能同时进行，另一方面也说明同一层次的支路功率之间没有前后关联，因此同一层次内完全可以实现功率或电压的并行计算。对于大规模辐射型网络，由于分层数显著少于支路总数，所以分层后能够充分发挥并行计算的优势，提高计算速度。

以一个简单的 11 节点树状网为例，其节点和支路编号采用与网络结构无关的自然编号(即从 1 开始的自然数顺序编号)，具体网络结构如图 5.18 所示。

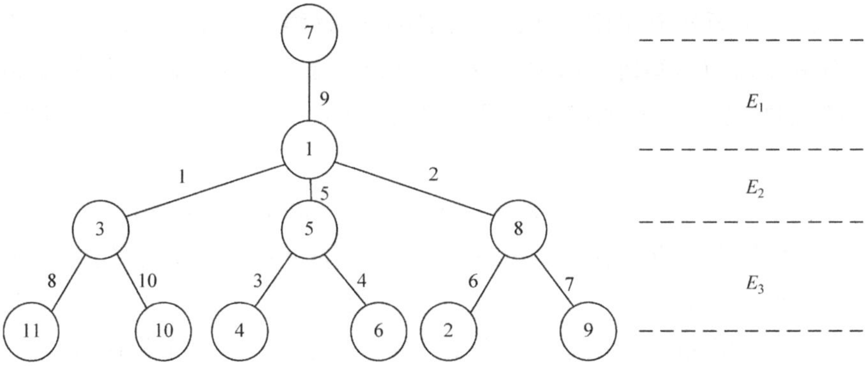

图 5.18　11 节点的辐射型网络

在该网络中，支路 1、2、5 属于同一层次，当计算支路功率损耗和电压损耗时，彼此不相关，可以并行计算。同样，支路 3、4、6、7、8、10 也属同一层，其功率损耗和电压损耗可以并行计算。这样，根据该网络的拓扑结构，可以直观地看到网络支路共分为 3 层，且可以知道每一层的支路情况以及每一支路的送端节点和受端节点的情况。显然，只要了解了这些信息，就能够分层实现功率前推和电压回代的并行计算，且无须对节点和支路重新编号。为了描述以上的网络层次信息，现做如下定义。

1) 网络层次矩阵 E

设网络分为 E_i 层，每层包含的支路数最多为 M，则网络层次矩阵 E 是 1 个 $(E_i \times M)$ 的矩阵，第 i 行的非零元素就是网络第 i 层包含的支路编号，非零元素的个数就是该层包含的支路数。从 E_1 层到 E_i 层代表了功率流动的方向，前推时从 E_i 层到 E_1 层，回代时从 E_1 层到 E_i 层。

2）支路送端节点矩阵 f 和受端节点矩阵 t

原始数据中支路的首节点到末节点的方向不一定就是功率流向，因此必须根据功率方向来确定支路的送端节点和受端节点。每条支路上的功率都由该支路的送端流向受端，支路送端节点矩阵和受端节点矩阵都是一维矩阵，元素个数等于支路数，第 i 个元素就是支路 i 的送端(受端)节点编号。

3）支路层次关联矩阵 C

设网络支路数为 N，支路层次关联矩阵为 1 个 $(N\times N)$ 的矩阵。矩阵第 i 行第 j 列元素为 1，表示支路 i 与支路 j 为上下层关系，它们直接相连，且支路 i 的上层支路是支路 j，支路 j 的下层支路是支路 i。当支路间没有这种直接的上下层次关系时，对应的元素为 0。

在上述几个矩阵中，网络层次矩阵描述整个网络的支路分层情况，支路送端节点矩阵和受端节点矩阵反映每条支路与送端、受端节点的关联关系，支路层次关联矩阵反映支路之间的直接上下层次关系。下面简单介绍如何分析网络结构，以形成这几个矩阵。

1）形成网络层次矩阵 E、支路送端节点矩阵 f 和受端节点矩阵 t

进行网络层次分析时，首先形成节点-支路关联矩阵。若节点数为 N，则辐射型网络的支路数必定为 $N-1$，节点-支路关联矩阵是 1 个 $(N\times N-1)$ 的矩阵。当节点 i 与支路 j 相连时，关联矩阵的第 i 行第 j 列元素为 1；当不相连时，该元素为 0。由此形成的节点-支路关联矩阵，每一列有两个非零元素，其对应的行号就是该列支路的两端节点编号；每一行的非零元素对应的列号是与该行节点相连的支路编号。节点-支路关联矩阵 A 中具体的行列关系如下：

$$A=\begin{bmatrix}1&1&0&0&1&0&0&0&1&0\\0&0&0&0&0&1&0&0&0&0\\1&0&0&0&0&0&0&1&0&1\\0&0&1&0&0&0&0&0&0&0\\0&0&1&1&1&0&0&0&0&0\\0&0&0&1&0&0&0&0&0&0\\0&0&0&0&0&0&0&0&1&0\\0&1&0&0&0&1&1&0&0&0\\0&0&0&0&0&0&1&0&0&0\\0&0&0&0&0&0&0&0&0&1\\0&0&0&0&0&0&0&1&0&0\end{bmatrix}\tag{5.66}$$

从根节点 7，即矩阵 A 的第 7 行出发，仅找到第 9 列的元素为 1，即节点 7 仅与支路 9 相连。与根节点相连的所有支路都属于第 1 层支路，且根节点为送端节点，可知第 1 层支路为支路 9，支路 9 的送端节点为 7，受端节点为支路 9 的另一端节点，即矩阵第 9 列上另一个非零元素对应的节点 1，这就是网络的第 1 层分析。

从网络第 1 层支路的所有受端节点出发，与它们相连的其他所有支路属于第 2 层支路，第 2 层支路的送端节点为第 1 层支路的受端节点。从节点 1 出发，查找矩阵 A 第 1 行的元素，找到第 1、2、5 列元素为 1，可知第 2 层支路为支路 1、2、5，它们的送端节点为节点 1，受端节点分别为相应列上另一个非零元素对应的节点。依次查找下去，沿着矩阵 A 中的轨迹可以整理出整个网络的层次结构和每条支路的送端、受端节点，其中实线表示第 1 层分析轨迹，虚线表示第 2 层分析轨迹，点画线表示第 3 层分析轨迹。网络层次分析以后，形成的网络层次矩阵 E(行表示E_1～E_3 层)、支路送端节点矩阵 f 和受端节点矩阵 t(列表示支路 1～10)为

$$E=\begin{bmatrix}9 & 0 & 0 & 0 & 0 & 0\\ 9 & 2 & 5 & 0 & 0 & 0\\ 3 & 4 & 6 & 7 & 8 & 10\end{bmatrix} \tag{5.67}$$

$$f=\begin{bmatrix}1 & 1 & 5 & 5 & 1 & 8 & 8 & 3 & 7 & 3\end{bmatrix} \tag{5.68}$$

$$t=\begin{bmatrix}3 & 8 & 4 & 6 & 5 & 2 & 9 & 1 & 1 & 1 & 1 & 0\end{bmatrix} \tag{5.69}$$

2) 形成支路层次关联矩阵 C

除了第 1 层支路没有上层支路外，任意 1 条支路都有 1 条直接相连的上层支路，且始终遵循这样的原则：该支路的送端节点就是与其直接相连的上层支路的受端节点。通过支路送端节点矩阵和受端节点矩阵，可以很容易地找到任意 1 条支路的直接上层支路，例如，先由支路送端节点矩阵 f 找到任意支路 i 的送端节点 b_i，然后由支路受端节点矩阵 t 找到受端节点为 b_i 的支路 j，这就意味着支路 i 的上一层支路为支路 j，即矩阵的第 i 行第 j 列元素为 1。

查找每条支路的直接上层支路，可形成支路层次关联矩阵，图 5.18 所示网络的支路层次关联矩阵 C 为

$$C=\begin{bmatrix} 0&0&0&0&0&0&0&0&1&0\\ 0&0&0&0&0&0&0&0&1&0\\ 0&0&0&0&1&0&0&0&0&0\\ 0&0&0&0&1&0&0&0&0&0\\ 0&0&0&0&0&0&0&0&1&0\\ 0&1&0&0&0&0&0&0&0&0\\ 0&1&0&0&0&0&0&0&0&0\\ 0&0&0&0&0&0&0&0&0&0\\ 1&0&0&0&0&0&0&0&0&0 \end{bmatrix} \tag{5.70}$$

式中，行表示节点 1～10；列表示支路 1～10。

从支路层次关联矩阵可以查找任意支路的上层支路和下层支路。要查找支路 j 的上一层支路，只需知道矩阵 C 的第 j 行为 1 的元素所在的列即可；同样，要查找支路 j 的下一层支路，只需知道矩阵 C 的第 j 列为 1 的元素所在的行即可。例如，从矩阵 C 的第 1 行可知支路 1 的上一层支路为支路 9，从矩阵第 2 列可知支路 2 的下一层支路为支路 6、7 等。

2. 分层前推回代法

分层前推回代法的具体步骤如下。

1）功率前推

设支路受端电压 V 为

$$\begin{cases} V=V_t/k, & \text{升压变压器} \\ V=V_t, & \text{其余支路} \end{cases} \tag{5.71}$$

支路受端功率为

$$S'=\sum_{j\notin\varphi}S_j+V^2Y^*+S_0 \tag{5.72}$$

式中，φ 为与该支路相连的下层支路集合。

支路送端功率为

$$S=S'+(S'/V)^2Z \tag{5.73}$$

根据网络层次矩阵，从网络的第 E 层前推到第 1 层，逐层更新支路送端功率，由支路层次矩阵得到各支路的 φ 集合。

2）电压回代

设支路送端电压 V 为

$$\begin{cases} V=V_f/k, & \text{降压变压器} \\ V=V_f, & \text{其余支路} \end{cases} \tag{5.74}$$

支路电压损耗 V_{loss} 为

$$V_{\text{loss}}=(S/V)^*Z \tag{5.75}$$

$$\begin{cases} V_t=(V-V_{\text{loss}})k, & \text{降压变压器} \\ V_t=V-V_{\text{loss}}, & \text{其余支路} \end{cases} \tag{5.76}$$

根据网络层次矩阵，从网络的第 1 层回代到第 E 层，逐层更新支路受端节点的电压，即更新了下一层支路的送端节点电压。

式(5.71)～式(5.76)中，V_f 为支路送端节点电压；V_t 为支路受端节点电压；Y 为支路受端节点对地导纳；S_0 为支路受端节点负荷；Z 为支路阻抗；S' 为支路受端功率；S 为支路送端功率；k 为变压器支路变比；$*$ 表示共轭。

随着船舶容量的逐渐增大以及综合全电力推进技术的发展，船舶中压电力系统以及交直流混合电力系统将逐步得到广泛应用，因此船舶交直流混合系统潮流算法是值得研究的内容[5-8]。

5.5 本章小结

本章介绍了船舶不同的网络结构及船舶主要发电模块、负载和配电网的数学模型，提出了适用于新能源船舶电力系统的潮流计算方法，为后续章节提供了理论支持。

参考文献

[1] 郜能灵，王鹏，倪明杰. 大型船舶电力系统关键技术与应用[M]. 北京：科学出版社，2012.
[2] 吴忠林. 船舶交流电力系统的短路电流[M]. 北京：国防工业出版社，1983.
[3] Patel M R. 船舶电力系统[M]. 汤天浩，许晓彦，谢卫，等译. 北京：机械工业出版社，2014.
[4] 罗乐. 船舶电力系统建模与控制[D]. 武汉：武汉理工大学，2011.
[5] 张利军. 船舶电力系统的非线性鲁棒控制[M]. 北京：国防工业出版社，2011.
[6] 杨秀霞. 大型船舶电力网络故障恢复研究[D]. 武汉：海军工程大学，2004.
[7] 庞科旺. 船舶电力系统设计[M]. 北京：机械工业出版社，2010.
[8] 兰海，卢芳，孟杰. 船舶电力系统[M]. 北京：国防工业出版社，2013.

第 6 章　新能源船舶电力系统优化配置分析

不同于陆地微电网，船载新能源发电系统不仅受到自然条件的影响，还受到船舶自身摇摆的影响，频繁的船舶摇摆及恶劣的天气使船载新能源发电系统的输出变化剧烈，因此构建适用于船舶电站的储能系统的优化方法，使储能系统与柴油发电机组相互协调配合以平抑系统波动，最大限度地利用海上资源成为新能源应用于船舶的关键。

将新能源发电系统和储能技术引入移动的船舶电站对提高能源利用率、减少温室气体排放具有重要作用，但多变量耦合的船载新能源发电系统和不同时间、尺度作用机理的储能系统使移动式微电网优化配置问题不再是简单的时域范围内的优化问题，问题更加复杂。本章将从工程适用性的角度出发，探讨新能源发电技术在船舶电站中的应用及伴随出现的问题，给出适合伴有新能源特性的船舶电力系统优化配置分析方法。

6.1　新能源船舶电力系统优化配置概述

随着新能源技术的不断发展与进步，新能源已经被广泛应用于各类电力系统中，然而以太阳能和风能为代表的新能源发电技术很大程度上依赖于自然条件，如果配置不得当，采取措施不合理，不仅会增加系统的投入，还会给原系统带来不必要的损耗，影响系统的可靠性，因此不仅要利用储能系统配合柴油机发电系统来平抑新能源发电系统带来的波动，更重要的是需要优化配置各发电源，在保障伴有新能源特性的电力系统安全、可靠运行的同时，使船舶电力系统的经济效益和环境友好性皆为最佳。

一个伴有新能源特性的电力系统优化配置的结果与优化方法的好坏密不可分。目前优化方法主要分为常规优化方法和智能优化方法两大类。常规优化方法一般从某个初始点出发，依照固定的规则不停地修正当前解，直至搜索到最优解。例如，二次规划(quadratic programming)法[1]、动态规划法[2]、线性规划(linear programming)法[3]、非线性规划法[4]及混合整数规划(mixed-integer programming)法[5]都属于常规优化方法。智能优化方法[6]是比较“新颖”的方法或理论，如禁忌搜索(tabu search)法[7]、模拟退火算法(simulated anneal algorithm)[8]、遗传算法(genetic algorithm，GA)[9]和粒子群优化(particle swarm optimization，PSO)算法[10]等，已经被广泛应用到电力系统优化领域。

1. 常规优化方法

1) 二次规划法

二次规划法的原理是利用二阶泰勒级数将目标函数展开，用线性约束替代非线性约束，构成适合二次规划的优化模型，结合一系列的二次规划不断逼近最终的最优点。二次型的目标函数具备良好的收敛性，同时计算速度较快，能够很好地适应目标函数的非线性，已被广泛应用于电力系统规划研究中。

2) 线性规划法

线性规划法的基本原理是用泰勒级数把目标函数与约束条件展开，省略高次项，从而将在初值解附近的非线性规划问题转化为线性规划问题，结合逐次线性逼近的方法在解空间搜寻最优解。线性规划法原理简单，收敛速度快，算法本身完备性强，该方法不受计算规模的制约。其中，内点法和灵敏度分析法是最具代表性的线性规划法。

3) 非线性规划法

电力系统属于一种非线性系统，非线性规划法恰好适用。牛顿法和简化梯度法都属于常用的非线性规划法，已经被应用到电力系统优化领域。

牛顿法是拥有二阶收敛性的迭代方法，利用矩阵的稀疏性简化计算，具有收敛速度快的优势。简化梯度法是早期用来解决大规模最优潮流问题的一种比较成熟的方法。1968 年，Dommel 和 Tinney 提出的简化梯度法被用于求解较大规模的最优潮流问题[11]。该方法虽然原理简单，但是搜索步长的选择较为困难，常导致最优解处的搜索路线会出现锯齿的现象；另外，在处理不等式约束时，罚函数中惩罚因子的选择会极大地影响收敛结果。

4) 混合整数规划法

混合整数规划法首先要明确整数变量，然后联合线性规划法计算连续变量，在解决离散变量问题时具有良好的效用。典型的混合整数规划法包括割平面法、凑整数法、分支定界法和拉格朗日松弛法。

2. 智能优化方法

1) 禁忌搜索法

禁忌搜索法是一种亚启发式随机搜索方法，其原理为首先产生初始解，然后采用“移动”操作从当前解邻域中随机产生一系列解，选择其中改善最明显的“移动”作为当前解，重复上面的操作直至满足终止条件。Ramírez-Rosado 等针对配电系统优化配置问题，提出了一种改进的禁忌搜索算法，该算法通过寻找馈线的最佳位置和容量，力求使配电系统可靠性最好，经济性最佳[12]。

禁忌搜索法其实是对人类思维过程本身的一种模拟，利用对一些局部最优的记忆来接受一部分较差的解，从而达到避免陷入局部最优的目的。禁忌搜索法的优点是迭代次数少，收敛度高，但是精度不高，全局搜索能力不强。

2）模拟退火算法

模拟退火算法起源于固体退火原理，是一类基于概率的算法。1953 年，Metropolis 等首次提出了模拟退火的思想[13]，随后 Kirkpatrick 等成功地将该方法引入组合优化领域[14]。模拟退火算法起始于某一较高的初温，随着温度系数不断降低，结合概率突跳特性在解空间中随机搜寻目标函数的全局最优解，即在局部最优点中选择性地跳出，直至逼近全局最优点。模拟退火算法是一种常用的优化方法，文献[15]针对电力系统的实际运行情况及模拟退火算法自身的特点，提出了改进的模拟退火算法，解决了包括编码方式、状态产生函数、状态接受函数、温度更新函数以及内、外循环终止准则等主要问题。

3）遗传算法

遗传算法是根据达尔文的自然选择学说、孟德尔的群体遗传学说和魏茨曼的物种选择学说提出的一种基于生物进化论而进行随机搜索的优化算法。遗传算法主要通过选择、交叉和变异三个基本流程模拟生物在自然环境中遗传和进化的过程。由于具有全局搜索能力强、鲁棒性好、计算流程规范等优势，该方法已广泛应用于各领域。

4）粒子群优化算法

粒子群优化算法是一种新兴的启发式算法，它是基于群集智能的全局优化算法，具有群体协作的随机搜索机制，对于解决复杂的、非线性的优化问题效果显著。受鸟群觅食过程中迁徙及群聚行为的启发，为描述鸟群的社会行为，1995 年 Eberhart 和 Kennedy 首次提出了基本粒子群优化算法[16]。最初的 PSO 算法用于求解连续变量优化问题，以模拟鸟的群集智能为特征。在 PSO 算法中，每个个体被称为一个粒子（particle），每个粒子代表所求解问题的一个最优解，最终的优化解通过粒子间不断交互的信息搜寻得到。PSO 算法首先初始化一个种群，随后随机为每个粒子赋予一个位置和速度，在迭代过程中，粒子的速度、轨迹根据自身和其他粒子的历史经验不断调整，直至找到最后的目标。

智能优化方法相较于常规优化方法有以下优缺点。

（1）常规优化方法一般是针对结构化的问题，有较为明确的问题和条件描述，有清晰的结构信息；而智能优化方法一般针对较为普适的问题描述，普遍缺乏结构信息。

(2) 常规优化方法不少都属于凸优化范畴，有唯一且明确的全局最优点；而智能优化方法针对的绝大多数是多极值问题，防止陷入局部最优而尽可能找到全局最优是采用智能优化方法的根本原因：对于单极值问题，常规优化方法大部分时候已足够好，智能优化方法没有任何优势；对于多极值问题，智能优化方法通过有效设计可以在跳出局部最优和收敛到一个点之间有一个较好的平衡，从而找到全局最优点，但有时局部最优也是可接受的，所以常规优化方法也有很大的应用空间和针对特殊结构的改进可能。

(3) 常规优化方法一般是确定性算法，有固定的结构和参数，计算复杂度和收敛性可做理论分析；智能优化方法大多为启发性算法，能定性分析却难定量证明，且大多数算法基于随机特性，其收敛性一般是概率意义上的，实际性能不可控，往往收敛速度也比较慢，计算复杂度较高。

6.2　禁忌搜索算法

6.2.1　禁忌搜索算法的基本原理

禁忌搜索算法是在 20 世纪 70 年代末由 Glover 提出的一种全局逐步寻优算法，通过扩展邻域搜索，根据在搜索过程中获得的知识来避免局部极值点[17,18]。禁忌搜索算法采用一种确定性的局部极小突跳策略，其最重要的思想是标记对应已搜索到的局部最优解的一些对象，并在进一步的迭代搜索中尽量避免这些对象(但不是绝对的，主要依据为是否满足藐视准则)，这样就具有其他传统优化算法所没有的特性。禁忌搜索算法包含七个基本参数：禁忌对象、禁忌长度、邻域函数、评价函数、藐视准则、终止准则和记忆频率信息。

1) 禁忌对象

禁忌对象指禁忌表中那些被禁忌的变化元素。禁忌对象可分为候选解本身、解向量分量和目标值三种形式。

2) 禁忌长度

禁忌长度指禁忌对象不允许选取的迭代次数。元素 x 一经进入禁忌表，就给该禁忌对象 x 一个禁忌长度 s。令禁忌对象 x 在 s 迭代步内被禁忌。每迭代一步就令 $s-1$，直到 $s=0$ 时把对象 x 从禁忌表中解禁出来。确定 s 的大小主要依据实际问题、试验和设计者的经验，其影响整个算法的搜索进程和行为。

3）邻域函数

邻域函数是优化中的一个重要概念，其作用是指导如何由一个（组）解来产生一个（组）新的解。邻域函数的设计往往依赖于问题的特性和解的表达方式（编码）。由于优化状态表征方式不同，函数优化与组合优化中的邻域函数存在明显差异。

4）评价函数

评价函数是候选集合元素选取的一个评价公式，候选集合的元素通过评价函数值来选取。

5）藐视准则

藐视准则是为了避免禁忌搜索算法中的全部对象被禁忌的情况，也是为了在一个对象被禁忌的情况下仍然不丢失相关解，其最终目的就是实现全局最优化。通常有下列三种藐视准则。

（1）基于评价值的准则。当候选解中有一个解对应的评价值优于当前最好的解时，如果这个解对应的对象被禁忌，那么就把它解禁出来。其实质就是算法搜索到一个更好的解。

（2）基于最小错误的准则。若候选解中所有的对象都被禁忌，而又不存在优于当前最好解的元素，为了得到更好的解，可从候选解的所有元素中选一个适当的评价值的状态解禁。

（3）基于影响力的准则。有些对象的变化对目标值的影响较小，而有的变化对目标值的影响较大。在这种情况下，如果影响力大的对象是禁忌对象，则应该解禁该对象，以便能得到更好的解。需要注意的是，对象的变化对目标的影响大不一定就是使评价值变大或变小，它只是一个影响力指标。这一准则应结合禁忌长度和评价函数使用。

6）终止准则

终止准则用来结束算法的运行。常用的终止准则有以下三个。

（1）最大迭代步数准则。给定一个很大的数，总的迭代次数一旦超过它，算法就停止搜索。

（2）最大频率准则。给定一个数，当某一解或目标值出现的频率超过这个给定值时，算法就停止搜索。

（3）目标值偏离程度准则。首先计算出问题的下界，当算法中目标值与此下界的偏离值小于某个给定的数时终止搜索过程。

7）记忆频率信息

禁忌搜索所使用的记忆包括详细记忆和属性记忆。详细记忆记录了在搜索过程中找到的所有最优解，这些被记忆的最优解(或是它们的有希望邻域)用于扩张局部搜索。禁忌搜索可以利用属性记忆来进行定向搜索。这种记忆类型保存了解的属性信息，且这些属性信息内容随着从一个解到另一个解的移动而不断改变。

6.2.2　禁忌搜索算法的特点

禁忌搜索算法是一种局部搜索能力很强的全局迭代寻优算法，与普通的优化搜索算法相比，它采用了许多独特的方法和技术，归纳起来主要有以下几个方面。

(1) 搜索过程中可以接受较差的解，具有较强的“爬山”能力。

(2) 新解不是在当前解的邻域中随机产生的，而是优于目前的最优解，或是非禁忌的最优解，因此选取优良解的概率远远大于其他解。

(3) 适合解决多变量、非线性、不连续、多约束的全局优化问题，显示出独特的优越性。

6.2.3　禁忌搜索算法的操作步骤

禁忌搜索算法的流程如图 6.1 所示，一般步骤如下。

(1) 设置禁忌长度，随机产生一个初始解，设定藐视准则和终止准则，将禁忌表中所有元素清零。

(2) 对终止准则进行判断，如果终止条件成立就输出所搜索到的最优解，算法终止，否则进行步骤(3)。

(3) 将第一步随机产生的初始解，根据领域函数进行变化，产生一些领域解，从这些产生的领域解中选出一些解作为候选解。

(4) 根据藐视准则对候选解进行判断。如果满足藐视准则，则用能够满足藐视准则的最好状态替代当前解，使其成为新的当前解，并将禁忌表原有的禁忌对象删除，添加当前最佳状态所对应的对象，将其作为新的禁忌对象，同时将当前最佳状态替换为目前为止的最佳(best so far)状态，最后进行步骤(6)；否则，进行步骤(5)。

(5) 对候选解所对应的各种对象进行分析，对其禁忌属性进行判断，挑选在候选解集但不在禁忌表里的对象，将这种对象所对应的最佳状态作为新的当前最优解，同时替换禁忌表里的原有禁忌对象。

(6) 跳转到步骤(2)，进行循环操作。

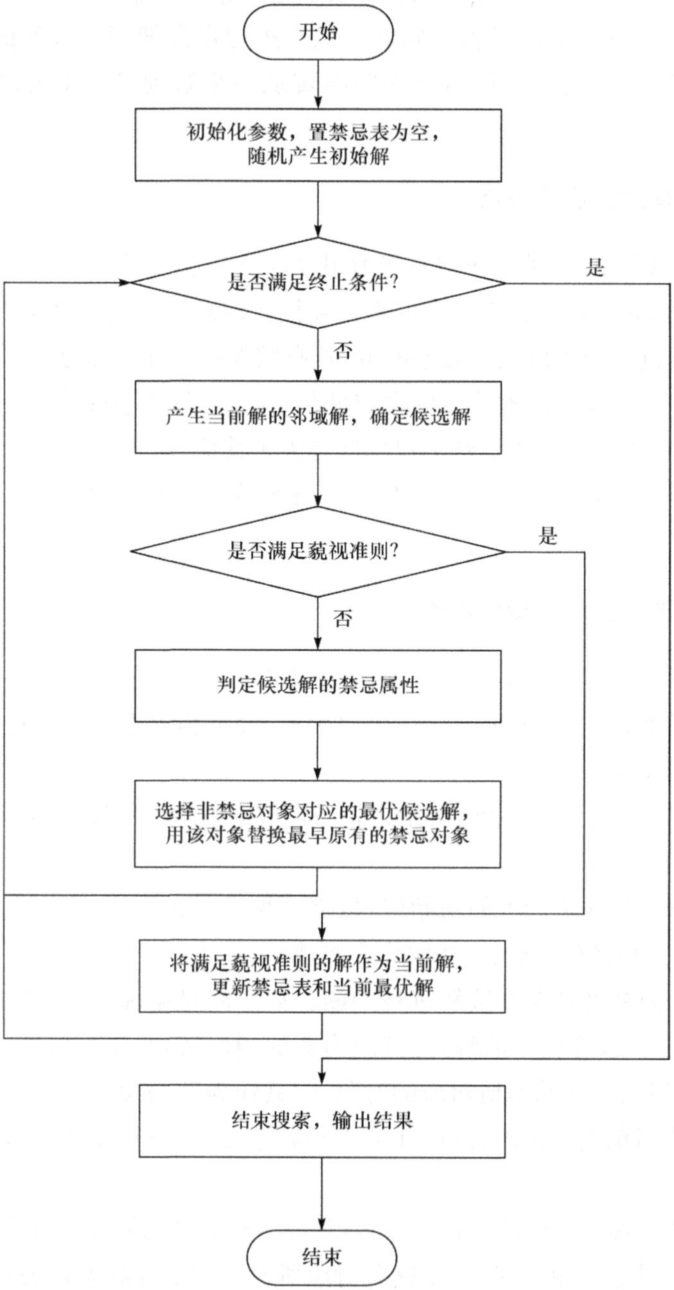

图 6.1　禁忌搜索算法流程

6.3　模拟退火算法

6.3.1　模拟退火算法的基本原理

模拟退火算法是基于蒙特卡罗(Monte Carlo)迭代求解策略的一种随机寻优算法,其出发点是物理中固体物质的退火过程与一般组合优化问题之间的相似性。模拟退火算法是从某一较高初温出发,伴随温度参数的不断下降,结合概率突跳特性在解空间中随机寻找目标函数的全局最优解,即局部最优解能概率性地跳出并最终趋于全局最优。

模拟退火算法源于固体退火原理,将固体加温至充分高,再让其缓慢冷却,加温时,固体内部粒子随温升变为无序状,内能增大,而缓慢冷却时粒子渐趋有序,在每个温度都达到平衡态,在常温时达到基态,内能减为最小。根据 Metropolis 准则,粒子在温度 T 时趋于平衡的概率为 $e^{-\Delta E_T/(kT)}$,其中 E_T 为温度 T 时的内能,ΔE 为其改变量,k 为玻尔兹曼常量。用固体退火模拟组合优化问题,将内能 E 模拟为目标函数值 f,温度 T 演化成控制参数 t,即得到解组合优化问题的模拟退火算法:由初始解 i 和控制参数初值 t 开始,对当前解重复“产生新解→计算目标函数差→接受或舍弃”的迭代,并逐步减小 t 值,算法终止时的解即所得近似最优解,这是基于蒙特卡罗迭代求解策略的一种启发式随机搜索过程。退火过程由冷却进度表(cooling schedule)控制,其中包括控制参数的初值 t 及其衰减因子 Δt、每个 t 值时的迭代次数 M 和停止条件 S。

6.3.2　模拟退火算法的特点

模拟退火算法是对热力学退火过程的模拟,可在多项式时间内给出一个近似最优解。

1. 优点

模拟退火算法具有以下优点。

(1) 相较于一般的蒙特卡罗算法,模拟退火算法的尝试次数更少,同时拥有较快的收敛速度。相较于遗传算法等大型智能优化算法,模拟退火算法实现简单,并能返回较满意的结果。

(2) 目标函数可以自己定制,相较于普通的规划解析器,模拟退火算法能适用于更广的范围,甚至可以对神经网络进行优化,对于离散型的变量有良好的效果。

2. 缺点

模拟退火算法的缺点如下。

(1) 内部本质上还是蒙特卡罗算法,新解与旧解本质上无关联。

(2) 相较于遗传算法,模拟退火算法难以控制运行时间。减少迭代次数可缩短时间,但是优化结果不理想,而增加迭代次数会延长等待时间,不适合解决连续型规划问题。

6.3.3 模拟退火算法的操作步骤

模拟退火算法的流程如图 6.2 所示,基本的操作步骤如下。

(1) 初始化:设置初始温度 T(充分大),初始解状态 S(算法迭代的起点),每个 T 值的迭代次数 M。

(2) 对 $k=1,2,\cdots,M$,执行步骤(3)~步骤(6)。

(3) 产生新解 S'。

(4) 计算增量 $\Delta T=C(S')-C(S)$,其中 $C(S)$为评价函数。

(5) 若 $\Delta T<0$,则接受 S'作为新的当前解,否则以概率 $\mathrm{e}^{-\Delta T/T}$ 接受 S'作为新的当前解。

(6) 如果满足终止条件,则输出当前解作为最优解。程序终止条件通常取为连续若干个新解都没有被接受。

(7) T 逐渐减少,且 $T>0$,转步骤(2)。

模拟退火算法新解的产生和接受可分为如下四个步骤。

(1) 由一个产生函数从当前解产生一个位于解空间的新解。为便于后续的计算,减少算法耗时,通常选择由当前解经过简单变换产生新解的方法,如对构成新解的全部或部分元素进行置换、互换等。注意到产生新解的变换方法决定了当前新解的邻域结构,因而对冷却进度表的选取有一定的影响。

(2) 计算旧解与新解所对应的目标函数的差。因为目标函数差仅由变换部分产生,所以目标函数差最好按增量计算。事实表明,对大多数应用而言,这是计算目标函数差的最快方法。

(3) 判断新解是否被接受。判断的依据是一个接受准则,最常用是 Metropolis 准则:若 $\Delta T<0$,则接受 S'作为新的当前解 S,否则以概率 $\mathrm{e}^{(-\Delta T/T)}$ 接受 S'作为新的当前解 S。

(4) 当新解被确定接受时,用新解代替当前解,只需实现当前解中对应于产生新解时的变换部分,同时修正目标函数值即可。此时,当前解实现了一次迭代,可在此基础上开始下一轮迭代。而当新解被判定为舍弃时，在原当前解的基础上继续下一轮迭代。

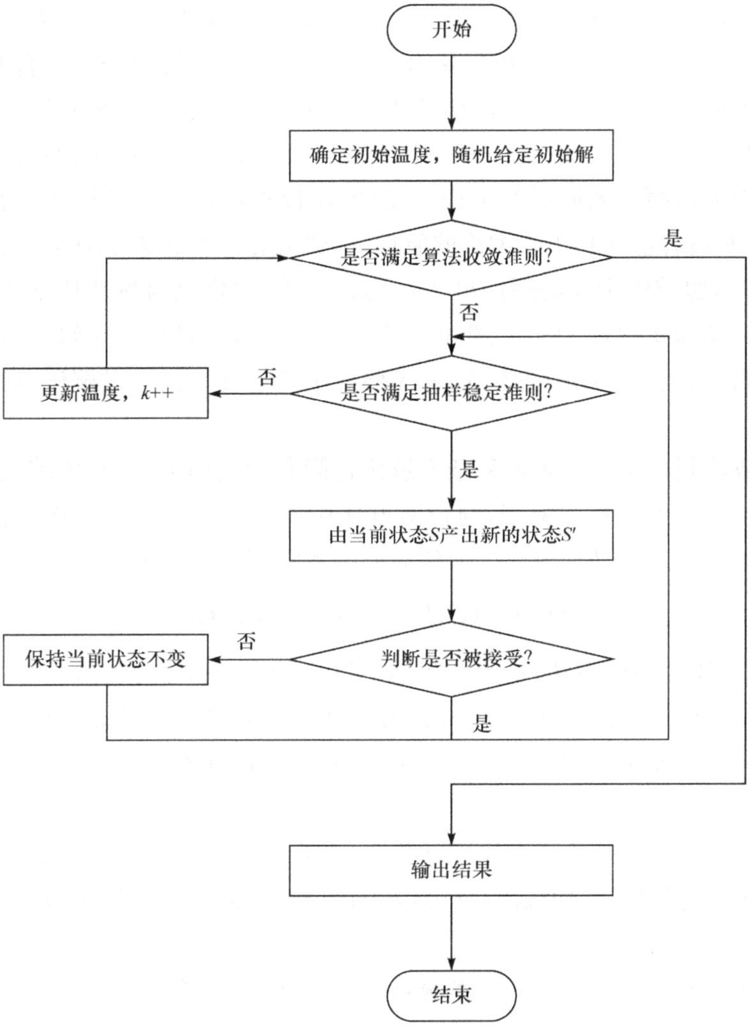

图 6.2　模拟退火算法流程

6.4　遗传算法

6.4.1　遗传算法的基本原理

遗传算法是模拟达尔文生物进化论的自然选择和遗传学机理的生物进化过

程的计算模型，是一种通过模拟自然进化过程搜索最优解的方法[19]。遗传算法是从代表问题可能潜在的解集的种群开始进行的，而这个种群由经过基因编码的一定数目的个体组成。每个个体实际上是染色体带有特征的实体。染色体作为遗传物质的主要载体，即多个基因的集合，其内部表现(即基因型)是某种基因组合，它决定了个体形状的外部表现，如黑头发的特征是由染色体中控制这一特征的某种基因组合决定的。因此，在一开始就需要实现从表现型到基因型的映射，即编码工作。因为仿照基因编码的工作很复杂，所以往往需要进行简化，初代种群产生之后，按照适者生存和优胜劣汰的原理，逐代演化产生越来越好的近似解，在每一代，根据问题域中个体的适应度大小选择个体，并借助自然遗传学的遗传算子进行组合交叉和变异，产生代表新的解集的种群。这个过程将导致像自然进化一样后代种群比前代更加适应环境，末代种群中的最优个体经过解码，可以作为问题近似最优解。

遗传算法提供了一个求解复杂系统优化问题的通用框架，不依赖问题的领域和种类。以适应度函数为依据，通过对群体中的个体施加遗传操作，实现群体内个体结构重组的迭代处理过程。遗传算法的数学模型可表示为

$$\mathrm{SGA}=(C,E,P_0,N,\Phi,\Gamma,\Psi,G) \tag{6.1}$$

式中，C 为个体的编码方法；E 为个体适应度评价函数；P_0 为初始种群；N 为种群大小；Φ 为选择算子；Γ 为交叉算子；Ψ 为变异算子；G 为遗传终止条件。

对于一个需要进行优化计算的实际应用问题，通常按下述步骤来构造求最优解的遗传算法。

(1) 确定决策变量及其各种约束条件，即确定个体的表现型和问题的解空间。

(2) 建立优化模型，即确定目标函数的类型(求最大值或最小值)及其数学描述形式或量化方法。

(3) 确定表示可行解的染色体编码方法，即确定个体的基因型和遗传算法的搜索空间。

(4) 确定解码方法，即确定由个体基因型到个体表现型的对应关系或转换关系。

(5) 确定个体适应度的量化评价方法，即确定由目标函数到个体适应度的转换规则。

(6) 设计遗传算子，即确定选择、交叉和变异等算子的具体操作方法。

(7) 确定遗传算法的有关运行参数，即确定遗传算法的参数。

可行解的编码方法、适应度函数和遗传算子的设计是构造遗传算法时需要考

虑的主要问题。对不同的优化问题需要使用不同的编码方法和不同的遗传操作算子,这与所求解的具体问题密切相关。

6.4.2　遗传算法的特点

下面是遗传算法的主要优点。

(1) 全局搜索能力不依赖于初始值,并且问题复杂度不影响搜索能力。

(2) 搜索从群体出发,具有潜在的并行性,可以进行多个个体的同时比较。

(3) 搜索使用评价函数启发,过程简单。

(4) 使用概率机制进行迭代,具有随机性。

(5) 具有可扩展性,容易与其他算法结合。

遗传算法的主要缺点如下。

(1) 遗传算法的编程实现比较复杂,需要先对问题进行编码以找到最优解,再对问题进行解码。

(2) 选择、交叉和变异算子的实现也有许多参数,如交叉率和变异率等,且这些参数的选择严重影响解的品质,而目前这些参数的选择大部分依靠经验。

(3) 没有能够及时利用网络的反馈信息,故算法的搜索速度较慢,要想得到较精确的解需要较长的训练时间。

(4) 算法对初始种群的选择有一定的依赖性,能够结合一些启发算法进行改进。

(5) 算法并行机制的潜在能力没有得到充分的利用,这也是当前遗传算法的一个研究热点。

6.4.3　遗传算法的操作步骤

图 6.3 为遗传算法的流程图,其具体步骤如下。

(1) 编码产生初始群体。根据问题选择相应的编码方法,并随机产生一个由 N 个染色体组成的初始群体。

(2) 计算适应度值。

(3) 判断算法收敛准则是否满足,若满足,则输出结果,否则继续执行下列步骤。

(4) 选择操作。根据各个个体的适应度值计算选择概率,并根据概率遗传给下一代。选择的目的是把优化的个体(或解)直接遗传到下一代或通过配对交叉产生新的个体再遗传到下一代。

(5) 交叉操作。交叉算子根据交叉率将种群中的两个个体随机地交换某些基因,能够产生新的基因组合,期望将有益基因组合在一起。

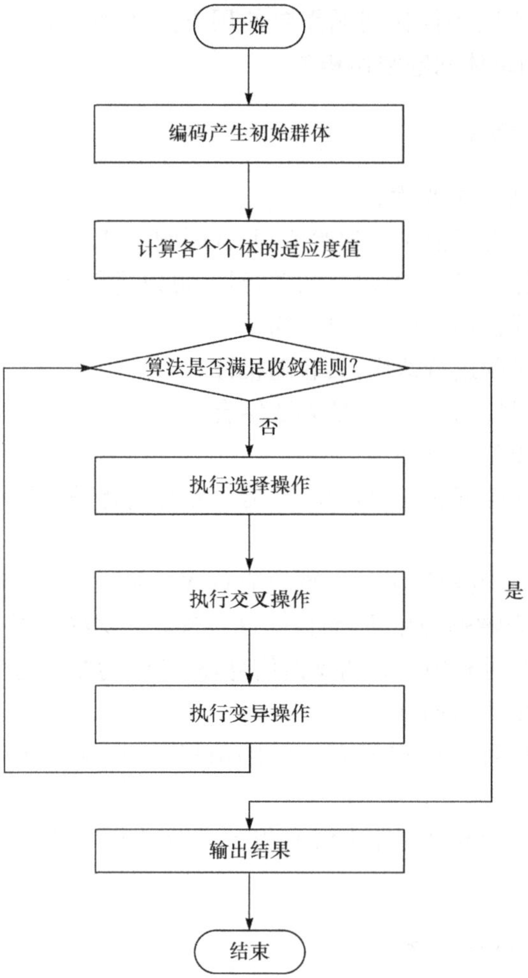

图 6.3　遗传算法流程

(6) 变异操作。变异算子是对群体中个体串的某些基因座上的基因值进行变动。当交叉算子接近最优解邻域时,可利用变异算子提高局部随机搜索能力,从而加速向最优解收敛。

(7) 返回步骤(3)。

6.5　粒子群优化算法

6.5.1　粒子群优化算法的基本原理

粒子群优化算法的寻优机制是由群体动物觅食的过程演变而来的。鸟群或鱼群在觅食时，群体之间通过分享彼此的信息进行沟通，同时每个单独的个体总结自身的历史经验，整个群体不断更新所在位置和方向直至最终发现目标。基于此，粒子群优化算法通过整合群体的历史信息以及个体自身的经验，在全局最优粒子与个体最优粒子的指引下寻找最优解，具体数学表述如下：

$$\begin{cases} v_i^{k+1}=wv_i^k+c_1r_1(\text{pbest}_i^k-x_i^k)+c_2r_2(\text{gbest}^k-x_i^k) \\ x_i^{k+1}=x_i^k+v_i^{k+1} \end{cases} \tag{6.2}$$

式中，v_i 为第 i 个粒子的飞行速度；x_i 为第 i 个粒子的位置；w 为惯性权重；c_1 和 c_2 为学习因子；r_1 和 r_2 为在[0,1]变化的随机数；k 为迭代次数；pbest 代表个体最优位置；gbest 代表全局最优位置。

粒子群优化算法主要由三部分构成，第一部分由一个惯性权值乘以粒子前一次的飞行速度计算而来，体现了种群中每个粒子对其当前自身运动行为的一种信任；第二部分是根据种群中每个粒子所在位置及自身所经过的最优位置之间的距离计算而来，也就是种群粒子对自身的一种认知；第三部分是根据种群每个粒子所在位置与种群所有粒子经历过的最优位置之间的距离计算而来，表示种群粒子间相互交换信息与合作的过程，通过认知、模仿其他同伴的行为使种群始终向最优的方向飞行，也就是种群粒子的“社会”认知部分。图 6.4 和图 6.5 具体描述了此过程。

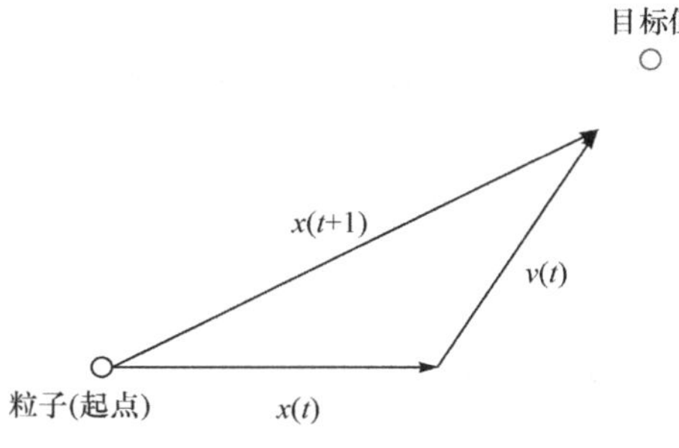

图 6.4　粒子位置更新

6.5.2　粒子群优化算法的特点

粒子群优化算法作为一种新流行的启发式智能搜索方法，除了原理简单、便于寻优、容易计算、收敛速度快等优势外，还具有以下特点。

(1) 以多点搜索理论为基础，通过算法内部的隐式并行搜索机制，避免过早陷入局部最优，该方法属于群体智能优化算法范畴。算法中每个粒子都具有独立的

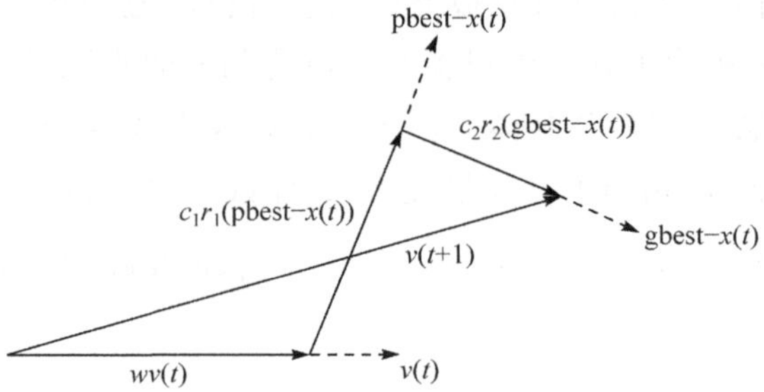

图 6.5　粒子速度更新

行为能力，可以单独向自己的目标方向飞行，群体中所有粒子同时进行搜寻，其搜索范围可以囊括整个解空间，因此可以避免陷入局部最优。

(2) 可求解非凸或不可微的组合优化问题。粒子群优化算法不依靠梯度信息，且具有良好的全局搜索能力，提高了算法解决复杂问题的能力，其数学原理简单，收敛速度快。

(3) 可以有效地平衡全局和局部搜索能力，避免算法早熟。通过不断调整个体认知和社会经验，不仅避免了算法过早地陷入局部最优，也增强了全局寻优的能力。

(4) 最优点的好坏不依赖于初始点的选取，但先验知识可以加快算法的收敛速度。

(5) 可移植性强，可将其他算法的优点引入粒子群优化算法中，以增强算法的寻优性能。

(6) 适用性好，能够求解离散变量、连续变量、离散变量混合等非线性优化问题。

6.5.3　粒子群优化算法的操作步骤

将动态惯性权重法引入多目标粒子群优化算法中，使整个种群具有自适应功能，构成了自适应多目标粒子群优化(adaptive multi-objective particle swarm optimization，AMPSO)算法。利用该算法解决所提出的优化问题，完整的算法流程如图 6.6 所示。

(1) 初始化：初始化种群 P，设定粒子群个数为 N，最大迭代次数为 k。随机初始化粒子的位置和速度，设置个体最优位置 pbest 和全局最优位置 gbest。

(2) 评价：根据隶属度函数，计算当前种群 P 中每个粒子对应的目标值。

(3) 更新最优粒子：根据计算结果，更新种群 P 中每个粒子的个体最优位置和全局最优位置。

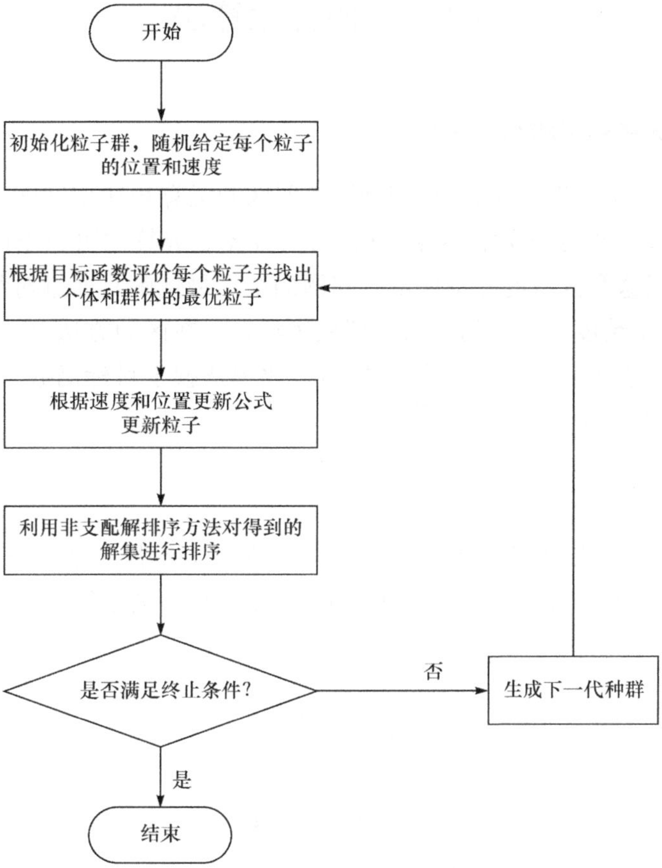

图 6.6　粒子群优化算法流程

(4) 种群排序：复制种群 P 构成新种群 Q，根据速度和位置更新公式，计算种群 Q 中每个粒子的最新速度和位置，随后评价种群 Q 中的每个粒子。将种群 P 和种群 Q 合并成种群 R，利用伴有精英机制的非支配解排序方法(NSGA-II)，将种群 R 进行排序。值得注意的是，优化问题往往伴随着不同类型的约束条件，而多目标粒子群优化算法会为每个粒子的位置和速度设置上、下限，以确保所得到的解在约束范围之内。

(5) 选择：从排序后的种群 R 中依次选出最好的 N 个粒子，重新构成种群 P。

(6) 判断：如果程序收敛，则输出最终结果；如果未找到最优解，则重复步骤(2)～步骤(5)直到程序结束。

6.6　区间优化算法

6.6.1　区间优化算法的基本原理

区间优化算法是以区间分析为基础，按照区间运算规律用区间变量代替点变量进行区间计算，并与分支定界算法相结合（分支定界算法可行空间缩减成一些很小的区域，而这些区域的并集保留着问题的全局最优解），通过对每个区间的优化计算能在给定精度内求出问题的全部最优集合。在区间方法这一研究领域，所有算法都包含精确区间计算，且算法的执行效率依赖于目标函数、梯度和约束的区间扩张的构造方法[20]。

1. 区间表示

所有实区间的集合记作 $I(\mathbf{R})$。区间 A 的上、下端点分别记作 $\sup(A)$ 和 $\inf(A)$。对任意区间 $A=[\underline{a},\bar{a}]\in I(\mathbf{R})$，区间 A 的中点、宽度和绝对值分别定义为

$$m(A)=\frac{\underline{a}+\bar{a}}{2} \tag{6.3}$$

$$w(A)=\bar{a}-\underline{a} \tag{6.4}$$

$$|A|=\max(|\underline{a}|,|\bar{a}|) \tag{6.5}$$

分量为区间的向量称为区间向量。所有 n 维实区间向量的集合记作 $I(\mathbf{R}^n)$。对于一个 n 维区间向量 $A=(A_1,A_2,\cdots,A_n)\in I(\mathbf{R}^n)$，其中的中点、宽度和绝对值仍是向量，分别定义为

$$m(A)=(m(A_1),m(A_2),\cdots,m(A))^{\mathrm{T}} \tag{6.6}$$

$$w(A)=\max\{w(A)_i:i=1,2,\cdots,n\} \tag{6.7}$$

$$|A|=(|A_1|,|A_2|,\cdots,|A_n|)^{\mathrm{T}} \tag{6.8}$$

同理，设 A 为区间矩阵，即 $A=((A_{ij}))_{m\times n}\in I(\mathbf{R}^{m\times n})$，其中 $A_{ij}=[\underline{a}_{ij},\bar{a}_{ij}]$，则点、宽度和绝对值分别定义为

$$m(A)=(m(A_{ij}))_{m\times n}\in I(\mathbf{R}^{m\times n}) \tag{6.9}$$

$$w(A)=(w(A_{ij}))_{m\times n}\in I(\mathbf{R}^{m\times n}) \tag{6.10}$$

$$|A|=(|A_{ij}|)_{m\times n}\in I(\mathbf{R}^{m\times n}) \tag{6.11}$$

2. 区间运算及其性质

保证区间算法正确运行的首要条件是区间运行规则，下面给出区间运算的有关定义与运算规则。

在 $I(\mathbf{R})$ 上定义区间运算，对于任意给定的区间 $A=[\underline{a},\bar{a}]\in I(\mathbf{R})$，$B=[\underline{b},\bar{b}]\in I(\mathbf{R})$，四则运算定义：

$$A+B=[\underline{a}+\underline{b},\bar{a}+\bar{b}] \tag{6.12}$$

$$A-B=[\underline{a}-\bar{b},\bar{a}-\underline{b}] \tag{6.13}$$

$$A\times B=[\min(\underline{a}\underline{b},\bar{a}\underline{b},\underline{a}\bar{b},\bar{a}\bar{b}),\max(\underline{a}\underline{b},\bar{a}\underline{b},\underline{a}\bar{b},\bar{a}\bar{b})] \tag{6.14}$$

$$A/B=[\min(\underline{a}/\underline{b},\bar{a}/\underline{b},\underline{a}/\bar{b},\bar{a}/\bar{b}),\max(\underline{a}/\underline{b},\bar{a}/\underline{b},\underline{a}/\bar{b},\bar{a}/\bar{b})],\quad 0\notin B \tag{6.15}$$

幂运算定义：

$$A^n=\begin{cases}[1,1], & n=0\\ [\underline{a}^n,\bar{a}^n], & \underline{a}\geqslant 0 \text{ 或 } \underline{a}\leqslant 0\leqslant\bar{a} \text{ 且 } n \text{ 为奇数}\\ [\bar{a}^n,\underline{a}^n], & \bar{a}\leqslant 0\\ [0,\max(\underline{a}^n,\bar{a}^n)], & \underline{a}\leqslant 0\leqslant\bar{a} \text{ 且 } n \text{ 为偶数}\end{cases} \tag{6.16}$$

集合运算定义：

$$X\cap Y=[\max(\underline{x},\underline{y}),\min(\bar{x},\bar{y})] \tag{6.17}$$

$$X\cup Y=[\max(\underline{x},\underline{y}),\min(\bar{x},\bar{y})] \tag{6.18}$$

3. 区间函数与区间扩张

设 $f:D\subseteq\mathbf{R}^n\rightarrow\mathbf{R}$，若存在区间值映射 $F:I(D)\subseteq I(\mathbf{R}^n)\rightarrow I(\mathbf{R})$，对于任意 $X=(X_1,X_2,\cdots,X_n)^{\mathrm{T}}\in I(D)$ 和 $x_i\in X_i(i=1,2,\cdots,n)$，有

$$F([x_1,x_2],\cdots,[x_n,x_n])=f(x_1,x_2,\cdots,x_n) \tag{6.19}$$

即

$$\{f(x):x\in X\}\in F(X),\quad \forall X\in I(D) \tag{6.20}$$

则称 F 为 f 在 $X=(X_i)_{n\times l}$ 上的区间扩张。区间扩张 $F(X)$，$X\in I(\mathbf{R}^n)$ 是一个以区间向量 X 为变量且计算结果是区间的区间函数，区间扩张函数不唯一。

通常实用的区间扩张有自然形式的区间扩张和中心形式的区间扩张，给定函数 $f(x)$，对于任意 $X\in I(\mathbf{R})$，其区间扩张步骤具体如下。

(1) 自然形式的区间扩张：如果 $f(x)$ 的表达式给定，那么用区间(或区间向量)X 代替表达式中的 x，每个基本函数和运算符用各自响应的区间基本函数和区间运算符代替，即可得到 $f(x)$ 的自然形式的区间扩张，记为 $f(X)$。

(2) 中心形式的区间扩张：当函数足够光滑时，令 $c=m(X)$ 或 X 中的某个点，可以利用泰勒展开式

$$f(x)=f(c)+\sum_{i=1}^{k-1}\frac{(x-c)^i}{i!}f^i(c)+\frac{(x-c)^k}{k!}f^k(\xi),\quad \xi\in X \tag{6.21}$$

构造 f 的区间扩张。如果 $F^{(k)}$ 是 $f^{(k)}$ 的区间扩张函数，那么 $f^{(k)}(\xi)\in F^k(X)$。因此，可以得到 f 在 c 处的 k 阶泰勒区间扩张为

$$T_k(c,X)=f(c)+\sum_{i=1}^{k-1}\frac{(x-c)^i}{i!}f^{(i)}(c)+\frac{(x-c)^k}{k!}F^{(k)}(X) \tag{6.22}$$

$T_k(c,X)$ 也称为 f 的中心形式的区间扩张。

除了以上提到的两种区间扩张形式，还有针对多项式的 Horner 形式和 Bernstein 形式等。

6.6.2 区间优化算法的特点

1. 区间优化算法的优点

区间优化算法的理论基础是区间分析，它是一种以区间变量代替点变量进行优化的优化方法。算法采用分支定界结构，经不断地进行分支、定界、剪枝过程，将目标与各变量区间缩减到满足终止准则的要求。区间优化算法与点优化方法相比有突出的优点，可归纳为以下四点。

(1) 区间优化算法能在给定精度内求出问题的全部极小点，也就是说它是一种全局优化方法，因为其区间的表示形式可以包含任意小范围内的无穷采样点，这是其他优化方法无法比拟的。

(2) 不同于其他算法的多点采样，区间优化算法用基础单元的两个区间计算结果就可以判定其中是否存在最优解。从某种程度上讲，区间优化可以化简优化步骤，节省存储空间。

(3) 区间优化算法提供了一种计算和分析灵敏度的方法。

(4) 区间优化算法在非数学学科(如物理、工程和经济等)中有广泛的应用。对于原始数据只知道界限范围,近似描述过程方程已知,或者需要求解运行区间的过程,区间优化算法都可以得到较满意的结果。

2. 区间优化算法的缺点

虽然区间优化理论已在很多问题中取得了较好的效果,但目前其应用仍具有局限性且现有的研究还不够完善,原因主要如下。

(1) 区间数学本身固有问题的制约。区间计算方法虽然在许多领域和问题中取得了较好的应用,但其本身存在两大问题:相关性问题和“维数灾难”问题。区间计算不考虑变量的相关性,运算结果无限扩大,从而导致迭代算法效率降低或结果精度降低。另外,区间优化算法大多基于分支定界策略,随着问题维数的增加,计算量呈指数增加,解决高维问题就比较困难。

(2) 区间方法还未被控制领域的研究者所广泛接受。利用区间的优势来解决控制理论中的一些问题,这需要有更多的研究者积极参与,从而推动区间方法在控制领域的进一步发展。

6.6.3　区间优化算法的核心思想及分析步骤

1. 分支定界

区间优化算法的一个重要思想是分支定界,就是把可行域逐渐剖分加细,同时相应地构造出最优解单调减少的上界序列或单调增加的下界序列,当上界和下界相等或者上界与下界的差满足误差要求时,迭代终止,得到全局最优解,否则迭代继续进行。根据剖析过程和上下界估计过程的选取,分支定界方法大体可分为两类,一类是把切平面过程与分支定界技术相结合,另一类是使用目标函数逼近(或下估计)过程。分支定界算法的主要实现步骤可概括为分支、定界和剪枝三个基本运算,不同分支定界算法的区别在于这三个基本运算的不同处理上。分支定界算法的一般步骤可概括如下。

(1) 初始化。选择可行域 S 的初始松弛集合 F,满足 $F\supseteq S$,初始可行点集合 $Q=\varnothing$,上界 $\alpha=+\infty$,令 $P=\{F\}$,计算集合下界 $\beta(F)\leqslant\min\{f(x),x\in S\}$,并令 $\beta=\beta(F)$。在计算 $\beta(F)$的过程中,若有必要,则更新 Q 和 α。

(2) 分割。将 F 分割成有限个子集 F_i,$i\in I$ (指标集),满足

$$F\cup F_i,\quad \mathrm{int}F_i\cap\mathrm{int}F_j=\varnothing,\quad \forall i,j\in I,i\neq j \tag{6.23}$$

(3) 剪枝。对每个 $i \in I$，计算 f 在每个子集 F_i 上的下界 $\beta(F_i)$ 并使其能够满足 $\beta(F_i) \leqslant \inf f(F_i \cup S)$；利用在计算 $\beta(F_i)$ 过程中发现的所有可行点修正集合 Q，同时按照合适的删除规则，删除 P 中所有不包含最优解的 F_i 或 F_i 的一部分，剩余集合仍记为 P。

(4) 定界。令 $\beta = \min\{\beta(F_i) \mid F \in P\}$，$\alpha = \min\{f(x) \mid x \in Q\}$。

(5) 终止判断。若 $\alpha - \beta \leqslant \varepsilon$（充分小的正数），则终止算法；否则从中挑选合适的子集 F，$F \in P$，转入步骤(2)。

分支定界算法的优点是能在保证精度的情况下减少问题的计算量，淘汰大量没有希望超过已知最佳本分值的节点，最终得到问题的最优解，即最优的本分值。

分支定界算法的缺点是在面对大规模问题时，减少的计算量仍不够多，算法的效率与精度取决于变量的决策优先次序和节点目标函数的估计精度。

2. 区间优化算法的步骤

将优化问题初始搜索空间用 X^0 表示。算法过程中通常采用以下一个或多个列表，由 X^0 细分得到的待处理的区间向量列表 K，已验证包含最优解且宽度满足要求的区间向量列表 C_g。

区间优化算法的一般步骤如下。

(1) 初始化区间向量列表 K 和 C_g。

(2) 从 K 中取其中第一个区间向量，记作 X。

(3) 对 X 进行以下一个或多个处理：①对 X 进行二分；②确定 X 是否包含最优解，并求该最优解；③缩减。

(4) 对步骤(3)得到的区间向量结果，根据宽度大小是否满足要求分别放入 K 的末位或 C_g 中。

(5) 若 K 非空，则转到步骤(2)，否则算法结束。

这些过程可简化成几个简单的过程，即定界、分支、终止、删除和分裂，其中包括区间划分规则、删除规则及区间分裂规则。不同区间算法的区别在于这几种规则的不同处理手段上。例如，在对单变量目标函数的删减规则中，最基本的是应用中点取值删减，该方法可以不考虑目标函数的具体性质；在对多变量目标函数的删减规则中，最基本的是应用梯度删减。

6.7 伴有太阳能光伏特性的移动式微电网优化配置

在全球化石能源逐渐减少、环境问题日益突出、燃油成本和运输成本与日俱增的趋势下，研究如何提升移动式微电网的能源利用率、减少运输成本和污染物排放已迫在眉睫。目前，移动式微电网的研究主要集中在陆地上的汽车、火车、高速铁路列车和海上的各类船舶。本节将重点围绕伴有太阳能光伏特性的绿色船舶展开论述。

目前，以柴油机为主要供能单元的传统船舶电站存在能源利用率低、污染严重等问题，具体总结如下。

(1) 使用柴油，废气排放问题严重。部分内河船只依然使用设备陈旧的柴油发电机，其排放性能不好，且维修水平都不高，造成的环境污染非常严重。

(2) 船舶在港口停泊或转运时，岸电不能及时接入，需要启动柴油发电机提供生活用能，耗油量大，排放不达标。

引入清洁能源，构造伴有太阳能光伏特性的绿色船舶，不仅可以彻底改变这一不利局面，还可以带来显著的经济效益。伴有太阳能光伏特性的绿色船舶与传统船舶相比，具有燃油消耗少、污染小、噪声低等诸多优点。开展伴有太阳能光伏特性的绿色船舶的研究，不仅为国家海洋工程建设提供了有力支持，也推动了绿色船舶事业的发展。

太阳能在船舶电力系统中的应用可以说是具有“天时，地利，人和”的条件，船舶航行在广阔的海洋上，光照资源非常充足。另外，光伏发电技术已经趋向于成熟，在陆地上得到了广泛的应用，这给光伏发电技术应用于船舶提供了有利的技术支撑。可以肯定地预测，太阳能很快将成为船舶电力系统的主力军，多种能源相互协调配合提供电能的混合船舶电站将彻底改变传统船舶电站单一的供电方式，研究伴有太阳能光伏特性的船舶电力系统优化配置具有潜在且重要的价值。

6.7.1　混合船舶电力系统

与陆地电网不同，船舶行驶在海面上，船舶电站一直独立运行；陆地上光伏发电系统的输出仅仅依赖于自然条件，但是船载光伏发电系统的输出不仅依赖于光照情况，还依赖于船舶所经过地区的时间、时区、经度、纬度和环境温度，甲板上浪等因素也会影响光伏发电系统的输出功率；在陆地电网中，负载往往连续变化，而船舶负载随着船舶航行时各工况的转变而变化；陆地电网没必要保证 100%的失负荷率，但是船舶电站必须要保障满足 100%的失负荷率。

本节基于工业和信息化部与财政部联合支持的高技术船舶项目“太阳能在油轮上的应用研究”，以 10 万吨大型远洋油轮为对象，对包含船载光伏发电系统、柴油机发电系统、蓄电池储能系统和船舶各类负载在内的混合船舶电站进行优化配置，船舶电站结构如图 6.7 所示。该油轮长 320m、宽 60m、高 30.5m，最大可供太阳能电池板铺设面积为 2000m^2。

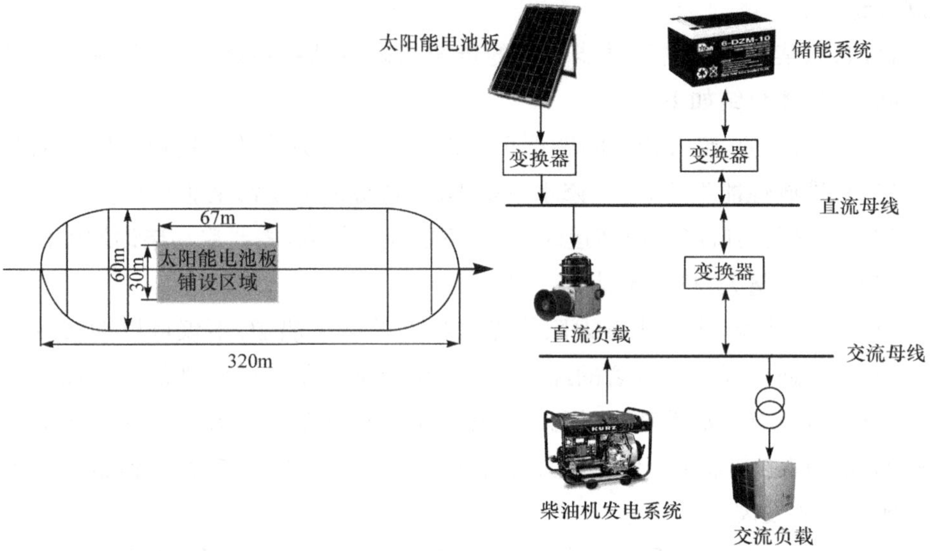

图 6.7　伴有太阳能光伏特性的混合船舶电站

该油轮从中国大连驶向也门亚丁，航程为 20 天，一年分四次出行，共 160 天，具体行程为每年 1 月 1 日、4 月 1 日、7 月 1 日和 10 月 1 日的早上 8 点从中国大连出发，于 1 月 25 日、4 月 25 日、7 月 25 日和 10 月 25 日从也门亚丁返航，因此本节考虑的优化问题涉及全年 3840h[21]。

6.7.2　不考虑摇摆的混合船舶电站优化配置

本节首先搭建伴有太阳能光伏特性的船舶电力系统科学模型，然后对整个船舶电站进行优化配置。

1. 系统建模

1) 船载光伏发电系统

油轮甲板上接收到的太阳辐射度随着船舶出行时船舶的位置、日期、当地时间、时区的变化而变化，因此需要利用船舶航线的这些数据，通过合理的修正方法对船载光伏发电系统的输出进行修正[22]。本节搭建了船载光伏发电系统模型，其数学描述如下：

$$P_{PV(s,t)}=\eta_{pv}A_{pv}G_{(s,t)} \tag{6.24}$$

式中，η_{pv}代表太阳能电池板转换效率；A_{pv}代表铺设太阳能电池板的面积(m^2)；$G_{(s,t)}$代表在 s 季节、t 时刻时接收到的太阳辐射度(W/m^2)。

太阳能电池板转换效率 η_{pv}可计算如下：

$$\eta_{pv}=\eta_{pvref}\eta_{MPPT}[1-\beta(T_c-T_{c\text{-}ref})] \tag{6.25}$$

式中，η_{pvref}为太阳能电池板最大转换效率；η_{MPPT}为最大功率跟踪控制转换效率；T_c 为太阳能电池板工作时的温度，这里取 $T_c=T_\alpha+[(NCOT-20)/800]G_{(s,t)}$，$T_\alpha$ 为环境温度，NCOT 为太阳能电池正常工作温度(normal operating cell temperature)，这里取 45℃；$T_{c\text{-}ref}$为太阳能电池板正常工作时的温度，这里取 25℃；β 为温度系数，一般每摄氏度取 0.004～0.006，这里取 0.0048。

考虑到太阳辐射度在光伏发电系统中的重要作用，本章提出了一种修正方法，可对船舶每小时接收到的太阳辐射度进行修正[23,24]，具体如下：

$$\begin{aligned}G_{(s,t)}&=G_{b(s,t)}+G_{d(s,t)}+G_{r(s,t)}\\&=G_{b,n(s,t)}\left[\cos\theta+\cos^2\left(\frac{\phi}{2}\right)\sin\chi+\rho(\cos\chi+C)\sin^2\left(\frac{\phi}{2}\right)\right]\end{aligned} \tag{6.26}$$

式中，$G_{b(s,t)}$、$G_{d(s,t)}$、$G_{r(s,t)}$分别代表在 s 季节、t 时刻时太阳辐射度的直射量、散射量和地面反射量；θ 为太阳能电池板与光线之间的夹角；C 为光线散播常数；ρ 为反射率；χ 为天顶角；ϕ 为太阳能电池板与水平面的夹角，在本书中由于太阳能电池板是水平铺设，所以 $\phi=0$；而 θ 与 χ 由下列公式修正：

$$\cos\theta=\cos\chi=\sin\delta\sin\lambda+\cos\delta\cos\lambda\cos\alpha \tag{6.27}$$

$$\delta=23.44^\circ\sin\left[360^\circ\left(\frac{d-80}{365.25}\right)\right] \tag{6.28}$$

$$\alpha=\frac{360^\circ}{24}(LST-12) \tag{6.29}$$

$$LST=LT+TC/60 \tag{6.30}$$

$$TC=4(L_{local}-LSTM)+EOT \tag{6.31}$$

$$LSTM=15^\circ t_{zone} \tag{6.32}$$

$$EOT=9.87\sin(2B)-7.53\cos B-1.5\sin B \tag{6.33}$$

$$B=360^\circ(d-81)/364 \tag{6.34}$$

式中，α 为太阳时角；λ 为纬度；δ 为太阳倾角；d 为朱利安天数，1 月 1 日时，$d=1$；LST 为当地时间；EOT 为时间等式；L_{local}为经度；t_{zone}代表时区；B 为地球从夏至到 d 天移动的角度。

表 6.1 描述了所用到的太阳能电池板的相关数据。

表 6.1　太阳能电池板数据信息

参数	取值	参数	取值
寿命/年	25	转换效率/%	17
投资成本/(美元/kW)	1800	长度/m	1.66
置换成本/(美元/kW)	1500	宽度/m	0.99

2）柴油发电机

作为船舶电力系统中主要的供电设备，当光伏发电系统和储能系统无法满足船舶负载需求时，柴油机发电系统为负载供电，保证船舶电站供电的安全性和可靠性。本节考虑柴油发电机每小时的油耗[25]，具体定义为

$$F_d = aP_d + bP_d^{rated} \tag{6.35}$$

式中，P_d^{rated} 为柴油发电机的额定功率；P_d 为柴油发电机每小时的输出功率；a 和 b 为柴油发电机油耗系数，这里分别取 0.246L/h 和 0.0845L/h。

3）储能系统

由于光伏发电系统的输出存在间歇性和不稳定性等特点，本节利用锂铁磷($LiFePO_4$)蓄电池作为储能系统来抑制光伏发电系统带来的不利影响。

当柴油发电机和光伏发电系统发出的电能超出负载的需求时，储能系统通过充电维持系统功率的平衡[26]，此时储能系统的容量表达式为

$$\begin{aligned} E_{ESS(s,t)} &= E_{ESS(s,t-1)} + (E_{diesel(s,t)} + E_{PV(s,t)} - E_{load(s,t)})\eta_{ch} \\ &= E_{ESS(s,t-1)} + \Delta P \Delta t \eta_{ch} \end{aligned} \tag{6.36}$$

式中，$E_{ESS(s,t)}$和 $E_{ESS(s,t-1)}$为储能系统在 t 和 $t-1$ 时刻的系统容量；Δt 为时间间隔，本书取为 1 小时；$E_{load(s,t)}$为负载需求；η_{ch}为充电效率。

另外，当发电端无法满足负载需求时，储能系统放电为负载提供能量，表达式为

$$\begin{aligned} E_{ESS(s,t)} &= E_{ESS(s,t-1)} - (E_{load(s,t)} - E_{diesel(s,t)} - E_{PV(s,t)})/\eta_{dis} \\ &= E_{ESS(s,t-1)} - \Delta P \Delta t/\eta_{dis} \end{aligned} \tag{6.37}$$

式中，η_{dis}为蓄电池放电效率。

储能系统各部分参数如表 6.2 所示。

表 6.2　$LiFePO_4$ 电池参数

参数	取值
寿命/年	5
充电效率/%	85
放电效率%	100
投资成本/(美元/(kW·h))	42
置换成本/(美元/(kW·h))	42

4）负载

负载作为船舶电站中必不可少的组成部分，其特性会直接影响混合船舶电站的稳定性与经济性。图 6.8 描述了油轮中五种不同工况下的负载总量。具体地，船舶在巡航、全速航行、靠离码头、装卸物和停泊时分别对应 1580kW、1790kW、1650kW、1290kW 和 500kW 的负载。此外，船舶先后会停靠在中国大连、中国上海、中国香港、新加坡、斯里兰卡马塔拉和也门亚丁 6 个重要城市的码头，作为货物交易和船舶维修的地点，在每个码头的工作时长如表 6.3 所示。

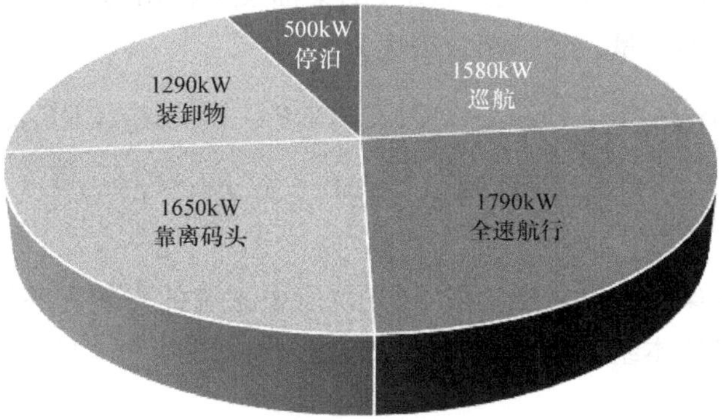

图 6.8　五种不同工况下的负载总量

表 6.3　油轮三种工况运行时长　（单位：h）

工况	中国大连	中国上海	中国香港	新加坡	斯里兰卡马塔拉	也门亚丁
驶入码头	2	2	2	2	2	2
装卸货物	6	8	14	12	7	6
驶离码头	4	0	4	5	6	4

由图 6.8 可以看出，船舶负载的峰值出现在船舶全速航行时，为 1790kW；当船舶完全处于停泊时负载量最低，为 500kW。图 6.9 描述了船舶负载全年的变化情况。

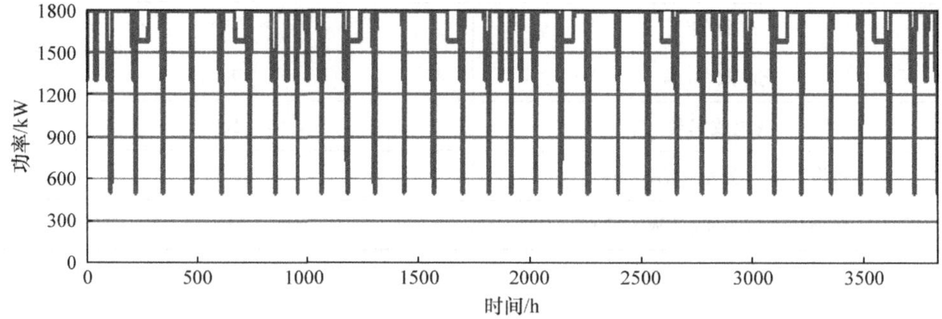

图 6.9　船舶负载沿航线一年的变化情况 1

2. 问题描述

1）目标函数

基于以上叙述，可在满足约束条件的同时，尽量减少伴有太阳能光伏特性的船舶电力系统的投入成本、运行成本以及温室气体的排放。具体而言，本节涉及的控制变量为 3842 个，其中包括 3840h 的柴油发电机出力、1 个待优化的光伏系统容量和 1 个储能容量。目标函数表述为

$$\begin{cases}\min f_1 = \mathrm{Cost}_{\mathrm{fuel}} + \mathrm{Cost}_{\mathrm{PV}}\mathrm{CRF}_{\mathrm{PV}} + \mathrm{Cost}_{\mathrm{ESS}}\mathrm{CRF}_{\mathrm{ESS}} \\ \min f_2 = \sum_{s=1}^{4}\sum_{t=1}^{960}\mathrm{Em}_{\mathrm{fuel}}(aP_{\mathrm{d}(s,t)} + bP_{\mathrm{d}}^{\mathrm{rated}})\end{cases} \tag{6.38}$$

系统的总成本由柴油发电机燃油成本、光伏发电系统的安装和替换成本及储能系统的安装和替换成本组成，利用净现值的方法，将成本年平均化，其中各部分成本具体表示为

$$\begin{cases}\mathrm{Cost}_{\mathrm{fuel}} = \sum_{s=1}^{4}\sum_{t=1}^{960}\mathrm{Price}_{\mathrm{fuel}}(aP_{\mathrm{d}(s,t)} + bP_{\mathrm{d}}^{\mathrm{rated}}) \\ \mathrm{Cost}_{\mathrm{PV}} = (C_{\mathrm{capital}}^{\mathrm{PV}} + C_{\mathrm{replacement}}^{\mathrm{PV}})P_{\mathrm{PV}} \\ \mathrm{Cost}_{\mathrm{ESS}} = (C_{\mathrm{capital}}^{\mathrm{ESS}} + C_{\mathrm{replacement}}^{\mathrm{ESS}})E_{\mathrm{ESS}}\end{cases} \tag{6.39}$$

式中，$\mathrm{Em}_{\mathrm{fuel}}$为二氧化碳转换系数，这里取 3.15kg/L；$\mathrm{Price}_{\mathrm{fuel}}$为 2015 年 5 月的国际油价，取 0.709 美元/L；$C_{\mathrm{capital}}^{\mathrm{PV}}$、$C_{\mathrm{replacement}}^{\mathrm{PV}}$、$C_{\mathrm{capital}}^{\mathrm{ESS}}$和 $C_{\mathrm{replacement}}^{\mathrm{ESS}}$分别为光伏发电系统和储

能系统的安装成本及替换成本；P_{PV} 为光伏发电系统的额定功率(kW)；E_{ESS} 为 $LiFePO_4$ 蓄电池的容量(kW·h)；a、b 为燃油系数；$P_d(s,t)$ 为柴油发电机每小时输出的功率；P_d^{rated} 为柴油发电机的额定功率；CRF(capital recovery factor)是资本回收系数，为

$$\mathrm{CRF}=\frac{r(1+r)^y}{(1+r)^y-1} \tag{6.40}$$

其中，r 代表每年的折损利率；y 为使用年限。

2) 约束条件

对于一个混合船舶电站，以下约束条件是必须要遵守的。

柴油发电机有功功率限制：

$$P_{Gmin}\leqslant P_{d(s,t)}\leqslant P_{Gmax} \tag{6.41}$$

光伏发电系统功率限制：

$$P_{PV(s,t)}\leqslant P_{PV}\leqslant P_{PVmax} \tag{6.42}$$

储能系统功率限制：

$$P_{ESS(s,t)}\leqslant \mathrm{P}_{ESS}\leqslant P_{ESSmax} \tag{6.43}$$

系统可靠性限制：

$$P_{d(s,t)}+P_{PV(s,t)}+P_{ESS(s,t)}=P_{load(s,t)} \tag{6.44}$$

式中，$P_{d(s,t)}$、$P_{PV(s,t)}$、$P_{ESS(s,t)}$ 分别代表柴油发电机、光伏发电系统和储能系统在 s 季节、t 时刻的输出；$P_{load(s,t)}$ 为负载需求。

3) 解决方法

本节利用自适应多目标粒子群优化算法解决伴有太阳能光伏特性的船舶电力系统优化配置问题。为柴油发电机 3840h 的输出、光伏发电系统和储能系统的额定容量初始化一个粒子数为 N 的种群 P，在约束条件内为每个粒子随机设置一个速度；结合目标函数评价每个粒子；检验系统的总成本和二氧化碳排放量是否最低，如果不是，则利用速度和位置更新公式更新粒子，即产生新的种群 Q；整合种群 P 和 Q，合成新的种群 R，并对种群 R 进行非支配解排序(NSGA-II)；排序后，重新选取 N 个最佳粒子，进行下一次迭代，直至程序结束，输出最后优化的结果。

6.7.3　考虑摇摆的混合船舶电站优化配置

与陆地电网不同，伴有太阳能光伏特性的船舶电力系统的可靠性和经济性不

仅受到太阳辐射度的影响，还受到船舶航行时运动和摇摆的影响，因此本节考虑多方面不稳定因素，提出一种新的方法对混合船舶电站进行优化配置。

1. 系统建模

船舶航行时摇摆一直存在，受船舶运动、位置、时间和自然条件影响的混合船舶电站一直处于波动的状态，因此单一的数值分析方法不再适用于此问题，本节利用区间法对整个船舶电站进行数学建模。此外，在海洋中，船舶的摇摆呈现无规律特性，因此将大型油轮工作的极端条件作为理论分析的基础，即横摇的最大角度为16°，周期为20s。

1）船载光伏发电系统

(1) 数学模型。为了更好地研究船载光伏系统的发电特性，本节基于实施在太阳能船舶摇摆台上的试验结果，建立了符合远洋油轮特点的光伏发电模型，充分考虑了船舶运动的影响，具体如下：

$$[P^{\mathrm{L}}_{\mathrm{PV}(s,t)},P^{\mathrm{R}}_{\mathrm{PV}(s,t)}]=\eta_{\mathrm{PV}}A_{\mathrm{PV}}[I^{\mathrm{L}}_{(s,t)},I^{\mathrm{R}}_{(s,t)}] \tag{6.45}$$

$$\begin{aligned}[I^{\mathrm{L}}_{(s,t)},I^{\mathrm{R}}_{(s,t)}]&=[I^{\mathrm{L}}_{\mathrm{b}(s,t)},I^{\mathrm{R}}_{\mathrm{b}(s,t)}]+[I^{\mathrm{L}}_{\mathrm{d}(s,t)},I^{\mathrm{R}}_{\mathrm{d}(s,t)}]+[I^{\mathrm{L}}_{\mathrm{r}(s,t)},I^{\mathrm{R}}_{\mathrm{r}(s,t)}]\\&=I_{\mathrm{Bh}(s,t)}\left[\cos([\theta^{\mathrm{L}},\theta^{\mathrm{R}}])+C\cos^2\left(\frac{[\phi^{\mathrm{L}},\phi^{\mathrm{R}}]}{2}\right)\right.\\&\qquad\left.+\rho(\cos\chi+C)\sin^2\left(\frac{[\phi^{\mathrm{L}},\phi^{\mathrm{R}}]}{2}\right)\right]\end{aligned} \tag{6.46}$$

式中，$[P^{\mathrm{L}}_{\mathrm{PV}(s,t)},P^{\mathrm{R}}_{\mathrm{PV}(s,t)}]$代表在 s 季节、t 时刻船载光伏系统的输出功率区间；η_{PV}为太阳能电池板转换效率；A_{PV}为太阳能电池板的铺设面积(m^2)；$I_{(s,t)}$为在 s 季节、t 时刻接收到的太阳辐射度($\mathrm{W/m^2}$)；$I_{\mathrm{Bh}(s,t)}=I_{\mathrm{Gh}(s,t)}-I_{\mathrm{Dh}(s,t)}$，$I_{\mathrm{Bh}(s,t)}$、$I_{\mathrm{Gh}(s,t)}$、$I_{\mathrm{Dh}(s,t)}$分别代表在 s 季节、t 时刻水平面接收到的太阳辐射度的直射量、辐射总量和散射量；θ 为太阳能电池板与光线之间的夹角；ϕ 为太阳能电池板与水平面的夹角；χ 为天顶角；C 为光线散播系数；ρ 为反射率。

特别值得注意的是，θ 和 ϕ 随着船舶的摇摆而变化，在一段时间内，船载光伏发电系统的输出不再是一个固定值，而是一系列无规律的值，因此本书采用区间法描述此模型。另外，不同的光伏发电系统对应不同的光线散播系数 C 和反射率 ρ，为了确定船载光伏发电系统中的光线散播系数和反射率，本书基于太阳能船舶摇摆平台进行了诸多试验，通过试验数据最终计算得出了光线散播系数和反射率。

(2) 太阳能船舶摇摆试验。为深入研究船舶摇摆对于船载光伏发电系统的影响，在太阳能船舶摇摆平台上进行了一系列试验。该平台由 9 盏氙气灯、8 块太阳能电池板和 1 个六自由度摇摆台组成，如图 6.10 所示。

(a) 左摇

(b) 平衡位置

(c) 右摇

图 6.10　太阳能船舶摇摆台

太阳能船舶摇摆台可以模拟各类船只在海上的运动情况，如船舶升沉、横摇与纵摇等。根据文献[27]可知，在所有船舶运动形式中，升沉和纵摇对船载光伏发电系统影响甚微，因此本书只考虑横摇对船舶的影响。

2）柴油发电机

与陆地电网中的柴油发电机不同，在船舶电站中，无论新能源发电的渗透率为多少，柴油机发电系统都必须能够满足所有负载的需求。因此，本章采用的柴油发电机额定容量为 2MW，可以保证 100%的系统可靠性。其具体数学模型如下：

$$[F_{\mathrm{d}}^{\mathrm{L}},F_{\mathrm{d}}^{\mathrm{R}}]=a[P_{\mathrm{d}(s,t)}^{\mathrm{L}},P_{\mathrm{d}(s,t)}^{\mathrm{R}}]+b[P_{\mathrm{d}}^{\mathrm{N}},P_{\mathrm{d}}^{\mathrm{N}}] \tag{6.47}$$

式中，$[P_{\mathrm{d}(s,t)}^{\mathrm{L}},P_{\mathrm{d}(s,t)}^{\mathrm{R}}]$为柴油发电机每小时出力区间；$P_{\mathrm{d}}^{\mathrm{N}}$ 为柴油发电机额定功率(kW)；a 和 b 为柴油发电机油耗系数。

3）储能系统

光伏发电具有一定的随机性和间歇性，在船舶电站中，储能系统对平抑系统波动发挥着巨大的作用。由于钠硫电池具有高效和能量密度大等优势，本节选用其作为研究对象，以维持系统的功率平衡，具体数学模型如下。

当柴油发电机和光伏发电系统发出的电能超出负载的需求时，储能系统通过充电维持系统功率的平衡，此时储能系统的容量表达式为

$$\begin{aligned}[E_{\mathrm{ESS}(s,t)}^{\mathrm{L}},E_{\mathrm{ESS}(s,t)}^{\mathrm{R}}]&=[E_{\mathrm{ESS}(s,t-1)}^{\mathrm{L}},E_{\mathrm{ESS}(s,t-1)}^{\mathrm{R}}]+([E_{\mathrm{diesel}(s,t)}^{\mathrm{L}},E_{\mathrm{diesel}(s,t)}^{\mathrm{R}}]\\&\quad+[E_{\mathrm{PV}(s,t)}^{\mathrm{L}},E_{\mathrm{PV}(s,t)}^{\mathrm{R}}]-[E_{\mathrm{load}(s,t)}^{\mathrm{L}},E_{\mathrm{load}(s,t)}^{\mathrm{R}}])\eta_{\mathrm{ch}}\\&=[E_{\mathrm{ESS}(s,t-1)}^{\mathrm{L}},E_{\mathrm{ESS}(s,t-1)}^{\mathrm{R}}]+[\Delta P^{\mathrm{L}},\Delta P^{\mathrm{R}}]\Delta t\eta_{\mathrm{ch}}\end{aligned} \tag{6.48}$$

式中，$[E_{\mathrm{ESS}(s,t)}^{\mathrm{L}},E_{\mathrm{ESS}(s,t)}^{\mathrm{R}}]$和$[E_{\mathrm{ESS}(s,t-1)}^{\mathrm{L}},E_{\mathrm{ESS}(s,t-1)}^{\mathrm{R}}]$代表储能系统在 t 和 $t-1$ 时刻的系统容量区间；时间间隔 Δt 取为 1 个小时；$[E_{\mathrm{load}(s,t)}^{\mathrm{L}},E_{\mathrm{load}(s,t)}^{\mathrm{R}}]$为负荷需求空间；$\eta_{\mathrm{ch}}$为充电效率。

当负载需求量高于所有发电系统的出力时，储能系统通过放电为负载提供能量，此时储能系统的容量表达式如下：

$$\begin{aligned}[E_{\mathrm{ESS}(s,t)}^{\mathrm{L}},E_{\mathrm{ESS}(s,t)}^{\mathrm{R}}]&=[E_{\mathrm{ESS}(s,t-1)}^{\mathrm{L}},E_{\mathrm{ESS}(s,t-1)}^{\mathrm{R}}]-([E_{\mathrm{load}(s,t)}^{\mathrm{L}},E_{\mathrm{load}(s,t)}^{\mathrm{R}}]\\&\quad-[E_{\mathrm{diesel}(s,t)}^{\mathrm{L}},E_{\mathrm{diesel}(s,t)}^{\mathrm{R}}]-[E_{\mathrm{PV}(s,t)}^{\mathrm{L}},E_{\mathrm{PV}(s,t)}^{\mathrm{R}}])/\eta_{\mathrm{dis}}\\&=[E_{\mathrm{ESS}(s,t-1)}^{\mathrm{L}},E_{\mathrm{ESS}(s,t-1)}^{\mathrm{R}}]-[\Delta P^{\mathrm{L}},\Delta P^{\mathrm{R}}]\Delta t/\eta_{\mathrm{dis}}\end{aligned} \tag{6.49}$$

钠硫电池各部分参数如表 6.4 所示。

表 6.4　钠硫电池参数

参数	取值
寿命/年	20
充电效率/%	90
放电效率/%	100
投资成本/(美元/(kW·h))	2250
置换成本/(美元/(kW·h))	2250

4）负载

负载是船舶电站中不可或缺的组成部分，其变化情况将直接影响伴有太阳能光伏特性的船舶电力系统的稳定性与经济性。根据船舶运行的不同工况，在巡航、全速航行、靠离码头、装卸物和停泊时分别对应[1485,1815]、[1611,1969]、[1480,1810]、[1161,1419]和[450,550]的负载(kW)。图 6.11 描述了船舶负载沿航线一年的变化情况。

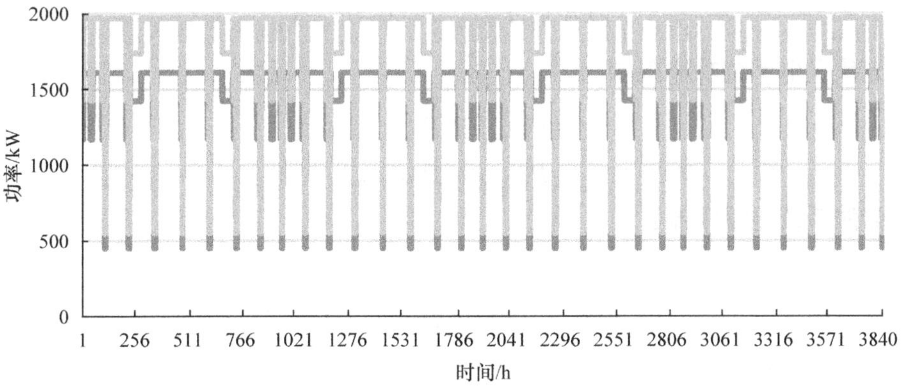

图 6.11　船舶负载沿航线一年的变化情况 2

2. 问题描述

考虑船舶摇摆影响的伴有太阳能光伏特性的船舶电力系统优化配置问题本质上是一类非线性约束区间优化问题，其目标函数包括系统的投资成本和运行成本，并伴随等式及不等式约束。

1）目标函数

本节的主要目的在于通过优化配置储能系统的容量，减少船舶电站的总成本，降低温室气体的排放。具体而言，本节涉及的控制变量为 3841 个，其中包括

3840h 的柴油发电机出力和 1 个待优化的储能容量。目标函数为

$$\min f_1 = \mathrm{Cost}_{\mathrm{fuel}} + \mathrm{Cost}_{\mathrm{ESS}}\mathrm{CRF}_{\mathrm{ESS}} \tag{6.50}$$

系统的总成本由柴油发电机燃油成本和储能系统的安装及替换成本组成，利用净现值的方法，将成本年平均化，其中各部分成本具体表示为

$$\begin{cases} \mathrm{Cost}_{\mathrm{fuel}} = \sum_{s=1}^{4}\sum_{t=1}^{960} \mathrm{Price}_{\mathrm{fuel}}(a[P_{\mathrm{d}(s,t)}^{\mathrm{L}}, P_{\mathrm{d}(s,t)}^{\mathrm{R}}] + b[P_{\mathrm{d}}^{\mathrm{N}}, P_{\mathrm{d}}^{\mathrm{N}}]) \\ \mathrm{Cost}_{\mathrm{ESS}} = (C_{\mathrm{capital}}^{\mathrm{ESS}} + C_{\mathrm{replacement}}^{\mathrm{ESS}})[E_{\mathrm{ESS}}^{\mathrm{L}}, E_{\mathrm{ESS}}^{\mathrm{R}}] \end{cases} \tag{6.51}$$

式中，$\mathrm{Price}_{\mathrm{fuel}}$为 2015 年 10 月的国际油价，取 0.836 美元/L；$C_{\mathrm{capital}}^{\mathrm{ESS}}$、$C_{\mathrm{replacement}}^{\mathrm{ESS}}$分别代表储能系统的安装成本及替换成本；$E_{\mathrm{ESS}}$为钠硫电池的容量(kW · h)；CRF 为资本回收系数。

2) 约束条件

对于一个混合船舶电站，以下约束条件是必须要遵守的。

柴油发电机有功功率限制：

$$[P_{\mathrm{d}(s,t)}^{\mathrm{L}}, P_{\mathrm{d}(s,t)}^{\mathrm{R}}] \leqslant [0, P_{\mathrm{dmax}}] \tag{6.52}$$

光伏发电系统功率限制：

$$\begin{cases} P_{\mathrm{PV}(s,t)}^{\mathrm{L}} \geqslant P_{\mathrm{PV}(s,t)\min} \\ P_{\mathrm{PV}(s,t)}^{\mathrm{R}} \leqslant P_{\mathrm{PV}(s,t)\max} \end{cases} \tag{6.53}$$

储能系统能量限制：

$$\begin{cases} E_{\mathrm{ESS}}^{\mathrm{L}} \geqslant E_{\mathrm{ESSmin}} \\ E_{\mathrm{ESS}}^{\mathrm{R}} \leqslant E_{\mathrm{ESSmax}} \end{cases} \tag{6.54}$$

温室气体排放限制：

$$\begin{aligned} \mathrm{emission} = {} & \sum_{s=1}^{4}\sum_{t=1}^{960} \mathrm{Em}_{\mathrm{fuel}}(a[P_{\mathrm{d}(s,t)}^{\mathrm{L}}, P_{\mathrm{d}(s,t)}^{\mathrm{R}}] + b[P_{\mathrm{d}}^{\mathrm{N}}, P_{\mathrm{d}}^{\mathrm{N}}]) \\ & \leqslant [0, 2.42 \times 10^4](\mathrm{t}) \end{aligned} \tag{6.55}$$

系统功率平衡约束：

$$[P_{\mathrm{d}(s,t)}^{\mathrm{L}}, P_{\mathrm{d}(s,t)}^{\mathrm{R}}] + [P_{\mathrm{PV}(s,t)}^{\mathrm{L}}, P_{\mathrm{PV}(s,t)}^{\mathrm{R}}] + [P_{\mathrm{ESS}(s,t)}^{\mathrm{L}}, P_{\mathrm{ESS}(s,t)}^{\mathrm{R}}] = [P_{\mathrm{load}(s,t)}^{\mathrm{L}}, P_{\mathrm{load}(s,t)}^{\mathrm{R}}] \tag{6.56}$$

3. *解决方法*

由于船舶摇摆造成的不确定性，船载光伏发电系统发出的功率一直在变化，

可通过区间法对混合船舶电站进行数学建模，以便充分考虑船舶运动的影响。为解决考虑船舶摇摆特性的混合电站优化配置问题，这里用前面提到的区间优化算法进行求解。具体而言，针对搭建的伴有光伏特性的船舶混合电站区间模型，区间优化算法首先初始化 3841 个区间，其中 1 个区间为待优化的储能额定容量区间（$[E_{ESS}^{L}, E_{ESS}^{R}]$），3840 个区间为柴油机发电系统出力区间；随后，通过目标函数评价各个区间，判断是否已找到最优解空间，如果没有，那么利用前面所提到的区间优化准则，更新区间的上、下界，重新迭代直到各最优解区间收敛到给定精度，并且伴有太阳能光伏特性的船舶电力系统成本最低。图 6.12 详细描述了区间优化算法的流程。

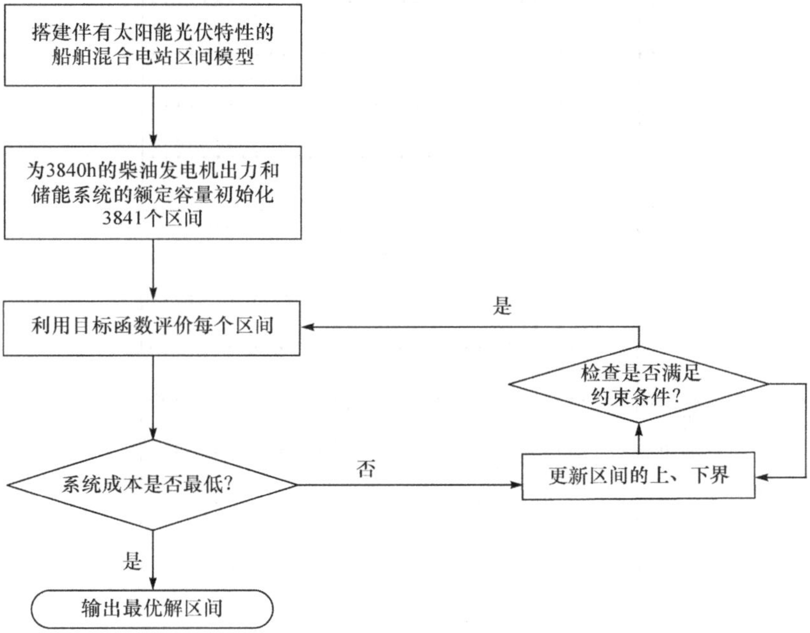

图 6.12　区间优化算法流程

6.7.4　结果分析

1. 不考虑摇摆的混合船舶电站优化配置结果

1）船载光伏发电系统修正系数分析

由于太阳辐射度直接影响优化配置的结果，本节对船载光伏发电系统修正系数，即 $\cos\theta$ 进行了分析，其结果如图 6.13 所示。

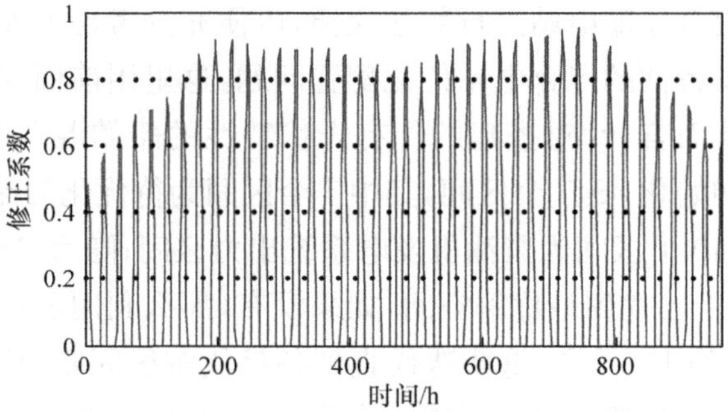

(a) 冬季

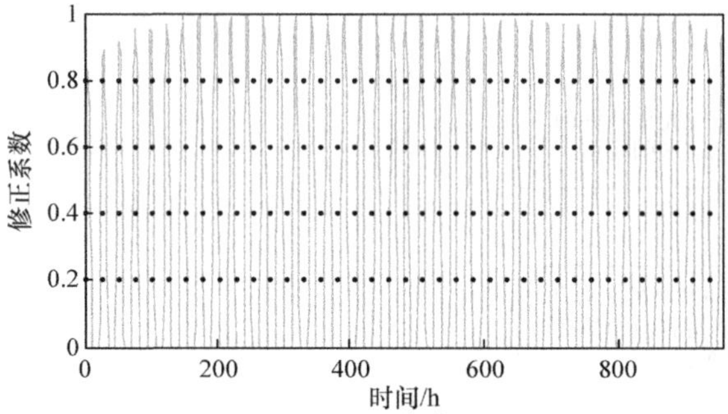

(b) 春季

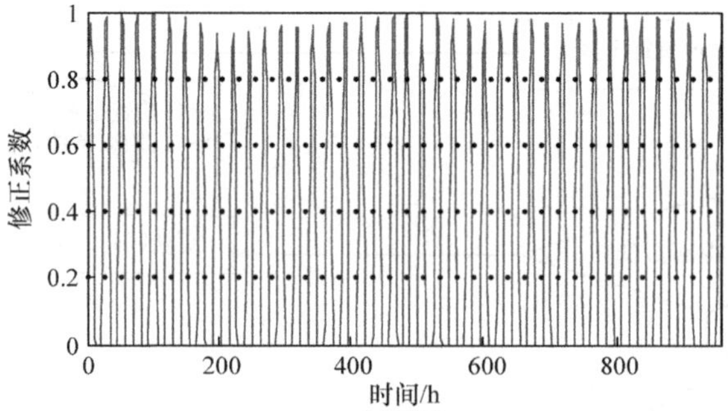

(c) 夏季

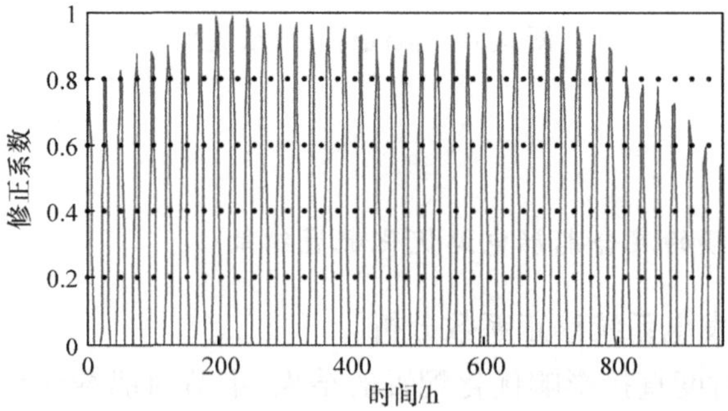

(d) 秋季

图 6.13　四个季节里修正系数的变化

从图 6.13 可以看出，修正系数在夏季（7～9 月）时最大，最大值出现在 7 月 4 日的中午 12 点，因此船舶在夏季出行时能更加充分地利用太阳能。

2）参数影响

本节深入探究影响船载光伏系统修正系数的 5 个主要参数，即日期、当地时间、时区、纬度和经度，并利用式(6.57)分析了它们各自对修正系数的影响：

$$s=\Delta G/\Delta p \tag{6.57}$$

式中，s 代表敏感度；ΔG 为太阳辐射度变化量；Δp 为控制变量变化量。

敏感度是通过计算控制变量逐次增加或减少一个单位而产生的太阳辐射度的变化而来的，其结果记录在表 6.5 中。

表 6.5　不同参数对敏感度的影响

变化	日期	当地时间	时区	纬度	经度
+1	5.19×10^{-5}	0.019138	0.038419	3.67×10^{-4}	5.21×10^{-4}
−1	4.8×10^{-5}	0.038419	0.019138	6.29×10^{-5}	7.79×10^{-4}

以在 7 月 4 日中午 12 点取得最大修正系数为例，可以看出当地时间和时区对修正系数影响最大。如果当地时间增加或减少一个单位，相应的修正系数将改变 0.019138 或 0.038419 个单位。

3）算例分析

下面通过对比四种不同的算例，深入分析光伏发电系统和储能系统在船舶电站中的影响和作用。

算例 1：只含柴油发电机的船舶电力系统经济性分析。

算例 2：含柴油发电机和光伏发电系统的船舶电站经济性分析。

算例 3：不考虑碳排放的混合船舶电站优化配置分析。

算例 4：基于多目标粒子群优化算法的混合船舶电站多目标优化配置分析。

表 6.6 统计了各算例中的系统成本和二氧化碳排放量等情况。

表 6.6　算例结果

参数	算例 1	算例 2	算例 3	算例 4
光伏发电系统容量/kW	0	306	150	298
储能系统容量/kW	0	0	181	113
净现值/美元	1575700	1615200	1571000	1200828
油耗/美元	1575700	1543400	1533400	1126600
太阳能电池板安装成本/美元	0	39145	19131	38109

续表

参数	算例 1	算例 2	算例 3	算例 4
太阳能电池板替换成本/美元	0	32621	15943	31758
储能系统安装成本/美元	0	0	732	457
储能系统替换成本/美元	0	0	1755	1096
二氧化碳排放量/kg	22192000	6857100	6812900	5005990
柴油机出力/(kW·h)	6396176	6211010	6156300	3822100

由表 6.6 可知，柴油发电机的出力随着光伏发电系统和储能系统的接入而减少；二氧化碳排放量从算例 1 中的 22192000kg 锐减到 5005990kg(算例 4)。在算例 1 中，负载的需求只由柴油发电机满足，因此船舶电站面临过高的经济压力和严重的碳排放问题。在算例 2 中，虽然系统接入了光伏发电系统，但是整个船舶电站的投入成本却是四个算例中最高的，此结果间接证明了储能系统和优化配置的重要性。注意到，由于 $LiFePO_4$ 电池和多目标粒子群优化算法的帮助，算例 4 的系统总成本和油耗都是最低的，分别为 1200828 美元和 1126600 美元，与算例 1 相比，油耗降低了 28.5%；与算例 3 相比，光伏发电系统容量增加了 148kW，但是系统总成本及二氧化碳排放量依然是最低的，再次证明由自适应多目标粒子群优化算法优化的船舶电站可以最大限度地利用太阳能。

2. 考虑摇摆的混合船舶电站优化配置结果

1) 船舶摇摆分析

由于船舶摇摆会影响整个船舶电站的规划和运行，本节将着重分析船舶横摇时船载光伏发电系统的输出功率情况。图 6.14 描述了几种典型的考虑船舶横摇的光伏发电系统输出功率变化情况，这几种功率输出形式是从一年 3840h 船载光伏发电系统输出功率中筛选出来的。

由图 6.14 可知，光伏发电系统随着船舶摇摆呈现无规则的功率输出形式。当太阳与船舶的位置相对固定时，光伏发电系统的输出功率一直递增或减小，但是当船舶横穿赤道时，光伏发电系统的输出功率会呈先增大后减小的趋势。基于以上分析，船载光伏发电系统的输出功率一直处于无规律波动状态，因此无法将其看作一个简单的单变量，需要用区间的方式表现其变化。

2) 经济性分析

与前面类似，下面依然通过对比四种不同的算例，深入分析船舶横摇、光伏发电系统和储能系统在船舶电站中的影响和作用。

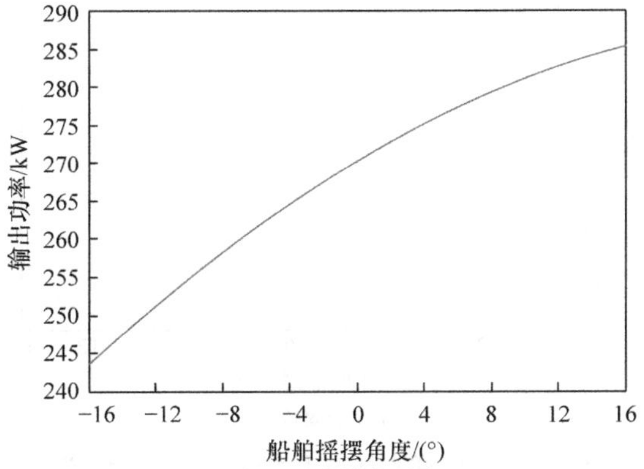

(a) 功率输出形式1

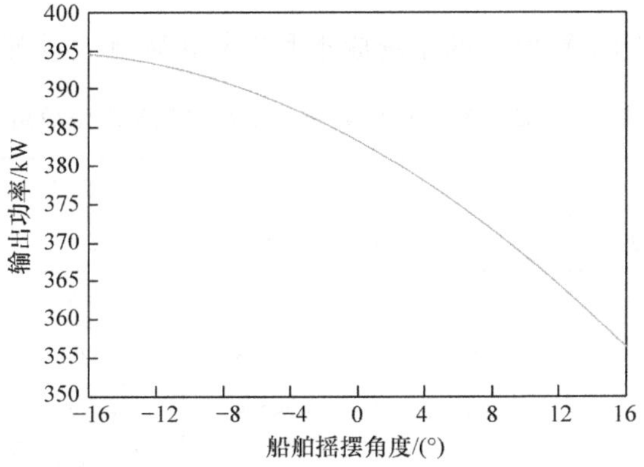

(b) 功率输出形式2

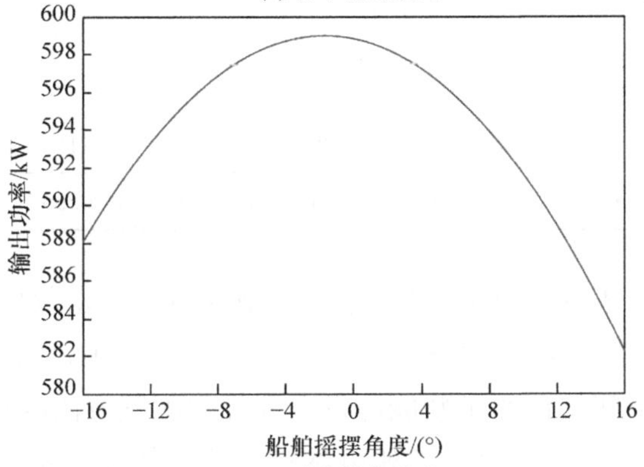

(c) 功率输出形式3

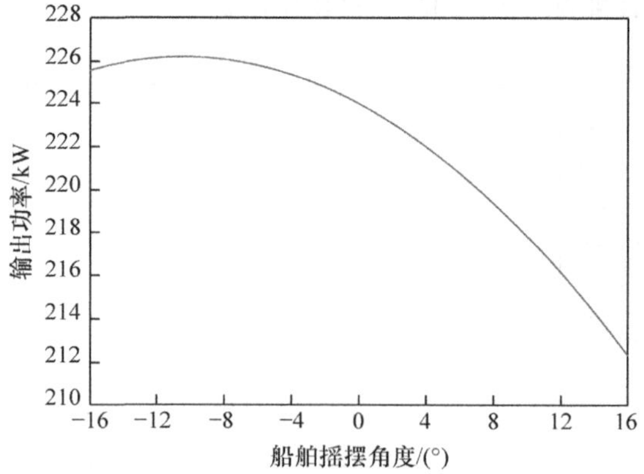

(d) 功率输出形式4

图 6.14　船载光伏发电系统功率输出形式

表 6.7 记录了四个算例中的系统成本和二氧化碳排放量等情况。

表 6.7　四个算例中的系统成本和二氧化碳排放量

参数	算例 1	算例 2	算例 3	算例 4
太阳能电池板数量/块	0	2000	2000	2000
储能容量/(kW·h)	0	0	185	[247,268]
净现值/美元	1989483	1948208	1892685	[1700020,1713290]
燃油费用/美元	1989483	1928208	1659301	[1655370,1668640]
储能安装成本/美元	0	0	33383	[46464,48303]
储能置换成本/美元	0	0	33383	[46464,48303]
太阳能电池板安装成本/美元	0	200000	200000	200000
二氧化碳排放量/kg	24206975	23268426	6252155	[6238000,6273000]
柴油机输出总能量/(kW·h)	6396176	6211010	5430290	[5412105,5457954]

(1) 算例 1。从表 6.7 可以看出,船舶电站的负荷需求仅由柴油发电机提供,因此系统的成本较高,为 1989483 美元,且伴随着严重的温室气体排放量,为 24206975kg,此结果间接证明了新能源发电和优化配置方法的重要性。

(2) 算例 2。在这个算例中,船舶电站接入了光伏发电系统。与算例 1 相比,系统的总成本从 1989483 美元降到了 1948208 美元,但是系统经济性依然不好,且二氧化碳排放量也很高,此结果说明没有储能系统的协助,船舶电站无法最大限度地利用太阳能。

(3) 算例 3。在这个算例中，忽略船舶摇摆等因素，优化后储能系统的容量为 185kW · h，与算例 4 中结果相比，虽然储能系统容量受到限制而变低，但是系统成本高 10.47%，此结果说明船舶摇摆严重影响伴有太阳能光伏特性的船舶电站的经济性。

(4) 算例 4。在这个算例中，区间优化算法被用来在混合船舶电站中搜寻储能系统的最佳容量，并考虑船舶摇摆因素。由于得到的结果是一区间，下面逐一分析。

① 算例 4 中的最差情况。钠流电池储能系统的容量取区间上界，为 268kW · h，这时混合船舶电站的系统总成本为 1713290 美元，与算例 2 相比，减少了 12.06%。此结果证明了由区间优化算法找到的储能系统容量明显高于其他两个算例，但是储能系统容量似乎过高。此外，二氧化碳排放量为 6273000kg，几乎是算例 2 中的 1/4。

② 算例 4 中的最优情况。在这个情况下，整个船舶电力系统拥有最少的投入成本，为 1700020 美元，相应的储能容量为 247kW · h。如果系统运行 20 年，与算例 1 相比，可节省 5789260 美元。

6.8　本章小结

随着传统船舶电站能源消耗不断增加、环境问题日益严重，考虑伴有新能源特性的船舶电力系统优化配置研究是关乎船舶发展的重大课题。本章从实际工程项目出发，以集风力发电系统、光伏发电系统、柴油机发电系统和储能系统于一体的混合能源船舶电站为研究对象，利用智能优化分析方法，对混合船舶电站进行优化配置，结果表明：①经过修正的船载风力发电系统可以更好地利用海上风能资源；②在储能系统的协助下，船舶电站可以最大限度地利用风能和太阳能；③通过智能优化算法优化的船舶电力系统，不仅降低了整个船舶电站的系统成本，也减少了二氧化碳的排放量。

参考文献

[1] 沈如刚. 电力系统无功功率综合优化——二次规划法[J]. 中国电机工程学报，1986，(5)：42-50.

[2] Bellman R. Dynamic Programming[M]. North Chelmsford：Courier Corporation，2013.

[3] Dantzig G. Linear Programming and Extensions[M]. Princeton：Princeton University Press，2016.

[4] Bertsekas D P. Nonlinear Programming[M]. Belmont：Athena Scientific，1999.

[5] 吴雄,王秀丽,王建学,等.微网经济调度问题的混合整数规划方法[J].中国电机工程学报,2013,33(28):1-8.

[6] 龚纯,王正林.精通 MATLAB 最优化计算[M].北京:电子工业出版社,2009.

[7] 王洪章.电力系统无功优化算法及其应用研究[D].武汉:华中科技大学,2002.

[8] 贾德香,唐国庆,韩净.基于改进模拟退火算法的电网无功优化[J].电力系统保护与控制,2004,32(4):32-35.

[9] 周明,孙树栋.遗传算法原理及应用[M].北京:国防工业出版社,1999.

[10] 张聪誉.基于自适应粒子群算法的电力系统多目标无功优化研究[D].重庆:重庆大学,2010.

[11] Dommel H W,Tinney W F. Optimal power flow solutions[J]. IEEE Transactions on Power Apparatus and Systems,1968,(10):1866-1876.

[12] Ramírez-Rosado I J,Domínguez-Navarro J A. New multiobjective tabu search algorithm for fuzzy optimal planning of power distribution systems[J]. IEEE Transactions on Power Systems,2006,21(1):224-233.

[13] Metropolis N, Rosenbluth A, Rosenbluth M, et al. Simulated annealing[J]. Journal of Chemical Physics,1953,21:1087-1092.

[14] Kirkpatrick S,Gelatt C D,Vecchi M P. Optimization by simulated annealing[J]. Science,1983,220(4598):671-680.

[15] 周皓,周晖.电网无功电压综合控制的改进 SA 算法[J].继电器,2004,32(1):24-27.

[16] Eberhart R,Kennedy J. A new optimizer using particle swarm theory[C]. Proceedings of the 6th International Symposium on Micro Machine and Human Science,Nagoya,1995:39-43.

[17] Glover F. Tabu search—Part Ⅰ[J]. ORSA Journal on Computing,1989,1(3):190-206.

[18] Glover F. Tabu search—Part Ⅱ[J]. ORSA Journal on Computing,1990,2(1):4-32.

[19] Walters D C,Sheble G B. Genetic algorithm solution of economic dispatch with valve point loading[J]. IEEE Transactions on Power Systems,1993,8(3):1325-1332.

[20] Wen S L,Lan H,Hong Y Y,et al. Allocation of ESS by interval optimization method considering impact of ship swinging on hybrid PV/diesel ship power system[J]. Applied Energy,2016,175:158-167.

[21] Wen S L,Lan H,Dai J F,et al. Economic analysis of hybrid wind/PV/diesel/ESS system on a large oil tanker[J]. Electric Power Components and Systems,2017,45(7):705-714.

[22] Habib M A,Said S A M,El-Hadidy M A,et al. Optimization procedure of a hybrid photovoltaic wind energy system[J]. Energy,1999,24(11):919-929.

[23] da Rosa A V. Fundamentals of Renewable Energy Processes[M]. New York:Academic Press,2012.

[24] Lan H,Wen S L,Hong Y Y,et al. Optimal sizing of hybrid PV/diesel/battery in ship power

system[J]. Applied Energy,2015,158:26-34.

[25] Maleki A,Askarzadeh A. Optimal sizing of a PV/wind/diesel system with battery storage for electrification to an off-grid remote region:A case study of Rafsanjan,Iran[J]. Sustainable Energy Technologies and Assessments,2014,7:147-153.

[26] 代金锋. 基于遗传算法的新能源船舶电站优化研究[D]. 哈尔滨:哈尔滨工程大学,2016.

[27] Liu H,Zhang Q,Qi X,et al. Estimation of PV output power in moving and rocking hybrid energy marine ships[J]. Applied Energy,2017,204:362-372.

第 7 章　伴有太阳能光伏特性的船舶节能减排评估

新能源发电系统是未来船舶电力系统发展的重要组成部分，实现船舶的节能减排是新能源绿色船舶的关键目标之一。因此，分析新能源发电系统的节能减排效益对于船舶电力系统的规划和运行意义深远而重大。

本章首先根据船舶电站的特点，基于自适应模糊原理，建立伴有太阳能光伏特性的船舶节能减排评价体系；然后结合实际项目，分析节能减排相关指标。

7.1　评价对象的特点分析

本章以装载有光伏发电系统的 30 万吨超大型油轮（very large crude carrier，VLCC）为研究对象，探讨引入光伏发电技术的该类船舶的节能减排效益。图 7.1 为 30 万吨超大型油轮的外观。

图 7.1　30 万吨超大型油轮的外观图

综合分析文献[1]和文献[2]的研究结果和本书针对的应用背景与评价对象，可总结出伴有光伏特性的大型油轮有如下特点。

(1) 航线长，不同供能方式对节能减排的效果影响较大。

(2) 海洋运输航线上太阳辐射一般比较强，而油轮自身甲板开阔。

(3) 太阳能初始投资较大,后期维护等所需费用较少,寿命长,可节省能源消耗,无污染排放。

(4) 航线运行周转量(运输量和平均运距的乘积)大,运输原油获得的收益高。

(5) 油轮吨位大,能耗水平高。

(6) 柴油机供电技术成熟,不受外界因素影响,发电效率高,可靠性较好。

(7) 航线运行周期长,实际节能减排水平受人员培训、维护保养、航行环境、运行航速等其他因素的影响。

(8) 节能减排新技术和船舶运营管理是提高船舶节能减排的重要途径。

(9) 温室气体及污染性气体排放,如 CO_2、CH_4、NO_x、SO_x 等,将是研究的重点。

通过以上特点可以看出,一方面,由于大型油轮具备大面积安装太阳能板的可能,且光伏发电无燃油消耗和污染性气体排放,在长距离运输和光照资源丰富的情况下,引入光伏发电可获得可观的经济效益。

另一方面,相对同容量的船舶柴油机组而言,由于尚未大规模成熟应用,在大型油轮上使用光伏发电会面临很大的初始投资成本。而受天气和温度等环境不确定因素的影响,为了获取更稳定的电能,光伏发电方式还必须有相应的储能装置予以配套,这进一步增加了成本。此外,光伏发电方式的供电可靠性也相对较低。

综上所述,传统的大型油轮与引入光伏发电后的混合动力油轮相比,在环境、技术和经济效益等方面各有优势,具体的优缺点对比如表 7.1 所示。

表 7.1　传统油轮与混合动力油轮的优缺点

评价对象	优点	缺点
混合动力	(1) 运输油轮吨位大、能耗高、航线较长、运行周转量大 (2) 航线内太阳光一般能维持在足够强的水平 (3) 油轮甲板足够开阔,为大面积安装太阳能电池板提供了可能 (4) 后期维护费用少 (5) 使用寿命长 (6) 可以减少燃油的消耗,不存在污染性气体的排放	(1) 初始投入较大 (2) 技术相对较新,发展还未成熟 (3) 受光照变化等因素影响,供电可靠性较低 (4) 需要配套相应的储能装置

续表

评价对象	优点	缺点
传统柴油机动力	(1) 技术发展已经足够成熟 (2) 发电效率高 (3) 不受外界因素的影响,供电可靠性高 (4) 柴油机组的初始投入成本比同容量太阳能动力要低	(1) 大量消耗燃油,且有污染性气体排放 (2) 需要有较多后期维护费用的投入 (3) 使用寿命较短

7.2　评价指标体系的构建

7.2.1　评价指标体系的构建原则

评价指标体系的构建除了需遵循科学性、系统性、前瞻性、可操作性、导向性、全员参与、过程监控和基于事实决策等基本原则外,还需要兼顾指标精简、重点突出和便于比较的应用目标。各指标制定需要参考有关法律法规,并结合特定应用领域。

2011 年 6 月,中华人民共和国交通运输部颁发的《公路水路交通运输节能减排"十二五"规划》(简称《规划》)中明确提出了"到 2015 年,交通运输行业能源利用效率明显提高,二氧化碳排放强度明显降低"的总体目标,并将能源强度和二氧化碳排放强度作为主要指标,就运营车辆和运营船舶的单位运输周转量能耗和单位运输周转量二氧化碳排放两个主要指标作了目标性的规定。《规划》中还强调大力推广各类节能减排新技术,并鼓励探索风能、太阳能、核能等可再生能源在运输船舶中的应用[3]。

《船舶运输能源消耗统计及分析方法》(GB/T 21392—2008)中规定了营业性船舶运输能源消耗统计的船型分类、统计指标、调查方法、指标计算及能源消耗分析等方法。该标准中设立的船舶运输能源消耗统计指标有换算周转量、燃料消耗量、燃料消耗量合计指标、单位产量燃料消耗量合计指标。

《运输船舶能源利用监测评价方法》(GB/T 17751—1999)中规定了对运输船舶能源利用状况进行监测评价的原则和通用方法。该标准中将节能监测分为单项和综合两类。在综合节能监测中,评价项目有节能管理基础、节能工作效果和能源利用水平三类,按各项目的评价分级打分,再结合各项目权重得到最终的评价考核结果。

当前法律法规强调单位产值能耗、推广节能减排新技术和减少污染性气体排放，目前的各类研究也普遍从节能技术、资源和能源消耗、污染物排放、经济效益、管理运营等角度展开。此外，根据国际海事组织的温室气体研究报告，船舶排放的废气主要有 CO_2、CH_4、NO_x 和 SO_x。因此，本节主要从技术特性、能源效率、气体排放和成本投入四方面构建大型油轮节能减排的评价指标体系[4]。

7.2.2 评价指标体系结构和指标内涵

综合评价对象特点和评价体系构建原则，从技术特性、能源效率、气体排放和成本投入四方面构建了大型油轮节能减排的评价指标体系，如图 7.2 所示。

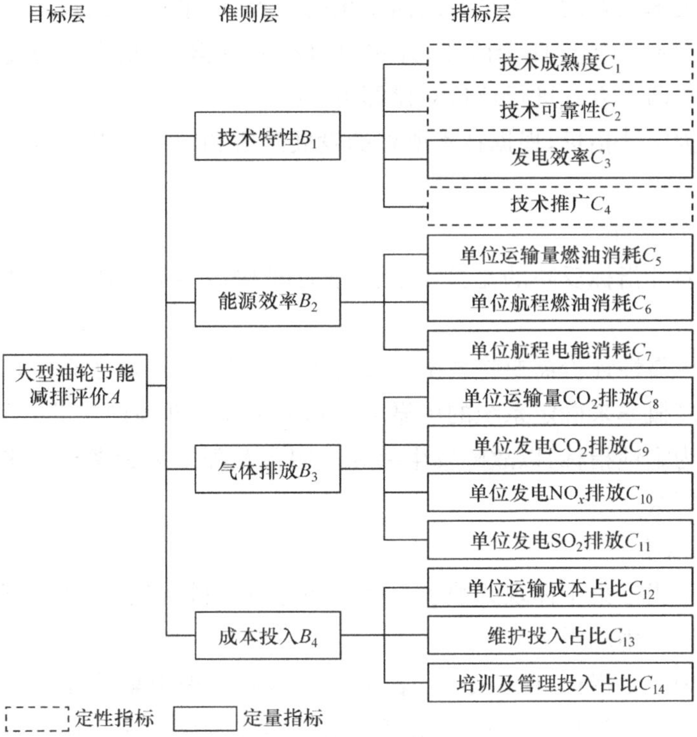

图 7.2　大型油轮节能减排的评价指标体系

该评价指标体系的目标是实现对大型油轮节能减排的评价，结构上分目标层、准则层和指标层，共设一级指标 4 个、二级指标 14 个，其中定性指标 3 个、定量指标 11 个，详细的指标内涵阐述如下。

1. 技术特性

“技术特性”一级指标主要反映评价对象所使用的发电方式在技术特性方面的综合表现，集中体现发电的效率和可靠性，并以推广节能减排新技术为导向性指标。该一级指标下设4个二级指标，具体定义和内涵阐述如下。

1）技术成熟度

技术成熟度指标是指技术相对于研究项目而言所处的发展状态，它反映了技术对于项目预期目标的满足程度。一般设有1～9个评定等级，与装备的探索、预研、研制和生产相对应。

精确的技术成熟度评价是专门而系统的工程，本书定义的技术成熟度仅反映探索、预研、研制和生产四个阶段，评定等级有所调整，只要求能对传统柴油机发电和混合发电两种方式进行评价对比即可。

该指标为定性指标，根据技术所处的发展阶段和应用普及程度来确定技术成熟度所处的等级。

2）技术可靠性

技术可靠性指标反映的是技术在规定时间和条件下完成预定功能的可信赖程度。

精确的可靠性评价需要将系统划分为串联子系统、并联子系统，建立故障树，通过分析故障概率来确定系统的可靠度。本书中仅定性地论述供电可靠性。

该指标为定性指标，以故障发生率和应用普及程度为参考导向来确定技术可靠性所处的等级。

3）发电效率

发电效率指标集中体现柴油和天然气等化石燃料转化为电能的效率，反映评价对象的能源利用水平。

该指标为定量指标，单位是%，表示往返运输过程中累计发出的电能与对应消耗的燃油燃烧所放出的热量的比值。燃油燃烧所释放的热量可通过往返运输过程中所消耗的燃油量与燃料的热值参数计算得到。

燃料热值参数是评价对象发电所用燃油的热值参数，具体定义为单位质量或单位体积的燃料完全燃烧，燃烧产物冷却到燃烧前的温度时释放出来的热量，单位是t fuel/(kW·h)(吨燃油/千瓦时)。对于特定类型燃料，其热值参数为固定值，可以查询常见燃料热值表得到。

4) 技术推广

技术推广指标反映评价对象在实施节能减排新技术方面的积极性，在推广和探索能源新技术方面所做的贡献。

采用液化天然气代替重油作为船舶燃料、船舶接岸电技术、线型优化、主机节能、推进效率提高、压载水处理、环保涂层和废能利用等新技术的应用均属于节能减排技术的推广。此外，低硫燃料、烟气脱硫等船舶 SO_x 排放控制技术以及延迟喷油正时、空气加湿(humid air motor，HAM)系统、乳化燃油、燃油-水分层喷射、废气再循环、选择性催化还原法等船舶 NO_x 排放控制技术也可作为节能减排新技术。

该指标为定性指标，以评价对象所采用的节能减排新技术数量、种类、效果为评价导向来确定节能减排的技术推广指标所处的等级。

2. 能源效率

“能源效率”一级指标主要反映评价对象在能源利用效率方面的综合表现，包含燃油消耗、电能消耗、运输原油载重量和运输航线里程等因素。该一级指标下设 3 个二级指标，具体定义和内涵阐述如下。

1) 单位运输量燃油消耗

单位运输量燃油消耗指标反映评价对象在综合考虑运输距离和载重量因素后的化石能源消耗水平。该指标计算值越小，说明单位运输距离和单位载重量下评价对象的能耗越低，能源效率水平越高。

该指标为定量指标，单位是 g fuel/(DWT · n mile)(克燃油/(载重吨 · 海里))，表示往返运输过程中燃油消耗与货物载重量和航行路程的比值。

2) 单位航程燃油消耗

单位航程燃油消耗指标反映评价对象仅考虑运输距离的化石能源消耗水平。该指标计算值越小，说明评价对象单位运输距离的能耗越低，能源效率水平越高。

该指标为定量指标，单位是 t fuel/n mile(吨燃油/海里)，表示每航行单位路程所消耗的燃油。

3) 单位航程电能消耗

单位航程电能消耗指标反映评价对象考虑单位运输距离的电能消耗水平。该指标计算值越小，说明评价对象单位运输距离的电能消耗越大，能源消耗水平越高。

该指标为定量指标，单位是 kW · h/n mile(千瓦时/海里)，表示每航行单位路程所消耗的电能。

3. 气体排放

“气体排放”一级指标主要反映评价对象在温室气体和污染性气体排放方面的综合表现，包含 CO_2、NO_x 和 SO_2 等气体排放量，运输原油载重量和航线里程等因素。该一级指标下设 4 个二级指标，具体定义和内涵阐述如下。

1）单位运输量 CO_2 排放

单位运输量 CO_2 排放指标反映评价对象在综合考虑运输距离和载重量因素后的 CO_2 排放水平。该指标计算值越小，说明单位运输距离和单位载重量下评价对象的 CO_2 气体排放越少，减排的水平越高。

该指标为定量指标，单位是 g CO_2/(DWT · n mile)（克 CO_2/(载重吨 · 海里)），表示往返运输过程中 CO_2 排放量与货物载重量和航行路程的比值。其中 CO_2 排放量可以由计算得到，只需将往返航行过程中消耗的燃油折算为标准煤，再乘以标准煤所对应的 CO_2 排放系数即可。

2）单位发电 CO_2 排放

单位发电 CO_2 排放指标反映评价对象发出单位电能的 CO_2 排放情况。该指标计算值越小，说明评价对象所采用发电方式的 CO_2 排放量越少。

该指标为定量指标，单位是 t CO_2/(kW · h)（吨 CO_2/千瓦时），表示发出单位电能所排放的 CO_2 量。CO_2 排放量的获得方法与单位运输量 CO_2 排放指标相同。

3）单位发电 NO_x 排放

单位发电 NO_x 排放指标反映评价对象发出单位电能的 NO_x 排放情况。该指标计算值越小，说明评价对象所采用发电方式的 NO_x 排放量越少。

该指标为定量指标，单位是 g NO_x/(kW · h)（克 NO_x/千瓦时），表示发出单位电能所排放的 NO_x 量。NO_x 排放量的获得方法与单位运输量 CO_2 排放指标相似，唯一的区别是折算后的标准煤消耗乘以的是 NO_x 排放系数。

4）单位发电 SO_2 排放

单位发电 SO_2 排放指标反映评价对象发出单位电能的 SO_2 排放情况。该指标计算值越小，说明评价对象所采用发电方式的 SO_2 排放量越少。

该指标为定量指标，单位是 g SO_2/(kW · h)（克 SO_2/千瓦时），表示发出单位电能所排放的 SO_2 量。SO_2 排放量的获得方法与单位运输量 CO_2 排放指标相似，唯一的区别是折算后的标准煤消耗乘以的是 SO_2 排放系数。

4. 成本投入

“成本投入”一级指标主要反映评价对象所用发电方式在经济效益方面的综

合表现，包含单位运输成本、维护费用、培训和日常管理费用等因素。该指标能对评价对象就实现节能减排目标的经济性进行考核，同时考虑便于比较的目的，该组指标以该项投入所占产出总收益的百分比形式给出。该一级指标下设 3 个二级指标，具体定义和内涵阐述如下。

1）单位运输成本占比

单位运输成本占比指标反映评价对象在评价周期内燃油运输成本所占原油运输收益的比例。该指标计算值越小，说明评价对象所用发电方式的运输成本越低，该运输收益综合了原油载重和航线里程因素。评价周期为一次往返运输。

该指标为定量指标，单位是%，计算时需要考虑原油运输量、原油价格、燃油消耗量、航行里程和燃油油价等因素，表示单位航程消耗燃油成本与单位路程运输原油收益的比值。

2）维护投入占比

维护投入占比指标反映评价对象在评价周期内维护费用成本所占原油运输收益的比例。该指标计算值越小，说明评价对象所用发电方式的维护成本越低。

该指标为定量指标，单位是%，表示年运输维护费用与运输原油收益的比值。评价周期为一年。计算时需要考虑年运输发电维护费用、年运载次数、原油运输载重量和原油油价等因素。

3）培训及管理投入占比

培训及管理投入占比指标反映评价对象在评价周期内有关发电方面所引起的培训及管理投入成本所占原油运输收益的比例。该指标计算值越小，说明评价对象所用发电方式的管理培训成本越低。

该指标为定量指标，单位是%，表示管理培训成本与运输原油收益的比值。评价周期为一年。计算时需要考虑年运输发电培训和管理费用、年运载次数、原油运输载重量和原油油价等因素。

7.3　评价模型与计算方法

7.3.1　基于模糊层次分析法的评价模型

层次分析(analytic hierarchy process，AHP)法可得出被评价对象的有限次序或素质评价的权重，而模糊综合评价(fuzzy comprehensive evaluation，FCE)法采用模糊数学和模糊统计的方法，能对影响某个事物的各因素加以综合考虑，最终给出科学的优劣评价[5]。本书利用层次分析和模糊综合评价的优势，将两者结合,提出了一种模糊层次分析法(fuzzy AHP method)。

为了能更好地综合定性和定量指标,并对非线性化领域进行量化综合,本节采用模糊层次分析法评价船舶的节能减排效果,评价流程如图 7.3 所示。该方法具有科学合理、实用性强等优点,并能有效应对多目标决策问题。

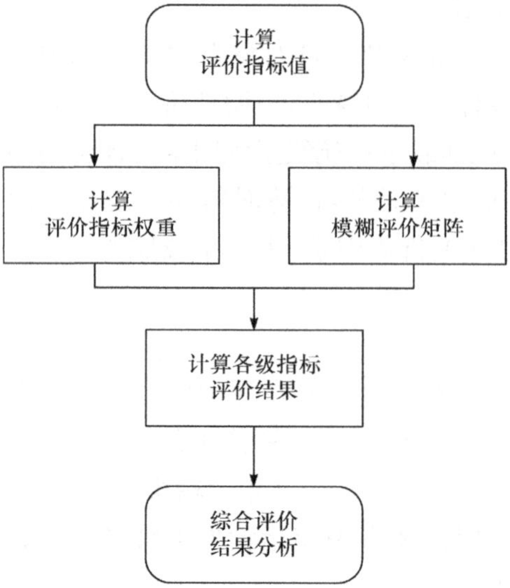

图 7.3　模糊层次分析法评价流程

结合图 7.3 所示的评价流程,详细的模糊层次分析法阐述如下。

(1) 输入评价对象基础数据,计算定量评价指标值。搜集评价对象基础数据,计算图 7.2 中所对应的 11 个定量二级指标值。

(2) 确定评价指标权重向量 W:确定图 7.3 中各层指标权重向量 W,步骤如图 7.4 所示,具体如下。

① 输入判断矩阵。

对同一类指标而言(如所有一级指标或所有技术特性二级指标),根据其相对于所属上层指标的重要程度,进行两两比较后确立判断矩阵。矩阵中元素 a_{ij} 表示指标 X_i 与 X_j 相比的重要性,用表 7.2 中的数值标识重要程度,且有 $a_{ji}=1/a_{ij}$。

表 7.2 中的矩阵元素标度主要通过将各指标相对于上层指标的重要性进行两两比较获得。对应图 7.2 中的评价指标体系,共需得到 5 个判断矩阵,这 5 个判断矩阵代表专家小组的最终意见。

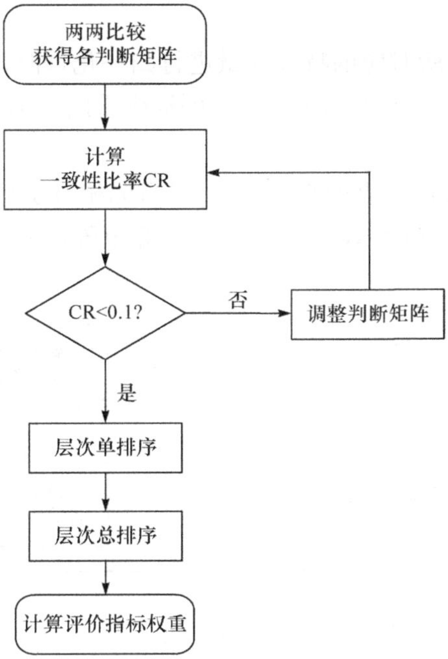

图 7.4 评价指标权重计算流程

表 7.2 判断矩阵元素标度参考

级别	同样重要	微小重要	稍微重要	更为重要	明显重要	十分重要	强烈重要	更强烈重要	极端重要
1～9	1	2	3	4	5	6	7	8	9

② 判断矩阵一致性检验。

计算一致性指标 CI：$CI=\frac{\lambda_{max}-n}{n-1}$，其中 λ_{max} 为判断矩阵的最大特征值，n 为判断矩阵的维数。

计算一致性比率 CR：$CR=\frac{CI}{RI}$，其中，RI 为平均一致性指标，如表 7.3 所示。

表 7.3 平均一致性指标 RI

n	1	2	3	4	5	6	7	8	9	10	11
RI	0	0	0.58	0.90	1.12	1.24	1.32	1.41	1.45	1.49	1.51

当 $CR<0.1$ 时，认为符合一致性要求；而当一致性比率不能得到满足时，需要通过征求专家意见，对判断矩阵进行相应调整。

③ 层次单排序。

对最大特征值 λ_{max} 所对应的特征向量进行归一化，即可得到该类指标的权重，本书中所有一级指标和二级指标对应 5 个评价权重向量 W。

④ 层次总排序。

组合权重是各层指标权重的乘积，即二级指标相对于总目标的权重。

(3) 确立模糊评价矩阵 R。计算模糊评价矩阵的步骤如图 7.5 所示，具体如下。

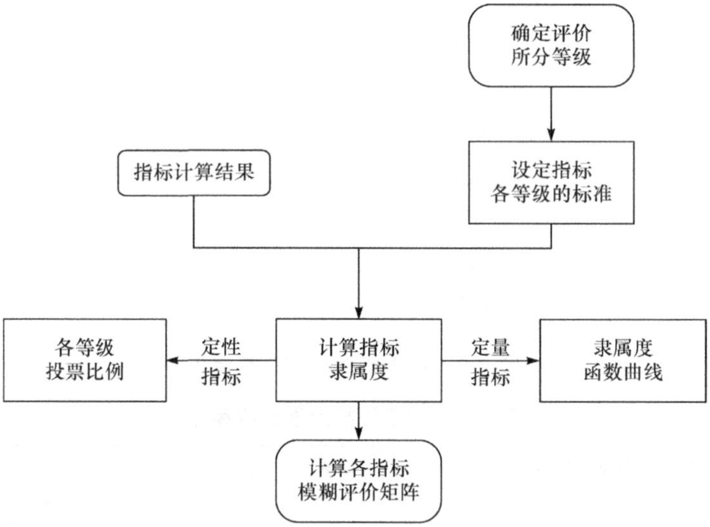

图 7.5 模糊评价矩阵确立流程

① 确定评价指标计算结果和评价等级。

图 7.5 中的指标计算结果即步骤(1)中评价对象的 11 个定量二级指标计算值。评价等级共设 4 级，1 级代表最差，4 级代表最好。

② 设定指标评价标准。

通过设定指标评价标准将指标的计算结果划分为具体的评价等级。例如，发电效率指标的评价标准可以设置为：指标计算值小于 27.4%时，处于等级 1；指标计算值为 27.4%～31.4%时，处于等级 2；指标计算值为 31.4%～33.9%时，处于等级 3；指标计算值大于 33.9%时，处于等级 4。

评价标准的制定需要与一些法律法规中的强制性规定一致，同时反映当前节能减排的整体发展水平。根据发展的需要，在一段时间以后还可以适时地对评价标准进行调整。

③ 计算指标隶属度。

对于 3 个定性指标，需要以专家小组投票结果数据为依据，计算各等级下投票所占比例，以此作为各指标在相应等级的隶属度[6]。

对 11 个定量指标来说，隶属度函数如图 7.6 所示，其中横坐标为指标计算值，纵坐标为对应的隶属度(评价标准值 V_1、V_2、V_3 将该指标划分为 4 个等级，且分别位于 a、b、c、d 值的正中间)。

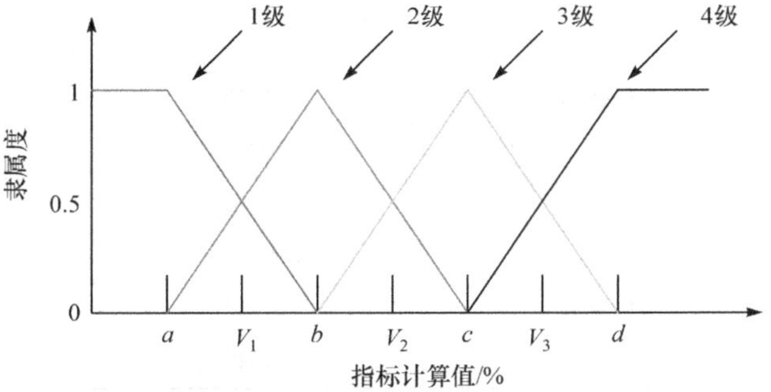

图 7.6　定量指标隶属度函数曲线

例如，当指标计算值介于 b 和 c 之间时，从模糊的角度来说，该指标同属于 2 级和 3 级，区别只是隶属度不同。如果计算结果离边界值 b 越近，那么等级 2 的隶属度值就越大。

④ 构建模糊矩阵 R。

各指标计算值在相应评价等级下的隶属度即模糊矩阵元素。例如，模糊矩阵元素 a_{21} 表示第二个指标对于等级 1 的隶属度。对应本书的评价指标体系，需要计算出 5 个模糊矩阵 R。

(4) 计算各级评价结果。根据公式 $B=W^{\mathrm{T}}R$，即由各级指标的模糊评价矩阵与其相对应的指标权重相乘得到各级指标的评价结果向量。

根据最大隶属度原则，结果向量中最大元素所对应的等级就是该级指标最终的综合评价结果，具体可分为二级指标评价结果和一级指标评价结果。

7.3.2　评价模型数据分类

利用模糊层次分析法进行节能减排的评价过程涉及四类关键性数据，它们对于评价的进行和最终评价结果具有重要意义。

(1) 计算所需常数。该类数据包括计算发电效率指标所用燃料热值参数(表 7.4)、标准煤的气体排放系数(表 7.5)、计算气体排放量所用标准煤折算系数(表 7.6)，以及评价步骤中用到的判断矩阵元素重要性标度参考表(表 7.2)和低阶的平均一致性指标(表 7.3)。

表 7.4 常见燃料热值参数

序号	能源名称		热值/(kJ/kg)
1	固体燃料	原煤	20908
2		焦炭	28435
3	液体燃料	原油	41816
4		燃料油	41816
5		汽油	43070
6		煤油	43070
7		柴油	42652
8	气体燃料	液化石油气	50179
9		天然气	38931
10		焦炉煤气	16726～17981

表 7.5 标准煤的气体排放系数

气体排放类型	CO_2	SO_2	NO_x
每千克气体的排放系数	2.4930	0.0750	0.0375

判断矩阵元素重要性标度参考表和低阶的平均一致性指标表前面已经给出，此处不再赘述。

(2) 计算基础数据。对于 3 个定性指标，计算所需基础数据如表 7.4 所示。

对于 11 个定量指标，评价对象计算所需基础数据如表 7.6 所示。

表 7.6 标准煤折算系数

序号	能源名称	平均低位发热量/(kJ/kg)	标准煤折算系数/kg
1	原煤	20934	0.7143
2	焦炭	28470	0.9714
3	原油	41868	1.4286
4	燃料油	41868	1.4286
5	汽油	43124	1.4714
6	煤油	43124	1.4714
7	柴油	42705	1.4571
8	液化石油气	47472	1.6198
9	天然气	35588	1.2143
10	焦炉煤气	16746	0.5714

(3) 指标权重数据。由评价指标权重确立流程可知，指标权重确立的关键在于得到满足一致性检验要求的判断矩阵。将个人判断结果对应的判断元素标度参考值填入相应位置即可获得个人评价的判断矩阵，且必须有 $a_{ji}=1/a_{ij}$。以能源效率指标为例，运用德尔菲法[7]可确定表 7.7，经检验符合一致性判定要求后，作为输入判断矩阵。表 7.8 所示的评价指标权重可供参考。

表 7.7　能源效率指标判断矩阵

重要性标度	单位运输量燃油消耗	单位航程燃油消耗	单位航程电能消耗
单位运输量燃油消耗	1	—	—
单位航程燃油消耗	—	1	—
单位航程电能消耗	—	—	1

表 7.8　评价指标权重参考

序号	指标(单位)	权重
B_1	技术特性	0.119
C_1	技术成熟度	0.226
C_2	技术可靠性	0.228
C_3	发电效率(%)	0.171
C_4	技术推广	0.375
B_2	能源效率	0.352
C_5	单位运输量燃油消耗(g fuel/(DWT · n mile))	0.424
C_6	单位航程燃油消耗(t fuel/n mile)	0.319
C_7	单位航程电能消耗(kW · h/n mile)	0.257
B_3	气体排放	0.380
C_8	单位运输量 CO_2 排放(g CO_2/(DWT · n mile))	0.198
C_9	单位发电 CO_2 排放(t CO_2/(kW · h))	0.106
C_{10}	单位发电 NO_x 排放(g NO_x/(kW · h))	0.372
C_{11}	单位发电 SO_2 排放(g SO_2/(kW · h))	0.324
B_4	成本投入	0.149
C_{12}	单位运输成本占比(%)	0.694
C_{13}	维护投入占比 (%)	0.178
C_{14}	培训及管理投入占比(%)	0.128

(4) 评价标准数据。要获得模糊评价矩阵，评价标准的确定显得尤为重要。

结合定量指标的隶属度函数曲线与相应的评价标准，就可以计算该定量指标的隶属度。

评价标准的制定要力求反映大型油轮当前节能减排的整体发展水平，并与一些法律法规中的强制性规定一致，因此该类数据比较关键。目前已知的强制性规定如下所述。

① 对于发电效率指标的评价标准，中国船级社曾对国内船舶能源效率做过统计分析，并拟合得出了能效曲线和分级曲线。

每类曲线按 40%、60%和 85%三个水平基线值将能量有效利用水平分为 1 级、2 级、3 级和 4 级四个等级。等级 1(40%以下)表示能量有效利用水平高，能耗最低，为节能；等级 4(85%以上)表示能量有效利用水平较低，为不节能。

② 对于单位发电 NO_x 排放指标的评价标准，可参考《钢制海船入级规范》第 8 篇的第 8 章和 MARPOL 防污染公约附则Ⅵ。

具体 NO_x 排放限值如表 7.9 所示。

表 7.9　NO_x 排放限值　　(单位：g/(kW·h))

排放限值	$n<130$r/min	130r/min$<n<$2000r/min	$n>$2000r/min
NEC-Ⅰ	17.0	$45\times n^{-0.2}$	9.8
NEC-Ⅱ	14.4	$44\times n^{-0.23}$	7.7
NEC-Ⅲ	3.4	$9\times n^{-0.2}$	2

注：NEC 为欧洲标准化委员会颁布的国家排放限值(national emissions ceiling)。

③ 对于单位发电 SO_2 排放指标的评价标准，可参考 IMO 发布的 MEPC.184(59)和《钢制海船入级规范》第 8 篇的第 8 章。

参考上述规范中的限值与计算方法，计算可得 SO_2 的排放限值如表 7.10 所示。

表 7.10　SO_2 和 CO_2 排放限值

含硫量	排放的 SO_2/CO_2	SO_2 限值/(g/(kW·h))
1.5% m/m	0.0065	6.0
1.0% m/m	0.00433	4.0
0.5% m/m	0.00217	2.0

④ 对于单位运输量 CO_2 排放指标评价标准的制定，文献[8]中提出远洋散货船 CO_2 排放基线满足拟合公式 $y=5123.7x^{-0.667}$ ($R^2=0.7078$)，其中 y 表示 EEDI

值(g/(t ·n mile)),x 表示载重(t)。

综上所述,定量指标评价标准如表 7.11 所示。

表 7.11　定量指标评价标准参考

定量指标项	1 级	2 级	3 级	4 级
C_3/%	27.4	27.4～31.4	31.4～33.9	33.9
C_5/(g fuel/(DWT·n mile))	1.11	1.09～1.11	1.07～1.09	1.07
C_6/(t fuel/n mile)	0.34	0.33～0.34	0.32～0.33	0.32
C_7/(kW·h/n mile)	40	30～40	20～30	20
C_8/(g CO_2/(DWT·n mile))	1.14	1.08～1.14	1.02～1.08	1.02
C_9/(t CO_2/(kW·h))	0.0295	0.0285～0.0295	0.0275～0.0285	0.0275
C_{10}/(g NO_x/(kW·h))	11.5	9.2～11.5	2.3～9.2	2.3
C_{11}/(g SO_2/(kW·h))	6.0	4.0～6.0	2.0～4.0	2.0
C_{12}/%	5.0	4.0～5.0	3.0～4.0	3.0
C_{13}/%	8	6～8	4～6	4
C_{14}/%	2	2～6	6～10	10

7.4　评价案例分析

本节以伴有太阳能光伏特性的大型远洋油轮为案例进行评价分析,目标船型为 30 万吨超大型油轮,在其甲板约 2000m^2 面积内铺设由中国英利集团生产的 YGE145 系列太阳能电池板,采用太阳能电池阵列和传统柴油发电机组混合发电的动力配置方式,以期提高大型油轮的节能减排水平。

该船航行路线为大连到也门亚丁,航行距离约为 6000n mile,航程约为 18 天,途中需要经过新加坡海峡和马六甲海峡。该评价分析针对传统柴油机发电和太阳能-柴油机混合发电两种情况展开。相应的评价过程和结果具体如下。

各二级指标的权重矩阵分别为

$$W_1=[0.226\quad 0.228\quad 0.171\quad 0.375]$$

$$W_2=[0.424\quad 0.319\quad 0.257]$$

$$W_3=[0.198\quad 0.106\quad 0.372\quad 0.324]$$

$$W_4=[0.694\quad 0.178\quad 0.128]$$

各一级指标相对于总目标的权重矩阵为

$$W=[0.119\quad 0.352\quad 0.380\quad 0.149]$$

定性指标隶属度分别为 $\begin{bmatrix} 0 & 0.23 & 0.7 & 0.007 \\ 0 & 0 & 0.8 & 0.2 \\ 0.6 & 0.4 & 0 & 0 \end{bmatrix}$ 和 $\begin{bmatrix} 0.37 & 0.63 & 0 & 0 \\ 0.83 & 0.17 & 0 & 0 \\ 0 & 0 & 0.1 & 0.9 \end{bmatrix}$，各定量指标计算结果如表 7.12 所示。

表 7.12　定量指标的计算结果

指标	传统柴油机发电	混合发电
C_3/%	30	42
C_5/(g fuel/(DWT · n mile))	1.10	1.08
C_6/(t fuel/n mile)	0.330	0.325
C_7/(kW · h/n mile)	34.8	35.0
C_8/(g CO_2/(DWT · n mile))	1.102	1.073
C_9/(t CO_2/(kW · h))	0.029	0.028
C_{10}/(g NO_x/(kW · h))	11.3	6.9
C_{11}/(g SO_2/(kW · h))	5.4	3.6
C_{12}/%	4.7	3.5
C_{13}/%	4	5
C_{14}/%	5	12

根据表 7.12 中的数据，计算可得传统柴油机发电方式在技术特性、能源效率、气体排放和成本投入方面的模糊矩阵分别为

$$R_{A1}=\begin{bmatrix} 0 & 0.23 & 0.7 & 0.07 \\ 0 & 0 & 0.8 & 0.2 \\ 0 & 0.82 & 0.18 & 0 \\ 0.6 & 0.4 & 0 & 0 \end{bmatrix},\quad R_{A2}=\begin{bmatrix} 0 & 1 & 0 & 0 \\ 0 & 0.5 & 0.5 & 0 \\ 0 & 0.98 & 0.02 & 0 \end{bmatrix}$$

$$R_{A3}=\begin{bmatrix} 0 & 0.87 & 0.13 & 0 \\ 0 & 1 & 0 & 0 \\ 0.41 & 0.59 & 0 & 0 \\ 0.2 & 0.8 & 0 & 0 \end{bmatrix},\quad R_{A4}=\begin{bmatrix} 0.2 & 0.8 & 0 & 0 \\ 0 & 0 & 0.5 & 0.5 \\ 0 & 0.75 & 0.25 & 0 \end{bmatrix}$$

根据单因素权重和模糊矩阵求解各因素评价结果向量分别为

$$B_{A1}=[0.225\quad 0.3422\quad 0.3714\quad 0.0614]$$

$$B_{A2}=[0\quad 0.8354\quad 0.1646\quad 0]$$

$$B_{A3}=[0.2173\quad 0.7569\quad 0.0257\quad 0]$$

$$B_{A4}=[0.1388\quad 0.6512\quad 0.121\quad 0.089]$$

综合评价结果为

$$\begin{aligned} B_1=W^{\mathrm{T}}\times R_1 &=[0.119\quad 0.352\quad 0.380\quad 0.149] \\ &\quad\times\begin{bmatrix} 0.225 & 0.3422 & 0.3714 & 0.0614 \\ 0 & 0.8354 & 0.1646 & 0 \\ 0.2173 & 0.7569 & 0.0257 & 0 \\ 0.1388 & 0.6512 & 0.121 & 0.089 \end{bmatrix} \\ &=[0.13\quad 0.7194\quad 0.13\quad 0.0206] \end{aligned}$$

同理，引入太阳能后，各因素评价结果分别为

$$B_{B1}=[0.2729\quad 0.1811\quad 0.0375\quad 0.5085]$$

$$B_{B2}=[0\quad 0.257\quad 0.743\quad 0]$$

$$B_{B3}=[0\quad 0.2654\quad 0.7346\quad 0]$$

$$B_{B4}=[0\quad 0\quad 0.872\quad 0.128]$$

相应的综合评价结果为

$$B_2=[0.0325\quad 0.2129\quad 0.6751\quad 0.0796]$$

根据最大隶属度原则，采用传统柴油机发电方式的节能减排等级是 2 级，而太阳能-柴油机混合发电方式的评价等级为 3 级。

直接对比分析各二级指标计算结果和评价等级，可以得到以下结论。

(1) 虽然传统柴油机发电方式在技术成熟度和可靠性方面具有明显优势，但是当前发展趋势更注重节能减排的技术应用与推广，导致该指标在技术特性评价中所占权重较大，使太阳能的引入在技术特性评价方面表现更佳。

(2) 引入太阳能后单位运输成本降低，因此尽管维护费用投入有所增加，但是总体经济效益更好。

(3) 引入太阳能后油耗和气体排放各相关指标均得到有效提升，表现显著。

7.5　本章小结

本章通过综合分析大型油轮应用太阳能的特点，建立了针对大型船舶的节能减排综合评估体系、评估模型和计算方法，用以比较大型船舶引入太阳能发电较

之传统发电方式的优劣，对引入新能源技术所带来的节能减排效益评估具有参考价值。

参考文献

[1] Choudhary D, Shankar R. An STEEP-fuzzy AHP-TOPSIS framework for evaluation and selection of thermal power plant location: A case study from India[J]. Energy, 2012, 42(1): 510-521.

[2] 王志轩. 电力行业节能减排现状问题及对策[J]. 华电技术，2008，30(5)：1-6.

[3] 尚金成，张立庆. 电力节能减排与资源优化配置技术的研究与应用[J]. 电网技术，2007，31(22)：58-63.

[4] 尚金成. 电力节能减排的理论体系与技术支撑体系[J]. 电力系统自动化，2009，33(6)：31-35.

[5] 白益飞. 伴有新能源特性的船舶电力系统稳定性与节能减排研究[D]. 哈尔滨：哈尔滨工程大学，2016.

[6] 张晓花，赵晋泉，陈星莺. 节能减排多目标机组组合问题的模糊建模及优化[J]. 中国电机工程学报，2010，30(22)：71-76.

[7] 陈卫，方廷健，马永军，等. 基于 Delphi 法和 AHP 法的群体决策研究及应用[J]. 计算机工程，2003，29(5)：18-20.

[8] 王宇航. 船舶温室气体排放总量基线研究[D]. 大连：大连海事大学，2008.